D1866853

Kohlhammer

Roman Heiligenthal
Thomas Martin Schneider (Hrsg.)

Einführung in das Studium der Evangelischen Theologie

Überarbeitete Neuausgabe

Unter Mitarbeit von
Friedrich Lemke, Bernd Schröder, Karin Lange und Wolfgang Kraus

Verlag W. Kohlhammer

Umschlag: Data Images GmbH
Gesamtherstellung:
W. Kohlhammer Druckerei GmbH + Co. Stuttgart
Printed in Germany

ISBN 3-17-018045-2

Vorwort

Die erste Auflage der „Einführung in das Studium der Evangelischen Theologie" ist durchweg sehr positiv aufgenommen worden und war rasch vergriffen. Wir freuen uns, nunmehr eine zweite Auflage vorlegen zu können, in der nicht nur Fehler verbessert, sondern auch viele Ergänzungen und Aktualisierungen vorgenommen wurden:
Ein Kapitel zum „Judentum" ist – einem vielfach geäußerten Wunsch entsprechend – zur jetzigen 2. Auflage gänzlich neu hinzugekommen. Damit tragen wir der Tatsache Rechnung, dass christliche Theologie ohne die Berücksichtigung ihrer jüdischen Wurzeln nicht denkbar ist, auch wenn das Judentum in den Studien- und Prüfungsordnungen sowie den Lehrplänen nicht immer den Raum einnimmt, der ihm von der Sache her gebührt.
Das Kapitel „Religionspädagogik – Theorie des Religionsunterrichts – Religionsdidaktik" ist völlig neu verfasst worden.
An der hier vorgelegten Auflage waren Dozenten der evangelischen Theologie dreier Universitätsstandorte (Koblenz, Landau, Saarbrücken) beteiligt; vielfältige Erfahrungen aus der Lehrpraxis sowie zahlreiche Impulse von Studierenden unterschiedlicher Studiengänge konnten so einfließen.
Anlass für die Abfassung der „Einführung in das Studium der Evangelischen Theologie" war die Erfahrung, dass Studierende der Evangelischen Theologie / Religionspädagogik zwar oft ihr Studium sehr motiviert beginnen, dass es ihnen aber häufig an fundamentalen Grundkenntnissen mangelt. Der schulische Religionsunterricht, auch der gymnasialen Oberstufe, scheint – sofern er überhaupt besucht bzw. ordnungsgemäß angeboten wurde – nicht immer auf ein Studium vorzubereiten. Nach Aussagen vieler Studierender geht es dort (und zwar keineswegs nur in Brandenburg, wo der konfessionelle Religionsunterricht kein ordentliches Lehrfach mehr ist) bisweilen mehr um allgemein ethische bzw. lebens- und religionskundliche als im eigentlichen Sinne theologische Fragestellungen. Man mag das Absinken des Bildungsniveaus auch im Fach Religionslehre beklagen, für uns steht indessen fest: In Zeiten eines gravierenden Traditionsabbruchs und oft enormen Kenntnismangels im Bereich von Kirche und Christentum – bei gleichzeitig nach wie vor starkem Interesse an religiösen Fragen – ist es notwendig, angehenden Theologinnen und Theologen / Religionspädagoginnen und –pädagogen am Beginn ihrer Berufsausbildung eine kurze, allgemeine Orientierung über die Inhalte des Studiums an die Hand zu geben, die auch ohne besondere Vorkenntnisse verständlich ist. Unser Verdacht ist, dass andere Einführungen in das Theologiestudium, die im übrigen meist älteren Datums sind, eher für Fachkolleginnen und -kollegen als für Studienanfängerinnen und -anfänger geschrieben wurden, ja dass man sie mitunter erst dann recht verstehen kann, wenn man ein Theologiestudium bereits absolviert hat. Vor allem auf die Bedürfnisse und Möglichkeiten von Lehramtsstudierenden (z.B. fehlende Sprachkenntnisse) scheint man kaum Rücksicht zu nehmen. Die hier vorgelegte „Einführung" will dagegen bewusst ein „niederschwelliges" Angebot sein, in die faszinierende und komplexe Welt der Theologie einzutreten, und ferner dazu anregen und motivieren, sich darin zu vertiefen.
Für die große Mühe der Gestaltung des Layouts haben wir Frau Andrea Jung-Weber zu danken. Die Bearbeitung der vorliegenden zweiten Auflage betreute in umsichtiger Weise Herr Lars Mohr. Auch ihm danken wir herzlich.

Koblenz und Landau, im Februar 2004 | Die Herausgeber

Inhalt

Thomas Martin SCHNEIDER

1 Allgemeine Einführung

1.1 Was heißt Evangelische Theologie?

Der Begriff Theologie beinhaltet die beiden griechischen Wörter
1.) theós = Gott
und
2.) lógos = Wort / Rede bzw. das Reden / Kunde / Lehre / Vernunft (vgl. Logik).

Wie passt beides zusammen? Wie ist das Verhältnis von theós und lógos zueinander zu verstehen? Zu diesen Fragen sollen zwei der bedeutendsten evangelischen Theologen des 20. Jahrhunderts kurz zu Wort kommen.

Zunächst Rudolf Bultmann (1884-1976):

„Versteht man unter ‚von Gott' reden ‚über Gott' reden, so hat solches Reden überhaupt keinen Sinn; denn in dem Moment, wo es geschieht, hat es seinen Gegenstand, Gott, verloren. Denn wo überhaupt der Gedanke ‚Gott' gedacht ist, besagt er, daß Gott der Allmächtige, d.h. die Alles bestimmende Wirklichkeit sei. Dieser Gedanke ist aber überhaupt nicht gedacht, wenn ich über Gott rede, d.h. wenn ich Gott als ein Objekt des Denkens ansehe, über das ich mich orientieren kann, wenn ich einen Standpunkt einnehme, von dem aus ich neutral zur Gottesfrage stehe, über Gottes Wirklichkeit und sein Wesen Erwägungen anstelle, die ich ablehnen oder, wenn sie einleuchtend sind, akzeptieren kann. Wer durch Gründe bewogen wird, Gottes Wirklichkeit zu glauben, der kann sicher sein, daß er von der Wirklichkeit Gottes nichts erfaßt hat; und wer mit Gottesbeweisen etwas über Gottes Wirklichkeit auszusagen meint, disputiert über ein Phantom. Denn jedes ‚Reden über' setzt einen Standpunkt außerhalb dessen, worüber geredet wird, voraus. Einen Standpunkt außerhalb Gottes aber kann es nicht geben, und von Gott läßt sich deshalb auch nicht in allgemeinen Sätzen, allgemeinen Wahrheiten reden, die wahr sind ohne Beziehung auf die konkrete existentielle Situation des Redenden.
Man kann über Gott sinnvoll so wenig reden wie man über Liebe reden kann. In der Tat, auch über Liebe kann man nicht reden, es sei denn, daß dieses Reden über Liebe selber ein Akt des Liebens wäre. Jedes andere Reden über Liebe ist kein Reden von Liebe, da es sich außerhalb der Liebe stellt. ...
Denn in wissenschaftlichen Sätzen, d.h. in allgemeinen Wahrheiten von Gott reden, bedeutet eben in Sätzen reden, die gerade darin ihren Sinn haben, daß sie allgemeingültig sind, daß sie von der konkreten Situation des Redenden absehen. Aber gerade indem der Redende das tut, stellt er sich außerhalb der tatsächlichen Wirklichkeit seiner Existenz, mithin außerhalb Gottes, und redet von allem anderen als von Gott. ...“[1]

Bultmanns Gedankengang lässt sich wie folgt zusammenfassen:
Der Versuch, objektiv, neutral, rational, von einem distanzierten „Standpunkt außerhalb“ aus in allgemeinen bzw. wissenschaftlichen Sätzen und Wahrheiten und allgemeingültig „über Gott“ zu reden, ist sinnlos, da man dabei den Gegenstand, Gott, verliert. „Reden von Gott“ ist

[1] R. Bultmann, Glauben und Verstehen, Bd.I, Stuttgart [9]1993, S.26.

nur sinnvoll, wenn „die konkrete existentielle Situation des Redenden" miteinbezogen wird. Das heißt: „Reden von Gott" ist, wenn es einen Sinn machen soll, immer zugleich auch ein Reden von mir, meiner Situation und meinem Verhältnis zu Gott. Es ist wie bei der Liebe: Auch von der Liebe kann im Ernst nur reden, wer schon einmal geliebt hat und geliebt worden ist.
Bultmann wendet sich zum einen gegen eine moderne positivistische Haltung, die nur das akzeptiert, was klar durch Vernunftgründe oder empirisch bewiesen werden kann, zum anderen gegen eine fundamentalistische Frömmigkeit, die die biblischen Heilsereignisse mit historischen Fakten bzw. objektiven Tatsachen verwechselt.

Ganz anders als Bultmann argumentiert Karl Barth (1886-1968):

„Die Bibel redet nämlich erst dann, wenn man sie das erste Wort reden, wenn man sie in unseren Gedanken einen neuen Anfang setzen läßt, dem dann alle anderen Gedanken folgen müssen wie Soldaten ihrem Vorgesetzten. Das war es, was man uns auf der Universität nicht gesagt hatte und was wir jetzt selbständig zu lernen hatten: daß die Freiheit des christlichen Denkens im Gehorsam besteht. So einfach das klingt, es bedeutete damals, und es bedeutet, wenn man sich die Konsequenzen vor Augen hält, immer wieder eine kopernikanische Umkehrung, sich das klar zu machen. ... Es mußte uns deutlich werden: die Kirche ist der Ort, wo Jesus Christus, sein Kreuz und seine Auferstehung, seine Demut und seine Herrschaft verkündigt werden darf und muß. Das heißt aber, sie ist der Ort, wo Gott zu uns Menschen redet als der, vor dem wir auch beim denkbar größten Erfolg aller unserer Verbesserungsversuche, auch als die klügsten und reinsten Individuen in der besten Gesellschaftsordnung verloren wären, weil wir vor ihm alle immer Sünder sind, der uns aber eben als solche einladet [= einlädt], uns an ihn zu halten, der uns allen, so wie wir sind, Trost und Mahnung und Verheißung sein will. Nicht wir bauen sein Reich, und nicht wir schaffen unser eigenes Heil, sondern er tut beides, indem er uns sein Wort gibt und uns zum Glauben erweckt. Uns Menschen bleibt nur das allerdings Unermeßliche, ihm unser Leben lang und mit unserem ganzen Leben dafür dankbar zu sein. Das ist es, was wir in der Bibel fanden, als wir anfingen, sie ruhig und ohne Vorurteil zu uns reden zu lassen. Es war klar, daß wir jetzt eben das zum Inhalt unserer Predigt und Unterweisung machen mußten. ... Und es war weiter klar, daß die Theologie als Voraussetzung der kirchlichen Arbeit ... jetzt eine ganz neue Bedeutung für uns gewinnen mußte. Es wurde klar, daß die Kirche die Theologie braucht; denn gerade wenn die Aufgabe der Kirche im Hören und in der Verkündigung des Wortes Gottes besteht, kann es in ihr der Selbstprüfung nicht leicht zuviel geben. Es wurde aber auch klar, daß die Theologie die Kirche braucht, die Kirche nämlich, die das Wort Gottes hören und verkündigen darf."[2]

Für Barth ist Theologie nicht menschliches Reden von Gott, sondern Gottes Reden zu den Menschen. Dies geschieht durch die Bibel, die „Jesus Christus, sein Kreuz und seine Auferstehung, seine Demut und seine Herrschaft verkündigt", und ist stets auf die Kirche bzw. die kirchliche Verkündigung bezogen. Die Aufgabe des Menschen besteht darin, auf Gottes Wort möglichst genau zu hören und es weiterzusagen.

Die Spannung zwischen einem mehr auf den Menschen und seine Situation bezogenen (anthropozentrischen) Ansatz einerseits und einem ausschließlich von der Offenbarung Gottes in Jesus Christus ausgehenden (theo- bzw. christozentrischen) biblischen Ansatz andererseits

---

[2] K. Barth, Die Neuorientierung der protestantischen Theologie in den letzten dreißig Jahren, in: Kirchenblatt für die reformierte Schweiz (Basel) 96/1940, S.99, zitiert nach: R. J. Werner u. R. Marquard (Hg.), Mit dem Anfang anfangen. Karl Barth - Lesebuch, Zürich 1985, S.18f.

bestimmt das theologische Denken bis heute. Geht es bei dem einen Ansatz um das wichtige Anliegen, den Menschen unserer Zeit deutlich zu machen, was die Gottesfrage mit ihnen und ihrem Leben zu tun hat, so geht es bei dem anderen Ansatz um das nicht minder wichtige Anliegen, die christliche Botschaft vor der in der Vergangenheit so häufig geschehenen Vereinnahmung und Manipulation durch menschliche Interessen und Ideologien zu schützen und den Vorwurf, Religion sei nichts weiter als die Projektion menschlicher Bedürfnisse, Wünsche und Träume (vgl. Ludwig Feuerbach), zu widerlegen.

Auch der Begriff evangelisch stammt aus dem Griechischen, der Sprache des Neuen Testaments: Eu-angélion heißt gute Botschaft. Ein Evangelium ist eine literarische Gattung eigener Art (vgl. die neutestamentlichen Evangelien), bei der es um die Verkündigung des Heilsgeschehens Jesu Christi geht. Evangelisch bedeutet dann also: formal auf die biblischen Schriften, besonders die Evangelien, und inhaltlich bzw. material auf Christus bzw. das Christusgeschehen bezogen. Seit dem 16. Jahrhundert ist evangelisch das Attribut für die aus der Reformation hervorgegangenen Kirchen, d.h. die lutherischen, die reformierten (bzw. calvinistischen) und die unierten (Landes-) Kirchen sowie verschiedene Freikirchen (Baptisten, Methodisten, Mennoniten u.v.a.).

Die Theologie als ganze hat die Aufgabe, sowohl Gott und seiner Offenbarung in der biblischen Überlieferung als auch den Fragen und Erfahrungen der Menschen der Gegenwart gerecht zu werden. Zur Bewältigung dieser Aufgabe tragen die verschiedenen „Disziplinen" oder „Bereiche" der Theologie, wie sie sich im Laufe der Zeit herausgebildet und in gewisser Weise verselbständigt haben, auf je ihre Weise bei:

- Altes Testament
- Neues Testament
- Kirchengeschichte
- Systematische Theologie (Glaubenslehre / Ethik)
- Praktische Theologie (hierzu gehören neben den Lehren vom Predigen und von der Seelsorge vor allem die Religionspädagogik und Fachdidaktik)
- Religionswissenschaft (sie beschäftigt sich mit den nicht-christlichen Religionen im Vergleich zur christlichen Religion).

1.2 Hinweise zum wissenschaftlichen Arbeiten in der Theologie

Beim wissenschaftlichen Arbeiten sind einige Formalia unbedingt zu beachten. Dabei geht es keineswegs, wie Studierende manchmal mutmaßen, um bloßen Formalismus. Eine formal mangelhafte Arbeit ist in aller Regel auch inhaltlich mangelhaft.

Die wichtigste Regel lautet:

Für alle Informationen und Meinungen, die nicht von mir selbst stammen, sondern die entweder im Wortlaut oder auch nur dem Sinn nach Büchern oder anderen Quellen entnommen sind, muss in jedem Fall ein Herkunftsnachweis bzw. Beleg erbracht werden.

Warum dies?

1.) Auch geistiges Eigentum gilt es zu respektieren. Wenn ich den Eindruck erwecke, Informationen oder Meinungen, die in Wahrheit von anderen stammen, stammten von mir, so begehe ich geistigen Diebstahl bzw. Betrug.
2.) Wissenschaftliches Arbeiten zeichnet sich durch Transparenz aus. Der Leser soll stets wissen, aus welchen Quellen ich geschöpft habe. Er hat dann die Möglichkeit, meine Ausführungen und Schlussfolgerungen zu überprüfen und selbst den Dingen auf den Grund zu gehen.
3.) Herkunftsnachweise entlasten mich. Ich bin nur bedingt für eine bestimmte Aussage verantwortlich zu machen, wenn ich bloß wiedergebe, was ein anderer geschrieben hat, und dies kenntlich gemacht habe.

1.2.1 Literatur- und Quellenangaben

Sämtliche Literatur und sämtliche Quellen, die man bei einer wissenschaftlichen Arbeit verwendet hat, führt man in der Regel in einem besonderen Verzeichnis in alphabetischer und gegebenenfalls systematischer Ordnung am Ende auf. Die alphabetische Ordnung richtet sich nach dem Nachnamen des Autors oder des Herausgebers (bei mehreren: des zuerst genannten).
Was ist bei den Literatur- und Quellenangaben zu beachten?

1.) Monographien / Sammelbände:
Nachname, Vorname (gegebenenfalls Hinweis auf Herausgeberschaft), **Titel des Buches**. Gegebenenfalls Untertitel, **Auflage** [entfällt bei der ersten Auflage; auch als hochgestellte Ziffer vor dem Erscheinungsjahr möglich] **Erscheinungsort Erscheinungsjahr**. Wenn ein Buch als ein Band in einer wissenschaftlichen Reihe erschienen ist, kann darauf am Schluss in Klammern hingewiesen werden (hierbei sollte die übliche Abkürzung benutzt werden - vgl. dazu auch unten).
Beispiele:
Campenhausen, Hans Freiherr von, Griechische Kirchenväter, 8. Auflage Stuttgart 1993. [Bzw. ..., Stuttgart ^{8}1993.]
Hauschild, Wolf-Dieter (Hg.), Profile des Luthertums. Biographien zum 20. Jahrhundert, Gütersloh 1998 (LKGG 20 [= Die Lutherische Kirche. Geschichte und Gestalten, Band 20]).

2.) Aufsätze / Zeitschriften- und Lexikonartikel:
In der Regel wird man aus Sammelbänden, Fachzeitschriften und -lexika jeweils nur einzelne Aufsätze bzw. Artikel benutzen, die man dann auch einzeln angeben muss:
Autorennachname, Vorname, Titel des Beitrags oder Artikels, in:
a) Angabe des Sammelbandes (wie oben unter 1.), **Seite von - bis**;
oder b) **Name der Zeitschrift** (in der Regel genügt die übliche Abkürzung) **Heftnummer, Erscheinungsjahr** (gegebenenfalls auch: Jahrgang/Erscheinungsjahr)**, Seite von - bis**;
oder c) **Name des Lexikons** (auch hier sollte man die übliche Abkürzung verwenden)$^{\textbf{Auflagenzahl}}$ **Bandzahl (Erscheinungsjahr des Bandes), Spalte von - bis.**
Beispiele:
a) Rothgangel, Martin, Empirische Überlegungen zur Behandlung der Passionsgeschichte im Evangelischen Religionsunterricht, in: Kraus, Wolfgang (Hg.), Christen und Juden. Perspektiven einer Annäherung, Gütersloh 1997, S.119-141.
b) Feldmeier, Reinhard, Jesus - ein Radikaler? Tempelreinigung, Zinsgroschenfrage und Liebesgebot, in: RKZ [= Reformierte Kirchenzeitung] 9, 1997, S.418-422.
c) Altner, Günter, Ökologie, in: EKL^{3} [= Evangelisches Kirchenlexikon, 3. Auflage], Bd.3 (1992), Sp.820-824.

Wer wegen der Abkürzungen unsicher ist, schaue in den Abkürzungsverzeichnissen der Fachlexika (vgl. unten) nach. Maßgeblich ist:
Schwertner, Siegfried, Internationales Abkürzungsverzeichnis für Theologie und Grenzgebiete, Berlin ^{2}1992 (= IATG^{2}; entspricht weitgehend dem Abkürzungssonderband der TRE [= Theologische Realenzyklopädie] ^{2}1994).
Abkürzungen sollten auch für die Angaben wissenschaftlicher Reihen, Handbücher etc. benutzt werden. Niemals jedoch darf man hierbei selbst Abkürzungen erfinden. Wer in einem Text Abkürzungen benutzt, die sich nicht in den oben genannten Verzeichnissen finden oder selbstverständlich sind, muss seiner Arbeit ein Abkürzungsverzeichnis beifügen.

3.) Quellen:
Bei Quellensammlungen sollte der Bearbeiter, nicht der Herausgeber zuerst angegeben werden.
Beispiel:
Gertraud Grünzinger u. Carsten Nicolaisen (Bearb.), Dokumente zur Kirchenpolitik des Dritten Reiches, Bd.3, hg. v. der Ev. Arbeitsgemeinschaft für Kirchliche Zeitgeschichte, Gütersloh 1994.

Bei ungedruckten archivalischen Quellen müssen außer den Informationen zur Quelle das Archiv, der Bestand und die Signatur aufgeführt werden.
Beispiel:
Schreiben Friedrich von Bodelschwingh, Bethel, an August Marahrens, Hannover, 2. September 1935, Konzept (Hauptarchiv der von Bodelschwinghschen Anstalten Bethel [= HA Bethel], 2/39-44).

Für die biblischen Bücher benutzt man die in den Abkürzungsverzeichnissen aufgeführten Abkürzungen. Zwischen Kapitel und Vers steht ein Komma, zwischen einzelnen Versen ein Punkt oder, sofern es sich um mehrere zusammenhängende Verse handelt, ein Bindestrich; zwischen zwei Kapiteln ein Semikolon.
Beispiel:
Röm 4, 1-4. 7. 12.; 8, 3. 6. 9-11 bedeutet: Römerbrief des Paulus, Kapitel 4, Verse 1 bis 4 und 7 und 12 sowie Kapitel 8, Verse 3 und 6 und 9 bis 11.
Wichtig: Sie müssen irgendwo vermerken, welche Bibelübersetzung Sie verwendet haben, z.B.: *Zürcher Bibel oder Luther-Bibel, revidierte Fassung 1984.*

Zunehmend wird beim wissenschaftlichen Arbeiten auch auf das Internet zurückgegriffen. So sehr dies oft eine große Hilfe und Erleichterung ist, so sehr ist hier doch auch Vorsicht geboten, denn neben wertvollen Informationen findet sich dort Halb- und Pseudowissenschaftliches und gänzlich Unbrauchbares. Man sollte also sehr genau darauf achten, welche Person oder Institution die jeweiligen Internetseiten verantwortet und wer konkret die Texte verfasst hat. Dies muss beim Quellennachweis neben der exakten Internetadresse mit angegeben werden, ebenso, da Internetseiten ständig verändert werden können, das genaue Zugriffsdatum.

Die Literatur- und Quellenangaben sind nicht immer ganz einheitlich. Ob man etwa zwischen dem Autorennamen und dem Titel ein Komma oder besser einen Doppelpunkt oder die hochgestellte Auflagenziffer vor oder besser hinter das Erscheinungsjahr setzen sollte, darüber gehen die Meinungen auseinander. Wichtig ist vor allem **Konsequenz** innerhalb einer Arbeit. Die entscheidenden Angaben seien abschließend noch einmal genannt: der Name des Verfassers des benutzten Textes (ein häufiger Fehler ist das bloße Nennen des Herausgebers oder gar des Verlegers!), der Titel des Textes, gegebenenfalls der Hinweis auf das Buch bzw. Heft, in dem sich der Text befindet, Erscheinungsjahr und -ort und gegebenenfalls die Seitenangaben.

Es konnten hier nicht alle Fälle erfasst werden, jedoch kann man, wenn man das Prinzip einmal verstanden hat, mit etwas Geschick auch ausgefallene und „knifflige" Fälle lösen. Sind bestimmte Angaben nicht zu ermitteln, so ist dies zu vermerken: *N.N. [= nomen nescio: den Namen weiß ich nicht], o.O. [= ohne Ort], o.J. [= ohne Jahr], s.d. [= sine dato: ohne Datum] etc.*

1.2.2 Anmerkungen / Zitieren

Der bloße Hinweis auf die benutzten Bücher, Aufsätze, Artikel und Quellen am Ende einer Arbeit genügt freilich in aller Regel nicht. Gemäß der oben genannten Regel muß jede einzelne Information oder Meinung, die ich von anderen im Wortlaut oder auch nur sinngemäß übernehme, belegt werden. Dies geschieht üblicherweise durch Anmerkungen, d.h. hochgestellte Ziffern im Text, die entweder unten auf der Seite oder am Ende des Textes wiederholt werden und denen dann der Herkunftsnachweis folgt. Da im Literaturverzeichnis am Ende die vollständigen bibliographischen Angaben erscheinen, genügt es, bei den Herkunftsnachweisen in den Anmerkungen Abkürzungen zu verwenden. Diese müssen jedoch eindeutig zu entschlüsseln sein.

Beispiel:

(...) Die Frage, wie Huldrych Zwingli (1484-1531)[1] zum Reformator wurde, ist in der Forschung umstritten. Der These Lochers, Zwingli habe sich selbständig vom humanistischen Reformer zum Reformator entwickelt,[2] steht die Einschätzung Brechts gegenüber, dass „die Reformation Zwinglis aus der entscheidenden Entdeckung Luthers [nämlich seiner Rechtfertigungslehre] (stammt)".[3] Brecht räumt allerdings ein, dass die „Theologie Zwinglis ... trotz der zentralen Gemeinsamkeit mit Luther eigenständig war."[4] (...)

[1] Zu Zwinglis Leben vgl. u.a. Locher 1982 und Gäbler 1983.
[2] Locher 1979, S.87ff.; vgl. in modifizierter Form auch Gäbler 1978.
[3] Brecht, S.319.
[4] Ebd. Brecht weist darauf hin, dass dies bereits sehr früh von Erasmus von Rotterdam erkannt worden sei: „Im August 1523 sprach es Erasmus offen gegenüber Zwingli aus: ‚Du weichst in manchem von Luther ab'." (Ebd., S.318).

Literaturverzeichnis:
Brecht, Martin, Zwingli als Schüler Luthers, in: ZKG 96/1985, S.301-319.
Gäbler, Ulrich, Huldrych Zwinglis „reformatorische Wende", in: ZKG 89/1978, S.120-135.
Ders., Huldrych Zwingli. Eine Einführung in sein Leben und sein Werk, München 1983.
Locher, Gottfried W., Die Zwinglische Reformation im Rahmen der europäischen Kirchengeschichte, Göttingen/Zürich 1979.
Ders., Zwingli und die schweizerische Reformation, Göttingen 1982 (KiG 3/J 1).

In unserem Beispiel sind noch einige wichtige Dinge zu erläutern:
- Wenn man etwas nicht wörtlich übernimmt, sich gleichwohl eng am Wortlaut bzw. am Gedankengang orientiert, so ist der Konjunktiv zu benutzen (vgl. Zeile 2).
- Wörtlich Übernommenes gehört immer in Anführungszeichen: „ " (vgl. Z.3-6).

- Längere Auslassungen im Text markiert man so: (...), kürzere so: ... (vgl. Z.1 u. 6 bzw. Z.5).
- Ergänzungen und Erläuterungen innerhalb eines Zitats werden in eckige Klammern gesetzt: [ ]; rückt ein Wort lediglich aus grammatikalischen Gründen der Satzstellung an eine andere Stelle, so benutzt man runde Klammern: ( ) (vgl. Z.4-5). Um die Bedeutung der Klammern noch einmal klar zu machen, sei hier der Originalsatz von Brecht zitiert: *„Insofern stammt auch die Reformation Zwinglis aus der entscheidenden Entdeckung Luthers."*
  Auf Fehler im zitierten Text weist man mit einem sic! (= so, im Sinne von: so steht's da) in eckigen Klammern hin. Beispiel: *„Martin Luhter [sic!] wurde 1583 [sic!] in Eisenach [sic!] geboren."*
- Zitate innerhalb eines Zitates werden durch einfache Anführungszeichen gekennzeichnet: „... ‚...' ..." (vgl. Text zur Anmerkung 4); sonst wüsste man nicht, wie weit sich das gesamte Zitat erstreckt.
- Der Anmerkungstext wird stets wie ein ganzer Satz behandelt, auch wenn er grammatikalisch nicht vollständig ist, d.h.: Groß anfangen und am Ende ein Punkt.
- *ff.* (vgl. Anmerkung 2) steht für: und die folgenden Seiten (f. dementsprechend für: und die folgende Seite).
- *Ebd.* (vgl. Text zur Anmerkung 4) bedeutet: ebenda, d.h. an derselben Stelle wie in der vorigen Anmerkung (vgl. auch: *a.a.O.* = am angegebenen Ort).
- *Ders.* (vgl. Literaturverzeichnis) bzw. dies. heißt: derselbe bzw. dieselbe, d.h. der zuletzt genannte Autor / die zuletzt genannte Autorin. Die übrigen Abkürzungen im Literaturverzeichnis müssten Sie mit Hilfe der oben genannten Abkürzungsverzeichnisse selbst entschlüsseln können.
- In unserem Beispiel wurden jeweils zwei Titel von einem Autoren (Gäbler und Locher) verwendet. Um die Titel in den Anmerkungen unterscheiden zu können, wurde dem Autorennamen das Erscheinungsjahr hinzugefügt. Damit ist in unserem Fall die Literatur auch in der abgekürzten Form eindeutig zu identifizieren. Wären zwei Titel desselben Autors im selben Jahr erschienen, hätte ein weiteres Unterscheidungsmerkmal, etwa die ersten Worte des Titels, hinzugefügt werden müssen. Außer dem Erscheinungsjahr und dem Titelanfang ist auch jede andere Kennzeichnung möglich, sofern sie nur eindeutig ist.

Inhaltlich macht das Beispiel deutlich, dass es meistens keinesfalls genügt, zu einer Fragestellung nur ein Buch oder gar nur einen Aufsatz heranzuziehen. Wissenschaft zeichnet sich durch kontroverse Forschungspositionen aus, die es zur Kenntnis zu nehmen, zu diskutieren und abzuwägen gilt.

Teilweise wird auch in der Theologie die sogenannte amerikanische Kurzzitierweise verwendet. Statt der Fuß- bzw. Endnoten wird der Herkunftsnachweis in abgekürzter Form in Klammern in den Text integriert:

In unserem Beispieltext würde das dann so aussehen:

(...) Der These Lochers, Zwingli habe sich selbständig vom humanistischen Reformer zum Reformator entwickelt (Locher 1979, S.87-90), steht die Einschätzung Brechts gegenüber, dass „die Reformation Zwinglis aus der entscheidenden Entdeckung Luthers [nämlich seiner Rechtfertigungslehre] (stammt)" (Brecht, S.319). (...)

Ein Literatur- und Quellenverzeichnis ist natürlich auch hier nötig. Nachteilig an der Kurzzitierweise ist, dass die Lesbarkeit des Textes erschwert wird, und man auf Personen-, Sach-

und sonstige Kommentare, die man in Fuß- bzw. Endnoten bequem unterbringen kann, verzichten muss.

1.2.3 Zur Gliederung einer wissenschaftlichen Hausarbeit

Eine wissenschaftliche Hausarbeit besteht aus:
- Titelblatt;
- Inhaltsverzeichnis;
- Einleitung (Begründung und Eingrenzung des Themas, Hinweise zum methodischen Vorgehen und zur Quellen- und Literaturlage, Hinweise zur bzw. Begründung der Gliederung des Hauptteils);
- Hauptteil;
- Zusammenfassung / Resümee / Reflexion / Ausblick;
- Abkürzungsverzeichnis;
- Literatur- und Quellenverzeichnis.

Die Überschriften sind sachlich und auf den nachfolgenden Inhalt bezogen zu formulieren, also z.B. nicht *„Luthers Abrechnung mit Zwingli"* oder bloß „Hauptteil", sondern etwa: *„Die Auseinandersetzung Luthers und Zwinglis in der Abendmahlsfrage"*.

Die folgenden alternativen Gliederungsschemata sind üblich:

I)	oder:	1.
A)		1.1
B)		1.2
II)		2.
A)		2.1
B)		2.2
1)		2.2.1
2)		2.2.2
a)		2.2.2.1
b)		2.2.2.2
3)		2.2.3
C)		2.3
III)		3.
usw.		usw.

1.2.4 Referate

Studentische Referate gehören vielfach zum Seminaralltag. Damit die Zuhörer etwas davon haben, muss ein Referat nicht nur fachwissenschaftlichen, sondern auch didaktischen Anforderungen genügen. Hierzu einige Hinweise:
- Fertigen Sie für die Zuhörer ein kurzes „Hand-out" an. Dieses sollte das Thema, die Gliederung, die wichtigsten Problemstellungen und Thesen sowie Literaturhinweise enthalten.
- Auch beim mündlichen Vortrag müssen Sie deutlich machen, auf wen Sie sich beziehen bzw. aus welchen Quellen Sie geschöpft haben.
- Verwenden Sie passende Medien: Folien/Overheadprojektor, Tafel, Karten, Bilder, Tonband etc. Vermeiden Sie aber einen „Medienzauber", bei dem der Zusammenhang mit dem Thema nicht mehr deutlich wird.

- Lassen Sie Bücher, die Ihnen besonders wichtig erscheinen, herumgehen. Es ist ein Unterschied, ob man kurz eine bibliographische Angabe hört oder liest oder ob man ein Buch einmal in der Hand hatte und darin blättern konnte.
- Sprechen Sie möglichst frei. Das geht am besten dann, wenn Sie auf Ihrem Konzept nur Stichworte stehen haben und wenn Sie den mündlichen Vortrag zu Hause geübt haben.
- Achten Sie darauf, dass Ihr Vortrag gut strukturiert ist. Fassen Sie das Wichtigste jeweils ruhig noch einmal kurz zusammen, vermeiden Sie aber Redundanzen.
- Beziehen Sie Ihre Zuhörer aktiv mit ein, etwa indem Sie während Ihres Referates einen kurzen Arbeitsauftrag erteilen, eine These zur Diskussion stellen oder einen Zuhörer bitten, einen kurzen Quellentext vorzulesen. Verständnisfragen sollten auch während des Vortrags möglich sein. Nach dem Vortrag sollte Zeit für eine Aussprache sein.
- Setzen Sie bei den Zuhörern nicht allzu viel voraus; kaum einer wird sich in der Materie so gut auskennen wie Sie. Erläutern Sie Fachbegriffe und Sachverhalte.
- Stimmen Sie sich gegebenenfalls mit Korreferenten bzw. mit Referenten zu verwandten Themen ab, damit es keine Überschneidungen gibt.
- Beherzigen Sie das Luther-Wort: Tritt fest auf, tu's Maul auf, hör bald auf. Denken Sie auch an die alte Regel für Prediger: Man darf über vieles predigen, nur nicht über zwanzig Minuten.

1.2.5 Wo finde ich Bücher?

Bücher sind das Handwerkszeug der Theologinnen und Theologen.
Machen Sie daher gleich zu Beginn ihres Studiums eine Führung durch die Hochschulbibliothek mit. Dabei wird man Ihnen u.a. folgende Fragen beantworten: Wie, wann und wie lange kann ich Bücher ausleihen? Welche Bücher sind nicht ausleihbar (Präsenzbestand)? Wo stehen wichtige theologische Lexika, Handbücher, Quellenausgaben und andere Standardwerke, Fachzeitschriften etc. (in der Regel nicht ausleihbar)? Wo werden die jeweils aktuellen Nummern der Fachzeitschriften aufbewahrt? Wie lange kann ich, auch außerhalb der Ausleihzeiten, in der Bibliothek arbeiten? Wo kann man fotokopieren?
Erkundigen Sie sich auch: Gibt es besondere Fakultäts- bzw. Seminar- oder Institutsbibliotheken für Evangelische und Katholische Theologie? Wie sind dort die Bedingungen? Wo sind am Studienort oder in der Umgebung weitere Bibliotheken mit theologischer Literatur (kirchliche Bibliotheken, Landesbibliotheken etc.)? Wie funktioniert die Fernleihe und die „Digitale Bibliothek", die ich auch vom heimischen Computer aus benutzen kann?

In jeder Lehrveranstaltung werden Sie Literaturhinweise bekommen, auch Hinweise darauf, welche Bücher es sich anzuschaffen lohnt. Ohne eine private kleine Fachbibliothek kann man kaum studieren. Dafür müssen Sie schon bereit sein, etwas zu investieren; leider sind Fachbücher wegen der vergleichsweise geringen Auflagen in der Regel nicht billig. Manches kann man freilich antiquarisch erwerben, und Standardwerke gibt es häufig auch als preiswerte Studienausgaben. Dass Kirchen bzw. Gemeinden Studierenden der Theologie bzw. der Religionspädagogik ein Büchergeld zahlen, kommt in Zeiten leerer Kassen nur noch selten vor; Sie sollten trotzdem danach fragen.

In den folgenden Kapiteln dieses Buches finden Sie jeweils kommentierte Verzeichnisse der grundlegenden Literatur sowie der Fachzeitschriften / Jahrbücher der verschiedenen Disziplinen der Theologie. Hier sollen nur noch kurz die wichtigsten allgemeinen theologischen Lexika sowie zwei fachübergreifende theologische Zeitschriften und ein Jahrbuch vorgestellt werden.

Theologische Lexika:
In den folgenden Fachlexika finden Sie systematisch strukturierte Artikel von ausgewiesenen Fachleuten zu allen Bereichen der Theologie. Wenn Sie ein Stichwort vermissen, können Sie mit Hilfe der Register herausfinden, ob Sie unter anderen Stichwörtern die Informationen finden können. Die Lexikonartikel dienen einer (ersten) Orientierung über ein Thema sowie der Information über unbekannte Begriffe, Sachverhalte und Personen, auf die ich während der Arbeit stoße. Darüber hinaus sind die Lexika ein unentbehrliches Hilfsmittel zum Bibliographieren, d.h. zum Finden relevanter Literatur für ein Thema, denn nahezu alle Lexikonartikel enthalten umfangreiche Literaturhinweise.

1.) Das umfangreichste – jetzt beinahe vollständig erschienene – theologische Lexikon ist:
Gerhard Krause, Gerhard Müller u.a. (Hg.), ***Theologische Realenzyklopädie (TRE)****, Berlin/New York 1977ff.*
Die meist sehr detaillierten Artikel umfassen mitunter mehrere hundert Seiten. Bis Ende 2003 erschienen 35 Bände (bis zum Buchstaben W), ein Abkürzungssonderband (vgl. oben) sowie zwei Registerbände für die Bände 1-17 bzw. 1-27. Die ersten siebzehn Bände und den ersten Registerband gibt es auch als Studienausgabe.

2.) Wesentlich kürzer, aber zum Teil aktueller ist die gegenwärtig in vierter (vollständig neu bearbeiteter) Auflage erscheinende „RGG“:
Hans Dieter Betz, Don S. Browning u.a. (Hg.), ***Religion in Geschichte und Gegenwart, 4. Auflage (RGG⁴)****, 8 Bände und Registerband, Tübingen 1998ff.*; bisher erschienen sechs Bände (bis zum Buchstaben Q).
Zum Teil immer noch sehr nützlich und als preiswerte Studienausgabe sowie auch als elektronische Ausgabe auf CD-ROM erhältlich ist die ältere dritte Auflage:
Kurt Galling (Hg.), ***Die Religion in Geschichte und Gegenwart, 3. Auflage (RGG³)****, 6 Bände und Registerband, Tübingen 1957-1965.*

3.) Grundlegende Informationen vermittelt auch:
Erwin Fahlbusch u.a. (Hg.), ***Evangelisches Kirchenlexikon****. Internationale Theologische Enzyklopädie,* ***3. Auflage (EKL³)****, 4 Bände und Registerband, Göttingen/Zürich 1986-1997.*
Bei diesem Lexikon, das auch in englischer Sprache erscheint, befinden sich die Artikel zu Personen im Registerband (Bd.5).

4.) Das grundlegende katholisch-theologische Lexikon ist:
Walter Kasper u.a. (Hg.), ***Lexikon für Theologie und Kirche, 3. Auflage (LThK³)****, 10 Bände und Registerband, Freiburg i.B. 1993-2001.*
Auch hier kann es manchmal sinnvoll sein, die ältere zweite Auflage noch zu benutzen (14 Bände einschließlich Registerband und dreier Bände zum Zweiten Vatikanischen Konzil, hg. von Josef Höfer u.a., Freiburg i.B. 1957-1968; ²1986).

5.) Ein preiswertes kleines Nachschlagewerk ist:
Erwin Fahlbusch (Hg.), ***Taschenlexikon Religion und Theologie, 4. Auflage (TRT⁴)****, 5 Bände, Göttingen/Zürich 1983.*

Periodika:
1.) Besprechungen von neuerschienenen Büchern aus allen Bereichen der Theologie findet man in der 1876 begründeten, monatlich erscheinenden
Theologischen Literaturzeitung (ThLZ)*, Leipzig (derzeit hg. v. Ingolf U. Dalferth u.a.).*

2.) Ein ansprechend aufgemachtes, gut lesbares Diskussionsforum für aktuelle Fragen in Kirche und Gesellschaft ist die seit 1968 erscheinende Monatsschrift
Zeitzeichen. Evangelische Kommentare zu Religion und Gesellschaft *(früher: Evangelische Kommentare), Stuttgart (derzeit hg. v. Wolfgang Huber, Margot Käßmann, Johannes Rau u.a.).*

3.) Einen Überblick über die Entwicklung des kirchlichen Lebens vermittelt das

***Kirchliche Jahrbuch für die Evangelische Kirche in Deutschland (KJ)**, Gütersloh (derzeit hg. v. Hermann Barth, Wolf-Dieter Hauschild u.a.).*

Ein Verzeichnis der aktuell lieferbaren theologischen Literatur, das in Fachbuchhandlungen kostenlos erhältlich ist, gibt die Arbeitsgemeinschaft Theologischer Verlage jährlich unter dem Titel heraus:
***Theologie + Gemeinde. Ein ökumenisches Literaturverzeichnis für Studium und Wissenschaft, für Kirche und Spiritualität**, Gütersloh.*
Dieser Katalog ist auch im Internet zu finden unter: www.theologie-und-gemeinde.de
Ein ebenfalls jährlich erscheinendes und ebenfalls kostenloses Verzeichnis
Religionspädagogik. Lehr- und Arbeitsmittel für Schule und Gemeinde
kann man auch anfordern beim

Verlagsring Religionsunterricht
- Informationsstelle -
Postfach 10 06 48
D-51406 Bergisch Gladbach
Fax: 07821/939030.

Der Leipziger Kirchenhistoriker Kurt Nowak (1942-2001) hat in seinem Taschenbuch *Das Christentum, München 1997* einen ganz kurzen, prägnanten Überblick über die Geschichte, den Glauben und die Ethik der christlichen Religion gegeben. Mit diesem Buch wandte sich Nowak vor allem an diejenigen, die nicht christlich-kirchlich sozialisiert sind, es kann aber auch Christen, die sich intensiver mit ihrem Glauben auseinandersetzen wollen, zur Vergewisserung nützlich sein.

2 Das Alte Testament

Grundlegende Literatur zum Eigenstudium:

Einführungen in das Alte Testament: U. Struppe, Einführung in das Alte Testament, Stuttgart 1994.
Bibelkunde: M. Rösel, Bibelkunde des Alten Testaments. Die kanonischen Schriften. Überblicke. Themen. Glossar, Neukirchen-Vluyn 1996.
Zum Studium der Geschichte Israels: M. Metzger, Grundriß der Geschichte Israels, 9.Aufl. Neukirchen-Vluyn 1994. S. Bock, Kleine Geschichte des Volkes Israel. Von den Anfängen bis in die Zeit des Neuen Testaments, 2.Aufl. Freiburg 1991.
Geographie: O. Keel, Orte und Landschaften der Bibel. Ein Handbuch und Studienführer zum Heiligen Land, 2.Aufl. 2 Bde. Göttingen 1982/84.
Grundwissen: A. Ohler, Grundwissen Altes Testament. Ein Werkbuch, Bde 1-3, Stuttgart 1986ff.
Kommentarreihen: Das Alte Testament Deutsch. Neues Göttinger Bibelwerk, Göttingen; Die Neue Echter-Bibel. Kommentar zum Alten Testament mit Einheitsübersetzung, Würzburg; Stuttgarter Kleiner Kommentar: Altes Testament, Stuttgart.

Das Altes Testament ist das große Buch über Gott und die Welt. Es erzählt Geschichten, deutet Geschichte, klagt an und lobt, tröstet und verdammt. In ihm finden sich dramatische Schicksalsberichte und poetische Texte. Das Alte Testament ist ein Stück Weltliteratur und das Glaubensbuch für Juden und Christen. Und doch ist der Umgang keine Selbstverständlichkeit mehr. Wer sich heute als Studierender auf das Studium des alttestamentlichen Schriften einlässt, muss wissen, dass er zunächst auf Verständnisbarrieren stößt, die es zu überwinden gilt. Ich möchte von solchen Hindernissen die folgenden nennen:
Das Sprach- und Übersetzungsproblem
Das Problem der historischen und kulturellen Distanz
Das Problem tiefverwurzelter Vorurteile

2.1 Die Sprach- und Übersetzungsproblematik

Derjenige, der Evangelische Theologie für das Lehramt studiert, kann sich in der Regel den Sinn biblischer Aussagen nicht mit Hilfe des Urtextes erschließen. Er ist auf Übersetzungen und allgemeinverständliche Kommentare zu alttestamentlichen Schriften angewiesen. Ein bekanntes Beispiel für die Bedeutung des Urtextes ist die Weissagung aus Jes 7,14: „Darum wird euch der Herr von sich aus ein Zeichen geben: Seht, die *Jungfrau* wird ein Kind empfangen, sie wird einen Sohn gebären, und sie wird ihm den Namen Immanuel (Gott mit uns) geben.“ Der Evangelist Matthäus greift das Jesajazitat auf und sieht es in der Geburt Jesu durch Maria erfüllt (Mt 1,23). Die Schwierigkeit besteht nun darin, dass im hebräischen Text nicht „Jungfrau“, sondern „junge Frau“ steht, während bereits die griechische Übersetzung des Alten Testament „Jungfrau“ übersetzt. Matthäus zitiert den griechischen Jesajatext und schließt sich so der hellenistischen Interpretation der Verheißung des Immanuel an. Jede Übersetzung ist immer schon auch ein Stück Interpretation, in die die Voraussetzungen des Tradenten notwendig miteinfließen, wie das folgende Schema verdeutlicht:

Sprachraum	Geistige Welt	Zeitgeschichtliche und soziale Gegebenheiten Adressat

Wie stark das persönliche Vorverständnis des jeweiligen Übersetzers und der herrschende Zeitgeist den Sinn einer Übersetzung beeinflussen können, zeigen Übertragungsversuche des bei Lukas in Jesu Predigt in Nazareth aufgenommenen Zitates Jes 61,1f. In der dem Urtext recht nahekommenden Einheitsübersetzung lautet der Text (Lk 4,18f.):
„Der Geist des Herrn ruht auf mir; denn der Herr hat mich gesalbt. Er hat mich gesandt, damit ich den Armen eine gute Nachricht bringe; damit ich den Gefangenen die Entlassung verkünde und den Blinden das Augenlicht; damit ich die Zerschlagenen in Freiheit setze und ein Gnadenjahr des Herrn ausrufe."
Die 1972 von Arnulf Zitelmann besorgte Übersetzung in der „Basisbibel"[3] liest sich so:
„Gottes Geist spricht aus mir. Er hat mich bestimmt, den Armen die Befreiungsbotschaft zu bringen. Er hat mich geschickt, öffentlich unter den Gefangenen aufzutreten, dass sie los sein sollen und unter den Blinden, dass ihnen die Augen aufgehen. Gott hat mich geschickt, den Unterdrückten Freiheit zu geben und anzusagen seine messianische Zeit."
Über Ziel und Interesse seiner Übersetzung äußert sich Zitelmann in einem Interview: „Die Basisbibel zeigt, was Bibel an ihrer Basis ist: Solidarität mit den Wehrlosen und Ausgebeuteten, Vision von Freiheit, Predigt gegen eine Unrechtsgesellschaft, die weg muss ... Die Bibel, wie sie heute kursiert, macht es einfach zu vielen Leuten zu leicht, sich auf sie zu berufen. Ich meine solche Leute wie jenen Herrn, der vor ein paar Jahren in einer Berliner Kirche auf Rudi Dutschke mit dem Krückstock losging, Leute, die für Gesetz und Ordnung sind, so wie sie das verstehen, und dabei die Bibel hinter sich glauben."[4] Die Motivation des Übersetzers lässt sich in der Übersetzung des Lukastextes ohne Probleme wiedererkennen, dessen gesellschaftskritisches Engagement zum Schlüssel seiner Interpretation geworden ist. Zehn Jahre vor dem Erscheinen der Basisbibel wollte Jörg Zink mit seiner Bibelübersetzung dem einzelnen Menschen Trost, Orientierung und Lebenshilfe geben. Auf diesem Hintergrund ist seine Übersetzung deutlich anders akzentuiert:[5]
„Gott wirkt durch mich, er hat mich zu seinem Bevollmächtigten berufen, er hat mich gesandt, den Armen zu sagen, dass Gott sie lieb hat, die verwundeten Herzen zu verbinden, den Gefangenen die Befreiung zu bringen, den Blinden das Licht zu geben, die Misshandelten zu erlösen, und zu sagen, dass Gottes Stunde da ist, die Stunde, die ihm gehört."
Solche stark zeitgebundenen und interessengeleiteten Übersetzungen eignen sich naturgemäß nicht für ein Studium alttestamentlicher Texte auf wissenschaftlicher Grundlage. Sie zeigen aber auch deutlich das Problem aller Übersetzungen: Sie können sich dem Sinn des Urtextes immer nur annähern.

✎ **Tipp zum Weiterarbeiten:** *Ziehen Sie bei schwierigen Texten oder in Zweifelsfällen immer mehrere Übersetzungen zu Rat und vergleichen Sie. Hilfreich sind immer wissenschaftliche Übersetzungen aus Kommentaren zu den biblischen Büchern.*

2.2 Das Problem der historischen und kulturellen Distanz

Das Alte Testament beschreibt über einen Zeitraum von rund 1200 Jahren die Beziehung Gottes mit seinem Volk Israel. Es schildert in unterschiedlichen geschichtlichen Zusammenhängen Erfahrungen, die Israel als Volk, aber auch einzelne Menschen mit ihrem Gott gemacht

---

[3] Basisbibel, Einrichtung u. Übersetzung v. A. Zitelmann, Weinheim 1972.
[4] Das Zitat entstammt aus einem Interview mit Zitelmann, das der Beltz-Verlag in einem Werbeprospekt für die Basisbibel veröffentlichte.
[5] J. Zink, Womit wir leben können. Das Wichtigste aus der Bibel in der Sprache unserer Zeit, Stuttgart/Berlin 1963.

haben. Es finden sich in ihm Texte, die uns heute noch unmittelbar ansprechen, aber auch ganze Passagen, die uns aus vielerlei Gründen schwer oder gar unverständlich geworden sind. Überall dort, wo in der Sprache der Ermutigung, der Angst, des Lobes und des Dankes menschliche Grunderfahrungen in Spruchweisheiten, Liedern, Erzählungen und Dichtungen artikuliert werden, können wir alttestamentliche Texte auch heute noch ohne große Interpretationshilfen direkt verstehen. Auf der anderen Seite enthält gerade das erste Testament viel Fremdes, Abständiges und Anstößiges. Seine Inhalte werden häufig in Frage gestellt. Man kann geradezu von einer „anstößigen Konkretheit“[6] sprechen: ein Gott, der sich scheinbar willkürlich ein Volk erwählt, der mit ihm in blutige Schlachten zieht, der zur Rache und Vernichtung aufruft. Sind dies nicht alles Züge eines archaischen, inhumanen Denkens? Auch finden sich viele Vorstellungen, die augenscheinlich mit dem naturwissenschaftlichen Weltbild unserer Zeit nicht übereinstimmen. Die Schöpfungsvorstellungen im Buch Genesis sind hierfür nur ein Beispiel. Was sollen wir heute mit einem Text anfangen, der behauptet, Gott habe Eva aus einer Rippe des Mannes erschaffen? Auch werden im Alten Testament grundlegend andere soziale, kulturelle und politische Verhältnisse vorausgesetzt. Abraham lebte in einem altorientalischen Sippenverband nomadisierender Kleintierzüchter. Das Phänomen „Prophetie“ ist nur auf dem Hintergrund eines sakralen Rechts zu verstehen, das Gott mit seinem Volk verbindet. Die zahlreichen Berichte aus der Geschichte des jüdischen Volkes werden als widersprüchlich empfunden. Ihre Darstellung erscheint wegen des Versuches, Geschichte als Heilsgeschichte zu verstehen, mit historischen Mitteln kaum verifizierbar. Besonders fremd und kaum noch nachvollziehbar wirkt heute der Kultus der altisraelitischen Menschen, der im Alten Testament einen breiten Raum einnimmt. Ebenso erscheinen außer dem Dekalog die Gesetze, ebenso wie die altisraelitischen Sitten und Gebräuche, nicht nur kaum mehr verständlich, sondern auch theologisch obsolet. Viele Aussagen des Alten Testaments sperren sich so aufgrund ihrer Vorstellungswelten, ihrer Situation und ihres großen zeitlichen Abstandes gegen vorschnelle Übertragungen. Und doch ist das Alte Testament in seiner Vielstimmigkeit und Buntheit nicht nur ein Schatz kulturgeschichtlicher Erkenntnisse und menschlicher Weisheiten, sondern ein unverzichtbarer Gegenstand des Nachdenkens christlicher Theologie.

2.3 Das Problem tiefverwurzelter Vorurteile gegenüber dem Alten Testament

Allein schon der Begriff „Altes Testament“ kann christliche Vorurteile gegenüber der jüdischen Bibel einschließen. „Alt“ klingt nach überholt, vergangen, nicht mehr aktuell. Es ist deshalb sachgemäßer, von dem „Ersten Testament“ oder der „Jüdischen Bibel“ zu sprechen. Dass an dem Begriff „Altes Testament“ in diesem Buch festgehalten wird, liegt daran, dass sich in der internationalen Wissenschaft noch keine allgemein verbindliche andere Sprachkonvention durchgesetzt hat.

Das Alte Testament als Gegenstand christlicher Theologie war nicht immer unumstritten. Bereits Marcion (⇒ Kirchengeschichte) war davon überzeugt, dass es von einem anderen Gott als dem Gott Jesu Christi berichte.[7] Er unterschied deshalb grundsätzlich zwischen Altem und Neuem Testament. Der Gott des Alten Testamentes sei der Schöpfergott (Demiurg), der die Welt unvollkommen geschaffen hat und sich durch Rechthaberei, Grausamkeit und Rachsucht auszeichne. Der Gott des Neuen Testamentes sei dagegen vollkommen und gut, ein Gott der

---

[6] So.: U. Struppe, Einführung in das Alte Testament, Stuttgart 1994, 1.

[7] Vgl. zu diesem Abschnitt: Umgang mit der Bibel. Altes Testament, Fernstudienlehrgang für evangelische Religionslehrer, Studienbrief 7, Tübingen 1973, 10-13.

Liebe und Barmherzigkeit. Nach Marcion vermittelt das Alte Testament kein Heil und keine Erlösung; es hat darum für den Christen keine Bedeutung und gehört nicht zum Kanon der heiligen Schriften. Die Alte Kirche schloss sich dieser Meinung nicht an. Sie hielt am Alten Testament als Glaubensbuch auch der Christen fest. Sie las und deutete es aber – besonders mit Hilfe allegorischer Schriftauslegung – als auf Christus weisendes Zeugnis. Das im Alten Testament Verheißene habe sich im Neuen Testament erfüllt. Wer sich intensiver mit Marcion beschäftigt, wird zwangsläufig auf Fragestellungen gestoßen, die auch in der Neuzeit die Ausleger beschäftigen: In welchem Verhältnis stehen AT und NT zueinander. Ist der alttestamentliche Gott auch der in Christus verkündigte Gott des Neuen Testaments? Steht der Offenbarung des Zorns im AT die der Gnade im NT gegenüber? Hat der Einfluss des AT die Botschaft des Evangeliums verdeckt und verfälscht?

🕮 **Lesetipp:** *K. Beyschlag, Marcion von Sinope, in: Gestalten der Kirchengeschichte, hrsg. v. M. Greschat, Bd.1: Alte Kirche I, Stuttgart 1993, 69-81.* Die knapp und gut verständlich gehaltene Skizze führt in das Leben und Denken Marcions ein, gibt die wichtigsten Informationen über den heutigen Forschungsstand und zahlreiche Hinweise für ein eigenständiges Weiterstudium.

Aber auch in der neueren Theologiegeschichte wurde die Bedeutung des Alten Testaments für den christlichen Glauben heftig bestritten. Der evangelische Theologe Emanuel Hirsch sah im Alten Testament den Gegenpol zum Neuen Testament. Es habe als Buch des Gesetzes lediglich noch eine pädagogische Funktion für den Glauben. Es bilde den dunklen Hintergrund, auf dem das Evangelium des Neuen Testaments um so heller strahlen könne. Hirsch wendet sich in seinem Buch „Das Alte Testament und die Predigt des Evangeliums“[8] gegen eine christliche Interpretation des Alten Testaments und führt dann drei Argumente zur Beurteilung des Alten Testaments an, die auch heute noch eine große Rolle bei der Beurteilung des Alten Testamentes in seinem Verhältnis zum Neuen spielen:

- Das Alte Testament könne nicht christlich gedeutet werden. Es handele sich bei ihm um eine Sammlung von Dokumenten einer Volks- und Religionsgeschichte, die sich ausschließlich auf Israel und seine Erfahrungen mit Jahwe beziehen.
- Das Alte Testament steht dem Neuen Testament als reinste Ausprägung einer Gesetzesreligion diametral gegenüber.
- Bei der Auslegung müsse berücksichtigt werden, dass historische Texte und Urkunden nicht anders ausgelegt werden dürfen als in dem Sinn, den sie selbst beabsichtigen.

Mit dem dritten Punkt wendet sich Hirsch gegen jedwede christologische Interpretation alttestamentlicher Texte, etwa mit Hilfe des Schemas „Verheißung und Erfüllung“. Häufig tritt auch eine Infragestellung von zentralen Inhalten des Alten Testaments als Argument für seine Überholtheit hinzu. Fünf Beispiele solch heute noch verbreiteter Vor-Urteile gegenüber dem Inhalt des Alten Testaments möchte ich anführen:[9]

Das alttestamentliche Weltbild sei durch die Naturwissenschaft überholt. Die Schöpfung, wie sie in den ersten Kapiteln der Bibel beschrieben wird, habe so nicht stattgefunden. Häufig werden deshalb die Schöpfungsberichte als reine Märchen angesehen.

Die Schilderung der Geschichte des jüdischen Volkes entspreche nicht der historischen Wahrheit und sei deshalb nicht von Bedeutung, weil sie ein Volk betrifft, dem die Christen nicht angehören. Auch seien die Schilderungen häufig grausam und berichteten von einem ungerechten Gott.

Der Kultus der alttestamentlichen Menschen, der im Alten Testament einen breiten Raum einnimmt, sei fremd und nicht nachvollziehbar.

---

[8] E. Hirsch, Das Alte Testament und die Predigt des Evangeliums, Tübingen 1936.

[9] Die Beispiele habe ich leicht verändert entnommen aus: Umgang mit der Bibel. Altes Testament, Fernstudienlehrgang für evangelische Religionslehrer. Studienbrief 7,Tübingen 1973.

Abgesehen vom Dekalog seien die Gesetze, die Sitten und Gebräuche für Christen überholt. Das Neue Testament habe das Alte überholt und abgelöst. Das Alte Testament sei Zeugnis des Gesetzes, während das Neue Testament das Evangelium Jesu Christi verkünde.
Obwohl das Alte Testament immer wieder in der Geschichte in seiner Bedeutung für die christliche Religion in Frage gestellt, relativiert und auch verunglimpft wurde, obwohl seine Bedeutsamkeit häufig Opfer christlicher Dogmatik wurde, muss aus meiner Sicht an der Einheit zwischen den Testamenten und der Eigenbedeutung des Ersten Testaments ohne Abstriche festgehalten werden. Dies ist auch ein Ergebnis eines erneuten Nachdenkens über das Verhältnis von Christentum und Judentum nach dem Holocaust. Bei allen Schwierigkeiten des Verstehens im einzelnen können wir vom Alten Testament keinen Abschied nehmen. Hierfür gibt es gewichtige Gründe: Das Alte Testament ist die Bibel Jesu und der frühen Kirche. Jesus selbst war als gläubiger Jude schriftkundig; er zitierte häufig aus seiner Heiligen Schrift (Mk 10,17-31). Er starb mit einem Psalmenwort auf seinen Lippen (Ps 22,2). Das Alte Testament diente den frühen Christen dazu, die Geschehnisse um Jesus von Nazareth zu deuten und zu verstehen. Ohne eine fundierte Kenntnis des Alten ist ein Verständnis des Neuen Testaments nicht möglich. Als Beispiel sei an dieser Stelle nur die Deutung der Gestalt Jesu als Messias (⇒ vgl. Neues Testament) genannt. Auch in der christlichen Glaubenslehre sind Aussagen des Alten Testamentes fest verankert. Der erste Artikel des Glaubensbekenntnisses („Ich glaube an Gott, den Schöpfer des Himmels und der Erde“) ist ohne den direkten Bezug auf die ersten beiden Kapitel der Genesis nicht zu verstehen. Die Bilder- und Vorstellungswelt des Alten Testaments ist im Christentum fest verwurzelt, und zwar sowohl in der Theologie als auch in der Liturgie des gottesdienstlichen Vollzugs. „Gott wollte nicht eine Religion stiften, sondern ein Menschenvolk für sich gewinnen“ (Martin Buber). Mit diesem Satz unterstreicht der berühmte jüdische Religionsphilosoph, dass Gott seinem Volk in der Geschichte begegnet. Das Alte Testament ist kein Lehrbuch unveränderlicher religiöser Wahrheiten, sondern es schildert die Erfahrungen, die Menschen in ganz unterschiedlichen Bezügen über die Zeitläufe hinweg mit dem einen Gott gemacht haben. Stärker als das Neue Testament bezeugt das Alte die Geschichtlichkeit der jüdisch-christlichen Religion. Gott ist mit den Menschen auf dem Weg. Er ist erfahrbar und kein statisches Objekt kultischer Verehrung. Da der Gott des Alten und des Neuen Bundes derselbe Gott ist, verbürgt er die unaufgebbare Einheit der Heiligen Schriften. Die beiden Testamente sind von daher vorrangig theologisch und nicht christologisch miteinander verbunden. Ihre Einheit ist sachlich und nicht nur durch die zeitliche Abfolge begründet.[10] Die Botschaft des Alten Testamentes mit ihrer geschichtlichen und damit diesseitigen Ausrichtung schützt auch vor einer einseitig spirituellen und jenseitigen Ausrichtung des christlichen Glaubens. „Erlösung“ war für die Menschen des alten Israel eine konkrete, im Geschehen des Auszugs aus Ägypten wahrnehmbare Erfahrung, die in erster Linie kollektiv verstanden und weitergegeben wurde. Daneben ist das Alte Testament als Heilige Schrift der Juden die bedeutsamste Quelle für das Verständnis des Judentums und der Begegnung mit ihm im Rahmen des christlich-jüdischen Dialogs.

2.4 Text und Kanon des Alten Testaments

Die Kenntnis der drei wichtigsten Textausgaben der Antike ist wegen ihrer Wirkungsgeschichte von großer Bedeutung. In der folgenden Abbildung habe ich den Beginn der Bibel (Gen 1,1-2) in seiner hebräischen, griechischen und lateinischen Sprachform zur Veranschaulichung nebeneinander gestellt. Die hebräische Schrift nennt man Quadratschrift und nach ihrem Herkommen assyrische Schrift. Sie ist noch heute gebräuchlich. Dass sie bereits zur

[10] So: Struppe, Einführung, 4.

Lebenszeit Jesu verwendet worden ist, zeigt Mt 5,18, da nur in der Quadratschrift der Buchstabe „Jod“ der kleinste im Alphabet ist.[11] Seit ca. 200 v.Chr. war Pergament als Schreibmaterial gebräuchlich, welches in Form von Buchrollen beschriftet wurde. Die alten Schreiber benutzten eine aus Ruß und Harz bestehende nicht metallische Tinte.

2.4.1 Der Text des Alten Testaments

Man nennt den hebräischen Text des Alten Testaments **masoretischen** Text, da er von jüdischen Gelehrten (Masoreten) tradiert wurde. Der älteste vollständig erhaltene hebräische Bibeltext stammt erst aus dem 10. Jahrhundert n.Chr. An früheren Texten sind die in der Kairoer Geniza gefundenen Texte erwähnenswert, die ca. aus dem 6. - 8. Jahrhundert stammen, und besonders die in Qumran gefundene Jesajarolle, die mit großer Wahrscheinlichkeit bereits aus vorchristlicher Zeit stammt. In Qumran wurde auch neben vielen Fragmenten alttestamentlicher Texte eine Handschrift mit den beiden ersten Kapiteln des Habakukbuches gefunden. Obwohl zwischen der Jesajarolle aus Qumran und der ersten vollständig erhaltenen masoretischen Abschrift rund 1000 Jahre liegen, erstaunt der hohe Grad an Übereinstimmung zwischen den Texten, was auf eine große Treue der Überlieferung schließen lässt. Wahrscheinlich stammt der uns heute vorliegende Text aus der Zeit um 100 n.Chr., der im Zuge der Kanonbildung unter Rabbi Akiba autorisiert wurde. Wesentlich älter als der masoretische Text ist die Übersetzung des Alten Testaments ins Griechische, die **„Septuaginta“** (abgekürzt: LXX). Von der Entstehung der Übersetzung des Pentateuch ins Griechische besitzen wir einen legendarischen Bericht, den der um 100 v.Chr. entstandene Aristeasbrief überliefert:

Zentraler Text: *„Der Vorsteher der königlichen Bibliothek (sc. in Alexandria), Demetrius von Phaleron, erhielt große Geldsummen, um womöglich alle Bücher der Welt zu sammeln... Es ist mir aber berichtet, dass auch die jüdischen Gesetze einer Abschrift und Aufnahme in deine (sc. die des Königs Ptolemaios II. Philadelphos, 283-246 v.Chr.) Bibliothek wert seien. Was hindert dich denn, fragte der König, dies auszuführen?... Demetrius entgegnete: Sie bedürfen einer Übersetzung. Denn man hat in Judäa eine eigene Schrift und redet eine eigene Sprache... Nachdem der König dies alles vernommen hatte, befahl er, an den jüdischen Hohenpriester zu schreiben, damit der erwähnte Plan zur Ausführung komme... (Eleazar, der Hohepriester) wählte also die besten und durch Bildung ausgezeichneten Männer aus angesehener Familie, die sich nicht nur Kenntnis der jüdischen Literatur angeeignet, sondern auch eifrig die griechische studiert hatten... Drei Tage später (sc. nach der Ankunft der Gelehrten in Alexandria) ging Demetrius in Begleitung (der 72 jüdischen Gesandten) über den sieben Stadien langen Meeresdamm, überschritt die Brücke und ging nach den nördlichen Teilen (von Pharos). Dann versammelte er sie in einem am Strande erbauten, prächtigen und still gelegenen Haus und forderte die Männer auf, die Übersetzung auszuführen... Und sie führten sie aus, indem sie durch gegenseitige Vergleiche in einem Wortlaut übereinkamen... Es traf sich aber so, dass die Übersetzung in zweiundsiebzig Tagen vollendet wurde, als sei es so mit Absicht geschehen.“*

Der jüdische Religionsphilosoph Philo v. Alexandrien (25 v.Chr.-40 n.Chr.) behauptet[12], die Übereinstimmung im Wortlaut sei durch wunderhafte göttliche Inspiration geschehen. Deutlich wird hier das Weiterwachsen der Entstehungslegende greifbar. Die Septuaginta ist des-

[11] Die Samaritaner, die sich ungefähr gegen Ende des 4. Jahrhunderts v. Chr. endgültig vom Judentum getrennt haben, tradieren die Tora in althebräischer Schrift, um deren Dignität und Unveränderlichkeit besonders herauszustreichen.

[12] Philo v. Alex., VitMos II,37f.

halb von so großer Bedeutung, weil sie in der gesamten Alten Kirche die maßgebende Gestalt des Alten Testaments war. So zitieren z.B. auch die neutestamentlichen Autoren das AT in der Regel nach der LXX. Zumeist übersetzt die LXX recht wortgetreu die hebräische Vorlage, an manchen Stellen wird die Vorlage aber auch eindeutig interpretiert, wie das folgende Beispiel (Ex 3,12-14) zeigt:

Übersetzung nach masoretischem Text

3,12 Gott aber sagte: Ich bin mit dir; ich habe dich gesandt, und als Zeichen dafür soll dir dienen: Wenn du das Volk aus Ägypten herausgeführt hast, werdet ihr Gott an diesem Berg verehren. **3,13** Da sagte Mose zu Gott: Gut, ich werde also zu den Israeliten kommen und ihnen sagen: Der Gott eurer Väter hat mich zu euch gesandt. Da werden sie mich fragen: Wie heißt er? Was soll ich ihnen darauf sagen? **3,14** Da antwortete Gott dem Mose: Ich bin der "Ich-bin-da". Und er fuhr fort: So sollst du zu den Israeliten sagen: Der "Ich-bin-da" hat mich zu euch gesandt.

Übersetzung nach der LXX

3,12 Aber Gott sprach zu Mose folgendermaßen: Ich werde mit dir sein, und das soll dir das Zeichen sein, dass ich dich aussende. Wenn du mein Volk aus Ägypten herausgeführt haben wirst, werdet ihr Gott verehren an diesem Berg. **3,13** Und Mose sprach zu Gott: Siehe, ich werde zu den Söhnen Israels gehen und zu ihnen sagen: Der Gott eurer Väter hat mich zu euch gesandt. Da werden sie mich fragen: Was ist sein Name? Was soll ich ihnen antworten? **3,14** Und Gott sprach zu Mose: Ich bin der Seiende. Und er sprach: So sollst du den Söhnen Israels sagen: Der Seiende hat mich zu euch gesandt.

Tipp zum Weiterarbeiten: *Versuchen Sie das Gottesbild der LXX, so wie es in Ex 3,14 zum Ausdruck kommt, näher zu bestimmen und philosophiegeschichtlich einzuordnen!*

Weiterhin bedeutsam sind die Schriften, die in der Septuaginta über den hebräischen ⇒Kanon hinaus aufgenommen sind. Bis zur Regierungszeit des Papstes Damasus I. (366 - 384 n.Chr.) waren in der lateinisch sprechenden westlichen Kirche unterschiedliche lateinische Bibelübersetzungen in Gebrauch. Damasus beauftragte den sprachenkundigen Kirchenvater Hieronymus (✝419) mit der Übersetzungsarbeit an einer lateinischen Übersetzung der Bibel. In den Jahren 390-405 stellte Hieronymus eine Übersetzung des AT aus dem Hebräischen fertig. Diese Übersetzung gewann im Laufe der Zeit allgemeine Anerkennung, die seit dem 16. Jahrhundert in dem Namen **„Vulgata“** Ausdruck fand. Die Vulgata ist deshalb von Bedeutung, weil sie auf dem Konzil von Trient mit Beschluss vom 6. April 1546 die allein verbindliche Bibel der römisch-katholischen Kirche wurde.

2.4.2 Der Kanon des Alten Testaments

Erst gegen Ende des 1. Jahrhunderts n. Chr. wurde wahrscheinlich auf der Synode von Jamnia endgültig über die Anzahl der Bücher im hebräischen Kanon des Alten Testaments entschieden. Sehr viel früher stand allerdings bereits dessen Dreiteilung in Tora (Weisung), Nebiim (Propheten) und Ketubim (Schriften) fest, wie das folgende Zeugnis aus dem Vorwort des Buches Jesus Sirach (um 290 v.Chr.) zu belegen vermag: *„Vieles und Großes ist uns durch das Gesetz, die Propheten und die anderen Schriften, die ihnen folgen, geschenkt worden... So befasste sich mein Großvater Jesus sorgfältig mit dem Gesetz, mit den Propheten und mit den anderen von den Vätern überkommenen Schriften... Nicht nur dieses Buch, sondern auch das Gesetz, die Propheten und die übrigen Schriften weisen keinen geringen Unterschied auf, wenn man sie in der Grundsprache liest.“* Die LXX enthält über den hebräischen Kanon hinaus 15 weitere Schriften: 4 Makkabäerbücher, Esra 1; Judit, Tobit, Oden Salomos, Weisheit

Salomos, Jesus Sirach, Psalmen Salomos, Baruch, Brief Jeremias, Susanna, Bel und der Drache. Im Gegensatz zur hebräischen Bibel liegt in der LXX eine Vierteilung vor: Pentateuch, die Geschichtsbücher, die Weisheitsbücher und die Prophetenbücher, die abweichend an das Ende des Kanons gerückt sind. Deutlich tritt in der LXX die weisheitliche Beschäftigung mit der Welt stärker in den Mittelpunkt.

📖 **Lesetipp:** *M. Augustin/J. Kegler, Bibelkunde des Alten Testaments, Gütersloh 1987, 11-17.* In einem sehr *konzentrierten, aber dennoch gut verständlichen Kapitel bieten die beiden Autoren alles Wissenswerte über die Anordnung der biblischen Bücher in den verschiedenen Ausgaben des Alten Testaments.*

Lutherbibel	**Masoretischer Text**	**Septuaginta (LXX)**	**Vulgata**
Geschichts-bücher	***Tora***	***Leges***	***Leges***
Genesis Exodus Leviticus Numeri Deuteronomium	Genesis Exodus Leviticus Numeri Deuteronomium	Genesis Exodus Leviticus Numeri Deuteronomium	Genesis Exodus Leviticus Numeri Deuteronomium
	Nebiim	***Historiae***	***Historiae***
Josua Richter Ruth 1+2Samuel 1+2 Könige 1+2 Chronik Esra Nehemia Esther	Josua Richter ***** 1+2 Samuel 1+2 Könige Jesaja Jeremia Ezechiel 12 Prophetenbuch	Josua Richter Ruth 1+2 Könige 3+4 Könige 1+2 Chronik Esra I (= 3. Esra) Esra II (Esr+Neh) Esther Judith Tobit 1-4 Makkabäer	Josua Richter Ruth 1+2 Samuel 1+2 Könige 1+2 Chronik Esra I (= Esr) Esra II (= Neh) Tobit Judith Esther
Lehr- und poetische Bücher	***Ketubim***	***Libri Poetici***	***Libri Poetici***
Hiob Psalmen Sprüche Salomos Prediger Salomo Hohes Lied	Psalmen Hiob Sprüche **5 Megillot:** Ruth Hohes Lied Prediger Salomo Klagelieder Esther	Psalmen Oden Salomos Sprüche Salomos Prediger Salomo Hohes Lied Hiob Weisheit Salomos Jesus Sirach Psalmen Salomos	Hiob Psalmen Sprüche Salomos Prediger Salomo Hohes Lied Weisheit Salomos Jesus Sirach
Prophetische Bücher		***Libri prophetici***	***Libri prophetici***
Jesaja Jeremia Klagelieder Ezechiel	Daniel Esra Nehemia 1+2 Chronik	12 Prophetenbuch Jesaja Jeremia Baruch	Jesaja Jeremia Klagelieder Baruch

Daniel 12 Prophetenbuch		Klagelieder Brief Jeremias Ezechiel Susanna Daniel Bel u. Drache	Ezechiel Daniel 12 Prophetenbuch 1+2Makkabäer
			Anhang: Gebet Manasses Esra III (=3.Esr) Esra IV (= 3.Esr) Ps 151

Die Übersicht macht deutlich, dass es sich beim Kanon des Alten Testaments um eine Art Bibliothek handelt, deren Bestand unterschiedlich ist. Wir haben bereits notiert, dass der Umfang des Kanons für die hebräische Bibel wahrscheinlich auf der Synode von Jamnia zum Abschluss kam. Damit kam ein rund 500-jähriger Prozess des Sammelns der Heiligen Schriften zu einem Abschluss, über den wir einige Nachrichten besitzen:[13]

450 v.Chr.: Der Jude Nehemia, ein Beamter am Hof des persischen Königs Artaxerxes I., verschafft nach langer Unterdrückung der Jerusalemer Gemeinde eine beschränkte Kultfreiheit. 2.Makk 2,13: *„Das gleiche wird auch in den Schriften und in den Erinnerungen Nehemias erzählt; dort steht auch, wie er eine Bücherei anlegte und die Bücher der Könige und der Propheten und die (Lieder) Davids sammelte, auch königliche Urkunden über Weihegaben."*
398 v.Chr.: Der Priester Esra verkündet im Auftrag Artaxerxes' II. in Jerusalem das »Gesetz seines Gottes«; die Gemeinde nimmt es als Richtschnur (Kanon) des Lebens an (Esr 7).
167 v.Chr.: 1.Makk 1,56: Bei der Judenverfolgung des Herrschers über Syrien, Antiochus IV. Epiphanes, werden Buchrollen des Gesetzes verbrannt; die Besitzer mit dem Tode bestraft.
164 v.Chr.: 2.Makk 2,13ff.: Ägyptische Juden werden eingeladen, ihre Sammlung heiliger Bücher durch Abschriften aus Jerusalem zu vervollständigen, da Judas Makkabäus nach der Verfolgung die Sammlung des Nehemia angeblich wiederhergestellt hat.
Nach 70 n.Chr.: Der jüdische Historiker Josephus berichtet über eine Sammlung von 22 heiligen Schriften der Juden, die vor der Zeit des Artaxerxes entstanden sei (In Apionem I,8).

2.5 Zugänge zu alttestamentlichen Texten – eine kleine Methodenlehre

Zugänge zu den alttestamentlichen Texten können auf ganz unterschiedlichen Wegen erschlossen werden. Neben den wissenschaftlichen Methoden der Erschließung von Text und Kontext, auf die ich im folgenden ausführlicher eingehen werde, eröffnen sich auch Verständnismöglichkeiten innerhalb von Bibellesekreisen, aber auch mit Hilfe von Meditation und Versenkung. Viele Menschen verbinden daneben auch das Hören biblischer Texte in der gottesdienstlichen Liturgie mit einem unmittelbaren Verständnis ihrer Sinngehalte. So stehen neben den wissenschaftlichen Methoden gleichberechtigt solche aus dem kreativ-künstlerischen Bereich und aus dem Bereich der privaten Frömmigkeitspraxis. Eine Vielzahl von Gesprächsmethoden ermöglicht häufig eine unmittelbare Adaption biblischer Aussagen für das eigene Leben, während die Betrachtung der Bibel als ein Stück Weltliteratur ein eher distanzierteres Verstehen auf dem Hintergrund der biblischen Wirkungs- und Religionsgeschichte ermöglicht.

[13] Die folgende Zusammenstellung findet sich bei A.Ohler, Grundwissen Altes Testament I, Stuttgart 1986, 17.

📖 **Lesetipp:** *Lebendige Welt der Bibel. Entdeckungsreise in das Alte Testament, hrsg. v. E. Zenger, Freiburg/Basel/Wien 1997, 141-151. H.K. Berg, Ein Wort wie Feuer. Wege lebendiger Bibelauslegung, München/Stuttgart 1991.*

Die wissenschaftliche Auslegung des Alten Testaments mit Hilfe der historisch-kritischen Methode geht von der Einsicht aus, dass die Bibel kein zeitloses, sondern ein geschichtlich gewordenes Dokument ist. Die historisch-kritische Methode versucht daher auf den ursprünglichen Sinn biblischer Texte methodisch kontrolliert zurückzuschließen. Sie fragt nach der Lebenswelt und den Denkformen der Menschen, zu deren Zeit die Texte entstanden. Kurzum, sie setzt sich zum Ziel, einen Bibeltext geschichtlich zu verstehen. Ihre Gegenstände und Prinzipien fasst Horst Klaus Berg bündig zusammen:[14]
Die historisch-kritische Methode untersucht:
die historische Stimmigkeit der berichteten Ereignisse;
die historischen Bedingungen der Entstehung des Textes;
die historischen Entwicklungen, die ein Text durchlaufen hat;
die Bedeutung, die ein Text in der geschichtlichen Situation hatte.
Die historisch-kritische Auslegung stützt sich auf kritische Prinzipien und Methoden:
Sie versucht, den Auslegungsprozess von Vor-Urteilen und dogmatischen Voraus-Setzungen frei zu halten;
sie wendet die Erklärungsmethoden an, die sich auch in nicht-theologischen historischen und philologischen Wissenschaften bewährt haben;
sie geht davon aus, dass historische Erkenntnisse nicht endgültig, sondern prinzipiell revidierbar sind.
Für Studierende der Theologie bzw. der Religionspädagogik ist die Beherrschung der historisch-kritischen Methode das grundlegende Handwerkszeug im Umgang mit biblischen Texten. Sie schützt den Interpreten vor einer kurzschlüssigen, rein interessegeleiteten und damit subjektiven Übertragung biblischer Inhalte auf die heutige Lebenssituation und verhindert damit, die Bibel lediglich als einen Steinbruch zur autoritativen Unterfütterung und Absicherung eigener Meinungen zu missbrauchen. Sie ermöglicht dann auch in einem zweiten Schritt die kontrollierte Umsetzung in den durch die Adressaten bestimmten heutigen Lebenskontext, wie z.B. Schule oder Predigt (⇒ Hermeneutik). Besonders im schulischen und kirchlichen Unterricht ist es unumgänglich, didaktische Methoden der Umsetzung und Veranschaulichung erst nach einer eigenständigen kritischen historisch-theologischen Analyse des betreffenden Textes anzuwenden.

2.5.1 Einzelschritte einer historisch-kritischen Textanalyse

2.5.1.1 Die Textkritik

Eine eigenständige Beurteilung textkritischer Entscheidungen setzt bei den Studierenden eine gute Kenntnis der jeweiligen Sprache des Urtextes voraus. Trotzdem sollten auch Studierende der Religionspädagogik diesen Abschnitt nicht überlesen, da es hier in erster Linie darum gehen wird, ein Problembewusstsein für die Schwierigkeiten der Rekonstruktion der ursprünglichen Textgestalt herzustellen. Man muss sich hierbei klarmachen, dass alle biblischen Bücher heute nur noch in einer Vielzahl von Abschriften vorhanden sind und dass die heute vorliegenden biblischen Textausgaben das Produkt einer häufig schwierigen Abwägung unterschiedlicher Lesarten der überlieferten Textzeugen sind. Grundsätzlich besteht das Ziel jeder Textkritik darin, Fehler, die bei der Reproduktion von Texten aufgetreten sind, auszumerzen. Dies können sowohl Irrtümer beim Abschreiben sein als auch vom Kopisten bewusst vorge-

[14] H.K. Berg, Ein Wort wie Feuer. Wege lebendiger Bibelauslegung, München/Stuttgart 1991, 44.

nommene Korrekturen. Typische Lese- und Schreibfehler sind die Verwechslung ähnlich aussehender Buchstaben, die Umstellung von Buchstaben, die Auslassung eines Buchstabens oder Wortes sowie Fehler durch versehentliche Doppelschreibung eines Buchstaben, eines Wortes oder einer Wortgruppe. Daneben finden sich auch absichtliche Veränderungen des Textes z.B. durch Zusätze und Glossen.

Fachausdrücke:

Haplographie ⇒ Einfachschreibung, ähnliche oder gleiche Buchstaben oder Buchstabengruppen bzw. Wörter werden nur einmal geschrieben.
Dittographie ⇒ versehentliche Doppelschreibung eines Buchstabens, einer Buchstabengruppe oder eines Wortes.
Glosse ⇒ Bemerkung, die der Übersetzer etwa zur Verdeutlichung oder Kommentierung an den Rand des Textes geschrieben hat und die später in den Text hineinrutschte.

Tipp zum Weiterarbeiten: *E. Würthwein, Der Text des Alten Testaments, 5. überarb. Aufl., Stuttgart 1988. Würthwein beantwortet in seinem Lehrbuch alle Fragen zur Entstehung des alttestamentlichen Textes, zu seinen Übersetzungen und zur Textkritik in einer verständlichen Weise unter Heranziehung vieler Beispiele.*

2.5.1.2 Die Literar- oder Quellenkritik

Manche biblischen Bücher haben einen langen und häufig komplizierten literarischen Wachstumsprozess hinter sich. Die Literar- oder auch Quellenkritik untersucht die uns vorliegenden alttestamentlichen Bücher daraufhin, ob es sich um literarische Kompositionen handelt; sie fragt also nach ihrer Einheitlichkeit. Mit Hilfe dieser Methode kann es gelingen, spätere Überarbeitungen und Redaktionen ebenso zu erkennen wie literarische Quellen, die in den letztgültigen Text eingeflossen sind. Die Literar- und Quellenkritik achtet dabei besonders auf Brüche, Spannungen, Dubletten und sachliche Widersprüche, mit denen sie Nahtstellen und Brüche im Text aufzuspüren hofft. Im Alten Testament wurde diese Methode besonders fruchtbar bei der Analyse der Quellen des Pentateuch angewendet. Im Blick auf die prophetischen Bücher führte sie zu der Einsicht, dass diese häufig zu unterschiedlichen Zeiten überarbeitet und damit der jeweiligen Situation angepasst wurden. Als Beispiel für literarkritische Beobachtungen an einem Text eignet sich gut der Sintflutbericht in Gen 6,5-8,22. Die Erzählung wurde aus ursprünglich zwei selbständigen Erzählungen zusammengefügt. Dass zwei ineinandergearbeitete Berichte vorliegen, kann man an Unstimmigkeiten und Doppelungen wahrnehmen. Besonders fallen die unterschiedlichen Gottesnamen, viele Wiederholungen und Unstimmigkeiten auf:

Doppelt überlieferte Einzelzüge:

	6,5: Der Herr sah, dass auf der Erde die Schlechtigkeit des Menschen zunahm und dass alles Sinnen und Trachten seines Herzens immer nur böse war.	**6,12:** Gott sah sich die Erde an: Sie war verdorben; denn alle Wesen aus Fleisch auf der Erde lebten verdorben.
Ankündigung der Sintflut	**6,17:** Ich will nämlich die Flut über die Erde bringen, um alle Wesen aus Fleisch unter dem Himmel, alles, was Lebensgeist in sich hat, zu verderben. Alles auf Erden soll verenden.	**7,4:** Denn noch sieben Tage dauert es, dann lasse ich es vierzig Tage und vierzig Nächte lang auf die Erde regnen und tilge vom Erdboden alle Wesen, die ich gemacht habe.
Befehl, in die Arche zu gehen	**6,18:** Geh in die Arche, du, deine Söhne, deine Frau und die Frauen deiner Söhne!	**7,1:** Darauf sprach der Herr zu Noah: Geh in die Arche, du und dein ganzes Haus.
Tun des Befehls	**7,7:** Noah ging also mit seinen Söhnen, seiner Frau und den Frauen seiner Söhne in die Arche, bevor das Wasser der Flut kam.	**7,13:** Genau an jenem Tag waren Noah, die Söhne Noahs, Sem, Ham und Jafet, Noahs Frau und mit ihnen die drei Frauen seiner Söhne in die Arche gegangen.
Beginn der Flut	**7,10:** Als die sieben Tage	**7,11:** An diesem Tag brachen alle

Sich widersprechende Einzelzüge:

Die Zahl der Tiere in der Arche	**6,19:** Von allem, was lebt, von allen Wesen aus Fleisch, führe ***je zwei*** in die Arche, damit sie mit dir am Leben bleiben; je ein Männchen und ein Weibchen sollen es sein.⇒ vgl. 6,20; 7,15.16	**7,2:** Von allen reinen Tieren nimm dir ***je sieben*** Paare mit, und von allen ***unreinen Tieren je ein Paar.***
Die Art der Katastrophe	**7,11:** An diesem Tag brachen ***alle Quellen der gewaltigen Urflut*** auf, und die ***Schleusen des Himmels*** öffneten sich.	**7,12:** Der ***Regen*** ergoss sich ...auf die Erde.
Dauer der Flut	**7,24:** Das Wasser aber schwoll ***hundertfünfzig Tage*** lang auf der Erde an.	**7,12:** Der Regen ergoss sich ***vierzig Tage*** und vierzig Nächte lang auf die Erde.
Ende der Flut	**8,8-12:** Dann ließ er eine ***Taube*** hinaus, um zu sehen, ob das Wasser auf der Erde abgenommen habe. Die Taube fand keinen Halt für ihre Füße und kehrte zu ihm in die Arche zurück, weil über der ganzen Erde noch Wasser stand. Er streckte seine Hand aus und nahm die Taube wieder zu sich in die	**8,6f.15-16:** Nach vierzig Tagen öffnete Noah das Fenster der Arche, das er gemacht hatte, und ließ einen ***Raben*** hinaus. Der flog aus und ein, bis das Wasser auf der Erde vertrocknet war.

	vorbei waren, kam das Wasser der Flut über die Erde.	Quellen der gewaltigen Urflut auf, und die Schleusen des Himmels öffneten sich.		Arche. Dann wartete er noch weitere sieben Tage und ließ wieder die ***Taube*** aus der Arche. Gegen Abend kam die Taube zu ihm zurück, und siehe da: In ihrem Schnabel hatte sie einen frischen Olivenzweig. Jetzt wusste Noah, dass nur noch wenig Wasser auf der Erde stand. Er wartete weitere sieben Tage und ließ die ***Taube*** noch einmal hinaus. Nun kehrte sie nicht mehr zu ihm zurück.	Da sprach Gott zu Noah: Komm heraus aus der Arche, du, deine Frau, deine Söhne und die Frauen deiner Söhne!
Das Steigen der Wasser	**7,17:** Die Flut auf der Erde dauerte vierzig Tage. Das Wasser stieg und hob die Arche immer höher über die Erde.	**7,18:** Das Wasser schwoll an und stieg immer mehr auf der Erde, die Arche aber trieb auf dem Wasser dahin.			
Das Sterben der Kreatur	**7,21:** Da verendeten alle Wesen aus Fleisch, die sich auf der Erde geregt hatten, Vögel, Vieh und sonstige Tiere, alles, wovon die Erde gewimmelt hatte, und auch alle Menschen.	**7,22:** Alles, was auf der Erde durch die Nase Lebensgeist atmete, kam um.			
Das Ende der Flut	**8,2:** Der Regen vom Himmel ließ nach.	**8,2:** Die Quellen der Urflut und die Schleusen des Himmels schlossen sich.			
Gottes Versprechen	**8,21:** Ich will künftig nicht mehr alles Lebendige vernichten, wie ich es getan habe.	**9,15:** Und das Wasser wird nie wieder zur Flut werden.			

Die beiden dem Bericht Gen 6-8 zugrundeliegenden Quellen nennt man den Jahwisten und die Priesterschrift (⇒ Pentateuch). Die wesentlichen inhaltlichen Widersprüche des Textes sind:
Die Anzahl der Tiere (je ein Paar von allen Tieren/von den reinen je sieben, von den unreinen je ein Paar).
Die Dauer der Flut (61 Tage/ein Jahr und zehn Tage).
Der Bericht über das Ende der Flut (Aussendung eines Raben/dreimaliges Aussenden einer Taube).

✎ *Analysieren Sie den Bericht und notieren Sie alle weiteren Spannungen im Text!*

2.5.1.3 Die Überlieferungskritik

Diese Methode versucht, Texte Überlieferungsströmen zuzuordnen, deren Entwicklung sie aufzeigen möchte. Sie fragt besonders nach dem Ursprung der unterschiedlichen Überlieferungen, nach ihren Trägern, nach dem ursprünglichen Milieu, in dem sie entstanden sind. Sie fragt besonders nach dem Personenkreis, der an dem Überlieferten ein besonderes Interesse hatte. An diesem Punkt nähert sich die Überlieferungskritik der **Formkritik**, die danach fragt, welche literarischen Formen (z.B. Sagen oder Lieder) wo ihren ursprünglichen „Sitz im Leben" hatten.

Ein Beispiel für das Zusammenwachsen unterschiedlicher Überlieferungen mit voneinander abweichender Tendenz sind die Berichte über die Entstehung des Königtums unter Saul. In diesen Überlieferungen spiegeln sich frühe Formen israelitischer Geschichtsschreibung, die aufgrund ihres Entstehungsmilieus das Königtum unterschiedlich beurteilen. In 1.Sam 9-11 finden sich unterschiedliche Versionen darüber, wie Saul das Königtum über Israel erlangte, die das Königtum überwiegend positiv beurteilen:

- Eine Sage mit märchenhaften Zügen, die von einer positiven Einstellung zum Königtum in Israel zeugt: Saul sucht seine entlaufenen Eselinnen, trifft den Propheten Samuel, der ihn zum König salbt 1.Sam 9,1-10,16). Es handelt sich hier um ein klassisches Märchenmotiv.
- Samuel führt über den künftigen König einen Losentscheid herbei. Das Los trifft Saul, der dann von Samuel zum König ausgerufen wird. 10,24: *„Und Samuel sagte zum ganzen Volk: Habt ihr gesehen, wen der Herr erwählt hat? Keiner ist ihm gleich im ganzen Volk. Da jubelte das ganze Volk und sagte: Es lebe der König!"*
- Saul besiegt als charismatischer Heerführer des israelitischen Stämmebundes die Ammoniter und wird aufgrund dieses Sieges zum König erhoben. 11,15 *„Da ging das ganze Volk nach Gilgal. Sie machten dort in Gilgal Saul vor dem Herrn zum König, schlachteten dem Herrn Heilsopfer, und Saul und alle Männer Israels waren voll Freude."*

Innerhalb der Kap 9-11 finden sich aber auch königskritische Motive, die auf ein prophetisches Ursprungsmilieu schließen lassen:

Zentraler Text: 1. Sam 10,17 *„Samuel rief das Volk zum Herrn nach Mizpa zusammen. 10,18 Er sagte zu den Israeliten: So spricht der Herr, der Gott Israels: Ich habe Israel aus Ägypten heraufgeführt, ich habe euch aus der Gewalt der Ägypter befreit und aus der Gewalt all der Königreiche, die euch bedrängt haben. 10:19 Ihr aber habt heute euren Gott verworfen, der euer Retter in allen Nöten und Bedrängnissen war, und ihr habt gesagt: Nein, du sollst einen König bei uns einsetzen. Stellt euch jetzt also vor dem Herrn auf, (geordnet) nach euren Stämmen und Tausendschaften."*

In der in 1.Sam 12 folgenden Abschiedsrede des Samuel findet sich dann wieder ein starke königskritische Tendenz. Samuel propagiert hier eine Herrschaftsform, der jedwede Bereicherung fern liegt und kontrastiert diese mit dem Königtum.

✎ **Tipp zum Weiterarbeiten:** *Im Bundesbuch (Ex 21-23) spiegelt sich eine grundlegend andere politische, soziale und religiöse Situation der israelitischen Gesellschaft wider als in den anderen Gesetzessammlungen (Dtn 12-26; Lev 17-26: Heiligkeitsgesetz). Versuchen Sie, den Ursprung dieser Überlieferungen näher zu bestimmen!*

2.5.1.4 Die Redaktionskritik

Die Redaktionskritik oder -geschichte versucht, die theologische Eigenleistung eines Redaktors oder einer Redaktorengruppe näher zu beschreiben. Am Beispiel der sog. deuteronomistischen Redaktion (⇒ deuteronomistisches Geschichtswerk) lässt sich der Ertrag der redaktionskritischen Arbeitsweise aufzeigen. Die Intention der Geschichtsschreiber, die den Büchern Josua bis 2. Könige ihre letzte Gestalt gaben, kann mit Hilfe der Redaktionskritik ebenso aufgezeigt werden, wie die geschichtliche Situation, die dieser Redaktion zugrunde liegt. Als Beispiel sei die theologische Deutung der Heldensagen im Buch ⇒Richter angeführt. Der kurze Abschnitt über den Richter Otniel (Ri 3,7-11) trägt alle Züge der deuteronomistischen Sicht, mit der rückblickend die Geschichte Israels gedeutet wurde:

Ri 3,7 *„Die Israeliten taten, was dem Herrn missfiel. Sie vergaßen den Herrn, ihren Gott, und dienten den Baalen und den Kultpfählen. 3,8 Da entbrannte der Zorn des Herrn gegen die Israeliten, und er lieferte sie der Gewalt des Kuschan-Rischatajim aus, des Königs von Aram in Mesopotamien. So mussten die Israeliten acht Jahre lang Kuschan-Rischatajim dienen. 3,9 Als die Israeliten zum Herrn schrien, gab der Herr den Israeliten einen Retter, der sie befreite: Otniël, den Sohn des Kenas, den jüngeren Bruder Kalebs. 3,10 Der Geist des Herrn kam über ihn, und er wurde Richter in Israel. Er zog in den Kampf, und der Herr gab Kuschan-Rischatajim, den König von Aram, in seine Gewalt, und Otniël unterwarf Kuschan-Rischatajim. 3,11 Darauf hatte das Land vierzig Jahre lang Ruhe; dann starb Otniël, der Sohn des Kenas."*

Das deuteronomistische Geschichtsschema deutet die Geschichte Israels als einen regelmäßig wiederkehrenden Ablauf von Abfall des Volkes („Sie vergaßen den Herrn, ihren Gott und dienten den Baalen..."), der darauf folgenden Strafe Gottes („Da entbrannte der Zorn des Herrn... und er lieferte sie der Gewalt aus..."), der Reue Israels („Als die Israeliten zum Herrn schrien..."), der Hilfe Jahwes („Der Herr gab den Israeliten einen Retter...") und einer Zeit der Einmütigkeit zwischen Gott und seinem Volk („Darauf hatte das Land vierzig Jahre lang Ruhe..."). Danach wiederholt sich das Geschehen von neuem. Anders als in den aufgenommenen Überlieferungen sehen die deuteronomistischen Redaktoren den Anlass für die Unterdrückung Israels in seinem Abfall von Gott. Wahrscheinlich wurde die letztgültige deuteronomistische Redaktion nach der Katastrophe von 587/86 v.Chr. verfasst. Es wird damit eine Möglichkeit geboten zu verstehen, wie es zu der Eroberung Jerusalems und der Vertreibung in das Babylonische Exil kommen konnte.

2.5.1.5 Religionsgeschichte

Wir können die israelitische Religion nicht isoliert betrachten, sondern müssen versuchen, sie aus ihrem Zusammenhang mit den anderen Religionen des Vorderen Orients zu verstehen. Das Königtum Salomos ist ein Beispiel dafür, in welch mannigfaltigen Beziehungen das alte Israel mit den altorientalischen Kulturvölkern, den Ägyptern, Sumerern, den Babyloniern und Assyrern, den Hetithern und Kanaanäern stand. Es kann deshalb nicht verwundern, dass auch die israelitische Religion unter den Aspekten Götterwelt, Mythologie, Kult, Königtum, Gott und Mensch, Frömmigkeit, Moral und Jenseitsvorstellungen von den sie umgebenden Kulturen beeinflusst wurde. Es handelt sich dabei um Prozesse der Aufnahme, der Umdeutung und der Abgrenzung von fremdreligiösen Motiven und Vorstellungen. Diesen Prozessen nachzuspüren dient die religionsgeschichtliche Methode. Ein geradezu klassisches Beispiel für Inkulturation eines ursprünglich fremden Mythos in das eigene religiöse Denken ist die Übernahme des Flutberichts aus dem akkadischen Gilgamesch-Epos in die biblische Sintflutgeschichte (Gen 6,5-8,22). Ein religionsgeschichtlicher Vergleich der beiden Texte zeigt die charakteristischen Übereinstimmungen, aber auch die Unterschiede in der religiösen Interpretation des Mythos. So sehen z.B. die alttestamentlichen Verfasser den Grund für die Vernichtung des Menschengeschlechtes durch die Flut in dessen Sündhaftigkeit. Das Gilgamesch-Epos nennt hierfür hingegen keinen Grund.

Auch die Eigenart der alttestamentlichen Prophetie kann durch den Vergleich mit verwandten Phänomenen aus der religiösen Umwelt Israels gut dargestellt werden. Die alttestamentliche Prophetie gehört in den Bereich der vorderorientalischen medialen Mantik, die immer dort vorliegt, wo ein menschliches Wesen zum Medium einer unmittelbaren göttlichen Eingebung wird. Berühmt sind in diesem Zusammenhang die **Mari-Texte**. Es handelt sich hierbei um amtliche Texte aus einem königlichen Archiv des 18. Jhdts. v.Chr., das in der am Euphrat gelegenen Stadt Mari ausgegraben wurde. Die vorliegenden 20 amtlichen Briefe berichten von Visionen und Auditionen prophetischer Gestalten an den fern von seiner Residenz weilenden König. Von der medialen Mantik kann man die instrumentale Mantik unterscheiden, die vorliegende Phänomene etwa aus dem Bereich der Natur als Vorzeichen auf die Zukunft deutet. Hierzu gehört etwa die Astrologie, aber auch die Wetterdeutung und die Tierschau. Aus dieser Form der beobachtenden und ableitenden Mantik entwickelte sich die antike Wissenschaft.

Fachausdrücke:

Mantik ⇒ Hellsehen, Wahrsagen, privat oder professionell betriebene Erkundung von Zukunft auf dem Hintergrund einer religiösen oder magischen Weltsicht (*Klaus Koch).*
Divination ⇒ Anderer Begriff für Mantik
Prodigien ⇒ Vorzeichen

✎ **Tipp zum Weiterarbeiten:** H. Ringgren, Die Religionen des Alten Orients im Umkreis Israels, Göttingen 1979: Eine gut verständliche Darstellung der vorderorientalischen Religionen auf der Basis des heute allgemein anerkannten Forschungsstandes.

2.5.1.6 Neuere methodische Zugänge

In den letzten Jahrzehnten haben sich neben den klassischen Schritten der historisch-kritischen Methode weitere methodische Zugänge zu den biblischen Texten etabliert, die das herkömmliche Methodenarsenal teilweise sinnvoll ergänzen können. Es kann an dieser Stelle nur ein knapper Überblick gegeben werden. Ich verweise ausdrücklich auf den Lesetipp zu diesem Kapitel. In den Bereich der neueren methodischen Zugänge gehören Methoden der literarischen Analyse unter Zuhilfenahme der Rhetorik und Linguistik. Die aus den USA stammende Kanonskritik ist ein ganzheitlicher (holistischer) Zugang, der die biblischen Schriften in ihrer vorliegenden Gestalt und im Zusammenhang mit den anderen kanonischen Schriften auszulegen versucht. Als sehr fruchtbar haben sich Methoden erwiesen, die versuchen, Erkenntnisse der modernen Humanwissenschaften für die Exegese zu nutzen. Neben den soziologischen tritt der kulturanthropologische und der psychologische Zugang. Seit den sechziger Jahren werden häufig auch kontextuelle Zugänge als exegetisch-hermeneutische Schlüssel verwendet. So basiert der befreiungstheologische Ansatz auf der Einsicht, dass der Gott der Bibel an der Seite der Armen steht, denen er Erlösung zusagt. Der feministische Ansatz lenkt den Blick auf patriarchale biblische Strukturen, die der Befreiung der Frau im Wege stehen könnten oder auf biblische Ansätze die feministische Ziele befördern könnten. Der feministische wie auch der befreiungstheologische Zugang gehören in den Bereich der ⇒Hermeneutik; sie haben kein eigenes methodisches Instrumentarium entwickelt.

🕮 **Lesetipp**: Verlautbarungen des Apostolischen Stuhls 115 vom 23.4.1993, hg. v. Sekretariat der Deutschen Bischofskonferenz. Dieses Dokument enthält eine ausgezeichnete, von der päpstlichen Bibelkommission erarbeitete, Darstellung aller Interpretationsmöglichkeiten der Bibel, wobei besonders auf die Darstellung der neuen methodischen Zugänge Wert gelegt wurde. Dieses Dokument ist auch über das Internet abrufbar!

Tipp zum eigenständigen Erschließen biblischer Texte: Lesen Sie den Text mehrmals laut und notieren Sie alles, was Ihnen auffällt. Achten Sie auf zentrale Begriffe, Leitworte und handelnde Personen (Aktanden). Versuchen Sie dem Text eine vorläufige Gliederung zu geben, indem Sie auf Einleitung, Hauptteil und Schluss achten. Lässt sich der Hauptteil weiter untergliedern? Gibt es Verbindungen zum Kontext? Notieren Sie alles, was Sie nicht verstehen. Halten Sie spontane Einfälle fest!

2.6 Von der Landnahme bis zu den Makkabäeraufständen – Geschichte Israels im Überblick

Der Glaube des Volkes Israel ist ein geschichtlicher Glaube, denn Jahwe wird als ein in der Geschichte und an seinem Volk handelnder Gott geglaubt. Von daher ist das Alte Testament in großen Teilen auch ein Geschichtsbuch. Allerdings erhebt es nicht den Anspruch, die Geschichte Israels im Rahmen der Geschichte des Vorderen Orients historisch objektiv darzustellen, sondern es deutet geschichtliche Ereignisse im Lichte seiner Glaubenserfahrungen. Im sog. „kleinen geschichtlichen Credo" (*Gerhard v. Rad)* werden aus der Glaubensperspektive die wichtigsten geschichtlichen Taten Gottes an seinem Volk zusammengefasst. Der Text hat deutlich liturgischen Charakter (vgl. Dtn 6,20-25, dort findet sich das Credo in einem katechetischen Zusammenhang).

Zentraler Text: Das „kleine geschichtliche Credo" (Dtn 26,5-10)
26,5 Du aber sollst vor dem Herrn, deinem Gott, folgendes Bekenntnis ablegen: Mein Vater war ein heimatloser Aramäer. Er zog nach Ägypten, lebte dort als Fremder mit wenigen Leuten und wurde dort zu einem großen, mächtigen und zahlreichen Volk. 26,6 Die Ägypter behandelten uns schlecht, machten uns rechtlos und legten uns harte Fronarbeit auf. 26,7 Wir schrien zum Herrn, dem Gott unserer Väter, und der Herr hörte unser Schreien und sah unsere Rechtlosigkeit, unsere Arbeitslast und unsere Bedrängnis. 26,8 Der Herr führte uns mit starker Hand und hoch erhobenem Arm, unter großem Schrecken, unter Zeichen und Wundern aus Ägypten, 26,9 er brachte uns an diese Stätte und gab uns dieses Land, ein Land, in dem Milch und Honig fließen. 26,10 Und siehe, nun bringe ich hier die ersten Erträge von den Früchten des Landes, das du mir gegeben hast, Herr. Wenn du den Korb vor den Herrn, deinen Gott, gestellt hast, sollst du dich vor dem Herrn, deinem Gott, niederwerfen.

Im großen und ganzen ist das Alte Testament aber auch für eine rein historische Betrachtung die maßgebende Quelle. Seine Periodisierung des geschichtlichen Ablaufs in die Zeit vor der Landnahme; der Sesshaftwerdung in Kanaan, der Staatenbildung, der Reichsteilung, des Babylonischen Exils, der Zeit der persischen Herrschaft mit dem Wiederaufbau des Tempels und der Makkabäerzeit entspricht dem realen geschichtlichen Ablauf. In vorisraelitischer Zeit zogen die Vorfahren des Volkes Israel als nomadisierende Kleinviehhirten durch die Steppen des Vorderen Orients. Die alttestamentliche Überlieferung hat einzelne Erinnerungen an diese Zeit in den Vätererzählungen bewahrt. So stammten aus dieser Zeit einige Rechtsbräuche, wie die Möglichkeit, das Erbrecht an einen Sklaven zu übertragen, oder aber die Möglichkeit, das Erstgeburtsrecht zu verkaufen. Diese in Sippen organisierten Halbnomaden verehrten eine Gottheit, die seit Albrecht Alt „Gott der Väter" genannt wird. Der „Gott der Väter" offenbart sich einem Sippenführer (etwa Abraham, Isaak oder Jakob) und macht ihn damit zum Gründer des Kultes. Die Vätergottheiten waren namenlos, so dass man sie nach dem Kultgründer benannte („ Gott deines Vaters"; oder später auch „Gott Abrahams", „Gott Isaaks", und „Gott Jakobs"). Die Sippenverbände hatten zu ihren Göttern ein personales Verhältnis. Der Gott der Väter war nicht ortsgebunden; er wanderte mit der ihn verehrenden Menschengruppe mit. Ein Heiligtum, an dem er verehrt wurde, gab es demzufolge nicht. Die Vätergottheiten waren Garant der Verheißung großer Nachkommenschaft und Lebensraumes/Landbesitzes. Von besonderer Bedeutung waren diejenigen Vorfahren der Israeliten, die als Halbnomaden in den Steppen und Wüsten südlich Palästinas umherzogen. Diese Gruppen kamen in Kontakt mit einer Berggottheit, die auf dem Berg Sinai (Ri 5,5: „der (Gott) vom Sinai ist Jahwe“) mit dem Gottesnamen Jahwe verehrt wurde. Nicht nur diese präisraelitischen Gruppen, sondern auch andere in dieser Gegend wandernde Stämme gehörten wahrscheinlich zu den frühen Jahweverehrern, so die Keniter (Ri 4,11) und die Midianiter (Ex 3,1; 18,12). Auch in ägyptischen Inschriften aus dem 14. und 13. Jh. lässt sich der Jahwename im Zusammenhang mit nomadisierenden Stämmen südlich Palästinas nachweisen. Während der Landnahme wurde Jahwe der Name für alle verehrten Vätergottheiten Israels.

Aufgrund eines Machtvakuums im Vorderen Orient kam es um 1200 v.Chr. im Zuge der „aramäischen Wanderung“ zur sog. Landnahme der nomadisierenden Weidehirten. Historisch vollzog sich die Sesshaftwerdung in Kanaan zu großen Teilen als ein langsames, friedliches Einsickern von Stammesgruppen. Daneben gab es auch kriegerische Auseinandersetzungen mit den kanaanäischen Stadtstaaten und eine Absetzbewegung unterdrückter Gruppen aus dem kanaanäischen Feudalsystem heraus zu den einsickernden Nomadengruppen. Für eine bestimmte Zeit gab es so ein Nebeneinander zwischen den kanaanäischen Stadtstaaten und den auf dem Land sesshaft gewordenen Nomadengruppen, die sich immer stärker zusammenschlossen.

Das Urbekenntnis Israels, das sich in allen Teilen und Schichten des Alten Testaments findet, ist die Erfahrung, dass Jahwe Israel aus Ägypten herausführte und damit aus der Knechtschaft befreite. Diese Grunderfahrung ist in Formeln (Ex 20,2), als Bekenntnis (Dtn 26) und als ausgeführte Geschichtserzählung (Ex 1-14) überliefert. Sehr ursprünglich ist das **Mirjam-Lied** Ex 15,21: *„Mirjam sang ihnen vor: Singt dem Herrn ein Lied, denn er ist hoch und erhaben! Rosse und Wagen warf er ins Meer.“* Geschichtlicher Hintergrund dieser für Israel zentralen Glaubenserfahrung sind die Lebensumstände der weidewechselnden Wanderhirten, die bei langwährender Dürre gezwungen waren, in das vom Regen unabhängige und fruchtbare Niltal auszuweichen. Wir wissen aus ägyptischen Quellen, dass um 1350 v.Chr. Gruppen von Halbnomaden Aufenthalt im Gebiet des Pharao erbaten, und um 1200 v.Chr. meldet ein ägyptischer Grenzbeamter seinem Vorgesetzten, dass er Beduinenstämme aus der Steppe die Grenzfestungen habe passieren lassen, „um sie und ihr Vieh auf der großen Besitzung des Pharao, der guten Sonne eines jeden Landes, am Leben zu erhalten“[15]. Diese Gruppen wurden in Ägypten zu „Apiru“ (⇒ Hebräer, Ex 2,11.13), d.h. zu nichtsesshaften Gruppen von Menschen minderen Rechts, die zu Fronarbeit herangezogen wurden. Ägyptische Quellen belegen etwa den Bau der Städte Pithom und Ramses (Ex 1,11) unter dem Pharao Ramses II. (1290-1223). Unter Moses kam es dann zum Auszug aus dem Delta entweder aufgrund von Verhandlungen oder als Flucht vor den die Verfolgung aufnehmenden ägyptischen Streitwagenabteilungen. Deren Vernichtung und die wunderbare Errettung der Exodusgruppe um Mose besingt bereits das Mirjamlied. Bei dieser knappen Schilderung der Ereignisse ist vorausgesetzt, dass es sich bei Mose um eine historische Gestalt, die mit der Exodusüberlieferung von Beginn an verbunden war, handelt.

✎ **Tipp zum Weiterarbeiten:** *Die Frage nach dem „historischen Mose“ ist in der Forschung heftig umstritten. Einen sehr guten Überblick über das Pro und Contra bietet: H.J. Boecker in: H.J. Boecker u.a., Altes Testament, 4.Aufl. Neukirchen-Vluyn 1993, 1-10.*

---

[15] TGI^2, Nr.16; vgl. M.Metzger, Grundriß der Geschichte Israels, 9.Aufl. 1994, 31.

Das Schlüsseljahr 1200 v. Chr.

In Kleinasien geht das Hethiterreich unter, und in Ägypten endet das „Neue Reich“; es entsteht ein Machtvakuum. Abschluss der Landnahme der israelitischen Stämme. Die Seevölker (Phönizier) werden sesshaft; Ende der dorischen Wanderung. 1183 endet der Trojanische Krieg.

Bald nach Ende der Landnahme nahmen die eingewanderten Stämme untereinander Kontakt auf. Wie diese Verbindungsaufnahme organisatorisch aussah und welche gemeinsamen Institutionen sich herausbildeten, wird in der Forschung kontrovers diskutiert. Die „klassische“ Hypothese der frühen Herausbildung eines sakralen Bundes von 12 Stämmen (Amphiktyonie) stammt von Martin Noth. Nach Noth konstituierte sich ein Verband von 12 Stämmen unter dem Namen Israel, der mit der Bundeslade ein gemeinsames Wanderheiligtum hatte, das von den 12 Stämmen im Wechsel betreut wurde. Der Stämmebund wird als Bund zwischen dem Bundesgott Jahwe und Israel religiös definiert und durch ein gemeinsames Bundesrecht konstituiert. Charismatische Heerführer (⇒ „große Richter“) übernehmen im Bedrohungsfall die Führung des Heerbanns, und amphiktyonische Amtsträger (⇒ „kleine Richter“) wachen über die Einhaltung des Bundesrechts.

✎ **Tipp zum Weiterarbeiten:** *Mit bedenkenswerten Argumenten wurde in der jüngeren Forschung die Amphiktyoniethese teilweise oder ganz bestritten. Eine verständliche Diskussion des Problems findet sich in: M. Metzger, Grundriß der Geschichte Israels, 9.Aufl. Neukirchen-Vluyn 1994, 49-72.*

Den Übergang von einem losen Stämmeverband zu einem Staat bildet das Königtum Sauls, in dessen Person sich das Charismatikertum der Großen Richter institutionell angesichts der Bedrohung durch die Philister verfestigt. Nach seinem Sieg über die Ammoniter wird Saul durch das Volk zum König erhoben (1.Sam 11). Die katastrophale Niederlage gegen die Philister am Berg Gilboa nahe der Jesreelebene (1.Sam 31) führt zum Tod Sauls und seiner Söhne. Unter Saul konnte die Staatenbildung nicht abgeschlossen werden. Es fehlte eine gemeinsame Hauptstadt, ein stehendes Heer, ein Beamtenapparat. Auch ist fraglich, ob Juda zum Herrschaftsgebiet Sauls gehörte. Erst mit David begann die kurze Epoche der unabhängigen Großmacht Israel, deren Einflussgebiet mit ihrem System von Vasallen- und Tributärstaaten nach 1.Kön 5,1 „vom Euphrat... bis an die Grenze Ägyptens“ reichte. David begann seinen Aufstieg als Waffenträger Sauls (1.Sam 16). Er trat nach einem Zerwürfnis mit Saul als Söldnerführer in die Dienste der Philister (1.Kön 18-27) und baute als Herr über die im Südwesten Palästinas gelegene Stadt Ziklag seine Hausmacht weiter aus (1.Kön 27). Nach dem Tode Sauls wurde David zuerst in Hebron zum König von Juda gesalbt (2.Kön 2); sieben Jahre später auch zum König über Israel (2.Kön 5). Nach zwei entscheidenden Siegen über die Philister eroberte er die Jebusiterstadt Jerusalem und machte sie zur Hauptstadt seines Königreiches (2.Kön 5). Jerusalem wurde zum Zentrum des Kultus (Ort der Ladeverehrung) und der Königsideologie (Gottessohnschaft der Davididen; ⇒ Messias). Durch den Aufbau eines starken Beamtenapparates, ein stehendes Heer und die Einverleibung der philistäischen Gebiete und der kanaanäischen Stadtstaaten gelang ihm die Errichtung eines Territorialstaates, der allerdings den Keim seines Zerbrechens schon in sich trug: Die Errichtung des Großreiches ging insbesondere auf Kosten der religiösen und nationalen Einheit; die auf kanaanäischen Einflüssen beruhende neue Königsideologie provozierte unter den jahwegläubigen Stämmen besonders in Israel Widerstand. Überhaupt gelang eine Verschmelzung der nur in Personalunion verbundenen Gebiete Israel und Juda nicht nachhaltig. Es folgte jedoch unter Davids Sohn Salomo eine Zeit der kulturellen und wirtschaftlichen Blüte des Reiches. Die Förderung von Weisheit und Bildung ging einher mit einer Öffnung gegenüber Einflüssen von außen, die in konservativen Kreisen Widerspruch hervorrufen musste. Ausdruck der reichen Bautätigkeit unter Salomo ist besonders der Tempel und der königliche Palast. Bereits unter Salomo kam es zu erheblichen Unruhen. Diese waren durch die drückende Steuerlast und die Heranziehung von Israeliten zu Frondiensten verursacht. 939 v.Chr. starb Salomo, und mit seinem Tod zerbrach die Personalunion zwischen Juda/Jerusalem und Israel, zwischen Süd- und Nordreich. Im Südreich setzte sich die unter David begonnene erbliche Thronfolge mit Rehabeam weiter fort, während im Nordreich Jerobeam zum König ausgerufen wurde. Mit dem Beginn der Expansionspolitik des assyrischen Großreiches unter Tiglat-Pileser III (745 v.Chr. Thronbesteigung) begann der Niedergang der beiden israelitischen Teilreiche. 733 v.Chr. versuchten im sog. syrisch-ephraimitischen Krieg eine Reihe von syrisch-palästinischen Kleinstaaten, unter ihnen auch Israel, Juda in eine Koalition gegen Assur zu zwingen. Daraufhin unterwarf sich Ahas als König von Juda freiwillig der assyrischen Oberhoheit und rettete damit das Südreich vor dem Untergang. Der Vergeltungsschlag der Assyrer folgte noch im selben Jahr. Tiglat-Pileser eroberte ganz Galiläa und das Ostjordanland und deportierte die dortige Oberschicht. Als es 724 Israel wagte, die Tributzahlungen einzustellen und das Vasallenverhältnis zu Assur zu kündigen, zog Salmanassar V. (727-722) gegen das Nordreich zu Felde. Nach dreijähriger Belagerung wurde unter dessen Nachfolger Sargon II. 721 die Hauptstadt Samaria erobert und die Oberschicht nach Medien und Mesopotamien deportiert. Der Staat Israel (Nordreich) verschwand damit für immer von der geschichtlichen Bühne. Die Botschaft der Propheten Jesaja und Micha spricht in diese Zeit der assyrischen Vorherrschaft hinein und kann ohne Kenntnisse der geschichtlichen Ereignisse ebenso wenig verstanden werden wie die Botschaft Jeremias und Hesekiels ohne ein Wissen um die Umstände des Untergangs Judas gut anderthalb Jahrhunderte später. Doch davor ist noch von einer kurzen Zeit der Eigenständigkeit Judas nach dem Untergang des assyrischen Reiches zu berichten. In dieser Zwischenperiode gelang es in der deuteronomischen Reform, den Jahwekult in Jerusalem neu zu konstituieren: Unter dem König Joschija (639/38-609/8 v.Chr.) wurden alle synkretistischen Elemente aus dem Jerusalemer Tempelkult entfernt und der Tempel zur alleinigen Kult- und Verehrungsstätte Jahwes erhoben (Kultzentralisation unter Schließung aller anderen Verehrungsstätten Jahwes). Auslöser dieser Reform war, dass man bei Bauarbeiten am Tempel ein Gesetzesbuch fand, dass die alleinige Verehrung Jahwes (Dtn 6,4: *„Höre, Israel! Jahwe, unser Gott, Jahwe ist einzig.“*) und seine Verehrung an nur einer Kultstätte forderte (Dtn 12). Es ist höchstwahrscheinlich, dass es sich hierbei um das Deuteronomium handelte, das alte Gesetze und Ordnungen enthält, die im 7.Jh. von Priestern und Leviten der Jahweheiligtümer auf dem Lande gesammelt wurden (so: *Metzger*). Mit der deuteronomischen Reform wurden alle Fremdkulte in Jerusalem beseitigt, die Bedeutung Jerusalems als zentrale Stätte der Jahweverehrung erheblich gesteigert und auch eine soziale Reform gemäß den deuteronomischen Gesetzen versucht. Doch schon einige Jahrzehnte später wurde Juda das Opfer seiner Schaukelpolitik zwischen den Großmächten Babylonien und Ägypten. Am 16.3.597 v.Chr. eroberte der Babylonier Nebukadnezar zum ersten Mal Jerusalem, setzte den König Jojachin, der die Politik der Unabhängigkeit von Babylon seines Vaters Jojakim fortsetzen wollte, ab und ließ 3023 Personen der judäischen Oberschicht (Jer 52,28) nach Babylon deportieren. Nebukadnezar setzte Zidikija als König ein und hatte offensichtlich die Absicht, Juda als Vasallenstaat fortbestehen zu lassen. Doch als Zidikija auf die ägyptische Seite überwechselte, eroberten am 29. Juli 587 nach eineinhalbjähriger Belagerung die Babylonier Jerusalem, verschleppten den Rest der Oberschicht nach Babylon, zerstörten den Tempel und setzten damit dem Staat Juda ein Ende. Für ca. 4600 Israeliten des Adels, der Priesterkaste und der Oberschicht begann das Babylonische Exil, während der Großteil der einfachen Menschen und vor allem die Landbevölkerung im Lande verblieben.

Die nun im Exil lebenden Juden überdachten unter theologischen Gesichtspunkten die Gründe, die zur Zerstörung des Tempels und zur Vertreibung geführt hatten. Dieses Nachdenken fand seinen Niederschlag im ⇒ Deuteronomistischen Geschichtswerk, das die Geschichte Israels bis zum Exil als eine Geschichte sich wiederholender Abfälle von Jahwe verstand. Das von Gott vollzogene Gericht an seinem ungehorsamen Volk barg aber auch neue Hoffnung auf eine Erneuerung Israels in sich, die in der Ablösung der babylonischen durch die persische Herrschaft geschichtliche Konkretion erfuhr (⇒ Deuterojesaja): Bereits 539 v.Chr. eroberte der Perserkönig Kyros II. Babylon. Er wurde als Befreier begrüßt. Die persische Innen- und Religionspolitik war, wie das wahrscheinlich fiktive Kyrosedikt (Esr 5,6-6,12) historisch zutreffend zeigt, gegenüber den besiegten Völkern weit weniger repressiv. So kam es bald zu einer Rückwanderungsbewegung von Juden nach Palästina. Den Rückkehrern wurde erlaubt, die von den Babyloniern geraubten Tempelgeräte mitzunehmen. Im Jahre 520 v.Chr. begannen in Jerusalem die Arbeiten am Wiederaufbau des Tempels (⇒ Haggai), 515 v.Chr. wurde seine Fertigstellung mit einem großen Fest gefeiert. Unter ⇒ Esra und ⇒ Nehemia kam es dann zu einer politischen und religiösen Reform. Neben kulturellen und sozialen Reformen wurde auf Veranlassung Nehemias Jerusalem durch Wiederaufbau der Stadtmauern zur befestigten Stadt. Esra unternahm den Versuch einer religiösen Reform auf der Grundlage der im Exil entstandenen ⇒ Priesterschrift, deren Gesetzesforderungen er in Palästina durchsetzen wollte. Die Durchsetzung der priesterlichen Reinheitsvorschriften und besonders das Verbot von Mischehen führten zu einer Absonderung und Identitätsbewahrung der Jerusalemer Gemeinde und hatten auf das Selbstverständnis des ⇒ Judentums großen Einfluss.

Tipp zum Weiterarbeiten: *Die historische Rolle, die Esra und Nehemia spielten, ist in der Forschung heftig umstritten. Die unterschiedlichen Hypothesen hat G. Fohrer, Das Alte Testament II+III, Gütersloh 1970, 111-114, prägnant dargestellt.*

Nachdem Alexander d.Gr. der persischen Herrschaft ein Ende gesetzt hatte, gelangte Palästina unter den Einfluss der Diadochenreiche. Unter dem Seleukidenherrscher Antiochus IV. Epiphanes (174-164 v.Chr.) kam es zu einer drastischen Hellenisierung Palästinas und besonders auch des Kultes in Jerusalem. Der Jahweglauben wurde durch dessen Maßnahmen aufs höchste gefährdet: Der Jerusalemer Tempel wurde in eine Kultstätte des Zeus umgewandelt. Die Beachtung des Sabbats, des Fastens und der jüdischen Feste wurde ebenso mit der Todesstrafe bedroht wie der Besitz von Torarollen oder die Ausübung der Beschneidung. Als Zeichen der neuen hellenistischen Kultur wurde in Jerusalem ein Gymnasium errichtet. Die Juden sollten gezwungen werden, auf heidnischen Altären, die überall im Land errichtet wurden, zu opfern. Mit diesen drakonischen Maßnahmen hatte Antiochus den Bogen überspannt. Nur ein Teil der priesterlichen Oberschicht folgte seinen Reformen, im Volk bildete sich Widerstand, der in die Makkabäeraufstände mündete. Zuerst nur eine kleine Gruppe von „Frommen" (Chassidim) scharte sich um den aus der Sippe der Hasmonäer stammenden Priester Mattatias, um für die religiöse Freiheit zu kämpfen. Seinem Sohn Judas Makkabäus gelang es, 164 v.Chr. den Jerusalemer Tempel zu besetzen, ihn von allen Fremdkulten zu reinigen und ihn als alleinige Verehrungsstätte zu restituieren. Nachdem dies erreicht war, zogen sich ein großer Teil der „Frommen" aus dem Widerstand zurück, da für sie das Ziel der Religionsfreiheit und der Wiedereinführung des Jahwekultes im Tempel erreicht war. Doch Judas Makkabäus und seine Anhänger setzten sich nun weitere Ziele: Nun ging es ihnen um die Erkämpfung der politischen Freiheit von der Syrerherrschaft. Schließlich gelang es Johannes Hyrkan (135-105 v.Chr.), 129 v.Chr. die Unabhängigkeit Judäas endgültig zu erstreiten. Johannes eroberte u.a. auch Samarien, wobei er den samaritanischen Tempel auf dem Garizim zerstörte. Die Hasmonäerherrschaft erreichte ihre größte Ausdehnung unter Alexander Jannäus (103-77 v.Chr.). Sein Reich hatte wieder die Ausdehnung des salomonischen Reiches. Doch die innenpolitische Lage verschärfte sich durch die Willkür des Königs dramatisch. Es kam zu grausam niedergeschlagenen Aufständen, bei denen Hunderte von Aufständischen gekreuzigt wurden.

Unter freiwilliger Abtretung der politischen Oberherrschaft wurde nach zahlreichen Wirren im Jahre 63 v.Chr. die Priesterherrschaft wiederhergestellt und das aus den Makkabäeraufständen hervorgegangene Hasmonäerkönigtum abgeschafft. Die nun folgenden Ereignisse gehören in die ⇒ neutestamentliche Zeitgeschichte.

Epochen der Geschichte Israels bis zum Aufstand des Bar Kochba im Überblick[16]		
Epochen	*Ereignisse*	*Alttestamentliche Stoffe*
1200-1000 v.Chr.: **Israel als Stämmeverband**	Rückgang der kanaanäischen Stadtkultur, Ende der ägyptischen Vorherrschaft und Ankunft der Seevölker; Entstehung des altisraelitischen Stämmeverbandes	
1000-586 **Eigenstaatliche Epoche** 1000-931 Königtum Sauls, Davids und Salomos 931-722 Nordreich Israel 931-586 Südreich Juda	Saul - David - Salomo 931 Reichsteilung 850-800 Druck des Aramäerreichs auf Israel. Ab 750 Expansion des assyrischen Weltreichs 722 Eroberung Samarias u. Eingliederung des Nordreichs als Provinz in das assyrische Reich 733-622 Juda assyrischer Vasallenstaat 622 Joschijanische Reform 605-586 Erste und zweite Eroberung Jerusalems	Erzählkränze über Ursprünge Israels Privilegrecht Ex 34 und Bundesbuch (um 900) Amos u. Hosea (Mitte 8.Jh.) Jesaja u. Micha (Ende 8.Jh.) Jehovistisches Geschichtsbuch (um 700) Deuteronomium (622) Zephania, Nahum u. Habakuk (Ende 7.Jh.) Ezechiel u. Jeremia (Anfang 6.Jh.)

[16] Die Tabelle wurde leicht verändert aus E.Zenger u.a., Einleitung in das Alte Testament, Stuttgart/Berlin/Köln 1995, 441, übernommen.

586 v.Chr. - 324 n.Chr. **Unter fremdstaatlicher Herrschaft** 586-538 Babylonische Herrschaft 538-332 Persische Herrschaft 332-301 Griechische Herrschaft 301-198 Ptolemäische Herrschaft 198-129 Seleukidische Herrschaft **129-63** **Königtum der Hasmonäer** 63 v.Chr. - 324 n.Chr. **Römische Herrschaft**	586-538 Juda babylonische Provinz 538 Eroberung Babylons durch Kyros v. Persien 520-515 Wiederaufbau des Jerusalemer Tempels 445 Nehemia (Wiederaufbau der Mauern Jerusalems) 398 Esra (Promulgation der Tora in Jerusalem) 332 Alexander der Gr. in Israel und Ägypten 167-164 Befreiungskampf der Makkabäer (Hasmonäer) 164 Wiedereinweihung des Tempels 7/6 v.Chr. Geburt Jesu 66-70 n.Chr. Jüdischer Krieg gegen die Römerherrschaft 70 Zerstörung Jerusalems 132-135 Aufstand gegen die Römer unter Bar Kochba	Deuteronomistisches Geschichtswerk (Mitte 6.Jh.) Dt.-Jesaja (Mitte 6.Jh.) Priesterschrift, Haggai u. Sacharia (520-518) Ruth (5.Jh.) Abschluss der Tora (um 400) Hiob (4.Jh.) Chronik, Esra, Nehemia, Tobit, Esther, Sprüche, Kohelet, Hoheslied (3./2.Jh.) Zwölfprophetenbuch (um 240) Psalter (um 200) Jesus Sirach (um 175) Daniel (um 150), Judith (150-100), 1.2. Makkabäer (um 100), Weisheit Salomos (um 30) Schließung des jüdischen Kanons (um 100 n.Chr.)

2.7 Überblick über die Bücher des Alten Testaments

2.7.1 Der Pentateuch

Der Pentateuch (gr.: die Fünfrollen) oder die Bücher der Tora umfassen die fünf Bücher Mose. Wie die folgende Übersicht zeigt, wurden die ersten fünf Bücher des Alten Testaments in der hebräischen Bibel mit dem ersten Wort bzw. zentralen Begriff ihres jeweiligen Anfangs benannt, während in der griechischen und lateinischen Bibel jeweils zentrale Inhalte die Namensgeber der Bücher waren:

1. Mose	2. Mose	3. Mose	4. Mose	5. Mose
hebräische Bibel:				
„*Bereschit*“ = „Im Anfang“	„*Schemot*“ = „Namen“	„*Wajiqra*“ = „Und es rief“	„*Bammidbar*“ = „In der Wüste“	„*Debarim*“ = „Worte“
griechische und lateinische Bibel:				
Genesis Ursprung / Schöpfung	*Exodus* „Auszug“ aus Ägypten	*Leviticus* Gesetze für levitische Priester	*Numeri* „Zahlen“; meint die Zählung der Israeliten am Sinai vor dem Aufbruch	*Deuteronomium* „Zweites Gesetz“ gegenüber dem ersten Gesetz in Ex 20ff.

Der Pentateuch schildert als Geschichtsbuch die Zeit von der Erschaffung der Erde über die Ur- und Erzvätergeschichten, den Auszug aus Ägypten, die Wüstenzeit bis zum Tod des Mose kurz vor dem Übertritt des Volkes Israel in das gelobte Land unter Führung von ⇒ Josua. Als Gesetzesbuch enthalten die fünf Bücher die zentralen Gesetzescorpora des Volkes Israel: das Bundesbuch in Ex 21-23; die Priestergesetze (Ex 25-Num10) mit dem darin eingeschlossenen Heiligkeitsgesetz (Lev 17-26) und das deuteronomische Gesetz (Dtn 12-26).Einen ersten Überblick über den Inhalt des Pentateuch gibt die folgende Tabelle:

Gen 1-11 Urgeschichte	Schöpfungsberichte und der Einbruch der Sünde (1-3), Kain und Abel (4); Sintflut und Noah (6-9); Turmbau zu Babel und Zerstreuung der Menschen (11).
Gen 12-50 Vätergeschichten	Abraham und Isaak, (12-25); Jakob und Esau (25-36); Joseph und seine Brüder (37-50).
Ex 1-15 Israels Knechtschaft in Ägypten und der Auszug unter Mose	Moseerzählungen (1-6); die ägyptischen Plagen (7-11); der Exodus aus der Bedrückung (12-15).
Ex 16-18 Israel in der Wüste	Wasserwunder (15.17); Wachteln und Manna (16); Sieg über die Amalekiter (17); Einsetzung von Richtern (18).
Ex 19 - Num 20 Israel am Sinai und in der Wüste	Theophanie Jahwes am Gottesberg (Ex 19); Dekalog (Ex 20); Bundesbuch (Ex 21-23); Bundesschluss (Ex 24; Erneuerung des Bundes: Ex 34); Priestergesetze (Ex 25-Num 9); Israel in der Wüste (Num 10-20).
Num 20-36 Eroberung des Ostjordanlandes	Bileamgeschichten (Num 22-24).
Dtn Vermächtnis des Mose	Einleitungsreden des Mose (1-11; 5:Dekalog; 6,4-5: Sch^{e}ma Israel); deuteronomisches Gesetz (12-26); Schlussreden des Mose (27-30); Abschluss des Pentateuch (31-34; 31: Bestellung Josuas zum Nachfolger Moses; 33: Mosesegen; 34: Bericht über Moses Tod).

Seit Beginn des 18. Jdth.'s wurde die ursprüngliche Einheitlichkeit des Pentateuch und seine Verfasserschaft durch Mose kritisch gesehen. Aufgrund der Verwendung zweier Gottesnamen in der Genesis nahm man bereits zu Beginn der kritischen Pentateuchforschung zwei ursprünglich selbständige Quellen an (elohistische und jahwistische Urkunde). Die sog. Urkundenhypothese wurde immer weiter ausgebaut und verfeinert und mündete in die bes. mit dem Namen des Bibelwissenschaftlers Julius Wellhausen verbundene „neuere Urkundenhypothese“:

2.7.1.1 Die Quellen des Pentateuch nach der neueren Urkundenhypothese

Der Jahwist als älteste Quelle entstand wahrscheinlich um 950 v. Chr. am königlichen Hof in Jerusalem. Auf dem Hintergrund des Wissens seiner Zeit thematisiert er die Entstehung Israels durch das Handeln Gottes von der Schöpfung bis zur Landnahme. Seine schriftstellerische Leistung war die Verknüpfung der Traditionen über den Exodus und die Landnahme mit der Sinaiüberlieferung. Indem der Jahwist von Beginn an den Namen „Jahwe“ verwendet, unterstreicht er seine universalistische Perspektive dadurch, dass der Gott Israels schon immer der Gott und Richter aller Völker war. Daneben zeugt sein Werk von einer tiefen Einsicht in die Schuld der Menschen, der Gottes Heilswille trotz allem gegenübersteht. Sein universaler Geschichtsbegriff zeigt sich auch darin, dass in Abraham „alle Geschlechter auf Erden“ gesegnet werden. Die Datierung des Elohisten ist unsicher. Wahrscheinlich ist diese Quelle um 800/750 v.Chr. im Nordreich entstanden. Die anonyme Quelle verwendet bis zur Offenbarung des Gottesnamens an Mose durchgängig den Gottesbegriff „Elohim". Die Quelle ist nur bruchstückhaft erhalten; ihre Existenz wurde deshalb in der Forschung immer wieder bestritten. Wahrscheinlich betont sie im Unterschied zum Jahwisten stark das exklusive Verhältnis zwischen Gott und Israel als seinem Volk. Damit werden Gottesherrschaft und Gottesgemeinschaft stärker auf Israel beschränkt. Der Elohist trüge damit national-religiöse Züge. Deutlich von den anderen Abschnitten abgegrenzt ist das Deuteronomium. Es entstand in seiner ersten Fassung wahrscheinlich um 650 v.Chr. entweder in Jerusalem oder wurde von levitischen Kreisen aus ländlichen Bereichen Nordisraels zusammengestellt. Das Thema des Deuteronomiums ist die Geschichte Israels als eine selbstverschuldete Unheilsgeschichte, die durch Abfall von Jahwe und die Missachtung des Gesetzes verursacht wurde. Das Dtn enthält zahlreiche ältere Überlieferungen, die unter dem Aspekt eines umfassenden Schuldbekenntnisses gesammelt und miteinander verbunden wurden. Zentraler theologischer Grundgedanke ist das Bekenntnis zu dem einen Gott, dem die ungeteilte Liebe gebührt. Die Forderung der ausschließlichen Bindung an Jahwe konkretisiert sich in dem Programm der Kultzentralisation in Jerusalem. Indem der Jerusalemer Tempel zum einzigen Verehrungsort Jahwes wird, sollen politische Trennungen innerhalb Israels und die religiöse Überfremdung durch andere Kulte überwunden werden. In der Zeit des Exils entstand um 550 v.Chr. die Priesterschrift als jüngste Quelle des Pentateuch. Sie wurde - wie ihr Name schon sagt - von priesterlichen Kreisen verfasst. Unter Aufnahme einer Fülle älteren Materials geht es ihr um die Konstituierung Israels als einer Kultgemeinde. Hintergrund dieses theologischen Programms ist der Verlust der nationalen Identität Israels. Israels kann sich seiner selbst nun nur noch im Kult mit den Priestern als Mittler vergewissern.

✎ **Tipp zum Weiterarbeiten:** *Die neuere Urkundenhypothese spiegelte lange Zeit einen Konsens der alttestamentlichen Forschung wider. Diese Situation hat sich heute recht dramatisch verändert. Die „klassischen" Urkundenhypothesen werden stark bezweifelt, ohne dass aber ein neuer Forschungskonsens auch nur annähernd in Sicht wäre. Einen guten Überblick über Unsicherheiten, die die Urkundenhypothesen in sich tragen, und neuere Lösungsansätze gibt R. Rendtorff, Das Alte Testament. Eine Einführung, 4.Aufl. Neukirchen/Vluyn 1992, 166ff.*

2.7.1.2 Das Buch Genesis

Das Buch Genesis gliedert sich in zwei Hauptteile: die Urgeschichte (Kap. 1-11) und die Vätergeschichte (Kap. 12-50). Es schließt mit dem Tod Josefs, damit ist die Patriarchengeschichte abgeschlossen. Mit dem zweiten Buch Mose, Exodus, beginnt die Geschichte des Volkes Israel in Ägypten. Die Urgeschichte in Kapitel 1-11 enthält eine Reihe von Erzählungen, die wir ihrer Form nach als **Sagen** bezeichnen können. Die Personen, von denen sie handeln, werden überwiegend idealtypisch gezeichnet. Sie haben also einen beispielhaften, exemplarischen Charakter. So etwa in Kap. 2+3 „Mann und Frau"; in Kapitel 4 die „feindlichen Brüder", in den Noahgeschichten erscheint Noah als der "beispielhafte Gerechte" in den Kapiteln 6-8. In der Sage vom Turmbau zu Babel geht es idealtypisch um das Geschick der "Menschheit". In dieser Sagen-Überlieferung wird die Entstehung der Lebenswelt der Menschen aus der Sicht der Ackerbauern geschildert. Der Mensch ist von Gott zum Bebauen der Erde bestimmt (2,15; 3,17-19.23). Die beschwerlichen Aspekte dieser Lebenswelt, wie das schweißtreibende, mühselige Geschäft der Landarbeit, werden aus der Übertretung des göttlichen Gebots im Garten Eden hergeleitet (3,14-19). Die Verfluchung Kains trennt ihn sogar noch vom Ackerboden und damit von Gott selbst, wie auch die von ihm abstammenden Städter, Nomaden, Schmiede und Musiker (4,11f.14.16.17-24). Die Verbindung der himmlischen Wesen mit menschlichen Frauen (6,1-4) führt zur Beschränkung des Lebensalters (6,3), und am Ende der Urgeschichte beantwortet Gott den Hochmut der Menschen mit ihrer Zerstreuung und der

„Verwirrung" der Sprache (11,1-9). Vereinzelt finden sich in der Urgeschichte auch mythologische Elemente. Mythologische Erzählungen sind Erzählungen, die über das Leben von Göttern berichten. Am deutlichsten finden sie sich in dem Abschnitt 6,1-4, wo es um die geschlechtliche Vereinigung von Göttersöhnen und Menschentöchtern geht, aus der die riesenhaften Helden der Vorzeit hervorgehen. Daneben bildet auch die Schlange in der Paradieserzählung ein mythologisches Element. Dass Gott in Kapitel 2+3 der Genesis als Person auftritt und mit den Menschen verkehrt, ist erzählerisch bedingt, da ja hier Gott und Mensch noch ungetrennt beieinander leben. Nach der Vertreibung aus dem Paradies verkehrt Gott mit den Menschen in den Sagen der Urgeschichte nicht anders als in anderen Sagen des Alten Testaments.

Von den Sagen der Urgeschichte heben sich zwei größere Blöcke ab: 1,1-2,4a, der erste Schöpfungsbericht, und 9,1-17, der Bericht über Gottes Bund mit Noah. Diese beiden Abschnitte haben keinen erzählenden Charakter, sondern sind ausgeführte **theologische Entwürfe.** Hier geht es um eine durchdachte Konzeption der Schöpfung Gottes in einem Sieben-Tage-Schema und um die Wiederaufnahme dieser Schöpfungsaussagen unter den veränderten Bedingungen der Sintflut. Diese beiden Abschnitte sind Teile der sog. priesterlichen Überarbeitung, die im 6. Jhdt. im Babylonischen Exil vorgenommen wurde.

Neben die Sagen und die theologisch konzipierten Stücke treten als drittes Element in der Urgeschichte die **Genealogien** hinzu. Es gibt in Gen 1-11 hiervon drei in den Kapiteln 5, 10 und 11, 10-32. Es handelt sich um Stammbäume, die eine Linie ziehen von Adam über Noah und seinen Sohn Sem bis zu Abraham. Daneben findet sich in Kap. 10 eine sogenannte Völkertafel, in der die damalige Völkerwelt verzeichnet ist.

Der **Aufbau der Urgeschichte** ist klar erkennbar: Der erste Abschnitt stellt den Anfang der Menschheitsgeschichte dar: Erschaffung des Menschen und seiner Umwelt (2,4-25), Übertretung der göttlichen Gebote und Vertreibung aus dem Garten (Kap. 3), erste Sünde des Menschen gegen den Menschen und die Verfluchung Kains (4,1-16). Danach folgen die Nachkommen Kains (4,17-26). Der Abschnitt wird in 4,26b mit der Feststellung abgeschlossen, dass damals die Verehrung Jahwes begann, d.h. dass er in dieser frühen Zeit von allen Menschen verehrt wurde. Die Sintflut bildet - nach einer Folge von zehn Generationen mit gewaltigen Lebensaltern - einen tiefen Einschnitt. Am Ende der Erzählung (6,5-8,19) gibt Gott eine Bestandsgarantie für die Ordnung der Schöpfung, die das Leben der Menschheit für die Zukunft sichert. Nach der Sintflut wird Ham, einer der Söhne Noahs und Stammvater der Kanaaniter, mit seinem Geschlecht verflucht. Von nun an gehören die Bewohner Kanaans nicht mehr zu den Verehrern Jahwes. Jahwe ist nach dem Ausschluss der Kanaaniter nur noch der Gott Sems. Schließlich wird mit der Aufsplitterung der Menschheit in viele Völker mit verschiedenen Sprachen der Zustand erreicht, den Verfasser und Leser bzw. Hörer der Urgeschichte als ihre gegenwärtige Realität kennen. Die beiden großen priesterlichen Abschnitte setzen an entscheidenden Punkten ein: am Anfang mit einer viel umfassenderen und systematischeren Darstellung der Schöpfung, als sie der Jahwist in Gen 2 bietet, und nach der Sintflut, als Gott den Menschen eine Bestandsgarantie durch den Bundesschluss mit dem von ihm selbst gesetzten Zeichen des Regenbogens gibt.

Aufbau der Urgeschichte nach Quellen

	Priesterschrift		Jahwist
1,1-2,4a	Schöpfungsbericht		
		2,4b-3,24	Paradieserzählung
		4	Kain und die Kainiten
5	Genealogie Adam-Noah		
		[6,1-4]	Die Heroen (J?)
		6,5-8	J-Prolog zum Sintflutbericht
6,9-22	P-Sintflutbericht		
7-8	Sintflutbericht	7-8	Sintflutbericht
		8,20-22	J-Epilog zum Sintflutbericht
9,1-17.28f	Noahsegen, Noahbund		
		9,18-27	Die Verfluchung Kanaans
10	Genealogie Völkertafel	10	Genealogie Völkertafel
		11,1-9	Turmbau zu Babel
11,10-32	Von Sem bis Abraham	11,10-32	Vorfahren Abrahams

Ohne direkte Vor- und Rückverweise schließt sich an die Urgeschichte die **Vätergeschichte** an (Gen 12-50). Die Abrahamsgeschichte umfasst die Kapitel 12,1-25,10; die Jakob-Esau-Geschichten die Kapitel 25-36; darauf folgt die Josephnovelle in Kapitel 37-50. Wahrscheinlich gab es auch einmal einen Kranz von Isaakgeschichten. In Kapitel 26 finden sich nur noch zwei ausgeführte Erzählungen über Issak. Dies deutet darauf hin, dass zu der Zeit als man die Vätergeschichten sammelte, das Interesse mehr auf Abraham und Jakob gerichtet war. Die Abrahamsgeschichte enthält eine Reihe selbständiger Einzelsagen. Als Beispiele lassen sich anführen: Die Sage von Abraham und Sarah in Ägypten (12,10-20), oder auch die Opferung Isaaks in Kapitel 22. Daneben kann man größere Erzählzusammenhänge erkennen, die teilweise aus der Verknüpfung von Einzelsagen entstanden sind. Die Abraham-Lot-Erzählung (Gen 13.18.19) bildet einen solchen Erzählkranz. Die Jakobsgeschichte (Gen 25,19-34; 27-35) steht unter der übergreifenden Thematik der Auseinandersetzung von Jakob mit seinem Bruder Esau (25,19-34; 27; 32f.) und mit seinem Onkel Laban (29-31). Auf die Überlieferung von den drei Erzvätern folgt abschließend die Josefsgeschichte. Anders als die Geschichten von den Erzvätern handelt es sich bei ihr um eine von vorne herein einheitliche Novelle.

Die Verfasser des Buches Genesis bedienten sich der Denkmuster ihrer Zeit und ihres Volkes. Das Volk Israel ist ein aus Clanverbänden zusammengewachsenes Volk. Es gliedert sich in Großfamilien, Sippenverbände und Stämme. Man betrachtete sich untereinander als verwandt, weil man sich auf einen gemeinsamen Stammvater zurückführte. Diese soziale Gliederung hat Israel aus der Zeit ererbt, als seine Vorväter noch überwiegend Hirten und freie Ackerbauern waren, die Weidegebiete und bebaubares Land außerhalb des direkten Einflussbereiches der Stadtstaaten und Großreiche bewirtschafteten. Die Vorväter Israels konnten ihre Weidegebiete und Ackerflächen je nach den klimatischen oder politischen Bedingungen rasch wechseln. Darum wissen die Erzählungen der Urgeschichte und der Patriarchenzeit von teilweise sehr weiten Wanderungsbewegungen. Das Buch Genesis ist von drei Denkformen geprägt: dem genealogischen Denken, dem typologischen Denken und dem ätiologischen Denken. Das genealogische Denken versucht alle Völker und Stämme auf gemeinsame Stammväter zurückzuführen. Dadurch versucht man einerseits die komplizierten Verhältnisse der Gegenwart sowie die historischen Entwicklungen zu erklären, andererseits aber auch die die eigene Identität stiftende Vorgeschichte im Gedächtnis zu behalten. Neben das genealogische Denken tritt das typologische Denken. Typologisches Denken meint, dass man in den Vorvätern schon alle typischen Eigenschaften abgebildet sieht, die die einzelnen Gruppen in der Gegenwart kennzeichnen. Alle gegenwärtigen Rechtsbräuche, Sitten, Verhaltensweisen, Vorzüge und Nachteile werden von der Beziehung der Vorväter zur Gottheit abgeleitet. Das ätiologische Denken sucht und fragt nach Ursachen und Entstehungsgründen. Da auch das Gedächtnis eines Volkes in mündlicher Tradition begrenzt ist, bleiben immer nur wenige in der Geschichte handelnde Personen mit Namen bekannt. Um diese wenigen Gestalten ordnet die Tradition alle in Erinnerung gebliebenen Ereignisse so, dass lange geschichtliche Entwicklungen auf wenige Generationen verkürzt und zumeist als Familiengeschichten dargestellt werden. Deshalb haben die ganze Menschheit, jedes Volk und auch manche Städte einen Stammvater. Und deshalb wird die lange geschichtliche Entwicklung des Einsickerns vorisraelitischer Stämme in das Land Kanaan in einer auf vier Generationen verkürzten Familiengeschichte dargestellt.

2.7.1.3 Die Bücher Exodus bis Numeri

In den Büchern Exodus bis Numeri wird der Weg des Volkes Israel vom Auszug aus Ägypten bis in das Ostjordanland hinein dargestellt. Es werden dabei vier große Themen entfaltet: Die Rettung aus der ägyptischen Unterdrückung durch Mose, der Wüstenzug, Gottesoffenbarung und Bundesschluss am Sinai und der Einzug in das Ostjordanland. Eingebettet in die Schilderung der Ereignisse wurden drei der vier großen Gesetzescorpora Israels: das Bundesbuch, das priesterliche Gesetz und das Heiligkeitsgesetz. Die zentralen inhaltlichen Motive **Rettung** und **Bewahrung** werden im Laufe der Ereignisse immer wieder thematisiert. Dies wird dadurch unterstrichen, dass mit dem Exodusereignis die zentrale Glaubenserfahrung des Volkes Israel zur Sprache kommt, die im gesamten Alten Testament erwähnt wird (s.o.).

Mit dem Beginn des Buches Exodus tritt eine tiefgreifende Veränderung in den Voraussetzungen der Erzählung ein. In den Vätergeschichten waren die Handelnden Einzelpersonen, jetzt tritt das Volk in Erscheinung. Dieser Übergang wird am Anfang des Exodusbuches ausdrücklich markiert: Aus den 70 Personen der Familien Jakobs und seiner Söhne (1,1-5) werden die „Israeliten" oder das „Volk der Israeliten" (1,7+9):

Zentraler Text: *(5) "Und alle leiblichen Nachkommen Jakobs zusammen waren siebzig an Zahl... (6) Als nun Josef gestorben war und alle seine Brüder und alle, die zu der Zeit gelebt hatten, (7) wuchsen die Nachkommen Israels und zeugten Kinder und mehrten sich und wurden überaus stark, so dass von ihnen das Land voll ward. (8) Da kam ein neuer König auf in Ägypten, der wusste nichts von Josef (9) und sprach zu seinem Volk: Siehe, das Volk Israel ist mehr und stärker als wir."*

Damit ändert sich auch die Art der Erzählung: Nur selten treten wenige Einzelpersonen einander gegenüber:

2,1-10:	Mutter des Mose / Tochter des Pharao
2,11-15a	Mose tötet einen Ägypter
2,15b-22	Mose flieht nach Midian und heiratet Zippora

Meistens jedoch ist das Volk selbst einer der Partner in der Erzählung. So steht es manchmal allein den Ägyptern bzw. dem Pharao gegenüber (1,8-14: Bedrückung Israels durch die Fronvögte des Pharao), oder es wird durch anonyme Repräsentanten vertreten (5,15-18: Klage des Volkes wegen noch härterer Bedrückung nach der Rückkehr des Mose). Häufig vertritt Mose, meist zusammen mit Aaron, das Volk (bes. Kap 7ff.). Von theologischer Bedeutung ist, dass Mose das Volk nicht nur nach außen vertritt, sondern dass viele Texte auch von inneren Auseinandersetzungen zwischen Mose/Aaron und dem Volk mit seinen Zweifeln und seinem Unglauben berichten (5,19ff.; 6,9; 14,10ff.; 16; 17,1-7: Israel in Massa und Meriba; 32). So etwa in Ex 6,9: *„Mose sagte das (sc. die Exodus-Verheißung Gottes) den Israeliten; aber sie hörten nicht auf ihn vor lauter Kleinmut und harter Arbeit."* So haben diese Erzählungen sehr viel stärker als die Vätergeschichten oder die Heldensagen des Richterbuches ein ausgeprägt theologisches Interesse: Die Bedrückung der Israeliten (Kap. 1f.) bildet die Voraussetzung für die Verheißung der Rettung (Kap. 3f.) Im folgenden geht es dann nur darum, wie Gott seinen Plan zur Rettung Israels durchführt und wie die Israeliten auf die Gefährdungen auf dem Weg reagieren.

Im Unterschied zum Buch Genesis finden sich im Buch Exodus auch nur wenige abgrenzbare Einzelerzählungen, so z.B.:

2,1-10	Geburt, Aussetzung und Rettung des Mose
2,15b-22	Mose in Midian
17,1-7	Gefährdung durch Wassermangel - Wasserwunder von Massa und Meriba
17,8-16	Gefährdung durch Feinde - Josuas Sieg über Amalek durch Moses erhobene Hände

Kap. 3 beginnt wie eine Sage über einen heiligen Ort (3,1-6: Gotteserscheinung im Dornbusch), geht dann aber über in eine breit angelegte Gottesrede, die auf die Berufung Moses hinführt (bis 4,31). Andere Erzählungen sind so stark von einem größeren Zusammenhang bestimmt, dass sie keine selbständige erzählerische Struktur aufweisen (z.B. 2,11-15a: Mose erlebt die Unterdrückung der Israeliten).

In 7,8 beginnt ein großer Erzählkomplex über die „Plagen", der nach einem vorläufigen Abschluss in 10,28f. in der Erzählung von der letzten Plage (Tötung der Erstgeburt), dem Nachgeben des Pharao und dem Auszug seine Fortsetzung findet (11,1-13,16); daran schließt sich die Erzählung vom Durchzug durch das Schilfmeer und der Rettung vor den ägyptischen Verfolgern unmittelbar an (13,17-14,31). Offenbar sind hier im Vergleich zur Vätergeschichte weniger selbständige, geformte Überlieferungen verwendet worden. Darin liegt auch ein wesentlicher Grund dafür, dass sich in der Exodusüberlieferung die einzelnen Stadien im Wachstum des Textes nicht mehr so deutlich verfolgen lassen.

Der erste Teil des Buches Exodus (1-15) läuft zielstrebig auf den *Auszug aus Ägypten* hin. Die jetzige Fassung dieser Kapitel zeugt von einer sehr überlegten theologischen Redaktionsarbeit: Nach der Schilderung der Bedrückung wird die Wende dadurch markiert, dass Jahwe das Klagen der Israeliten hört und seines Bundes mit den Vätern „gedenkt" (2,23-25); als Mose den Israeliten die Rettung ankündigt, >glauben< sie (4,31). Dieses Wort vom Glauben wird dann betont wieder aufgenommen nach der Rettung vor den ägyptischen Verfolgern am Schilfmeer (14,31). Damit ist ein deutlicher Abschluss erzielt. Das Schilfmeerlied mit dem Mirjamlied in 15,1-21 ist als hymnischer Widerhall dieses Ereignisses bewusst an diese Stelle gesetzt, vielleicht auch aufgrund eines entsprechenden liturgischen Gebrauchs.

In Ex 15,22 ist nach der Errettung am Schilfmeer von einem erneuten Aufbruch der Israeliten die Rede. Nach allem bisher Gesagten ist das Ziel ihres Weges das ihnen von Gott verheißene gelobte Land. Es beginnt die Zeit der Wüstenwanderung, die zuerst an den Sinai führt, was geographisch gesehen einen gewaltigen Umweg bedeutet.

Die Ereignisse am Gottesberg (in der Überlieferung unterschiedlich benannt: Sinai/Horeb oder „Gottesberg") beginnen mit einer gewaltiger Gotteserscheinung (Theophanie) unter Rauch, Feuer, Erdbeben und Hörnerschall. Mose begegnet als Mittler seinem Gott, der ihm im Donner antwortet. Ziel der Gottesoffenbarung ist, das Volk zum Gehorsam zu ermahnen und die besondere Beziehung Israels mit Gott endgültig zu manifestieren:

Zentraler Text: Ex 19,5: *„Jetzt aber, wenn ihr auf meine Stimme hört und meinen Bund haltet, werdet ihr unter allen Völkern mein besonderes Eigentum sein. Mir gehört die ganze Erde."*

Es folgen in Ex 20 der Dekalog und die im Bundesbuch gesammelten Rechtssatzungen. In Ex 24 wird der Bundesschluss vollzogen, nachdem die Gebote des Bundesbuches aufgeschrieben waren. Zum Bundeszeichen besprengt Mose den Altar und das Volk mit dem Blut geopferter junger Stiere. In einer weiteren Theophanie empfängt Mose die von Gott geschriebenen steinernen Gesetzestafeln und bleibt unter Mitnahme Josuas 40 Tage auf dem Gottesberg. Nach dem Bundesbruch („Goldenes Kalb"), der Bestrafung der Schuldigen durch die Leviten und Moses Bitten als Mittler zwischen dem schuldig gewordenen Volk und Gott werden die zuvor zerschmetterten Gesetzestafeln erneuert und damit der Bundesschluss nochmals vollzogen (Ex 32-34). Der Erzählfaden setzt mit dem Aufbruch vom Sinai in Num 10 wieder ein. Tragend ist auch hier wieder das Motiv der Gefährdung und Bewahrung. Die innere Gefährdung des Volkes durch Schwachheit und Kleinglaube gipfelt in dem Aufschub der Landverheißung um 40 Jahre nach der Rückkehr der Kundschafter (Num 13-14) und in der Auflehnung gegen Mose durch Dathan und Abiram sowie durch Korach („Rotte Korach") in Num 16-17. Num 20-36 schildert die Eroberung des Ostjordanlandes. Innerhalb dieses Komplexes sind für das Verständnis der präisraelitischen Prophetie die Bileamgeschichten besonders wichtig (⇒ Prophetie).

2.7.1.4 Wichtige Themen aus Genesis bis Numeri

Schöpfung: Der erste Schöpfungsbericht ist klar abgegrenzt. Er endet mit der Feststellung in Gen 2,4a: *„Das ist die Entstehungsgeschichte von Himmel und Erde, als sie erschaffen wurden."* In 2,4b liegt eine deutlicher Neueinsatz vor: *„Zur Zeit, als Gott, der Herr, Erde und Himmel machte..."* Der erste Schöpfungsbericht ist klar nach einem Sieben-Tage-Schema gegliedert, das nach der Erschaffung von Welt und Mensch auf den Sabbat als Ruhetag Gottes hinausläuft. Das zu Grunde liegende Weltbild ist das allgemein-orientalische zur Zeit des babylonischen Exils. Man denkt sich die Erde als eine schwimmende Scheibe. Über Erde und Meer erstreckt sich als ein festes Gewölbe der Himmel, das vor den chaotischen Kräften des Urwassers schützt. Die Rolle des Menschen ist hervorgehoben: Er ist das Ebenbild Gottes, als Mann und Frau geschaffen (1,27). Ihm wurde von Gott in einem Segenswort das „dominium terrae", d.h. die gute Herrschaft über alle Kreaturen treuhänderisch übertragen. Der Mensch hat an dem Schöpfungswerk Gottes teil, besonders auch an der geheiligten Zeit des Sabbat (2,1-4a).[17]

Der zweite Schöpfungsbericht (2,4b-3,24) stellt den Beginn des jahwistischen Geschichtswerks dar. Der Jahwist stellt ihn in den Zusammenhang des Einbruchs der Sünde in die göttliche Schöpfung. Der Bericht läuft auf den Dreischritt Verführung (3,1-7), Verhör (3,8-13) und Strafe (3,14-19) hin. In der Mitte der Erzählung steht die Frage Gottes „Adam, wo bist du?" (3,9). Gott geht mit dieser Frage dem Menschen, der sich im Bewusstsein seiner Schuld verstecken will, nach, stellt ihn in seinem Ungehorsam, verhört und bestraft ihn. Dennoch lässt Gott den Menschen aber am Leben und bekleidet ihn. Unbeantwortet bleibt die Frage nach dem Warum des Einbruchs der Sünde in Gottes gute Schöpfung. Eine Gegenüberstellung einiger Aussagen der beiden Schöpfungsberichte kann deren grundsätzliche Unterschiedenheit verdeutlichen:

[17] Die folgende Tabelle findet sich in ähnlicher Form bei C.Westermann, Kurze Bibelkunde des Alten Testaments, Stuttgart 1974, 15.

1. Schöpfungsbericht nach P	2. Schöpfungsbericht nach J
Kosmos wird auf Gottes Wort hin erschaffen	Auf den Menschen in einer bäuerlichen Lebenswelt bezogen
Das Wasser ist auch bedrohende kosmische Macht, welche durch das Himmelsgewölbe gebannt werden muss.	Das Wasser ist belebende Kraft, welches Wüste in Ackerland verwandelt.
Innerhalb eines Sieben-Tage-Schemas wird die Menschheit als Mann und Frau geschaffen.	Die Erschaffung von Mann und Frau vollzieht sich in zeitlicher Abfolge und dient einer patriarchalen Sicht des Verhältnisses von Mann und Frau.
-------	Innerhalb des Schöpfungsberichtes werden wesentliche anthroplogische Aussagen über den Menschen gemacht.
Die Erschaffung des Menschen als „Ebenbild Gottes" und die Übertragung der Herrschaft über die Schöpfung steht im Zentrum der theologischen Aussagen über den Menschen.	Die Sünde wird als wesentliches Theologumenon thematisiert.

✎ **Tipp zum Weiterarbeiten:** *Das Thema Schöpfung durchzieht das gesamte Alte Testament. Versuchen Sie, das eigenständige Profil der Schöpfungsaussagen in den folgenden Texten zu beschreiben: Ps 8; 74; 89; 104; 136; Prov 8,22-31; Jes 40,12-31 und Jes 44.*

Gottesoffenbarungen: Verbunden mit seiner Berufung widerfährt Mose in Ex 3,1-4,17 eine zentrale Offenbarung Gottes. Im brennenden Dornbusch vollzieht sich die Selbstvorstellung Jahwes als Gott des Volkes Israel. In einer ersten Anrede gibt sich Jahwe Mose als der Gott der Väter zu erkennen: *3,6 „Dann fuhr er fort: Ich bin der Gott deines Vaters, der Gott Abrahams, der Gott Isaaks und der Gott Jakobs. Da verhüllte Mose sein Gesicht; denn er fürchtete sich, Gott anzuschauen."* In 3,14 erfährt auf die Frage des Mose nach dem Namen Gottes der (unübersetzbare) Jahwe-Name eine Deutung. Diese Stelle ist im gesamten Alten Testament einmalig. Jahwe wird von dem hebräischen Zeitwort für „sein" her gedeutet: *„Ich werde sein, der ich sein werde"* oder: *„Ich bin, der ich bin".* Mit dieser Selbstvorstellung gibt sich Jahwe als unverfügbarer Gott ebenso zu erkennen wie als der Gott der seinem Volk in den Bedrückungen nahe sein wird (Ex 3,8-10). Gott erscheint hier somit, um aus der Not zu retten (vgl. Ex 6). An die Namendeutung schließen sich dann die klassischen Elemente eines prophetischen ⇒ Berufungsberichts an. In Ex 19; 24,15b-18 erscheint Gott nicht als ein Helfer, der Rettung aus großer Not zusagt, sondern als derjenige, der seinen Willen dem Volk verkündet.

✎ **Tipp zum Weiterarbeiten:** *In Genesis bis Numeri finden sich noch eine Reihe weiterer Gottesoffenbarungen: Versuchen Sie bibelkundlich herauszuarbeiten, wo und wie Gott den Gestalten der Erzvätergeschichten begegnet. Versuchen Sie zu beschreiben, welche Folgen die jeweilige Gottesoffenbarung/-begegnung hat.*

Der Dekalog: Als eine Zusammenfassung des Gottes, der sich seinem Volk am Sinai offenbart hat, ist der Dekalog der Kern göttlicher Rechtsetzung im Alten Testament. In ihm werden die Verhaltensnormen gegenüber Gott und im zwischenmenschlichen Bereich miteinander verknüpft. Man spricht deshalb auch von den zwei Gebotstafeln. Das Alter des Dekalogs ist in der Forschung heftig umstritten. Die Zehn Gebote werden sowohl in Ex 20 als auch in Dtn 5 überliefert. In Ex 34,10-26 findet sich der sog. „kultische Dekalog", in dem die 10 Gebote durch kultische Vorschriften erweitert sind.

Der Dekalog nach Ex 20,1-17	Der Dekalog nach Dtn 5,6-21
20,1 Dann sprach Gott alle diese Worte: 20,2 Ich bin Jahwe, dein Gott, der dich aus Ägypten geführt hat, aus dem Sklavenhaus.	5,6 Ich bin Jahwe, dein Gott, der dich aus Ägypten geführt hat, aus dem Sklavenhaus.
20,3 Du sollst neben mir keine anderen Götter haben.	5,7 Du sollst neben mir keine anderen Götter haben.
20,4 Du sollst dir kein Gottesbild machen und keine Darstellung von irgend etwas am Himmel droben, auf der Erde unten oder im Wasser unter der Erde.	5,8 Du sollst dir kein Gottesbildnis machen, das irgend etwas darstellt am Himmel droben, auf der Erde unten oder im Wasser unter der Erde.
20:5 Du sollst dich nicht vor anderen Göttern niederwerfen und dich nicht verpflichten, ihnen zu dienen. Denn ich, der Herr, dein Gott, bin ein eifersüchtiger Gott: Bei denen, die mir feind sind, verfolge ich die Schuld der Väter an den Söhnen, an der dritten und vierten Generation; 20,6 bei denen, die mich lieben und auf meine Gebote achten, erweise ich Tausenden meine Huld.	5:9 Du sollst dich nicht vor anderen Göttern niederwerfen und dich nicht verpflichten, ihnen zu dienen. Denn ich, der Herr, dein Gott, bin ein eifersüchtiger Gott: Bei denen, die mir feind sind, verfolge ich die Schuld der Väter an den Söhnen und an der dritten und vierten Generation; 5,10 bei denen, die mich lieben und auf meine Gebote achten, erweise ich Tausenden meine Huld.
20,7 Du sollst den Namen des Herrn, deines Gottes, nicht missbrauchen; denn der Herr lässt den nicht ungestraft, der seinen Namen missbraucht.	5,11 Du sollst den Namen des Herrn, deines Gottes, nicht missbrauchen; denn der Herr lässt den nicht ungestraft, der seinen Namen missbraucht.
20,8 Gedenke des Sabbats: Halte ihn heilig!	5,12 Achte auf den Sabbat: Halte ihn heilig, wie es dir der Herr, dein Gott, zur Pflicht gemacht hat.
20:9 Sechs Tage darfst du schaffen und jede Arbeit tun. 20:10 Der siebte Tag ist ein Ruhetag, dem Herrn, deinem Gott, geweiht. An ihm darfst du keine Arbeit tun: du, dein Sohn und deine Tochter, dein Sklave und deine Sklavin, dein Vieh und der Fremde, der in deinen Stadtbereichen Wohnrecht hat.	5,13 Sechs Tage darfst du schaffen und jede Arbeit tun. 5,14 Der siebte Tag ist ein Ruhetag, dem Herrn, deinem Gott, geweiht. An ihm darfst du keine Arbeit tun: du, dein Sohn und deine Tochter, dein Sklave und deine Sklavin, dein Rind, dein Esel und dein ganzes Vieh und der Fremde, der in deinen Stadtbereichen Wohnrecht hat. Dein Sklave und deine Sklavin sollen sich ausruhen wie du.
20,11 Denn in sechs Tagen hat der Herr Himmel, Erde und Meer gemacht und alles, was dazugehört; am siebten Tag ruhte er. Darum hat der Herr den Sabbattag gesegnet und ihn für heilig erklärt.	5,15 Denk daran: Als du in Ägypten Sklave warst, hat dich der Herr, dein Gott, mit starker Hand und hoch erhobenem Arm dort herausgeführt. Darum hat es dir der Herr, dein Gott, zur Pflicht gemacht, den Sabbat zu halten.
20,12 Ehre deinen Vater und deine Mutter, damit du lange lebst in dem Land, das der Herr, dein Gott, dir gibt.	5,16 Ehre deinen Vater und deine Mutter, wie es dir der Herr, dein Gott, zur Pflicht gemacht hat, damit du lange lebst und es dir gut geht in dem Land, das der Herr, dein Gott, dir gibt.
20,13 Du sollst nicht morden.	5,17 Du sollst nicht morden,

20,14 Du sollst nicht die Ehe brechen.	5,18 Du sollst nicht die Ehe brechen,
20,15 Du sollst nicht stehlen.	5,19 Du sollst nicht stehlen,
20,16 Du sollst nicht falsch gegen deinen Nächsten aussagen.	5,20 Du sollst nicht Falsches gegen deinen Nächsten aussagen,
20,17 Du sollst nicht nach dem Haus deines Nächsten verlangen. Du sollst nicht nach der Frau deines Nächsten verlangen, nach seinem Sklaven oder seiner Sklavin, seinem Rind oder seinem Esel oder nach irgend etwas, das deinem Nächsten gehört.	5,21 Du sollst nicht nach der Frau deines Nächsten verlangen, und du sollst nicht das Haus deines Nächsten begehren, nicht sein Feld, seinen Sklaven oder seine Sklavin, sein Rind oder seinen Esel, nichts, was deinem Nächsten gehört.

✎ **Tipp zum Weiterarbeiten:** *Es gibt zwischen den beiden Dekalogfassungen 20 Unterschiede, wobei 13 davon Zusätze in der dtn. Fassung sind. Arbeiten Sie durch genauen Textvergleich die Unterschiede heraus und versuchen Sie, Begründungen für die Abweichungen zu finden.*

Bundesschlüsse: In den Büchern Genesis und Exodus sowie bei ⇒ Jeremia wird der Bund zwischen Gott und den Menschen in zentraler Weise thematisiert. Im Anschluss an den Bericht über die Sintflut schließt Gott in Gen 9,8-17 einen Bund mit den Menschen und den Tieren, in dem er sich selbst verpflichtet, keine weitere alles vernichtende Sintflut über seine Geschöpfe hereinbrechen zu lassen. Den Regenbogen setzt er als Zeichen des Bundes. Innerhalb des Abrahamkreises der Vätergeschichten finden sich zwei Bundesschlüsse Gottes mit Abra(ha)m: In Gen 15,18 schließt Gott den Bund, nachdem er Abram einen Sohn und Landbesitz verheißen hat. In Gen 17,1-27 schließt Gott unter Umbenennung Abrams in Abraham und Sarais in Sarah einen Bund mit dem Ziel, Gott aller Nachkommen Abrahams zu sein (17,7). Bundeszeichen ist die Beschneidung. In Ex 24,1-11 schließt Gott nach dem Verlesen des Gesetzes und der Verpflichtung des Volkes einen Bund mit Mose und den Ältesten, dessen Zeichen das Besprengen des Altars mit Blut ist. Nach dem Bundesbruch wird in Ex 34 der Bund zwischen Jahwe und Mose erneuert. Bundespartner sind in einem exklusiven Sinn Gott und Israel. Die erneuerten Gesetzestafeln, von Mose mit den 10 Geboten beschrieben, sind Zeichen der Bundeserneuerung.

⌘ Zentraler Text: **Die Verheißung eines Neuen Bundes durch Jeremia**:
„31,31 Seht, es werden Tage kommen - Spruch des Herrn -, in denen ich mit dem Haus Israel und dem Haus Juda einen neuen Bund schließen werde, 31,32 nicht wie der Bund war, den ich mit ihren Vätern geschlossen habe, als ich sie bei der Hand nahm, um sie aus Ägypten herauszuführen. Diesen meinen Bund haben sie gebrochen, obwohl ich ihr Gebieter war - Spruch des Herrn. 31,33 Denn das wird der Bund sein, den ich nach diesen Tagen mit dem Haus Israel schließe - Spruch des Herrn: Ich lege mein Gesetz in sie hinein und schreibe es auf ihr Herz. Ich werde ihr Gott sein, und sie werden mein Volk sein. 31,34 Keiner wird mehr den andern belehren, man wird nicht zueinander sagen: Erkennt den Herrn!, sondern sie alle, klein und groß, werden mich erkennen - Spruch des Herrn. Denn ich verzeihe ihnen die Schuld, an ihre Sünde denke ich nicht mehr."

2.7.2 Josua bis 2. Könige

Nachdem Mose gestorben war, begann unter seinem Nachfolger Josua die **Landnahme**, von der im Buch Josua berichtet wird. Das in Jos vorliegende Geschichtsbild ist nicht historisch. Es geht von der Annahme einer einmaligen Landnahme durch die 12 Stämme Israels aus.

Theologisch wird die Landnahme als Gabe Jahwes an sein Volk und Einlösung seiner Verheißungen verstanden. Im Richterbuch wird die vorstaatliche Zeit Israels in Kanaan unter Verwendung von Heldensagen über die sog. großen Richter beschrieben. Kernbestand der folgenden vier Bücher (1.Sam-2.Kön) ist die Schilderung des Entstehens des Königtums unter Saul, seiner Blüte unter David und Salomo und seines Untergangs in der Zeit nach der Reichsteilung. Mit 2.Kön endet das ⇒ Deuteronomistische Geschichtswerk (Dtn - 2.Kön).

2.7.2.1 Das Buch Josua

Das Josuabuch erzählt die Eroberung des verheißenen Landes durch die Stämme Israels unter Führung des Josua und die Verteilung des Landes an die Stämme. Nach dem Tod des Mose (Dtn 34,1-6) führt Josua das Volk aus Moab westwärts über den Jordan in das Land Kanaan. Die Inbesitznahme dieses Landes wird als großer militärischer Erfolg geschildert.
Das Zentralthema des Josuabuches ist das Land unter den Aspekten seiner Inbesitznahme und Verteilung unter die Stämme Israels. Eine Verortung dieser Thematik ist in der vorstaatlichen Zeit nicht mehr möglich; auch hierfür ist die exilische Zeit plausibler.
Als nach 586 v.Chr. das Königtum und die Eigenstaatlichkeit verloren waren, erhob sich die Frage nach der Beziehung Judas und Israels zu seinem Land. Aus der Retrospektive wurde diese Frage mittels eines Rückgriffs auf die fiktionale Eroberung des Landes unter dem Mosenachfolger Josua beantwortet. Das Land ist somit ein durch Jahwe geschenktes Land. Der Abfall von Jahwe, vollzogen durch die Zuwendung zu anderen Göttern und Göttinnen, hat den Verlust des Landes zur Folge. Dies hatte sich 586 erfüllt.
Aufgrund der Exilsituation steht für den Deuteronomisten nicht eine Historiographie der Anfänge Israels in Palästina im Vordergrund. Wichtiger ist die Frage, wie Israel wieder zu seinem Land kommen kann. Beantwortet wird diese Frage im Josuabuch mit der Hinwendung Israels zu Jahwe bzw. zu seiner Thora. Auch zeigt sich an der Gestalt des Josua, dass es für die Rückerlangung des Landes kein Königtum braucht, sondern einen der Tora verpflichteten Jahwe-Diener.

Schwerpunkte der Theologie:

- Krieg und Gewalt: In keinem anderen Buch des AT ist so häufig von Kriegen, Gewalten, von der Vernichtung von Tieren und Menschen die Rede wie im Josuabuch. Wie auch sonst im Alten Orient werden die im Josuabuch erzählten Kriege im Auftrag des Landesgottes geführt. Dieser gibt den Auftrag, ein Land zu unterwerfen und seine Bewohner, falls sie Widerstand leisten, zu vernichten. Israel hat sich seine Landnahme in der vorköniglichen Zeit nach diesem Muster vorgestellt. Hierbei ist nicht zu übersehen, dass das Buch im Moment der größten Ohnmacht Israels nach dem Verlust des Landes 586 konzipiert wurde. In dieser Konzeption von der Landeseroberung flossen die leidvollen Erfahrungen Israels und Judas mit der assyrischen und babylonischen Oberherrschaft ein, die in Palästina demonstrierten, wie man ein besiedeltes Land unterwirft.
- Jahwe-Monolatrie: Im Josuabuch wird die Existenz anderer Götter und deren Verehrung in Palästina nicht abgestritten. Israel muss sich entscheiden zwischen der Verehrung dieser Gottheiten und dem Jahwe-Kult. Beides ist miteinander unvereinbar. Israel darf insofern nur Jahwe als seinen Gott verehren (Monolatrie). Der Kult anderer Gottheiten in Israel wird als Götzendienst und Abfall von Jahwe gewertet. Dies würde den Verlust des Landes nach sich ziehen.
- Tora und Toragehorsam: Als Nachfolger des Mose tradiert Josua die Tora weiter. Handelt er nach ihr, so soll er Erfolg haben (1,7f.). Insofern wird auch das Volk auf die Tora verpflichtet (23,6-8.12f.15f.). Wie sich der Ungehorsam gegen die Tora auswirkt, zeigen die Erzählung vom Diebstahl des Achan (7) und vom Altarbau am Jordan (22).

- Das Land als Geschenk Jahwes: Israel hat das Land Palästina nicht aus eigener Machtvollkommenheit erobert, sondern als Geschenk Jahwes erhalten. Dafür ist es auf die Tora verpflichtet. Fällt das Volk von Jahwe ab, so verliert es auch das Land.

Die ätiologischen Sagen im Josuabuch:
Viele Geschichte im 1. Hauptteil des Josuabuches sind ihrem ursprünglichen Charakter nach ätiologische Sagen, die dazu bestimmt waren, auffallende Tatbestände aus der Gegenwart aus Ereignissen der Vergangenheit kausal abzuleiten. Typische Schlussformel solcher Sagen ist deshalb: „bis auf diesen Tag" (4,9; 6,25; 7,26; 8,28f.; 9,27.

- Kap.6 — die zerstörten Mauern von Jericho
- Kap. 5 — die Beschaffenheit des Heiligtums von Gilgal (seine 12 heiligen Steine (5,3f.); sein Vorhauthügel (5,2ff.).
- Kap.8 — der Schutthügel von Ai mit einem Steinhaufen an Stelle des Stadttores
- Kap. 7 — der Steinhaufen in der Ebene von Achor bei Jericho
- Kap 2; 6,22ff. — die Duldung einer Sippe Rahab von Jericho im israelitischen Land
- Kap. 9 — die Verpflichtung der Bewohner von Gibeon zu Dienstleistungen am israelitischen Heiligtum.

2.7.2.2 Das Richterbuch

- Die 21 Kapitel des Richterbuchs umgreifen den Zeitraum von Josua und der Landnahme bis zum Angriff der Philister auf Israel.
- Nach der Eroberung und Verteilung des Landes (Jos) geht es nun überwiegend um die Sicherung des Landbesitzes gegenüber äußeren Feinden und feindlichen Nachbarn.
- In diesen Kämpfen treten charismatische Heerführer („Richter") auf. Die Ereignisse sind meist in der Form des dtr Deuteschemas dargestellt (Ri 2,10-23; 4,1-3.23f.; 5,31b): Israel fällt von Jahwe ab - dieser straft sein Volk durch ein Fremdvolk - Israel schreit zu Jahwe - dieser „erweckt" einen Richter zur Rettung seines Volkes.
- Man unterscheidet gewöhnlich innerhalb der „Richter" die sog. großen Richter, die durch den Geist Jahwes charismatische Heerführer waren und gegen Israels äußere Feinde stritten von den sog. kleinen Richtern, die im Innern Israels Funktionen der Rechtsprechung und Streitschlichtung wahrnahmen.

✎ **Tipp zum Weiterarbeiten:** *Machen Sie sich anhand einer Bibelkunde mit den Erzählungen über die Großen Richter bekannt.*

2.7.2.3 Die Samuel- und Königsbücher

Die Samuel- und Königsbücher berichten von der Entstehung des Königtums am Ende der Richterzeit bis zur Zerstörung Jerusalems und der Wegführung der Oberschicht ins babylonische Exil. Diese Geschichte der staatlichen Selbständigkeit ist zu großen Teilen deuteronomistisch überarbeitet und damit im Sinne des ⇒ deuteronomistischen Geschichtsschemas gedeutet. Die Deuteronomisten wollten damit die Ursachen für den Untergang Israels und Judas rückblickend klären. Es finden sich aber auch Erzählstränge mit großem Eigengewicht, die bereits vor der deuteronomistischen Bearbeitung zusammengestellt wurden. Solche älteren Stücke sind:

- Samuels Jugendgeschichte in 1.Sam 1-3.
- Die Ladeerzählung in 1.Sam 4-6 und 2.Sam 6, die vom Geschick der Bundeslade bis zu deren Aufstellung in Jerusalem unter David berichtet.
- Die Samuel-Saul-Erzählung in 1.Sam 7-12. Hierbei handelt es sich um eine deuteronomistisch geprägte ältere Erzählung über die Entstehung des Königtums.

- Der Bericht über die Philisterkriege in 1.Sam 13-15.
- Der Bericht über Davids Aufstieg bis zu seiner Einsetzung als König über Gesamtisrael in 1.Sam 16; 2.Sam 5+8.
- Die Geschichte der Thronnachfolge Davids in 2.Sam 9-20 und 1.Kön 1+2.
- Die Nathansweissagung in 2.Sam 7.

Bereits der Jotamfabel in Ri 9 kann man entnehmen, dass die Entstehung des Königtums in Israel nicht unwidersprochen blieb. Besonders in den Samuelbüchern finden sich königsfreundliche und königskritische Texte: In 1.Sam 8; 10,17ff. und 11 wird das Königtum äußerst negativ beurteilt. Im Kern läuft die Kritik auf den Vorwurf hinaus, dass Jahwe letztlich durch die Ausrufung eines menschlichen Königs verworfen werde. In 1.Sam 9,1-10,16 finden sich dagegen Traditionen einer positiven Sicht des Königtums.
Das davididisch-salomonische Königsreich hatte eine zentrale, aus Fachleuten bestehende Verwaltung, die ohne Rücksicht auf ihre Abstammung ausgewählt wurden. Steuern wurden behördlich systematisch eingezogen; das Gottesrecht trat zugunsten eines kasuistischen Rechts zurück. Die Hauptstadt Jerusalem stand zwischen Juda und Israel als ehemalige Jebusiterstadt quasi auf „neutralem“ Boden. Von hier wurde ein stehendes Heer befehligt und ein zentrales Heiligtum unterstrich die Mittelpunktstellung Jerusalems. Tempel- und Palastbau beförderten eine Königsideologie, die sich theologisch in der ⇒ Messiasvorstellung und weltlich in einer an Reichtum und Weisheit orientierten Lebensführung des Königshauses orientierte. Hinzu trat ein dynastischer Anspruch.

✎ **Tipp zum Weiterarbeiten:** *Die Kritik am Königtum wurde besonders von prophetischer Seite erhoben. Lesen Sie die folgenden Texte, und sammeln Sie die gegen das Königtum vorgebrachten Argumente: Hos 7,3-7; 8,4-10; 9,15-17; 10,3f.; 10,15b; 13, 9-11; Jer 21-23; Hes 17.19; Jes 7.*

Bibelkundlicher Überblick über die Königsbücher

1.Kö 1-2	Davids Ende und Salomos Thronbesteigung
3-11	Salomos Regierungszeit
1.Kö 12 – 2.Kö 16,22	Zeit der Könige von Israel und Juda von der Reichstrennung bis zum Untergang des Nordreiches (926-722 v.Chr.)
2.Kö 18-25	Zeit der Könige von Juda vom Untergang des Nordreiches bis zum Untergang des Südreiches (587 v.Chr.) und zur Begnadigung Jojachins von Juda im babylonischen Exil (562/1 v.Chr.)

Saul steht als erster König Gesamt-Israels den Richtern noch sehr nahe. Er wird von Jahwe zum König ernannt (Designation) und vom Volk als König bestätigt (Akklamation). Die Forderung nach dauerndem Bestand des Königtums und nach festen Institutionen gerät jedoch in Konflikt mit der freien Beweglichkeit eines von Jahwe immer nur spontan an eine Führerpersönlichkeit verliehenen und jederzeit widerruflichen Charismas.
David wird auch noch durch die Designation Jahwes und die Akklamation des Volkes zum König.
Salomo wird jedoch einfach von seinem Vater David zu dessen Nachfolger ernannt. Die konservativen Kreise (aus den Nordstämmen) nehmen die Thronfolge nur hin, da sie bei Aufständen gegen David immer unterlegen waren. Sie halten nach wie vor an dem Ideal des charismatischen Königtums fest.
Als Salomo seinen Sohn *Rehabeam* zum Nachfolger ernennt, leistet der Norden (= Israel) Widerstand. *Jerobeam* wird zum König über Israel gekrönt. Dies führt zur Aufhebung der Personalunion zwischen Norden und Süden.

Entwicklung des Königtums im Reich Israel:
Nach Jerobeam treten immer wieder neu designierte Herrscher auf =>"Reich gottgewollter Revolutionen".
Ab *Omri* Auftreten ganzer Dynastien in der Herrschaft über Israel. Omri will mit der Errichtung einer Königsstadt (Samaria) und der Begründung einer Dynastie ein Gegenstück zu Jerusalem aufbauen. Nach seinem Tod geht die Herrschaft in der neuen Stadt von Rechts wegen auf den Sohn des Gründers über. Der König von Samaria ist nun der König von Israel. Die Omri-Dynastie regiert drei Generationen. *Jehu:* Die Revolution Jehus beweist, dass trotz des festen Königssitzes in Samaria das Ideal descharismatischen Königtums noch lebendig war. Die Jehu-Dynastie regiert vier Generationen lang. Zwischen dem Untergang der Jehu-Dynastie und der vernichtenden Niederlage durch die Assyrer treten wieder verschiedene Könige ihr Amt in Samaria an. Der Prophet Hosea legt an sie immer wieder den Maßstab des alten Ideals der Gottesherrschaft in Israel. Das Königtum müsse abgeschafft werden, um das ursprüngliche Verhältnis der Liebe zwischen Jahwe und seinem Volk wiederherzustellen.

Das Königtum im Reich Juda:
Die Linie der Davididen läuft bis auf wenige Störungen ununterbrochen von Generation zu Generation.
Wie kommt es zum Gedanken der dynastischen Bindung? (verschiedene Erklärungsversuche)
A. Alt: David muss seinen Sohn als Nachfolger einsetzen, um zu verhindern, dass der jebusitischen Einwohnerschaft von Jerusalem das Recht zu selbständiger Neugestaltung ihres politischen Eigenlebens freigegeben werden könnte. (Bei jedem späteren Thronwechsel droht prinzipiell die gleiche Gefahr).
A. Gunneweg: David macht Jerusalem zum religiösen Zentrum, indem er die Bundeslade holen lässt. Damit eignet er sich auch Macht und Würde über das amphiktyonische Israel an. Die Lade ist ein Zeichen der Auserwählung durch Jahwe. Da die Lade auf Davids Grund und Boden steht, ist Jahwe an die Familie Davids gebunden. Wenn von Versuchen einer gewaltsamen Beseitigung der Davididenherrschaft berichtet wird, ist nie davon die Rede, dass die Initiative von Jahwe ausgegangen sei. Es handelt sich zumeist um höfische Intrigen, die von einflussreichen Jerusalemer Kreisen ausgehen. Das Staatsvolk erzwingt in solchen Situationen regelmäßig die Einsetzung des nächstberufenen Davididen auf den Thron. Damit setzt sich der Volksstaat Juda mit erstaunlicher Gradlinigkeit gegen den Jerusalemer Hof für eine dynastische Bindung des Königtums ein.

Salomos Aufstieg und Fall

1.Kö 1,38-40	Salbung Salomos als Nachfolger Davids zum König über ganz Israel
1.Kö 2,12-46	Maßnahmen zur Festigung der Herrschaft zu Beginn der Regierungszeit
1.Kö 4,1ff.	Die salomonische Verwaltungsreform
1.Kö 5,9ff.; 10,14ff.	Salomo als orientalischer Herrscher: seine Weisheit und sein Reichtum
1.Kö 5,15-8	Salomo als Bauherr von Palast und Tempel
1.Kö 11,1-13	Salomos „Sturz" durch Jahwe wegen Abgötterei und Umgang mit nicht-israelitischen Frauen
1.Kö 11,14ff.	Salomos äußere Feinde; der Abfall der zehn Stämme unter Jerobeam

2.7.3 Das chronistische Geschichtswerk

1+2 Chronik, Esra und Nehemia stellen zusammen ein geschlossenes Geschichtswerk da. Das chronistische Geschichtswerk bietet die Geschichte Judas von Adam und Eva bis zur Reform der judäischen Gemeinde 450 durch Esra und Nehemia.

Inhalt:

1.Chr.	Geschichte von Adam bis einschließlich David
2.Chr.	Rückkehr aus dem Exil durch den Erlass des Königs Kyros
Esra 1-6	Bericht vom Auftreten der Propheten Haggai und Sacharia, die den Bau des Tempels forcieren.
Esra 7-10	Esras Reise nach Jerusalem und dortiges Wirken
Nehemia 1-13	Bericht von der Reform und Organisation der Gemeinde durch Esra und Nehemia
Esra 7	Unter der Regierung des Artaxerxes reist Esra von Persien nach Jerusalem, um dort 458 Tempelgeräte zu überbringen und das dortige Leben zu regeln
Esra 8	Bericht in der ersten Person über die Ankunft Esras in Jerusalem
Esra 9+10	Esra propagiert die Trennung der Juden von den Nicht-Juden
Neh 1-7	Bericht in der ersten Person über die Aussendung des Nehemia aus Persien im Jahre 445. Nehemia soll als weltlicher Gouverneur die Mauern Jerusalems wiederherstellen lassen. Bericht im Memoirenstil.
.Neh.8-10	Hier ist Esra wieder die Hauptfigur: Es wird über eine religiöse Feier berichtet, bei der Esra das Gesetz verliest und damit einen großen Bußtag einleitet.
Neh.11-13	Bericht über den Bau und die Einweihung der Jerusalemer Mauer sowie über 13 kultische Maßnahmen des Nehemia

Aus dem Wechsel zwischen der ersten und dritten Person ist zu ersehen, dass der Verfasserkreis verschiedene Quellen benutzt hat: In den zwei Büchern der Chronik wurden der Pentateuch sowie die Bücher Josua und l+2 Könige als Quelle verarbeitet. Dies beweisen auch zahllose wörtliche Übereinstimmungen. In seiner Interpretation der Geschichte lässt der Chronist alles weg, was mit dem Nordstaat zu tun hat. Seine Intention ist die Hervorhebung Judas als des wahren Israels. Als Quellen für die Bücher Esra und Nehemia können deren Memoiren in Betracht kommen, sowie eine aramäische Quelle mit Dokumenten über Stadt und Tempelbau. Dieses Material wird nun vom Chronisten so geordnet, dass er seine Intention veranschaulichen kann:

1.) Juda ist das einzige Israel, die Nordstämme sind von Jahwe abgefallen. So sind nicht die Samaritaner, sondern die nachexilisch judäische Gemeinde die einzig legitime Gemeinde Jahwes.

2.) Der gesamte Geschichtsablauf ist von göttlicher Vergeltung durchdrungen.

Um dieses zu belegen, scheut der Chronist nicht einmal vor Geschichtsfälschungen zurück. So erklärt er das Phänomen der langen Regierungszeit des Königs Manasse, eines der schlechtesten Herrscher, mit einer frei erfundenen Bekehrung des Königs, da nur gute Könige lange regieren könnten

3.) Das Zentrum allen Lebens ist der gottvermittelnde Kult in Jerusalem, der durch Priester und Leviten ausgeübt wird.

4.) Die nachexilische Gemeinde wird als Theokratie verstanden. Diese Theokratie ist gesetzlich geregelt.

Dies alles steht im Gegensatz zur ⇨ Apokalyptik, denn nach dem chronistischen Geschichtswerk erfüllt sich die Verheißung der Propheten in der Konstituierung einer theokratischen Gemeinde.

2.7.4 Die prophetischen Bücher

2.7.4.1 Zum Phänomen der alttestamentlichen Prophetie

Aus dem Griechischen übersetzt bedeutet „*prophetes*" Sprecher oder Verkünder. Das hebräische Wort für Prophet lässt sich mit „Rufender" oder auch „Berufener" übersetzen. Propheten treten häufig in geschichtlichen Krisensituationen auf. Die „klassischen" Propheten traten in Israel zwischen dem 8. und 5. Jhdt. auf, wobei Amos als ältester Schriftprophet schon innerhalb einer prophetischen Tradition Israels steht, die auch von vergleichbaren Phänomenen aus der religionsgeschichtlichen Umwelt beeinflusst wurde. Die altisraelitische Prophetie hat zwei Quellen, aus denen sie sich speist: Das in der nomadischen Lebensweise wurzelnde Sehertum und das im Kulturland beheimatete Nabitum. Typisch für das Nabitum sind ekstatische Phänomene und die Organisation in Prophetenscharen und -schulen. Neben diesen umherziehenden Prophetenscharen gab es noch Kultpropheten und Zeichendeuter, die hauptberuflich an Tempeln ansässig waren und als abhängige „Kultbeamte" einen Gegensatz zu den freien Propheten bildeten. Das Sehertum ist ebenfalls nicht spezifisch israelitisch, nicht einmal spezifisch religiös und in vielen Kulturen zu finden. Seher sind Einzelgestalten, denen der Ruf vorausgeht, mehr über Vergangenes und Zukünftiges zu wissen als andere. Der Seher gibt in Einzelfällen Auskunft und Rat. In der israelitischen Religionsgeschichte verbinden sich beide Phänomene mit dem Jahweglauben und können miteinander verschmelzen, wie es in der Gestalt Samuels deutlich wird.

Zentraler Text zum Phänomen der frühen israelitischen Prophetie (1.Kö 22):
22,4 „Und er fragte Joschafat: Würdest du mit mir gegen Ramot-Gilead in den Krieg ziehen? Dieser antwortete dem König von Israel: Ich ziehe mit dir, mein Volk mit deinem Volk, meine Pferde mit deinen Pferden. 22,5 Joschafat bat aber den König von Israel: Befrag doch zuvor den Herrn! 22,6 Da versammelte der König von Israel die Propheten, gegen vierhundert Mann, und fragte sie: Soll ich gegen Ramot-Gilead zu Felde ziehen, oder soll ich es lassen? Sie gaben den Bescheid: Zieh hinauf! Der Herr gibt die Stadt in die Hand des Königs. 22,7 Doch Joschafat sagte: Ist hier sonst kein Prophet des Herrn, den wir befragen könnten? 22,8 Der König von Israel antwortete Joschafat: Es ist noch einer da, durch den wir den Herrn befragen könnten. Doch ich hasse ihn; denn er weissagt mir nie Gutes, sondern immer nur Schlimmes. Es ist Micha, der Sohn Jimlas. Joschafat erwiderte: Der König sage das nicht. 22,9 Da rief der König von Israel einen Hofbeamten herbei und befahl ihm, unverzüglich Micha, den Sohn Jimlas, zu holen. 22,10 Der König von Israel und Joschafat, der König von Juda, saßen in königlichen Gewändern auf ihren Thronen. Sie befanden sich auf der Tenne beim Tor Samarias, und alle Propheten weissagten vor ihnen 22,11 Zidkija, der Sohn Kenaanas, hatte sich eiserne Hörner gemacht und rief: So spricht der Herr: Mit diesen wirst du die Aramäer niederstoßen, bis du sie vernichtet hast. 22,12 Alle Propheten weissagten in gleicher Weise und riefen: Zieh nach Ramot-Gilead, und sei erfolgreich; der Herr gibt die Stadt in die Hand des Königs. 22,13 Der Bote aber, der Micha holen sollte, redete ihm zu: Die Worte der Propheten waren ohne Ausnahme günstig für den König. Mögen deine Worte ihren Worten gleichen. Sag daher Gutes an! 22,14 Doch Micha erwiderte: So wahr der Herr lebt: Nur was der Herr mir sagt, werde ich sagen.

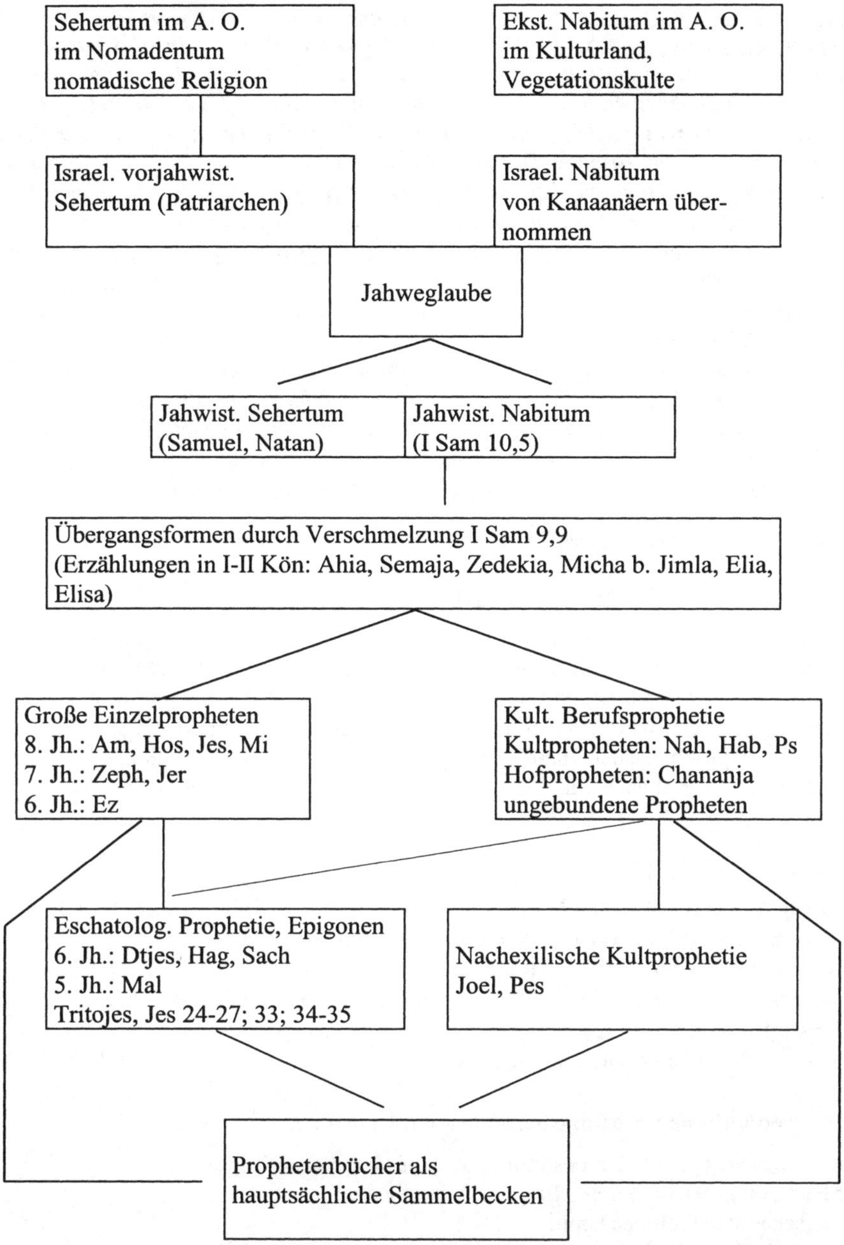

22,15 Als er zum König kam, fragte ihn dieser: Micha, sollen wir gegen Ramot-Gilead zu Felde ziehen, oder sollen wir es lassen? Micha antwortete: Zieh hinauf, und sei erfolgreich! Der Herr gibt die Stadt in die Hand des Königs. 22,16 Doch der König entgegnete: Wie oft muss ich dich beschwören, mir im Namen des Herrn nur die Wahrheit zu sagen? 22,17 Da sagte Micha: Ich sah ganz Israel über die Berge zerstreut wie Schafe, die keinen Hirten haben. Und der Herr sagte: Sie haben keine Herren mehr. So gehe jeder in Frieden nach Hause. 22,18 Da wandte sich der König von Israel an Joschafat: Habe ich es dir nicht gesagt? Er

weissagt mir nie Gutes, sondern immer nur Schlimmes. 22,19 Micha aber fuhr fort: Darum - höre das Wort des Herrn: Ich sah den Herrn auf seinem Thron sitzen; das ganze Heer des Himmels stand zu seiner Rechten und seiner Linken. 22,20 Und der Herr fragte: Wer will A-hab betören, so dass er nach Ramot-Gilead hinaufzieht und dort fällt? Da hatte der eine diesen, der andere jenen Vorschlag. 22,21 Zuletzt trat der Geist vor, stellte sich vor den Herrn und sagte: Ich werde ihn betören. Der Herr fragte ihn: Auf welche Weise? 22,22 Er gab zur Antwort: Ich werde mich aufmachen und zu einem Lügengeist im Mund all seiner Propheten werden. Da sagte der Herr: Du wirst ihn betören; du vermagst es. Geh und tu es! 22,23 So hat der Herr jetzt einen Geist der Lüge in den Mund all deiner Propheten gelegt; denn er hat über dich Unheil beschlossen. 22,24 Da trat Zidkija, der Sohn Kenaanas, zu Micha, schlug ihn ins Gesicht und rief: Wie, sollte denn der Geist des Herrn von mir gewichen sein, um mit dir zu reden? 22,25 Micha erwiderte: Du wirst es an jenem Tag erfahren, an dem du von einem Gemach in das andere eilst, um dich zu verstecken. 22,26 Der König von Israel aber gab den Befehl: Nehmt Micha fest, führt ihn zum Stadtobersten Amon und zum Prinzen Joasch, 22,27 und meldet: So spricht der König: Werft diesen Mann ins Gefängnis, und haltet ihn streng bei Brot und Wasser, bis ich wohlbehalten zurückkomme. 22,28 Doch Micha erwiderte: Wenn du wohlbehalten zurückkommst, dann hat der Herr nicht durch mich geredet."

✎ **Tipp zum Weiterarbeiten**: *Arbeiten Sie 1.Kö 22 durch und notieren Sie alle Informationen über Prophetie!*

2.7.4.2 Prophetische Zeichenhandlungen:

Allgemein:
Zeichenhandlungen werden vom Propheten auf den ausdrücklichen Befehl Jahwes hin ausgeführt. Ein Bericht über die Durchführung ist oftmals nicht vorhanden, da diese als selbstverständlich vorausgesetzt wird. Im Anschluss an die Zeichenhandlung erfolgt eine Deutung. Das Ineinander von prophetischer Handlung und ihrer Deutung ist darstellende Vorwegnahme eines zukünftigen Geschehens, in dessen Mittelpunkt die Beziehung zwischen Jahwe und seinem Volk steht.

Beispiele:
- Ahia von Silo zerreißt seinen Mantel und gibt Jerobeam 10 Teile (1.Kön 1,29-39)
- Ehe des Propheten Hosea (Hos), Namensgebung seiner Kinder
- Namensgebung der Kinder Jesajas (Jes 7f)
- Jesaja geht drei Jahre lang barfuß (Jes 20), er läuft drei Jahre lang nackt herum
- Ackerkauf Jeremias (Jer 32)
- Ezechiel soll sich die Haare abschneiden (Ez 5)

2.7.4.3 Prophetische Berufungsberichte – ein Überblick

Die Berufungsberichte weisen bestimmte Strukturelemente auf:
1. Der Ruf Gottes bricht in den Alltag des Menschen ein.
2. Der unschaubare Gott erscheint.
3. Gott spricht den Berufenen persönlich an.
4. Er beauftragt ihn zu Wort und/ oder Tat.
5. Der Mensch wagt einen Einspruch. Gott geht auf den Einspruch ein.
6. Gott bekräftigt seinen Zuspruch mit einem Zeichen und erneuert den Auftrag.

Einige Beispiele für Berufungsberichte sind:
- Berufung Samuels (1.Sam 3)
- Berufung Elischas (1.Kön 19, 19-21)

- Berufung Jesajas (Jes 6, 1-13)
- Berufung Jeremias (Jer 1, 4-19)
- Berufung Ezechiels (Ez 1-3)

Gott ruft sein Volk, aber weil dieses nicht hört, muss er einzelne Menschen rufen, die das Volk auf Gottes Ruf aufmerksam machen.
Innerhalb der Berufungsberichte kann man zwei Grundformen unterscheiden: Der Auditionsbericht und der Visionsbericht.
Beim *Auditionsbericht* erfolgt die Berufung in einem Zwiegespräch Gottes mit dem Propheten. Der Prophet hört Gottes Ruf, sieht ihn aber nicht. Beispiel hierfür ist der Berufungsbericht des Jeremia.
Der *Visionsbericht* hebt die Schau des Propheten hervor, der Prophet sieht Gott. Ein Beispiel hierfür ist der Berufungsbericht des Jesaja, dieser sieht Jahwe im Tempel thronen.

2.7.4.4 Hosea

Gliederung des Hoseabuches:

1-3	Prophetenbericht über Hoseas Ehe (1+3); Verkündigung Hoseas unter Aufnahme der Ehe-Metapher (2)
4-14	Zusammenstellung von prophetischen Schelt- und Drohworten ohne erkennbare Gliederung

Das wichtigste Problem des Hoseabuches ist das Verständnis der Kapitel 1+3 über die Ehe Hoseas mit einer Dirne. Ist in einem realistischen Sinn die Ehe Hoseas gemeint, oder handelt es sich um eine allegorische Schilderung? Meinen Kapitel 1+3 zwei verschiedene Eheschließungen, oder wird zweimal aus unterschiedlicher Perspektive über dieselbe Ehe berichtet? Wahrscheinlich handelt es sich um einen Bericht über die tatsächliche Ehe des Propheten Hosea. In 1 liegt dabei das Schwergewicht auf den Symbolnamen der Kinder Hoseas. In 3 wird über dieselbe Frau berichtet, doch liegt hier das Gewicht auf Hoseas Liebe zu ihr trotz ihrer Untreue.
Zusammen mit Amos, Jesaja und Micha gehört Hosea zu den ältesten Schriftpropheten. Hosea lebte und wirkte im Südreich und erlebte die letzten Wirren im Nordreich bis zu dessen Untergang 722 v.Chr. Es war die Zeit des Vordringens des assyrischen Weltreiches. Versuche, sich von dem assyrischen Joch zu befreien, schlugen fehl und zogen Racheakte der Assyrer nach sich. Unter Jerobeam II erlebte das Nordreich seine letzte Blütezeit, bedingt durch ein kurzfristiges außenpolitisches Gleichgewicht unter den Großmächten. Unter seinem Nachfolger Sacharia beginnt der Untergang des Nordreichs. Er wurde ermordet, sein Nachfolger Menahem betrieb eine assyrerfreundliche Politik, dessen Nachfolger Pekachja setzte diese Politik fort, wurde aber ebenfalls ermordet. Sein Nachfolger Pekarch begann, ein antiassyrisches Bündnis aufzubauen, und versuchte, auch das Südreich für seine Politik zu gewinnen. Es kam zum syrisch-ephraimitischen Krieg, als Juda unter Ahas sich weigerte, einem antiassyrischen Bündnis beizutreten. Ahas rief die Assyrer zu Hilfe, und das Bündnis wurde zerschlagen. Das Nordreich wurde auf einen winzigen Rest reduziert. Der letzte König des Nordreichs war Hosea (nicht identisch mit dem Propheten) als Vasall der Assyrer. Als er 724 versuchte, den Tribut zu verweigern, kam es 722 zur vollkommenen Zerstörung des Nordreiches.
In diese Situation sprechen Hosea und Amos. Hosea sieht in dem Untergang des Nordreiches eine Strafe Jahwes an seinem untreuen Volk. Sein Urteil ist aber nicht getragen von einem primitiven Rachegedanken, sondern Hosea sieht in dem Untergang Samarias nicht nur eine Straf-, sondern auch eine Erziehungsmaßnahme Jahwes, der sein Volk trotz dessen Untreue

liebt. Gott ist in der Verkündigung Hoseas kein gerechter Vergelter, denn sonst hätte er sein Volk völlig vernichtet. Im Mittelpunkt steht die übermäßige Liebe zu seinem Volk. Er steht in einem Hass-Liebe-Verhältnis zum Menschen und leidet an seiner Liebe, die nicht begründet ist, so wie auch Hosea an der Liebe zu seiner untreuen Frau leidet. Hoseas Gottesvorstellung ist zwar anthropomorph, aber keinesfalls naiv. Wenn er Gott menschlich darstellt, dann weiß er sehr genau, dass dies nur ein uneigentliches Reden von Gott sein kann. Gott sprengt den Rahmen menschlicher Darstellung immer wieder durch seine Liebe.

2.7.4.5 Amos

1,1: Überschrift des Amosbuches: *„Die Worte, die Amos, ein Schafzüchter aus Tekoa, in Visionen über Israel gehört hat, in der Zeit, als Usija König von Juda und Jerobeam, der Sohn des Joasch, König von Israel waren, zwei Jahre vor dem Erdbeben."*
1,2: Das Motto des Buches: *„Er sprach: Der Herr brüllt vom Zion her, aus Jerusalem lässt er seine Stimme erschallen. Da welken die Auen der Hirten, und der Gipfel des Karmel verdorrt."*
1,3-2,16: Fremdvölkerzyklus mit Refrain gegen Damaskus, Gaza, Ammon, Moab und Israel, redaktionell erweitert mit Tyros, Edom und Juda.
Inhalt: Unheilsankündigung aufgrund der für Amos charakteristischen Anklagen wegen Unterdrückung der Armen und Missachtung des Rechts. Zielpunkt ist die Israelstrophe in 2,6-16.
Amos stammt aus dem Südreich, wirkte aber in der letzten Blütezeit unter Jerobeam II im Nordreich. Das Buch besteht aus 19 klar gegliederten Kapiteln. In Vers 1,1 findet sich eine Überschrift, die Zeit und Herkunft (Tekoa) von Amos genau angibt. Der Schluss in 9,8-15 gilt als unecht. Er schwächt die vorhergehenden Unheilsverkündigungen ab. In den Kapiteln 7-9 findet sich eine um Spruchgut erweiterte Visionsschrift. Sie enthält 5 in der ersten Person geschriebene einzelne Visionsberichte. Amos schaut das über Israel kommende Unheil in realen Dingen, die für ihn transparent wurden. Es handelt sich also nicht um parapsychologische Erscheinungen. 1-6 enthalten Reden des Amos und zwar in 1,3-2,16 gleichgeformte Worte gegen Fremdvölker, welche sich am Ende dann auch gegen Israel richten. Der Abschnitt 3-6 enthält eine Sammlung nicht gereimter Worte, die in Spruchgruppen zusammengestellt sind. Der größte Teil des Amosbuches geht auf die Verkündigung des Propheten zurück, was jedoch von dem Propheten persönlich oder von seinen Schülern geschrieben wurde, ist nicht mehr auszumachen. Es finden sich an wenigen Stellen Spuren judäischer Bearbeitung, die zeigen, dass das Buch in Juda weiter tradiert wurde. Auch zeigen diese Stellen, dass durch sie das Buch für liturgische Zwecke verwendet wurde.
Das Amosbuch gibt ein umfassendes Bild über das Leben und die Verkündigung des ältesten Schriftpropheten. Es ist gleichzeitig auch die prophetische Schrift mit der konsequentesten Gerichtsansage. Darin liegt ihre Stärke und Wirkung.
Amos baut auf dem Bekenntnis auf, dass Israel das von Gott erwählte Volk ist. Für ihn ist diese Tatsache jedoch nicht pure Erwähltheit, sondern Verpflichtung. Der Gott des Amos ist ein Eiferer, der seinen Willen auch gegen sein Volk durchsetzt. Hosea sah das Abfallen von Gott mehr in den heidnischen Kulten, während Amos den Akzent auf die sozialen Missstände legt. Dieses Eintreten für soziale Gerechtigkeit ist aber nicht mit heutigen Maßstäben zu bewerten, sondern es ist in Amos Augen Sünde gegen die Ordnung Gottes. Für ihn setzt sich immer mehr die Überzeugung durch, dass es für Israel kein Erbarmen Gottes mehr geben kann. Er verkündigt das Ende um der Sünde willen und sieht in Jahwe eine unumschränkte Macht, die sich in ihrem Gerichtshandeln gegen alle menschlichen Widerstände und Erwartungen durchsetzen wird. Der sittliche Ernst seiner Botschaft ist unübertroffen.
Mit seiner Erkenntnis, dass Gott der gerechte Gott sei, der dem Menschen mit seinen Rechtssatzungen eine Norm setzt, die nicht überschritten werden kann, steht Amos in seiner Zeit mit

ihren ungeheuren Umwälzungen trotz aller Zeitgebundenheit auf einsamer Höhe. Auch die Einsicht über den Sinnzusammenhang der Geschichte hebt Amos aus seiner Zeit heraus. Er erkennt, dass Jahwe der Gott aller Völker ist, obwohl auch für ihn die Sonderstellung Israels unumstritten ist.

Das bei ⇒ Hosea vorkommende Motiv der Liebe Gottes findet sich bei Amos nicht. Dies heißt, dass Amos in einer Rettung Israels keine Chance der Umkehr mehr sah. In Kapitel 5,15 findet sich eine einzige unbestimmte Heilsandeutung.

2.7.4.6 Micha

Das Buch entstammt der vorexilischen Zeit. Micha war Zeitgenosse Jesajas und wirkte in der 2. Hälfte des 8. Jahrhunderts.

Gliederung des Buches:

1-3	Unheilsverkündigung gegen die Oberschicht und Warnung vor falschem Vertrauen in den heiligen Berg Zion und die Unverletzlichkeit des Jahwetempels.
4+5	Heilsverkündigung (Kap.5: Weissagung für Bethlehem).
6+7	Sammlung von Drohworten
7,7ff.	Heilszusage

Es liegt ein kontinuierlicher Wechsel von Unheil- und Heilszusagen vor. Auf spätere Bearbeitungen gehen die folgenden Abschnitte des Buches zurück:

- 4,1ff. Wörtliche Parallele zu Jes 2,4ff., um der Unheilsverkündigung in Mi 3 die Spitze zu nehmen.
- 4,5-5 Hier wird Babylon anstelle von Assur genannt und die Diaspora wird vorausgesetzt.
- 7,7ff Auch hier wird die Diasporasituation vorausgesetzt.

Einflüsse von Amos und Hosea sind bei Micha spürbar. Wie Amos greift auch Micha die soziale Ungerechtigkeit an und richtet sich gegen Selbstsicherheit und ein magisches Verständnis der Erwählung durch Jahwe. Über Amos hinaus wagt er, die Unverletzlichkeit des Zion in Frage zu stellen. Mit Hosea verbindet Micha die scharfe Verurteilung der Fremdkulte in Jerusalem.

✎ **Tipp zum Weiterarbeiten:** *In Mi 4,1-4 findet sich der Gedanke, dass Zion das Ziel aller Völker und Ursprung des Friedens sein wird. Versuchen Sie herauszufinden, wo sich dieses Motiv sonst im AT findet und welche Bedeutung es für das Verhältnis vom Judentum zu den anderen Völkern hat.*

2.7.4.7 Jesaja

Das im Kanon vorliegende Buch besteht aus drei großen Sammlungen, die zu verschiedenen Zeiten und in unterschiedlichen Situationen verfasst wurden.

1-39 Protojesaja (Wirkungszeit 740-701 v.Chr.)
40-55 Deuterojesaja (anonymer Prophet zur Exilszeit 550-540 v.Chr.)
56-66 Tritojesaja (Textsammlung um 530 v.Chr.)

Protojesaja

Das Jesajabuch besteht aus Prophetenworten, prophetischen Eigenberichten in der 1. Pers. und prophetischen Fremdberichten in der 3. Pers. Echte Jesaja Worte finden sich nur hier, aber auch im Protojesaja stammt vieles nicht von Jesaja selbst. Jesaja lebte im 8. Jhdt. in Jerusalem zur Zeit der Hegemonie der Assyrer und des Untergangs des Nordreiches. Man kann seine Wirkungszeit in vier Perioden einteilen:

- Vor 734/33 (Kap 2; 3+5)
- 734-732: Zeit des syrisch-ephraimitischen Krieges (Kap. 7+7)
- 721-711: Zeit der Aufstände gegen die Assyrer (Kap 18+20)
- 705-701: Zeit der Aufstände unter Hiskia bis zur Belagerung Jerusalems (Kap. 28-31)

Nur Prophetenworte, die diesen geschichtlichen Situationen entsprechen, können somit von Jesaja selbst stammen. Wahrscheinlich handelt es sich hierbei um die Kapitel 6-8 mit einem Anhang in 9,1-6.
Man nennt diesen Komplex die Memorabiliensammlung des Jesaja. Es sind Berichte über sein Auftreten in den Jahren 734-33, vorangestellt ist ein Bericht in Kapitel 6 über die Berufung des Propheten (⇒ Berufungsberichte). Knapp kann man die Botschaft Jesajas so zusammenfassen: Die Assyrer vernichteten Israel und machten Juda zum Vasallen. Jesaja sieht in dieser ernsten Lage das Gerichtshandeln Jahwes. Durch dieses Gericht will Jahwe das Volk Israel dezimieren, es soll nur ein Rest übrigbleiben, aus dem dann das wahre Israel entstehen wird. Dieser Rest_sind die Verwandten und Anhänger Jesajas, die durch ihren Glauben umkehren. Hier wird im AT zum ersten Mal explizit von Glauben gesprochen (Jes 7,9; 28,16; 30,15).

Bibelkundlicher Überblick über Protojesaja:

1-12	Prophetenworte an Juda und Israel; darin finden sich in 6-8: ein Bericht über Jesaja (Memorabiliensammlung) und in 12 ein Danklied der Geretteten für ihre Befreiung (aus späterer Zeit).
13-23	Worte gegen Fremdvölker
24-27	Das Weltgericht (sog. Jesajaapokalypse)
28-35	Gerichts- und Heilsworte über Jerusalem
36-39	Geschichtsbericht aus der Zeit Hiskias: Jesaja-Erzählungen

Wichtige Themen und Texte aus Protojesaja:
- 2,1-5: Das kommende Friedensreich mit Zion als Mittelpunkt („Schwerter zu Pflugscharen") ⇒ Mi 4,1-4
- 5,1-5: Das Weinberglied als Anklage gegen das Unrecht in Israel
- 6,1-13: Berufungsbericht Jesajas
- Symbolischer Name für Jesajas Sohn („Raubebald – Eilebeute") ⇒ Hosea
- 9,1-6: Der Friedefürst: *„Das Volk, das im Dunkel lebt, sieht ein helles Licht; über denen, die im Land der Finsternis wohnen, strahlt ein Licht auf. Du erregst lauten Jubel und schenkst große Freude. Man freut sich in deiner Nähe, wie man sich freut bei der Ernte, wie man jubelt, wenn Beute verteilt wird. Denn wie am Tag von Midian zerbrichst du das drückende Joch, das Tragholz auf unserer Schulter und den Stock des Treibers. Jeder Stiefel, der dröhnend daherstampft, jeder Mantel, der mit Blut befleckt ist, wird verbrannt, wird ein Fraß des Feuers. Denn uns ist ein Kind geboren, ein Sohn ist uns geschenkt. Die Herrschaft liegt auf seiner Schulter; man nennt ihn: Wunderbarer Ratgeber, Starker Gott, Vater in Ewigkeit, Fürst des Friedens. Seine Herrschaft ist groß, und der Friede hat kein Ende. Auf dem Thron Davids herrscht er über sein Reich; er festigt und stützt es durch Recht und Gerechtigkeit, jetzt und für alle Zeiten. Der leidenschaftliche Eifer des Herrn der Heere wird das vollbringen."*

Deuterojesaja
Die Kapitel 40-55 sind ein eigenständiges prophetisches Buch, von einem im Exil lebenden Propheten unter dem Leitmotiv geschrieben: Jahwe wird demnächst Israel aus der babyloni-

schen Knechtschaft befreien, indem er einen neuen Exodus veranlasst. Es handelt sich hier um eine reine Heilsverkündigung. Deuterojesaja setzt sich aus 50 kleineren Einheiten zusammen. Man nahm früher an, das Buch wäre von Anfang an schriftlich fixiert gewesen, ist aber heute wegen seines starken rhetorischen Stils und seiner vielen Einheiten der Meinung, dass es seinen Sitz im Leben mündlich innerhalb eines kultischen Rahmens hatte.
Die Stücke 42,1-9; 49,1-6; 50-4-9; 52,13-53,12, die sogenannten Gottesknecht-Lieder, bilden einen besonderen Komplex. Diese Erzählungen von einem Gottesknecht sind in den Zusammenhang nicht fest eingebunden. Es sind sekundär eingebaute Lieder über das stellvertretende Leiden eines Knechts Gottes .Man wertete sie früher als Voraussage des Leidens Christi. Zahlreiche Forscher wollten die folgende Fragen klären:
Wer ist der Gottesknecht?
Stammen die Lieder von Deuterojesaja?
Die zweite Frage lässt sich recht eindeutig beantworten: Wegen des sehr ähnlichen Stils muss der Verfasser zumindest aus dem Umfeld des Propheten stammen.
Die Frage nach der Identität des Gottesknechtes wurde unterschiedlich beantwortet: Hier gibt es verschiedene Thesen:
a.) individuelle Interpretation:
- Der Prophet meinte sich selbst.
- Er meinte ein anderes Individuum.

b.) kollektive Deutung
- Mit dem Knecht Jahwes sei Israel selbst gemeint, wie auch sonst bei Deuterojesaja Israel als Knecht Jahwes bezeichnet wird.

Für die Möglichkeit a sprechen die unverkennbar individuellen Züge der Lieder.
Für b, dass Deuterojesaja das Volk Israel als Knecht Jahwes bezeichnen kann. Es handelt sich hier um ein nicht völlig lösbares Problem. Deshalb verschiebt sich heute das Problem zu der Frage: was war der Knecht Jahwes? Der Knecht sei das leidende Israel, dem der Prophet seine individuellen Züge gegeben habe. Die Gottesknechtlieder gehören zu den tiefsten und schönsten Stücken des AT.

Tritojesaja
Bis in jüngere Zeit rechnete man *Tritojesaja* noch zu Deuterojesaja. Heute ist man aber unbestritten der Auffassung, dass es sich bei ihm um einen eigenständigen Abschnitt handelt. Doch ist die Diskussion darüber ob der ganze Tritojesaja von einem Propheten stammt, bis heute noch nicht abgeschlossen. Die Tendenz jedoch geht dahin, dass man nicht mit einem Verfasser für alle Kapitel rechnet. Tritojesaja unterscheidet sich vom Deuterojesaja dadurch, dass in ihm die Rückkehr aus dem Exil nicht mehr erhofft wird, sondern schon vorausgesetzt ist. Die Sammlung ist von einem Jerusalemer Standpunkt aus geschrieben worden. Andere Teile Tritojesajas lassen sich besser in der exilischen Zeit ansetzen, so zum Beispiel die Klageliturgie in 63,7-64. Die übrigen Teile des Jesajabuches beziehen sich auf die kümmerlichen Verhältnisse im Jerusalem der Nachexilzeit. Der echte Tritojesaja ist deshalb so interessant, weil seine eschatologischen Vorstellungen gegenüber Deuterojesaja sehr viel ausgeprägter sind. Die vorexilischen Propheten meinten das Handeln Jahwes in der Geschichte erblicken zu können. Sie sehen in ihr das Gerichtshandeln Jahwes. Diese Vorstellung herrscht auch noch beim Deuterojesaja vor, da die erwartete Wegführung aus dem Exil, so wunderbar man sie sich auch vorstellte, doch als Handeln Jahwes in der Geschichte erwartet wurde.
Dagegen wird im Tritojesaja die Wende im Geschick Israels durch einen den Rahmen der Geschichte sprengenden Eingriff Jahwes erwartet, und zwar durch eine völlig neue Schöpfung Jahwes. Später kam diese Vorstellung der neuen Welt in der Apokalyptik zum Tragen: Dort wird zwischen dem alten, vergehenden und dem neuen kommenden Äon unterschieden.

2.7.4.8 Jeremia

Jeremia wirkte in der vorexilischen Zeit und lebte von 626 - 587/6. Nach dem Untergang Jerusalems musste er nach Ägypten auswandern, wo er dann auch starb. Das nach ihm benannte Buch ist folgendermaßen aufzugliedern:

- 1-25 Prophetenworte, die als Unheilverkündigung gegen das eigene Volk gerichtet sind.
- 26-36 Prophetenerzählungen, fungieren als Rahmen für:
- 37-45 Leidensgeschichte des Jeremia (biographischer Teil)
- 46-51 Fremdvölkerorakel
- 52 historischer Anhang

Die Fremdvölkerorakel stehen als geschlossene Einheit in der Septuaginta im Gegensatz zu heutigen Übersetzungen nach 25,13. Daraus kann man schließen, dass dieser Komplex damals schon fest gefügt war und nach 25.13 seinen ursprünglichen Platz hatte. Geht man von dieser ursprünglichen Reihenfolge aus, so kann man annehmen, dass dem Jeremiabuch folgendes Schema zugrunde lag:
Unheilsworte
Unheil für die Völker
Heilsworte
Zusammengewachsen ist es wahrscheinlich aus drei Traditionsschichten:

A echte Worte Jeremias, zu erkennen an ihrem metrisch geformten Versstil.
B biographische Stücke, die aus der Feder von Jeremias Schüler Baruch stammen sollen.
C Prophetenreden (-predigten) im deuteronomistischen Stil

Diese Theorie hielt sich bis in die jüngste Vergangenheit. Doch ergaben neueste Untersuchungen, dass B in sich keine Einheit ist, sondern dass vielmehr eine Übereinstimmung in Stil und Sache von Teilen B mit C besteht. Vorläufiges Resultat: Die Verkündigung Jeremias ist weitgehend nur noch in deuteronomistischer Bearbeitung erhalten.
Wir besitzen durch den autobiographischen Teil des Jeremiabuches eine Fülle von Einzelfakten: Jeremia war priesterlicher Herkunft und wurde um 650 in Anatot als Sohn eines Priesters geboren. Während der Regierungszeit des Reformkönigs Josia wurde er 626 zum Propheten berufen (Jer 1). Seine Verkündigung begleitet die politischen Ereignisse wie ein prophetisch-politischer Kommentar, der die Zeit des allmählichen Untergangs des Assyrerreiches umfasst. Hierdurch entstand ein Machtvakuum, dem Israel seine letzte Blüte verdankt. Josia wurde es dadurch möglich, seinem Staat die Unabhängigkeit zu erhalten. Auf der Basis dieser nationalen Restauration führte er eine Kultreform durch, in der die Fremdinhalte aus der jüdischen Religion entfernt wurden. Josia gehörten Jeremias ganze Sympathien, und der tragische Tod des Königs traf den Propheten sehr. Ab dessen Nachfolger Jojakim wird Jeremias Leben ein einziger Leidensweg. Das Machtvakuum wird durch die Babylonier unter Nebukadnezar geschlossen. Dieser lässt Jojakim nach Babylonien deportieren, nach ihm regiert der letzte König Zedekia bis zum Untergang Jerusalems. Unter ihm wurde Jeremia nicht mehr offen verfolgt. 587 folgt die Belagerung Jerusalems durch die Babylonier. Gadalja wurde nach dem Fall der Stadt als Gouverneur eingesetzt, wurde aber bald ermordet. Aus Angst vor babylonischen Repressalien setzte sich daraufhin ein Teil der Bevölkerung, unter ihnen auch Jeremia, nach Ägypten ab. Dort verstarb er dann einige Zeit später.

Inhalt der Verkündigung

Jeremias Verkündigung in seinen ersten Wirkungsjahren richtet sich vor allem gegen den Synkretismus (Vermischung der Jahwereligion mit der Baalsreligion).Sein ständiges Thema

ist Buße und Umkehr. Mit diesem Thema setzt er sich in immer neuen Entwürfen auseinander. Wie er am Anfang eine völlige Umkehr des Menschen noch für möglich hielt, so schien sie ihm später aus eigenem menschlichen Entschluss heraus nicht mehr für durchführbar. Da die Umkehr nicht mehr menschenmöglich ist, muss das Gericht kommen.
Die Reformen Josias mag Jeremia als Frucht seiner Bemühungen betrachtet haben, sie lagen auf jeden Fall auf seiner Linie. Nach dem Tod des Königs musste die Politik angesichts der steigenden Macht der Babylonier zurückgenommen werden. Hierauf reagiert Jeremia mit heftiger Polemik und weissagt als Strafe Gottes die Zerstörung des Tempels. Man klagt ihn wegen dieser Prophezeiung der Gotteslästerung an. Nach Jer.19+20 wird er misshandelt und erhält das Verbot, den Tempel zu betreten. Doch die Geschichte schien Jeremia recht zu geben: Die Babylonier gewannen die Weltherrschaft in der Schlacht bei Kerkemisch. Baruch schrieb nun die Worte Jeremias auf und verlas sie im Tempel. Daraufhin wurde das Buch auf Befehl Jojakims vernichtet (Jer.36). Nur durch Verstecken entgingen Jeremia und Baruch der Verhaftung.
597: 1.Belagerung Jerusalems durch die Babylonier, führende Kreise Jerusalems mussten in Gefangenschaft gehen. Jeremia predigte, dass weiterer Widerstand zwecklos sei, da die Babylonier die Zuchtrute Gottes seien. Diese Predigt wurde als Verrat und Defaitismus angesehen. Als Jeremia die belagerte Stadt verlassen wollte, verhaftete man ihn. Auf ein Ratgesuch Zedekias hin antwortete Jeremia: Gott habe den Untergang Jerusalems beschlossen, und die einzige verbleibende Möglichkeit sei Kapitulation. Um seinen verderblichen Einfluss auf den König zu verhindern, wollten Scharfmacher ihn ermorden, sie warfen ihn in eine Schlammgrube, woraus ihn aber Ibed Melech_errettete. Doch befreit wurde er erst durch die Babylonier. Das Besondere an Jeremias Verkündigung ist der Umstand, dass er in dem Augenblick, wo das Unheil sich zu realisieren beginnt, eine Heilsbotschaft verkündet, nämlich die Botschaft eines Heils im Gericht Gottes. Das Heil wird mitten im Gericht Gottes vollzogen (Jer 29,1-14 + Jer 24). Diese Botschaft verspricht Heil denen, die das Gericht Gottes als verdient hinnehmen.
Wir können am Beispiel Jeremias paradigmatisch sehen, wie sehr die Verkündigung der Propheten an eine bestimmte Situation gebunden war. Außerdem lässt sich beispielhaft erkennen, dass die großen Propheten den Herrschenden gegenüber oppositionell gesonnen waren. Sie waren Sprecher oppositioneller Gruppen, ihre Botschaft wirkte gruppenbildend. Die Schüler waren es dann, die die Verkündigung des Lehrers schriftlich fixierten und ergänzten (Jer 36). Nach der Vernichtung des ersten von Baruch geschriebenen Buchs, schrieb dieser ein schon ergänztes zweites Buch. Diese Niederschrift wurde dann durch biographische Berichte ergänzt. Später ließ man das Buch dann mit einer neuen Heilsaussage abschließen und fügte die Fremdvölkerorakel hinzu.

Zentrale Themen und Texte

1	Berufungsgeschichte Jeremias
11-12; 15; 18+20	Die Konfessionen Jeremias, in denen sich die Klage immer stärker zu einer Anklage Gottes steigert ⇒ Hiob
29	Jeremias Trostbrief an die Exilanten
31,31-34	Verheißung eines neuen Bundes

2.7.4.9 Ezechiel/Hesekiel

Das Buch ist klar gegliedert:

- **1-24** **Unheilsweissagungen gegen Juda**
- **25-33** **Unheilsweissagungen gegen Fremdvölker**
- **33-48** **Neues Heil für ein erneuertes Israel**

Wir bei Jeremia findet sich auch bei Ezechiel das folgende Aufbauschema: Unheil für das eigene Volk/Unheil für die anderen Völker/Heil für das eigene Volk.
Nach 1,1-3,15 gehörte Ezechiel zu den Deportierten, die Nebukadnezar 597 v.Chr. nach Babylonien verschleppen ließ. Über seine persönlichen Lebensumstände ist kaum etwas bekannt. Legt man die Angaben des Prophetenbuches zugrunde, kann man zwei Wirkungsperioden unterscheiden: 594 bis zur Zerstörung Jerusalems verkündete Ezechiel Jerusalem und Juda das Gericht; nach der Zerstörung 587 v.Chr. wurde ihm aufgetragen, neues Heil für Jerusalem zu verkünden. In seiner Berufungsvision ist Jerusalem zwar immer noch der Wohnsitz Jahwes, doch bald darauf verlässt Jahwe seine Stadt (8-11). Die Zerstörung Jerusalems gibt den Anlass für den Umschwung in der Verkündigung Ezechiels, denn nun ist das Gottesgericht endgültig vollzogen. So verkündet er erst den anderen Völkern Unheil, um dann sich an das eigene Volk mit einer Heilsbotschaft zu richten. Themen seiner Heilsverkündigung sind die Erneuerung des Menschen, die Erneuerung des Bundes mit Jahwe und der erneute Einzug Jahwes nach Jerusalem. Die ⇒ Zeichenhandlungen Ezechiels (4-5; 12), mit denen er das kommende Gericht symbolisch darstellen will, und seine Visionen (1+2) tragen zeitweilig pathologische Züge, die in einem scharfen Kontrast zu dem rational-nüchternen Element seiner sonstigen Verkündigung stehen. Der Vergeltungsgedanke nimmt bei Ezechiel eine individuelle Prägung an. Er spricht nicht mehr von einer kollektiven Schuld des Gottesvolkes, sondern von der individuellen Verantwortung des Einzelnen. Ezechiel ist eine Gestalt des Übergangs vom alten staatlichen Israel zum nachexilischen Judentum.

2.7.4.10 Joel

Der Verfasser des Joelbuches ist nicht bekannt. Man erfährt lediglich seinen Namen. Alle anderen biographischen Details müssen aus dem Buch selbst erschlossen werden. Das Joelbuch besteht aus vier Kapiteln. 1+2 enthalten einen Bericht über eine Heuschreckenplage und eine große Dürre. In diese Not hinein verkündet der Prophet Heil. Es handelt sich hier aber wahrscheinlich nicht um ein einmaliges historisches Ereignis. In Kapitel 3 findet sich ein Ausblick auf den Tag Jahwes, der großen eschatologischen Wende, an der Jahwe seinen Geist über die Menschen ausschütten wird. Man sah hierin oft eine Voraussage von Pfingsten. Kapitel 4 enthält einen Bericht über das Endgericht. Zwischen den Kapiteln 1+2 und 3+4 besteht eine Kluft, obwohl Verklammerungen vorhanden sind. Diese Kluft wird noch größer, wenn man erkennt, dass in den ersten beiden Kapiteln nur Schilderungen, keine Weissagungen stehen. Diese Eigentümlichkeiten kann man auf zwei Weisen erklären: 1.) Die Heuschreckenplage wurde als Vorbote des kommenden Gerichts gesehen, d.h. als Anfang des in den Kapiteln 3+4 geschilderten Endes. 2.) Man sieht in 1+2 eine Bußtagsliturgie, die überarbeitet und durch 3+4 erweitert wurde. In Anbetracht der stilistischen Unterschiede ist die zweite Lösung die wahrscheinlichere. Man bezeichnet 3+4 als Deuterojoel, dessen inhaltlicher Kern apokalyptisch geprägt sei. Die endliche Errettung Zions und das anschließende Paradies sind herkömmliche apokalyptische Vorstellungen.
In l+2 liegt eine Bußtageliturgie vor, bei der wohl Joel auch das Wort ergriffen hatte. Da sich dort keine Anhaltspunkte finden, ist eine Datierung sehr schwer. Doch die Weiterüberarbeitung und die Verzahnung mit Deuterojoel lassen sich in die nachexilische Zeit datieren, Joel ist somit ein typischer Heilsprophet, dem jedoch der sittliche Ernst nicht fehlt.

2.7.4.11 Obadja

Dieses Prophetenbuch besteht nur aus einem Kapitel. Es enthält eine Unheilsansage gegen die Edomiter, die den Judäern in den Rücken fielen. Danach schließt sich wie bei Joel ein apokalyptischer Teil über den Tag Jahwes an. Auch hier ist wieder mit der Uneinheitlichkeit der beiden Blöcke zu rechnen. Man setzt Obadja nach 587 an. Seine Verkündigung ist ethisch fundiert, jedoch erreicht sein Gottesbegriff nicht die Höhe der großen Propheten. So wirft er die Frage der Schuld Israels an seinem Leid erst gar nicht auf. Die Idee der Geschichtsherrschaft Jahwes wird aufgenommen. Bei Obadja fehlt das direkte prophetische Erleben. Man muss sich nur mit äußerlichen Riten zu Jahwe bekennen, und schon hat man seine Gunst. Die Güte Jahwes wird als bekannt und selbstverständlich vorausgesetzt und nicht mehr reflektiert. Bei Obadja und Joel wendet sich die Prophetie zur Apokalyptik. Es wird nicht mehr visionär geschaut, sondern ein zukünftiges Bild der Geschichte entworfen, das über die Gegenwart hinwegtrösten soll.

2.7.4.12 Nahum und Habakuk

Bei Nahum heißt das Stichwort „Ninive". Das Buch stellt eine Unheilsverkündung für Ninive dar, die durch einen Psalm und ein Spottlied gerahmt ist. Den eigentlichen Buchkorpus bilden die Kap. 3+4, in denen mit großem Pathos Ninive das Gericht angesagt wird, das im Stil eines mythischen Chaoskampfes geschildert ist. Der Hauptbestand des Buches lässt sich zwischen 663 v.Chr. (Untergang Thebens, im Buch vorausgesetzt) und 611 v.Chr. datieren. Wie Nahum ist auch Habakuk ein typischer Heilsprophet, der eine Heilsbotschaft dem eigenen Volk und Unheil fremden Völkern verkündet.

2.7.4.13 Zephania

Zephania verkündet den Tag Jahwes als den Tag des großen Gerichtes, Man kann das Buch folgendermaßen einteilen:

1.) Unheilsandrohung
2.) Fremdvölkerorakel
3.) Heilswort

Nach der Überschrift ist Zephania zur Zeit des Königs Josia (620) aufgetreten und zwar noch vor seiner großen Kultreform, da in seiner Prophetie die Fremdkulte noch eine große Rolle spielen. Der Überschrift folgt eine Drohrede gegen Jerusalem und ganz Juda (1,2-6+1,8-13), es folgt in 1,7+1,14-18 die Ankündigung des Tages Jahwes als Gerichtstag. In 2,1-3 findet sich ein prophetisches Mahnwort zur Demut, sowie ein Fremdvölkerorakel, beide stammen nicht von Zephania. Es folgt in 3,1-8 ein Weheruf über Jerusalem und Anklagen gegen seine führende Schichten. 3,9-20 enthält die Ansage eines Läuterungsgerichtes, das zur Ausscheidung eines kleinen Restes Gerechter führen wird. Das Buch schließt hymnenartig ab. In diesen Stücken wird die Rettung vorweggenommen. Dieser Teil stammt nicht von Zephania. Die echten und unechten Texte dieses Büchleins sind von dichterischer Schönheit. Seine Wirkung reicht bis in die Liturgie der katholischen Kirche. Inhaltlich ist das Buch ein Stück prophetischer Opposition gegen die Fremdkulte. Es setzt die Reihe der großen Propheten fort. Es könnte der Schule um Jesaja angehört haben, da das Motiv eines geretteten Rests Gerechter auch bei Jesaja vorkommt.

2.7.4.14 Haggai

Mit diesem Propheten erreichen wir endgültig die nachexilische Zeit. In den Büchern Esra und Nehemia werden die Propheten Haggai und Maleachi erwähnt. Danach tritt Haggai im 2. Regierungsjahr des Königs Darius (521-485) auf. Die geschichtliche Situation um 520 war folgendermaßen:
587/6 wurden Teile der Bevölkerung nach Babylonien deportiert. Doch anders als die Assyrer ermöglichten die Babylonier ein geschlossenes Zusammenleben der Exilierten. So entstand keine Völkervermischung, und die Israeliten konnten ihre völkische und religiöse Eigenständigkeit bewahren. Das eigentliche, Israel zusammenhaltende Band ist seine Religion. Doch

Babylonien hielt dem Ansturm der Perser nicht lange stand und begann ab 562 zu verfallen. Nachdem es dem Perserkönig Kyros gelungen war, die Macht der Meder zu brechen, eroberte er Babylon. Diese Ereignisse fanden im Deuterojesaja ihren Niederschlag. Die Perser deportierten nun nicht die Eliten der Bevölkerung, sondern meinten ihre Macht besser festigen zu können, wenn sie den eroberten Staaten eine begrenzte Autonomie zusprachen. Das schließt eine ausdrücklich genehmigte Kultfreiheit mit ein.
So wurde in Jerusalem sogar ausdrücklich angeordnet, dass der Tempel wieder aufzubauen sei. Man begann dann auch mit dem Wiederaufbau, der aber bald wegen fehlender finanzieller Mittel wieder eingestellt werden musste. So verwirklichten sich auch während der ersten Herrschaftsjahrzehnte der Perser die hochgesteckten Erwartungen des Deuterojesaja nicht. Es war eine Zeit der Enttäuschung. 520 brachen Thronwirren aus, die in Jerusalem als Zeichen der großen Wende verstanden wurden. In dieser Zeit traten Haggai und Sacharia auf. Ihre Botschaft lautete: Wenn der Tempel trotz der schlechten wirtschaftlichen Lage wieder aufgebaut wird, wird die Gottesherrschaft hereinbrechen. Gott wird dann in sein Haus kommen. Die herrschende Armut ist nur die Folge davon, dass der Tempel noch nicht gebaut wurde. Der Davidide und Statthalter der Perser Zerubbabel wird durch diese Verkündigung zum Wiederaufbau des Tempels inspiriert.
Bei Zephania kommen sehr hoch gespannte eschatologische Erwartungen zum Ausdruck. Durch den problematischen Versuch, Ereignisse genau vorauszusagen, unterscheidet er sich von den großen Propheten. Seine Prophetie weist schon Zerfallserscheinungen auf; er ist ein Epigone.

2.7.4.15 Jona

Das Buch Jona enthält keine Worte eines Propheten, sondern ist eine Erzählung über einen Propheten. Es handelt sich allerdings nicht um einen biographischen Bericht. Das Jonabuch ist eine Lehrdichtung, deren Held der Prophet Jona ist. Der Inhalt lässt sich leicht wiedergeben:
Jona erhält von Jahwe den Auftrag, nach Ninive zu gehen und den Bewohnern dieser Stadt Buße zu predigen. Der Prophet gehorcht dem Befehl Gottes nicht und flieht übers Meer nach Tarsis. Auf der Überfahrt gerät das Schiff in einen Sturm. Jona wird von den Seeleuten, die ihn für die Ursache des Sturms halten, über Bord geworfen.
Jona wird von einem Fisch verschluckt, der ihn wider Erwarten rettet.
Daraufhin gehorcht Jona dem Befehl Gottes, geht nach Ninive, predigt dort Buße und hat mit seiner Umkehrpredigt großen Erfolg unter den Einwohnern. Jahwe lässt daraufhin von seinem Gericht über die Stadt ab.
Jona urteilt anders über die Reaktion der Einwohner auf seine Predigt als Jahwe; er wird zornig, doch Jahwe macht ihm den Grund seines barmherzigen Handelns deutlich.
Das Jonabuch erzählt eine recht skurrile Geschichte, die bewusst ironisch und humorvoll aufgezogen ist. Das Buch entstammt der nachexilischen Zeit und richtet sich in seiner Aussage besonders gegen den z.B. von Obadja und Joel unterstützten Partikularismus. Das Jonabuch vertritt einen auch in nachexilischer Zeit aufkommenden Universalismus und unterstreicht die tolerante Tendenz im Jahweglauben.

2.7.4.16 Das Buch Sacharia

Das Buch Sacharia gehört in die gleiche Zeit und Situation wie das Buch Haggai. Doch ist das aus 14 Kapiteln bestehende Buch etwas schwieriger zu beurteilen, da in ihm literarische Probleme vorliegen.
Die Kapitel 1-8 sind echt, deshalb auch Protosacharia genannt, während die Kapitel 9-14 eine andere Thematik haben.

Kap,1.1	Überschrift
1,2-6	Einleitung mit einem Rückblick auf die erfüllten Unheilsweissagungen der anderen Propheten.
1,7-6,8	Visionsschrift mit 8 Wachgesichtern, von denen eines unecht ist.
1.7-15	**1.Gesicht**: Drei verschiedenfarbige Pferde, die die drei damals bekannten Kontinente symbolisieren, durchstreifen die Welt und melden, dass überall alles ruhig sei, aber die Wende stehe dennoch bevor.
2.1-4	**2.Gesicht**: 4 Hörner und 4 Schmiede treten auf. Die Hörner haben das Gottesvolk geknechtet, die Schmiede stellen Jahwes Macht da.
2.5-9	**3.Gesicht:** Man versucht mit einer Messschnur Jerusalem auszumessen, dies misslingt, da das neue Jerusalem nach der großen Wende alle Maße sprengt.
9.1-7	unechtes Gesicht: Es redet vom Hohenpriester Josia, der entsündigt wird.
4.1-6a+10b-14	**4.Gesicht**: Zerubbabel als der weltliche Messias und Josua als der geistliche Messias werden als Ölbäume geschaut.
5-1-4	**5.Gesicht**: Eine fliegende Briefrolle wird als Aufhebung der bisherigen Besitzverhältnisse zugunsten der Heimkehrer aus Babel gesehen.
5-5-11	**6. Gesicht**: Eine in einem Hohlmaß befindliche Frau wird von zwei geflügelten Frauen davongetragen, die Gottlosigkeit wird nach Babel gebracht.
6.1-8	**7. Gesicht**: 4 verschiedenfarbige Pferde sollen die verschiedenen Windrichtungen symbolisieren, aus denen die Juden nach dem Ende der Diaspora zurückkehren.

In den Kap 9-11 folgen späte Prophetensprüche, die kaum auf einen Verfasser zurückgehen (Deuterosacharia) und in 12-14 ein apokalyptischer Abschnitt über die verheißene Zukunft Jerusalems (Tritosacharia). Mit dem dritten Sacharia ist das Ende der alttestamentlichen Prophetie endgültig markiert.

2.7.5 Die Psalmen

Im Buch der Psalmen (hebr. „Tehillim") sind Lieder und Gebete aus verschiedenen Jahrhunderten der israelitischen Frömmigkeitsgeschichte gesammelt. Die Psalmensammlung stammt aus nachexilischer Zeit; einige Psalmen sind jedoch sehr viel älter. In Analogie zur Tora unterteilte man den Psalter in fünf Bücher. Daneben lassen sich ältere Psalmensammlungen erkennen, die sich nicht mit den fünf Psalmenbüchern decken; z.B. die Davidspsalmen. Die Anlässe, zu denen die Lieder ursprünglich gesungen und gebetet wurden, sind ganz unterschiedlich. Aufgrund der Gattung eines Psalms oder seines Themas versucht die Forschung, Rückschlüsse auf seinen ursprünglichen „Sitz im Leben" zu ziehen. In Lob, Klage und Bitte spiegeln sich Grundformen religiösen Verhaltens, die viele Psalmen bis heute zeitlos erscheinen lassen.

Wichtige Psalmengattungen:

Psalmgattung	Beispiel	Beginn des Beispielpsalms
Klagelied des einzelnen Sitz im Leben: Gebet bei Krankheit, Verfolgung und Unglück im kultischen Kontext; aber mit starker Nähe auch zum privaten Bereich.	Psalm 22	*Mein Gott, mein Gott, warum hast du mich verlassen, bist fern meinem Schreien, den Worten meiner Klage?*

Klagelied des Volkes Sitz im Leben: Klage des Volkes in Not, häufig verbunden mit einem hoffenden Rückblick auf Gottes früheres Heilshandeln, im kultischen Bereich gebetet.	Psalm 60	*Du hast uns verworfen, o Gott, und zerchlagen. Du hast uns gezürnt. Richte uns wieder auf!*
Vertrauenslied des einzelnen Sitz im Leben: Beziehung zwischen Gott und Mensch; die Vertrauensmotive des Klagelieds des Einzelnen wurden zur bestimmenden Gattung.	Psalm 23	*Der Herr ist mein Hirte, nichts wird mir fehlen.*
Danklied des einzelnen Sitz im Leben: Reaktion auf erfahrene Rettung im kultischen Kontext.	Psalm 30	*Ich will dich rühmen, Herr, denn du hast mich aus der Tiefe gezogen und lässt meine Feinde nicht über mich triumphieren.*
Hymnus Sitz im Leben: Öffentliche Lobpreisung Gottes; typisch: imperativischer Stil.	Psalm 100	*Jauchzt vor dem Herrn, alle Länder der Erde! Dient dem Herrn mit Freude! Kommt vor sein Antlitz mit Jubel!*
Liturgie Sitz im Leben: Gottesdienst; typisch: Liturgie wurde von verschiedenen Sprechern im Gottesdienst gesprochen.	Psalm 24	*Dem Herrn gehört die Erde und was sie erfüllt, der Erdkreis und seine Bewohner.*

Wichtige unter thematischen Gesichtspunkten zusammengestellte Psalmengruppen sind: Königspsalmen (2; 72; 110); Schöpfungspsalmen (8; 29; 104); Weisheitspsalmen (37; 49; 73) und Zionspsalmen (46; 48; 84; 87).

✎ **Tipp zum Weiterarbeiten:** *Psalmen sind Texte tiefer Frömmigkeit, die auch heute noch berühren. Deshalb sollte man einige Psalmen auswendig können, etwa: Ps 1, 23, 90, 130. Eine gut lesbare Einführung in den Psalter bietet: K. Seybold, Die Psalmen. Eine Einführung, 2.Aufl Stuttgart 1991.*

2.7.6 Die fünf Schriftrollen (Megillot)

Das hebräische Wort *Megilla* bedeutet (Buch-)rolle. Unter den Megillot versteht man fünf alttestamentliche Schriften, die in nachbiblischer Zeit jeweils einem hohen jüdischen Fest zugeordnet wurden und am Festtag in der Synagoge verlesen werden:

Buch	Fest	Grund für die Zuordnung
Ruth	Wochenfest	Das Wochenfest ist ein Erntefest, an dem die Erstlingsfrüchte der Weizenernte dargebracht werden. Das Buch Ruth schildert die Ernte und das dazugehörige Armenrecht. Am Wochenfest wird der Geburts- und Todestag Davids gefeiert, dessen Großmutter nach 4,18-22 Ruth ist.
Hoheslied	Passahfest	Die im Hohenlied erzählte Liebesgeschichte wird allegorisch auf die Liebe Gottes zu seinem Volk gedeutet, die mit der Befreiung aus Ägypten eingelöst wurde.

Prediger (Kohelet)	Laubhüttenfest	Das Laubhüttenfest als ein Erntedankfest erinnert auch an die Vergänglichkeit aller Natur, was symbolisch in der Laubhütte zum Ausdruck kommt. Die Vergänglichkeit alles Irdischen ist auch Thema im Prediger.
Esther	Purimfest	Im Estherbuch wird von der Hinrichtung des Judenhassers Haman erzählt (7,1-10), woraufhin das Purimfest zur Erinnerung an die Rettung der Juden eingeführt wird (8-10).
Klagelieder	9. Ab	Der 9. Ab ist ein Fastentag, an dem der beiden Tempelzerstörungen gedacht wird.

2.7.7 Der Prediger Salomo (Kohelet/Ecclesiastes)

„Und siehe, es war alles eitel und ein Haschen nach Wind“ (1,14b) ist das Leitmotiv dieser Sammlung weisheitlicher Sprüche. Die Sammlung ist wahrscheinlich im 4. oder 3.Jhdt. entstanden und steht damit am Ende der Entwicklung weisheitlichen Denkens im Alten Testament. Mit dem Buch ⇒ Hiob und dem Prediger wurde die Krise der Weisheit offenkundig. Das Vertrauen in ein Weltordnungsprinzip, das für einen gerechten Ausgleich sorgt, ist im Prediger durch die nivellierende Wirkung des Todes, der Mensch und Tier, Gerechte und Ungerechte gleichermaßen trifft, ersetzt (3,16-22). Die Konsequenz dieser Philosophie ist nach dem Prediger, das Leben im Jetzt zu genießen (6-9). Um dies richtig zu tun, werden in loser Sammlung Weisheits- und Klugheitsregeln geboten, die von einer tiefen Lebenserfahrung zeugen.

Zentraler Text: *9,7 „Also: Iß freudig dein Brot, und trink vergnügt deinen Wein; denn das, was du tust, hat Gott längst so festgelegt, wie es ihm gefiel. 9,9 Mit einer Frau, die du liebst, genieß das Leben alle Tage deines Lebens voll Windhauch, die er dir unter der Sonne geschenkt hat, alle deine Tage voll Windhauch. Denn das ist dein Anteil am Leben und an dem Besitz, für den du dich unter der Sonne anstrengst.*

2.7.8 Weitere weisheitliche Bücher im Alten Testament:

2.7.8.1 Das Hiobbuch

Das große Thema im Buch Hiob ist die Frage nach der Theodizee. Warum lässt Gott es zu, dass unschuldige und gerecht lebende Menschen von Leid betroffen werden, während Ungerechte ihr Leben in ungetrübter Freude genießen können? Die Problematik wird im Hiobbuch auf zwei Weisen entfaltet. In der Rahmengeschichte wird die Geschichte des frommen und reichen Mannes Hiob erzählt, dem Gott zur Prüfung alles nimmt: Besitz, Familie und Gesundheit. Trotz allem bleibt Hiob seinem Gott treu und preist ihn: 1,21 *„Dann sagte er (sc. Hiob): Nackt kam ich hervor aus dem Schoß meiner Mutter; nackt kehre ich dahin zurück. Der Herr hat gegeben, der Herr hat genommen; gelobt sei der Name des Herrn.“* Für seine Gottestreue wird Hiob dann reichlich belohnt; er erhält alles zurück und stirbt in hohem Alter. Dieser Rahmenteil (1,1-2,13+42,7-17) sprengt das weisheitliche Schema von Tun und Ergehen nicht. Es geht hier um die vom Satan provozierte Prüfung des Frommen, die Hiob besteht. Unter dem Stichwort „der leidende Gerechte“ wurde in späterer Zeit ein Kranz von Erzählungen eingefügt, die deutlich die Krise der Weisheit widerspiegeln. Der poetische Mittelteil wird mit einer Klage Hiobs eingeleitet (3), dem sich drei Redegänge zwischen Hiob und jeweils einem Freund anschließen (4-27). Nach dem „Lob der Weisheit“ (28) folgt ein Monolog Hiobs (29-31), in dem er Gott herausfordert. Die Gegenrede Gottes (38-42,6) in Form einer Theophanie gipfelt in der Anfrage, wie Hiob über Gott richten könne. Daraufhin bekennt dieser seine Ohnmacht (42,5f.). In seiner Mitte geht es in Hiob um die Auseinandersetzung mit dem weisheitlichen Dogma. Die Weisheitstradition lebt von dem Axion einer statischen Ordnung, die Gott der Welt gab. Schuld wird von daher immer bestraft und Gutes immer belohnt. Wer sich von dieser Ordnung ausschließt, schließt sich vom Glück aus. Hiobs Gesprächspartner vertreten diesen Standpunkt und auch Hiob selbst geht von ihm aus. Doch muss er ihn aufgrund seiner konträren persönlichen Lebenserfahrung in Frage stellen. Gott gibt keine definitive Antwort auf die Frage Hiobs. Er offenbart sich als der für den Menschen nicht fassbare Gott, der allerdings auch durch Weisheit nicht zu fassen ist. So bleibt die Ausgangsfrage des Hiobbuches unbeantwortet.

✎ **Tipp zum Weiterarbeiten:** *Der Hiobstoff entfaltete in der Literatur eine enorme Wirkung. In der Bibelkunde von M. Augustin und J. Kegler (Bibelkunde des Alten Testaments, Gütersloh 1987) findet sich auf Seite 289f. eine Zusammenstellung wichtiger literarischer Werke der Neuzeit, die sich mit dem Hiobstoff auseinandersetzen.*

2.7.8.2 Die Sprüche Salomos

Ein Zeugnis der klassischen Weisheitslehre sind die Sprüche Salomos. Die vorliegende Sammlung besteht aus acht älteren Untersammlungen, die aus unterschiedlichen Zeiten stammen.

Der Charakter der Weisheit:
Die Weisheit ist nicht genuin israelitisch, sondern hat ein ägyptisches Vorbild. Teile der Sprüche Salomos (3. Sammlung) sind sogar von ägyptischen Weisheitstexten direkt abhängig (Weisheitsbuch des Amen-en-ope, um 1000 v.Chr.). Das weisheitliche Weltbild geht von einem obersten Prinzip (MAAT) aus, dem sowohl Menschen als auch Götter unterstellt sind. Dieses Prinzip ist für den Menschen berechenbar. Die Unterordnung unter die Prinzipien der MAAT ist für ihn lebensnotwendig. Weisheit ist also im altorientalischen Sinn lernbar. Sie wurde häufig von Menschen in hohen staatlichen Funktionen, etwa den Beamten des Pharao, als Lebensprinzip beherrscht und wegen dieses pragmatischen, dem Staatsaufbau dienenden Charakters auch in seiner Blütezeit von Israel übernommen. In der klassischen Weisheit Israels ist Jahwe zwar immer noch der MAAT übergeordnet, aber der Charakter des souverän in der Geschichte handelnden Gottes tritt zurück.

2.7.8.3 Das Hohelied

Bei dem Hohenlied der Liebe, auch „Lied der Lieder“ (canticum canticorum) genannt, handelt es sich wahrscheinlich ursprünglich um eine Sammlung von Hochzeitsliedern mit sehr schönen erotischen Anklängen. Die Lieder besingen keine geistlich-platonische Liebe, sondern eine durchaus körperlich-sinnliche. Das Buch wurde aufgrund einer allegorischen Auslegung des Liebesverhältnisses auf Gottes Liebe zu seinem Volk in den Kanon aufgenommen. Es fällt auf, dass in den Liedern häufig das Mädchen oder die Frau eine aktive, gestaltende Rolle übernimmt und dem Mann gleich- bzw. übergeordnet ist. Vielleicht deutet dieses für eine patriarchalisch geprägte Gesellschaft ungewöhnliche Phänomen auf einen ursprünglich kultisch-mythologischen Hintergrund der Lieder hin. Sie wären dann aus den Gesängen einer altorientalischen Götterhochzeit hervorgegangen.

2.7.8.4 Das Buch Ruth

Die vier Kapitel des Buches Ruth stehen in der LXX im Anschluss an das Richterbuch, weil dessen fiktive Handlung in der Richterzeit spielt. Die Erzählung handelt von einer judäischen Familie, die nach Moab auswandert, wo der Vater stirbt und dessen beide Söhne moabitische Frauen (Ruth und Orpa) heiraten. Nachdem auch die Söhne gestorben sind, beschließt die Mutter (Noomi), ohne ihre Schwiegertöchter nach Juda zurückzukehren. Doch Ruth besteht darauf, ihre Schwiegermutter zu begleiten. In Bethlehem fällt Ruth Boas, einem Verwandten Noomis, beim Ährenlesen auf dem Feld auf. Noomi sagt Ruth, dass Boas einer ihrer „Löser" sei, der mit ihr eine „Leviratsehe" eingehen könne. Ruth bekommt einen Sohn namens Obed, der nach 4,17-22 der Großvater Davids gewesen sein soll.
Das Buch hat novellistischen Charakter. Wenn man den Buchschluss, der Ruths Kind zum Stammvater der Davididen macht, als später angefügt abtrennt, dann handelt die Erzählung von der Aufnahme einer Ausländerin in Israel und könnte damit eine Polemik gegen das Verbot der Heirat von Ausländerinnen in der nachexilischen Zeit (⇒ Esra und Nehemia) sein. Das Buch ist wichtig für die Rechtsgeschichte und Rechtspraxis (Armenrecht; Institut des „Löser", die Leviratsehe).

2.7.8.5 Die Klagelieder (Threni)

Sie wurden am Gedenktag der ersten Tempelzerstörung rezitiert und von der LXX Jeremia zugeschrieben. Die fünf Kapitel enthalten jeweils ein Lied. Die ersten vier Lieder sind sog. alphabetische Lieder, d.h. die ersten Buchstaben der Verse ergeben hintereinander gelesen das hebräische Alphabet. Die Lieder in den Kapiteln 2,4 und 5 beziehen sich auf die Zerstörung Jerusalems. Die Entstehungszeit wird kurz nach 587/86 anzusetzen sein.

2.7.8.6 Das Buch Esther

Das Buch ist ein fiktiver historischer Roman. Der Perserkönig Xerxes (485-465 v.Chr.) verstößt seine Frau, als sie nicht zu einem seiner Gelage erscheint und wählt sich unter den vielen schönen Mädchen des Landes Esther zur neuen Königin. Ein Onkel Esthers (Mardochai) deckt eine Verschwörung gegen den König auf. In Kap. 3 erlässt der persische Beamte Haman ein Dekret zur Ausrottung aller Juden. Der Tag der Verfolgung wird mit dem Los („pur") bestimmt. Mardochai bittet Esther, für die Juden beim König einzutreten. Die Juden werden auf Esthers Intervention hin gerettet und Haman hingerichtet. Danach kommt es zu einem Gegenpogrom der Juden, in dessen Verlauf 75000 Menschen umkommen (nach der LXX 15000). Als Gedenktag der Errettung wird das Purimfest festgesetzt.
Das Estherbuch schildert die für Juden bis heute immer wieder drohende Situation der Verfolgung ohne besondere Gründe. Während das Estherbuch im Judentum große Hochschätzung genießt, war es im Christentum wegen des überdimensionalen Blutbades, das als Rache für das Vernichtungsdekret angerichtet wird und weil Gott im ganzen Buch nicht direkt erwähnt wird, umstritten.

2.7.9 Apokalyptische Texte im Alten Testament (besonders das Buch Daniel)

Das jüdisch-apokalyptische Schrifttum ist nur durch das Danielbuch und die Nachtgesichte des Sacharia im Alten Testament vertreten. Dagegen machen Apokalypsen („Offenbarungen") einen großen Teil des sog. zwischentestamentlichen oder besser frühjüdischen Schrifttums aus. Auch das Neue Testament enthält apokalyptische Texte (⇒ Offenbarung des Johannes; Markus Kap. 13par.). Das Wesen der Apokalyptik besteht in der Vermittlung von Geheimwissen über das kommende Ende der bisherigen Geschichte, den Anbruch der Gottesherrschaft und das göttliche Gericht über die lebende und tote Menschheit. Es wird in der Regel von Offenbarungsträgern vermittelt, die alttestamentlicher Tradition entnommen sind (Mose, Henoch, Esra u.a.). Besondere Merkmale der Apokalyptik sind die Periodisierung der Weltgeschichte, häufig in vier aufeinanderfolgende Weltreiche, die Vorstellung eines Urmenschen, eines „Menschensohns“, der am Anfang war und am Ende wiederkommt, die Vorstellung von der Auferstehung der Toten und die Idee, dass der Verlauf der Geschichte errechenbar ist. Apokalyptisches Denken beruht auf einem Weltgefühl, das alle bisherige Geschichte als heillos ansieht, jedoch eine radikale bevorstehende Wende, die diese Geschichte aufhören lässt und die Endzeit beginnen lässt, bevorsteht. Apokalyptisches Denken hat immer in Zeiten der Not und Bedrückung „Konjunktur“. Häufig finden sich verschlüsselte zeitgeschichtliche Anspielungen in Offenbarungstexten.

Das Danielbuch

Die Endgestalt des Danielbuches ist zur Zeit der Unterdrückung des Judentums unter Antiochus IV Epiphanes (175-164 v.Chr.) entstanden. Das Buch besteht aus zwei deutlich voneinander zu unterscheidenden Teilen: Der erste Teil (Kap. 1-6) enthält Erzählungen über den Juden Daniel und seine drei Freunde. Diese sog. Daniellegenden spielen zur Zeit des babylonischen Exils am Hof Nebukadnezars bis hinein in die Mederzeit unter Darius (522-486 v.Chr.). In den Kapiteln 7-12 folgen die Visionen Daniels, die apokalyptischen Charakter haben. Zwei Besonderheiten zeichnen die Überlieferung von Dan aus: Das Buch liegt teils auf Hebräisch (1,1-24a+8,1-12,13) teils auf Aramäisch (2,4b-7,28) vor. Zweitens ist der überlieferte Text in der LXX wesentlich umfangreicher als der hebräische. Es finden sich in Kap. 3 u.a. die Erzählung von der Rettung Susannas durch Daniel, sowie die beiden Erzählungen über Daniel und den Priester des Bel und über Daniel und den Drachen. Die beiden letzteren Erzählungen sind über die Vulgata auch Bestandteil des Danielbuches in der Einheitsübersetzung, während sie in der Lutherbibel unter den Apokryphen zu finden sind. In den Kap. 1-6 finden sich im einzelnen die folgenden Legenden:

- 2,4-49 Daniel als Traumdeuter: Daniel deutet Nebukadnezars Traum von einem aus vier Metallen gefertigten Standbild, welches zertrümmert wird (*„Koloss auf tönernen Füßen“*), auf die Abfolge der fünf großen Weltreiche (Gold = Babylon; Silber = Meder; Bronze = Perser; Eisen = Alexander d. Gr. und Bronze/Eisen = Diadochenreiche).
- 3,1-30 Die drei Männer im Feuerofen: Schadrach, Meschach und Abed-Nego weigern sich unter Berufung auf ihren Gott, ein Standbild Nebukadnezars anzubeten und werden deswegen zum Tod durch Verbrennen verurteilt. Man wirft sie in einen Feuerofen, wo ein Engel sie vor dem Verbrennen beschützt, während die Henkersknechte verbrennen. Daraufhin stellt sie der König unter besonderen Schutz.
- 3,31-4,34 Daniel als Traumdeuter: In einem zweiten Traum sieht er einen großen, die Welt überragenden Baum, der auf Befehl eines Engels gefällt wird. Die Wurzel des Baumes wird nicht ausgerissen; sie verbleibt in der Erde und erhält das Herz eines Tieres. Daniel deutet den Traum auf Nebukadnezar, der sieben Jahre wie ein Tier vegetieren muss, bis die Herrschaft wieder auf ihn zurückfällt. Der Traum erfüllt sich. Der König verfällt sieben Jahre dem Wahnsinn.
- 5,1-6,1 Die Schrift an der Wand: Bei einem Gastmahl des Königs Belschazzars werden die Geräte des Jerusalemer Tempels entweiht. Daraufhin erscheint an der Wand ein Schriftzug, den bis auf Daniel niemand verstehen kann: *Mene, mene, tekel u-parsin* = gezählt, gezählt, gewogen, zerteilt (Menetekel!). Daniel deutet die Inschrift auf das Schicksal Belschazzars, der tatsächlich ermordet und durch den Meder Darius abgelöst wird.

- 6,2-29 Daniel in der Löwengrube: Gemäß eines Erlasses des Königs Darius dürfen seine Untertanen 30 Tage lang nur den König anbeten. Daniel betet trotzdem dreimal täglich in Richtung Jerusalem und wird daraufhin in ein Grube voller ausgehungerter Löwen geworfen (Das *Gesetz der Meder und Perser* darf nicht gebrochen werden). Daniel übersteht eine Nacht in der Löwengrube unverletzt. Darius erklärt den Gott Daniels nun für besonders verehrungswürdig.

In vier großen, im Ich-Stil erzählten Visionen (7-12) wird in apokalyptischen Bildern die Bedrückung der Gemeinde auf dem zeitgeschichtlichen Hintergrund der Epoche zwischen dem Nachfolger des Perserkönigs Kyrios II bis zum Diadochenkönig Antiochus IV Epiphanes beschrieben. Diese vier Weltreiche umfassende Bedrückungsgeschichte läuft auf ihr Ende zu. Daniel schaut, dass die vier Reiche durch das Reich eines Menschensohns abgelöst werden. Das Buch endet mit der Verheißung der Auferstehung. Wahrscheinlich muss man die Trägerkreise der Danielvisionen unter den Aufständischen während der Makkabäerkriege suchen.

Wichtige Texte: *7,13 „Immer noch hatte ich die nächtlichen Visionen: Da kam mit den Wolken des Himmels einer wie ein Menschensohn. Er gelangte bis zu dem Hochbetagten und wurde vor ihn geführt. 7,14 Ihm wurden Herrschaft, Würde und Königtum gegeben. Alle Völker, Nationen und Sprachen müssen ihm dienen. Seine Herrschaft ist eine ewige, unvergängliche Herrschaft. Sein Reich geht niemals unter."*
12,1 „In jener Zeit tritt Michael auf, der große Engelfürst, der für die Söhne deines Volkes eintritt. Dann kommt eine Zeit der Not, wie noch keine da war, seit es Völker gibt, bis zu jener Zeit. Doch dein Volk wird in jener Zeit gerettet, jeder, der im Buch verzeichnet ist. 12,2 Von denen, die im Land des Staubes schlafen, werden viele erwachen, die einen zum ewigen Leben, die anderen zur Schmach, zu ewigem Abscheu 12,3 Die Verständigen werden strahlen, wie der Himmel strahlt; und die Männer, die viele zum rechten Tun geführt haben, werden immer und ewig wie die Sterne leuchten."

Tipp zum Weiterarbeiten: *Sowohl die Vorstellung eines „Menschensohnes" als auch die der „Auferstehung der Toten" spielen im Neuen Testament eine große Rolle. Gehen Sie mit Hilfe einer Konkordanz diesen Vorstellungen im NT nach.*

2.8 Die Frage nach der „Mitte" des Alten Testaments

Das Alte Testament weiß einerseits um die Geschichtlichkeit des Glaubens (Jos 24.2) und bezeugt andererseits die Identität Gottes im Wandel der Zeiten (Ex 6,2; Ps 90,2 u.a.). Die religionsgeschichtliche Fragestellung ist sachlich nötig (vgl. Gen 31,53; 14,18ff u.a.); sie hilft zugleich, das Typische und Individuelle des Alten Testaments zu erkennen. Die Frage nach der "Mitte" des Alten Testaments (d.h. nach der Gemeinsamkeit in aller Vielfalt) ist unaufgebbar; denn sie schließt ein:
a) die Frage nach der Eigenart des Jahweglaubens in Abgrenzung von den Umweltreligionen.
b) die Frage nach der Kontinuität im Wandel und in den Umbrüchen der Epochen.
c) die Frage nach dem Gemeinsamen des in sich vielfältigen alttestamentlichen Schrifttums.
d) die Frage nach dem Erbe des Alten Testaments, über Israel hinaus.
Auf die genannten Grundfragen gibt es wohl nur eine mögliche Antwort: die Ausschließlichkeit des Glaubens, wie sie im ersten Gebot zu Wort kommt. Sie prägt nachträglich die Überlieferung von den Erzvätern (vgl. etwa Gen 18,1 gegenüber V 2) und zunehmend auch weisheitliches Denken (Spr 1,7; Koh 7,14; Hi 14,13; 16,19ff u.a.). Sie wird nicht erst in der Exilszeit (P, Dtr, DtJes), sondern schon von den Propheten des 8.Jh., Jesaja, Hosea und Amos, vorausgesetzt. Desgleichen von dem - in der Frühdatierung umstrittenen - Jahwisten (Gen 2,5;

6p7; 8,22 u.a.). Der älteren Forderung der Alleinverehrung Jahwes (vgl. im Bundesbuch: Ex 22,19; vgl. 23,13; 34,14) entnimmt das Deuteronomium (6,4f; vgl. Mal 2,10 u.a.) die Einheit Gottes. Angesichts der Vielfalt der Geschichte und der Zwiespältigkeit menschlichen Lebens kommt die Ausschließlichkeit des Glaubens nirgends deutlicher zum Ausdruck als in dem Bekenntnis, dass Gott Gutes und Böses, Freud- und Leidvolles schafft (Gen 29,31; 30,2; Ex 4,11; 21,12; Koh 7,14; Hi 1121; 2,10 u.a.). Wie alte Erzählungen (Gen 32,23ff; Ex 4,24ff; vgl. Gen 22; 2 Sam 24) geben die sog. Schriftpropheten die harte Einsicht weiter: Gott kann dem Menschen bedrohlich begegnen (Am 5,17; Hos 5,14; Jes 8,14 U.a.). So ist es für alttestamentlichen Glauben ein grundlegendes Bekenntnis, dass Gott "tötet und lebendig macht" (1 Sam 2,6f; vgl. Dtn 32,39; Jes 45,7 u.a.). Es genügt nicht, die Gemeinsamkeit von Altem und Neuem Testament in maßgebenden Begriffen zu finden. Etwa das Bekenntnis zur "Königsherrschaft" Gottes ist selbst durch das erste Gebot geprägt. Wird der Ansatz einer "Theologie" bei dem Namen Jahwe (W. Zimmerli) oder der sog. Bundesformel „Jahwe der Gott Israels Israel das Volk Jahwes" (R. Smend) der Vielfalt des Alten Testaments gerecht? Eher besteht seine Eigenart und Einheit gerade in dem, was es weitergibt: im ersten Gebot.

Wolfgang Kraus

3 Judentum

3.1 Widersprüchliche Tendenzen

Wer den Büchermarkt aufmerksam beobachtet, kommt unweigerlich zu dem Schluss: Judentum ist „in". Die Beschäftigung mit jüdischer Religion und Kultur hat Konjunktur – und das ist gut so. Denn lange Zeit waren Unkenntnis und Ignoranz entscheidende Ursachen für Vorurteile und Unterstellungen.
Wer andererseits die Berichte der Medien beobachtet, stellt fest, dass die Unzufriedenheit über die politische Situation im Nahen Osten immer wieder Menschen dazu bringt, sich negativ über Juden bzw. Judentum zu äußern. Sie identifizieren dabei den Staat Israel mit „Judentum", israelische Politiker schlechthin mit „Juden", und häufig schlägt Kritik an der Politik Israels – ob berechtigt oder nicht, sei dahingestellt – um in Antijudaismus.
Auch Antijudaismus hat Konjunktur: Kaum verhohlen in Äußerungen von Politikern, die im Trüben, am rechten Rand des Wählerspektrums Stimmen fischen oder angeblich bestehende Tabus brechen wollen. Daneben gibt es eine neue Spielart des Antijudaismus in der arabischen Welt, die sich nicht zuletzt aus politischen Motiven speist.
Sich in Deutschland mit dem Thema Juden bzw. Judentum zu beschäftigen, stellt nach wie vor eine Herausforderung dar. Die ‚Vergangenheit, die nicht vergehen will' umgibt uns allenthalben. Dass Juden nach 1945 wieder in Deutschland leben und dies zunehmend tun (die Zahl der jüdischen Immigranten aus den GUS-Staaten nach Deutschland war im Jahr 2002 höher als diejenige nach Israel), ist für viele noch lange nichts Alltägliches. Ignaz Bubis, dem Vorsitzenden des Zentralrates der Juden in Deutschland von 1992-1999, der jahrzehntelang in Deutschland lebte und sich - wie er selbst sagte - als „deutscher Staatsbürger jüdischen Glaubens" verstand, wurde bei einer Diskussionsveranstaltung nahe gelegt, doch endlich in „sein Land" zu gehen, gemeint war dabei Israel.

Das Thema Judentum ist auch im Studium der Evangelischen Theologie präsent. Aber in den wenigsten Studienordnungen für Lehramts- und Pfarramtsstudiengänge spielt es eine *verbindliche* Rolle. Nur ganz wenige Landeskirchen, die für die Studieninhalte mitverantwortlich sind, erachten das Thema Judentum für examensrelevant, sonst müssten die Examensanforderungen vielfach anders aussehen. Häufig wird argumentiert: das Thema Judentum ist im Studium kein eigenes Thema, weil es ein *Unterrichtsprinzip* darstellt und somit stets präsent sein sollte. Jeder, der sich mit Studienordnungen auskennt, weiß jedoch, dass ein Thema nur dann wirklich wahrgenommen wird, wenn es neben der ehrenwerten Tatsache, ein *Unterrichtsprinzip* zu sein, an bestimmten Stellen auch selbst inhaltlich *eigens zum Thema* gemacht wird.
Die hier vorliegende Einführung in das Studium der Evangelischen Theologie hat deshalb ein eigenes Kapitel zum Thema Judentum vorgesehen. Der folgende Abschnitt hat dabei nicht das Ziel, eine gedrängte, kurzgefasste Einführung in das Judentum zu bieten. Hierzu existieren inzwischen eine Fülle einschlägiger Publikationen, die als Einführung hervorragend geeignet sind (s. Literaturverz. dieses Beitrags). Ziel des folgenden Abschnittes ist es vielmehr, der Frage nachzugehen, warum es nicht beliebig ist, sich mit dem Thema Judentum zu beschäftigen (oder es zu lassen), sondern warum es aus theologisch-sachlichen Gründen unabdingbar erscheint, dies zu tun, und wie man dies in die Tat umsetzen kann.

Fast alle protestantischen deutschen Landeskirchen haben in den Jahrzehnten nach 1945, verstärkt seit 1980, Erklärungen zum Thema Christen und Juden verabschiedet.[18] In diesen Erklärungen kommt die theologische Notwendigkeit der Beschäftigung mit dem Judentum in unterschiedlicher Deutlichkeit zum Ausdruck. In der Verlautbarung der Evang.-Luth. Kirche in Bayern von 1998 heißt es:
„Die Frage nach dem Verhältnis von Christen und Juden führt in die Mitte des christlichen Glaubens: der Glaube an den Gott Abrahams, Isaaks und Jakobs, den wir Christen als den Vater Jesu Christi bekennen, verbindet Christen und Juden. Das Thema ist nicht nur von außen an die Kirche herangetragen, sondern stellt eine für Kirche und Theologie gleichermaßen zentrale Lebensfrage dar. Weil Jesus von Nazaret dem jüdischen Volk zugehörte und in dessen religiösen Traditionen verwurzelt war, darum ‚sind Christen durch ihr Bekenntnis zu Jesus Christus in ein einzigartiges Verhältnis zu Juden und ihrem Glauben gebracht, das sich vom Verhältnis zu anderen Religionen unterscheidet'."[19]
Nimmt man diese Aussagen ernst, so könnte gefolgert werden, dass die Beschäftigung mit dem Judentum nicht in das Belieben des jeweiligen Studierenden gestellt ist, sondern sozusagen zum theologischen *Pflichtprogramm* gehört, weil die Frage nach dem Verhältnis von Christen und Juden in die „Mitte des christlichen Glaubens" führe eine „zentrale Lebensfrage" für Kirche und Theologie darstelle und nicht nur „von außen herangetragen" sei. Als Gründe dafür werden genannt: Der Glaube an den Gott Abrahams, Isaaks und Jakobs sowie Jesu Judesein. Christen und Juden seien dadurch verbunden und in ein „einzigartiges Verhältnis" gesetzt, wie das bei keiner anderen Religion der Fall sei. Damit sind zwei wesentliche Bereiche genannt (Gottesglaube, Jesus), die sich noch ergänzen lassen.

Ein gravierendes Problem christlicher Beschäftigung mit dem Judentum besteht darin, dass sie häufig *anachronistisch* und *historisierend* erfolgt:
- Anachronistisch wird das Bild des Judentums direkt aus dem NT übernommen. Es wird nicht wahrgenommen, dass die Sicht des Judentums im NT aufgrund der Entstehungsgeschichte und der zeitgeschichtlichen Umstände, die durch das Auseinandergehen der Wege von Christen und Juden gekennzeichnet sind, nicht sachlich-nüchtern, sondern polemisch-einseitig ist. Juden werden zunehmend als „Gegner Jesu - Widersacher der Gemeinde - Repräsentanten der ‚Welt'" apostrophiert.[20] Unterschiede innerhalb des antiken Judentums selbst und in der Beurteilung des Judentums im NT werden dabei zu wenig wahrgenommen oder in den Hintergrund gedrängt. Das Judentum erscheint als einheitliche gegnerische Front.
- Historisierend wird vom Judentum als einer vergangenen Erscheinung gesprochen, als ob es nicht das Judentum als gegenwärtig aktuellen Gesprächspartner des Christentums gäbe. Unterrichtseinheiten über Judentum beschäftigen sich mit dem Judentum im Rahmen der Umwelt

[18] Den Anfang machte die Evang. Kirche im Rheinland mit ihrer Erklärung von 1980, es folgten: die Evang. Landeskirche in Baden (1984), die Evang.-Reformierte Kirche in Nordwestdeutschland (1984), die Evang. Kirche von Berlin-Brandenburg (1984), die Pommersche Evang. Kirche (1985), die Evang. Landeskirche in Württemberg (1988), die Evang.-Luth Landeskirche Sachsens (1988), die Evang. Kirche der Pfalz (1990); die Evang. Kirche in Hessen und Nassau (1991), die Evang.-Luth. Kirche in Oldenburg (1993), die Evang. Kirche von Westfalen (1994 und 1999), die Evang.-Luth. Landeskirche Hannovers (1995), die Evang. Kirche von Kurhessen-Waldeck (1997), die Evang.-Luth. Kirche in Bayern (1998), die Lippische Landeskirche (1998), die Evang.-Luth. Landeskirche Mecklenburgs (1998), die Nordelbische Evang.-Luth. Kirche (2001). S. zur Sache: R. Rendtorff/H.H. Henrix; Hg., Die Kirchen und das Judentum. Dokumente von 1945-1985, Gütersloh Paderborn 1988, und H.H. Henrix/W.Kraus, Hg., Die Kirchen und das Judentum II. Dokumente von 1986-2000, Gütersloh Paderborn 2001.

[19] So die Präambel der Erklärung der Evang. Luth. Kirche in Bayern vom 24.11.1998. Die Erklärung zitiert aus einem Text den die Lutherische Europäische Kommission Kirche und Judentum (LEKKJ) veröffentlicht hat; s. dazu Henrix/Kraus, Hg., Die Kirchen und das Judentum II, 805-812, hier: 805.

[20] So der Titel eines Artikels von Wolfgang Trilling, der sich mit der Sicht ‚der Juden' im JohEv beschäftigt, in: ders., Studien zur Jesusüberlieferung, SBAB.NT 1, Stuttgart 1988, 209-231.

Jesu. Das moderne Judentum wird dabei vernachlässigt und Unterschiede zwischen dem antiken und dem modernen Judentum werden nivelliert.
Einer sachgemäßen Beschäftigung muss es jedoch darum gehen, das Judentum von seinem Selbstverständnis her und in seiner Differenziertheit zu begreifen. Die Landessynode der Evang. Kirche in Berlin-Brandenburg bringt das in ihrer Erklärung von 1990 so zum Ausdruck:
„5.1 Das Judentum – als der Ausdruck der religiösen, kulturellen und nationalen Identität des jüdischen Volkes – ist als eine in geschichtlicher Kontinuität von der Antike bis in die Gegenwart lebendige Gemeinschaft zu begreifen. Dabei ist uns bewußt, daß die Identifikation mit der religiösen, der kulturellen und der nationalen Tradition in verschiedenen Gruppierungen unterschiedlich war und ist. Auch diese Differenzen müssen von uns respektiert werden.
5.2 Das Judentum zur Zeit der Entstehung des Christentums darf nicht länger als ‚Spätjudentum' abqualifiziert werden, sondern sollte als Frühjudentum, das den Übergang vom biblischen Israel zum nachbiblischen, rabbinischen Judentum darstellt, gewürdigt werden. Dabei ist zu beachten, daß das Frühjudentum keine monolithische Größe ist, sondern aus einer Vielzahl von Gruppen und Gruppierungen besteht. Allen jedoch ist das Bemühen gemein, die Tora angemessen auszulegen und zu verwirklichen.
5.3 Auch der Pharisäismus aus der Zeit vor der Zerstörung des Zweiten Tempels (vor 70 n.Chr.) ist nur eine der Richtungen innerhalb des zeitgenössischen Judentums. Der Pharisäismus hat zwar die Fundamente des späteren rabbinischen Judentums gelegt, darf aber nicht als das ‚normative Judentum' deklariert werden.
5.4 Die im Neuen Testament überlieferten generalisierenden Vorwürfe gegen die Pharisäer, die Schriftgelehrten und ‚die Juden' müssen wir Christen kritisch lesen. Sie sind Zeugnisse der Abgrenzung der sich neben und außerhalb des pharisäisch-rabbinischen Judentums konstituierenden frühen christlichen Gemeinde."[21]

Wer sich mit dem Thema Judentum im Rahmen seines Studiums der Evang. Theologie beschäftigt, sollte die im Folgenden genannten Bereiche näher berücksichtigen. Es geht dabei um die religiöse Vielfalt innerhalb des Judentums (1), um grundlegende Fragen des jüdischen Selbstverständnisses und der täglichen Praxis (2-9), um Themen, die insbesondere im Verhältnis zum Christentum von Bedeutung sind bzw. nach 1945 neu ins Zentrum des Interesses rückten (10-14). Den Abschluss bilden Überlegungen zu künftigen Perspektiven des christlich-jüdischen Dialoges.

3.2 Themenbereiche

3.2.1 Vielfalt der Richtungen im Judentum

Esri Uval aus Jerusalem[22] pflegte die Vielfalt im Judentum mit folgender Anekdote zu veranschaulichen: Ein jüdischer Schiffbrüchiger kann sich auf eine einsame Insel retten. Nachdem er sich erholt hat und die Insel durchstreift, trifft er auf einen weiteren Schiffbrüchigen, der bereits vor einiger Zeit hier angekommen ist, ebenfalls Jude. Der andere sagt zu ihm: es lässt sich ganz gut leben, hier auf dieser Insel. Es ist alles vorhanden, was man braucht: Essen, Trinken, Hängematten, und es gibt auch zwei Synagogen. Wozu, fragt der Neuankömmling,

[21] Text bei Henrix/Kraus, Hg., 592-603, hier: 600f.
[22] Esri Uval (s.A.) – nicht nur ein charismatischer Ivritlehrer, der vielen die Freude an der hebräischen Sprache vermitteln konnte, sondern ein Mensch, der durch sein Wissen und seine Art vielen Studierenden einen Zugang zum Judentum eröffnet hat.

brauchst Du zwei Synagogen? Na, sagt der andere, in die eine gehe ich beten, und in die andere – da würde ich nie hineingehen!

Niemand käme auf die Idee, Christentum einseitig als entweder protestantisch oder römisch-katholisch oder orthodox oder freikirchlich zu definieren. Gefragt nach ihrem Selbstverständnis würden zwar alle genannten „Christentümer" von sich behaupten, sie seien dem „eigentlich und ursprünglich Christlichen" am nächsten. Die Vielfalt bliebe jedoch bestehen. Ein ähnliches Phänomen begegnet im Judentum. Auch zur Zeit Jesu war das Judentum kein monolithischer Block. Der antike Historiker Josephus (um 90 n.Chr.) nennt in seinen Werken vier Strömungen: Pharisäer, Sadduzäer, Essener, antirömische Aufstandsgruppen (Zeloten, Sikarier), wobei er letztere bewusst nicht als eigene Strömung darstellt, da er sie für den Krieg gegen Rom (66-70/73 n.Chr.) und die katastrophale Lage nach der Niederlage verantwortlich macht.[23] In Anlehnung an den hellenistischen Kontext beschreibt er sie wie philosophische Schulen (Josephus, Bellum Judaicum II, 119f.122.137-142.152f.166).[24] Neben den von Josephus genannten Gruppierungen ließen sich noch weitere Strömungen nennen: Apokalyptiker, hellenistisches Judentum, charismatische Gruppen/Gestalten, Therapeuten, Hemerobaptisten.[25] Und auch das Urchristentum ist als eine ursprünglich jüdische Gruppierung in diesem Zusammenhang zu nennen. „Christen" (bzw. genauer „Christianer", erstmals Apg 11,26) ist wohl ursprünglich keine Selbst-, sondern eine Fremdbezeichnung. Die Mitglieder der Jerusalemer Urgemeinde waren Juden - entweder Hebräisch/Aramäisch sprechende, wie der Kreis um Jakobus, oder Griechisch sprechende, wie der Kreis um Stephanus - und hätten sich auch als solche bezeichnet, auch wenn sie sich zu Jesus als Auferstandenem bekannten. Überblickt man diese unterschiedlichen jüdischen Gruppierungen, so lässt sich sagen: das Judentum vor dem Krieg gegen Rom (66-70/73 n.Chr.) umfasst eine relativ große Bandbreite, verglichen mit der Zeit direkt danach.

Mit der Zerstörung des Tempels (70 n.Chr.) war das Judentum gezwungen, sich neu zu orientieren: man spricht von der Phase des „formative Judaism". In dieser Phase, in der das geistige Zentrum des Judentums nicht mehr in Jerusalem, sondern in Jabne lag, entstand das später so bezeichnete *rabbinische Judentum*. Der Tempel stellte, solange er stand, das religiöse Zentrum des Judentums dar. Mit seiner Zerstörung war eine grundlegende Neuorientierung notwendig. Stand vorher der Opferkultus am Tempel im Mittelpunkt der jüdischen Religion, so gestaltete das rabbinische Judentum eine „unsakramentale Religion, um einen Ideenkomplex herum angeordnet, dessen Zentrum das Gebot (*mizwah*) und die Tora bildeten."[26] Im Babylonischen Talmud Traktat Berachot 55a wird dies so zusammengefasst: „Solange der Tempel stand sühnte der Altar für Israel. Aber jetzt sühnt eines jeden Tisch für ihn."

Eine der führenden Persönlichkeiten war Rabbi Jochanan ben Zakkaj, der sich im Jahr 68 n.Chr. der Überlieferung nach aus dem umkämpften Jerusalem in einem Sarg hinaustragen ließ, um mit Vespasian zu verhandeln[27] und dann das Lehrhaus in Jabne gründete.[28] „Jochanan ben Zakkaj und seine Verbündeten in Jabne taten nichts Geringeres, als die jüdische

[23] Zu den Gruppierungen vgl. Günter Stemberger, Pharisäer, Sadduzäer, Essener, SBS 144, Stuttgart 1991; Martin Hengel, Die Zeloten, Tübingen 2. Aufl. 1976; Johann Maier/Josef Schreiner, Hg., Literatur und Religion des Frühjudentums, Würzburg Gütersloh 1973.

[24] Der Text ist leicht zugänglich bei C.K. Barrett/C.J. Thornton, Texte zur Umwelt des NT, UTB 1591, 2. Aufl. Tübingen 1991, 187-189.

[25] Als Überblick hervorragend geeignet: Johann Maier, Zwischen den Testamenten, NEB.AT Erg. 3, Würzburg 1990.

[26] Michael Wyschogrod, Gott und Volk Israel. Dimensionen jüdischen Glaubens, Stuttgart u.a. 2001, 29.

[27] Diese Überlieferung findet sich im Babylonischen Talmud Traktat Gittin 56a.

[28] Zu Jochanan ben Zakkai und den der pharisäischen Richtung angehörenden Gelehrten der Jabne-Zeit s. Jacob Neusner und Clemens Thoma, Die Pharisäer vor und nach der Tempelzerstörung des Jahres 70 n.Chr., in: S. Lauer /H.P Ernst, Hg., Tempelkult und Tempelzerstörung (70 n.Chr.), FS C. Thoma, JeC 15, Bern u.a. 1995, 189-230.

Theologie im Anschluß an Hos 6,6 („Liebe will ich, nicht Opfer") neu zu formulieren."[29] Eine Überlieferung berichtet von einem Gespräch, das R. Jochanan ben Zakkaj zusammen mit R. Jehoschua ben Hananja in den Ruinen von Jerusalem führte: *„Wehe uns, rief R. Jehoschua, dass das Heiligtum, der Ort, wo die Sünden Israels gesühnt wurden, wüst liegt. Mein Sohn, sagte R. Jochanan ben Zakkaj, sei nicht bekümmert. Wir haben eine andere Sühne, die so wirksam ist wie diese. Und welches ist sie? Es sind die Taten der Barmherzigkeit, wie es heißt: ‚Barmherzigkeit will ich, und nicht Opfer' (Hos 6,6)."* (Abot Rabbi Natan 4A)
Von Rabbi Akiba, einem der bedeutendsten Lehrer des Judentums aus dem 2. Jh. n.Chr. wird der Ausspruch überliefert: *„Glücklich bist du, Israel! Wer ist es, vor dem du rein wirst? Und wer ist es, der dich rein macht? Dein Vater, der im Himmel ist."* (Mischna Traktat Joma 8,9). Darin kommt zum Ausdruck, dass Sünden auch ohne Tempel und ohne Opfer vergeben werden können, eben aufgrund der Liebe Gottes zu seinem Volk.[30]
Die Personen, die diese Neuorientierung im Judentum im wesentlichen getragen haben, kamen aus der pharisäischen Richtung.[31] Die anderen Gruppierungen waren entweder im Krieg gegen Rom umgekommen, in der Bedeutungslosigkeit versunken oder hörten nicht lange nach der Tempelzerstörung auf zu existieren. Das hellenistische Judentum Alexandriens fand nach dem Aufstand unter Hadrian sein Ende (um 120 n.Chr.).
Die Zeit des Lehrhauses von Jabne (70-132 n.Chr.) ist die Phase, in der die Grundlagen des rabbinischen Judentums gelegt werden.[32] In dieser Zeit werden weitreichende theologische Entscheidungen getroffen. Nachdem es keinen Tempel mehr gab, wurden die Synagogen die einzigen Orte, in denen Gottesdienst gefeiert wurde. Das führte zu einer weitreichenden Liturgiereform.[33] Seit dieser Zeit datiert auch die Forderung, dass zum Gottesdienst 10 religionsmündige männliche Personen (*Minjan*) vorhanden sein müssen. Zwischen 80-90 n.Chr. wurde Gamaliel II mit Unterstützung der Römer die führende Persönlichkeit und bekam den Titel *Nasi* (Fürst; Patriarch). In diese Zeit fällt auch das Bestreben, die „Häretiker" zu disziplinieren oder sich ihrer zu entledigen. In das Achtzehngebet wurde deshalb ein weiterer Abschnitt aufgenommen, der gegen die Häretiker (*Minim*) gerichtet war, die sog. *‚Birkat ha-Minim'*, die jetzt als zwölfte Benediktion gezählt wird. Unter die *Minim* fielen auch die Juden, die Jesus als Messias bekannten (üblicherweise ‚Judenchristen' genannt). Sie hatten jetzt keinen Ort mehr in den Synagogengemeinden. Im JohEv scheint sich diese Situation konkret niederzuschlagen in der dreimal auftauchenden Formulierung ‚aus der Synagoge ausgestoßen werden' (Joh 9,22; 12,42; 16,2). Auch die endgültige Festlegung der Schriften, die im Judentum als ‚kanonisch' gelten, wurde in dieser Phase vorangetrieben.[34]
Nach dem erneuten Aufstand gegen Rom 132-135 n.Chr., der noch einmal von messianischen Erwartungen gekennzeichnet ist, und von den Römern mit aller Härte niedergeschlagen wird, wird Jerusalem umbenannt in *Aelia Capitolina*, das Hl. Land wird zu *Palästina* (= Philisterland), und den Juden wird verboten, nach Jerusalem zu kommen. Es ist die Zeit, in der das geistige Zentrum des Judentums von Jabne nach Galiläa verlegt wird (Bet Schean, Sepphoris), die mündliche Lehrtradition gesammelt und als *Mischna* schriftlich niedergelegt. An die Phase

---

[29] Philip Sigal, Judentum, Urban Taschenbücher 359, Stuttgart 1986, 99.
[30] Wyschogrod, 28.
[31] Nachdem diese Neuorientierung im Judentum parallel mit der Verselbständigung der christlichen Gemeinden vor sich ging und die Pharisäer die einzige relevante übrig gebliebene Gruppe darstellen, sind sie in den ntl. Evangelien, die ebenfalls in dieser Zeit entstehen, die wesentlichen Gesprächspartner bzw. erbitterten Gegner Jesu – auch wenn letzteres historisch so nicht zutrifft.
[32] S. hierzu Jacob Neusner, Das pharisäische und talmudische Judentum, TSAJ 4, Tübingen 1984.
[33] Vgl. zum folgenden Sigal, Judentum, 99-102; Catherine Heszer, The Social Structure of the Rabbinic Movement in Roman Palestine, TSAJ 66, Tübingen 1997.
[34] Das bedeutet auch eine Konzentration auf die hebräisch überlieferten Schriften und eine Zurückdrängung der Septuaginta, die ja eine ursprünglich jüdische Übersetzung darstellt. Die Septuaginta wurde zur Schrift allein der Christen.

der schriftlichen Fixierung der Mischna schließt sich eine weitere Epoche der Diskussion über die Torah an: die Entstehung der beiden Talmude, sie dauert bis ins 5./6. Jh. n.Chr. Damit sind die wesentlichen halachischen (religionsgesetzlichen) Grundlagen der künftigen Entwicklung des Judentums gelegt (s. dazu unten zum Stichwort *Torah*).

Die Geschichte des Judentums im Mittelalter ereignet sich im wesentlichen in der Diaspora. Sie ist einerseits gekennzeichnet von einer enormen Gelehrsamkeit, die sich in geographisch verschiedenen, weit verstreuten Bereichen entwickelt. Andererseits ist die Zeit des Mittelalters die des Antagonismus zwischen Kirche und Synagoge, wobei sich die Machtverhältnisse stets zum Nachteil des Judentums auswirkten. Die Schwerpunkte der jüdischen Kultur lagen zunächst in Mesopotamien, verschoben sich dann nach Nordafrika und dann nach Spanien. Durch die arabische Eroberung gerieten große Teile des mittleren Ostens und des Mittelmeerraumes unter islamische Herrschaft. Hier konnten Juden weitgehend unbehelligt existieren – wenngleich sie hohe Sondersteuern zu zahlen hatten. In Spanien und Portugal entwickelte sich das sog. Sephardische Judentum (von hebr. Sepharad = Spanien nach Obadja 20), das sich durch bestimmte kulturelle und liturgische Traditionen auszeichnete. Nach der Vertreibung aus Spanien und Portugal 1492 bzw. 1496 gründeten die Nachfahren der Sephardim Gemeinden sowohl in den Niederlanden, England und Amerika als auch im Osmanischen Reich.
Im nördlichen, zentralen und östlichen Europa entwickelte sich das aschkenasische Judentum (von hebr. Aschkenas = Deutschland nach Gen 10). Es zeichnet sich aus durch eine bestimmte Aussprache des Hebräischen und durch Unterschiede im Ritus und in der Liturgie gegenüber dem sephardischen Judentum. Heutzutage gibt es beide Prägungen noch im Judentum, in Israel kommt dies zum Ausdruck in einem sephardischen und einem aschkenasischen Oberrabbiner.

Im christlichen Herrschaftsbereich standen Juden stets außerhalb der Gesellschaft, hatten mit ständig wechselnden Vertreibungen zu rechnen, und wurden durch Vorurteile stigmatisiert. Die Reformation brachte hier keine grundlegende Änderung.
Eine veränderte Lage trat erst ein im Gefolge der europäischen Aufklärung. Hier ist der Beginn des modernen Judentums grundgelegt. Voraussetzungen hierfür sind u.a. die Beschneidung kirchlicher Macht durch die Säkularisation und die Entstehung der bürgerlichen Gesellschaft. Am Beginn des neuzeitlichen jüdischen Denkens steht der Aufklärer und Philosoph Moses Mendelssohn (1729-1786). Er hat die denkerischen Grundlagen für ein geschichtliches Verständnis jüdischer Religion geschaffen – analog dem Verständnis anderer Religionen als Entwicklungsprozesse und nicht als Ergebnisse eines einmaligen Offenbarungsaktes.

Modernes Judentum ist die konsequente Fortsetzung dieses mit Mendelssohn einsetzenden Prozesses. Es hat viele Facetten. G. Rosenthal und W. Homolka haben ihrer Einführung in die verschiedenen aktuellen Strömungen des Judentums den Titel „Das Judentum hat viele Gesichter" gegeben. Nach ihrer Ansicht, bildete das Judentum „zu keinem Zeitpunkt in seiner langen Geschichte ... eine einheitliche Gemeinschaft."[35] Es sei vielmehr „eine Fiktion des 19. Jahrhunderts, dass es in den vorangegangenen vierhundert Jahren ein normatives, unbestrittenes Judentum gegeben hätte."[36] Rosenthal und Homolka, die dem konservativen bzw. liberalen Judentum angehören, wollen einerseits die Vielfalt des Judentums deutlich werden lassen, andererseits dafür eintreten, das moderne nicht-orthodoxe Judentum als eine legitime und nicht defizitäre Form jüdischer Identität anzusehen. Vertreter der Orthodoxie würden das

[35] Gilbert S. Rosenthal/Walter Homolka, Das Judentum hat viele Gesichter. Die religiösen Strömungen der Gegenwart, GTB 759, 2000, 10.
[36] Rosenthal/Homolka, 10.

bestreiten. Michael Wyschogrod, der sich selbst der Orthodoxie zurechnet und eine bewusst an der biblischen Tradition orientierte Form des Judentums anstrebt,[37] argumentiert dagegen: „Obwohl das orthodoxe Judentum gegenwärtig eine Minderheit der Juden in der Welt bildet (Schätzungen bewegen sich zwischen 10 und 20 Prozent), kann das orthodoxe Judentum nicht einfach als einer der Zweige des Judentums angesehen werden. In einem tiefen Sinn *ist* es das Judentum, denn es stellt jene Form des Judentums dar, die am meisten mit dem rabbinischen Judentum in Kontinuität steht, wie es seit nachexilischer Zeit praktiziert wurde. Während es innerhalb des orthodoxen Judentums ein breites Spektrum gibt, das sich von den kompromißlosesten bis zu den modernen Linien der Orthodoxie erstreckt, stellt das orthodoxe Judentum als Ganzes die Fortführung des historischen Judentums dar, auf dessen Grundlage alle anderen Formen des Judentums verstanden werden müssen."[38]
Anders als im Christentum sind es nicht primär dogmatische Themen, anhand derer sich die verschiedenen Strömungen im modernen Judentum unterscheiden lassen. Es geht eher um Fragen der religiösen Praxis, um die *Halacha* und deren Interpretation (s.u.). Dennoch wäre es verfehlt, hinter diesen Differenzen in der Praxis nicht auch Unterschiede in der Gewichtung und Beurteilung theologischer Topoi zu sehen. Es ist vor allem das unterschiedliche Verständnis von Offenbarung, worin sich die Strömungen des Judentums heutzutage unterscheiden, und daraus resultierend die unterschiedliche Praxis.[39]
Die heute maßgeblichen jüdischen Richtungen sind: Die Reformbewegung, das konservative Judentum, der Rekonstruktionismus, das orthodoxe Judentum, der Chassidismus.[40] Alle hier angegebenen sind in sich noch einmal differenziert und nicht völlig einheitlich.

3.2.2 Gottes Erwählung/Volk Gottes

Das jüdische Volk führt seinen Ursprung auf Abraham (‚unseren Vater') zurück. Abraham wurde von Gott berufen (Gen 12,1-3), er bekam die Verheißung, Stammvater eines großen Volkes zu werden, durch ihn bzw. unter Berufung auf ihn sollten alle Geschlechter der Erde Segen erlangen (V.4). Diese Segensverheißung wird mit unterschiedlichen Akzenten mehrfach in der Bibel wiederholt und auch auf die Nachkommen Abrahams, Isaak und Jakob bzw. das Volk, bezogen (Gen 12,4; 22,18; 26,4; 28,14; vgl. Ps 72,17; Sach 8,3; Jer 4,2; Jes 19,24). Die griech. Übersetzung des AT, die Septuaginta, hat aus Abraham dann eindeutig einen universalen Segensmittler für „alle Bewohner des Erdbodens" gemacht (hier kann das NT anknüpfen: Gal 3,8; Apg 3,25). Isaak als Sohn der Verheißung und anschließend Jakob und seine 12 Söhne bilden das 12-Stämme-Volk. Auch wenn die Vätergeschichten eine lange mündliche Überlieferungsphase durchlaufen haben, teilweise als Einzelüberlieferung weitertradiert wurden, literarisch unterschiedlichen Schichten angehören und erst später redaktionell in den jetzigen Rahmen eingefügt wurden, haben sie im traditionellen jüdischen Denken eine grund-

---

[37] Wyschogrod, 11f: „Mein Judentum ist biblisch. Es ist biblisch, weil das Judentum der Rabbinen biblisch ist. Es ist natürlich durch die mündliche Tradition ergänzt, die neben der schriftlichen Tora als Offenbarung Gottes an Mose angesehen wird. Aber die mündliche Tradition ist von der schriftlichen abhängig und ohne sie unverständlich. Die schriftliche Tora ist das primäre Dokument der Offenbarung. Nur die schriftliche Tora stellt einen autorisierten Text dar, der in seiner spezifischen Schriftlichkeit ein physisches und heiliges Objekt hervorbringt, die Torarolle. Wenn einige behauptet haben, das Judentum der Rabbinen stehe in Diskontinuität zum biblischen Judentum, ist das eine Verzerrung des Judentums. Obgleich das rabbinische Judentum Babyloniens oder Osteuropas nicht deduktiv aus der Schrift folgt, so steht es doch deutlich in Kontinuität zur Schrift. Kein Bibelleser hätte irgendwelche Schwierigkeiten damit, das meiste der rabbinischen Praxis als biblisch verwurzelt zu erkennen."

[38] Wyschogrod, 165.

[39] Wyschogrod, 167, Rosenthal/Homolka, 6.

[40] Vgl. den Überblick bei Rosenthal/Homolka, 181ff. Beachte aaO., 186, das Schema, das die historischen Beziehungen erklärt.

legende Funktion für das Selbstverständnis erhalten. Die bleibende Bedeutung der Erzväter kommt auch darin zum Ausdruck, dass der Gott Israels ‚Gott Abrahams, Gott Isaaks und Gott Jakobs' heißt.
Noch ein zweites Ereignis hat solche grundlegende Bedeutung erhalten: Die Erfahrung der Befreiung beim Auszug (Exodus) aus Ägypten (Ex 14f). Dieses Ereignis spielt im Leben eines Juden bis heute eine zentrale Rolle; und am Passah-Abend, wenn das Seder-Mahl gefeiert wird, soll sich jede/r so verstehen, als sei er/sie selbst aus Ägypten ausgezogen. Die Reihenfolge der Bibel, in der der Väter- und Volksgeschichte die Schöpfungs- und Urgeschichte vorgeschaltet sind, stellt eine theologisch motivierte Abfolge dar: Diese Vorschaltung dient einerseits dazu, den Ort Israels innerhalb der gesamten Menschheit zu definieren, und soll gleichzeitig aussagen, dass Gott der Herr der Welt und damit der Geschichte der Völker ist.
Erfahrung bedarf der Interpretation. Erst die Versprachlichung macht (auch religiöse) Erfahrung kommunizierbar. Für das Volk Israel steht konstitutiv am Beginn seiner Geschichte ein Handeln Gottes. Ja, es kann von „Israel" als Volk im Grunde erst gesprochen werden seit dem Exodus-Ereignis (Ex 6,7). Und wenn die Exodus-Erfahrung nach heutiger Erkenntnis auch nur eine bestimmte Gruppe und bei weitem nicht das ganze spätere 12-Stämme-Volk betraf, so hat dennoch das ganze Volk - analog zu den Vätergeschichten - diese Erfahrung als grundlegend für alle erkannt und sein Selbstverständnis von dorther abgeleitet.
In späterer Zeit hat Israel die Exodus-Erfahrung theologisch interpretiert. Die Kategorie, die dafür benutzt wurde, heißt: *Erwählung*. Gott, der die Geschichte lenkt, hat das Volk, indem er es aus der Knechtschaft befreite, zu sich *in eine besondere Beziehung gesetzt*: Er hat Israel als sein Volk erwählt: *„Du bist ein Volk, heilig für den HERRN, deinen Gott.*[41] *Dich hat der HERR, dein Gott, unter allen Völkern der Erde erwählt, ihm zu gehören als Eigentumsvolk."* (Dtn 7,6). Abraham Joshua Heschel (1907-1972), ein bedeutender jüdischer Denker des 20. Jhs. und Lehrer am konservativen Jewish Theological Seminary (New York), hat dies so zusammengefasst: „Israels Gotteserfahrung ist nicht das Ergebnis einer Suche. Israel hat nicht Gott entdeckt, es wurde von Gott entdeckt. Das Judentum ist *Gottes Suche nach dem Menschen*. Die Bibel ist der Bericht davon, wie Gott seinem Volk sich naht. Wir finden in der Bibel mehr Beweise für Gottes Liebe zu Israel als für Israels Liebe zu Gott. Nicht wir haben Gott erwählt. Er hat uns erwählt. Es gibt keine Vorstellung von einem auserwählten Gott, wohl aber den Begriff eines auserwählten Volkes."[42]

Häufig wird die Erwählung Israels zum Volk Gottes von Nichtjuden als besonderer Vorteil der Juden verstanden: so, als ob sie sich darauf etwas einbilden könnten, als ob sie von Gott bevorzugt würden, als ob sie eine Sonderrolle spielen und sich gegenüber Nichtjuden als ‚etwas Besseres' fühlen wollten. Solche Vorstellungen gehen am biblischen und am jüdischen Verständnis vorbei. Israel ist nicht auserwählt, weil es sich besonderer Vorzüge rühmen könnte: *„Nicht weil ihr andere Völker an Zahl überträfet, neigte sich der HERR euch zu und erwählte euch - denn ihr seid das kleinste von allen Völkern - sondern weil der HERR euch liebte und weil er den Schwur hielt, den er euren Vätern geschworen hat."* (Dtn 7,7f) Israel ist erwählt allein aufgrund der unerklärbaren Liebe Gottes. Der Begriff des auserwählten Volkes bedeutet nach Abraham Joshua Heschel gerade nicht, „dass ein Volk auf Kosten aller anderen Völker bevorzugt wird. Wir behaupten nicht, wir seien ein überlegenes Volk. Das ‚auserwählte Volk' meint ein Volk, dem sich Gott genähert hat und das Gott erwählt hat. Die Bedeutung des Wortes gilt in *Beziehung zu Gott* und nicht in Beziehung auf andere Völker. Es bezeichnet

[41] Die Schreibweise HERR weist auf den hebräischen Gottesnamen JHWH hin, der im Judentum nicht ausgesprochen, sondern meist durch „Adonaj" = mein Herr oder eine andere Umschreibung („ha Schem" = der Name usw.) wiedergeben wird. Aus einem Missverständnis dieses Sachverhaltes rührt die Verschreibung „Jehova".
[42] Abraham Joshua Heschel, Gott sucht den Menschen. Eine Philosophie des Judentums, Neukirchen 4. Aufl. 1995, 327.

nicht eine Qualität, die dem Volk innewohnt, sondern die Beziehung zwischen diesem Volk und Gott."[43]

Nach biblischer Überlieferung, die im Judentum weiterinterpretiert wurde, hat die Erwählung zwei Seiten: sie bedeutet die Berufung in ein besonderes Verhältnis zu Gott und zugleich die In-Anspruch-Nahme zum Dienst für Gott. Berufung und In-Dienst-Nahme gehören also zusammen. Als erwähltes Volk hat Israel die Aufgabe, Gott in Liebe zu dienen und dadurch seine Treue zu Gott vor den Menschen zu zeigen. Israel soll die ihm von Gott auferlegten Verpflichtungen erfüllen und dadurch Zeugnis ablegen für seinen Gott. Erwählung ist somit nicht Selbstzweck, sondern findet ihren Sinn in der Zeugenschaft für Gott.
Weil Gott sich Israel in besonderer Weise zugewandt hat, muss Israel auch in besonderer Weise Rechenschaft für sein Verhalten geben: „*Euch allein habe ich erwählt vor allen Geschlechtern der Erde; deshalb suche ich an euch heim alle eure Schuld.*" (Am 3,2; vgl. Mi 3,11f; Jer 5,26-31 usw.). Jüdische Denker haben durch die Jahrhunderte hindurch stets mit dieser Frage gerungen: Sind die Leiden, die Israel erfährt, Heimsuchungen Gottes?

Wenn Israel als Gottes Volk erwählt wurde, was ist dann mit den übrigen Völkern? Diese Frage spielt bereits in der alttestamentlichen Prophetie eine wichtige Rolle. Der Prophet Amos (8. Jh. v.Chr.) verkündigt, dass Gott der Herr der ganzen Welt ist. Er ist der eine, wahre Gott, der auch in der Geschichte der anderen Völker handelt: „*Habe ich nicht Israel aus Ägypten herausgeführt und die Philister aus Kaphtor und die Aramäer aus Kir?*" (Am 9,7). Der Prophet Deuterojesaja sagt, die Heilstaten Gottes für Israel sollen letztlich dazu dienen, dass alle Welt Gott anerkennt und ihm die Ehre gibt (vgl. Jes 49,6.12; 52,7-10). Israel soll ein „*Licht für die Völker*" sein und die Völker auf den Herrn des Himmels und der Erde hinweisen. Letztes Ziel der Erwählung Israels zum Eigentumsvolk Gottes ist deshalb die Völkerwelt, die ebenfalls den Gott Israels als den einen, wahren Gott anerkennen soll. Einige Texte im Alten Testament führen sogar noch einen Schritt darüber hinaus, sie gehen davon aus, dass in der Endzeit andere Völker mit Israel auf die gleiche Stufe gestellt und von Gott als Gottesvolk angenommen werden sollen (vgl. Jes 19,18-25; 25,6-8).[44]
Es gibt freilich im Alten Testament auch Texte, die diesen positiven Einbezug der Völkerwelt in das Heil, das Gott bereitet, nicht erkennen lassen. An manchen Stellen scheint es, als würden die Völker, die als besondere Feinde des Gottesvolkes hervorgetreten sind, einem totalen Vernichtungsgericht anheimfallen (vgl. z.B. Sach 14,1-5).
Auch in der frühjüdischen Literatur (2. Jh. v. Chr. bis 2. Jh. n. Chr.) begegnen Vorstellungen, die das Heil Gottes allein auf Israel konzentrieren und den Völkern bestenfalls eine Zuschauerrolle zubilligen (z.B. in Belegen aus dem Qumran-Schriftttum oder den im 1. Jh. v.Chr. entstandenen Psalmen Salomos 17). Diese Texte müssen in ihrem jeweiligen geschichtlichen Kontext gelesen werden. Manche ihrer Aussagen, die sich negativ auf die ‚Heiden' beziehen, sind deshalb auch zu verstehen als Reflex der Unterdrückung Israels durch Fremdvölker.
Im Judentum hat sich im Laufe der Zeit die Ansicht durchgesetzt, dass die Völker am endzeitlichen Heil Gottes Anteil haben werden. In einem jüdischen Gebet, das täglich gesprochen werden soll, kommen die beiden Seiten der Erwählung Israels folgendermaßen zum Ausdruck:
„*An uns ist es, zu preisen den Herrn des Alls, Huldigung darzubringen dem Schöpfer des Anbeginns, daß er uns nicht erschaffen hat gleich den Völkern der Länder und uns nicht gleichgemacht den Familien der Erde, daß er unseren Anteil nicht gleichgemacht hat dem ihren und*

[43] Heschel, 327.
[44] Die Offenbarung des Johannes nimmt hierauf direkt Bezug: „... *und sie werden seine Völker sein*" (Offb 21,3, im Urtext steht Plural).

unser Los gleich dem ihrer Menge. Wir knien nieder, bücken uns und danken dem König aller Könige, dem Heiligen, gelobt sei er, er wölbte den Himmel und gründete die Erde ... Darum hoffen wir auf dich, Ewiger, unser Gott, bald die Herrlichkeit deiner Macht zu schauen, daß die Greuel von der Erde schwinden und die Götzen vertilgt werden, die Welt gegründet wird auf das Reich des Allmächtigen und alle Menschenkinder deinen Namen anrufen, daß sich dir zuwenden alle Frevler der Erde, erkennen und einsehen alle Bewohner der Welt, daß sich vor dir jedes Knie beugen, jede Zunge schwören soll. Vor dir, Ewiger, unser Gott, werden sie knien und sich niederwerfen und der Majestät deines Namens Ehre darbringen, alle nehmen sie die Anerkennung deines Reiches auf sich, und du regierst bald über sie immer und ewig, denn das Reich ist dein, und in allen Ewigkeiten regierst du in Ehre. Wie in deiner Lehre geschrieben steht: Der Ewige regiert immer und ewig! Ferner heißt es: Und der Ewige wird zum König über die ganze Erde sein, an jenem Tage wird der Ewige einzig und sein Name einzig sein.“[45]

Diese Form des Gebets entstammt einem traditionellen Gebetbuch. Die jüdische Reformbewegung des 19. Jhs. hat noch deutlicher den Universalismus jüdischen Gottesglaubens herausgestellt, indem sie Negationen („der uns *nicht gemacht* hat wie die Länder der Erde und uns *nicht gleichgestellt* hat dem Schicksal der Massen“) durch positive Formulierungen ersetzt hat („der unser Schicksal dazu bestimmt hat, die Einzigkeit seines Namens zu verkündigen und unser Los dazu, seine Herrschaft walten zu lassen“).[46]

3.2.3 Torah

Erwählung heißt zu Gott in einem besonderen Verhältnis zu stehen und zugleich zum Dienst und zur Zeugenschaft in Anspruch genommen zu sein. Die Torah beschreibt, wie das Verhältnis zu Gott gestaltet werden kann (und soll) und gibt Orientierungshilfe.

Nach biblischer Überlieferung hat Gott mit Abraham und seinen Nachkommen einen *‚Bund'* geschlossen (Gen 15,1-21; 17,1-14).[47] Auch wenn die Torah erst am Sinai an Mose offenbart wurde, geht die jüdische Tradition davon aus, dass bereits Abraham gemäß der Torah lebte. Der Exodus aus Ägypten führt an den Sinai. Dort schließt Gott mit dem Volk einen *‚Bund'* (Ex 24,3-8).

Wie bei der *‚Erwählung'* handelt es sich auch beim *‚Bund'* um eine theologische Kategorie, die die Besonderheit des Verhältnisses zwischen Gott und seinem Volk ausdrücken soll. Es ist jedoch das Verhältnis zweier ungleicher Partner und insofern bedeutet der Bundesschluss nicht ein Übereinkommen zweier Verhandlungsparteien, sondern eine Setzung Gottes: Er setzt das Volk zu sich in Beziehung.

Wie man sich diesem Bund entsprechend verhält und konkret darin lebt, wird durch die Sinai-Torah bestimmt.[48] Der Begriff *Torah* umfasst mehrere Aspekte. Im ursprünglichen Sinn bezeichnet er die *Weisung*, die zum Leben dient: die der Eltern an die Kinder, ebenso die religiösen Entscheidungen der Priester und die Ratschläge der Rabbiner. Im engeren Sinn meint To-

---

[45] Aus dem Alenu-Gebet, Sidur Safa Berura, mit deutscher Übersetzung von Rabbiner Dr. S. Bamberger, Basel o.J., 65.

[46] Vgl. dazu A. Böckler, Jüdischer Gottesdienst. Wesen und Struktur, Berlin 2002, 84f.

[47] Der Bundesschluss mit Abraham wird zweimal berichtet. In Gen 15 handelt es sich darum, dass Abraham der Verheißung Gottes glaubt (d.h. Gottes Zusage der Nachkommenschaft auch gegen den Augenschein vertraut), und dies ihm „als Gerechtigkeit angerechnet“ wird (V.6). Der Bundesschluss umfasst dabei die Gabe des Landes (V.18-21). In Gen 17 liegt der Akzent auf der großen Nachkommenschaft, die sich in der neuen Namensgebung niederschlägt: aus Abram = großer/erhabener Vater wird Abraham = Vater der Vielen. Als dauerhaftes Bundeszeichen wird die Beschneidung eingeführt (V.9-14).

[48] Die Torah ist daher kein „Heilsweg“, auf dem man das Heil zu gewinnen sucht. Sie ist vielmehr ein Lebensweg, den man geht, weil man zu Gott in einer Beziehung steht.

rah die 5 Bücher Mose (Pentateuch). Die Übersetzung von Torah durch ‚Gesetz' bedeutet eine Verkürzung.[49] Hierdurch wird ein kleiner Ausschnitt des Bedeutungsspektrums verabsolutiert. Nach alttestamentlichem Verständnis ist Israel gegenüber anderen Völkern dadurch ausgezeichnet, dass es nicht - wie in der Antike üblich - Wahrsager und Zauberer braucht, die sich darauf verstehen, durch geheime Künste den Willen der Götter zu erfragen. Vielmehr hat Gott durch Mose seine Absichten kundgetan und wird dies auch in Zukunft tun (Dtn 18,9-18).[50] Im Judentum hat sich daraus die Vorstellung entwickelt, dass der wichtigste Teil der Bibel sich in den 5 Büchern Mose findet, und die Hauptaufgabe der Propheten darin besteht, die Torah aktuell auszulegen; dass aber auch die Lehrentscheidungen der Rabbinen *Torah des Mose* darstellen.

613 *Mizwot* (‚Anweisungen', Plural von *Mizwah*), 248 Gebote und 365 Verbote hat man traditionell im Pentateuch gezählt – entsprechend den Gliedmaßen des Körpers und den Tagen des Sonnejahres. Was darüber hinaus als Rechtstradition vorhanden war, gilt als „mündliche Torah". Nach 70 n.Chr. wurde vertreten, dass diese mündliche Torah (als Quelle der *Halacha*, die den Lebenswandel regelt)[51] ebenfalls Mose am Sinai offenbart wurde und dass sie implizit in der schriftlichen Torah enthalten sei. *„Was immer einem mutigen Schüler bestimmt ist, in Gegenwart seines Lehrers [als verbindliche Lehre] vorzutragen, wurde bereits Mose auf dem Sinai gegeben."* (Jerusalemischer Talmud Traktat Pea II,4,17a).[52] Mit der Torah verbindet sich somit ein Traditionsbegriff: Torah ist mehr als die Offenbarung am Sinai, sie ist aktueller Ausdruck des Willens Gottes und sie soll im lebendigen Prozess weitergegeben werden: *„Wer den Sohn seines Sohnes Torah lehrt, dem wird es erachtet als ob er sie selbst am Sinai empfangen hätte."* (Babylonischer Talmud Traktat Kidduschin 30a).

Im 2. Jh. n.Chr. wurde die mündliche Torah in einer autoritativen Auswahl thematisch geordnet und schriftlich kodifiziert in Form der *Mischna* (von hebr. schana = wiederholen) durch den Patriarchen Rabbi Jehuda (ha-Nasi). Die Diskussion, Auslegung und Anwendung der Torah war damit freilich nicht abgeschlossen. Die *Gemara* (von hebr. gamar = vollenden, lernen) stellt die Diskussion der Gelehrten der Folgezeit dar. Sie ist gesammelt im *Talmud* (Talmud = Lehre, von hebr. lamad). Der Talmud existiert in zwei Fassungen: einer, die in den Lehrhäusern der Diaspora in Babylonien entstanden ist (Babylonischer Talmud oder Bavli, in seinem wesentlichen Bestand abgeschlossen ca. im 6. Jh. n.Chr.) und einer, die im Land Israel entstanden ist (Jerusalemischer Talmud oder Jeruschalmi bzw. Palästinischer Talmud, abgeschlossen ca. im 5. Jh. n.Chr.).[53] Eine heutige *Talmudausgabe* besteht demnach aus zwei Teilen: der *Mischna* und der *Gemara*. Im Aufbau folgt er der *Mischna*. Er enthält deshalb in 6 Abteilungen 63 Traktate zu bestimmten Themenfeldern der Torah. Die *Gemara* umfasst die Diskussion der Rabbinen des 3.-5./6. Jhs. n.Chr.[54] Zwischen Babylonischem und Jerusalemischem Talmud gibt es Unterschiede in Details, aber auch Unterschiede in der Ausführlichkeit der Kommentierung der einzelnen Mischna-Traktate.[55]

---

[49] Sie entstand bei der Übersetzung von Torah ins Griechische: Griechisch sprechende Juden übersetzten Torah mit ‚Nomos' = Gesetz.

[50] In der jüdischen Traditionsliteratur begegnet ausgehend von einer Stelle aus Sirach 24 auch die Vorstellung, dass Gott den anderen Völkern ebenfalls die Torah angeboten habe, sie aber ablehnten und die Torah dann in Israel ihre Bleibe fand.

[51] Halacha kommt von hebr. halach = gehen, wandeln, es ist die religionsgesetzliche Überlieferung, neben der Haggada, der erzählenden Überlieferung.

[52] Zum Verständnis von Torah im Judentum vgl. den gleichnamigen Aufsatz von Ernst Ludwig Ehrlich, EvTh 37, 1977, 536-549, dort S. 540f die schöne und lehrreiche Anekdote von Mose im Lehrhaus des R. Akiba.

[53] Zur Einführung in den Talmud s. Siegfried Bergler, Talmud für Anfänger, Hannover 1989.

[54] Eine Aufstellung der 6 Ordnungen der Mischna mit den einzelnen Traktaten bei Bergler, Talmud, 144f.

[55] Neben dem Talmud, dessen Aussagen im traditionellen Judentum als verbindlich gelten, gibt es noch einen weiten Bereich an älterer jüdischer Traditionsliteratur, die hier nur stichpunktartig aufgeführt werden kann: die Tosephta (mit zusätzlichen religionsgesetzlichen Stoffen; Aufbau parallel zur Mischna), der Midrasch (unterteilt

Der größte jüdische Gelehrte des Mittelalters, Rabbi Mosche ben Maimon (oder Maimonides, abgekürzt: RaMBaM, 1135-1204) hat den Traditionsstoff systematisch geordnet, kommentiert und in dem Werk *Mishne Torah* (‚Wiederholung der Torah') kodifiziert. Am Beginn des Kommentars zum Traktat Sanhedrin Kap. 10 formulierte Maimonides 13 Glaubensgrundsätze (*Ikkurim*), die zentrale Inhalte jüdischen Glaubens wiedergeben sollten.[56] Durch die Einbeziehung solcher ‚Glaubensgrundsätze' in die halachische Diskussion löste er jedoch einen nicht geringen Streit aus. Daneben hat er mit seinem Werk ‚Führer der Unschlüssigen' (*More Nebuchim*) das bedeutendste religionsphilosphische Werk des Mittelalters verfasst.
Ein Kompendium der wichtigsten religionsgesetzlichen Überlieferungen hat R. Joseph Caro (1488-1575) im *Schulchan Aruk* (‚gedeckter Tisch') vorgelegt. Diese Zusammenfassung wurde von R. Moses Isserles (1525 oder 1530-1572) um einige Stoffe erweitert (insbesondere solche aus dem aschkenasischen [deutschen] Judentum) und gilt bis heute als maßgeblicher halachischer Kodex. Seine wichtigsten Inhalte wurden noch einmal unter den veränderten gesellschaftlichen Bedingungen des 19. Jhs. im *Kizzur Schulchan Aruk* (‚Gekürzter gedeckter Tisch') von Salomo Ganzfried (1804-1886) aktualisiert.
Die Erforschung und aktuelle Interpretation der Torah ist die eigentliche Aufgabe der Rabbiner. Sie sind ‚Schriftgelehrte', die neben ihrer Rabbinerausbildung häufig einen anderen Beruf erlernt haben. Im orthodoxen Judentum können den Beruf des Rabbiners nur Männer ausüben, im progressiven Judentum sind Frauen auch zugelassen.

Der letzte Tag des jährlichen Laubhüttenfestes im Herbst trägt den Namen *Simchat Torah* (‚Torahfreude'). Der jährliche Lesezyklus (im Reformjudentum meist ein dreijähriger Zyklus) wird feierlich beendet und der neue Zyklus begonnen. In vielen Gemeinden tanzen die Gemeindeglieder dann mit den Torahrollen im Arm beim Gottesdienst. Hierin findet die Vorstellung Ausdruck, dass in der Torah Gottes Wille kundgetan ist, was einen Anlass zur Freude darstellt. Geradezu grotesk mutet einem religiösen Juden deshalb die Ansicht an, dass Juden unter einem knechtenden Gesetz zu leiden hätten. Dennoch hält sich kaum ein anderes Vorurteil gegen das Judentum hartnäckiger als das von der jüdischen ‚Gesetzlichkeit'. Das vom Alten Testament geprägte Judentum gilt dabei als Religion der Werkgerechtigkeit, in der man sich das Heil verdienen müsse. Der Weg zum Heil sei durch das Gesetz vorgezeichnet. Das Christentum dagegen sei als Religion der Liebe, in der der Glaube den Weg zum Heil darstelle, dem jüdischen Verständnis diametral entgegengesetzt und zudem haushoch überlegen, da es damit ernst mache, dass im Grunde doch keiner alle Gesetze erfüllen könne.
Ein solches Missverständnis alttestamentlichen und auch jüdischen Denkens konnte nur dadurch entstehen, dass Torah und Erwählung bzw. Gesetz und Bund voneinander getrennt wurden, dass nicht mehr die Zusage Gottes ‚ihr sollt mein Volk sein' als Voraussetzung für die Aufgabe ‚lebt nun dementsprechend' gesehen wurde. Im Bild gesprochen: die Gesetzestafeln wurden aus der Bundeslade, in der sie liegen und von der sie umschlossen sind, herausgenommen und verabsolutiert. Aber nur in dem unlöslichen Zusammenhang von Zuspruch und Anspruch, Bundeszusage und In-Dienst-Nahme kann *Torah* sachgemäß verstanden werden. Explizit deutlich wird dies z.B. am 1. Gebot des Dekaloges (das im Christentum meist verkürzt zitiert wird): *„Ich bin der HERR, dein Gott, der ich dich aus Ägyptenland aus dem Sklavenhaus geführt habe: du sollst keine anderen Götter haben neben mir."* (Ex 20,2)
Solches Torahverständnis schließt nicht aus, dass die Torah auch die Funktion hat, dem Menschen seine Verfehlungen vor Augen zu stellen, ihn seiner Sünde zu überführen (vgl. Röm

---

in halachische [religionsgesetzliche] und homiletische [auslegende] Midraschim, und die interpretierenden Targume (aramäische Übersetzungen der Bibel). Besonders wichtig geworden ist der Midrasch Rabba [ein Kommentar zum Pentateuch]).

[56] Diese 13 Glaubensartikel sind in den meisten Gebetbüchern Bestandteil des Gottesdienstes – sie sind gleichwohl nicht unumstritten, vgl. Wyschogrod, 12.

3,20). Und die grundsätzlich positive Bedeutung von Torah kann auch nicht verhindern, dass Menschen immer in der Gefahr stehen, aus der Weisung Gottes ein kasuistisches System von Geboten und Verboten zu machen, und meinen, sich selbstgerecht der Erfüllung rühmen zu können. Letzteres jedoch - wie häufig geschehen - zum Kennzeichen *des* Judentums schlechthin machen zu wollen, ist schlicht falsch - oder eine böswillige Unterstellung. Die Selbstkritik, die die pharisäische Richtung geübt hat, ist den meisten Christen unbekannt: *„Sieben Arten von Pharisäern gibt es: 1. Schulter-Pharisäer, der vor aller Welt seine Frömmigkeit zur Schau stellt. 2. Nachlese-Pharisäer, der immer noch ein Gebot erfüllen zu müssen meint. 3. Ausgleich-Pharisäer, der gute und böse Handlungen miteinander verrechnet, indem er Sünden begeht und danach Gebote erfüllt. 4. Sparsamkeits-Pharisäer, der damit prahlt, sich alles abzusparen, um gute Werke zu verrichten. 5. Schuld-Pharisäer, der die Leute auffordert, ihm die von ihm begangenen Sünden anzugeben. 6. Der Pharisäer, der das Gute in der Furcht vor Gott tut, wie Hiob. 7. Der Pharisäer, der das Gute aus Liebe zu Gott tut, wie Abraham."*[57]
Aus diesem Text wird deutlich, dass die jüdische Kritik an Menschen, die ihre Frömmigkeit berechnend ausführen, keiner „christlichen Nachhilfe" bedarf.

Israel hat das Handeln Gottes am Anfang seiner Geschichte als *Offenbarung* verstanden. Gott hat sich diesem Volk gezeigt: als Gott, der in die Geschichte eingreift, als Gott, der aus der Knechtschaft erlöst, als Gott, der in die Freiheit führt. Auch für das Gottesverständnis des Alten Testaments hat die Exodus-Erfahrung grundlegende Bedeutung. In einigen Texten werden frühere und spätere Erfahrungen mit Gott, Erfahrungen aus der Väterzeit und die Erfahrung beim Exodus bewusst zusammen gesehen: Ex 3,6; 3,13-15.16; 6,2. Bei der Befreiung aus der Babylonischen Gefangenschaft (nach 539 v.Chr.) dient die Exodus-Erfahrung als Verstehensmuster (vgl. Jes. 43,16-21; 48,20-22 u.ö.).
Das Alte Testament enthält kein dogmatisch abgeschlossenes Gottesbild, sondern lässt Spannungen und Umbrüche erkennen. Das Gottesverständnis wird nicht unabhängig von der jeweiligen Welterfahrung formuliert. Dabei steht die Vorstellung des Monotheismus nicht am Anfang, sondern am Ende der Entwicklung. In der nomadischen Väterzeit wird Gott erfahren als einer, der ‚mitgeht' und bewahrt. Die Zeit des Sesshaftigkeit, die auch zur Auseinandersetzung mit kanaanäischen Kulten führt (vgl. 1Kön 18), lässt Gott erkennen als den, der Fruchtbarkeit und Gedeihen schenkt. Geht es in der Väter- und Königszeit darum, dass Israel seinen Gott, andere Völker aber durchaus ihre Götter anbeten (man spricht deshalb im Blick auf Israel in dieser Zeit von einem Heno-Theismus, von griech. *‚hen'* = eins), so setzt sich mit der Erfahrung des babylonischen Exils in der Glaubensgeschichte Israels die Erkenntnis durch, dass der Gott Israels der eine wahre Gott auch für die anderen Völker ist. Erst ab diesem Zeitpunkt kann von einem (auch theoretisch durchdachten) Monotheismus gesprochen werden (vgl. Jes 44,6-8; 45,22). Er wiederum ist die Voraussetzung für die Vorstellung einer universalen Gottesherrschaft, die in der Endzeit ausgehend von Israel als dem Gottesvolk sich über die ganze Welt ausbreiten soll und zur Anerkenntnis des Gottes Israels bei allen Völkern führen wird: *„Dann wird der HERR König sein über die ganze Erde. An jenem Tag wird der HERR einzig sein und sein Name einzig."* (Sach 14,9)[58] Diese Hoffnung steht auch heute noch am Ende eines jeden Synagogengottesdienstes, wobei die unterschiedlichen Richtungen im Judentum die Gottesherrschaft durchaus unterschiedlich interpretieren.[59]
An der Frage, wie die Offenbarung Gottes zu verstehen ist, scheiden sich im heutigen Judentum die Geister: Geht man in der Orthodoxie davon aus, dass die Torah so, wie sie am Sinai

[57] Aus dem Jerusalemer Talmud Traktat Berachot IX,14b (vgl. Jerusalemer Talmud Traktat SotaV,20c). Zitat nach Ernst Ludwig Ehrlich, Zur Geschichte der Pharisäer, in: Günter Biener, Hg., Freiburger Leitlinien zum Lernprozeß Christen und Juden, Düsseldorf 1981. Vgl. Maier/Schreiner, Hg., 267.
[58] S. oben das Alenu-Gebet. Eine frappierende Parallele findet sich bei Paulus in 1Kor 15,28.
[59] Vgl. dazu Sigal, Judentum, 242-244; Rosenthal/Homolka, 181-185.

offenbart wurde, unveränderliche Grundlage jüdischen Denkens und Handelns ist, so wird im ‚progressiven' Judentum eine deutlich andere Position vertreten. Hier hält man die moralischen und ethischen Gebote für verbindlich, nicht aber die rituellen Regeln. Grundlegend ist dabei das Verständnis von Torah: Die Orthodoxie versteht unter Torah nicht nur die 5 Bücher Mose, sondern - entsprechend dem rabbinischen Konzept - die gesamte Torah, auch die ursprünglich nicht geschriebene, mündliche.[60] Im ‚progressiven' Judentum wird eine Unterscheidung vollzogen. Diese Stellung zur religiösen Überlieferung schlägt sich dann auch nieder im methodischen Umgang mit der Schrift: so ist im liberalen bzw. konservativen Judentum historisch-kritische Exegese durchaus in Gebrauch, wohingegen solche Fragestellungen im orthodoxen Judentum wenig Interesse finden.[61]

3.2.4 Die Einheit von Glauben und Leben

Der *Kizzur Schulchan Aruk* beginnt mit dem Satz: *„Ich habe den Ewigen stets vor Augen (Ps 16,8) – das ist eine wichtige Regel in der Torah und in den Eigenschaften der Frommen, die vor Gott wandeln."* Damit dieses „stets" auch praktiziert wird, haben sich im Judentum verschiedene Merkzeichen und Bräuche eingebürgert. Das gesamte Leben soll durch die Torah geformt werden.[62]

Dtn 6,4-9 findet sich das Grundbekenntnis Israels, das *Schema Jisrael* (gemäß den Anfangsworten in Dtn 6,4: ‚höre Israel'). Zwei religiöse Symbole werden aus diesem Text gewonnen: die *Mesusa* und die *Tefillin* (für die Tefillin ist noch Ex 13,9 und 13,16 biblische Grundlage, für die Mesuza Dtn 11,20).

Die *Mesusa* (‚Türpfosten') wird an jedem Haus, jedem Wohnungseingang und jedem Tor angebracht. Ihr Sinn besteht darin, bei jedem Hinaus- und Hereingehen daran zu erinnern, dass man das Leben in der Gegenwart Gottes unter der Richtschnur der Torah leben soll. Inhalt der Mesusa sind Schriftröllchen mit Dtn 6,4-9 und 11,13-21. Das älteste Fragment einer Mesusa wurde in Qumran gefunden.

Auch die beiden *Tefillin* (‚Gebetskapseln', ‚Gebetsriemen', ‚Phylakterien') haben den Sinn, daran zu erinnern, dass das Denken und Tun von Gott regiert werde. Eine der beiden wird am Kopf, die andere am (linken) Arm befestigt. Auch sie enthalten Pergamentröllchen mit Bibeltexten (Ex 13,1-10; 13,11-16; Dtn 6,4-9; 11,13-21). Die älteste Bezeugung der Tefillin findet sich im Aristeasbrief 159 (2. Jh. v.Chr.), bei Josephus, Antiqitates IV,213 (1. Jh. n.Chr.), in Mt 23,5 und vor allem in den Funden aus Qumran (dort mit z.T. anderen Bibeltexten, wobei die technische Ausführung der Phylakterien im wesentlichen gleich geblieben ist). Das Anlegen der Tefillin, die wochentags beim Morgengebet getragen werden, ist von Segenssprüchen begleitet.[63]

Vor dem Anlegen der Tefillin wird ein Gebetsmantel bzw. Gebetsschal (*Tallit*) umgelegt. Er muss aus natürlichem Material hergestellt sein (Baumwolle oder Seide oder Wolle) und hat gemäß Num 15,37-41 acht Schaufäden (*Zizit*), die ihrerseits an die Gebote Gottes erinnern (einer der Schaufäden war im Altertum violett). Der Sinn des Gebetsmantels ist es, das Eingehülltsein in die Gegenwart Gottes zu symbolisieren. Die Schaufäden ergeben gemäß einer bestimmten Zahlensymbolik die Zahl 613, das ist die Summe der Torahgebote. Manche Juden

---

[60] Wyschogrod, 12.

[61] Einen wertvollen Eindruck über halachische Diskussion im heutigen Judentum mit Blick auf aktuelle - auch brisante politische - Fragestellungen erhält man in: Moshe Zemer, Jüdisches Religionsgesetz heute. Progressive Halacha, Neukirchen 1999.

[62] Zum folgenden Abschnitt s. Georg Fohrer, Glaube und Leben im Judentum, UTB 885, Heidelberg 2. Auflage 1985, 149ff.

[63] Zum Anlegen der Tefillin und ihrem Gebrauch s. Kerry M Olitzky/ Ronald H. Isaacs, Kleines 1x1 jüdischen Lebens, Berlin 2001, 120-127. Dort auch Näheres zur Unterscheidung von Raschi- und Rabbenu Tam-Tefillin.

tragen auch noch stets einen kleinen Tallit (*Tallit Katan*) unter ihrer Kleidung. Die Schaufäden (Quasten) schauen dabei häufig heraus.
Jüdische Männer tragen traditioneller Weise eine *Kipa* (‚Käppchen'). Während die Kopfbedeckung bei Frauen seit der Antike üblich ist, hat sie sich bei Männern erst im Mittelalter durchgesetzt, ausgelöst durch die Frage, ob man mit unbedecktem Haupt das *Schema Jisrael* sprechen darf. Inzwischen hat sich die *Kipa* weitgehend durchgesetzt, wobei sie nicht nur von religiösen Juden getragen wird. Vom Aussehen der *Kipa* her lässt sich vielfach auf die Zugehörigkeit zu bestimmten Gruppen schließen.

3.2.5 Gebete / Gottesdienst / Segenssprüche

Weiterhin unter der Prämisse, den Ewigen „stets" vor Augen zu haben, sind die Gebete und Gottesdienste im Judentum gestaltet. Die Gebetszeiten im Tageslauf sind orientiert an den ehemaligen Zeiten der Opfer im Tempel. Drei Gebetszeiten gibt es: Morgengebet (*Schacharit*), Nachmittagsgebet (*Mincha*) und Abendgebet (*Ma'ariv*). Mincha und Ma'ariv können dabei zusammengezogen werden. An Sabbaten und Festtagen kommen zusätzliche Gebete hinzu analog zu den zusätzlichen Opfern am Tempel (*Musaf*).
Die Gebete sind im wesentlichen liturgisch festgelegt. Spontane Einschaltungen sind möglich, aber wenig üblich. Analog zum Jahreslauf gibt es ein immerwährendes ‚Ordinarium' und wechselnde Teile eines ‚Propriums'. Die drei Gebete Schacharit, Mincha und Ma'ariv sind auch die Grundlage für die Gebetsgottesdienste in der Synagoge.
Das ausführlichste Gebet ist das Morgengebet. Es hat 5 Teile: 1. Segenssprüche (*Berachot*), 2. Lobgesänge, 3. das Hauptbekenntnis *Schema Jisrael*, 4. das Hauptgebet (*Amida*, Achtzehngebet, *Schemone Esre*), 5. Schlussgebete (*Alenu* und *Kaddisch*). Die wichtigsten Teile sind das Hauptbekenntnis (das *Schema Jisrael*) und das Hauptgebet (die *Amida*, die stehend rezitiert wird). Beim *Schema Jisrael* werden die Bibeltexte Dtn 6,4-9; 11,13-21 und Num 15,37-41 gebetet. Es geht um die Einheit und Einzigkeit Gottes, der Israel seine Gebote zum Leben gegeben hat. Bei der *Amida*, dem Achtzehngebet, handelt es sich um ein Gebet, das in seinem Grundbestand sehr alt ist, ursprünglich 18 Abschnitte hatte, jetzt aber traditioneller Weise 19. Orthodoxe und liberale bzw. konservative Gemeinden unterscheiden sich hinsichtlich der Formulierung der einzelnen Abschnitte (Berachot, Segenssprüche). Der sog. „Ketzersegen" (*Birkat ha-Minim*, s. oben S. 83) ist im Gebetbuch der Reformsynagogen umformuliert.[64]
Eine Eigenart jüdischen religiösen Lebens besteht darin, alles mit einem Segensspruch zu verbinden. Der hebräische Begriff lautet *Beracha* (Plural: *Berachot*), er ist im Deutschen nur bedingt mit ‚Segensspruch' wiederzugeben. Der Aufbau folgt einem bestimmten Schema: Anrede mit Umschreibung des Gottesnamens (gepriesen seist du, Ewiger, unser Gott, König der Welt), Bezug auf ein Tun Gottes (z.B. der du Israel erlöst), Inhalt der Freude (z.B. der die Frucht des Weinstocks geschaffen), Konkretion der Mizwa (z.B. der du befohlen hast, dies zu tun).[65] Sinn dieser Segenssprüche (*Berachot*) ist es, das ganze Leben vom Lobpreis Gottes erfüllt sein zu lassen.

---

[64] Das jüdische Gebetbuch, hg. von Jonathan Magonet und Walter Homolka, Berlin 2001. Das Gebetbuch der Israelitischen Kultusgemeinde Nürnberg (Der Gottesdienst des Herzens. Israelitisches Gebetbuch, Nürnberg 1968) hat die Birkat ha-Minim ausgelassen. Damit hat die Amida wieder 18 Abschnitte.
[65] S. hierzu Olitzky/Isaacs, 1x1, 15-25.

3.2.6 Speisegebote

Für Nichtjuden sind die jüdischen Speisevorschriften (*Kaschrut*) dem Verständnis manchmal schwer zugänglich. Historisch betrachtet handelt es sich teilweise um sehr alte Bräuche, die ursprünglich u.U. eine andere Bedeutung hatten (etwa die Unterscheidung von milchig und fleischig, s. unten). Zum historischen Verständnis ist der Rückbezug auf kultische Vorgänge, die nahezu dingliche antike Vorstellung von Heiligkeit und ritueller Reinheit, Tabuvorstellungen, aber auch Tierschutz usw. jeweils zu prüfen. Nach Maimonides haben die Kaschrut-Vorschriften folgende Bedeutung: *„Die Speisegebote erziehen dazu, unsere Lust zu meistern; sie gewöhnen uns daran, das Wachsen unserer Begierde einzudämmen, die Vergnügungssucht zu mildern und die Neigung zu bezwingen, Essen und Trinken als Lebenszweck anzusehen."*[66] Demnach sind die *Kaschrut* funktional durchaus vergleichbar mit Askesevorschriften in anderen Religionen.

Speisen werden in drei Gruppen eingeteilt: *kascher* = tauglich, erlaubt (jidd.: koscher), *terefah* = verboten, untauglich (jidd.: treife), *parwe* = neutral.[67] Der biblische Hintergrund der Speisevorschriften findet sich einerseits in Lev 11,1-47; Lev 20,25-26; Dtn 14,3-21, den Ausführungen über reine und unreine Tiere, zum anderen in Ex 23,19; Dtn 14,21; Ex 34,26 und Lev 22,27-28, und schließlich spielen Ex 22,30; Dtn 14,21 und besonders Lev 17,11 eine Rolle.[68]

Die Vorschrift, das Böcklein nicht in der Milch seiner Mutter zu kochen, die ursprünglich vermutlich als Antithese zu einem kanaanäischen Brauch gedacht war (die Sitte ist in Ugarit belegt), hat im rabbinischen Denken zur strikten Trennung von milchigen und fleischigen Speisen - und in strengen Haushalten damit auch zur Unterscheidung von zweierlei Küchengeräten und Geschirr - geführt (Babylonischer Talmud Traktat Chullin 115b).

Die Unterscheidung in kultisch reine und unreine Tiere führt zur Erlaubnis oder dem Verbot bestimmter Tiere. Tiere gelten als rein, sofern sie gespaltene Hufe haben und Wiederkäuer sind. Bestimmte Fettstücke und der Ischiasnerv müssen entfernt werden. Fische gelten als neutral, müssen aber Schuppen haben. Fleisch von lebenden oder gerissenen Tieren oder Aas ist grundsätzlich verboten. Fleisch von Tieren, die nicht rituell geschlachtet wurden, gilt als Aas. Obst gilt als neutral.

Grundsätzlich dem Genuss entzogen ist das Blut. Es gilt nach Lev 17,11 als Sitz des Lebens und ist für den Altardienst (Opferkult) reserviert. Dies führt zu einer bestimmten Praxis des Schlachtens der Tiere: sie werden geschächtet, um möglichst völlig auszubluten. Hierzu gibt es einen speziell ausgebildeten Fachmann: den *Schochet*. Er trennt mit einem Messer die Halsschlagader und die Luftröhre des Tieres durch. Dies führt zu einer augenblicklichen Bewusstlosigkeit und dem Ausbluten des Tieres. Schächten ist durchaus mit Tierschutz vereinbar, im Gegenteil: es geschieht schmerzloser als das Töten in manchen europäischen Schlachthöfen.

Die Unterscheidung von Gesäuertem und Ungesäuertem gilt für die Zeit des Passah-Festes (Ex 21,18). Hier wird 7 Tage kein gesäuertes Brot gegessen, sondern ungesäuerte *Mazzot* (Sing.: *Mazza*) in Erinnerung an den Auszug aus Ägypten. Außerdem wird alles aus dem Haus entfernt oder ‚gekaschert', was mit Sauerteig in Berührung gekommen war.

Die traditionellen Speisegebote stellen - neben der religiösen Bedeutung, die sie haben - ein kulturelles Erbe dar. Ihr Sinn ist teilweise zu erschließen aus ihrem Entstehungsort (z.B. Distanzierung von anderer religiöser Praxis) oder aus dem Bezug zu klimatischen und geographi-

---

[66] Maimonides, Führer der Unschlüssigen III, Kap. 25.

[67] Eine Auflistung von Speisen nach kascher bzw. terefah und parwe bei Meir Ydit, Kurze Judentumskunde, Neustadt/Weinstraße 1984, 100f; vgl. auch Olitzky/Isaacs, 1x1, 142ff.

[68] Zur Einführung in die Kaschrut s. Paul Spiegel, Was ist koscher? – Jüdischer Glaube – jüdisches Leben, München und Berlin 2003.

schen Gegebenheiten. Im liberalen und konservativen Judentum werden die Speisegebote als teilweise überholt angesehen – insbesondere was ihre Begründung angeht –, aber dann doch (unterschiedlich streng) im Sinn eines kulturellen Erbes praktiziert.

3.2.7 Sabbat

Der Sabbat gilt im Judentum als der höchste Feiertag – außer *Jom ha-Kippurim*, dem großen Versöhnungstag (Lev 16), dem ‚Sabbat der Sabbate'. Wer sich mit Sabbattheologie beschäftigt, ist überrascht von der Breite und Tiefe der Aussagen: Kaum eine zentrale jüdische Glaubensaussage, die nicht in der Theologie des Sabbat wiederkehren würde: Schöpfung – Exodus – Gabe der Torah – Landgabe – Exil – Rückkehr – messianische Vollendung. Biblische Belege sind einerseits Ex 34,21 (vgl. Ex 23,12; Lev 19,3), Dtn 5,15, andererseits Ex 20,11; Gen 1,31-2,3, und schließlich Ex 23,12. Es sind somit drei Kontexte, durch die das Sabbatgebot begründet wird: die Schöpfung, die Erfahrung der Sklaverei in Ägypten, die soziale Verantwortung gegenüber Schutzbedürftigen. Prophetische Belegstellen kommen verstärkend hinzu: Am 8,5; Jer 17,17-27; Jes 58,13f. Nach Ez 20,12 und Ex 31,16-17 stellt der Sabbat ein Bundeszeichen für ewig dar. In frühjüdischer Zeit wird der Sabbat auch verstanden als Zeichen der künftigen Heilszeit: *„Die Ruhe am siebten Tag ist das Zeichen der Auferstehung im zukünftigen Zeitalter, and am siebten Tag hat der Herr geruht von allen seine Werken."* (Vita Adae et Evae 51).[69]

Die halachische Diskussion findet sich im Traktat Schabbat und an vielen weiteren Stellen im Talmud. Die biblische Vorschrift bezüglich des Verhaltens am Sabbat ist sehr grundsätzlich gehalten und bedarf der Interpretation: „*Gedenke* des Sabbattages, dass du ihn heiligst." (Ex 20,8). „Den Sabbattag sollst du *halten*, dass du ihn heiligst, wie der HERR, dein Gott, dir geboten hat." (Dtn 5,12). Die vermutlich älteste Formulierung findet sich in Ex 34,21a: „Sechs Tage sollst du arbeiten, aber am Siebten Tag sollst du *aufhören*." ‚Gedenken' und ‚halten' sind die beiden Aspekte, die berücksichtigt werden sollen. Die Arbeit soll ‚aufhören'. Im traditionellen jüdischen Gebetbuch lautet der Segensspruch: *„Gelobt seist du, Ewiger, unser Gott, König der Welt, der du uns geheiligt hast durch deine Gebote, uns erwählt hast und deinen heiligen Sabbat in Liebe und Wohlgefallen uns zum Anteil gegeben hast als Gedenken des Schöpfungswerkes. Er ist der erste Tag der heiligen Feste, eine Erinnerung an den Auszug aus Ägypten. Uns hast du auserwählt, uns geheiligt vor allen Nationen, und deinen heiligen Sabbat hast du uns in Liebe und Wohlgefallen zum Anteil gegeben. Gelobt seist du, Ewiger, der du den Sabbat geheiligt."*[70] Die Aufforderung, nicht zu arbeiten, bedarf der Konkretion. Einzelne Bestimmungen finden sich bereits in der Bibel: Am 8,5; Ex 16,23; 16,29; 35,3; Num 15,32. Die Rabbinen haben „Arbeit" weiter aufgefächert, indem sie 39 Hauptarbeiten definiert haben (Mischna Traktat Schabbat 7.2). Was einem Außenstehenden als Spitzfindigkeit erscheinen mag, ist jedoch als Präzisierung zu verstehen. Ziel ist es, den Willen Gottes, wie er im Gebot zum Ausdruck kommt, genau zu erfüllen. Wenn das Arbeitsverbot mit anderen Geboten in Konflikt kommt, etwa dem Gebot, Leben zu erhalten (das als Kehrseite aus der Aufforderung ‚du sollst nicht töten' abgeleitet wird), muss diskutiert werden, welches Gebot den

---

[69] Auf diese Vorstellung nimmt Kol 2,17f Bezug, wenn es dort heißt, die Sabbate seien „ein Schatten des Zukünftigen". Von hier aus lassen sich auch Jesu Sabbatheilungen einordnen in den Rahmen seiner Verkündigung der Gottesherrschaft als paradigmatische Vollzüge bzw. Prolepsen dieses ganzheitlichen Heils.

[70] Sidur Sefa Berura, hg. Bamberger, 99f. Zum Sabbat s. die Abschnitte in den Einführungen in das Judentum (s. IV. Literaturverz.) , insbesondere Ingrid Grill, Das Judentum. Zugänge, Herausforderungen, Gespräche, Göttingen 1992, 13-43.

Vorrang erhält. Hier gab es im Laufe der Geschichte unterschiedliche Auffassungen.[71] Durchgesetzt hat sich die Position, dass das Gebot Leben zu erhalten, alle anderen Gebote überwiegt, denn die Torah ist zum Leben gegeben (Lev 18,5; Babylonischer Talmud Traktat Joma 85b).
Unter diesen genannten Prämissen haben sich im Judentum Sitten und Gebräuche etabliert, die die Feier des Sabbat sowohl in der Familie als auch im öffentlichen Gottesdienst bestimmen.[72] In einer Zeit, in der Sonntagsarbeit diskutiert wird, können Impulse aus der jüdischen Sabbatpraxis auch für Christen neu Bedeutung gewinnen.

3.2.8 Der jüdische Festkalender

Beim jüdischen Festkalender lassen sich drei Kategorien von Festen unterscheiden:
(1) Feste, die bereits in der Torah angeordnet sind (Neujahr *Rosch ha-Schana*, Versöhnungstag *Jom ha-Kippurim* samt den zwischen beiden Festtagen liegenden Bußtagen,[73] die Wallfahrtsfeste Passah *Pesach-Mazzot*, Wochenfest *Schawuot* und Lauhüttenfest *Sukkot* samt den Festtagen in seinem Umfeld: Schlussfest *Schemini Azeret* und Torahfreude *Simchat Torah*),
(2) Feste, die sich auf spätere Ereignisse in der Geschichte des Volkes Israel beziehen (Tempelweihfest *Chanukka*, Losfest *Purim*, Gedenktag der Tempelzerstörung am 9. Tag im Monat Av *Tisch'a be Av*, Fasten Gedalja *Zom Gedalja*),
(3) kleinere Fest- bzw. Fasttage und Feiertage neueren Datums (Neujahrsfest der Bäume bzw. Frühlingsanfang *Tu be-Schewat*, Fasttag wegen der Belagerung Jerusalems *Asara be-Tewet*, Fasttag der Ester *Ta'anit Ester*, Holocaust-Gedanktag *Jom ha-Schoa*, 33. Tag in der Omer-Zeit *Lag ba-Omer*; Unabhängigkeitstag *Jom ha-Azma'ut*).[74]
Kennzeichen der biblisch begründeten Feste ist es, dass sie jeweils auf bestimmte Ereignisse in der Heilsgeschichte Bezug nehmen und sie mit grundlegenden religiösen Themen verbinden: Pesach-Mazzot: Exodus, Dasein Gottes; Schawuot: Sinai, Offenbarung der Torah; Sukkot: Wüstenwanderung, Vorsehung, Bewahrung. Die Entstehungsgeschichte der drei Wallfahrtsfeste ist kompliziert. Es handelt sich von den Terminen her um Erntefeste, die sich erst aus der Zeit der Sesshaftigkeit erklären: Gerstenernte, Weizenernte, Obsternte. Aus dem Zusammenspiel von Pesach und Mazzot wird deutlich, dass nomadische Festbräuche mit Festbräuchen des Kulturlandes verbunden wurden. Im Judentum spielt die Kultur des ‚Erinnerns' eine größere Rolle als im Christentum. Alle Feste dienen dem ‚Gedenken', wobei Gedenken und Erinnerung nicht bedeutet, sich an weit zurückliegende Ereignisse zu erinnern, sondern ihrer so zu gedenken, dass man mit ihnen gleichzeitig wird. Am Pesachfest schlägt sich dies nieder in der Aussage: Jeder muss sich so verstehen, als sei er selbst aus Ägypten ausgezogen.

---

[71] Diese Diskussion steht auch im Hintergrund der Sabbatkonflikte, die von Jesus im NT berichtet werden. Es ist davon auszugehen, dass Jesus den Sabbat nicht gebrochen, sondern - teilweise via eminentiae - eingehalten hat. Vgl. hierzu Berndt Schaller, Jesus und der Sabbat, Franz-Delitzsch-Vorlesung 1992, Münster 1994.
[72] Eine poetische Darstellung wesentlicher Sabbatgebräuche findet sich in Heinrich Heines Gedicht ‚Prinzessin Sabbat', in: ders. Sämtliche Werke, hg. von Hans Kaufmann, Bd. 3, München 1964, 117ff. Abgedruckt auch in: Marion Rink, Was habt ihr da für einen Brauch? Jüdische Riten und Feste, Schönberger Hefte Sonderband 8, Frankfurt 2. Aufl. 1995, 22-24, dort auch weiteres Material, das im Unterricht verwertbar ist.
[73] Neujahr, Bußtage und Versöhnungstag werden auch zusammengefasst als ‚Ehrfurcht gebietende Tage' *Jamim Noraim*.
[74] Hierbei handelt es sich um einen politischen Feiertag in Israel, der aber in der Diaspora häufig mitgefeiert wird.

3.2.9 Stationen/Feste auf dem Lebensweg eines Juden

Auch die Stationen auf dem Lebensweg sind im Judentum mit Festen verbunden, die mit dem Leben im Angesicht Gottes in Verbindung stehen. Die wesentlichen Stationen sind: Beschneidung (*Berit Mila*), Religionsmündigkeit (*Bar* bzw. *Bat Mizwah*), Eheschließung (*Chuppa*) und Begräbnis. Bei allen Anlässen gibt es Riten und Gebräuche in der Familie und in der Synagogengemeinde.
Aus historischen Gründen stehen die Männer im Vordergrund: die männlichen Nachkommen werden durch die Beschneidung in den Bund Abrahams aufgenommen; der Eintritt in die Religionsmündigkeit wurde traditioneller Weise nur bei männlichen Jugendlichen gefeiert; bei der Hochzeit haben die Männer die aktive Rolle. Dieses Übergewicht setzt sich fort in der Tatsache, dass Männer den Minjan beim Gottesdienst bilden, Männer aus der Torah lesen, Männer zu Rabbinern ordiniert werden, Männer in der Synagoge beten, Frauen auf der Empore sitzen, Männer das öffentliche Leben bestimmen usw. Es wäre verfehlt, bestreiten zu wollen, dass - wie im Christentum und im Islam - die Frauen aus historischen Gründen auch im Judentum in traditioneller Praxis eine untergeordnete Rolle eingenommen haben.[75] Diese Ordnung wird zunehmend nicht mehr akzeptiert und deshalb aufgebrochen - und das nicht nur im liberalen oder reformierten Judentum. *Bat Mizwah* (ähnlich der Konfirmation) für religionsmündige Mädchen gibt es seit langem. Frauen als Rabbiner sind in Reformgemeinden durchaus üblich. Orthodoxe jüdisch-feministische Vereinigungen sind inzwischen dabei, Spielräume in der religionsgesetzlichen Überlieferung auszuloten: *„Die Rabbiner lehrten: Jeder ist zu den sieben, die am Schabbat aus der Tora vorlesen bzw. zur Tora aufgerufen werden, zulässig, selbst ein Minderjähriger und selbst eine Frau; jedoch sagten die Weisen, eine Frau dürfe aus Achtung vor der Gemeinde aus der Tora nicht vorlesen."* (Babylonischer Talmud Traktat Megilla 23a). *„Jeder ist zu den sieben, die am Schabbat aus der Tora vorlesen bzw. zur Tora aufgerufen werden, zulässig, selbst eine Frau, selbst ein Minderjähriger. Man bringt nicht eine Frau, um der Öffentlichkeit vorzulesen."* (Tosefta Traktat Megilla 3,11). Im Weg steht also in diesem Fall nicht die Halacha, sondern die gängige Sitte.[76] Man darf gespannt sein, wie sich hier die Entwicklung weiter vollzieht.

3.2.10 Jesus der Jude

Jesus von Nazaret steht mit seiner Verkündigung im Horizont der Erwartungen der Gottesherrschaft in seiner Zeit. Er verkündigte keinen anderen Gott, Jesus verkündigte den Gott Israels. Der Theologe und Orientalist Julius Wellhausen hat den Satz geprägt: „Jesus war kein Christ, er war Jude." Diese Aussage klingt in den Ohren mancher Christen befremdlich. Denn in der christlichen Kunst haben Menschen zu allen Zeiten Jesus so dargestellt, als gehörte er in ihre Epoche, als hätte er in ihrer Gegend gelebt, als wäre er einer ihrer Zeitgenossen.
Jesus war Jude - das ist viel mehr als nur ein beiläufiger Umstand. Jesus war Jude - das ist eine für das Verständnis der Botschaft und des Wirkens Jesu unverzichtbare Aussage:[77] Jesus

---

[75] Der Punkt, an dem die Frauen auch traditioneller Weise im Vordergrund stehen, ist die der Abstammung. Jude ist, wer von einer jüdischen Mutter geboren ist. Nur bei der Mutter konnte man sicher sein, nicht beim Vater. Im Zeitalter der Genetik ist dies anders geworden.

[76] Vgl. zur Sache: Mendel Shapiro, Qeri'at ha-Torah by Women: A Halakhic Analysis, in: The Edah Journal 1:2, 2001; http://www.edah.org/backend/JournalArticle/ 12shapiro.pdf, und den Artikel von Valérie Rhein, Wille und Weg. Frauen im jüdischen Gottesdienst, NZZ 1. September 2003, der in dem Zitat von Blu Greenberg zusammengefasst werden kann: „Wo ein rabbinischer Wille ist, ist ein religionsgesetzlicher Weg."

[77] Dies wurde in der Reformationszeit erstmals vom (frühen) Martin Luther wieder hervorgehoben in seiner Schrift: Dass Jesus Christus geborener Jude sei (1523).

wurde als Jude geboren. Er lebte und starb als Jude seiner Zeit. Er wurde am achten Tag beschnitten und bekam den hebräischen Namen Jeschua (Lk 2,21). Er folgte - wie seine Familie und seine Jünger - den überlieferten Gebräuchen und Bestimmungen seines Volkes (vgl. Lk 2,22-24; Mk 1,44).

Aber Jesus lebte nicht nur in einem jüdischen Umfeld. Auch die zentralen Themen seiner Botschaft - Umkehr, Gottesherrschaft, Barmherzigkeit Gottes, Gerechtigkeit, Gottes- und Nächstenliebe usw. - sind nur innerhalb der jüdischen Tradition richtig zu deuten. Vor allem aber sah er seinen Auftrag in der Sammlung und Erneuerung Israels als des Volkes Gottes.

Jesu Judesein wird besonders deutlich, wenn seine Botschaft in den damaligen Kontext des Judentums gestellt wird. Dies beginnt bereits bei den Adressaten: Adressat der Botschaft Jesu ist nahezu ausschließlich Israel (s. Mt 15,24; vgl. 10,5). Es gibt nur ganz wenige Beispiele für Begegnungen mit Heiden (insbes. Mk 7,24-30; Mt 8,5-13 par Lk 7,1-10) - doch gerade sie zeigen, dass die Zuwendung Jesu zu den Heiden aus dem üblichen Rahmen seines Wirkens herausfiel und Ausnahme blieb. Jesu Auftreten war geprägt von der Überzeugung, dass die Gottesherrschaft in seinem Tun und Verkündigen zu den Menschen kommen würde: *"Wenn ich mit dem Finger Gottes die Dämonen austreibe, ist dann nicht die Gottesherrschaft zu euch gekommen?"* (Lk 11,20) In dieser Überzeugung hat Jesus gelehrt und gewirkt. Deshalb war es Jesu Absicht, das bis auf einen Rest dezimierte Israel in seinem früheren Bestand als 12-Stämme-Volk für die Gottesherrschaft zu sammeln (vgl. Mt 9,36f; 15,24). Der Kreis der zwölf Jünger ist ein Symbol für die zwölf Stämme Israels. Jesus hat ihn als lebendiges Zeichen für seine Absicht und seinen Anspruch eingesetzt (vgl. Mk 3,14-19).

Die endzeitliche Vollgestalt des Gottesvolkes steht für Jesus nicht in einer ungebrochenen Kontinuität zum bisherigen Israel. Sein Auftreten bedeutet auch eine Krisis: Die Glieder des Gottesvolkes werden vor die Notwendigkeit gestellt umzukehren und ihr ganzes Leben angesichts der eschatologischen Stunde bedingungslos dem Willen Gottes unterzuordnen (vgl. bes. Lk 16,1-8; Lk 19,11-27 par Mt 25,14-30; Mk 12,1-12; Mt 8,11f). Trotz der kritischen Zuspitzung in Jerusalem am Ende seiner Wirksamkeit hat Jesus aber seine Sendung zu Israel und sein Eintreten für das Gottesvolk bis zuletzt durchgehalten.

Aber hat sich Jesus nicht vom Judentum seiner Zeit grundsätzlich distanziert? Man denke nur an die vielen Konflikte, die von Jesus und seinen Gegnern im Neuen Testament erzählt werden. Jesus wollte keineswegs *das Judentum* überwinden oder gar abschaffen. Es ist überhaupt schwierig, pauschal von dem Judentum zu sprechen, denn das Judentum zur Zeit Jesu war - wie auch heute - eine vielgestaltige Größe. Es gab verschiedene Gruppierungen zu denen Jesus unterschiedliche Beziehungen hatte. Am nächsten stand er den Pharisäern, die die Verwirklichung der Gottesherrschaft im Alltag propagierten, auch wenn diese im Neuen Testament häufig pauschal als Gegner Jesu auftreten.

Wie sind dann die vielen Konflikte Jesu mit Juden zu erklären, von denen das Neue Testament erzählt?

- Die Auseinandersetzungen Jesu waren zunächst innerjüdische Debatten. Gerade ‚Familienkonflikte' sind oft durch Schärfe und zugespitzte Polemik gekennzeichnet. Die grundsätzliche Zusammengehörigkeit wird damit jedoch nicht unbedingt in Frage gestellt.
- Ein einfacher Vergleich der vier Evangelien macht deutlich, dass diese die Wirksamkeit Jesu nicht dokumentarisch abbilden. Ihre Darstellung muss vielmehr auf zwei Ebenen gelesen werden: Zum einen wird die Geschichte des irdischen Jesus aus nachösterlicher Perspektive erzählt. Zum andern fließen jedoch die aktuellen Verhältnisse, in der sich die Evangelisten und ihre Adressaten (Gemeinden) befinden, in die Darstellung mit ein. Das bedeutet, dass manche Konflikte, die erzählt werden, erst aus späterer Zeit stammen (nach 70 n.Chr.). So schlagen sich z.B. im Matthäus-Evangelium jene Probleme nieder, mit denen sich die damalige Gemeinde auseinandersetzen musste.

- Der Punkt schließlich, an dem wirkliche Konflikte aufbrachen, liegt in der Überzeugung Jesu, der endzeitliche Beauftragte Gottes zu sein, durch den die Gottesherrschaft Gestalt gewinnt. Dieses Selbstverständnis wurde Jesus von manchen Zeitgenossen bestritten. Doch gerade hierin handelte Jesus als Jude für Israel.

Jüdische Jesusforscher stehen heutzutage - was die Methoden der Textinterpretation und die Analyse des historischen Jesus angeht - mit christlichen Jesusforschern auf einer Ebene. Historische Forschung kann nicht voraussetzungslos erfolgen, muss aber trotzdem versuchen, unter Absehung von Glaubenspositionen zu historischen Urteilen kommen. Die Bedingung solchen Zugangs stellt das seit der Zeit der Aufklärung in der christlichen Exegese praktizierte ‚historisch-kritische' Methodeninstrumentarium dar. Gegenüber früheren Jahrhunderten bedeutet dies einen großen Fortschritt, denn polemische Darstellungen, die durch religiöse Überzeugungen geprägt und veranlasst sind, haben keinen Platz mehr. Auch wenn man sich in der heilsgeschichtlichen Bedeutung Jesu nicht einig ist, befruchten sich jüdische und christliche Historiker gegenseitig.[78]

3.2.11 Messiaserwartungen im Judentum

Eine einheitliche Messiaserwartung gibt es im Judentum nicht und hat es auch nie gegeben.[79] Schon im Alten Testament gibt es bezüglich der endzeitlichen Hoffnungen eine ganze Bandbreite von Vorstellungen: In manchen Texten ist eine Rettergestalt beteiligt (z.B. Jes 9,1-6; 11,1-9.10-16), in anderen jedoch nicht (z.B. Jes 2,1-5). In der Gemeinschaft von Qumran hat man wohl drei Heilsbringergestalten erwartet: einen königlichen und einen priesterlichen Messias sowie einen Propheten wie Mose. Die Vorstellung eines Messias aus dem Hause David, der als politischer Herrscher sein Volk befreit, stellt *eine* Ausprägung jüdischer Erwartungen dar.[80] Der *Weg* zum Heil wird also verschieden vorgestellt, Einigkeit besteht lediglich im *Ziel*: am Ende steht die Durchsetzung der Herrschaft Gottes unter seinem Volk und in der Welt (vgl. Sacharja 14,9).
Die biblische Bandbreite hat dazu geführt, dass auch im nachbiblischen Judentum keine einheitliche Messiaserwartung zustande kam. Es gab jedoch immer wieder Zeiten messianischer Unruhe, in der man meinte, jetzt sei die Zeit des Messias. So hat R. Akiba den Führer des Aufstandes gegen Rom (132-135 n.Chr.) Simon bar Kochba für den Messias gehalten. Im 17. Jh. löste Sabbatai Zwi eine messianische Bewegung aus, die viel Unruhe brachte und mit dem Übertritt Sabbatai Zwis zum Islam endete. Nachdem sich diese Erwartungen immer als falsch erwiesen haben, ist das traditionelle Judentum gegenüber ‚messianischen' Umtrieben reserviert.
Im heutigen Judentum gibt es Menschen, die mit dem Kommen eines personalen Messias rechnen, wie es im traditionellen Achtzehngebet heißt: *„Den Sprössling deines Knechtes David lass rasch emporsprießen, sein Horn erhöhe durch deine Hilfe, denn auf deine Hilfe hoffen wir den ganzen Tag. Gelobt seist du, Ewiger, der das Horn der Hilfe emporsprießen*

---

[78] Die Entwicklung jüdischer Beschäftigung mit Jesus ist dargestellt bei Gösta Lindeskog, Das jüdisch-christliche Problem. Randglossen zu einer Forschungsepoche, Uppsala 1986; ders., Die Jesusfrage im neuzeitlichen Judentum, Nachdruck Darmstadt 1973. Die von Lindeskog herausgearbeitete Beschäftigung mit Jesus im neuzeitlichen Judentum unterscheidet sich erheblich von früheren Epochen. Vgl. hierzu Kurt Hruby, Die Stellung der jüdischen Gesetzeslehrer zur werdenden Kirche, Schriften zur Judentumskunde 4, Zürich 1971.

[79] Das Standardwerk für die traditionelle Erwartung ist Moritz Zobel, Gottes Gesalbter. Der Messias und die messianische Zeit in Talmud und Midrasch, Berlin 1938.

[80] Diese Erwartung zusammen mit dem titularen Gebrauch von Messias begegnet erstmals in den apokryphen Psalmen Salomos 17 (1. Jh v.Chr.).

lässt.“[81] Oder wie es Maimonides in seinen 13 Artikeln formuliert hat: *„Ich bin vollkommen von der Ankunft des Gesalbten überzeugt. Und wenn er auch zögert, trotzdem hoffe ich täglich auf ihn, dass er kommen wird.“*[82] Andere hingegen rechnen nicht mit dem Messias als einer Person, sondern mit dem ‚messianischen Reich' bzw. ‚messianischen Zuständen', wie es im Achtzehngebet des Gebetbuches der Union für progressives Judentum heißt: *„Erfülle in unseren Tagen die Verheißungen, die du David, deinem Knecht, gegeben hast, dass du über die Welt herrschst in Gerechtigkeit und Erbarmen. Eilend erleuchte die Welt mit deinem Licht, guter Gott, denn auf deine Hilfe hoffen wir. Gepriesen seist du, Ewiger, Du lässt die Kräfte zum Heil wachsen.“*[83] Die Erwartung eines personalen Messias findet sich hier nicht. Die unterschiedlichen messianischen Erwartungen im Judentum konvergieren darin, dass sie mit einer realen Veränderung der geschichtlichen Zustände rechnen.[84] Die Messiasfrage spielt im Judentum bei weitem nicht die Rolle wie die Christologie im Christentum. Der Messias wird verstanden als „Funktionär“ im endzeitlichen Prozess und nicht als „Heilsmittler“.

Die Bandbreite der Erwartungen im AT und im Frühjudentum schlägt sich auch nieder in der Beurteilung der Messianität Jesu im Judentum. Ob Jesus der Messias sei, wurde von Juden daran gemessen, welche konkreten, geschichtlichen Erwartungen durch ihn erfüllt wurden. Die Mehrzahl war der Meinung, Jesus könne nicht der Messias sein, weil die Gottesherrschaft noch nicht sichtbar angebrochen sei. Die Jünger von Johannes dem Täufer fragen Jesus: *„Bist du, der da kommen soll, oder sollen wir auf einen anderen warten?“* Dies zeigt, dass man sich selbst unter jenen, die Jesus nahestanden, über Jesu Messianität nicht völlig einig war (vgl. Luk 7,18–23).

Soweit sich dies für uns noch erschließen lässt, hat Jesus selbst den Messias-Titel nicht für sich in Anspruch genommen. Er zeigt vielmehr eine deutliche Distanz dazu (vgl. Mk 8,27–33). Nach Kreuz und Auferstehung wird Jesus frühzeitig als Messias bekannt (vgl. z.B. 1Kor 15,3b-5; Röm 1,3f). Die Evangelisten des Neuen Testaments beschreiben Jesus allerdings aus nachösterlicher Sicht. Sie glauben, dass er von Gott auferweckt wurde und lassen ihr Bekenntnis zum auferstandenen und erhöhten Herrn in ihre Darstellung einfließen. Die Auferweckung Jesu hat somit auch das Denken über den irdischen Jesus im Rückblick entscheidend geprägt und ausgerichtet. In Jesu Verkündigen und Handeln, Kreuzestod und Auferstehung wurden bestimmte Aspekte messianischer Erwartungen erfüllt, andere jedoch nicht. Jesus hat damit das Verständnis des endzeitlichen Heilsbringers neu definiert. Nach dem Zeugnis der ersten Jünger wurde Jesus aufgrund der Osterereignisse durch Gott selbst bestätigt. Was Christen unter dem ‚Messias‘ verstehen, orientiert sich deshalb an dem, wie Jesus die Messiasvorstellung durch sein Leben, Leiden, Sterben und Auferstehen interpretiert hat. Nach christlicher Überzeugung ist der Messias kein anderer als der leidende Gerechte. Jesus ging den Weg ans Kreuz im Gehorsam gegen Gott. Was zunächst als Katastrophe erschien, wurde durch die Auferweckung zum Grund des Heils. Aus der Sicht des Apostels Paulus hat Jesus als Messias gegenüber Juden und Nichtjuden unterschiedliche Funktionen: Jesus ist der ‚Gesalbte Gottes‘, indem er gegenüber Israel die Bestätigung und Bekräftigung der Verheißungen an die Väter darstellt (vgl. Röm 15,8). Für die Nichtjuden eröffnet Jesus den Weg, mit Gott in eine Beziehung zu treten, wie sie vorher dem Volk Gottes vorbehalten war (vgl. Röm 15,10). Für beide, Juden und Nichtjuden, ist durch Jesu Kreuz und Auferstehung die endgültige Rettung verbürgt (vgl. Röm 4,25). Der Christus Jesus bekräftigt und bestätigt die göttlichen Verheißungen an Abraham: durch ihn soll der Segen Gottes zu allen Völkern kommen (Gen 12,3;

---

[81] Sidur Sefa Berura, hg. Bamberger, 44 (15. Beracha).
[82] Sidur Sefa Berura, hg. Bamberger, 79 (12. Glaubenssatz).
[83] Das Jüdische Gebetbuch, hg. Magonet/Homolka, 181.
[84] Vgl. hierzu Gerschom Scholem, Zum Verständnis der messianischen Idee im Judentum, in: ders., Judaica I, Frankfurt 1963, 7-74.

Gal 3,8). Das christliche Bekenntnis zu Jesus als Messias lässt deshalb nicht nur rückwärts gewandt auf die Erfüllung bestimmter Erwartungen sehen, sondern richtet den Blick nach vorn: Durch den Messias Jesus wurde die Verheißung Gottes gegenüber Israel und der Welt erst Recht bestätigt und erneut in Kraft gesetzt (vgl. 2Kor 1,20; Röm 15,8). Die sichtbare Aufrichtung der Gottesherrschaft steht noch aus. Darauf hoffen Juden und Christen in je eigener Weise.

3.2.12 Der Tod Jesu und „die Juden"

„Die Schuld der Juden am Tod Jesu ist aufgrund jahrhundertealter kirchlicher Lehre für unser Denken so selbstverständlich geworden, daß unser Verhältnis zu den Juden bewußt oder unbewußt durch dieses Faktum bestimmt wird."[85] So lautet das Ergebnis einer Untersuchung zu antijüdischen Motiven in Religionsbüchern der Grundschule. Beim Vorwurf, „die Juden" seien schuld am Tod Jesu, handelt es sich um einen einmaligen Vorgang in der Geschichte. Menschen werden für Dinge verantwortlich gemacht, die - wenn überhaupt - ihre Vorfahren vor zwei Jahrtausenden begangen haben. Die Anfänge dafür liegen bereits im NT, wenn dort pauschal von dem „ganzen Volk" oder „den Juden" die Rede ist, die Jesu Tod gefordert hätten (vgl. etwa Mt 27,25; Joh 19,12). In den Evangelien zeigt sich zunehmend eine Tendenz, die Verantwortung für Jesu Tod den Vertretern der jüdischen Seite aufzuerlegen und Pilatus und die römische Seite davon zu entlasten. Dies kann nur damit erklärt werden, dass das Auseinandergehen der Wege von Judentum und Christentum sich auch in der Überlieferung der Jesusgeschichte niederschlägt.[86]

Insgesamt kann die Darstellung der Evangelien nicht als historisch dokumentarische Nachzeichnung des Prozesses Jesus angesehen werden. Zu groß sind zum einen die Differenzen zwischen den einzelnen Evangelien und auch die rechtshistorischen Probleme, die ihre Darstellungen aufwerfen. Zum andern lag es auch nicht in der Erzählabsicht der Evangelisten, historisch objektiv zu berichten. Aufgrund dieser Tatsache hat es seit Beginn der historisch-kritischen Erforschung des NT ganz unterschiedliche Thesen zum Verlauf des Prozesses und der Kreuzigung Jesu gegeben, die generell zu einer Relativierung der jüdischen Verantwortung an Jesu Tod geführt haben. Die These, dass es überhaupt keine Beteiligung jüdischer Repräsentanten oder Instanzen am Tod Jesu gegeben habe, erscheint indes zu sehr von Apologie gekennzeichnet. Historisch gesehen kann man nach heutigem Stand der Erkenntnis davon ausgehen, dass es eine Anklage bzw. Anzeige jüdischer Repräsentanten beim römischen Präfekten Pontius Pilatus gegeben hat, nachdem man vorher zur Meinung gekommen war, Jesus stelle eine Gefahr dar. Auslöser dafür kann Jesu Tempelaktion gewesen sein, die als eine Infragestellung des Tempels und damit einer zentralen religiösen Institution interpretiert wurde. Die sog „Kapitalgerichtsbarkeit", d.h. das Recht Todesurteile in einer römischen Provinz auszusprechen und zu vollziehen, lag jedoch eindeutig auf Seiten der Römer. Die Verurteilung und Hinrichtung wurde also von römischen Instanzen durchgeführt. Hierbei müssen politische Erwägungen - wenngleich in Differenz zur eigentlichen Absicht Jesu - eine Rolle gespielt haben.

Der Vorwurf, „die Juden" seien schuld an Jesu Tod, hat in der Geschichte der Kirche eine fatale Wirkungsgeschichte. Seit dem 2. Jh n.Chr. ist der Vorwurf des „Gottesmordes" nachzuweisen. In einer Predigt führt Bischof Meliton v. Sardes aus: *„Hört es, alle Geschlechter der Völker, und sehet: Unerhörter Mord geschah inmitten Jerusalems, in der Stadt des Geset-*

---

[85] Ruth Kastning-Olmesdahl, Antijüdische Motive in den evangelischen Religionsbüchern der Grundschule, Neukirchen 1981, 1.

[86] S. zur Sache: Wolfgang Kraus, Wer war schuld an Jesu Tod?, in: H. Fox/R. Heiligenthal, Glaube und Erfahrung, FS F. Lemke, Landau 1998, 207-228.

zes, in der Stadt der Hebräer, in der Stadt der Propheten, in der Stadt, die für gerecht galt. ... Der die Erde aufhing, ist aufgehängt worden; der die Himmel festigte, ist festgemacht worden, der das All festigte, ist am Holz befestigt worden. Der Herr – ist geschmäht worden, der Gott ist getötet worden, der König Israels ist beseitigt worden von Israels Hand." (94-96)[87]
Durch alle Jahrhunderte hindurch finden sich bei christlichen Autoren solche und ähnliche Vorwürfe. Sie sind historisch falsch und durch historische Forschung widerlegt, theologisch problematisch, da sie neutestamentliche Aussagen missverstehen und mentalitätsgeschichtlich verheerend, da sie dazu beigetragen haben, in der Christenheit ein antijüdisches Klima zu erzeugen. Die Aussage vom Gottesmord bei christlichen Theologen und der Völkermord im 20. Jh. stehen in einer inneren Beziehung. Der Grund für die antijüdische Haltung unter Christen lag zum entscheidenden Maß in dem Vorwurf, die Juden seien schuld am Tod Jesu. Noch im Jahr 1948 formulierte der Bruderrat der Evang. Kirche in Deutschland in einem Wort zur Judenfrage: „Indem Israel den Messias kreuzigte, hat es seine Erwählung und Bestimmung verworfen."[88] Und erst mit dem 2. Vaticanum wurde in der Römisch-katholischen Kirche die Karfreitagsbitte, die auf die Schuld der Juden am Tod Jesu anspielte, geändert.[89]

3.2.13 Antijudaismus-Antisemitismus

Judenfeindschaft ist keine christliche Erfindung; es gab sie schon vor der Entstehung des Christentums und außerhalb des christlichen Bereiches (vgl. Ester 3,13 in der Septuaginta; Josephus, Contra Apionem 1,26; 2,91-96; Tacitus, Historien V,3-5; Juvenal, 6. Satire, 542ff).
Der Begriff ‚Antisemitismus' hingegen wurde erstmals publizistisch instrumentalisiert von Wilhelm Marr 1879. Sachlich-inhaltlich ist er mehr als problematisch, denn ‚semitisch' ist die Bezeichnung einer Sprachfamilie, wie z.B. ‚indogermanisch'. Zur semitischen Sprachfamilie gehören auch das Arabische und das Chaldäische. Das Wort hat sich dennoch eingebürgert und meint eine feindselige Einstellung gegen das Judentum bzw. das Volk Israel. Diese umfasst religiöse, kulturelle, soziale, rassistische und pseudoreligiöse Vorwürfe. Der für die Zeit vor dem 19. Jh. sachgemäßere und präzisere Begriff lautet ‚Antijudaismus'.
Antijüdische Motive begegnen im christlichen Bereich erstmals an einigen Stellen im NT. Es handelt sich um ein Problem, das sich mit der Entwicklung des Christentums als einer gegenüber dem Judentum selbständig werdenden Minderheit einstellt (1Thess 2,14-16; Mt 27,25; Joh 8,34ff). Hierbei kann noch nicht von Antijudaismus gesprochen werden, vielmehr handelt es sich noch um *innerjüdische* Polemik. Seit dem 2. Jh. n.Chr. begegnet Antijudaismus als nachträgliche Rechtfertigung und Begründung der Trennung des Christentums vom Judentum (z.B. im sog. Brief des Barnabas 13,7; 14,1ff; 15,3ff).
Nachdem der christliche Glaube aus einer Minderheitenposition herausgewachsen und zur staatlich geförderten Religion geworden ist, verschärft sich die feindselige Haltung gegenüber den Juden. Die staatliche Gesetzgebung versucht die ‚christliche Lehre' umzusetzen, wonach Juden von Gott verworfen seien. Begründet wird die Verwerfung vor allem mit der Ablehnung Jesu als Messias (Mt 27,25 spielt dabei eine verheerende Rolle). Diese Sicht der Dinge hält sich - abgesehen von wenigen Ausnahmen - in der christlichen Lehrentwicklung weitgehend durch.
Im Mittelalter stehen Juden bis auf ganz wenige Zeiten der Toleranz immer am Rande der Gesellschaft. Besondere Judengesetze (Gettorecht usw.) werden erlassen. Aus Unkenntnis entstehen Vorurteile. Der Volksaberglaube sucht einen Sündenbock für gesellschaftliche

---

[87] Meliton von Sardes, Vom Passa. Die älteste christliche Osterpredigt. Übersetzt, eingeleitet und kommentiert von Josef Blank, Freiburg 1963.
[88] Text bei Rendtorff/Henrix, Hg., 540-544, hier: 542.
[89] Hierbei hat die Erklärung Nostra Aetate in: Rendtorff/Hernix, Hg., 39-44, bes. 43, entscheidende Bedeutung.

Probleme. Es entstehen falsche und absurde Vorwürfe wie Brunnenvergiftung, Hostienfrevel, Ritualmord. Martin Luther denkt und schreibt in einer frühen Phase seines Wirkens über Juden völlig anders als es bislang üblich war. U.a. hofft er auf eine Integration der zum evangelischen Glauben bekehrten Juden in die Gesellschaft. Am Ende seiner Wirksamkeit fällt er jedoch in die überkommenen Denkschemata zurück und verbittert über die mangelnde Bereitschaft des Judentums, sich seiner Reformation anzuschließen, polemisiert er gegen Juden und jüdische Religion.

Der rassistische Antisemitismus des 19. und 20. Jhs. verbindet sozialdarwinistische Rassentheorien mit religiösen, weltanschaulichen, psycho-sozialen und politischen Motiven. Begünstigt durch gesellschaftliche Umstände, konnte er auch in kirchlichen Kreisen Einzug halten. Die Tatsache, dass der eingefleischte, häufig unreflektierte christliche Antijudaismus es verhinderte, dass Christen der Instrumentalisierung des militanten rassistischen Antisemitismus während der Nazi-Zeit rechtzeitig und wirksam Widerstand entgegensetzen konnten, macht eine Revision der gesamten christlichen Lehrentwicklung im Blick auf das Verhältnis zum Judentum unausweichlich.

Nach der Staatsgründung Israels 1948 lässt sich in verschiedenen Staaten ein offener oder verdeckter Antizionismus nachweisen, der zwar mit politischen Argumenten verbunden ist, aber häufig einen weltanschaulichen Antijudaismus nur kaschiert. In der arabischen Welt zählen die sog. ‚Protokolle der Weisen von Zion' gegenwärtig zu den meistgelesenen Publikationen. Es handelt sich bei ihnen um ein (wohl ursprünglich in Frankreich entstandenes) antisemitisches Pamphlet des späten 19. Jhs., in dem der Mythos von der jüdischen Weltverschwörung Ausdruck findet. Sie dienen gegenwärtig dazu, in der arabischen Welt Stimmung zu machen gegen Israel.[90]

3.2.14 Land und Staat Israel/Zionismus

Anders als bei Christen, für die sich die Heilsverheißung Gottes nicht mit einem bestimmten Land verbindet, hat das ‚gelobte Land' für das atl. Israel und weite Bereiche des heutigen Judentums religiöse Bedeutung (wobei es im Blick auf die Grenzen des Landes schon im AT, aber auch in der talmudischen Überlieferung unterschiedliche Auffassungen gibt). Viele Gebote der Tora sind an das Land gebunden und können nur dort ausgeführt werden. Die Vorstellung vom ‚Heiligen Land' ist deshalb ein tragendes Element der atl.-jüdischen Tradition. Dabei ist genau auf den Sprachgebrauch zu achten: ‚Heilig' ist das Land deshalb, weil es Gottes Eigentum darstellt und Israel zum Erbbesitz anvertraut ist. Das Volk anerkennt dieses Verhältnis durch die jährlich abzuführenden Opfer und Abgaben (den ‚Zehnten').

Zwar wurde das Volk Israel in der Antike endgültig durch die Römer seiner staatlichen Existenz beraubt - seit dem 2. Jh. n.Chr. war es Juden sogar verboten, in der Heiligen Stadt, Jerusalem, zu wohnen - dennoch hat sich die Sehnsucht nach einer Rückkehr zum Zion durch alle Jahrhunderte hindurch erhalten und in Gebeten und religiösen Texten Ausdruck verschafft.[91]

Ende des 19./Anfang des 20. Jhs. entstand vor allem aufgrund der Pogrome an Juden in Osteuropa die politische Bewegung des Zionismus. Einer der wichtigsten Vertreter war Theodor Herzl (1860-1904). Ihm gelang es, mit seinem Buch ‚Der Judenstaat. Versuch einer modernen Lösung der Judenfrage' (1895) dem Zionismus zum politischen Durchbruch zu verhelfen und

[90] Zu diesem Thema s. Michael Tilly, Die Verlockung der Lüge – Die ‚Protokolle der Weisen von Zion' und der Mythos der jüdischen Weltverschwörung, Mitteilungen der Johannes Gutenberg Universität Mainz, 2003, 2-10 (Kurzfassung in: Sachor Nr. 19, 2000, 67-75).

[91] Vgl. dazu Robert R. Geis, Vom unbekannten Judentum, Herder Bücherei 102, Freiburg u.a. 1961, 205-231 mit eindrücklichen Textbeispielen.

den Grund für die künftige Entwicklung zu legen.[92] Vielfältige Gruppierungen sammelten sich hierin: sozialistische, bürgerliche, religiöse und völkisch-nationale. Ihre gemeinsame Überzeugung bestand darin, dass nur die Errichtung einer nationalen Heimstätte das Überlebensproblem des jüdischen Volkes lösen könnte. In Deutschland fand der Zionismus zunächst keine große Anhängerschaft, da Juden in Deutschland weitgehend assimiliert waren und ‚deutschnational' dachten. Sie verstanden sich als ‚Deutsche Bürger mosaischen Glaubens'.
Bei der Gründung des Staates Israel im Jahr 1948 spielten politische Überlegungen, religiöse Erwartungen, aber auch die Erfahrung der Judenverfolgung in der NS-Zeit eine Rolle. Es hatte sich auch bei den Vertretern der Völker in den ‚Vereinten Nationen' (UN) die Erkenntnis durchgesetzt, dass die Existenz des jüdischen Volkes ohne den Schutz eines Staates nicht gewährleistet werden kann.
„Wenn Christen für das Lebensrecht des jüdischen Volkes im Lande der Väter eintreten, respektieren sie, dass die Verbindung von Volk und Land für das Judentum unabdingbar ist. Insofern der Staat Israel aber ein säkularer Staat in der Völkergemeinschaft ist, unterliegt er hinsichtlich seiner Grenzen und seiner Politik gegenüber nichtjüdischen Bevölkerungsteilen gleichen Kriterien wie alle anderen Staaten auch. Christen müssen sich in ihrem Verhältnis zu Israel dieser doppelten Beziehung bewusst sein. Einerseits ist nicht von ihnen gefordert, Entscheidungen von israelischen Regierungen kritiklos hinzunehmen, wenn ein anderer Staat in vergleichbarer Situation kritisiert werden würde. Andererseits treten Christen allen Versuchen entgegen, die das Lebensrecht des jüdischen Volkes im Land Israel in Frage stellen."[93]
Christen unterstützen also das Bestreben des jüdischen Volkes nach einer gesicherten Existenz im Land der Väter. Zugleich sorgen sie sich um eine Friedenslösung im Nahen Osten, die das Recht auch der arabischen Palästinenser einschließt und zu einer dauerhaften Übereinkunft führt, die Frieden, Gerechtigkeit und Sicherheit für alle dort lebenden Menschen gewährt.[94]
Die unterschiedlichen Gruppierungen im Judentum nehmen unterschiedliche Positionen zum Thema Land Israel ein. Dies sei verdeutlicht an einem Vergleich der einschlägigen Abschnitte in der ‚traditionellen' und der ‚liberalen' Fassung des Achtzehngebetes:[95]

In der 10. Beracha geht es um die Rückkehr der Diaspora nach Israel.
„Stoße in das große Schofar zu unserer Befreiung, erhebe das Panier, unsere Verbannten zu sammeln, und sammle uns insgesamt von den vier Ende der Erde. Gelobt seist du, Ewiger, der du die Verstoßenen deines Volkes Israel sammelst." (Sidur Sefa Berura, hg. Bamberger, 43.)
„Lass zu unserer Freiheit das große Widderhorn ertönen und lass die Botschaft von der Befreiung in allen Orten unseres Landes laut werden. Du bist doch Gott, du befreist und erlöst. Gepriesen seist du, Ewiger. Durch dein Erbarmen befreist du dein Volk Israel." (Das Jüdische Gebetbuch, hg. Magonet/Homolka, 179.)

In der 14. Beracha geht es um die Stadt Jerusalem.
„Nach deiner Stadt Jeruschalaim kehre in Erbarmen zurück, wohne in ihr, wie du gesprochen, erbaue sie bald in unseren Tagen als ewigen Bau, und Davids Thron gründe schnell in ihr.[96] Gelobt seist du, Ewiger, der du Jerusalem erbaust." (Sidur Sefa Berura, hg. Bamberger, 44.)
„Habe Acht auf Jerusalem, deine Stadt. Lass deine Gegenwart in ihr wohnen und lass es bald noch in unseren Tagen eine Stadt sein, in der deine Gerechtigkeit wohnt. Möge sie ein Zent-

---

[92] Zur Einführung in den Zionismus: Michael Krupp, Zionismus und Staat Israel, GTB 791, Gütersloh 3. Aufl. 1992, ders. Die Geschichte des Zionismus, GTB 1212, Gütersloh 2001.
[93] EKD-Studie, Christen und Juden II (1991) 3.5.1; Text in: Henrix/Kraus, Hg., 663.
[94] Vgl. die Erklärung der Evang.-Luth Kirche in Bayern (1998) III.4, Text in: Henrix/Kraus, Hg., 810.
[95] Texte nach Sidur Sefa Berura, hg. Bamberger, 40ff; und Das jüdische Gebetbuch, ed. Magonet/Homolka, 92ff.
[96] Am Gedenktag der Zerstörung des Tempels, dem 9. Av, wird hier eine Einschaltung eingefügt, die die Trauer über die Tempelzerstörung zum Ausdruck bringt.

rum des Gebets sein für alle Völker. Gepriesen seist du, Ewiger. Du baust Jerusalem." (Das Jüdische Gebetbuch, hg. Magonet/Homolka, 181.)

In der 17. Beracha geht es um den Tempelgottesdienst.
„Habe Wohlgefallen, Ewiger, unser Gott, an deinem Volk Israel und ihrem Gebete, und bringe den Dienst wieder in das Heiligtum deines Hauses, und die Feueropfer Israels und ihr Gebet nimm in Liebe auf mit Wohlgefallen, und zum Wohlgefallen sei beständig der Dienst deines Volkes Israel. Und unsere Augen mögen schauen, wenn du nach Zion zurückkehrst in Erbarmen. Gelobt seist du, Ewiger, der seine Majestät nach Zion zurückbringt." (Sidur Sefa Berura, hg. Bamberger, 45-46.)
„Habe Gefallen an deinem Volk Israel und höre seine Gebete. In großem Erbarmen finde Gefallen an uns und lass deine Gegenwart über Zion ruhen. Lass unsere Augen Ausschau halten nach deiner Rückkehr zum Zion in Erbarmen. Gepriesen seist du, Ewiger. Du lässt deine Gegenwart nach Zion zurückkehren." (Das Jüdische Gebetbuch, hg. Magonet/Homolka, 181.183.)

Der Vergleich der beiden Gebetsfassungen zeigt, dass die konkrete Rückkehr des ganzen Volkes nach Jerusalem, das Leben im Land, der Aufbau des Tempels, die Einrichtung des Opferkultes nicht einhellig gesehen wird, sondern unterschiedlichen Ausdruck in den Gebeten erfährt. Niemand kann mit Bestimmtheit sagen, was sich Gottesdienstbesucher beim Beten einzelner Formulierungen denken. Wenn jedoch im Gebet theologische Grundpositionen zum Ausdruck kommen, dann lassen sich gewisse Schlüsse zumindest im Blick auf die für die Formulierung Verantwortlichen ziehen.

3.3 Perspektiven des christlich-jüdischen Dialoges

Das Gespräch zwischen Christen und Juden hat in den vergangenen fünf Jahrzehnten zu einer neuen Wahrnehmung des Judentums geführt, aber auch über das christliche Selbstverständnis neu nachdenken lassen. Die entscheidenden Stationen sind auf Ebene der Evang. Kirche in Deutschland (EKD) die Erklärung von Berlin-Weissensee, 1950, und die drei Studien zu Christen und Juden von 1975, 1991 und 2000.[97] Einen großen Schritt nach vorn bedeutete der Synodalbeschluss der Evang. Kirche im Rheinland von 1980, der andere protestantische Landeskirchen veranlasst hat, ihrerseits das Thema Christen und Juden zu bearbeiten (s.o. Anm. 18). Für manche Fragen gibt es inzwischen Übereinstimmung, andere bedürfen noch weiterer Diskussion.

3.3.1 „Bleibende Erwählung Israels" und Schrifthermeneutik

Erstmals in einem offiziellen kirchlichen Dokument, der Erklärung der Evangelischen Kirche in Deutschland (EKD) von Berlin-Weissensee von 1950, findet sich die Aussage, dass Israel als Gottesvolk auch nach Tod und Auferstehung Jesu weiterhin das erwählte Volk sei.[98] Die

[97] Die Texte von 1945 bis 2000 finden sich in Rendtorff/Henrix, Hg., Die Kirchen und das Judentum, 1988, und in Henrix/Kraus, Hg., Die Kirchen und das Judentum II, 2001. Auf katholischer Seite hat das Zweite Vatikanische Konzil mit seinen Erklärungen ‚Lumen Gentium', ‚Nostra Aetate' und ‚Dei Verbum' eine Wende im katholisch-jüdischen Verhältnis hervorgerufen. Texte bei Rendtorff/Henrix, Hg., 36-39.39-44.44-45. Weitere wegweisende Erklärungen sind gefolgt. Insbesondere der derzeitige Papst, Johannes Paul II, hat sich für eine Neuorientierung eingesetzt. Die wichtigsten Texte von 1986 bis 2000 bei Henrix/Kraus, Hg., 1-161.
[98] Text bei Rendtorff/Henrix, Hg., Die Kirchen und das Judentum, 540-544.

Rede von der ‚bleibenden Erwählung Israels als Gottesvolk' taucht in fast allen kirchlichen Dokumenten der letzten 20 Jahre auf.[99]

Das Problem ist durch das NT selbst gestellt. Im NT existieren unausgeglichen nebeneinander verschiedene Konzeptionen bezüglich des Gottesvolkes Israel, die sich nicht ohne weiteres auf einen gemeinsamen Nenner bringen lassen. Vielmehr zeigt sich in ihnen eine *unabgeschlossene Problemstellung*, die in neutestamentlicher Zeit selbst nicht einheitlich gelöst wurde, sondern offen bleiben musste[100]. In vielen neutestamentlichen Schriften bekommt man den Eindruck, die Kirche habe Israel als Gottesvolk ersetzt (Substitutionstheorie). Dies hängt u.a. damit zusammen, dass die meisten neutestamentlichen Schriften in einer Zeit entstanden sind, in der das Verhältnis der christlichen Gemeinden zu den Synagogengemeinden extrem angespannt war. Einerseits war in der Zeit nach 70 n.Chr. das Judentum vor die Aufgabe gestellt, seine Identität neu zu definieren, andererseits war das sich verselbständigende Christentum vor die Aufgabe gestellt, innerhalb des römischen Reiches und im Gegenüber zum Judentum sein Selbstverständnis zu formulieren. Dies war die Zeit, in der um das biblische Erbe gekämpft wurde. Manche Schärfe in den neutestamentlichen Aussagen ergibt sich daraus, dass der aktuelle Kampf ums Erbe in die Formulierungen eingeflossen ist (vgl. z.B. Mt 23; Joh 8,39-47; 9,22). Die Frage stellt sich: Wo lässt sich sachgemäß ein theologischer Ansatz finden?

Ein Text, der im christlich-jüdischen Dialog beliebt ist und häufig zitiert wird, findet sich in Röm 9-11. Warum aber soll man sich auf Röm 9-11 beziehen? Warum nicht den Einsatzpunkt für das theologische Nachdenken bei Joh oder Mt suchen? Es handelt sich hierbei um eine Frage, die eine theologisch-sachkritische Entscheidung verlangt.[101]

Nach Paulus gehören die durch Christus berufenen Heiden aufgrund der Taufe gleichberechtigt zum endzeitlichen Gottesvolk hinzu: Sie sind Söhne Gottes, Nachkommen Abrahams und damit Erben der Verheißung (Gal 3,26-29; Röm 8,14-17). Das schließt nach Paulus aber nicht aus, dass Israel das von Gott erwählte Volk bleibt (Röm 9,1-5; 11,1f.28f).

Das entscheidende theologische Problem, wie es im Römerbrief auch explizit benannt wird, bestand für Paulus in der Frage: *Wie kann die Vorstellung einer bleibenden Zusage Gottes an Israel neben der Botschaft einer Erlösung aller Menschen allein durch Christus angesichts Israels weitgehender Ablehnung Jesu als Messias Bestand haben?*

Die Antwort, die Paulus gibt, liegt in seinem Verständnis der *Gerechtigkeit Gottes*, die durch das Christusgeschehen offenbar geworden ist (Röm 3,21). Gottes Gerechtigkeit im Sinn seiner *Bundestreue* hält an Israel als erwähltem Volk fest. Gott in seiner Bundestreue wird Israel mittels des ‚Retters vom Zion' zum endgültigen Heil führen (Röm 11,26f). Die Antwort, die Paulus im Römerbrief findet, lautet anders als die in 1Thess 2,14-16 und in Gal 4,21-31. Ob man deshalb von einer Entwicklung in der paulinischen Theologie sprechen kann, wird kontrovers diskutiert. Doch die Sache entscheidet sich nicht am Begriff „Entwicklung". Entscheidend ist vielmehr die Erkenntnis, dass die Aussagen des Römerbriefes gegenüber jenen des 1. Thessalonicher- und des Galaterbriefes eine bewusste Korrektur bzw. Rücknahme von Positionen darstellen.

Die wichtige theologisch-sachkritische und hermeneutische Aufgabe besteht darin, nachzuweisen, dass der paulinische Ansatz, wie er im Römerbrief begegnet, ein *sachgemäßer Ausdruck des Evangeliums von Jesus Christus* ist und daher die Richtschnur unseres Denkens sein muss. Es geht also um nichts weniger als innerbiblische theologische Sachkritik!

---

[99] Das heißt jedoch nicht, dass darüber in der protestantischen Theologie insgesamt ein Konsens erzielt worden wäre.

[100] Vgl. EKD-Studie Christen und Juden II (1991) 3.44, Text in: Henrix/Kraus, Hg., 661: vgl. Wolfgang Kraus, Paulinische Perspektiven zum Thema ‚bleibende Erwählung Israels', in: ders. Hg., Christen und Juden. Perspektiven einer Annäherung, Gütersloh 1997, 143-170, hier: 144ff.

[101] Vgl. zum Folgenden Wolfgang Kraus, Das Volk Gottes, WUNT 85, 1996.

Die Frage muss beantwortet werden, ob Röm 9-11 ins Zentrum der Theologie des Paulus gehört oder nur eine psychologisch zu erklärende Ausführung zu einer biographisch bedingten Frage darstellt: Paulus – so möchte man ihm unterstellen - konnte sich einfach nicht damit abfinden, dass Jesus als Messias von der Mehrheit im Judentum abgelehnt wird, deswegen hat er sich zu Spekulationen hinreißen lassen. Hier ist eine theologische Entscheidung gefordert, die m.E. nur lauten kann: Für unser Verhältnis zum Judentum gibt Paulus die Richtung des Denkens sachgemäß vor: Gott hat sein Volk nicht verstoßen, das er sich zuvor erwählt hat (Röm 11,2). Diese Aussage hat ihren Ursprung im Zentrum der paulinischen Rechtfertigungslehre, sie ist genuiner Ausdruck des Evangeliums von Jesus Christus.

3.3.2 „Israel" als integraler Bestandteil christlicher Ekklesiologie

Nach Röm 15,7-13 sind die Verheißungen Gottes an die Väter durch Christus nicht „erfüllt", sondern „bestätigt" bzw. „befestigt" worden. Christus ist gekommen, um ein „Diener der Beschneidung" (der Juden) zu werden, damit er die Verheißungen an die Väter befestige. Das heißt: von der göttlichen Verheißung her bleibt Israel Gottes Volk. Umgekehrt gilt: Die Kirche ist durch Christus erwählt, zum Volk Gottes zu gehören. Auch dies gilt im Sinn göttlicher Verheißung und ist nicht an Äußerlichkeiten ablesbar. Das Judentum ist damit aber nicht nur historische Wurzel des Christentums, sondern bleibender Partner vor Gott. Damit stellt das Judentum als lebendige Religion eine bleibende Anfrage an das christliche Selbstverständnis dar.

Die Studie der EKD Christen und Juden II von 1991 verlangt, die Kirche müsse ihr Selbstverständnis so formulieren, dass „dasjenige des jüdischen Volkes [als Volk Gottes] dadurch nicht herabgesetzt" wird[102]. Das ist jedoch nur ein Teil der vor uns liegenden Aufgabe.

Dass das Christentum jüdische Wurzeln hat, ist unbestreitbar. Ein nächster Schritt besteht darin, das eigene Selbstverständnis so zu formulieren, dass das jüdische Volk als Volk der Erwählung dabei nicht herabgesetzt wird. Der dritte Schritt besteht darin anzuerkennen, dass zur sachgemäßen Formulierung des Selbstverständnisses der Kirche das Judentum einen integralen Bestandteil darstellen muss. Die Kirche muss erkennen, dass sie nicht allein dasteht als „Gottes Volk" und dass deshalb „Israel" als Volk Gottes in die sachgemäße Beschreibung christlicher Identität aufgenommen werden muss. Hier ist von Paulus, insbesondere von Röm 15,7-13 noch viel zu lernen. Christliche Ekklesiologie gibt es - sachgemäß - nur unter Einbeziehung des ersterwählten Volkes Gottes.

3.3.3 Die jüdische Kontur der Christologie

Hans Joachim Iwand schrieb in einem Brief an den tschechischen Theologen Josef Hromádka im Jahr 1959 rückblickend auf den Kirchenkampf: „Wir haben nicht klar genug gesehen, ... daß der Angriff auf die Juden *Ihm* galt, Jesus Christus selbst. Wir haben theologisch zwar an der Menschheit Jesu Christi festgehalten, aber daß dieser Mensch ein Jude war, das haben wir dogmatisch oder im Sinne eines allgemeinen Humanismus ethisierend für irrelevant erachtet. Wir haben den inneren Zusammenhang zwischen dem Alten und dem Neuen Bund weniger klar und scharf gesichtet, als es der Gegner tat, der die schwächste Stelle in unserem modernen Christentum erspäht hatte. In diesem Falle lag die Decke eher vor den Augen der Kirche als über der Synagoge. Wir haben nicht gesehen, daß wir mit der Entwurzelung aus Israel unsere Ökumenizität als Kirche verlieren sollten und verloren hätten. ... Wer damals seine jüdischen Freunde nicht preisgab, den behütete dieses Bekenntnis an der Seele. Es war ein er-

[102] EKD-Studie Christen und Juden II (1991), 3.4.4, Text in: Henrix/Kraus, Hg., 661f.

staunliches Geheimnis, dem wir damit auf die Spur gekommen sind. Aber der Preis! Ist er nicht allzu hoch? Wer wird diese Schuld einmal von uns und unseren Vätern - denn dort begann es - nehmen? ... Was muß geschehen, damit wir das hinter uns bekommen? Wie kann ein Volk rein werden, das den - freilich vergeblichen - Aufstand gegen Israel und seinen Gott hinter sich hat?"[103]

Hiernach ist die Suche nach dem „jüdischen Jesus" von großer Bedeutung. Die Frage, wie Jesus innerhalb des Judentums zu stehen kommt, ist deshalb keine Marotte, sondern eine theologisch-sachliche Notwendigkeit – auch wenn ein Konsens sich noch nicht abzeichnet.[104] Nur langsam scheinen sich die eingefahrenen Schemata aufsprengen zu lassen, wonach Jesus „das Gesetz" oder „das Judentum" überwunden habe. Nur durch geduldige neutestamentliche und judaistische Grundlagenarbeit wird es gelingen, Jesus in einer zutreffenden Weise in seiner jüdischen Umwelt zu verorten.

Von dieser Fragestellung ausgehend sind sehr weitreichende Konsequenzen zu bedenken. Die jüdische Dimension in der Christologie lässt auch einen anderen Zusammenhang in unser Blickfeld treten: es war nicht immer unbestritten, dass der Gott Israels der Vater Jesu Christi ist. Die Trinitätslehre wurde ursprünglich erarbeitet, um an der Einheit des Gottes Israels und zugleich an der Offenbarung in Christus festhalten zu können. Christliche Gebetspraxis lässt zuweilen Zweifel aufkommen, ob dieser Zusammenhang richtig wahrgenommen wird. Christliches Gebet richtet sich an den dreieinigen Gott. Trinitarisches Gebet darf dabei nicht den Verdacht des Tritheismus nähren. Gebet zu Jesus muss die Grundrichtung der Trinitätslehre beachten.

3.3.4 Transformation des christlichen Absolutheitsanspruchs in eschatologische Begrifflichkeit

Christliche Theologie muss erkennen, dass es nicht genügt zu deklamieren, in Christus sei das Heil erschienen. Sie muss präzisieren, was das heißt, und sie darf dabei gegenwärtige Erfahrung von Leid und Abwesenheit des Heils nicht vollmundig überspielen wollen. Ihre Aussagen über das in Christus erschienene Heil muss sie so in eschatologische Begrifflichkeit übersetzen, dass der Verheißungs-Charakter dieser Aussagen klar bleibt und sie nicht mit ontologischen (seinshaften) Aussagen verwechselt werden.[105] Wir sind gerettet - aber auf Hoffnung! (Röm 8,24) Oder wie es in 1Joh 3,2 ausgedrückt wird: Es ist noch nicht erschienen, was wir sein werden. Das Heil ist äußerlich noch nicht sichtbar. Die Zusage der Rettung gilt im Modus der Verheißung. Alle Aussagen über die *Präsenz des Heils* tragen damit den Charakter der *Prolepse* und *Antizipation*. Damit wird es möglich, dem jüdischen Weg seine Dignität und Integrität zu lassen. Das bedeutet keine Reduktion des in Christus erschienenen Heils, sondern eine Präzisierung.

In der biblischen Botschaft geht es im Letzten um die sichtbare Aufrichtung der Gottesherrschaft, um die Durchsetzung und Anerkenntnis des göttlichen Namens. In dieser eschatologischen Hoffnung sind Christen und Juden nicht weit von einander entfernt.

---

[103] Hans Joachim Iwand, Brief an Josef L. Hromádka, 8.6.1959, in: ders., Briefe, Vorträge, Predigtmeditationen. Eine Auswahl, hg. von Peter-Paul Sänger, Berlin 1979, 122-133, hier: 126.

[104] Vgl. dazu Karlheinz Müller, Forschungsgeschichtliche Anmerkungen zum Thema ‚Jesus und das Gesetz', in: Martin Karrer / Wolfgang Kraus / Otto Merk, Hg., Kirche und Volk Gottes, FS Jürgen Roloff, Neukirchen 2000, 58-77, und die dort angegebene Literatur.

[105] Vgl. Gregory Baum, Einleitung zu Rosemary Ruether, Nächstenliebe und Brudermord, München 1978, 24.

3.3.5 Jüdische und christliche Denkstrukturen

Die Erneuerung des christlichen Denkens über das Judentum hat auch im Judentum Resonanz gefunden. Jüdische Gelehrte anerkennen den Paradigmenwechsel im Christentum, sehen das Christentum nicht mehr primär als „antijüdisch", setzen sich mit christlichen Denkstrukturen auseinander und fragen, welche Parallelen es dazu im Judentum gibt. An zwei Beispielen soll dies verdeutlicht werden.

„Dabru Emet (‚Redet Wahrheit') – A Jewish Statement on Christians and Christianity", so lautet der Titel einer Erklärung jüdischer Gelehrter aus dem Jahr 2000, in der sie sich mit der Entwicklung christlichen Denkens über das Judentum auseinandersetzen.[106] In der Einleitung heißt es:

„In den vergangenen Jahren hat sich ein dramatischer und unvorhersehbarer Wandel in den christlich-jüdischen Beziehungen vollzogen. Während des fast zwei Jahrtausende andauernden jüdischen Exils haben Christen das Judentum zumeist als eine gescheiterte Religion oder bestenfalls als eine Vorläuferreligion charakterisiert, die dem Christentum den Weg bereitete und in ihm zur Erfüllung gekommen sei. In den Jahrzehnten nach dem Holocaust hat sich die Christenheit jedoch dramatisch verändert. Eine wachsende Zahl kirchlicher Gremien, unter ihnen sowohl römisch-katholische als auch protestantische, haben in öffentlichen Erklärungen ihre Reue über die Mißhandlung von Juden und Judentum zum Ausdruck gebracht. Diese Erklärungen haben zudem verdeutlicht, wie christliche Lehre und Predigt reformiert werden können und müssen, um den unverändert gültigen Bund Gottes mit dem jüdischen Volk anzuerkennen und den Beitrag des Judentums zur Weltkultur und zum christlichen Glauben selbst zu würdigen.

Wir sind davon überzeugt, daß diese Veränderungen eine wohl bedachte jüdische Antwort verdienen. Als eine Gruppe jüdischer Gelehrter unterschiedlicher Strömungen – die nur für sich selbst spricht – ist es unsere Überzeugung, daß es für Juden an der Zeit ist, die christlichen Bemühungen um eine Würdigung des Judentums zur Kenntnis zu nehmen. Wir meinen, es ist für Juden an der Zeit, über das nachzudenken, was das Judentum heute zum Christentum zu sagen hat. Als einen ersten Schritt wollen wir in acht kurzen Punkten erläutern, auf welche Weise Juden und Christen miteinander in Beziehung stehen könnten."[107]

Die acht Punkte, die dann angeführt werden lauten:

- „Juden und Christen beten den gleichen Gott an."
- „Juden und Christen stützen sich auf das gleiche Buch – die Bibel (das die Juden ‚Tenach' und die Christen das ‚Alte Testament' nennen)."
- „Christen respektieren den Anspruch des jüdischen Volkes auf das Land Israel."
- „Juden und Christen anerkennen die moralischen Prinzipien der Torah."
- „Der Nazismus war kein christliches Phänomen."
- „Der nach menschlichem Ermessen unüberwindbare Unterschied zwischen Juden und Christen wird nicht eher ausgeräumt werden, bis Gott die gesamte Welt erlöst haben wird, wie es die Schriften prophezeien."
- „Ein erneuertes Verhältnis zwischen Juden und Christen wird die jüdische Praxis nicht schwächen."
- „Juden und Christen müssen sich gemeinsam für Gerechtigkeit und Frieden einsetzen."[108]

Diese Erklärung jüdischer Gelehrter, die einen Meilenstein innerhalb der jüdisch-christlichen Beziehungen darstellt, hat zu unterschiedlichen Reaktionen innerhalb des Judentums geführt:

---

[106] Die Erklärung erschien am 10. September 2000 in zwei amerikanischen Zeitungen. Text in Henrix/Kraus, Hg., 974-976.

[107] Henrix/Kraus, Hg., 974.

[108] Henrix/Kraus, Hg., 974-976.

viele haben die Erklärung unterzeichnet, andere haben vehement dagegen protestiert.[109] Es wurde befürchtet, dass Dabru Emet als eine „Vergebungserklärung für christliche Untaten gegen das Judentum“ missverstanden werden könnte, doch so war sie nicht gemeint.[110] Der am meisten umstrittene Abschnitt findet sich in der Aussage, dass der Nazismus kein christliches Phänomen gewesen sei. Man sah darin eine Vernachlässigung des christlichen Antijudaismus. Dagegen erklärt jedoch Dabru Emet: „Ohne die lange Geschichte christlichen Antijudaismus und christlicher Gewalt gegen Juden hätte die nationalsozialistische Ideologie keinen Bestand finden und nicht verwirklicht werden können.“[111] Damit wird deutlich festgehalten, dass der christliche Antijudaismus die langfristigen Voraussetzungen geschaffen hat, auf denen der rassistische Antisemitismus aufbauen konnte.

Die Initiatoren von Dabru Emet haben noch in einer anderen Weise auf die Entwicklungen in der Christenheit in den letzten Jahrzehnten reagiert. Durch die Jahrhunderte wurden Christentum und Judentum als historisch miteinander verbundene, aber letztlich doch geschiedene und gegensätzliche Religionen verstanden. Die Denkstrukturen der beiden galten als unvereinbar, zu tief seien die theologischen Differenzen.[112] Was geschieht, wenn die Verstehenskategorien wechselseitig überprüft werden? Sind sie angemessen? „Christianity in Jewish Terms“ ist ein solcher Versuch, die Kategorien zu hinterfragen.[113]
„For the past hundred years, when Jews have been taught about Christian belief, it has been primarily in non-Jewish terms. During the years of their residence in Christian Europe, Jews learned about Christianity only through the untranslated terms of Christianity that separated itself from its Jewish roots. Then, during the years that followed Emancipation, Jews learned about Christianity through the equally non-Jewish terms of secular European thought. This was often the most difficult kind of learning, since secular European thought often treated Christianity as a universal religion, as opposed to the particularity or ‘tribalism’ of Judaism. We believe it is time for Jews to learn about Christianity in Jewish terms: to rediscover the basic categories of rabbinic Judaism and to hear what the basic categories of Christian belief sound like when they are taught in terms of this rabbinic Judaism. To hear Christianity in our terms is truly to understand it, perhaps for the first time.”[114]
Es ist eine große Herausforderung, vor der die christliche Theologie hier steht: zusammen mit jüdischen Gelehrten jüdische Denkstrukturen als dem Christentum inhärent zu entdecken.

3.3.6 Gemeinsame Aufgaben von Christen und Juden

Seit Ende des 2. Weltkrieges lässt sich nicht nur in Deutschland auf manchen Ebenen ein neues Denken über Juden und Judentum feststellen. Hierzu haben kirchliche Arbeitskreise, die Arbeitsgemeinschaft Juden und Christen am Kirchentag, die Gesellschaften für christlich-jüdische Zusammenarbeit, aber vor allem Einzelpersonen beigetragen, die die theologische Relevanz des Themas erkannten und von der Überzeugung geleitet waren, dass nur eine um-

---

[109] S. dazu Rainer Kampling/Michael Weinreich, Hg., Dabru Emet – redet Wahrheit. Eine jüdische Herausforderung zum Dialog mit den Christen, Gütersloh 2003.
[110] Michael A. Signer, Reflexionen. Ein jüdischer Blick auf Dabru Emet, in: Kampling/Weinreich, Hg., Dabru Emet, 15-30, hier: 24.
[111] Henrix/Kraus, Hg., 975.
[112] Es ist eine Unsitte, die sich sowohl in christlichen Darstellungen jüdischer Positionen als auch umgekehrt findet, wenn gesagt wird: „nach jüdischer/christlicher Anschauung verhält es sich ...“.In der Regel mangelt es dann an Differenzierung. Die Formulierung ist so verführerisch wie gefährlich. Ich erspare mir blamable Beispiele.
[113] Tikva Frymer-Kensky/David Novak/Peter Ochs/David Fox Sandmel/Michael A. Signer, Hg., Christianity in Jewish Terms, Boulder (Col)/Oxford 2000.
[114] Vorwort der Hg., Christianity in Jewish Terms, X.

fassende Sichtung der teilweise massiv antijüdischen Tradition der Kirche einen Neuanfang ermöglichen kann. Jüdische Partner haben sich auf ein Gespräch mit Christen eingelassen und sich in einer Weise engagiert, dass man nur verwundert und dankbar sein kann. Synagogengemeinden haben christlichen Besuchern ihre Pforten geöffnet und hier und da gab es auch erste Versuche gemeinsamen Handelns. Das christlich-jüdische Gespräch ist nach wie vor ein zartes Pflänzchen, in dem es zunächst noch gilt, Vertrauen zu schaffen, gegenseitige Achtung zu praktizieren und den Schutt der Jahrhunderte wegzuräumen. Für Christen ist es wichtig, die Asymmetrie wahrzunehmen: Christlicher Glaube kann ohne die jüdischen Wurzeln nicht verstanden werden, jüdischer Glaube braucht das Gespräch mit Christen in dieser spezifischen Weise nicht. Aber auch das Gemeinsame gilt es wahrzunehmen: Angesichts einer weithin säkularisierten Welt stehen Juden und Christen an vielen Punkten vor ähnlichen Fragestellungen. Es wird deshalb darauf ankommen, dass beide überlegen, wie sie gemeinsam - ohne ihre jeweilige Identität aufzugeben - in einer Zeit, in der der Glaube an einen geschichtsmächtigen Gott grundsätzlich in Frage gestellt wird, Zeugen Gottes in der Welt sein können. Die Erklärung Dabru Emet formuliert in ihrem achten Punkt als Aufgabe: „Juden und Christen müssen sich gemeinsam für Gerechtigkeit und Frieden einsetzen.“ Nimmt man hier noch die Dimension der Schöpfungsverantwortung hinzu, dann sind drei Problembereiche genannt, an deren Lösung sich jüdischer und christlicher Glaube von künftigen Generationen werden messen lassen müssen.[115]

3.4 Literaturhinweise

3.4.1 Überblicke/Einführungen

Neben den im Text genannten Einführungen von Fohrer, Geis, Grill, Heschel, Olitzky/Isaacs, Rosenthal/Homolka, Sigal, Wyschogrod, Ydit, s. insbesondere:
- Baumann, Arnulf H., Hg., Was jeder vom Judentum wissen muß, GTB 788, Gütersloh 8. Aufl. 1997.
- Fackenheim, Emil, Was ist Judentum? Eine Deutung für die Gegenwart, VIKJ 27, Berlin 1999.
- Gradwohl, Roland, Grundgesetze des Judentums, Stuttgart 3. Aufl. 1984.
- Krabbe, Dieter, Freuet euch mit Jerusalem, München 1995.
- Maier, Johann, Das Judentum. Von der Biblischen Zeit bis zur Moderne, Bindlach 3. Aufl. 1988.
- Magonet, Jonathan, The Explorer's Guide to Judaism, London 1998.
- Magonet, Jonathan, Einführung ins Judentum, Berlin 2003.
- Romain, Jonathan A./Walter Homolka, Progressives Judentum. Leben und Lehre, München 1999.
- Rothschild, Walter, 99 Fragen zum Judentum, GTB 1201, Gütersloh 2001.

3.4.2 Lexika

- Maier, Johann, Judentum von A-Z. Glauben, Geschichte, Kultur, Herder Spektrum 5169, Freiburg u.a. 2001.

[115] Vgl. dazu z.B.: Wolfgang Kraus, Hg., Bioethik und Menschenbild bei Juden und Christen. Bewährungsfeld Anthropologie, Neukirchen 1999.

- Maier, Johann/Schäfer, Peter, Kleines Lexikon des Judentums, Bibel Kirche Gemeinde 16, Stuttgart 1981.
- Schoeps, Julius H., Hg., Neues Lexikon des Judentums, Gütersloh 2000.
- Petuchowski, Jacob J./Thoma, Clemens, Lexikon der jüdisch-christlichen Begegnung, Freiburg u.a. 1989.

3.4.3 Gebetbücher

Neben den im Text genannten Gebetbüchern von Bamberger, Magonet/Homolka s. insbesondere:

- Böckler, Annette, Jüdischer Gottesdienst. Wesen und Struktur, Berlin 2002.
- Gebete der Israeliten, Deutsch übersetzt von Dr. M. Sachs, Jerusalem 1980.
- Homolka, Walter, Hg., So gehe ich meinen Weg mit Gott: Jüdische Gebete, GTB 738, Gütersloh 2000.
- Petuchowski, Jacob J., Gottesdienst des Herzens, Freiburg u.a. 1981.
- Trepp, Leo, Der jüdische Gottesdienst, Stuttgart u.a. 1992.

3.4.4 Theologische Vertiefung

- Buren, Paul van, Eine Theologie des christlich-jüdischen Diskurses, München 1988.
- Frankemölle, Hubert, Hg., Christen und Juden gemeinsam ins dritte Jahrtausend, Frankfurt / Paderborn 2001.
- Kraus, Wolfgang, Hg., Christen und Juden. Perspektiven einer Annäherung, Gütersloh 1997.
- Mußner, Franz, Traktat über die Juden, München 2. Aufl. 1988.
- Münz, Christoph, Der Welt ein Gedächtnis geben. Geschichtstheologisches Denken im Judentum nach Auschwitz, Gütersloh 1995.
- Navé-Levinson, Pnina, Eva und ihre Töchter. Perspektiven einer jüdisch-feministischen Theologie, Gütersloh 1992.
- Osten-Sacken, Peter von der, Grundzüge einer Theologie im christlich-jüdischen Gespräch, München 1982.
- Osten-Sacken, Peter von der, Katechismus und Siddur. Aufbrüche mit Martin Luther und den Lehrern Israels, Berlin 1984.
- Rolf Rendtorff, Hg., Arbeitsbuch Christen und Juden. Zur Studie des Rates der Evangelischen Kirche in Deutschland, Gütersloh 4. Aufl. 1989.
- Rothgangel, Martin, Antisemitismus als religionspädagogische Herausforderung, Freiburg u.a. 1994.

3.4.5 Arbeitshilfen

Neben den im Text genannten Arbeitshilfen von Grill und Rink, s. insbesondere:

- Biener, Günter, Hg., Freiburger Leitlinien zum Lernprozeß Christen und Juden, Düsseldorf 1981.
- Büchner, Frauke, Der Jude Jesus und die Christen, Studienbücher Relgionsunterricht 3, Göttingen 1993.
- Gradwohl, Roland/Petri, Dieter/Thierfelder, Jörg/Wertz, Rolf, Grundkurs Judentum. Materialien für Schule und Gemeinde, 2 Teile, Stuttgart 2. Aufl. 2002.
- Jochum, Herbert, Im Dialog. Kurs Religion für die Sekundarstufe II. Kirche und Synagoge 4, München 1996.

- Lohrbächer, Albert, Was Christen vom Judentum lernen können. Modelle und Materialien für den Unterricht, Freiburg u.a. 1993.
- Rudnick, Ursula/Wermke, Michael, Geborgen unter Gottes Flügeln. Ein Lese- und Studienbuch zum Pessachfest, zu Schabbat, Synagoge und Gottesdienst. Loccum, RPI, 1997.
- Rupp, Horst F., Christen begegnen Juden. Ein Lernprogramm, erstellt im Auftrag von Begegnung von Christen und Juden, Neuendettelsau 2002.
- Willberg, Hans Harald, Hg., Christen und Juden. Einladung zu einem Neuanfang. Didaktische Skizzen und Texte, Tutzing Arbeitsgemeinschaft für Evang. Erwachsenenbildung 2. Aufl. 2002.

3.4.6 Internetadressen

www.jcrelations.net	www.juden.org	www.hagalil.com
www.talmud.de/index.htm	www.israelnetz.de	www.dike.de/Lomdim/
www.bcj.de	www.klak-christen-und-juden.de	www.synagogenprojekt.de
www.compass-infodienst.de		

4 Das Neue Testament

Grundlegende Literatur zum Eigenstudium:

Lexikon zum Neuen Testament: Theologisches Begriffslexikon zum Neuen Testament, hrsg. v. L. Coenen/K. Haacker, neubearbeitete Ausgabe, Bd.1: Neukirchen/Wuppertal 1997; Bd.2: Neukirchen/Wuppertal 1999. Das Lexikon führt umfassend in die neutestamentliche Begrifflichkeit ein, umfasst auch hermeneutische Fragestellungen und ist so konzipiert, dass Studierende ohne Griechischkenntnisse sich gut zurechtfinden.

Zeitschrift zum Neuen Testament: Zeitschrift für Neues Testament (ZNT). Das Neue Testament in Universität, Kirche, Schule und Gesellschaft, hrsg. v. S. Alkier / K. Erlemann / R. Heiligenthal, Tübingen 1998ff. Die Zeitschrift greift aktuelle neutestamentliche Themen auf, stellt in einer „Kontroverse" unterschiedliche Standpunkte dar und bemüht sich um eine hermeneutische Vermittlung. Sie wendet sich besonders auch an Menschen, die in der Praxis mit dem Neuen Testament arbeiten.

Einleitung in das Neue Testament: U. Schnelle, Einleitung in das Neue Testament, Göttingen 1994 (UTB 1830): Eine aktuelle und auch für Lehramtsstudierende verständliche Einleitung, die umfassend in den Forschungsstand der neutestamentlichen Wissenschaft einführt.

Biographische Einführung: R. Heiligenthal/A. v. Dobbeler, Menschen um Jesus. Lebensbilder aus neutestamentlicher Zeit, Darmstadt 2001: Eine gut lesbare Einführung in die Welt des Neuen Testaments anhand von biographischen Skizzen.

Bibelkunde: K.-M. Bull, Bibelkunde des Neuen Testaments. Die kanonischen Schriften und die Apostolischen Väter. Überblicke. Themakapitel Glossar, Neukirchen-Vluyn 1998. Eine kostengünstige Bibelkunde, die großen Wert auf thematische Überblicke legt.

Arbeitsbuch: H. Conzelmann/A. Lindemann, Arbeitsbuch zum Neuen Testament, 13.Aufl Tübingen 2000 (UTB 52). Dieses grundlegende Arbeitsbuch ist für Theologiestudierende im Hauptfach mit Kenntnissen der alten Sprachen konzipiert. Dennoch eignet sich vieles auch für Studierende im Lehramt.

Neutestamentliche Zeitgeschichte: E. Lohse, Umwelt des Neuen Testaments, 8. Aufl. Göttingen 1988 (GNT 1).

Quellensammlungen: Texte zur Umwelt des Neuen Testaments. Ausgewählte Quellen, hrsg. v. C.K. Barrett, Deutsche Bearbeitung der 2., englischen Ausgabe von C.-J. Thornton, Tübingen 1991 (UTB 1591). Religionsgeschichtliches Textbuch zum Neuen Testament, hrsg. v. K. Berger/C. Colpe, Göttingen 1979 (GNT 8).

Methodik der Textauslegung: G. Strecker/U. Schnelle, Einführung in die neutestamentliche Exegese, 4. Aufl. Göttingen 1994.

Forschungsgeschichte: H.J. Genthe, Mit den Augen der Forschung. Kleine Geschichte der neutestamentlichen Wissenschaft, Berlin 1976.

Kommentarreihen: Das Neue Testament Deutsch. Neues Göttinger Bibelwerk, hrsg. v. P. Stuhlmacher, Göttingen (NTD); Die Neue Echter-Bibel. Kommentar zum Neuen Testament mit Einheitsübersetzung, hrsg. v. J. Gnilka und R. Schnackenburg, Würzburg (NEB.NT). Beide Reihen sind dem wissenschaftlichen Diskurs verpflichtet, eignen sich aber besonders für Lehramtsstudierende.

Die Schriften des Neuen Testaments, so wie sie uns heute vorliegen, entstanden zwischen ca. 50 n.Chr. bis 120 n.Chr. Allgemein sieht man im ersten Brief des Paulus an die Thessalonicher die älteste und im pseudepigraphen zweiten Petrusbrief die jüngste Schrift. Alle Schriften sind in der griechischen Verkehrssprache, der Koine, abgefasst, wobei die Qualität des Griechischen durchaus schwankt. Der Kanon des NT umschließt vier verschiedene literarische Gattungen: Evangelien und Briefe, einen Geschichtsbericht (Apg) und eine Apokalypse (Joh-Apk). Sie berichten von der Lebensgeschichte Jesu von Nazareth, von der Entstehung der ersten christlichen Gemeinden und der Ausbreitung des frühen Christentums und von den Schwierigkeiten und Problemen, die in den frühen christlichen Gemeinden gelöst werden mussten. Die Apokalypse ordnet das Christusgeschehen in den universalen Plan Gottes mit der Geschichte dieser Welt ein. Gleichzeitig verkünden sie aber auch den Glauben an den auferstandenen Jesus Christus in durchaus unterschiedlichen Vorstellungen und theologischen Ansätzen. So sind die neutestamentlichen Schriften nicht nur historische Schriften über die Entwicklung einer jüdischen Erneuerungsbewegung hin zur christlichen Kirche, sondern auch theologiegeschichtliche Zeugnisse, die uns über die Entfaltung des Glaubens an den auferstandenen Herrn in differenten kulturellen, soziologischen und historischen Kontexten informieren. So ist das Neue Testament kein monolithischer Block, für den es quasi nur eines Schlüssels bedürfe, um es zu verstehen, sondern ein bunter Strauß unterschiedlicher theologischer Ansätze, die jeweils eines eigenen Verstehenszugangs bedürfen. Erste Zugänge sollen auf den folgenden Seiten eröffnet werden:

4.1 Das zeit- und religionsgeschichtliche Umfeld des Neuen Testaments

Judentum und Hellenismus, um mit dem Titel eines berühmten Buches Martin Hengels zu sprechen, prägen das religionsgeschichtliche Umfeld des Neuen Testamentes. Beide Strömungen haben das frühe Christentum in Abgrenzung und Assimilation wesentlich beeinflusst. Für den an dieser Stelle gebotenen knappen einführenden Überblick erscheint es bei der Darstellung geboten, räumlich zwischen Palästina und den übrigen das Mittelmeer umspannenden Teilen des Römischen Weltreiches zu unterscheiden. Dies bedeutet nicht, dass wir für Palästina von einem krassen Gegensatz zwischen Judentum und Hellenismus ausgehen. Auch dort gab es starke assimilatorische Tendenzen, allerdings auch Kräfte, die die jüdische Identität gegenüber dem politischen und kulturellen Einfluss der römischen Besatzungsmacht durch Abgrenzung und Widerstand bewahren wollten. Milieugeschichtlich und soziologisch spiegeln sich diese differenzierten Verhältnisse in einem deutlich erkennbaren Stadt-Land-Konflikt innerhalb des syrisch-palästinischen Raumes wider. Allein die kleine auf den Dialekt Petri anspielende Notiz in Mt 26,73: *„Kurz darauf kamen die Leute, die dort standen, zu Petrus und sagten: Wirklich, auch du gehörst zu ihnen, deine Mundart verrät dich.“*, macht deutlich, dass man in dem großstädtischen Jerusalem bereits wegen des Dialekts der galiläischen Landbevölkerung die Nase rümpfte. Verstärkt wird die spannungsgeladene Situation im damaligen Palästina noch durch die ungleiche Verteilung des Besitzes, die zu der Entstehung einer breiten Schicht recht- und landloser Tagelöhner ebenso führte, wie zum Auftreten von Kollaborateuren, die etwa für die Eintreibung von Steuern zu sorgen hatten. All dies führte in Teilen des „frommen“ Judentums zu einem Wiederaufleben politisch-messianischen Widerstands (⇒ Zeloten), zum Aufkommen allgemein messianischer Hoffnungen und Erwartungen und zur Entstehung endzeitlich geprägter religiöser Erneuerungsbewegungen (⇒ Jesusbewegung, Täuferbewegung, aber auch die Pharisäer, Essener und die Qumran-Leute).

🕮 **Lesetipp:** Eine sehr gute Einführung in die palästinische Zeitgeschichte bietet: *G. Theißen, Lokalkolorit und Zeitgeschichte in den Evangelien. Ein Beitrag zur Geschichte der synoptischen Tradition, 2. durchges. Aufl. 1992*

Die religiöse Landschaft in Palästina war bunt und facettenreich. Die folgenden religiösen Bewegungen lassen sich unterscheiden:

Religiöse Bewegungen und Gruppierungen in Palästina zur Zeit Jesu

- Sadduzäer — Politisch und religiös konservative Gruppierung, die eng mit dem Tempelkult in Jerusalem verbunden war. Soziologisch repräsentierten sie einen Teil der Oberschicht. Theologisch lehnten sie eschatologische Vorstellungen (Endgericht; Auferstehung) ab und vertraten ein strenges Schriftprinzip, dass die Legitimität mündlicher Gesetzesauslegungen ablehnte.

- Pharisäer: Die Pharisäer entstanden als Erneuerungsbewegung aus den Chasidim, die während der Makkabäeraufstände die Wiedererrichtung des Tempelkults und die Einsetzung eines rechtmäßigen Hohenpriesters forderten. Soziologisch kommen sie zu großen Teilen aus der Mittelschicht, richten ihre Botschaft aber an das gesamte Volk, das sie als religiöse Laienbewegung zur Thoraobservanz anleiten möchten. Theologisch vertreten sie eine Erneuerung Israels durch eine „Heiligung" des ganzen Volkes. Ihre Lehre ist eschatologisch ausgerichtet; sie glauben an die Auferstehung der Gerechten und ein göttliches Gericht.
- Essener: Die Essener lebten über Palästina verstreut in eigenen Vierteln und pflegten ein hohes Gemeinschaftsideal, das Gütergemeinschaft und das Verbot der Wiederheirat einschloss. Nach Josephus besitzen sie geheime Bücher. Theologisch sind sie ein Teil der eschatologischen Erneuerungsbewegungen, über deren Lehren hinaus sie an die Unsterblichkeit der Seele glaubten.
- Qumrangemeinschaft: Ob die in Qumran lebenden Frommen ein Teil der Essenerbewegung sind, ist umstritten. Wahrscheinlich handelt es sich um strenggläubige Essener, die in der Siedlung Qumran als Sondergemeinschaft abgeschlossen lebten. Sie lehnten den Tempelkult in Jerusalem als unrein strikt ab und verstanden sich selbst als das wahre Israel. Ihre eschatologisch/apokalyptisch ausgerichtete Lehre ging von einem endzeitlichen Kampf zwischen den guten und bösen Mächten aus. Auffallend ist die Hoffnung auf das Kommen von zwei messianischen Gestalten. Wahrscheinlich lebten sie ehelos in strenger Gütergemeinschaft.
- Täuferbewegung: Die sie um Johannes bildende Erneuerungsbewegung war durch ihren Gründer eschatologisch-prophetisch ausgerichtet. Johannes predigte Umkehr angesichts des nahenden Hereinbrechens der Herrschaft Gottes, die mit einer Taufe besiegelt wurde. Seine Lebensweise war asketisch. Offensichtlich bestand die Bewegung nach dem gewaltsamen Tod des Johannes weiter fort (vgl. Apg 19,1-7).
- Zeloten: Wahrscheinlich entstanden die Zeloten aus einer Steuerverweigerungsbewegung, die unter Führung des Judas Galilaios ab 6 n.Chr. als Form des Widerstands gegen die Römer entstand. Judas vertrat eine radikale theokratische Lehre, nach der Gott der alleinige Herrscher ist und nach der das Kommen des Gottesreiches durch Widerstand gegen die römische Fremdherrschaft beschleunigt werden könne.
- Samaritaner: Aus den nach der assyrischen Eroberung verbliebenen Israeliten und neuangesiedelten Bevölkerungsgruppen entstand das Mischvolk der Samaritaner. Nach einem gescheiterten Versuch zusammen mit den aus dem babylonischen Exil zurückkehrenden Juden gemeinsam den Jerusalemer Tempel wiederaufzubauen, erstellten sie zur Zeit ⇒ Nehemias auf dem Garizim einen eigenen Tempel. Seither war das Verhältnis zwischen Juden und Samaritanern bis in die Zeit Jesu gespannt und von teilweise gewaltsamen Zwischenfällen geprägt. Die Samaritaner haben als heiliges Buch nur den Pentateuch, erwarten einen als Priesterkönig geglaubten Messias, lehnen aber eschatologisch-apokalyptische Vorstellungen ab.

📖 **Lesetipp:** *Über die einzelnen religiösen Gruppierungen sind einige ausgezeichnete Studien in jüngerer Zeit herausgekommen: R. Deines, Die Pharisäer. Ihr Verständnis im Spiegel der christlichen und jüdischen Forschung seit Wellhausen und Graetz, Tübingen 1997 (WUNT 101); M. Hengel, Die Zeloten, 2.Aufl. Leiden/Köln 1976 (AGJU 1); J. Ernst, Johannes der Täufer. Interpretation - Geschichte - Wirkungsgeschichte, Berlin/New York 1989 (BZNW 53); H. Stegemann, Die Essener, Qumran, Johannes der Täufer und Jesus, Freiburg 1993.*

Die Entstehung und die Botschaft dieser religiösen Bewegungen lässt sich nur auf dem Hintergrund der geschichtlichen Entwicklung in Palästina ab ca. 165 v.Chr. verstehen, die hier in einem knappen Überblick angesprochen werden soll:

Historische Entwicklung in Palästina seit 165 v.Chr. bis zum Aufstand des Bar-Kochba (135 n.Chr.)	
164 v.Chr.	Die Makkabäeraufstände führen zur Wiedereinweihung des Jerusalemer Tempels. Daraufhin spaltet sich die antihellenistische Opposition in die Hasmonäer, die politische Unabhängigkeit vom syrischen König erringen wollen, die Chasidim („Frommen"), die ihre kultisch-religiösen Forderungen erfüllt sahen und die Zadokiden (konservative Priesterkreise), aus denen sich die ⇒ Essener als Opposition gegen die Hasmonäer entwickeln.
135-104	Nach Aufständen gegen die Syrer und innenpolitischen Wirren festigt sich unter Johannes Hyrkan die erbliche Dynastie der Makkabäer/Hasmonäer. Sie vereinigt in sich das weltliche Amt eines Fürsten und das geistliche Amt eines Hohenpriesters. Johannes unterwirft die Samaritaner (Zerstörung des Tempels auf dem Garizim) und Idumäer und verbündet sich mit gemäßigten Priesterkreisen, aus denen wahrscheinlich die ⇒ Sadduzäer hervorgingen.
103-76	Alexander Jannäus lässt 800 seiner Gegner kreuzigen, wahrscheinlich handelte es sich um Pharisäer. Nach Alexanders Tod erlangen die Pharisäer die Macht und verfolgen ihre Gegner blutig. Beginn der Machtpartizipation der Pharisäer im Synhedrium (Hohen Rat).
104	Der Sohn des Johannes Hyrkan nimmt als Aristobul I. den Königstitel an. Eroberung Galiläas, das dadurch unter verstärkten jüdischen Einfluss geriet.
63	Nachdem Pompeius 64 Syrien zur römischen Provinz machte, erobert er 63 Jerusalem und beendet das makkabäische Königtum. Hyrkan II ist nun Hohepriester unter römischer Oberhoheit, ganz Palästina unter römischer Herrschaft.
37-4 v.Chr.	Durch bedingungslose Loyalität zu den römischen Besatzern wurde Herodes nach dem Parthereinfall auf Beschluss des römischen Senats der Titel König über Judäa und Samaria verliehen (40 v.Chr.). Regierungsstil und Lebensführung des „Halbjuden" Herodes erregten nicht nur unter frommen jüdischen Kreisen Anstoß.
4 v.Chr.	Nach dem Tod Herodes I. zerfällt sein Herrschaftsgebiet in drei Teile: Archelaus wird Herrscher über Judäa, Samaria und Idumäa; Herodes Antipas wird Herrscher über Galiläa und Peräa; Philippus herrscht im Antilibanon und im Ostjordanland. In diesem kritischen Jahr kam es zu einem ersten Aufflammen aufständischer messianischer Bewegungen, die durch den syrischen Legaten Quintilius Varus blutig niedergeschlagen wurden. In diesem „Räuberkrieg" gewannen drei Gestalten an Profil: Simon, ein ehemaliger Sklave des Herodes, der für sich die Königswürde beanspruchte; der Hirte Athronges, der sich als neuer David verstand und ebenfalls die Königswürde für sich beanspruchte, sowie Judas, der Sohn des Hezekias, der zelotisch-radikaltheokratische Überzeugungen vertrat und von daher keine Königswürde für sich einforderte.

6 n.Chr.	Nach der Verbannung des Archelaus wird Judäa römische Provinz und direkt einem Prokurator unterstellt. Es kommt zu Agitation und Widerstand gegen die römischen Steuerforderungen.
26-36	In Judäa und Samaria herrscht als Prokurator Pontius Pilatus. Grausamkeit (Blutbad unter galiläischen Pilgern; Lk 13,1ff.) und Misswirtschaft prägen seine Regierungszeit.
34	Der Tetrarch Philippus stirbt kinderlos. Das nördliche Ostjordanland mit der Residenz Caesarea Philippi wird der römischen Provinz Syrien zugeschlagen.
39	Ende der Herrschaft des Herodes Antipas über Galiläa und Peräa. Unter seiner Herrschaft wurde Johannes, der Täufer wegen der Kritik an der Ehepolitik des Antipas hingerichtet. Galiläa entwickelt sich immer mehr zu der Unruheprovinz in Palästina.
37-44	Unter Herodes Agrippa I. ist nochmals Palästina zu einem Reich vereinigt (ab 41). 39 kam es zur sog. „Caligula-Krise", die ihren Ursprung in dem Befehl des Kaisers hatte, durch seinen Legaten Petronius sein Standbild im Jerusalemer Tempel aufzustellen. Das Volk verließ die Feldarbeit und leistete passiven Widerstand. Durch Vertreter der jüdischen Oberschicht konnte die Aufstellung der Statue unter Hinweis auf drohende Hungeraufstände und Steuerverweigerung abgewendet werden.
66-73	Die katastrophalen sozialen Zustände und die Willkürherrschaft der Prokuratoren führen zum Volksaufstand. Es treten wiederum Königsprätendenten und messianische Gestalten auf. Titus erobert im Sommer 70 Jerusalem und plündert den Tempel. Der letzte Widerstand erlischt mit der Eroberung der Festung Massada 73.
132-135	Ein letzter verzweifelter Aufstand unter Simon Bar-Kochba gegen die römische Herrschaft scheitert. Auch dieser Aufstand trägt messianisch-eschatologische Züge. Nach der jüdischen Niederlage wird Jerusalem in die heidnische Stadt Colonia Aelia Capitolina mit einem Jupiter geweihten Haupttempel umgewandelt. Juden war nun der Zutritt in ihre heilige Stadt untersagt; das Land war verwüstet, viele Juden gingen in die Diaspora.

4.2 Der geschichtliche Beginn: Jesus von Nazareth, die Jesusbewegung und das damit verbundene historisch-theologische Problem

🕮 **Lesetipp:** *Das grundlegende Buch für das hier einführend vorgestellte Thema ist: G. Theißen/A. Merz, Der historische Jesus. Ein Lehrbuch, Göttingen 1996. Einen bes. für Lehramtsstudierende geeigneten knappen Überblick bietet: R. Heiligenthal, Der Lebensweg Jesu von Nazareth. Eine Spurensicherung, Stuttgart 1994.*

Die Rückfrage nach dem historischen Jesus wird in der Forschungsgeschichte sowohl unter historischen als auch unter theologischen Gesichtspunkten problematisiert. Die Verneinung der theologischen Bedeutung des historischen Jesus setzt bei der Beobachtung an, dass man zwischen der Verkündigung Jesu und dem Glauben der frühen Christen an den auferstandenen Christus grundsätzlich unterscheiden müsse. Hinzu trat die Erkenntnis, dass man Leben und Verkündigung Jesu nur auf dem Hintergrund seiner jüdischen Umwelt verstehen kann. Rudolf Bultmann zog daraus die radikale Konsequenz, dass die Verkündigung Jesu nur zu den Voraussetzungen einer neutestamentlichen Theologie gehöre, jedoch kein Teil dieser sei.[116] Von theologischer Bedeutung sei für das Christentum nur die Verkündigung des Glaubens an den gekreuzigten und auferstandenen Christus, so wie sie besonders im paulinischen und johanneischen Schrifttum vorliege. Auch die synoptischen Evangelien seien von daher primär als Verkündigungstexte der frühchristlichen Gemeinden zu lesen. Das Neue Testament sei als ein Glaubenszeugnis und nicht als ein historischer Bericht zu lesen. Nicht ohne Einfluss auf die frühe Bultmannschule war der Zusammenbruch der liberalen Jesusforschung durch die Arbeiten von Johannes Weiß, William Wrede und Albert Schweitzer. Die liberale Jesusforschung ging von der Annahme aus, dass das Leben und die Verkündigung Jesu im biographischen Sinne historisch rekonstruierbar sei und dass sich die moderne Theologie nicht auf die altkirchlichen christologischen Dogmen, sondern auf die Lehre und das Leben des Menschen Jesus von Nazareth zu beziehen habe. Johannes Weiß arbeitete in seinen Untersuchungen die endzeitlichen Züge in der Predigt Jesu vom Gottesreich heraus und erschwerte damit ein zeitloses Verständnis einer auf ethischen Maximen gründenden Verkündigung Jesu vom Gottesreich. William Wrede konnte am Beispiel des ⇒ „Messiasgeheimnisses" im Markusevangelium nachweisen, dass die Arbeit der Evangelisten besonders von gemeindetheologischen Motiven bestimmt war. Schließlich gelang es Albert Schweitzer in seiner „Geschichte der Leben-Jesu-Forschung"[117], den historischen Wert zahlreicher Jesusbücher zu erschüttern. Er zeigte den projektiven Charakter vieler Jesusdarstellungen auf, die ihre jeweilige Zeitgebundenheit und Abhängigkeit von den Vorentscheidungen ihrer Autoren nicht verleugnen konnten. Besonders im deutschsprachigen Raum entwickelte sich auf diesem Hintergrund eine extreme historische Skepsis gegenüber dem historischen Quellenwert der Überlieferung und somit gegenüber der Möglichkeit, überhaupt etwas über den historischen Jesus auszusagen. Diese Skepsis verband sich häufig mit der theologischen Ablehnung einer Rückfrage nach dem Leben Jesu. In mehreren Phasen revidierte die neutestamentliche Forschung in den letzten Jahrzehnten diese radikale Position, so dass wir heute besonders auch unter dem Einfluss der angelsächsischen Exegese mitten in einer Neubewertung der Frage nach dem historischen Jesus stehen. Besonders von dem Heidelberger Neutestamentler Klaus Berger wird in jüngster Zeit die Grundannahme der modernen liberalen Jesusforschung grundsätzlich hinterfragt: Er bestreitet, dass ein christologisches Verständnis der Person Jesu erst nach Ostern möglich gewesen sei:

Aktuelle Fragestellungen zur Diskussion:

Fünf Thesen Klaus Bergers zum Verhältnis von historischem Jesus und nachösterlichem Christus[118]

1. Kein frühchristlicher Text bezeugt, dass die Jünger Jesu ihre christologische Erkenntnis (»Wer Jesus war«) erst den Osterereignissen verdanken.
2. Unbestritten ist, dass die Jünger und andere Christen nach Ostern neue Erkenntnisse gewonnen haben. Dazu gehört insbesondere die pneumatische Schriftauslegung, aber auch das pneumatische Verständnis von Worten Jesu. Beides läuft auf dasselbe hinaus: Der Wortsinn wird transzendiert.
Unbestritten gibt es auch weitere nachösterliche neue Erkenntnisse, nur beziehen sich diese nicht auf die christologische Frage. Die Tatsache, dass es keinerlei Erinnerung daran gibt, dass Ostern etwa die christologische Erkenntnis begründet habe, lässt misstrauisch gegenüber der Grundthese der liberalen Theologie werden. Sie entstammt offensichtlich keiner exegetischen Einsicht, sondern hermeneutischen Überlegungen.
3. Die These der liberalen Theologie wird dadurch noch fragwürdiger, dass man die Osterereignisse selbst zu einem rein transzendentalen Geschehnis (Gott wirkt den Glauben in den Jüngern) herabstufte. Man hielt dies für die Bedingung dafür, dass der Osterglaube reiner Glaube ohne historischen Anhalt sei.
4. Wenn die Texte keine Spuren hinterlassen haben, bedeutet das nicht, dass es nicht so gewesen sein könnte. Dennoch wäre es gut, wenn für eine so weitreichende These wie die der liberalen Schule auch nur die Spur eines

[116] R. Bultmann, Theologie des Neuen Testaments, 9.Aufl. Tübingen 1984.
[117] A. Schweitzer, Geschichte der Leben-Jesu-Forschung, 9.Aufl. Tübingen 1984.
[118] K. Berger, Im Anfang war Johannes. Datierung und Theologie des vierten Evangeliums, Stuttgart 1997, 52f.

Anhaltspunktes gegeben wäre. Solange das nicht der Fall ist, müssen andere, schriftgemäßere Modelle den Vorrang haben.

5. Vielleicht ist ein Modell tauglicher, dass davon ausgeht, zu Ostern sei der Glaube der Jünger, der am Karfreitag Schiffbruch erlitten habe, erneut aufgelebt - so wie eine fallengelassene Masche wieder aufgenommen wird. Damit ist Ostern für den Fortgang des Christentums unerlässlich, aber doch eben nicht in jeder Hinsicht etwas ganz Neues.

✎ **Tipp zum Weiterarbeiten:** *Einen verständlichen und aktuellen Überblick über die Jesusforschung bietet: P. Müller, Neue Trends in der Jesusforschung, in: ZNT 1 (1998) 2-16.*

Die Argumente für die Bedeutung der Rückfrage nach dem historischen Jesus sind zahlreich, die wichtigsten möchte ich kurz anführen:

Argumente für die theologische Bedeutung der Rückfrage nach Jesus von Nazareth

- Das wirkungsgeschichtliche Argument: Das Christentum wurde durch seine gesamte Geschichte besonders auch an entscheidenden Schnittstellen durch die Lebensspuren des historischen Jesus beeinflusst, ja geprägt. Die „imitatio Christi“ war immer auch zu großen Teilen eine „Imitatio Jesu“. Auch wir stehen in der Wirkungsgeschichte des historischen Jesus. Sie und die Tradition sperren sich gegen eine historische und theologische Ausblendung des historischen Jesus.
- Das Ursprungsargument: Der Ursprung des Christentums ist nicht ein Kerygma der Gemeinde, sondern ein konkret fassbares historisches Ereignis: das Wirken und Sterben des Menschen Jesus von Nazareth.
- Das Verarmungsargument: Die Vielfalt neutestamentlicher Aussagen, Theologien und Lebenswirklichkeiten werden mit der Reduktion auf Bekenntnissätze nicht erfasst. Der historische Jesus schützt vor einem „Kanon im Kanon“.
- Das Quellenargument: dieses Argument hat zwei Aspekte: das Selbstverständnis der Quellen und ihre heutige Beurteilung aus wissenschaftlicher Perspektive. Martin Hengel hat nachdrücklich darauf hingewiesen, dass der von Karl Ludwig Schmidt gezogene Graben zwischen antiker Biographie und den Evangelien wohl zu tief gezogen ist.[119] Die Evangelien, nicht nur Lukas, hatten ein gemeinsames Interesse, die Geschichtlichkeit der Botschaft von der Erlösung im Lebensweg Jesu von Nazareth zu manifestieren. Dies zeigt schon der recht große, wenn auch in Einzelheiten variierte Grundbestand an historischen Begebenheiten in den Evangelien.
- Das Argument personaler Kontinuität: Es ist ein unbestreitbares Faktum, dass die Jünger Jesus, insbesondere natürlich die Apostel, die historischen Garanten für eine eigenständige Jesusüberlieferung sind. Jesus teilte mit ihnen seine messianische Hoheit. „Nach den Basileia-Aussagen der Jesusüberlieferung hat die Gottesherrschaft nicht nur in einem einzelnen ihren Repräsentanten, sondern in mehreren. Jesus versteht sich nicht exklusiv als der, der die Königsherrschaft Gottes bringt, sondern teilt seine Vollmacht anderen mit. Die Berufungs- und Aussendungsüberlieferungen bringen das zum Ausdruck.“[120] Jesus lässt seine von ihm berufenen Nachfolger an seinem Messianismus partizipieren.[121] Das Israellogion in Mt 19,28/Lk 22,28-30 spricht sogar von der Inthronisation der Jünger im eschatologischen Gericht. Gerd Theißen kann sogar in diesem „Gruppenmessianismus“ den Ursprung der Kirche im Jüngerkreis sehen.[122] Es bedarf schon eines hohen Maßes argumentativen Aufwands zu belegen, dass die Apostel und Jünger ihre nachösterliche Glaubenserfahrung unter Absehung ihrer vorösterlichen Erfahrungen verstanden und überlieferten. Was konnte Petrus über seinen Auftrag sagen: „Und wir sind Zeugen für alles, was er getan hat im jüdischen Land und in Jerusalem“ (Apg 10,39): Auch Paulus beanspruchte für sich die Vollmächtigkeit zu Zeichen, Wundern und Kräften als Kennzeichen des Apostels (2Kor 12,12) und stellt sich damit in eine hinter Ostern zurückreichende Kontinuität.
- Das Argument der Einheit von Kerygma und Didache (Lehre Jesu und Verkündigung): Als Paulus nach Ephesus kam, traf er dort auf Apollos, „der unterwiesen war im Weg des Herrn“ (Apg 18,25). Priszilla und Aquila unterwiesen ihn hierin weiter (18,26). Aufgrund dieser Unterweisung konnte er dann Zeugnis davon ablegen, dass Jesus der Christus ist (Apg, 18,28). Bereits Joachim Jeremias konnte mit Nachdruck darauf hinweisen, dass es zu keiner Zeit in der Urkirche ein Kerygma ohne Unterweisung über den Lebensweg Jesu gegeben hat.[123]

---

[119] M. Hengel, Zur urchristlichen Geschichtsschreibung, Stuttgart 1979, 24.

[120] G. Theißen, Gruppenmessianismus. Überlegungen zum Ursprung der Kirche im Jüngerkreis Jesu, in: Volk Gottes, Gemeinde und Gesellschaft, hrsg. von I. Baldermann u.a., Neukirchen-Vluyn 1992, 117 (JBTh 7).

[121] So: M. Hengel, Die Ursprünge der christlichen Mission, in: NTS 18 (1971) 36.

[122] Theißen, Gruppenmessianismus, 123.

[123] J. Jeremias, Der gegenwärtige Stand der Debatte um den historischen Jesus, in: Der historische Jesus und der kerygmatische Christus, hrsg. von H.Ristow/K.Matthiae, Berlin 1960, 19.

- Das Argument der Kontinuität des Geistes: Es kann begründet angenommen werden, dass Jesus bereits während seines Lebens Träger des Heiligen Geistes gewesen ist. Hierin begründet sich sein Vollmachtsanspruch und letztlich auch seine Fähigkeit, Wunder zu tun. Geza Vermes hat dies von jüdischer Sicht nochmals nachhaltig betont.[124] In den Kontroversen um Jesu Vollmacht oder um die Qualität des von ihm beanspruchten Geistes, dort wurde zumindest die christologische Fragestellung bereits vor Ostern grundgelegt.[125] Hierin könnte auch eine Brücke zu Paulus bestehen. Der Geist wahrt über Ostern hinweg die Kontinuität.
- Das Argument der paulinischen Imitatio Christi als Brücke zum historischen Jesus: Indem sich Paulus immer wieder seiner Schwachheit rühmt (2Kor 11,30; 12,9) entspricht er seinem Herrn, der in Schwachheit gekreuzigt wurde (2Kor 13,4). Paulus gewinnt sein eigenes Verständnis als Apostel in der Nachahmung Jesu: So gerät er immer wieder in Lebensgefahr (2.Kor 1,9f.), erträgt Verfolgungen und Leiden, wird aber auch in letzter Minute regelmäßig errettet. Hierin wird er selbst zum lebendigen Evangelium. „Denn es geht immer um Tod und Leben. Der Tod, der an ihm sichtbar wird, ist Jesu Tod, das Leben, das Gott ihm neu schenkt, ist Leben Jesu. So wird er selbst zur Botschaft."[126] Dies kann so weit gehen, dass er als Apostel die Wundmale Christi trägt (Gal 6,17). Die Beauftragung durch Christus wird so bei Paulus auch körperlich sichtbar. Sein Apostolat umfasst auch den Leib des Apostels, der damit in seinen Verletzungen zum Abbild Christi selbst wird. Deshalb nimmt die Gemeinde den Apostel nach Gal 4,14 auf wie „einen Boten des Herrn", d.h. wie den Herrn selbst.[127]
- Das antidoketische Argument: Dieses häufig gebrauchte und mit der Inkarnationsvorstellung auf das Engste verbundene Argument ist bereits im 1.Joh geradezu klassisch formuliert: *„Was von Anfang an war: was wir gehört haben, was wir gesehen haben mit unseren Augen, was wir geschaut und (was) unsere Hände betastet haben, bezüglicher des Wortes des Lebens - und das Leben ist erschienen."*

🕮 **Lesetipp:** *G. Theißen / D. Winter, Die Kriterienfrage in der Jesusforschung. Vom Differenzkriterium zum Plausibilitätskriterium, Fribourg/Göttingen 1997.*

Die methodische Frage nach Kriterien für die Echtheit von Jesusüberlieferungen war über lange Zeit durch das sog. „Differenzkriterium" bestimmt, das Joachim Gnilka in seinem großen Jesusbuch so formuliert hat: „Wir haben es dann mit einer auf Jesus zurückführenden Tradition zu tun, wenn diese weder aus dem Judentum abgeleitet noch der Urchristenheit zugeschrieben werden kann ... Man sieht, dass es dabei auf absolute Originalität ankommt. Nur das, was wirklich neu war und sich vom Vorhandenen abhob, wird gelten gelassen."[128] Auf die Problematik dieses Kriteriums weist Gnilka im folgenden hin: „Man kann sicher sein, dass man bei seiner strikten Anwendung viel Jesusgut von ihm abschneiden würde. Wäre Jesus immer originell gewesen, gliche er einem Chinamissionar, der sich weigert Chinesisch zu sprechen."[129] Das Differenzkriterium beachtet nicht, dass Jesus nur auf dem Hintergrund seines Judeseins zu verstehen ist und dass Originalität nie völlige Neuheit bedeuten kann, sondern immer zugleich traditionell und neu ist.[130] Dagmar Winter und Gerd Theißen befürworten deshalb das Kriterium der „historischen Kontextplausibilität". Sie gehen damit den umgekehrten Weg und schlagen vor, dass alles, was aus dem palästinischen Judentum zur Zeit Jesu an Aussagen nicht verständlich gemacht werden kann, wahrscheinlich nicht auf den historischen Jesus zurückgeht.

✎ **Tipp zum Weiterarbeiten:** *In seinem oben zitierten Johannesbuch bespricht Klaus Berger alle Kriterien, die zu einer Unterscheidung zwischen „echter" und „unechter" Jesusüberlieferung angewandt und diskutiert wurden. Er kommt zu der Auffassung, dass kein Kriterium ausreicht, um zwischen echten und unechten Jesusworten*

[124] G. Vermes, Jesus der Jude. Ein Historiker liest die Evangelien, Neukirchen-Vluyn 1993.
[125] Vgl. hierzu: K. Berger, Vom Verkündiger zum Verkündigten - Anfragen an ein Programm, in: Jesus von Nazareth (Salzb. Hochschulwochen 1994) (Hg. H. Schmidinger), Graz 1995, 185-209
[126] K. Berger, Theologiegeschichte des Urchristentums. Theologie des Neuen Testaments, Tübingen 1994, 437.
[127] So Berger, Theologiegeschichte, 437.
[128] J. Gnilka, Jesus von Nazareth. Botschaft und Geschichte, Freiburg 1990, 29.
[129] Ebda.
[130] So K. Berger in: Im Anfang war Johannes. Datierung und Theologie des vierten Evangeliums, Stuttgart 1997, 39.

und -taten zu unterscheiden. Diskutieren Sie diese radikale Position auf dem Hintergrund des heutigen Forschungsstandes!

Die **Rückfrage nach dem Leben Jesu** kann sich an historisch wahrscheinlichen Annahmen orientieren:

- Jesus von Nazareth wurde während der letzten Regierungsjahre Herodes des Großen wahrscheinlich in Nazareth geboren (7 v. Chr.?).
- Er wuchs in einer Bauhandwerkerfamilie mit Geschwistern heran.
- Wahrscheinlich war er bis zum Beginn seiner eigenständigen Wirksamkeit ein Anhänger der eschatologisch-prophetischen Bußbewegung Johannes des Täufers.
- Zu Beginn seiner Wirksamkeit war Jesus ca. 30 Jahre alt. Er wurde von seinem Lehrer Johannes getauft. Er starb den Kreuzestod während der Amtszeit des Pontius Pilatus (26-36 n.Chr.), wahrscheinlich im Jahr 30 n.Chr.
- Sein Hauptwirkungsgebiet war der ländliche Raum Galiläas und die umliegenden Gebiete; ein geographisches Zentrum seiner Tätigkeit war Kapernaum.
- Jesus berief Anhänger und Anhängerinnen in seine Nachfolge, mit denen er als charismatischer Wanderprediger ohne feste Orts- und Familienbindungen durch Palästina zog. Als Wandercharismatiker fanden sie Unterstützung bei ortsfesten „Sympathisanten“, besonders bei vermögenden Frauen.
- Jesus wusste sich besonders an die „verlorenen Schafe des Hauses Israel“ gesandt, d.h. seine Botschaft galt besonders den stigmatisierten Randgruppen und den einfachen Menschen seines Volkes.
- Jesus pflegte ein für seine Zeit außergewöhnlich offenes Verhältnis zu Frauen, die zu seinen Schülerinnen gehörten, denen er ohne Angst vor Tabubrüchen begegnete und die Empfängerinnen zentraler Offenbarungen waren. Nicht zuletzt waren nach der Tradition der Evangelien die Frauen die Erstzeuginnen des Ostergeschehens.
- Als Heil- und Gerichtsansage predigte er als Prophet die Botschaft vom nahe herbeigekommenen Gottesreich, auf die die Angesprochenen mit Buße und Umkehr reagieren sollten.
- In symbolischen Handlungen ließ Jesus als charismatischer Wunderheiler die kommende Realität des Gottesreiches im Jetzt präsent werden.
- In Gleichnissen verdeutlichte er seine Botschaft in der Bilder- und Erfahrungswelt seiner Hörer.
- Als weisheitlicher Lehrer stellte er das Liebesgebot in das Zentrum seiner ethischen Botschaft.
- Theologisch stand Jesus den Pharisäern in vielen Punkten nahe, seine Bewegung war ein Teil der jüdischen Erneuerungsbewegungen seiner Zeit.
- An seiner Verurteilung und Hinrichtung waren Teile der Jerusalemer Lokalaristokratie, des enttäuschten Volkes und die römische Besatzungsmacht beteiligt. Alle Gruppen hatten unterschiedliche Motive für ihr Interesse am Tod Jesu.
- Ob Jesus ein messianisches Sendungsbewusstsein gehabt hat, ist wahrscheinlich, jedoch in der Forschung heftig umstritten.

✎ **Tipp zum Weiterarbeiten:** *Versuchen Sie die Thesen mit Hilfe des Jesusbuches von G. Theißen und A. Merz zu verifizieren und historisch bzw. theologisch zu begründen und lesen Sie gründlich eine Darstellung des Lebensweges Jesu von Nazareth.*

Auch wenn sich nach meiner Ansicht die Frage, ob bereits der historische Jesus ein wie auch immer beschaffenes christologisches Selbstbewusstsein gehabt hat, nicht mehr so eindeutig negativ beantworten lässt, wie es die Schule um Rudolf Bultmann tat, so spiegeln die christologischen Aussagen der neutestamentlichen Schriften immer auch den Glauben der Gemeinde. Das heißt: Die christologischen Aussagen zeigen uns, wie die frühen Christen aus ihrem Glauben heraus, die Bedeutung Jesu versuchten, sprachlich zu beschreiben. Dies konnte auf ganz unterschiedliche Weise geschehen und lässt sich an den Attributen und Benennungen Jesu („Hoheitstitel Christi“) exemplarisch zeigen:

- Jesus Christus als der Menschensohn: Es handelt sich hierbei um eine nur in der Evangelientradition vorkommende Bezeichnung. Im MkEv finden sich mit dieser Prädikation drei Themenkreise verbunden: Der gegenwärtig wirkende Menschensohn (Mk 2,10.28; 10,45); der leidende, sterbende und auferstehende Menschensohn (Mk 8,31; 9,31; 10,33f.; 9,9.12; 14,21.41); Worte vom kommenden Menschensohn (Mk 8,38; 13,26f.; 14,62).
- Jesus Christus als Herr („Kyrios“) beschreibt durchgängig im Neuen Testament die hoheitliche Stellung Jesu aus dem Blickwinkel griechisch sprechender Christen.
- Jesus Christus als Sohn Gottes: Bi auf Schriften mit einer sehr altertümlichen Christologie (z.B. Jak; Jud u.a.) findet sich dieser Hoheitstitel in der gesamten neutestamentlichen Tradition.
- Jesus Christus als Davidssohn: Dieser, die messianische Herkunft aus dem Davidsgeschlecht betonender Titel, findet sich bei bes. im MtEv und LkEv.
- Jesus Christus als Gesalbter („Messias“, „Christus“) beschreibt in der neutestamentlichen Tradition durchgängig den grundlegenden Verstehenshorizont der Person Jesu im frühen Christentum.
- Jesus Christus als der Logos beschreibt die johanneische Präexistenzchristologie.
- Jesus Christus als der Hohepriester findet sich ausschließlich im Hebräerbrief und unterstreicht dort in den Vorstellungen des Tempelkultes die hoheitliche Stellung Christi, der Priester und Opfer zugleich ist.
- Jesus Christus als Lamm Gottes deutet den Tod Jesu auf dem Hintergrund der jüdischen Paschavorstellung.
- Jesus Christus als Gerechter unterstreicht häufig das unschuldige Leiden Jesu. Die Prädikation stammt aus der jüdischen Tradition des „leidenden Gerechten“ (vgl. bes. Jak).
- Jesus Christus als Gott: „Der eine Gott äußert sich in Christus. Diese Erkenntnis erlaubt der Gemeinde, Gott an Christus zu schauen ... ‘Theos’ artikuliert die Erfahrung des auferstandenen Retters, die des Gesalbten, der dank seines Todes Leben schenkt, die des gekommenen Sohnes und Herrn (Joh 1,18; 20,28; 1.Joh 5,20; Tit 2,13; Hebr 1,8f ...).“[131]

✎ **Tipp zum Weiterarbeiten:** *Die christologischen Aussagen sind von zentraler Bedeutung für das Verständnis des neutestamentlichen Glaubens; deshalb sollten Sie durcharbeiten: M. Karrer, Jesus Christus im Neuen Testament, Göttingen 1998 (NTDE 11).*

Die Flut der populären Jesusdarstellungen steigt sprunghaft und signalisiert ein breites Interesse an der Person Jesu. Allerdings stehen die meisten populären Jesusbücher mit ihren Thesen über das Leben Jesu in einem deutlichen Gegensatz zum wissenschaftlichen Konsens und sind häufig mit einem starken kirchenkritischen Interesse geschrieben. Die Kenntnis dieser spekulativen und teilweise phantastischen Jesusbiographien ist für den theologischen Dialog mit der gesellschaftlichen „Außenwelt“ erforderlich.

📖 **Lesetipp:** *R. Heiligenthal, Der verfälschte Jesus. Eine Kritik moderner Jesusbilder, Darmstadt 1997.*

---

[131] M. Karrer, Jesus Christus im Neuen Testament, Göttingen 1998, 330.

4.3 Einführung in die Methodik der Auslegung neutestamentlicher Texte

Von einer „klassischen", allgemein anerkannten Methodik der neutestamentlichen Textauslegung kann man heute weniger sprechen als noch vor dreißig Jahren. Die einzelnen methodischen Schritte wurden weiterentwickelt, durch innovative Ansätze ergänzt, aber auch teilweise in Frage gestellt. Letzteres gilt insbesondere für die Formgeschichte und die Anwendung der Literarkritik in der Briefliteratur und im Johannesevangelium. Neue Bedeutung gewannen literaturwissenschaftliche, soziologische und archäologische Fragestellungen, die die moderne Exegese sinnvoll ergänzen können. Die hier vorgestellte kleine Einführung in die Methodik neutestamentlicher Textauslegung geht von den herkömmlichen methodischen Schritten, deren Kenntnis aus meiner Sicht auch heute noch unabdingbar ist, aus, ohne die neueren exegetischen Methoden auszublenden. Anhand von einer exemplarischen Auslegung werden die einzelnen methodischen Schritte exemplarisch vertieft.

4.3.1 Textkritik

Die Textkritik kann an dieser Stelle nur kurz erwähnt werden, da sie eine vertiefte Kenntnis der griechischen Sprache erfordert, die Ausführungen sich aber besonders an Studierende ohne Griechischkenntnisse wenden. Von keiner Schrift des Neuen Testaments besitzen wir das Original. Erhalten sind uns ca. 5000 Handschriften aus dem 2.-15. Jahrhundert, die teils erheblich voneinander abweichen. Von daher hat die Textkritik die Aufgabe, den ursprünglichen Text des Neuen Testaments möglichst genau zu rekonstruieren. Erste Aufgabe ist es, offensichtliche Fehlerquellen in der handschriftlichen Überlieferung zu erkennen und auszuschließen. Hier unterscheidet man zwischen versehentlichen Fehlern (z.B. Hör- und Lesefehler) und absichtlichen Fehlern aus stilistischen (Verbesserung grammatikalischer Fehler) oder inhaltlichen Motiven (Änderungen aus dogmatischen Gründen; geographische Änderungen). Die griechischen Handschriften werden als direkte Textzeugen gewertet und nach Material und Schriftform folgendermaßen klassifiziert: a. Papyri (i.W. 2./3. Jhdt.); b. Majuskeln oder Unizialen (i.W. 4.-10. Jhdt.) und c. Minuskeln (i.W. 10.-15. Jhdt.). Neben den griechischen Handschriften sind die indirekten Textzeugen von großer Bedeutung. Es handelt sich dabei um Lektionare (für den Gottesdienst bestimmte Perikopensammlungen); frühe Übersetzungen (etwa ins Syrische, Koptische oder Lateinische) und Schriftzitate der Kirchenväter. Aufgrund der Verwandtschaft einzelner Texte untereinander unterscheidet man verschiedene Textfamilien, von denen der alexandrinische Text aufgrund der in ihm erhaltenen sehr alten Majuskelhandschriften höchstes Ansehen genießt. Zu erwähnen sind noch der „westliche Text" mit zahlreichen lateinischen Handschriften (in Syrien, nicht im „Westen" entstanden) und der sog. Reichstext oder auch „byzantinische" Text, indem die Masse der Textzeugen enthalten sind.

Die vier bedeutendsten Majuskel-Kodizes

א	Der hebräische Buchstabe „Alef" bezeichnet den von Konstantin Tischendorf im Katharinenkloster auf dem Sinai entdeckten Kodex Sinaiticus. Der Sinaiticus konnte in das 4. Jhdt. datiert werden und befindet sich seit 1933 im Britischen Museum in London.
A	Bezeichnet den Codex „Alexandrinus", der sich ursprünglich in der Bibliothek des Patriarchen von Alexandria befand und aus dem 5. Jhdt. stammt. Der Patriarch Kyrillos Lukaris machte ihn 1620 dem englischen König zum Geschenk. A enthält mit dem 1. Klemensbrief auch die älteste frühchristliche Schrift außerhalb des Neuen Testaments (entstanden ca. 95 n.Chr. in Rom).
B	Der nach seinem Aufbewahrungsort bezeichnete Kodex „Vaticanus" wurde um 350 geschrieben. Er wurde 1867 von Tischendorf veröffentlicht.
C	Der „Codex Ephraemi rescriptus" wird in der Pariser Nationalbibliothek aufbewahrt. Es handelte sich um eine Pergamenthandschrift mit den Werken des syrischen Kirchenvaters Ephraem, der im 4. Jhdt lebte. Doch handelt es sich bei dieser Handschrift um ein **Palimpsest,** d.h. um eine aus Kostengründen zweimal beschriebene Handschrift. Tischendorf konnte mit Hilfe ultravioletten Lichts die ursprüngliche Beschriftung sichtbar machen: ein Majuskelkodex, der große Teile des AT und NT enthielt und wahrscheinlich aus dem 5. Jhdt. stammt.

Drei Beispiele für die Bedeutung von Textkritik:

- **„Comma Johanneum"**: In Handschriften der Vulgata und einigen sehr späten griechischen Handschriften findet sich eine abweichende Fassung von 1.Joh 5,8: *„Auf der Erde: Geist, Wasser und Blut, und diese drei sind eins in Christus Jesus; und drei sind es, die Zeugnis geben im Himmel: der Vater, das Wort und der Geist."* Bereits Erasmus von Rotterdam war klar, dass es sich hierbei um eine späte Einfügung der Abschreiber handelt, die eine biblische Belegstelle für das trinitarische Dogma vorweisen wollten. Aufgrund der Kenntnis der alten Handschriften muss der ursprüngliche Text lauten: *„der Geist, das Wasser und das Blut; und diese drei sind eins."*
- Der **Markusschluss**: In den Kodizes a, B und einer Reihe weiterer älterer Handschriften endet das Markusevangelium mit 16,8: *„Da verließen sie (sc. die Frauen) das Grab und flohen; denn Schrecken und Entsetzen hatte sie gepackt. Und sie sagten niemand etwas davon; denn sie fürchteten sich.* Die anderen Handschriften bieten unterschiedliche Fortsetzungen, die offensichtlich spätere Nachträge sind.
- **7Q5** ein Fragment aus dem Markusevangelium?: Ein briefmarkengroßes Textfragment aus Höhle 7 von Qumran soll nach Ansicht einiger Forscher die Verse Mk 6,52-63 bruchstückhaft wiedergeben. Träfe diese Annahme zu, so müsste das MkEv vor 68 n.Chr., also vor der Zerstörung des Tempels in Jerusalem geschrieben worden sein. Auf dem Fragment sind lediglich zwanzig Buchstaben bzw. Buchstabenreste auf fünf Zeilen zu erkennen. Ein eindeutiges Urteil, ob es tatsächlich um eine Markus-Fragment handelt oder etwa um eine Genealogie ist derzeit (noch) nicht möglich.

4.3.2 Literar- oder Quellenkritik

Die Anwendung der literarkritischen Methode auf den Text des Neuen Testaments unterscheidet sich grundsätzlich nicht von der auf das ⇒ Alte Testament. Diese Methode fragt nach denen in einem Text verarbeiteten schriftlichen Quellen und zielt mit dieser Fragestellung auf eine Quellenscheidung. Daneben scheidet sie ursprünglichen Wortbestand eines Textes von späteren literarischen Zusätzen wie Glossen und redaktionellen Verknüpfungen. Mit Blick auf den Kontext fragt sie nach ehemals selbständigen literarischen Einheiten wie beispielsweise Hymnen oder Bekenntnissätze. Die Literarkritik arbeitet mit Textbeobachtungen wie Brüche, Spannungen, Doppelungen und sprachliche Unebenheiten. Sie wurde und wird auf das gesamte Neue Testament angewendet, ist aber in Teilen der Forschung nicht mehr unumstritten. Dies gilt besonders für die Annahme von Glossen, da hier die Gefahr besteht, dasjenige im Text als Glosse zu bezeichnen, was in das je eigene theologische Konzept nicht passt. Ein typisches Beispiel war der Versuch, die paulinische Obrigkeitsparänese in Röm 13,1-11 als späteren Zusatz auszuscheiden oder die Annahme, dass das paulinische Gebot, nach dem die Frau in der Gemeinde schweigen solle (1.Kor 14,34), ein „frühkatholischer" Zusatz, d.h. ein Zusatz aus nachpaulinischer Zeit gewesen sein soll. Nicht jeder gedankliche Bruch oder jede Textunebenheit muss zwangsläufig auf einen literarischen Eingriff am ursprünglichen Text hinweisen. Dies gilt auch für die zahlreichen Teilungshypothesen, die auf paulinische Briefe angewendet werden oder den Versuch, Spannungen im Johannesevangelium mit Hilfe von Blattvertauschungshypothesen oder zahlreichen Bearbeitungsstufen erklären zu wollen. Die Behauptung das Wort über die Vollmacht, Sünden zu vergeben (Mk 2,5b-10) sei ein späterer Einschub in eine vorgegebene Wundergeschichte, leuchtet nur dem ein, der von vorne herein annimmt, erst die frühchristlichen Gemeinden hätten die Vollmacht der Sündenvergebung auf Jesus zurückgeführt. Grundsätzlich gilt die Regel, dass die Annahme der Kohärenz eines Texte Vorrang vor allen literarkritischen Operationen haben muss.

🕮 **Lesetipp:** *K. Berger, Exegese des Neuen Testaments, Heidelberg 1977, 27-32. An zahlreichen Beispielen zeigt Berger die Problematik der literarkritischen Methode auf.*

Ein neutestamentlicher Sonderfall ist die Anwendung von literarkritischer Quellenscheidung („Quellenkritik") auf das sog. **synoptische Problem**, d.h. auf die Frage nach dem Abhängigkeitsverhältnis der ersten drei Evangelien voneinander. Das synoptische Problem erwächst aus der Beobachtung, dass die ersten drei Evangelien auf der einen Seite einen erheblichen Teil ihres Stoffes teilweise wörtlich gemeinsam haben, dass auf der anderen Seite aber Matthäus und Lukas erheblichen Stoff über Markus hinaus je für sich oder gemeinsam bieten. Hinzu kommen zahlreiche Unterschiede in der Darstellung, die sich nur schwer ausgleichen lassen. Quantitativ lässt sich der Befund so darstellen: Markus umfasst 661 Verse, von denen Matthäus 600 und Lukas 350 Verse übernommen haben. Aus der Redenquelle Q haben mit Sicherheit Lukas und Matthäus je 235 Verse in ihre Evangelium eingearbeitet. Das Sondergut macht bei Lukas 564 und bei Matthäus 233 Verse aus.
Bereits Tatian versuchte durch die Anfertigung einer „Evangelienharmonie", einen Text zu erstellen, der widerspruchsfrei möglichst den gesamten Evangelienstoff bot. In seiner Schrift „De consensu evangelistarum" dachte Augustin über eine literarische Abhängigkeit der Evangelien nach und behauptete, sie seien in ihrer kanonischen Reihenfolge entstanden und das MkEv sei ein Auszug aus dem MtEv. Jedoch erst seit Mitte des 18. Jhdts. wurde die synoptische Frage zu einem wirklichen Forschungsproblem. Der heute üblichen Zwei-Quellen-Theorie gehen drei Hypothesen voraus, die alle Richtiges sehen, jedoch das synoptische Problem nicht als Ganzes zu erklären vermögen:

- Die Urevangeliumshypothese: G.E. Lessing nahm an, dass die ersten drei Evangelien auf ein gemeinsames aramäisch geschriebenes Urevangelium zurückgingen. Dieses Nazarenerevangelium ginge auf die Apostel zurück und sei von den Evangelisten unabhängig voneinander benutzt worden. J.G. Eichhorn lieferte 1804 eine umfangreiche Begründung dieser Hypothese. Um die Unterschiede in der Darstellung erklären zu können, nahm er verschiedene Rezensionen des Urevangeliums an.

- Die Fragmentenhypothese: Der dem Rationalismus verpflichtete Professor Heinrich Paulus ging davon aus, dass die Evangelien Sammlungen unterschiedlicher Augenzeugenberichte gewesen seien. Daniel Fr. Schleiermacher wandte diese Methode auf das Lukasevangelium an. Richtig an dieser Hypothese ist die Beobachtung, dass es Sammlungsprozesse frühchristlicher Einzelstücke gegeben hat.
- Die Traditionshypothese: In der Tradition der Romantik stehend, vermutete Johann Gottfried Herder, dass die Evangelien auf ein mündlich tradiertes Urevangelium zurückgingen. Johann C.L. Gieseler erweiterte diese Hypothese mit der Annahme eines ursprünglich aramäisch überlieferten Evangeliums, dass zum Zwecke der Mission erstmals schriftlich fixiert wurde. Richtig an dieser These ist die Beobachtung, dass mündliche Überlieferungen einen großen Stellenwert bei der Tradierung frühchristlicher Überlieferungen gehabt haben.
- Die Zweiquellenhypothese als heute anerkannte Benutzungshypothese: Die unabhängig voneinander von Heinrich J. Holtzmann und Bernhard Weiß ausformulierte Zweiquellentheorie geht davon aus, dass dem Matthäus- und dem Lukasevangelium zwei Quellen zugrunde liegen, nämlich das Markusevangelium und eine Quelle Q genannte Spruchsammlung, die nicht erhalten, sondern aus dem gemeinsamen Bestand des MtEv und des LkEv erschlossen wird. Daneben haben die Seitenreferenten des MkEv jeweils auch auf Sondergut zurückgegriffen. Die Zweiquellentheorie geht also davon aus, dass das Markusevangelium das älteste uns erhaltene Evangelium ist.

4.3.3 Die Zweiquellenhypothese

Als erste Quelle für Matthäus und Lukas wird von der Zweiquellentheorie das *Markus-Evangelium* vorausgesetzt. Es hat in zweifacher Weise auf die beiden anderen Synoptiker gewirkt. Einmal hat es ihnen den größeren Teil der Geschichten geliefert, die sie berichten. Allerdings hat jeder der beiden dieses und jenes von dem, was Markus erzählt, ausgelassen. So findet man bei Matthäus nicht die Heilung des Besessenen in der Synagoge Mk 1,23-28, die Lukas 4,33-37 übernommen hat. Lukas hat aber mehr als Matthäus ausgelassen, so das ganze Stück Mk 7,24 - 8,10, das die Geschichten vom kanaanäischen Weib, der Heilung eines Taubstummen und der Speisung der Viertausend enthält.

Das Gleichnis von der selbstwachsenden Saat (Mk 4,26-29), die Bemerkung Jesu über seine Angehörigen (Mk 3,20-21) und die Heilung des Blinden von Bethsaida (Mk 8,22-26) fehlen bei Matthäus wie bei Lukas. Solche Abschnitte, die nur ein einziger Evangelist bietet, nennt man das *Sondergut* des jeweiligen Evangelisten. Wenn man die Zweiquellentheorie ganz starr versteht, dann dürfte es bei Markus eigentlich kein Sondergut geben. Diese Tatsache lässt sich aber auch innerhalb der Zweiquellentheorie erklären, etwa so, dass Matthäus und Lukas - natürlich unabhängig voneinander - zu der Einsicht gekommen sind, dass sich diese Stücke für ihre Evangelien nicht eignen oder durch die Annahme, dass die Seitenreferenten eine andere Ausgabe des Evangeliums kannten als die unsere. Häufig nimmt man einen „Urmarkus" an, um die geschilderten Phänomene zu erklären.

Der zweite Gesichtspunkt, durch den Markus für die anderen beiden synoptischen Evangelien maßgebend wurde, ist der der Reihenfolge, die er seinem Stoff gegeben hat. Matthäus und Lukas haben sich nicht genau daran gehalten, aber wie weitgehend das Vorbild des Markus sie beeinflusst hat, zeigt schon ein vergleichender Blick auf das Johannes-Evangelium mit seinem völlig anderen Aufriss.

Bernhard Weiß schreibt über die Redequelle (Logienquelle) Q: „Die Entdeckung der ältesten Quelle ging von der Beobachtung aus, dass das 1. und das 3. Evangelium, obwohl voneinander unabhängig, dennoch vielfach Redestücke miteinander gemein haben, die sich nicht bei Marcus finden und doch bis in die Details des sprachlichen Ausdrucks hinein einander so ähnlich sind, dass sie nur aus einer zweiten, ihnen gemeinsamen Quelle stammen können."[132] Diese von Weiß postulierte Redenquelle enthielt überwiegend Redestoffe (Sprüche und Gleichnisse) und wenig erzählendes Material.

Erzählende Stoffe in der Redenquelle (Q)
- Hauptmann von Kapernaum (Mt 8,5-13/Lk 7,1-10)
- Heilung des stummen Besessenen (Mt 9,32-34/Lk 11,14-15)
- Heilung am Sabbat (Mt 12,11-14/Lk 14,1-6)
- Versuchung Jesu (Mt 4,1-11/Lk 4,1-13)
- Täuferfrage (Mt 11,1-6/Lk 7,18-23)

Die Redenquelle umfasste offensichtlich keine Passionsgeschichte. Ihre Trägerkreise waren wahrscheinlich Menschen aus der Tradition der Wandermissionare. Eine formale Analogie findet sich im koptischen Thomasevangelium, dass auch zu großen Teilen eine Sammlung von Sprüchen Jesu ohne Passionsgeschichte darstellt und uns als Text vorliegt.

✎ **Tipp zum Weiterarbeiten:** *Die auf Palästina fixierte Perspektive der Logienquelle wird dargestellt in: G. Theißen, Lokalkolorit und Zeitgeschichte in den Evangelien, Fribourg/Göttingen 1989, 212-245.*

Neben der Redenquelle (Q) und dem Markusevangelium verwenden Lukas und Matthäus noch je für sich umfangreiches Sondergut, d.h. Perikopen, die jeder Evangelist nur für sich hat und über dessen Herkunft keine gesicherten Erkenntnisse bestehen. Bei der Auswahl des Sondergutes lässt sich lediglich bei Lukas eine Tendenz erkennen: Es werden häufig Jesu Parteinahme für die Armen, die Sünder und die Frauen thematisiert.

4.3.4 Redaktionsgeschichte

Die Redaktionsgeschichte fragt nach der eigenen schriftstellerischen Leistung eines Verfassers. Sie geht davon aus, dass z.B. die Verfasser der Evangelien nicht reine Stoffsammler gewesen waren, sondern eine eigenständige theologische oder auch historische Konzeption bei der Komposition der ihnen überlieferten Stoffe verfolgten. Dieses schriftstellerische Interesse findet sich im Prolog des Lukasevangeliums ausdrücklich formuliert:

Zentraler Text:
1,1 „Schon viele haben es unternommen, einen Bericht über all das abzufassen, was sich unter uns ereignet und erfüllt hat. 1,2 Dabei hielten sie sich an die Überlieferung derer, die von Anfang an Augenzeugen und Diener des Wortes waren. 1,3 Nun habe auch ich mich entschlossen, allem von Grund auf sorgfältig nachzugehen, um es für dich, hochverehrter Theophilus, der Reihe nach aufzuschreiben. 1,4 So kannst du dich von der Zuverlässigkeit der Lehre überzeugen, in der du unterwiesen wurdest."

✎ **Tipp zum Weiterarbeiten:** *Analysieren Sie mit Hilfe eines wissenschaftlichen Kommentars das schriftstellerische Interesse des Lukas anhand seines Prologs.*

Beispiel: Das wichtigste methodische Mittel, um die Eigenleistung der ersten drei Evangelisten zu erkennen, ist der synoptische Vergleich. Am Beispiel der Heilungsgeschichte in Mk

[132] B. Weiß, Lehrbuch der Einleitung in das Neue Testament, Berlin 1886.

2,1-11par kann in Grundzügen der mögliche Ertrag eines solchen literarkritischen Textvergleichs dargestellt werden:

Vergleichende Textbeobachtungen an Mk 2,1-11 par.
Der synoptische Vergleich beruht auf einer möglichst genauen Erhebung der Unterschiede zwischen Mk 2,1-11 und den Seitentexten. Die wichtigsten Textbeobachtungen sind: Offensichtlich schrieb Matthäus die Markusvorlage nicht um oder raffte sie mit Hilfe von Zusammenfassungen, sondern er kürzte sie: Die beiden ersten Auslassungen sind Mk 2,2; 2,4. Diese Verse beschreiben die Schwierigkeiten, die der Gelähmte hatte, um zu Jesus kommen. Matthäus erwähnt weder die große Menschenmenge, die den Zugang zum Haus versperrte, noch berichtet er auf welchem Weg der Kranke mit Hilfe der Träger in das Haus gelangte. Auswertung: Mit der Schilderung der Schwierigkeiten, zu Jesus zu kommen, streicht Markus das Glaubensmotiv bereits zu Beginn heraus. Wenn Matthäus die diesbezüglichen Verse auslässt, nimmt er eine Akzentverschiebung in Richtung auf das Motiv der Sündenvergebung vor. Ein weiteres Indiz für diese Annahme ist die Beobachtung dass in 9,6 Matthäus der Gegenfrage Jesu eine begründende Form gegeben hat. Er lässt damit den Vers direkt auf die Vollmachtsfrage zulaufen. Auch die hinzugefügte Anrede „Sei getrost mein Sohn" in 9,2, die dem Gelähmten Zuversicht zuspricht, deutet bereits auf die Vollmacht Jesu zur Hilfe im Sinne der Sündenvergebung hin. Auch mit der Reaktion der Volksmenge (Mt 9,8) betont Matthäus nochmals, dass ihm allein an der Herausstellung der Vollmacht Jesu gelegen ist, indem er hinzufügt: „Gott, der solche Macht den Menschen gegeben habe". Mk 2,11f. zieht Matthäus zu einer knappen Notiz in 9,7 zusammen und stellt diese vor den Chorschluss. Lukas hat die markinische Vorlage in weit stärkerem Maß überarbeitet als Matthäus, ohne dabei so stark zu kürzen. Er schreibt in einem wesentlich besseren Stil als Markus. So fiel ihm das unvermittelte Auftreten der Pharisäer im markinischen Text auf. Deshalb bereitet er ihr Erscheinen in Lk 5,17f vor. Die Vollmachtsfrage wird literarisch durch das von Markus unabhängige Auftreten der Schriftgelehrten sowie durch die nur dem Lukas eigentümliche Mitteilung, die Kraft des Herrn habe Jesus die Fähigkeit des Heilens gegeben, vorbereitet. Ein Indiz für eine Verschiebung des Leserkreises, an den sich Lukas wendet, ist das ersatzlose Streichen der Beschreibung des Aufbrechens des Daches (Mk 2,4). Lukas streicht damit palästinisches Lokalkolorit aus dem Text und beschreibt ein ihm bekanntes ziegelgedecktes Haus. Lukas ist an einigen Stellen ausführlicher als Markus. Er nennt z.B. die genaue geographische Herkunft der Schriftgelehrten in der Einleitung und lässt in 5,25 den Paralytiker nach der Heilung ausdrücklich Gott preisen. Zusammenfassend kann man für Lukas eher eine stilistische Überarbeitung der Markusvorlage annehmen als eine bewusste theologische Überarbeitung der Heilungsgeschichte wie sie Matthäus durch das Mittel einschneidender Kürzungen des Textes erreichte.

✎ **Tipp zum Weiterarbeiten:** *Neuerdings ist die Frage nach der sog. „kirchlichen Redaktion" im Johannesevangelium wieder umstritten. Machen Sie sich anhand einer Einleitung in das Neue Testament (z.B. Schnelle) mit dieser These Rudolf Bultmanns vertraut und wägen Sie die Argumente Bultmanns gegen die von Klaus Berger (Im Anfang war Johannes. Datierung und Theologie des vierten Evangelium, Stuttgart 1997) vorgetragenen Gegenargumente ab.*

4.3.5 Form- oder Gattungskritik

Die Formgeschichte oder Formkritik geht von der Annahme aus, dass in den uns im Neuen Testament vorliegenden literarischen Texten ursprünglich selbständige kleinere Einheiten enthalten sind, die entweder mündlich oder schriftlich überliefert wurden. Die formgeschichtliche Fragestellung hat auch einen soziologischen Aspekt, da sie nach dem ursprünglichen „Sitz im Leben" der kleinen Einheiten fragt. In der klassischen Formgeschichte wurde für die synoptische Tradition diese Frage mit dem Hinweis auf die Predigt (Martin Dibelius) bzw. auf in unterschiedliche Situationen verortete Gemeindebildungen (Rudolf Bultmann) beantwortet. Damit diente die Methode auch der Absicherung der theologischen Überzeugung einer Diskontinuität von historischem Jesus und dem verkündigenden Zeugnis der Gemeinden über ihn.

Die Formgeschichte in der neueren Forschungsdiskussion:
Die klassische auf Rudolf Bultmann und Martin Dibelius zurückgehende formgeschichtliche Methode wird in der heutigen Diskussion an vier Punkten hinterfragt: 1. Die Formgeschichte geht von der Voraussetzung aus, dass sich „reine Formen" rekonstruieren lassen, denen die

Qualität der Ursprünglichkeit zuerkannt wird. Die neuere Formgeschichte konnte zeigen, dass bei dieser Annahme ein neuzeitliches Ideal der Volkstümlichkeit leitendes Interesse war. Es muss von Beginn an auch mit größeren „Mischformen" gerechnet werden. 2. Die pauschale Zuweisung der Formen in die nachösterliche Zeit der frühchristlichen Gemeinden beruht auf der eher dogmatisch bestimmten Annahme einer klaren Trennung zwischen der Botschaft Jesu und der frühen Gemeindeverkündigung. Die neuere Formgeschichte versucht entweder die Formen und Gattungen rein ästhetisch ohne Bezug auf einen möglichen „Sitz im Leben" zu beschreiben oder sie öffnet die soziologische Fragestellung auch auf die Frage nach einem möglichen Sitz im Leben der Jesusbewegung. Sie geht also von einer stärkeren Kontinuität anstelle einer schroffen Diskontinuität aus. 3. Das Verhältnis von Schriftlichkeit und Mündlichkeit wird neu diskutiert. Insbesondere wird bezweifelt, ob man durch literarkritische Operationen am Text zu einer mündlichen Vorstufe vordringen kann. Besonders in der skandinavischen Forschung geht man von der Annahme aus, dass auch größere Texteinheiten durch einen Schulbetrieb mit Auswendiglernen längere Zeit mündlich tradiert wurden. 4. Die neuere Formgeschichte versucht die Textgattungen unter rhetorischen Gesichtspunkten neu zu systematisieren. So unterscheidet Klaus Berger[133] je nach der Funktion der Texte zwischen symbuleutischen (Hörer wird zum Handeln oder Unterlassen des Handelns aufgefordert), dikanischen (Hörer sollen zu einer Entscheidung für oder gegen eine Sache geführt werden) und epideiktischen Texten (Hörer sollen durch Schilderungen und Darstellungen emotional zu Zustimmung oder Abscheu beeindruckt werden).

🕮 **Lesetipp:** *K. Berger, Einführung in die Formgeschichte, Tübingen 1987 (UTB 1444).*

Überlieferung der Worte Jesu nach Rudolf Bultmanns „Geschichte der synoptischen Tradition"[134]

1. Überlieferung des Wortstoffes

A. Apophthegmata: Stücke, deren Pointe ein in einen kurzen Rahmen gefasstes Jesuswort bildet" (S 8)

Allgemeines über ihren Aufbau (66-73)

- Abrundung und Abgeschlossenheit; ursprünglich Einzelstücke
- Interesse liegt ganz auf dem Ausspruch Jesu, der gewöhnlich am Schluss steht
- Chorschluss gehört nicht zum Apophthegma, sondern nur zu den Wundergeschichten
- Kargheit der Situationsangaben
- Keine eingehende Charakterisierung der Personen, sondern nur Typen (Kollektivbehandlung); erst sekundär Eintragung genauerer Angaben und Eindringen novellistischer Tendenzen

Verschiedene Arten von Apophthegmata (7.9-56)

- *Streitgespräche*: Ausgang von einer konkreten Handlung oder einem bestimmten Verhalten, Angriff der Gegner als Vorwurf oder Frage, Antwort Jesu als Gegenfrage, Bildwort oder Schriftwort. Die Streitgespräche sind "ideale Szenen, die einen Grundsatz, den die Gemeinde auf Jesus zurückführt, in einem konkreten Fall veranschaulichen". Sitz im Leben der Streitgespräche ist die „Apologetik und Polemik der palästinensischen Gemeinde" (41).
- *Schulgespräche* (56-58), den Streitgesprächen nahe verwandt: Jesus wird von einem Wissbegierigen gefragt. Antwort (oft in Frageform) führt den Frager nicht ad absurdum
- *Biographische Apophthegmata (58-64)*: Bei den biographischen Apophthegmata bildet eine scheinbar historische Begebenheit aus Jesu Leben den Rahmen. Ein Wort Jesu bildet die Pointe und steht am Schluss. Das Wort Jesu wird provoziert durch eine Bitte oder Frage, durch ein Verhalten, seltener durch Jesu eigene Initiative. „Der ideale Charakter fast aller dieser biographischen Apophthegmata liegt deutlich zutage" (59). Sitz im Leben dieser Form ist die Predigt der Gemeinde: die biographischen. Apophthegmata sind „erbauliche Paradigmen der Predigt" (64).

B. Herrenworte (selbständige Traditionsstücke)

- *Logien* (Jesus als Weisheitslehrer) (73-113): Grundsätze (sachlich oder persönlich formuliert), Mahnworte, Fragen, größere Kompositionen. Deutlich sind in diesen Logien die Grundformen des atl. und jüdischen Maschal zu erkennen.

---

[133] K. Berger, Formgeschichte des Neuen Testaments, Heidelberg 1984.

[134] Die Zahlen beziehen sich auf die Seitenzahlen in Bultmanns Untersuchung.

- *Prophetische und apokalyptische* Worte (113-138): Heilspredigt (z.B. Makarismen der Bergpredigt), Drohworte, Mahnrede und apokalyptische Weissagung
- *Gesetzesworte und Gemeinderegeln* (138-161): Es handelt sich bei den Gemeinderegeln um jüngstes Traditionsgut: in ihnen redet der Auferstandene zu seiner Gemeinde. Älter, sind die im Gesetzesstil formulierten Worte, die aber auch zumeist erst in der Gemeinde entstanden sind.
- *Ich-Worte* (161-179): Diese Aussagen Jesu in erster Person haben zumeist kein hohes Alter; so ist auch zu beobachten, dass diese Worte in der späteren Tradition immer reichlicher zunehmen. Die Ich-Worte sind zum größten Teil in der hellenistischen Gemeinde entstanden.

***C. Gleichnisse und Verwandtes** (179-222)*

- *Bildwort*: Bild und Sache ohne Vergleichspartikel oder nur Bild
- *Metapher*: Abgekürzter Vergleich ohne Vergleichspartikel
- *Vergleich* : "wie - so"
- *Gleichnis*: ausführlicher als Bildwort oder Vergleich; schildert typischen Vorgang
- *Parabel*: Erzählung eines interessierenden Einzelfalles
- *Beispielgeschichte:* der Parabel verwandt, doch ohne bildhafte Elemente

Gleichnisse und Verwandtes sind meist palästinischen Ursprungs, oft von Jesus selbst. Als Norm für die Rückführung auf Jesus gilt bei Bultmann: „Wo der Gegensatz zur jüdischen Moral und Frömmigkeit und die spezifisch eschatologische Stimmung, die das Charakteristikum der Verkündigung Jesu bilden, zum Ausdruck kommt, und wo sich andrerseits keine spezifisch christlichen Züge finden, darf man am ehesten urteilen, ein echtes Gleichnis Jesu zu besitzen" (222).

2. Überlieferung des Erzählungsstoffes

Wundergeschichte*n* (223-260)

A. Heilungswunder (236-241)

- Exposition: Dauer der Krankheit, Gefährlichkeit der Krankheit, vergebliche Heilungsversuche der Ärzte
- Schilderung des Wunders: Berührung, wunderwirkendes Wort, Manipulationen
- Erfolg des Wunders
- Eindruck des Wunders auf das Publikum: Chorschluss

B. Naturwunder

C. Geschichtserzählungen und - Legenden (260-335)

Legenden sind die „erzählenden Stücke der Tradition, die nicht eigentlich Wundergeschichten sind, aber doch auch keine geschichtlichen, sondern religiös-erbaulichen Charakter haben" (260). Der Anteil an echter Geschichtserzählung ist gering; einzig geschichtlichen Rang hat die Passionsgeschichte. Zu den biographischen und Glaubens- oder Kultuslegenden gehören folgende Stoffe:

- Täufer- und Tauferzählungen,
- Versuchung Jesu,
- Messiasbekenntnis des Petrus,
- Verklärung Jesu,
- Jesu Einzug in Jerusalem,
- Passionsgeschichte,
- Ostergeschichten,
- Vorgeschichten.

Dieses uneinheitliche Material bringt „überwiegend den christlichen Glauben und den messianischen Anschauungskreis zum Ausdruck ..., teils direkt ihm entstammend, teils dabei alttestamentliche, jüdische oder hellenistische Motive verwertend" (334).

4.3.5.1 Die Gleichnisse

Die Gleichnisse gehören zu den Formen bildlicher Rede. In den zahlreichen Bildworten innerhalb der Prophetie und in den Psalmen haben sie Anknüpfungspunkte. Charakteristisch für die Gleichnisse Jesu ist die Formensprache in knappen Geschichten, die aus der Erlebnis- und Erfahrungswelt der einfachen Menschen Palästinas entnommen sind. So spiegeln die Gleichnisse auch die soziale Wirklichkeit der Menschen zur Zeit Jesu. Im rabbinischen Judentum legte man anhand von Gleichnissen die Thora verständlich aus. Der folgende Überblick fasst die Formen bildlicher Rede im Neuen Testament zusammen:

Formen bildlicher Rede im Neuen Testament[135]		
Bildwort	Mt 5,14	Vorform der Gleichniserzählung als knapp gehaltene Sentenz mit deutlichem Bezug auf eine gemeinte Sache.
Hyperbel/Paradoxie	Mt 5,29; Mk 8,35	Bei beiden Formen handelt es sich um Steigerungen des Bildwortes.
Vergleich	Mt 10,16	Gemeinte Sache und Bild werden mit „so...wie" verbunden.
Metapher	Mt 7,13f.	Abgekürzter Vergleich, die Sache muss aus dem Bild erschlossen werden.
Gleichnis	Mk 4,30-32	Ausgeführtes Bildwort: Die Bildhälfte schildert im Präsens ein regelmäßig wiederkehrenden Sachverhalt aus der Erfahrungswelt der Hörer.
Parabel	Lk 15,11-32	Im Gegensatz zum Gleichnis handelt es sich um eine Erzählung als einmaliger Vorgang. Die Erfahrungswelt der Hörer bildet auch hier den Hintergrund. Der Aufbau richtet sich häufig nach rhetorischen Gesichtspunkten. Eine Parabel kann mit der Sachhälfte mehrere Vergleichspunkte haben (gegen die klassische Theorie von Jülicher) und durchaus allegorische Färbung tragen.
Beispielerzählung	Lk 10,30-35	Eine Beispielerzählung verdeutlicht die gemeinte Sache mit einer exemplarischen Erzählung. Es gibt keinen Unterschied zwischen Bild- und Sachhälfte.
Allegorie	Mk 12,1-12	Eine Allegorie ist eine Aufreihung von Metaphern in Form einer Erzählung. Sie hat daher notwendig mehrere Vergleichspunkte. Die Übergänge zwischen Parabel und Allegorie sind fließend.

Zur aktuellen Diskussion um das Verständnis der Gleichnisse: Die neuere Diskussion um das Verständnis der neutestamentlichen Gleichnisse löste das recht schematische auf Adolf Jülicher zurückgehende Auslegungsprinzip zugunsten eines flexibleren Verstehenszugangs an mehreren Punkten auf. Es ist die Erkenntnis gewachsen, dass bildhafte Rede häufig nicht nur einen Vergleichspunkt („tertium comperationis") zwischen Bild- und Sachhälfte hat, sondern mehrere. Diese können je nach dem theologiegeschichtlichen bzw. pragmatischen Ort der Verwendung des Gleichnisses auch variieren. Dies impliziert auch eine Offenheit gegenüber dem Sitz im Leben der Gleichnisse. Gleichnisse können unterschiedliche Sitze im Leben gehabt haben (s.u.). Gleichnisse werden heute besonders auch als Paradigma religiöser Rede von Gott angesehen. Auf diesem Hintergrund kommt die Eigenaussage biblischer Metaphern stärker in den Blick. Bei manchen Forschern tritt die Unterscheidung von Bild- und Sachhälfte vollständig in den Hintergrund. Für sie sind Gleichnisse entweder wirklichkeitsschaffende Sprachereignisse (E. Jüngel) oder poetischen Texte, die aus sich selbst heraus Sinn machen und Wirklichkeit erschließen (D.O. Via). Wichtig ist auch, dass man nicht mehr davon ausgehen kann, dass die Allegorie in jedem Fall auf spätere Gemeindebildung zurückgeht und dass sich zwischen Parabel und Allegorie stets klar unterscheiden lässt.

Wichtiger Text Lk 16,1-9: *„Jesus sagte zu den Jüngern: Ein reicher Mann hatte einen Verwalter. Diesen beschuldigte man bei ihm, er verschleudere sein Vermögen. 16,2 Darauf ließ er ihn rufen und sagte zu ihm: Was höre ich über dich? Leg Rechenschaft ab über deine*

[135] Vgl. H. Conzelmann/A. Lindemann, Arbeitsbuch zum Neuen Testament, 11.Aufl Tübingen 1995 (UTB 52) 103f.

Verwaltung! Du kannst nicht länger mein Verwalter sein. 16,3 Da überlegte der Verwalter: Mein Herr entzieht mir die Verwaltung. Was soll ich jetzt tun? Zu schwerer Arbeit tauge ich nicht, und zu betteln schäme ich mich. 16:4 Doch - ich weiß, was ich tun muss, damit mich die Leute in ihre Häuser aufnehmen, wenn ich als Verwalter abgesetzt bin. 16,5 Und er ließ die Schuldner seines Herrn, einen nach dem andern, zu sich kommen und fragte den ersten: Wie viel bist du meinem Herrn schuldig? 16,6 Er antwortete: Hundert Fas Öl. Da sagte er zu ihm: Nimm deinen Schuldschein, setz dich gleich hin, und schreib «fünfzig». 16,7 Dann fragte er einen andern: Wie viel bist du schuldig? Der antwortete: Hundert Sack Weizen. Da sagte er zu ihm: Nimm deinen Schuldschein, und schreib «achtzig». 16,8 Und der Herr lobte die Klugheit des unehrlichen Verwalters und sagte: Die Kinder dieser Welt sind im Umgang mit ihresgleichen klüger als die Kinder des Lichtes. 16,9 Ich sage euch: Macht euch Freunde mit Hilfe des ungerechten Mammons, damit ihr in die ewigen Wohnungen aufgenommen werdet, wenn es (mit euch) zu Ende geht. "

Die Gleichnisse Jesu enthalten an manchen Stellen ungewöhnliche Züge und anstößige Bilder, die dem allgemeinen moralischen Empfinden widersprechen. Das Bildmatierial ist häufig hart und unkonventionell so wie in der zitierten Beispielgeschichte „Vom unehrlichen Verwalter". Tim Schramm und Kathrin Löwenstein konnten deshalb von Gottes „unmoralischen Helden" sprechen.

🕮 **Lesetipp:** *P .Müller/G .Büttner/R. Heiligenthal/J. Thierfelder, Die Gleichnisse Jesu. Ein Studien- und Arbeitsbuch für den Unterricht, Stuttgart 2002.*

Gleichnisse in der Geschichte des Urchristentums

Gleichnisse wurden in unterschiedlichen Situationen des Urchristentums erzählt. Bei jedem Gleichnis ist folglich zu fragen, wo sein „Sitz im Leben" (H. Gunkel) gewesen sein könnte und ob es evtl. auch mehrere Sitze im Leben für ein Gleichnis gegeben hat. K. Berger macht in seiner Formgeschichte[136] den Unterschied zwischen der Zeit vor Ostern (Gleichnisse im Rahmen der Jesusbewegung) und der Zeit nach Ostern (Gleichnisse in der tradierenden Gemeinde).

Mögliche Sitze im Leben könnten sein:

Vor Ostern:

- Die Auseinandersetzung Jesus/Pharisäer (der Streit über die Zuwendung zu Sündern) ⇒ Lk 15: verlorenes Schaf, verlorener Groschen, verlorener Sohn; Lk 7,36-50: die zwei Schuldner.
- Konfliktsituationen mit jüdischen Lehrautoritäten: Auseinandersetzung mit Juden, die Johannes d. Täufer wie auch Jesus ablehnen ⇒ Mk 12,1-12: böse Weingärtner; Lk 7,31-32: spielende Kinder.
- Der Appell zum Hören: ⇒ Mk 4,3-9: Sämann.
- Warnung vor dem Richten unter den Jüngern: ⇒ Mt 13,24-30: Unkraut unter dem Weizen.
- Hinweis auf die notwendige Zeit des Fruchtbringens aber auch der Appell zu eigenverantwortlichem Handeln: ⇒ Mk 4,26-29: selbstwachsende Saat; Lk 19,11-28: anvertraute Pfunde; Lk 13,6-9: unfruchtbarer Feigenbaum; Lk 16,1-9: ungerechter Haushalter.
- Ausdruck der Freude: ⇒ Mt 13,44-46: Schatz im Acker, kostbare Perle.

In der frühnachösterlichen Zeit:

- Bewältigung des Problems der Naherwartung und Parusieverzögerung, Gebot der Wachsamkeit: ⇒ Mt 25,1-13: törichte und kluge Jungfrauen; Lk 18,1-8: bittende Witwe.

[136] Berger, Formgeschichte, 375.

- Der Appell, sich auf die Jesusüberlieferung einzulassen: ⇒ Mt 13,11-17: Parabelgeheimnis.
- Das Problem des notwendigen Besitzverzichts bei Wanderlehrern: ⇒ Mt 13,44-46: Schatz im Acker, kostbare Perle.

In der Auseinandersetzung der Judenchristen mit neu hinzukommenden Heidenchristen:

- Das Problem der Dazugehörigkeit. Die Frage, ob das Himmelreich auch uneingeschränkt den Heidenchristen gilt: ⇒ Lk 15,11-32: verlorener Sohn; Mt 20,1-16: Arbeiter im Weinberg; Mt 22,1-14: königliche Hochzeit; Lk 7,36-50: zwei Schuldner.

Situationen in der Geschichte der späteren Gemeinde:

- Frustration über den langsamen Gemeindezuwachs aber auch Trost durch Hoffnung auf Besserung. ⇒ Mt 13,31-32: Senfkorn; Mt 13,33-35: Sauerteig.
- Problem der Existenz von guten und bösen Menschen in der Gemeinde: ⇒ Mt 13,24-30: Unkraut unter dem Weizen.
- Verwaltung materiellen Vermögens: ⇒ Mt 25,14-30: anvertraute Zentner; Lk 16,1-9: ungerechter Haushalter.
- Problem der Gebetserhörung: ⇒ Lk 11,5-13: bittender Freund; Lk 18,1-8: bittende Witwe.

Tipp zum Weiterarbeiten: Möglichkeiten der Auslegung biblischer Texte am Beispiel der Geschichte neutestamentlicher Gleichnisexegese:

Die neutestamentlichen Gleichnisse als kleine, in sich relativ abgeschlossene Literaturformen eignen sich besonders die Methodik theologischer Schriftauslegung darzustellen. Die dabei verwendeten methodischen Zugänge zur Entschlüsselung ihrer Aussagegehalte sind höchst unterschiedlich und wurden wie kaum sonst in der biblischen Exegese methodologisch reflektiert. Besonders die hellenistische Rhetorik bot sich als vorherrschender Auslegungsschlüssel an, da sie versuchte, die konkrete mündliche Rede und ihre beabsichtigte Wirkung methodisch zu systematisieren, was mit dem Verständnis der Gleichnisse als direkter Rede korrespondierte. Heftig diskutiert wird bis heute auch der Versuch, die Gleichnisse Jesu in die jüdische Literaturgeschichte einzuordnen. Hierfür bietet sich der Vergleich mit rabbinischen Gleichnissen an. Methodisch und theologisch durchaus angreifbar, wird dann das Eigentliche der Gleichnisrede Jesu in der Differenz zu rabbinischen Gleichnissen gesehen. Historische Fragestellungen werden immer dann ins Spiel gebracht, wenn nach der pragmatischen Seite der Gleichnisse gefragt wird. Der Bildgehalt der Gleichnisse wird bei einer solchen Betrachtungsweise als Spiegel der realen Verhältnisse in Palästina zur Zeit Jesu angesehen; der historische Kontext wird zum vorherrschenden Auslegungsschlüssel für die Botschaft der Gleichnisse. Alle bisher genannten Zugänge grenzen sich gegen die traditionelle allegorische Auslegung der Gleichnisse dadurch ab, dass sie die Gleichnisse grundsätzlich als „argumentatio", als Verdeutlichung einer vorgegebenen „res" („Sache") verstehen. Die Unterscheidung einer Bild- und Sachhälfte ist hierfür grundlegend. In neueren, sich auf sprachwissenschaftliche bzw. linguistische Metapherntheorien beziehende Ansätze wird dies heftig bestritten: die Gleichnisse als metaphorische Rede legen sich selbst aus. Die Rekonstruktion einer außerhalb der Bildrede stehenden Sachaussage sei daher nicht angemessen. Theologisch legitimiert sich dieser Zugang durch die Behauptung, eine direkte menschliche Rede von Gott sei nicht möglich. Die einzig mögliche Form, Gott zur Sprache zu bringen, sei die bild- bzw. gleichnishafte Rede.
Die Wahl der Methoden und ihre Anwendung ist immer auch bestimmt durch theologische Grundentscheidungen: Ist der ursprüngliche Bezugsrahmen der Gleichnisrede die Botschaft des historischen Jesus oder die Glaubensaussagen der urchristlichen Gemeinden über den gekreuzigten und auferstandenen Christus? Sind sie als „Sprachereignisse", als unmittelbare Anrede Gottes, aus sich selbst heraus wirksam oder nur in ihrem historischen Kontext deut- und verstehbar? Sind die Gleichnisse Zeugnisse der Einmaligkeit der Verkündigung Jesu oder sind sie in die jüdische Welt Jesu einzuordnen und aus ihr heraus zu verstehen? Hat die Botschaft Jesu mehr ethisch-weisheitlichen Charakter oder zeugt sie von der noch nicht vollständig erfahrbaren neuen Wirklichkeit des zukünftigen Reiches Gottes?

Zentraler Text: Das „Parabelgeheimnis nach Mk 4

„Wer Ohren hat, der höre! (10) Und die Jünger traten zu ihm und sprachen: Warum redest du zu ihnen (sc. zum Volk) in Gleichnissen? (11) Er antwortete und sprach zu ihnen: Euch ist's gegeben, die Geheimnisse des

Himmelreichs zu verstehen, diesen aber ist's nicht gegeben. (12) Denn wer da hat, dem wird gegeben, dass er die Fülle habe; wer aber nicht hat, dem wird auch das genommen, was er hat. (13) Darum rede ich zu ihnen in Gleichnissen. Denn mit sehenden Augen sehen sie nicht und mit hörenden Ohren hören sie nicht; und sie verstehen es nicht.“

Deutlich ist hier ein Verständnis von Gleichnissen aus der Apokalyptik übernommen, das sie als verschlüsselte, rätselhafte Rede begreift. Wer vermag eine solche Rede zu verstehen? Die Grenze ist mittels Kontrasten deutlich gezogen: das Volk, die Außenstehenden verstehen nicht, den Jüngern sind die Geheimnisse des Himmelreiches gegeben. Der ganze Reichtum der Lehre Jesu ist den Jüngern „geschenkt“, ist ihnen durch seinen Unterricht offenbart, während das ebenfalls hörende Volk im Unverständnis verbleibt. Der Sinn dieses sogenannten „Parabelgeheimnisses“ ist: „Wer die Lehre Jesu nur oberflächlich begreift, im Sinne einer schönen 'Geschichte', der bleibt draußen und wird dadurch verführt, dass das Gleichnis ja in sich stimmig ist. Wer dagegen den tieferen Sinn erfassen will, ist dazu darauf angewiesen, *noch einmal* auf Jesus zu hören und sein *Jünger* zu werden. Die Gleichnisreden offenbaren gerade in ihrer Eigenschaft als Allegorien den ekklesiologischen Sinn der Verkündigung Jesu.“[137]

4.3.5.2 Wundergeschichten im Neuen Testament

Definition: Frühchristliche Wundergeschichten sind „symbolische Handlungen, in denen durch Berufung auf eine Offenbarung des Heiligen die konkrete Negativität menschlichen Daseins überwunden wird. Sie überschreiten in ihrem Vollzug die Grenzen des menschlich Möglichen“[138].

Rudolf Bultmann hat die Wundergeschichten der synoptischen Tradition formgeschichtlich beschrieben:[139] Er unterscheidet grundsätzlich zwischen Natur- und Heilungswundern. Innerhalb der Heilungen lassen sich noch einmal die Exorzismen als besondere Form ausgrenzen. Bultmann versuchte für die Wunderüberlieferungen eine ursprüngliche typische Form zu rekonstruieren. Am Beispiel des Exorzismus in Mk 1,23-28 und der Blindenheilung Mk 8,22-26 können die Elemente des von Bultmann angenommenen typischen Aufbaus gezeigt werden:[140]

Der Exorzismus in Mk 1,23-28:

1,23a *In ihrer Synagoge saß ein Mann, der von einem unreinen Geist besessen war.*	**Exposition:** Es handelt sich um eine knappe Einführung in die Situation, deren Ziel es ist, den Rezipienten auf die kommenden Ereignisse vorzubereiten.
1,23b: *Der begann zu schreien.* 1,24 *Was haben wir mit dir zu tun, Jesus von Nazaret? Bist du gekommen, um uns ins Verderben zu stürzen? Ich weiß, wer du bist: der Heilige Gottes.*	**Vorbereitung:** Der Dämon bemerkt Jesu Kraft und damit, wer Jesus ist, und reagiert. Die Handlung steuert auf das Wunder zu.
1,25 *Da befahl ihm Jesus: Schweig und verlass ihn!*	**Durchführung:** Das Wunder geschieht hier durch einen Befehl an den Geist auszufahren.
1,26 *Der unreine Geist zerrte den Mann hin und her und verließ ihn mit lautem Geschrei.*	**Demonstration:** Die Wirkung des Ausfahrtsbefehl wird sichtbar. Unter Geschrei fährt der unreine Geist aus dem Körper des Kranken aus.

137 Berger, Formgeschichte, 60.

138 G. Theißen, Urchristliche Wundergeschichten. Ein Beitrag zur formgeschichtlichen Erforschung der synoptischen Evangelien, Gütersloh 1974 (StNT 8), 295.

139 R. Bultmann, Geschichte der synoptischen Tradition, 10. Aufl. Göttingen 1995.

140 Die beiden Beispiele sind entnommen aus: H. Conzelmann/A. Lindemann, Arbeitsbuch zum Neuen Testament, 11.Aufl Tübingen 1995 (UTB 52), 90-92.

1,27 *Da erschraken alle, und einer fragte den andern: Was hat das zu bedeuten? Hier wird mit Vollmacht eine ganz neue Lehre verkündet. Sogar die unreinen Geister gehorchen seinem Befehl.* 1,28 *Und sein Ruf verbreitete sich rasch im ganzen Gebiet von Galiläa.*	**Reaktion der Zuschauer („Chorschluss"):** Typische Reaktion ist häufig das Erschrecken der Menge über das vollzogene Wunder, das in einen Lobpreis übergehen kann, bzw. ersetzt werden kann.

Die Blindenheilung in Mk 8,22-26:

Wichtiger Text: *8,22 Sie kamen nach Bethsaida. Da brachte man einen Blinden zu Jesus und bat ihn, er möge ihn berühren. 8,23 Er nahm den Blinden bei der Hand, führte ihn vor das Dorf hinaus, bestrich seine Augen mit Speichel, legte ihm die Hände auf und fragte ihn: Siehst du etwas? 8,24 Der Mann blickte auf und sagte: Ich sehe Menschen; denn ich sehe etwas, das wie Bäume aussieht und umhergeht. 8,25 Da legte er ihm nochmals die Hände auf die Augen; nun sah der Mann deutlich. Er war geheilt und konnte alles ganz genau sehen. 8,26 Jesus schickte ihn nach Hause und sagte: Geh aber nicht in das Dorf hinein!*

Grundsätzlich ist der Aufbau mit dem eines Exorzismus vergleichbar; die abweichenden Elemente sind im Text unterstrichen: Während im Exorzismus der Dämon die Macht des Exorzisten spürt und selbst reagiert, wird die Blindenheilung durch die Bitte von Menschen vorbereitet. Der Vollzug der Wunderheilung geschieht nicht durch ein Wort (Ausfahrbefehl), sondern durch eine Handlung. Der fehlende Chorschluss in Mk 8 ist durch die redaktionelle Arbeit des Markus zu erklären: Im Sinne des markinischen „Messiasgeheimnisses" soll das Wunder nicht allgemein öffentlich werden.
Die formgeschichtliche Arbeit an den Wundergeschichten wurde von Gerd Theißen fortgeführt[141], der in seiner Einteilung von Wundergeschichten stärker als Bultmann auf die jeweiligen Inhalte achtet. Er beschreibt die folgenden typischen Wunder: Exorzismen (z.B. Mk 1,21-28); Therapien (z.B. Mk 7,32-37); Epiphanien (z.B. Mk 6,45-51); Rettungswunder (z.B. Mk 4,35-41); Geschenkwunder (z.B. Mk 8,1-10) und Normenwunder (z.B. Mk Apg 5,1-11). Exorzismen, Therapien und Normenwunder können nach Theißen auf den historischen Jesus zurückgehen.

Zur aktuellen Diskussion um frühchristliche Wunderberichte
Seit der Aufklärung wurde die Realität der neutestamentlichen Wunder rationalistisch und mythologisch in Frage gestellt. Die rationalistischen Erklärungsversuche sahen in den Wundergeschichten Jesu meist Inszenierungen der Jünger, um das einfache Volk von der Lehre Jesu zu überzeugen. Die mythologische Erklärung bestritt die Geschichtlichkeit der Wunder, sah in ihnen aber Äußerungen des voraufklärerischen Verständnisses von Wirklichkeit und bereitete damit den Boden für ein kerygmatisches Wunderverständnis, das in den Wundern vornehmlich Glaubenszeugnisse antiker Menschen sah. Es wird heute kaum noch bestritten, dass Jesus Wundertaten vollbrachte. Allerdings beschränkt sich dieser Forschungskonsens auf die Realität von Heilungen und Exorzismen. Naturwunder werden zumeist als Glaubenszeugnisse der nachösterlichen Gemeinden aufgefasst. Allerdings sollte man hier bedenken, in wieweit unser heutiges Wirklichkeitsverständnis die Wahrnehmung von Wundern überhaupt zulässt. Für den antiken Menschen waren auch Naturwunder kaum bestrittene Phänomene seiner Erfahrung.

Das Bild Jesu als Wundertäter ist im **Johannesevangelium** anders gezeichnet als in den synoptischen Evangelien:

[141] G. Theißen, Urchristliche Wundergeschichten (siehe Anm. 138), mittlerweile 7. Aufl. 1998.

Jesus ist als ein Wundertäter vorgestellt, der in eigener Vollmacht zur Selbstdarstellung und zum Aufweis seiner Herrlichkeit die Wunder vollbringt. Darum sind nicht nur die Wunder in ihrer Wunderhaftigkeit so massiv, sondern es geschieht auch kein Wunder aus Erbarmen und zur Linderung der Not, und darum bleibt auch Jesu Gottesverhältnis bewusst ohne Darstellung. Das Wunder wird zur Epiphanie der göttlichen Macht des Wundertäters. Jesus ist nicht ein auserwählter Mann Gottes, durch den Gott wirkt, sondern göttlicher Mensch, der seine göttliche Herrlichkeit im Wunder anschaulich macht. An die Stelle des Selbsterweises Gottes durch den Wundertäter tritt der Selbsterweis des Wundertäters.
Charakteristik der johanneischen Wundergeschichten

1. Die Wunder werden ausgewählt wiedergegeben, denn die beiden Buchschlüsse berichten von vielen Wundern Jesu; im Johannesevangelium werden sieben Wunder erzählt.
2. Steigerung des Wunderbaren, bes. in speziell johanneischen Wundergeschichten.
3. Wundergeschichten sind lokalisiert: in den Synoptikern vollbringt Jesus in Jerusalem keine Wunder, im Johannesevangelium finden zwei Wunder in Jerusalem statt, nämlich das Heilungswunder am Teich Betesda (5,1-15) und das letzte Wunder, die Auferweckung des Lazarus.
4. Wundergeschichten werden besonders literarisch komponiert durch Zusammenstellung von „Doppelzeichen"; durch die Verbindung mit Reden Jesu, wie z.B. die Werke-Rede oder die Brotrede; durch innere Dramatisierung.
5. Wunder werden symbolisch gedeutet, so in Joh 9 bei der Blindenheilung: Jesus ist zum Gericht in die Welt gekommen.

Im Johannesevangelium zeigen sich Tendenzen a.) die symbolische Deutung gegen eine naive Deutung auszuspielen b.) die Wundergeschichten aus der Tradition aufzunehmen und fortzuführen.
Offensichtlich lebt die johanneische Gemeinde in Konkurrenzverhältnissen: Ein Manko des Täufers ist es, dass er nicht Wundertäter ist (10,41). So erwehrt man sich seiner Ansprüche. Überhaupt: die gesteigerten Wunder weisen allgemein auf das Feld der Konkurrenz anderer und ähnlicher missionarischer Tätigkeiten neben der christlichen Gemeinde. Wer so mit Freude und Massivität Wunder Jesu, die zum Glauben führen, darstellt, will andere, die von ihren Meistern Ähnliches berichten, verdrängen. Besonders gut passt solche sich durch das Wunder legitimierende Missionstätigkeit u.a. nach Samaria und Syrien (Apg 8,4-25). Dass überhaupt „Zeichen und Wunder" zur missionarischen Legitimation gehören, Vertrauen und Glauben an den Wundertäter bewerkstelligen wollen und dabei Konkurrenz zu anderen Missionaren überwinden müssen, zeigen Stellen wie Apg 13,6-12; 14,3f.8-13; 15,12; 16,14-40 und 19,8-40). Die Wundergeschichten Jesu stehen also im JohEv in Konkurrenz zu den Taten anderer Wundertäter. So ist das Weinwunder in Kana (2,1-12) mit dem Dionysos-Mythos der Antike vergleichbar und zielt darauf, Jesus als Wundertäter in der Konkurrenz zu Dionysos als überlegen darzustellen. Dies ist die Ursache für die Übertragung des Mythos auf Jesus. Bei beiden findet sich das sog. „Verwandlungsmotiv", die Verwandlung von Wasser in Wein. Auch ist der Termin, den die Alte Kirche mit dem Weinwunder verband, identisch mit dem Termin des antiken Dionysos-Festes. Man kann gegen diese These einwenden, dass das Dionysios-Wunder ein Weinentstehungswunder sei, dagegen das Weinwunder in Kana ein Verwandlungswunder. Doch gibt es Belege, die zeigen, dass das Verwandlungsmotiv im- und explizit auch im Dionysosmythos enthalten ist (⇒ Belege unter „Religionsgeschichte").

Die Apostel als Wundertäter

Wichtige Texte:
Mk 3,14f.: *„Und er setzte zwölf ein, die er bei sich haben und die er dann aussenden wollte, damit sie predigten (15) und mit seiner Vollmacht Dämonen austrieben."*
Lk 10,9: *„Heilt die Kranken, die dort sind, und sagt den Leuten: Das Reich Gottes ist euch nahe."*

Mt 10,8: *„Heilt Kranke, weckt Tote auf, macht Aussätzige rein, treibt Dämonen aus! Umsonst habt ihr empfangen, umsonst sollt ihr geben."*
Mt 17,14-16: *„Als sie zurückkamen, begegneten sie einer großen Zahl von Menschen. Da trat ein Mann auf ihn zu, fiel vor ihm auf die Knie (15) und sagte: Herr, hab Erbarmen mit meinem Sohn! Er ist mondsüchtig und hat schwer zu leiden. Immer wieder fällt er ins Feuer oder ins Wasser. (16) Ich habe ihn schon zu deinen Jüngern gebracht, aber sie konnten ihn nicht heilen."*
Apg 2,43 *„Alle wurden von Furcht ergriffen; denn durch die Apostel geschahen viele Wunder und Zeichen"* (vgl. Apg 5,12).

Wunderberichte in der Apostelgeschichte

Stelle	Wundertäter	Art des Wunders
2,43	Apostel	Summarium: Viele Zeichen und Wunder
3,1-11	Petrus	Heilung eines Gelähmten am Tempeltor in Jerusalem
5,1-11	Petrus	Normenwunder: Tod von Hananias und Saphira aufgrund der Sünde gegen den heiligen Geist.
5,12	Apostel	Summarium: Viele Zeichen und Wunder
5,15	Petrus	Summarium: Krankenheilungen durch den Schatten des Apostels
5,16	Apostel	Summarium: Krankenheilungen
5,17-21	Engel des Herrn	Befreiungswunder: Befreiung der Apostel aus dem Gefängnis
6,8	Stephanus	Summarium: Wunder und Zeichen
8,6-7.13	Philippus	Summarium: Exorzismen und Heilungen in Samaria
9,17-18	Hananias	Der „Jünger des Herrn" heilt in Damaskus die Blindheit des Paulus
9,32-35	Petrus	Heilung des gelähmten Äneas in Lydda
9,36-42	Petrus	Totenerweckung der Tabita in Joppe
12,3-17	Engel des Herrn	Befreiungswunder: Befreiung des Petrus aus dem Gefängnis
13,9-12	Paulus	Normenwunder: Paulus lässt auf Zypern den Zauberer Elymas erblinden
14,3	Paulus/Barnabas	Summarium: Zeichen und Wunder
14,8-11	Paulus	Paulus heilt einen Gelähmten in Lystra. Barnabas und Paulus werden Zeus und Hermes genannt.
16,16-18	Paulus	Exorzismus: Paulus treibt den Wahrsagegeist einer Magd in Philippi aus. Darauf bekommen Petrus und Silas ernste Schwierigkeiten durch den Besitzer der Magd.
16,25-34	(Erdbeben)	Türöffnungswunder: Befreiung des Paulus und Silas aus dem Gefängnis in Philippi
19,11-12	Paulus	Summarium: Krankenheilungen und Exorzismen durch die Schweißtücher des Apostels
20,7-12	Paulus	Totenerweckung: Der „Kirchenschläfer" Eutyches wird in Troas erweckt
28,3-6	Paulus	Schauwunder: Paulus überlebt auf Malta ohne Folgen einen Natternbiss. Reaktion der Menge: Du bist ein Gott!
28,7-8	Paulus	Heilung des Vaters des Gutsbesitzers Publius von der Ruhr
28,9	Paulus	Summarium: Krankenheilungen des Paulus auf Malta

Weitere „wunderbare“ Phänomene in der Apg: Pfingstwunder (2,2-6); Beben bei der Gemeindeversammlung (4,31); Entrückung des Philippus durch den Geist (8,39); Paulus wird blind (9,8-9); Herodes wird von einem Engel mit Krankheit geschlagen (12,23); wunderbare Rettung beim Schiffbruch vor Malta (27,9-44).
Visionen: Apg 9,10-16; 10,9-16; 16,9f.)

✐ **Tipp zum Weiterarbeiten**: Von Jesus, Petrus und Paulus wird berichtet, dass sie einen Gelähmten heilten. Vergleichen Sie die drei Wunderberichte (Lk 5,17-26; Apg 3,1-10; 14,8-11).

4.3.5.3 Streit- und Schulgespräche

Die Streitgespräche sind in ihrer „reinen“ Form durch äußerste Knappheit bestimmt. Sie sind in der Schilderung des szenischen Rahmens zurückhaltend und zeichnen sich häufig durch Fehlen einer genaueren Charakterisierung der Gesprächspartner Jesu aus, deren Reaktion auf die Erwiderung Jesu meist nicht berichtet wird. Die Streitgespräche sind deshalb von Bedeutung, weil sie Rückschlüsse auf die Stellung Jesu innerhalb der religiösen Strömungen des Frühjudentums erlauben und weil sie unter Umständen Erkenntnisse über theologische Auseinandersetzungen der frühen Gemeinden mit ihrer religiösen Umwelt transportieren. Eine Übersicht ergibt für das Markusevangelium das folgende Bild:

Streitgespräche im MkEv		
Gegner	Gegenstand der Auseinandersetzung	Stelle
Schriftgelehrte	Vollmacht zur Sündenvergebung	2,1-12
Pharisäer	Kultische Reinheit	2,15-17; 7,1-23
Jünger des Johannes (?)/Pharisäer (?)	Fasten	2,18-22
Pharisäer	Sabbatgebot	2,23-28; 3,1-6
Pharisäer	Ehescheidung	10,2-12
Hohepriester/Schriftgelehrte/ Älteste	Vollmacht Jesu zu prophetischen Symbolhandlungen	11,27-33
Pharisäer/Anhänger des Herodes	Steuerfrage	12,13-17
Sadduzäer	Auferstehung der Toten	12,28-27
Schriftgelehrte	Frage nach dem höchsten Gebot	12,28-34
Schriftgelehrte	Davidssohnschaft des Messias	12,35-37

✐ **Tipp zum Weiterarbeiten:** *Es fällt auf, dass die Pharisäer bei den Auseinandersetzungen Jesu in Jerusalem kaum eine Rolle mehr spielen. Dies könnte ein Hinweis darauf sein, wer von jüdischer Seite ein Interesse an der Beseitigung Jesu gehabt haben könnte. Versuchen Sie diese Beobachtung historisch zu verifizieren.*

Auch außerhalb der Evangelien finden sich im Neuen Testament zahlreiche kleinere, häufig erkennbar geprägte Formen, die von den Autoren übernommen und teilweise charakteristisch abgewandelt wurden. Sie sind häufig sehr alt; viele stammen aus vorpaulinischer Zeit:

Kleinere Formen außerhalb der Evangelien		
Bekenntnistraditionen/Glaubensformeln der Gemeinden	Formulieren in knapper Form das Bekenntnis zu Christus als dem Herrn oder bekennen die Heilswirklichkeit von dessen Tod und Auferstehung.	Röm 10,9; 1.Kor 15,3b-5
Missionskerygma	Fasst die urchristliche Missionsverkündigung zusammen.	1.Thess 1,9f.
Tauftraditionen	Sie vergewissern in bündiger Form die Bedeutung der Taufe.	Gal 3,26-28
Hymnen	Sie sind durch einen strophischen Aufbau gekennzeichnet und haben eine erkennbare Metrik.	Phil 2,6-11; Kol 1,15-20; 1.Tim 3,16; 1.Petr 3,21-25
Tugend- und Lasterkataloge	Diese Form findet sich auch in der jüdischen und paganen Ethik. Sie können der Beschreibung des Zustandes vor und nach der Bekehrung dienen.	Gal 5,19-23; Kol 3,5-14
Haustafeln	Sie sprechen einzelnen Gruppen innerhalb der Gemeinde auf das von ihnen erwartete Verhalten an. Auch diese Form wurde aus der paganen Ethik übernommen.	Kol 3,18-4,1; Eph 5,22-6,9; 1.Petr 2,13-3,7

4.3.6 Traditionsgeschichte

Die Traditionsgeschichte fragt auf der einen Seite nach der Herkunft und Überlieferungsgeschichte von geprägten Formen. Sie ist von daher ein wesentlicher Bestandteil der frühchristlichen ⇒ Theologiegeschichte. Traditionsgeschichtliches Arbeiten bedeutet aber auch nach gemeinsamen Motiven und Vorstellungsmilieus zu fragen, die nicht direkt literarisch oder mündlich in einer Überlieferungskette stehen müssen. Methodisch hat an dieser Stelle besonders die Wortfeldanalyse ihren Ort. So lässt sich z.B. zeigen, dass Paulus und 1.Petrus ein geprägtes Wortfeld über „Lob und Strafe der Obrigkeit" in ihre Paränese zur Unterordnung unter die staatlichen Gewalten aus der paganen Staatsethik übernommen haben und in spezifischen Sinn an die Bedürfnisse ihrer frühchristlichen Gemeinden anpassten.
Beispiel: Traditionen in Röm 13,1-7:

⌘ **Wichtiger Text:** *„Jeder leiste den Trägern der staatlichen Gewalt den schuldigen Gehorsam. Denn es gibt keine staatliche Gewalt, die nicht von Gott stammt; jede ist von Gott eingesetzt. 13,2 Wer sich daher der staatlichen Gewalt widersetzt, stellt sich gegen die Ordnung Gottes, und wer sich ihm entgegenstellt, wird dem Gericht verfallen 13,3 Vor den Trägern der Macht hat sich nicht die gute, sondern die böse Tat zu fürchten; willst du also ohne Furcht vor der staatlichen Gewalt leben, dann tue das Gute, so dass du ihre Anerkennung findest. 13,4 Sie steht im Dienst Gottes und verlangt, dass du das Gute tust. Wenn du aber Böses tust, fürchte dich! Denn nicht ohne Grund trägt sie das Schwert. Sie steht im Dienst Gottes und vollstreckt das Urteil an dem, der Böses tut. 13,5 Deshalb ist es notwendig, Gehorsam zu leisten, nicht allein aus Furcht vor der Strafe, sondern vor allem um des Gewissens willen 13,6 Das ist auch der Grund, weshalb ihr Steuern zahlt; denn in Gottes Auftrag han-*

deln jene, die Steuern einzuziehen haben. 13,7 Gebt allen, was ihr ihnen schuldig seid, sei es Steuer oder Zoll, sei es Furcht oder Ehre.“

Gemeinsamkeiten von Röm 13, 1-7 und den neutestamentlichen Parallelen in 1.Petr 2; Tit 3 und 2.Tim 2:
- Alle vier Texte enthalten Elemente, welche auf das pagan-hellenistische Wortfeld „Lob und Tadel durch übergeordnete Instanzen“ zurückgehen: „Tun/Tat/Werk“; „Lob/loben“ Tadel/tadeln“; „gut/böse“; „Furcht“; „Ehre“.
- Die Forderung zum Untertan-Sein wird in Röm 13, 1Petr 2 und Tit 3, terminologisch gesehen, gleich ausgedrückt.
- Die Machthaber werden in ihrer faktischen Überordnung aufgeführt (Das Verbum „übergeordnet sein“ erscheint in Röm 13,1; 1Petr 2,14 und 1Tim 2,2).
- Sämtliche Vertreter der Öffentlichen Macht werden berücksichtigt:
  Das bringt Tit 3,1 mit „Mächte der Obrigkeit“ zum Ausdruck; in 1.Tim 2,2 werden neben den Königen alle, die Macht ausüben, genannt; 1.Petr 2,14 erwähnt neben dem Kaiser seine Statthalter; Röm 13 schreibt „übergeordnete Gewalten“.
- Die Funktion der Machthaber wird in 1.Petr 2,14 und Röm 13,3f. gleichlautend geschildert: sie ahnden das Böse und belobigen das Gute.
- Parallel zu Röm 13,3f folgt in Tit 3,1f der Mahnung zum Gehorsam gegen die Machthaber eine Aufforderung zum Tun des Guten gegen jedermann.
- Die Fürbitte in 1.Tim 2,2 erwartet als Gegenleistung den Schutz der staatlichen Instanzen (vgl. Röm 13,3f.).
- Die Forderung wird in 1.Petr 2,17b und Röm 13,7 mit den Begriffen Furcht und Ehre konkretisiert.
- Im unmittelbaren Kontext ist jeweils vom Verhalten der Christen gegenüber allen Menschen sowie im speziellen zu den Glaubensbrüdern die Rede.

Auswertung:
Aufgrund der Unterschiede lässt sich eine literarische Selbständigkeit der Texte durchaus vermuten. Die Übereinstimmungen geben jedoch zu der Vermutung Anlass, dass in der (evtl. mündlichen) Tradition ein gemeinsamer, zugrundeliegender Topos vorhanden war, d.h., die verglichenen Texte stehen alle unter dem Einfluss einer urchristlichen Paränese vom rechten Verhalten zu den Machthabern.

4.3.7 Sozialgeschichtliche Fragestellung

In einem weiteren Sinn fragt die sozialgeschichtliche Methode nach den soziologischen, milieugeschichtlichen und kulturellen Rahmenbedingungen, in denen und mit denen die Jesusbewegung und die frühchristlichen Gemeinden lebten und in die sich die christliche Botschaft einwurzelte. Diese Methode geht von der Einsicht aus, dass theologische Aussagen und Lebenspraxis der frühen Christen in einer Beziehung standen. Am Beispiel einer Untersuchung Gerd Theißens über die soziale Schichtung der korinthischen Gemeinde kann die Vorgehensweise und der Ertrag sozialgeschichtlicher Forschung verdeutlicht werden:

Gerd Theißen[142] stellt die These auf, dass a) die Glieder der christlichen Gemeinde in Korinth weder durchweg der sozialen Oberschicht angehörten noch allein zu den Unterprivilegierten zählten, sondern dass die Gemeinde vielmehr durch eine innere soziale Schichtung gekennzeichnet war und dass b) diese heterogene soziologische Zusammensetzung durch die Struktur der korinthischen Gemeinde und der paulinischen Mission vorgeprägt war.
Diese These wird angemessen in 2 Schritten belegt:
- Zuerst werden alle Aussagen über die christliche Gemeinde in Korinth geordnet und ausgewertet, um die innere Schichtung der Gemeinde aufzuzeigen.
- Dann werden der geschichtliche Hintergrund bzw. die soziale Entwicklung der Stadt Korinth unter der Herrschaft der Römer sowie der soziale Bezugspunkt paulinischer Theologie zur Deutung dieses Sachverhaltes herangezogen.

<u>**Soziologische Auswertung von Aussagen über die korinthische Gemeinde**</u>

Der Verfasser betrachtet getrennt 3 Gruppen von Aussagen:
- Aussagen über die ganze Gemeinde
- Aussagen über einzelne Gemeindeglieder
- Aussagen über einzelne Teile der Gemeinde

[142] G. Theißen, Soziale Schichtung der korinthischen Gemeinde. Ein Beitrag zur Soziologie des hellenistischen Urchristentums, in: ZNW 65 (1974) 232-272.

Er will zeigen, dass die Aussagen auf diesen verschiedenen Ebenen übereinstimmend nur bei der Annahme einer inneren sozialen Schichtung sinnvoll erscheinen.

Aussagen über die ganze Gemeinde

Zuerst wird anhand von 1.Kor 1,26-29 gezeigt, dass die zur sozialen Oberschicht gehörenden Gemeindeglieder zahlenmäßig nicht stark vertreten waren. Dazu müssen zuerst die soziologischen Implikationen der in diesen Versen verwendeten Begriffe nachgewiesen werden.

Dann wird aus 1.Kor 4,10ff der Schluss gezogen, dass diese Minorität den beherrschenden und für Paulus wichtigsten Teil der Gemeinde darstellte.

Aussagen über einzelne Gemeindeglieder

Es ist zunächst notwendig, zu klären, wie man aus den Aussagen über die 17 im NT namentlich erwähnten Gemeindeglieder auf ihre soziale Stellung schließen kann. Der Verfasser entwickelt 4 Kriterien, die er nach der Brauchbarkeit für Rückschlüsse auf soziale Verhältnisse hinterfragt. Es handelt sich um Aussagen darüber, ob die erwähnten korinthischen Christen

- öffentlicher Ämter inne hatte
- „Häusern" vorstanden
- sich durch Dienstleistungen für die Gemeinde hervortaten
- Reisen unternahmen

Das Zusammentreffen verschiedener Kriterien lässt bei einem Großteil der erwähnten Personen den Rückschluss auf einen gehobenen sozialen Status. Dagegen lässt sich mit ihrer Hilfe die Zugehörigkeit zu den unteren Schichten nicht belegen. Allein die Tatsache aber, dass ein großer Teil der im NT erwähnten Korinther zur sozialen Oberschicht gehörte, zeigt, dass für Paulus diese Gruppe den wichtigsten Teil der Gemeinde darstellt.

Aussagen über Teile der Gemeinde

Hier wird das Vorhandensein von Gruppen aus verschiedenen sozialen Schichten vorausgesetzt und auch hier werden verstärkt die Vertreter der Oberschicht von Paulus angesprochen.

Soziologische Deutung des Befundes

Die soziale Struktur der Stadt Korinth

Für die soziale Struktur sind vor allem zwei Aspekte wichtig:

- Das Korinth des 1. Jhdt. war eine verhältnismäßig junge Stadt (44 v.Chr. von Caesar neu gegründet) ohne große kulturelle Tradition wie etwa Athen und mit bunt zusammengewürfelter Bevölkerung. Es ist klar, dass hier neue geistige Strömungen wie das Christentum mehr Anklang fanden als in anderen hellenistischen Städten.
- Die Stadt nahm sehr schnell Aufschwung und verfügte bald über eine blühende Wirtschaft, die vor allem auf den Handel, die Finanzgeschäfte, das Handwerk und eine gut organisierte Verwaltung basierte. Theißen nimmt an, dass in dieser aufstrebenden Stadt sich die sozialen Gegensätze viel stärker als anderswo ausbildeten.

Soziale Bedingungen paulinischer Mission

Dass es in den von Paulus missionierten Gemeinden eine Reihe von verhältnismäßig begüterten Menschen gab, wird auf zwei Sachverhalte zurückgeführt:

- Diese Leute gehörten zu der Zielgruppe der Mission, die einerseits gottesfürchtig waren, d.h. die dem Monotheismus und einem hochstehenden Ethos positiv gegenüberstanden, die aber andererseits durch verschiedene unbequeme Bedingungen (Beschneidung, Speisebestimmungen etc.) von einem Übertritt zum Judentum abgehalten worden waren.
- Paulus hatte trotz seines Berufes als einfacher Handwerker das römische Bürgerrecht und damit einen privilegierten Status. Er konnte so den Angehörigen der Oberschicht gleichberechtigt gegenübertreten, was für den Erfolg seiner Mission nicht ohne Einfluss gewesen sein dürfte. Es ist anzumerken, dass Paulus darauf angewiesen war, dass es in den einzelnen Gemeinden reiche Leute gab, die ihn und seine Begleiter während ihres Aufenthaltes unterbrachten und verpflegten.

Der korinthische Liebespatriarchalismus

In einem ergänzenden Teil versucht Theißen den Liebespatriarchalismus als die dieser soziologischen Struktur angemessene Konsequenz zu beschreiben und seine Bedeutung für die Antike aufzuzeigen.

- Es handelt sich um einen Prozess der Hellenisierung, der Urbanisierung und des Aufstiegs des Christentums in höhere Schichten. Dieser Prozess habe zur Folge gehabt, dass sich neben dem ethischen Radikalismus, der in der palästinischen Tradition verwurzelt ist und in den synoptischen Evangelien überliefert wird, sich ein weiteres ethisches Konzept herausgebildet hat, nämlich das des Liebespatriarchalismus: Hier werden soziale Unterschiede als gegeben vorausgesetzt, aber innerhalb der christlichen Gemeinde werden sie durch Verpflichtung zur Rücksichtnahme und Liebe gemildert.
- Die geschichtliche Wirksamkeit in der Antike liegt darin begründet, dass die Angehörigen der Oberschicht ohne ihre führende Position in der Gesellschaft aufgeben zu müssen Glieder der Gemeinde werden konnten

und dass andererseits die Unterprivilegierten in der christlichen Gemeinschaft als Gleichberechtigte behandelt wurden und die Hilfe ihrer Glaubensbrüder vermittelt bekamen.

4.3.8 Religionsgeschichte

Im religionsgeschichtlichen Vergleich werden neutestamentliche Vorstellungen und Motive mit Motiven aus der religiösen Umwelt verglichen. Durch ihn wird deutlich, dass das Christentum kein isoliertes Phänomen ist, sondern in den religiösen und kulturgeschichtlichen Zusammenhang seiner Umwelt eingebettet ist. In Übereinstimmung und Differenz der Vorstellungen lassen sich Formen der Inkulturation des Christentums nachweisen. Am Beispiel der „Wunder Jesu" lässt sich beispielhaft aufzeigen, dass Jesu Wundertaten an sich keine sich von der Umwelt unterscheidenden Phänomene waren und sich folglich das „Besondere" Jesu nicht an der Tatsache zeigen lässt, dass er ein Wundertäter war:
In der gesamten Antike einschließlich des Frühjudentums gehörte die Möglichkeit von „Wundern" zur Wirklichkeitserfahrung der Menschen. Die Möglichkeit von Wundern wurde zumeist und besonders in der Volksfrömmigkeit nicht bestritten. Thematisiert wurden die Motive der Wundertäter und die Vollmachtsfrage, denn nicht nur Gott oder gute Mächte konnten zu Wundern bevollmächtigen, sondern auch böse Geister (vgl. Mk 3,22-20: Tut Jesus Wunder im Bunde mit dem Teufel?).
In dem folgenden Dialog beschreibt Lukian die Tätigkeit eines **Exorzisten** aus dem syrischen Raum.
„'Du wirkst lächerlich', sagte Ion, 'wenn du allem nicht glaubst. Ich wenigstens hätte gerne gefragt, was du über die sagst, die die von Dämonen Besessenen befreien von den Schrecken und so sichtbar mit Worten die Geister austreiben. Und diese Dinge muss ich nicht erst sagen, vielmehr kennen alle den Syrer aus Palästina, der darin Fachmann ist, wie viele er auch an die Hand nimmt, die vor dem Mond niederfallen und die Augen verdrehen und mit Schaum ihren Mund füllen - dennoch richtet er sie auf und schickt sie fort, normal im Geist. Und für großen Lohn befreit er sie von den Schrecklichkeiten. Denn wenn er bei den Daliegenden steht und fragt, woher sie hineingegangen seien in den Leib, dann schweigt der Kranke selbst, der Dämon aber antwortet, griechisch oder barbarisch sprechend, woher er auch immer sei, wie und woher er in den Menschen hineinging. Der aber beschwört den Geist, und für den Fall, dass er nicht gehorcht, droht er und treibt den Dämon aus. Ich sah sogar einen schwarzen und rauchigen der Farbe nach'" (Lügenfreund 16).

✎ **Tipp zum Weiterarbeiten:** *Vergleichen Sie den obigen paganen Text mit Mk 1,21-28!*

Tacitus berichtet in seinen Historien (IV 81), wie der Kaiser Vespasian eine Blindenheilung an einem Ägypter vollzog. Auffallend ist die Technik der Heilung, die mit Mk 8,22-26 übereinstimmt:
Der Kaiser Vespasian als Wunderheiler: *„Aus dem gewöhnlichen Volk von Alexandrien warf sich einer, der durch Siechtum der Augen bekannt war, zu seinen Knien nieder. Er erbat mit Seufzen Heilung der Blindheit - auf Weisung des Gottes Serapis, den der dem Aberglauben hingegebene Volksstamm vor anderen verehrte - und so bat er den Fürsten, dass er die Wangen und Augenhöhlen mit der Absonderung des Mundes benetzen möge ..."* Daraufhin heilt Vespasian nach kurzem Zögern den Blinden erfolgreich.

Auch **Totenerweckungen** waren in der Antike kein ungewöhnliches Phänomen. Der Text über den bekanntesten Wundertäter, Apollonius v. Tyana, zeigt jedoch auch, dass man mit Wundern wohl rechnete, aber immer auch nach rationalen Erklärungen suchte:
Apollonius v. Tyana weckt ein totes Mädchen auf:[143] *„Es wird auch folgendes Wunder erzählt: Ein Mädchen war am Tag seiner Hochzeit gestorben, so schien es wenigstens, und der Bräutigam folgte bereits jammernd der Bahre und klagte, dass seine Ehe so gänzlich unerfüllt geblieben sei. Aber auch ganz Rom trauerte um ihn, da das Mädchen aus einer vornehmen Konsularenfamilie stammte. Als nun Apollonius dem Trauerzug begegnete, sagte er: 'Legt die Bahre nieder! Ich will euren Tränen über das Mädchen ein Ende machen.' Die Menge glaubte nun, er werde eine Trauerrede halten, wie sie so üblich sind bei solchen Anlässen, um den Jammer zu be-*

[143] Text bei: G. Theißen/A. Merz, Der historische Jesus. Ein Lehrbuch, Göttingen 1996, 257.

schwören. Er jedoch berührte nur die Tote, sprach einige unverständliche Worte und erweckte so das Mädchen aus dem Scheintode. Dieses begann wieder zu sprechen und kehrte ins Elternhaus zurück wie Alkestis als sie von Herakles ins Leben zurückgerufen war. Als ihm die Verwandten ein Geschenk von fünfzehn Myriaden machen wollten, sagte er, sie sollten es dem Mädchen als Mitgift geben. Ob er nun noch einen Lebensfunken an ihr wahrgenommen hatte, der den Ärzten verborgen geblieben war - man erzählt sich nämlich, Zeus habe Tau auf sie fallen lassen und von ihrem Antlitz sei ein Dunst aufgestiegen -, oder ob er das erloschene Leben wieder zurückgerufen und angefacht hatte, dies vermag ich nicht zu ergründen, und auch die Anwesenden hätten es nicht ermitteln können" (Philostrat, Vita Apollonii IV,45).

✎ **Tipp zum Weiterarbeiten:** *Lesen sie bei G. Vermes, Jesus, der Jude, Neukirchen-Vluyn 1993, die Abschnitte über charismatische Wundertäter aus dem jüdischen Umfeld und vergleichen Sie die pagane Totenerweckungsgeschichte mit 1.Kön 17,17-24 und Lk 7,11-17.*

Der folgende Text zeigt, dass das in Joh 2,1-12 erzählte Weinwunder in deutlicher Konkurrenz zu vergleichbaren Wundern stand, die dem Gott Dionysos und seinem Kult zugeschrieben wurden. In einer Beschreibung Griechenlands durch Pausanias (2.Jh. n.Chr.) kann man lesen:

„Entfernt ist es von der Stadt ungefähr acht Stadien, wo sie das Fest feiern, das sie Thyia nennen. Die Priester bringen drei Schüsseln an der Zahl in ein Gebäude und setzen sie leer nieder. Bürger und Fremde waren dabei, wenn sie gerade anwesend waren. Dann bringen sie Siegel an den Türen des Gebäudes an, die Priester selbst und von den übrigen die, die denen es nach dem Sinn ist. Am folgenden Tag aber ist es ihnen möglich, die Siegel anzusehen, und sie gehen hinein in das Gebäude und finden die Schüsseln gefüllt mit Wein. Dieses haben von den Eleern die angesehensten Männer und mit ihnen auch die Fremdlinge beschworen, dass es sich nach dem Gesagten verhalte, da ich selbst nicht zum Zeitpunkt des Festes angekommen war. Es sagen aber auch die Leute von Andros, dass jedes zweite Jahr ihnen zum Fest des Dionysos Wein von selbst aus dem Heiligtum fließe."

Die Bedeutung der religionsgeschichtlichen Methode lässt sich auch an der **„Himmelfahrtsvorstellung"** aufzeigen, mit der Lukas sein Evangelium beenden und die Apostelgeschichte beginnen lässt:

In der frühjüdischen und hellenistischen Religionsgeschichte muss man grundsätzlich zwischen „Himmelsreisen" und „Entrückungen" unterscheiden.

Die **Himmelsreise** berichtet von einer temporären Reise einer Seele (Hellenismus) bzw. Person (im Judentum) in den Himmel und schildert die Ereignisse aus der Sicht der Betroffenen. Hierbei geht es regelmäßig um die Mitteilung göttlicher Offenbarungen, dass der auf die Erde wieder zurückgekehrte Himmelsreisende den Menschen weitergibt. Innerhalb der Mysterienreligionen erfährt der Einzuweihende durch die Reise seiner Seele die Geheimnisse des Mysterienglaubens. Die berühmte sog. Mithrasliturgie beginnt mit den folgenden Worten: „Gnade sei mit mir von dir, Vorsehung und Schicksal, wenn ich schreibe diese ersten überlieferten Mysterien, allein aber für mein Kind Unsterblichkeit, einen Mysten, würdig dieser unserer Kraft, die der große Gott Helios Mithras mir hat geben lassen von seinem Erzengel, auf dass ich allein, ein Adler, den Himmel beschreite und erschaue alles." In den *Metamorphoses* des Apuleius wird von der Einweihung des Lucius in den Isis-Kult in Korinth berichtet. Zentrum der Einweihungshandlungen ist die Mitteilung göttlicher Geheimnisse durch die Reise der Seele des Lucius in die untere und obere Welt: „An die Grenze des Todes bin ich gekommen, und nachdem ich die Schwelle der Proserpina betreten hatte und durch alle Elemente gefahren war, kehrte ich zurück.

Texte in: *J. Leipoldt/W. Grundmann, Umwelt des Urchristentums II, 3.Aufl. Berlin 1972.*

Beispiele aus der jüdisch-hellenistischen Religionsgeschichte:

SyrApkBar 59,3-11: „Doch auch die Himmel wurden in jener Zeit von ihrem Platz weggerückt; gewaltig erzitterten sie insbesondere unter des Allmächtigen Thron, als er den Mose zu sich nahm. (4) Ermahnungen gab es ihm viele und Verhaltensregeln der Gesetze und (über) das Ende der Zeit ebenso wie dir; und weiter dann auch Zions Bild und seine Maße; soll es doch gebaut werden nach dem Bild des heutigen Heiligtums. (5) Auch zeigte er ihm damals ...

(11) das Bild der künftigen Strafe und die Menge der unzähligen Engel, sodann der Flamme Kräfte und den Glanz der Blitzstrahlen, die Stimme von Donnerschlägen und die Rangordnungen der Erzengel, die Schatzkammern des Lichts, der Zeiten Wechsel und die Forschungen im Gesetz."
Jub 4,21: „Und Henoch war bei den Engeln Gottes sechs Jubiläen an Jahren. Und sie zeigten ihm alles, was auf der Erde und was im Himmel, die Herrschaft der Sonne. Und er schrieb alles auf."
ÄthApkHen 14,8-25: „Und die Vision erschien mir folgendermaßen: Siehe Wolken riefen mich in der Vision und Nebel rief mich und die Bahn der Blitze und Sterne drängten mich zur Eile und trieben mich und die Winde in der Vision gaben mir Flügel und bewegten mich und hoben mich empor in den Himmel ..."
Von den Himmelsreisen sind **Entrückungen** zu unterscheiden. Sie schildern die unmittelbare Aufnahme von Gerechten in den Himmel und finden sich ebenfalls sowohl in der hellenistischen als auch in der jüdischen Religionsgeschichte. Sie berichten aus der Sicht von Zeugen. Apg 1,6-12 ist eine Erzählung von der Entrückung des Auferstandenen in den Himmel. Im paganen Bereich sind die Entrückungen des Romulus und des Herakles, der auf einer Wolke emporfährt, besonders bekannt.
Plutarch, Vitae parallel., Numa 2: „Und Proklus, ein bekannter Mann beschwor: Er habe Romulus gesehen, wie er mit seiner Waffenrüstung zum Himmel emporgetragen wurde, und er habe seine Stimme gehört, die befahl, dass er Quirinus genannt werden solle"
Plutarch, Vitae parallel., Romulus § 28: „So trat nun ein Mann, der unter den Patriziern dem Geschlecht nach der Erste war und nach Lebensart der Angesehenste, dem Romulus selbst aber treu und vertraut, er gehörte zu den Kolonisten von Alba, Julius Proculus auf den Markt und sprach, indem er die heiligsten Heiligtümer berührte, einen Eid vor allen: Als er auf einem Weg dahinschritt, sei ihm Romulus erschienen, der von der entgegengesetzten Richtung her auf ihn zukam. Er war schön anzusehen und groß wie niemals vorher, geschmückt mit glänzenden und feuerflammenden Waffen. Er selbst nun habe, erschrocken über den Anblick, gesagt: 'O, König, was hast du erlitten oder gedacht, dass du uns zu ungerechten und bösen Beschuldigungen veranlasst hast, die ganze Stadt aber verwaist und in unendlicher Trauer zurückließest?' Jener aber antwortete: 'Den Göttern hat es gefallen, Proculus, dass ich eine so lange Zeit mit den Menschen sein sollte und nach der Gründung der Stadt zu Herrschaft und größter Ehre wieder den Himmel bewohnen sollte, da ich doch von dorther auch bin. Doch freue dich und sage den Römern, dass sie, wenn sie Besonnenheit mit Tapferkeit üben, zum Höchstmaß menschlicher Macht gelangen werden. Ich aber werde euch gnädig sein als Gott Quirinus.' Dieses schien den Römern glaubwürdig wegen der Lebensweise des Sprechers und wegen des Eides. Darüber hinaus hatte sie eine göttliche Begeisterung berührt, der Gottesbegeisterung ähnlich."
Texte mit Auswertung in: *K. Berger/C. Colpe, Religionsgeschichtliches Textbuch zum Neuen Testament, Göttingen 1987 (NTD Textreihe Band 1).*

Wichtig für den Vergleich mit den Evangelien/Apg:

- Die Glaubwürdigkeit des Zeugen wird auch dadurch hervorgehoben, dass die Freundschaft zu Lebzeiten genannt ist.
- Die irdischen Verehrer werden von Enthusiasmus erfüllt und haben auf diese Weise Teil an dem Entrückten (vgl. Apg 1-2; 2.Kön 2,9f.).
- Die Aufnahme des Romulus in den Himmel entspricht seiner Herkunft von dort (vgl. Joh 3,13: *„Und niemand ist in den Himmel hinaufgestiegen außer dem, der vom Himmel herabgestiegen ist: der Menschensohn."*).

- Der Erscheinende sichert seinen Beistand zu (vgl. Mt 28,20: „*und lehrt sie, alles zu befolgen, was ich euch geboten habe. Seid gewiss: Ich bin bei euch alle Tage bis zum Ende der Welt.*").
- Der Erscheinende verkündet als bedingte Heilsansage die Quintessenz der Moral der Trägergruppe (vgl. Mk 16,16f.: „*Wer glaubt und sich taufen lässt, wird gerettet; wer aber nicht glaubt, wird verdammt werden. 16:17 Und durch die, die zum Glauben gekommen sind, werden folgende Zeichen geschehen: In meinem Namen werden sie Dämonen austreiben; sie werden in neuen Sprachen reden;*").

Die theologische Bedeutung der obigen und anderer Texte besteht darin, dass Entrückung häufig auch verbunden mit der Suche nach dem verschwundenen Leichnam zur allgemein-vorderorientalischen Tradition gehört. Die Verbindung von Entrückung und nachfolgender Erscheinung vom Himmel ist im Judentum – wenn auch mit großem zeitlichen Abstand – für Propheten belegt (Elia und Jeremia); sie begegnet aber als direkte Abfolge in der Romulustradition. Vielleicht konzipierte Lukas die Osterereignisse in direkter Konkurrenz zu der populären Romulustradition, um Jesus als den geeigneten Herrscher auszuweisen.

Jüdische Entrückungstexte:
Gen 5,21-24:
„Henoch war fünfundsechzig Jahre alt, da zeugte er Metuschelach. Nach der Geburt Metuschelachs ging Henoch seinen Weg mit Gott noch dreihundert Jahre lang und zeugte Söhne und Töchter. Die gesamte Lebenszeit Henochs betrug dreihundertfünfundsechzig Jahre. Henoch war seinen Weg mit Gott gegangen, dann war er nicht mehr da; denn Gott hatte ihn aufgenommen."
2.Kön 2,9f: „Als sie drüben angekommen waren, sagte Elija zu Elischa: Sprich eine Bitte aus, die ich dir erfüllen soll, bevor ich von dir weggenommen werde. Elischa antwortete: Möchten mir doch zwei Anteile deines Geistes zufallen. Elija entgegnete: Du hast etwas Schweres erbeten. Wenn du siehst, wie ich von dir weggenommen werde, wird es dir zuteil werden. Sonst aber wird es nicht geschehen."
Sir 48,9.12:
„Du wurdest im Wirbelsturm nach oben entrückt, in Feuermassen himmelwärts. Elija ist im Wirbelsturm entschwunden, Elischa wurde mit seinem Geist erfüllt. Doppelt so viele Zeichen wirkte er, zu Wundern wurden alle Worte aus seinem Mund. Solange er lebte, hat er vor niemand gezittert, kein Sterblicher hatte Macht über seinen Geist."

4.3.9 Hermeneutik

Das Grundproblem jeder christlichen Hermeneutik besteht darin, wie man aus den antiken Texten des christlichen Kanons heute lebensbestimmende und sinnstiftende Erfahrungen schöpfen kann, ohne sich auf neue „Offenbarungen" berufen zu müssen. Die historisch-kritische Bibelauslegung hat in diesem Zusammenhang die Funktion, fremde Seiten eines biblischen Textes „anzuhäufen", damit der Bibeltext bei der Anwendung auf das heutige Leben ein wirklicher Gesprächspartner bleiben kann und nicht zur Legitimation unserer eigenen Vorurteile und Einstellungen missbraucht wird. Fremdheit wirkt immer anstößig und verhindert, dass der Text zu einem stummen Gegenüber wird und unsere religiösen Erfahrungen heimatlos werden. Die Situation der Heimatlosigkeit beschreibt Klaus Berger: „Wenn neue Weltsicht und Welterfahrung, neue Fragen und neue Arten von Frömmigkeit von der Auslegung der Schrift im Denken der Kirche her nicht mehr erfasst, beantwortet und aufgefangen werden können, wenn neue Fragen und neue Erfahrungen lebendiger und kirchlicher selbstgesetzter Spielraum im gleichen Maße enger werden, dann finden die so Fragenden und auf neue

Weise Erlebenden in der Kirche keine geistige Heimat mehr und wandern aus."[144] Es kann in dieser Situation kein Ausweg sein, den neutestamentlichen Kanon als Steinbruch zu verwenden, aus dem einige uns auf den ersten Blick einleuchtende Texte herausgebrochen werden; alles andere aber übergangen wird. Wenn wir das Fremde (den Kanon) auf das Neue (die eigene Lebenswirklichkeit) beziehen wollen, sollten vier Punkte Beachtung finden:

- Neue Erfahrung ist eigenständig und sollte nicht einfach auf biblische Texte zurückgeführt werden.
- Die Bedeutungslosigkeit des Alten hat ihre Ursache in einer gewohnheitsmäßigen Rezeption.
- Die Bedeutungslosigkeit kann durch historische und religionsgeschichtliche Neuerschließung eines Textes aufgebrochen werden („Aha-Erlebnisse!"). Der religionsgeschichtliche Vergleich kann christliches Monologisieren verhindern.
- Nicht alle biblischen Aussagen müssen in derselben Zeit dieselbe Wirkung ausstrahlen. Aus der religionsgeschichtlichen Fremdheit eines biblischen Textes soll dasjenige „zugehörige Andere" ausgewählt werden, das in der Situation der Anwendung am meisten „Christum treiben" kann.

Grundsätzlich gilt: Die Fremdheit von Texten ist die Bedingung für deren Wirkung. Dies gilt besonders auch für religiöse Texte. Dies hat mehrere Gründe: In der Erfahrung von Fremdheit liegt immer auch ein Geheimnis. Und „Geheimnis" ist eine zentrale religiöse Deutungskategorie. Das Leben des Menschen in seiner zeitlichen Dimension ist immer auf neue Erfahrungen angewiesen. Dem entspricht Gott, angesichts dessen keine Erfahrung ausreicht. Entscheidend für eine christliche Hermeneutik ist dabei, dass das „Fremde" und „Neue" nicht bei anderen Göttern zu suchen ist, sondern nur noch im Fortgang der Heilsgeschichte mit dem einen Gott. Gegenwärtige Erfahrung soll sich auf diesem Weg wieder der fremdgemachten biblischen Erfahrungen aussetzen. Misslingt dies dadurch, dass der Text nicht mehr spricht, artikuliert sich gegenwärtige Erfahrung in Fremd- und Pseudoreligionen. Bei der Aneignung biblischer Texte geht aber immer um das zugehörige Fremde: Ganz und gar Fremdes kann nicht verstanden und begriffen werden. Deshalb muss bei der Umsetzung vorhandene Erfahrung teilweise aufgenommen und bejaht werden. Fremdheit ist auch eine zweideutige religiöse Erfahrung, da sie die bisherige Heimat in Frage stellen kann. Die Wirkung eines biblischen Textes ist immer dort am größten, wo er das dem Gewohnten Benachbarte (auch in Opposition) zur Sprache bringt und zugleich das, was gerade dringend benötigt wird, zum Ausdruck bringt. In bestimmten Situationen kann der biblische Text aber auch das Gewohnte zur Sprache bringen und damit das tröstende Gefühl von Heimat und Bestätigung bewirken.

✎ **Tipp zum Weiterarbeiten:** Die Kenntnis einiger „klassischer" hermeneutischer Ansätze zum Neuen Testament ist unumgänglich. Bitte lesen Sie hierzu: *K. Goßmann (Hg.), Sachwissen Religion. Texte, Göttingen 1989, 43-54.*

4.3.10 Musterexegese: Der Barmherzige Samaritaner (Lk 10,25-37)

Kaum ein Gleichnis ist so bekannt und eignet sich vermeintlich so gut für eine Behandlung im Religionsunterricht wie die nur von Lukas überlieferte Beispielgeschichte vom Menschen, der unter die Räuber fiel und der der Hilfe eines barmherzigen Samaritaners teilhaftig wurde. Einfaches, grundlegendes mitmenschliches Verhalten wird hier als Erzählung ausgeführt, verständlich und scheinbar leicht in unsere Zeit umsetzbar. Hier hilft jemand, der gesellschaftlich am Rande steht, die Etablierten gehen vorüber und kümmern sich nicht um den Verletzten. So liegt es nahe gesellschaftspolitische Parallelen zu ziehen, den Text in allgemein ethische Diskurse einzubinden. Er passt in unsere heutige Landschaft, deckt sich mit dem gängigen, in unserer Gesellschaft noch akzeptierten Weltbild. Wegen seines offensichtlich moralisch-ethischen Grundgehalts ist er auch bei religiösen Skeptikern nicht umstritten. So wird er häufig von kirchlicher Seite auch zur Legitimation des eigenen Verhaltens, der eige-

[144] K. Berger, Hermeneutik des Neuen Testaments, Gütersloh 1988, 133.

nen Daseinsberechtigung herangezogen, ohne dass man sich über eine solche Funktionalisierung weiter Gedanken macht. Nicht ohne Grund wurde er so zum festen Bestandteil der Lehrpläne in allen Bundesländern. Doch könnte es nicht sein, dass wir alle einem großen Missverständnis aufgesessen sind, einer moralisierenden Verkürzung einer primär religiösen Geschichte? Origenes schrieb einmal: „Täglich lesen wir die Schriften und erfahren die Trockenheit der Seele, bis Gott uns Speise gewährt, die den Hunger der Seele stillt.“[145] Könnte nicht gerade die Geschichte des unter die Räuber gefallenen Menschen den Hunger der Seele stillen, wenn wir bedenken, dass sie - zumindest in der lukanischen Redaktion - letztlich eine Antwort auf die Frage geben möchte, wie man das ewige Leben erhält (10,25) und diese Frage dann in der Tat sehr konkret und unmittelbar beantwortet wird. Allerdings in einem ganz unerwarteten und häufig übersehenen Sinne, denn geht es doch zuerst einmal nicht nur darum, wie ich mitmenschlich, barmherzig handele (V.37), sondern auch darum, wer mir zum Nächsten geworden ist (V.36)[146]. In seiner allegorischen Auslegung hat dies Origenes gespürt und zum Ausdruck gebracht. Die Beispielgeschichte vom barmherzigen Samariter findet bei ihm die folgende Deutung:[147]

„Der da 'hinabgestiegen ist' bedeutet Adam, Jerusalem das Paradies, Jericho die Welt, die Räuber bedeuten die feindlichen Mächte, der Priester das Gesetz, der Levit die Propheten, der Samariter Christus, die Wunden den Ungehorsam, das Reittier den Leib des Herrn ... die Herberge die Kirche, weil sie alle, die einzutreten wünschen, aufnimmt. Ferner, die zwei Denare bedeuten den Vater und den Sohn, der Herbergsvater den Leiter der Kirche, dem die Verwaltung obliegt. Die Ankündigung des Samariters, er werde wiederkommen, bedeutet die Wiederkunft des Heilands.“

Natürlich können wir so heute nicht mehr interpretieren. Zu willkürlich erscheint uns die allegorische Übertragung. Aber ausgemacht ist es nicht, dass eine christologische Deutung völlig am Sinn der Geschichte vorbeigeht. Vielleicht steckt ein Korn Wahrheit darin, dass hier ein Weg zum Heil beschrieben ist, den Christus zuerst ging und den wir nur gehen können, weil Christus unser Nächster geworden ist.

Sacherklärungen

V.25 *„Gesetzeskundiger“*: In der jüdischen Tradition gilt Esra als Typos des gesetzeskundigen Schriftgelehrten. Nach Esr 7,6 gilt er als „kundig im Gesetz des Mose“. Zur Zeit Jesu war die Schriftgelehrsamkeit nicht an eine religiöse Gruppenzugehörigkeit gebunden. Von daher verbietet sich eine einlinige Identifikation von Pharisäern und Schriftgelehrten bzw. Gesetzeskundigen. Auch Jesus agierte in einem gewissen Sinn als Schriftgelehrter, indem er vor Schülern das Gesetz auslegte.

V.26 Der Hinweis auf das „Gesetz“ als Antwort auf die Frage nach dem ewigen Leben akzentuiert die Tora soteriologisch.

V.27 Das Doppelgebot der Liebe (Zitatenkombination von Dtn 6,5 und Lev 19,18) gehört zur gemeinsamen Grundlage jüdischer Schriftgelehrsamkeit, auf der auch Jesus steht. Gottesbeziehung und Mitmenschlichkeit sind hier miteinander verbunden.[148]

V.30 *„Von Jerusalem nach Jericho“*: Die Entfernung von Jerusalem nach Jericho beträgt ca. 30 Kilometer. Der Weg ist mühsam und beschwerlich, da auf dieser relativ kurzen Distanz ein Höhenunterschied von 1200m überwunden werden muss. Da die Straßen und Wege zur Zeit Jesu nicht sicher sind, reist man in der Regel in Reisegruppen zumeist zu Fuß manchmal auch auf einem Esel.[149]

„Räuber“: Das starke Ansteigen der Räuberei zur Zeit Jesu hatte verschiedene Ursachen: Hungersnöte und steigende Besitzkonzentration führten ebenso wie hohe Steuerforderungen seitens der römischen Verwaltung zu einem starken Ansteigen von gemeiner Räuberei und politisch-religiös motiviertem

---

[145] Origenes, comm Matth: GCS 38.

[146] Die griechischen Worte können sowohl mit „Wer ist der Nächste geworden?“ als auch mit „Wer ist der Nächste gewesen?“ übersetzt werden. Den intendierten Sinn trifft allerdings nur die erste Übersetzung, da Lukas auf ein Wortspiel zurückgreift: Im Griechischen unterscheidet sich die Wendung „sich einer Person nähern“ von der Wendung „zum Nächsten werden“ nur durch einen Vokal, phonetisch jedoch kaum. Lukas spielt mit diesem doppelten Sinn; er will sagen: „Derjenige, der dem halbtoten Opfer >nahe< gekommen ist, wurde sein >Nächster<“; so: G. Theißen, Die Bibel diakonisch lesen: Die Legitimationskrise des Helfens und der barmherzige Samariter, in: G. Röckle (Hrsg.), Diakonische Kirche. Sendung - Dienst - Leitung. Versuch einer theologischen Orientierung, Neukirchen-Vluyn 1989, 46ff.

[147] Origenes, in Lucam homiliae 34,3.

[148] Vgl. G. Theißen/A. Merz, Der historische Jesus. Ein Lehrbuch, 1996, 339-349.

[149] Vgl. W. Bösen, Galiläa als Lebensraum und Wirkungsfeld Jesu, Freiburg 2.Aufl. 1990, 256f.

[150] Zur weiteren Information über die sozialen Verhältnisse in Palästina zur Zeit Jesu vgl.: G. Theißen, Soziologie der Jesusbewegung. Ein Beitrag zur Entstehungsgeschichte des Urchristentums, Tübingen 1977 (weitere Auflagen) und E.W. Stegemann/W. Stegemann, Urchristliche Sozialgeschichte. Die Anfänge im Judentum und die Christusgemeinden in der mediterranen Welt, Stuttgart 1995.

Sozialbanditentum.[150] Hier geht es höchstwahrscheinlich um allgemeine Kriminalität.

V.31 *„Priester"*: Wahrscheinlich waren die Priester zur Zeit des zweiten Tempels die das Judentum Palästinas prägende Gruppe.[151] „Was von den Priestern vertreten und vom Volk akzeptiert war, bildet ein Allgemeinjudentum ..., dessen Bedeutung weit höher einzuschätzen ist als das Wirken kleiner 'Religionsparteien'. Die Synoptiker vermitteln aufgrund der (weithin unhistorischen) Diskussion zwischen Jesus und den Pharisäern ein falsches Bild."[152]

V.32 *„Levit"*: Bezeichnung für einen Mann aus dem Stamm Levis. Die Leviten hatten, weil sie nicht zum Stamm Aarons gehörten, niedere Kultdienste am Tempel zu verrichten.

V.33 *„Samaritaner"*: Zwischen Juden und Samaritanern besteht zur Zeit Jesu eine Intimfeindschaft, die geschichtlich-religiöse Wurzeln hat:[153] 721 v.Chr.: Die Eroberung Samarias durch Sargon II hat die Wegführung eines Großteils der Bevölkerung nach Mesopotamien zur Folge. Die zurückgebliebenen Bevölkerungsteile vermischen sich mit den assyrischen Kolonisten, so dass ein jüdisch-heidnisches Mischvolk entsteht: die Samaritaner. Es kommt zur Verehrung Jahwes und assyrischer Götter. Um 530 v.Chr.: Die Samaritaner bieten an, beim Wiederaufbau des durch die Babylonier zerstörten Jerusalemer Tempels zu helfen. Nach Esra 4,1ff. wird dieses Angebot von Serubbabel abgelehnt. Die Jerusalemer Kultgemeinde schließt die Samaritaner wegen Unreinheit vom Kult aus. Dies ist der Beginn des religiösen Schismas. Um 350 v.Chr.: Die Samaritaner bauen einen eigenen Tempel auf dem Berg Garizim nahe Sichem. Sie erkennen lediglich den Pentateuch in einer eigenen Überlieferung als heilige Schrift an. Eschatologische Elemente und die Anerkennung von Auslegungstraditionen finden sich nicht. Die religiöse Entfremdung wächst. 107 v.Chr.: Es kommt zum endgültigen Bruch zwischen Juden und Samaritanern als Johannes Hyrkanus den samaritanischen Tempel zerstört. Zur Zeit Jesu herrscht offene Feindschaft.[154] Nach wie vor dient der Berg Garizim den Samaritanern als Kultstätte. Der Hass auf jüdischer Seite ist so groß, dass man im Synagogengottesdienst die Samaritaner öffentlich verflucht und Gott darum bittet, er möge ihnen keinen Anteil am ewigen Leben schenken. Die Samaritaner ihrerseits rächen sich dadurch, dass sie in den Jahren 6-9 n.Chr. einen jüdischen Passagottesdienst dadurch verunmöglichen, dass sie den Tempelplatz durch das Ausstreuen menschlicher Gebeine verunreinigen.[155]

V.34 *„Öl und Wein auf seine Wunden"*: Das Öl hat schmerzlindernde Wirkung, der Wein soll desinfizieren.
„Herberge": Mit dem zunehmenden Handel nahm in der gesamten hellenistisch-römischen Welt die Zahl der Gasthöfe und Herbergen zu. Sie waren im allgemeinen reichlich primitiv, laut und unsauber. Auch die sittlichen Zustände entsprachen nicht immer den Konventionen. Der Kirchenvater Clemens hat einmal eine Herberge mit einem Herzen voller Dämonen verglichen.[156]

V.35 *„Denar"*: Im Römischen Reich ist der Denar die Standardsilbermünze. Nach Mt 20,2-13 entspricht sein Wert einem Tageslohn.[157]

---

[151] „Nach dem Exil war von den Persern in Jerusalem und Judäa ein theokratisch verfaßter Tempelstaat errichtet worden. Seine Grundlage war die Tora als 'Grundgesetz', seine Aufgabe der Vollzug des in der Tora angeordneten Gottesdienstes. Die im Tempel amtierenden Priester mit dem Hohepriester an der Spitze trugen nicht nur die Verantwortung für den Kult, sondern waren lange Zeit und immer wieder auch die politischen Repräsentanten dieses jüdischen Gemeinwesens... Sie (sc. hatten das Ziel), den Tempelstaat durch geschickte Politik unter kluger Einschätzung der weltpolitischen Machtverhältnisse in seiner Existenz zu sichern. Darum suchten sie zur Zeit Jesu und der Urgemeinde auch mit der Weltmacht Rom zusammenzuarbeiten und sorgfältig jede Provokation Roms... zu verhindern", L. Schenke, Die Urgemeinde. Geschichtliche und theologische Entwicklung, Stuttgart 1990, 158.

[152] Theißen/Merz, Jesus, 137.

[153] Der folgende geschichtliche Überblick findet sich in: W. Bösen, Galiläa, 255. Eine Sammlung antiker Zeugnisse über die Samaritaner in deutscher Übersetzung liegt nun vor: W. Zangenberg, SAMAREIA. Antike Quellen zur Geschichte und Kultur der Samaritaner in deutscher Übersetzung, Tübingen 1994 (TANZ 15).

[154] Vgl. Lk 9,52f.; Mt 10,5; Joh 4,9f.

[155] Vgl. Jos ant XX 6,1; bell II 12,3. Hilfe und Rettung auch gegenüber Fremden haben im samaritanischen Milieu eine hohe Wertschätzung genossen; vgl. Theißen, Bibel, 46ff.

[156] ClemAlex strom II 114,5.

[157] Vgl. E. Stauffer, Christus und die Cäsaren, 4. Aufl. Hamburg 1954, 121-149.

Literarische Analyse			
V.27	Nächster	V.25	tun
V.29	Nächster	V.28	tun
Exposition V.30			
„Irgendein Mann“	hinabgehen		weggehen
Szene 1 V.31			
Priester	hinabgehen	sehen	vorbeigehen
Szene 2 V.32			
Levit	kommen	sehen	vorbeigehen
Szene 3 V.33-35			
Samaritaner	kommen	sehen ⇒ *Erbarmen empfinden*	hingehen ⇒ *Wunden verbinden* ⇒ *sorgen für* ⇒ *zurückkommen*
Frage Jesu V.36	Nächster		
Antwort V.37a+b		Erbarmen	tun
Antwort Jesu V.37c+d			gehen ⇒ tun

Die literarische Analyse macht das Gleichnis auch als ein in zwei Dialoge gegliedertes literarisches Lehrgespräch verständlich:[158]

1. Dialog	
a) V.25	Frage des Gesetzeskundigen
b) V.26	Gegenfrage Jesu
c) V.27	Antwort des Gesetzeskundigen
d) V.28	Schlussfolgerung Jesu in Form eines Imperativs
2. Dialog	
a) V.29	Frage des Gesetzeskundigen
b) V.30-36	Erzählung Jesu mit argumentativer Schlussfrage
c) V. 37a	Antwort des Gesetzeskundigen
d) V.37b	Schlussfolgerung Jesu in Form eines Imperativs

Die vorliegende Erzählung besteht aus zwei wahrscheinlich ursprünglich unabhängigen Teilen, die unter dem gemeinsamen Stichwort „Nächster“ zusammengefügt worden sind: der Frage nach dem höchsten Gebot und der Beispielgeschichte/Parabel vom barmherzigen Samariter. Beide Einzelperikopen bilden bei Lukas - wie bereits die Gliederung zeigte - eine sinnvolle Einheit. Während das eigentliche Gleichnis ab 10,30 weder bei Markus noch bei Matthäus vorkommt, findet sich auch bei beiden Seitenreferenten die Diskussion mit dem Gesetzeslehrer um das höchste Gebot (Mt 22,34-40; Mk 12,28-34), in der die Zitatenkombination aus Dtn 6,5 und Lev 19,18 ebenfalls die entscheidende Rolle spielt. Allerdings gibt es einen wichtigen Unterschied zu Lukas: Dieser betont kräftig das Tun („Was soll ich tun....?“) und veranschaulicht dies plastisch in der folgenden Gleichniserzählung. Die für Lukas typische Formel „irgendein Mensch“ leitet das Gleichnis ein und charakterisiert es als eine „Drei-Personen-Geschichte“ mit dem Klerikerpaar, dem Samaritaner und dem Verletzten als Hauptpersonen.[159] Das Gleichnis gliedert sich nach der Exposition in drei klar durch die handelnden Personen abgegrenzte Szenen:
Die Exposition umfasst den ganzen Vers 30: Ein Mann wird von Räubern halbtot geschlagen und liegengelassen, danach folgen die zwei kurzen parallelen Szenen (Priester und Levit machen einen Bogen um das Opfer) und eine lange Szene, in der der Samaritaner hilft. Der Sinn des Gleichnisses ergibt sich, indem die Details auf ihre Funktion für die Erzählung hin befragt werden und nicht indem sie - wie z.B. Joachim Jeremias es tat - mit Hilfe der Palästinakunde aufgefüllt werden und dann die so gewonnene Plastik ausgelegt wird. Eine literarische Analyse des Gleichnisses unterstreicht diese Feststellungen:
Die Situation, in die alle drei Kommenden geraten, ist genau die gleiche, dies wird durch die Leitwörter *herabkommen* und *sehen* deutlich charakterisiert. Alle drei kommen also herab und sehen den Halbtoten. Levit und Priester reagieren dadurch, dass sie einen großen Bogen um den Verletzen machen (Vers 32 + 33), die Reaktion des Samaritaners ist an diesem Punkt anders: er empfindet Mitleid, kommt heran und handelt. Das selbstlose Handeln des Samaritaners wird breit und ausmalend geschildert: er pflegt die Wunden, sorgt für den Abtransport des Verletzten und für seine Pflege. Der Verletzte tritt bei dieser Schilderung in den Hintergrund. Es wird nichts darüber berichtet, wie er sich verhält, ob er sich bedankt oder Besserung empfindet. Alle Verben sind Verben des

---

[158] So W. Harnisch, Die Gleichniserzählungen Jesu, 3.Aufl. Göttingen 1995 (UTB1343) 286f; die folgende Gliederung wurde von Harnisch übernommen.
[159] Vgl. Sellin, Jesus als Gleichniserzähler, ZNW 65 (1974) 181.

Tuns mit dem Samaritaner als Subjekt, sein Handeln ist also das, was betont werden soll. Auch Priester und Levit sind völlig in den Hintergrund getreten, sie werden mit keinem Wort mehr erwähnt. Sie sind also nur Kontrastpersonen, die das Handeln des Samaritaners noch mehr hervorheben sollen. Sprachlich drückt sich dies schon in der Gegenüberstellung von „vorbeigehen" auf der Seite von Priester und Levit und „hingehen" auf der Seite des Samaritaners aus. Priester und Levit bilden einen Kontrast zum Samaritaner, weil sie in gleicher Situation anders handeln, nicht aber weil sie ein falsches Gesetzesverständnis hätten, indem sie das Reinheitsgesetz (Lev 21,1) dem Liebesgebot (Lev. 19,18) vorzögen. Davon steht im Text des Gleichnisses kein Wort. Die beiden kurzen Szenen sollen dazu noch Spannung hervorrufen, sie evozieren einen zusätzlichen dramaturgischen Effekt. Die drei Personen sollten ursprünglich beispielhaftes Verhalten aufzeigen, das Verhalten ist also das in erster Linie Wichtige, nicht die Personen. Allerdings heißt dies nicht, dass es für die Sinnerschließung keine Bedeutung hätte, welche Personen hier handeln. Die Hilfe des Samaritaners ist zeitlich begrenzt. Auch er setzt seinen Weg fort, nachdem er einen Herbergsvater als zweiten Helfer „engagiert" hat. Seiner Pflege vertraut er den Verletzten an, bis er auf dem Rückweg wieder vorbeischauen wird.
Innerhalb des Gleichnisses bestehen Gegensätze zwischen dem Samaritaner und den beiden Jerusalemer Kultpersonen, sowie zwischen dem Samaritaner und dem „Nächsten". Der Gegensatz zwischen Samaritaner und dem Priester bzw. dem Leviten besteht inhaltlich im unterschiedlichen Handeln in der gleichen Situation und in dem unterschiedlichen Sozialprestige. Der Gegensatz zwischen Samariter und dem „Nächsten" besteht darin, dass der eine der Hilfe bedarf, der andere helfen kann. Allerdings gleichen sich Samaritaner und Verletzter in ihrer marginalisierten Stellung: der Samaritaner ist innerhalb des Judentums durch seine religiöse Herkunft an den Rand gedrängt; der Verletzte durch sein persönliches Geschick, dass ihn hilflos am Straßenrand liegen lässt.

Redaktionsgeschichte
Die Gleichniserzählung liegt ganz offensichtlich nicht in ihrer ursprünglichen Gestalt vor (s.o.).Wahrscheinlich geht die vorliegende Komposition auf Lukas zurück, der aus der Frage nach dem höchsten Gebot und dem Erzählstoff der Samaritanergeschichte kunstvoll einen zweifachen Dialog gestaltete. Das erste Gespräch mit dem Gesetzeslehrer ist in Vers 28 abgeschlossen, Vers 29 bildet durch die erneute Frage des Gesetzeslehrers die Überleitung zur Gleichniserzählung, die an die Stelle der Gegenfrage Jesu aus dem ersten Dialog getreten ist. Der Beginn von Vers 30 („Da antwortete Jesus und sprach") scheint auch von Lukas zu stammen, da der für „antworten" verwendete Begriff klassisch griechischer Ausdrucksweise entstammt, der Lukas innerhalb der synoptischen Tradition am nächsten steht.[160] Auch Vers 37b („Dann geh und handle genauso") könnte lukanischer Überarbeitung entstammen, da er sich ausdrücklich auf Vers 28 zurückbezieht. Überraschend ist der Perspektivenwechsel der Nächstenliebe am Ende des zweiten Dialogs: In der Ausgangsfrage des Schriftgelehrten zu Beginn ist der Nächste Adressat der Liebe. Der Gesprächspartner Jesus fragt danach, wen er denn lieben soll. Nun aber ist der Nächste zum Subjekt geworden. Jesus fragt nun danach, wer denn Nächster geworden ist. Damit gelingt es den Begriff „Nächster" sowohl auf den Verletzten als auch auf den Helfenden zu beziehen. Beide haben nun aufgrund der sprachlichen Benennung den gleichen Status.[161]
Das Gleichnis in seinem Kontext von Lk. 10.25-28 hat dann folgenden Sinn: Durch die Einbindung in das zweite Gespräch zwischen dem Gesetzeskundigen und Jesus hat es exemplarische Bedeutung erhalten, es will beispielhaft Antwort geben auf die Frage: Wer ist mein Nächster? und folgert aus dem Gleichnis die Nutzanwendung: Gehe hin und tue desgleichen! Damit ist der Akzent auf das Tun des Menschen verlagert. Lukas geht es nicht um eine bestimmte Interpretation des Gesetzes, sondern allein auf dem Tun des Menschen liegt für ihn das Schwergewicht der Aussage.

Traditionsgeschichte oder: Wer ist mein Nächster?
Dieses Tun ist von besonderer Eigenart: Der Volksfeind wird zum Nächsten durch das Erbarmen, das er übt. Im palästinischen Umfeld Jesu könnte hierin eine Pointe des Gleichnisses liegen: Jesus rechtfertigt seinen barmherzigen Umgang auch mit Menschen, die außerhalb des eigenen Volkes stehen. Er stünde damit in einem Denken, das bereits in der jüdisch-hellenistischen Missionsliteratur angelegt ist. Ein schönes Beispiel, wie aus Feinden Freunde durch tatkräftige Hilfe werden, findet sich in der romanhaften Schrift *Joseph und Aseneth*: [Benjamin hat schon das Schwert in seiner Hand, um den feindlichen Sohn des Pharao zu töten; sein Bruder Levi weist ihn zurecht]: *„Keinesfalls, Bruder, wirst du tun diese Handlung, denn wir (selbst) sind gottverehrende Männer, und nicht geziemt es einem gottverehrenden Mann, (zu) vergelten Böses mit Bösem und nicht einen, (der) gefallen ist, zu zertreten, und nicht (zu) erdrücken seinen Feind bis zu (dessen) Tode. Und nun steck das Schwert an seinen Platz, und auf!, hilf mir, und wir werden ihn heilen von seiner Wunde, und wenn er leben bleibt, wird er unser Freund sein nach diesen (Dingen) und sein Vater Pharao wird sein wie ein Vater (von) uns."*[162] Auch in diesem kurzen Zitat aus einem mit dem Neuen Testament zeitgenössischen jüdisch-hellenistischem Roman geht es dar-

[160] W. Grundmann, Das Evangelium nach Lukas, 6.Aufl. Berlin 1971, 221 (ThHK 3).
[161] So Theißen, Bibel, 46ff.
[162] JosAs 29,3-4.

um, dass ein Volksfeind durch eine barmherzige Tat zum Freund wird. Motiviert ist das Tun durch den Hinweis auf die Gottesverehrung der Juden und durch das Gebot Böses nicht mit Bösem zu vergelten. Die Gleichniserzählung und ihr unmittelbarer Kontext steht somit in einer jüdischen Tradition, die den Begriff des Nächsten nicht mehr nur auf den eigenen Volksgenossen bezieht, sondern ihn auch über diese Grenzen hinaus entschränkt. Sowohl das Rahmengespräch als auch das Gleichnis selbst legen den Akzent auf das Tun. Offensichtlich liegt kein theoretisches Interesse vor, wie das Heil zu erlangen sei. Ein gelehrtes Streitgespräch zwischen Jesus und einem Schriftgelehrten über die richtige Auslegung der Tora findet nicht statt. Jesus will zeigen, wie das Gesetz zu verwirklichen ist; die reine Gesetzeserkenntnis teilt er mit dem Schriftgelehrten. Auch Lukas steht in diesem Traditionsstrom, doch kann es ihm nicht mehr - da er nicht mehr für Juden aus dem palästinischen Raum zur Zeit Jesu schreibt - um eine Entfeindung von Juden und Samaritanern gegangen sein. Lukas wird es noch universalistischer darum gegangen sein zu zeigen, dass die Barmherzigkeit die Macht hat, aus Feinden Freunde zu machen. Gleichzeitig liegt es auch nahe, anzunehmen, dass Lukas seinen Gemeinden auch deutlich zu machen versuchte, wie man Mitglied des Gottesvolkes wird: durch das Tun der Barmherzigkeit.
Für Lukas ist die Erfüllung des doppelten Liebesgebotes hinreichend für das Erlangen des ewigen Lebens, auch verdeutlicht Lukas, wie Nächstenliebe konkret aussieht, nämlich indem man durch sein Tun der Barmherzigkeit einem Mitmenschen zum Nächsten wird. Dies ist für ihn bereits identisch mit seinen Nächsten lieben. Lukas beabsichtigt also mit der Anführung der Samaritanerperikope einen Kommentar zum Verständnis der Stelle Lev. 19,18 und speziell zum Verständnis „der Nächste" zu geben.

Zusammenfassung: Es geht im Gleichnis vom Barmherzigen Samariter nicht schlicht darum, anderen Menschen zu helfen, auch wenn man sie nicht kennt. Auf allen Traditionsstufen liegt die Betonung darauf, durch das Tun der Barmherzigkeit zum Nächsten zu werden und damit das Gesetz in seiner Gänze zu erfüllen. Damit erlangt man Zugang zum Volk Gottes und wird das ewige Leben erhalten. Für Jesus bedeutete dies konkret, dass auch ein Samaritaner zum Mitglied des Gottesvolkes werden kann, wenn er Barmherzigkeit übt. Für Lukas wird das Tun der Barmherzigkeit zum universalen Maßstab der Zugehörigkeit zur Gemeinde.

Beispielgeschichte oder Parabel: hermeneutische Aspekte

In der heutigen Auslegung wird das Samaritanergleichnis fast durchgängig[163] ethisch-moralisch ausgelegt, ja als ein Beitrag zu einer allgemeinen humanitären Ethik angesehen. Eine solche Auslegung hat ihre Berechtigung in der unmittelbaren Einsichtigkeit der Samaritanerperikope, die offensichtlich keine tiefergehenden religiösen Einstellungen voraussetzt. Formgeschichtlich wird sie deshalb als eine *Beispielgeschichte* verstanden, die unmittelbar an einem Modell menschlichen Handelns verdeutlicht, was der Mensch tun muss. Bild- und Sachhälfte fallen ineinander. Verstünde man sie demgegenüber als eine *Parabel* so wäre in ihr göttliches Verhalten gleichnishaft im menschlichen Tun abgebildet. Die Erzählung gewönne dann eine tiefere Dimension, die den rein zwischenmenschlichen Verhaltensbereich transzendiert. Die Ausleger der Alten Kirche und des Mittelalters suchten eine solche theologisch-religiöse Dimension mit Hilfe einer allegorischen Auslegung des Textes zu gewinnen, die ihm den Charakter einer geheimnisvollen, verhüllenden Offenbarungsrede gegeben hat. Ein Beispiel für diese Methode ist das Origenes-Zitat, das ich in der Einleitung angeführt habe. Die Anwendung solcher Allegorese ist heute schon allein deshalb für unseren Text nicht mehr möglich, da sein Entschlüsseln durch den Interpreten methodisch nicht kontrollierbar ist. Weniger willkürlich scheinen Versuche den Text christologisch zu verstehen, d.h. anzunehmen, dass Jesus im Samaritanergleichnis Aussagen über sich selbst macht. „Unter 'christologischer' Auslegung verstehen wir dabei speziell Erklärungen, die Christus selbst mit einer der Personen unserer Erzählung zu identifizieren suchen, d.h. in deren Zentrum eine Gleichsetzung von Christus und Samariter bzw. Verwundetem geschieht."[164] Es finden sich einige Argumente, die für eine verhüllte christologische Selbstaussage Jesu sprechen, besonders dafür, dass er sich mit der Person des Samaritaners identifizierte: Es lässt sich anführen, dass es im unmittelbaren Kontext (10,21-24) um eine verhüllte Selbstoffenbarung Jesu als Gottessohn geht, die nur den Jüngern zuteil geworden ist. Auch hat sich nach Joh 8,48 Jesus selbst als Samaritaner bezeichnet. Als textinterne Argumente kann man ins Feld führen, dass „sich erbarmen" in V. 33 im biblischen Sprachgebrauch in der Regel auf Gott bezogen wird und dass das Begriffspaar „Öl und Wein" (V. 34) messianische Symbole seien.[165] Jesus wäre dann dem verwundeten und verletzten Menschen zum Nächsten geworden, und die Parabel würde zur tätigen Christusnachfolge aufrufen oder noch weitgehender, wie es Jean Daniélou annimmt, „ein symbolischer Abriss über den Zweck der göttlichen Liebe"[166] darstellen, der die Heilsgeschichte bis hin zur Rückkehr des Messias (V. 35) nachzeichnet. Die Schwierigkeit einer solch pointiert christologischen Auslegung besteht darin,

[163] Die wenigen Ausnahmen sind dargestellt in: W. Monselewski, Der barmherzige Samariter. Eine auslegungsgeschichtliche Untersuchung zu Lukas 10,25-37, Tübingen 1967 (BGBE 5).
[164] Monselewski, Samariter, 16.
[165] So: B. Gerhardsson, The Good Samaritan - The Good Shepherd, Kopenhagen 1958, 16-18.
[166] J. Daniélou, Le bon Samaritain, in: Mélanges Bibliques, rédigés en l'honneur de André Robert, Paris 1955, 457-493.

dass man von einer weitgehenden Textkohärenz bis hin zu einer jesuanischen Überlieferungsstufe ausgehen muss, dass man auf allegorisierende Auslegung nicht ganz verzichten kann und dass sowohl im Gleichnistext als auch im Rahmengespräch keine Anhaltspunkte für eine Selbstaussage Jesu zu finden sind. Ähnliches kann man auch gegen eine Identifizierung Jesu mit dem Verwundeten einwenden. Das Hauptargument für diese zweite christologische Variante entstammt nicht dem Text, sondern einem Vergleich mit Mt 25,31-46, der Offenbarungsrede vom großen Weltgericht. Auch dort identifiziert sich Jesus mit den Verwundeten und Geschlagenen. Dieser Gedanke führt weiter zu einer allgemeinen christlichen Deutung des Gleichnisses, wie sie sich etwa bei Joachim Jeremias findet. Mit der Frage nach dem „ewigen Leben" sieht Jeremias ebenso wie in Mt 25,31-46 einen eschatologischen Horizont angesprochen.[167] Den Maßstab für die Teilhabe am Reich Gottes wäre dann in Lk 10 exemplarisch entfaltet: die grenzenlose Liebe, die es in das eigene Leben umzusetzen gilt.

Zusammenfassung: Das Samaritanergleichnis eröffnet mehrere Zugänge zu einer sinnerschließenden Deutung, die sich nicht ausschließen müssen: Der Zusammenhang von Ausgangsfrage (Wie erlange ich das ewige Leben?) und Gleichniserzählung erschließt eine über das rein Moralisch-Ethische hinausreichende religiöse Dimension. Die Antwort auf die Frage, wer dem Verletzten und Hilflosen zum Nächsten wird, beantwortet das Gleichnis mit einem Hinweis darauf, dass die Erfüllung des Gotteswillens weder von der Volkszugehörigkeit noch von einem religiösen Stand abhängt. Grenzen werden transzendiert und Vorurteile entkräftet. Falls Jesus sich selbst in der Erzählung thematisiert, wird ein Weg der Christusnachfolge im Sinne einer „Imitatio Christi" vorgezeichnet.

Was ist „christlich" am barmherzigen Samaritaner?

Die Erzählung vom barmherzigen Samaritaner wirkt auf den ersten Blick, wenn man sie für sich betrachtet, einleuchtend und irritierend zugleich: Einleuchtend ist ihre unmittelbare Aussagekraft und Verständlichkeit, irritierend wirkt ihre Profanität. Weder Gott noch Jesus kommen in ihr ausdrücklich vor, dort wo offizielle Religion eine Rolle spielt, ist sie negativ konnotiert. Die Religionsvertreter gehen ohne zu helfen an dem Verletzten vorbei. Man könnte geradezu von einer antiklerikalen Tendenz dieser Szene sprechen. Der Samaritaner handelt aus einer allgemein menschlichen Motivation heraus; er fühlt Mitleid. Die Erzählung enthält also keine manifesten religiösen Motive. Darin ist sie mit der Bildrede vom Weltenrichter aus Mt 25,31ff vergleichbar: Dort findet sich eine ähnliche Aussage. Die Gerechten helfen den Gefangenen, den Hungernden, den Dürstenden und Frierenden, weil sie deren Elend sehen und darauf reagieren, nicht jedoch, weil sie wissen, dass sie in diesen Leidenden dem Menschensohn begegnen. Dies wird erst im Gericht manifest. Man kann deshalb in beiden Geschichten von einer „Konvergenz zwischen theologischen und humanen Motiven"[168] sprechen. Damit machen sie uns darauf aufmerksam, dass authentische Hilfe nicht christlich motiviert sein muss. Sie sprengt sowohl kulturelle als auch religiöse Grenzen. Eine religiöse Dimension des Handelns muss den Hilfeleistenden nicht unbedingt bewusst sein.

Die Samaritanergeschichte ist Teil eines zweifachen Dialogs, der die Frage nach dem ewigen Leben mit dem doppelten Gebot der Gottes- und Nächstenliebe beantwortet. Damit ist die profane Beispielerzählung mit einer hochtheologischen Fragestellung verknüpft. Aber auch im theologischen Teil der Komposition findet sich kaum spezifisch Christliches: Nicht Jesus beantwortet die Frage nach dem höchsten Gebot mit dem Hinweis auf das doppelte Liebesgebot, sondern der jüdische Schriftgelehrte. Judentum und Christentum stehen in einer gemeinsamen Tradition, die jeden Versuch unmöglich macht, zu behaupten, erst mit dem Christentum sei die wahre Liebe in die Welt gekommen. Eine solche Aussage widerspricht dem Neuen Testament.

Gibt es ein spezifisch christliches Element? Gegenüber humanen bzw. humanistischen Motivationen besteht sie in dem Wissen, dass zwischen unserem ethischen Tun und dem Lohn ein innerer Zusammenhang besteht: Hilfe und Nächstenliebe transzendieren punktuell und beispielhaft eine todesverfallene Welt, oder anders gesagt: „Wer Menschen vor dem Tod bewahrt und so Leben rettet, der wird ewiges Leben haben, ein Leben das nicht mehr vom Tod bedroht ist."[169] Im ersten Johannesbrief ist dieses christliche Wissen formuliert: „Wir wissen, dass wir aus dem Tod in das Leben hinübergegangen sind, weil wir die Brüder lieben. Wer nicht liebt, bleibt im Tod" (3,14).

Gegenüber dem Judentum liegt die Verschiedenheit nicht in der Bedeutung der Gottes- und Nächstenliebe, sondern in deren christologischen Konkretisierung . Im Schwachen, an den Rand Gedrängten begegnen wir dem Messias in seinem Leiden. Hierin eröffnet sich die Möglichkeit souveräner Hilfe, die nicht in funktionalen Argumenten verankert ist.

---

[167] Vgl. Jeremias, Gleichnisse, 200ff.

[168] So Theißen, Bibel, 46ff.

[169] Theißen, Bibel, 46ff.

4.4 Theologie und Theologiegeschichte des Neuen Testaments

An dieser Stelle soll in der notwendigen Kürze ein Zugang zu theologischen Inhalten des Neuen Testaments mit Hilfe von zwei Zugangsmöglichkeiten eröffnet werden, der einerseits der Beobachtung Rechnung trägt, dass es im Neuen Testament nicht eine Theologie, sondern eine Vielfalt theologischer Entwürfe gibt, und andererseits hermeneutisch-didaktischen Bedürfnissen heutiger Schul- und Gemeindearbeit besser entspricht als eine „klassische" Darstellung theologischer Entwürfe im Neuen Testament: der Zugang über Personen und Orte, an denen sich Theologie „festmachen" und darstellen lässt. Dieser Ansatz geht davon aus, dass die Theologiegeschichte des frühen Christentums weder durch die Annahme einer „Verfallsgeschichte" von den charismatischen Anfängen bis hin zu einem minderen „Frühkatholizismus" noch durch die Annahme eines „Kanon im Kanon", die immer im Verdacht stehen wird, aus dogmatischen Gründen qualitative Auswahlkriterien aufzustellen, adäquat beschrieben werden kann.[170]

4.4.1 Jerusalem, die Stadt, in der alles begann

Jerusalem ist die Stadt, wo der Lebensweg Jesu endete, und alles neu begann. Als Jesus am Freitag, dem 14. Nisan des Jahres 30 n.Chr. hingerichtet wurde,[171] war Jerusalem eine von Pilgern überfüllte Stadt. Wahrscheinlich strömten zur Zeit des Paschafestes rund 100000 Besucher in die Stadt mit 40000 ständigen Einwohnern.

🕮 **Lesetipp:** *J. Jeremias, Jerusalem zur Zeit Jesu, 2.Auf. Göttingen 1962.*

Die Ereignisse der letzten 24 Stunden im Leben Jesu sind in allen vier Evangelien festgehalten. Bemerkenswert ist dabei, dass die vier Passionsberichte - bei aller Unterschiedenheit in Einzelzügen - den Gang des Geschehens übereinstimmend berichten:
Die Passionsdarstellungen finden sich in:

Inhalt	**Markus**	**Matthäus**	**Lukas**	**Johannes**
Todesbeschluss	14,1 - 2	26,3 - 5	22,2	11,47 - 57
Verrat des Judas	14,10 - 11	26,14 - 16	22,3 - 6	13,2.27
Abendmahl	14, (17) - 21	26,21 - 25	22,21 - 23	13,21 - 30
Ankünd. d. Verleum.	14,26 - 31	26,31 - 35	22,34	13,36 - 38
Gefangennahme J.	14,43 - 52	26,47 - 56	22,47 - 53	18,1 - 11
„Prozess" vor der jüdischen Obrigkeit	14,53 - 72	26,57 - 75	22,54 - 71	18,12 - 27
Jesus vor der röm. Obrigkeit	15,1 - 20	27,2 - 2.11 - 30	23,1 - 5.13 - 25	18,28 - 19,16
Kreuzigung & Tod	15,21 - 40	27,31 - 56	23,26.32 - 49	19,17 - 37

Der historische Ablauf der Ereignisse und die Motive für die Verhaftung lassen sich mit der folgenden Zusammenstellung im Überblick erfassen:

---

[170] Vgl. hierzu. K. Berger, Theologiegeschichte des Urchristentums. Theologie des Neuen Testaments, 2.Aufl. Tübingen 1997.

[171] Zur Diskussion um das genaue Hinrichtungsdatum: Theißen/Merz, Jesus, 152f.

Todesbeschluss	- Furcht vor Aufhetzung des Volkes - Verlust von Macht und Besitz	**Interesse am Tod J.**
Verrat des Judas	- relativ gesichertes historisches Ereignis - ermöglichte erst das Auffinden Jesu	**Verrat des Judas**
Verhaftung	- vermutlich durch Tempelpolizei - ohne Beteiligung römischer Soldaten - an Jüngern besteht kein Interesse - kein Widerstand Jesu	**Verhaftung**
	Anklagepunkte: 1. Das von Jesu gegen den Tempel gesprochene Wort 2. Der Messianitätsanspruch Jesu	
Prozess vor dem Synhedrium	Verletzungen der jüdischen Prozessordnung - Verhandlungen nur am Tage - Am Sabbat und an Feiertagen darf nicht verhandelt werden - Todesurteil erst am darauffolgenden Tag	**Verhör durch den Hohenpriester Kaiphas**
Todesurteil	Zusammentritt am Privathaus des Kaiphas vermutlich nicht alle Mitglieder anwesend	
	- Der Anspruch Messias zu sein ist keine Gotteslästerung - Das „ius gladii“ stand nur dem Prokurator zu - Kreuzigung ist die römische Art der Todesstrafe - die jüd. Obrigkeit war zu diesem Schritt gezwungen	
Beschluss d. Auslieferung an Pilatus		**Beschluss d. Auslieferung an Pilatus**
	Wandel der Anklage von einer religiösen zu einer politischen:	
Bestätigung des jüd. Urteils durch Pilatus	- „König der Juden“ Einhaltung des hellenistisch-römischen Verfahrens: - öffentliche Verhandlung - Anklage von privater Seite - Recht auf Verteidigung	**Prozess vor Pilatus**
Kreuzigung	- Außerhalb der Stadtmauern - Lage in etwa die der Grabeskirche - 7. April 30. n. Chr.	**Todesurteil & Kreuzigung**

🕮 **Lesetipp:** Die Ereignisse in den letzten 24 Stunden des Lebens Jesu sind in einer auch didaktisch beeindruckenden Weise geschildert von: *W. Bösen, Der letzte Tag des Jesus von Nazaret. Was wirklich geschah, 2.Aufl. Freiburg 1994.* Auf die Frage nach der historischen Schuld am Tode Jesu geht auch ein: *R. Heiligenthal, Der Lebensweg Jesu von Nazareth. Eine Spurensicherung, Stuttgart 1994, 125-146.*

Während die meisten Anhänger Jesu unter ihnen auch die Jünger aus Enttäuschung und Angst auseinandergelaufen oder geflohen waren, waren einige Anhängerinnen Jesu unter ihnen Maria Magdalena und Maria, die Mutter Jesu, Zeuginnen der Hinrichtung. Nur das JohEv berichtet davon, dass auch der „Lieblingsjünger“ Jesu unter dem Kreuz stand. Die historische Tatsache der Hinrichtung wurde von keinem Geschichtswissenschaftler je ernsthaft bestritten. Doch was waren die historischen Gründe für dieses Justizmord? Jesus wurde einerseits aus politischem Opportunismus von jüdischer Seite gegenüber den herrschenden Römern[172] hingerichtet. Auf der anderen Seite war er ein Opfer des antiken Antisemitismus, denn nach der neueren Exegese waren die Römer die treibende Kraft bei der Hinrichtung Jesu. Mit der Kreuzesinschrift verspottet Pilatus das jüdische Volk. Die theologische Bedeutung des Kreuzes fasst Klaus Berger in vier Thesen zusammen:[173]

Vier Thesen zur theologischen Bedeutung des Kreuzes

1. „Die spezifisch religiöse Bedeutung ist keine mystische und nur für Insider begreifliche Glaubensaussage, sondern setzt an der historisch-sozialen Bedeutung der Kreuzesstrafe an: Weil das Kreuz die schändlichste Art der Hinrichtung ist, wird es zum Symbol der totalen Differenz zwischen Werten der Gesellschaft (der Welt) und Gottes. Denn der Gekreuzigte ist der Liebling Gottes, der Erwählte, der Messias. In den Briefen des Paulus steht das Kreuz daher für die Wertumkehrung, die mit der Bekehrung zum Christen jedem einzelnen nachvollzogen wird. So sprechen Römer 6 und 1. Korinther vom Gekreuzigtwerden oder Mitgekreuzigtwerden als einem radikalen Abschied von allem, was unter Menschen etwas gilt. Das Kreuz ist daher ein Symbol der Wertkritik und signalisiert gesellschaftliche Differenz.
2. Teilweise schon im Neuen Testament wird das Kreuz zum Zeichen des stellvertretenden Todes Jesu bzw. der Versöhnung zwischen Mensch und Gott.
   Stellvertretung ist eine juristische Kategorie, die besagt: Als Gerechter konnte Jesus für andere vor Gott etwas leisten, das diese anderen selbst hätten tun müssen, aber nie hätten tun können. Dass Stellvertretung überhaupt möglich ist, kann im Rahmen des kultischen Verhältnisses zwischen Gott und Mensch bereits als Gnade betrachtet werden. In dieser kultischen Beziehung gilt die Unverhältnismäßigkeit zwischen Ursache und Wirkung. Das heißt: Die immense Schuld aller Menschen kann stellvertretend und symbolisch beseitigt werden durch die Tat eines einzigen Gerechten.
   »Versöhnung« ist ein politischer Begriff aus der Welt der antiken Diplomatie. Wenn Friedensverhandlungen zwischen Völkern geführt wurden, die zuvor verfeindet waren, so nannte man das Ergebnis dieser Verhandlungen »Versöhnung«. Das Neue Testament begreift Jesus als Mittler der Versöhnung, als Gesandten des Friedens. Dass dieser Legat des Friedensschlusses von den Menschen umgebracht wurde, ist nach antiken Vorstellungen ein äußerstes Sakrileg. Gott beantwortet diesen Frevel mit seinem verstärkten Wunsch nach Frieden und dadurch, dass er den Mord an Jesus im Sinne stellvertretender Reparationsleistung wertet. Noch einmal: Der Tod Jesu war von Römern ausgeführter politischer Mord. In der Auffassung gläubiger Christen bedeutet der Tod Jesu aber darüber hinaus eine Intensivierung und Fortsetzung der Botschaft Jesu vom friedenswilligen Gott »mit anderen Mitteln«.
3. Als »Opfertod« zur Erlösung der Menschen von der »Erbschuld« wird der Tod Jesu im Neuen Testament nicht betrachtet. Die jüdische Religion kennt keine Menschenopfer, und da die Verfasser des Neuen Testamentes Judenchristen waren, konnten sie unmöglich den Tod Jesu als Opfer betrachten. Dieses hat sich zwar so eingebürgert in unserem Sprachgebrauch, bedarf aber dringend der Revision. Von der »Erbschuld« redet die Kirche erst seit Augustinus, und sie wird nach Auffassung der Kirche durch die Taufe, nicht aber durch den Kreuzestod Jesu beseitigt.
4. Nach Johannes 12,31 wird durch das standhafte Martyrium Jesu der Herrscher dieser Welt, der Teufel besiegt und entmachtet. Das Johannesevangelium steht hier für eine besondere Märtyrer-Apokalyptik, die auch eine politische Bedeutung gehabt hat und hat. Denn das Thema ist in ganz bestimmtem Sinne Weltherrschaft. Die Weltherrschaft des Todes und des Bösen ist die wahre umfassende und alles durchdringende Tyrannei, und das Reich, das Jesus als sein Reich betrachtet (vgl. Johannes 18,36), ist dem entgegengesetzt. Alle anderen Reiche müssen sich messen lassen an dieser »Wahrheit«. Der Märtyrer ist deshalb der Sieger, weil er standhaft, treu und ohne in der Versuchung nachzugeben, für Liebe statt Gewalt kämpft."

Frauen waren nach übereinstimmendem Bericht aller Evangelien Erstzeuginnen der Auferweckung:

[172] Vgl. B. Wander, Trennungsprozesse zwischen frühem Christentum und Judentum im 1.Jh. n.Chr., 2.Aufl. Tübingen 1997 (TANZ 16).

[173] K. Berger, Das Kreuz als öffentliches Symbol, in: W. Brugger/St. Huster (Hg.), Der Streit um das Kreuz in der Schule. Zur religiös-weltanschaulichen Neutralität des Staates, Baden-Baden 1998, 167-169.

Synoptischer Vergleich Mk 16,1-8 - Mt 28,1-10, - Lk 24,1-11.12

Markus	**Matthäus**	**Lukas**
Maria Magdalena, Maria des Jakobus Frau, Salome	Maria Magdalena, die andere Maria	„sie“ (vgl. V.19): Maria Magdalena. Johanna, Maria des Jakobus Frau, übrige
Sabbat vergangen, Gang zum Grab früh am Morgen	Sabbat vorüber, Aufleuchten des ersten Wochentages	Morgengrauen des 1. Wochentages
Salbungsabsicht	Inspektion des Grabes	Salbungsabsicht
Entdeckung des leeren Grabes	Erdbeben, Engelerscheinung:	Entdeckung des leeren Grabes
Stein weggewälzt		
Jünglingserscheinung: zur Rechten, leuchtendes Gewand, Galiläaweisung an Jünger und Petrus, Rückverweis auf Anfänge in Galiläa	Engel: Galiläaweisung (vgl. Mk)	2 Männer in leuchtenden Gewändern: keine Galiläaweisung, sondern Galiläa-Leidensweissagung
Flucht vom Grab: Zittern und Entsetzen	Wegeilen vom Grab mit Furcht und großer Freude	Unglaube der Jünger bei Rückkehr
	Christuserscheinung: Anbetung, 2. Galiläaweisung, Ankündigung einer Erscheinung in Galiläa	Petrus am leeren Grab: Erstauen
Ort: Jerusalem	Ort: Jerusalem	Ort: Jerusalem

Der Bericht der Evangelien über die Zeugenschaft der Auferweckung steht in einem scheinbaren Gegensatz zu dem Bericht den Paulus im 1.Kor 15 gibt:

Wichtiger Text, 1Kor 15,1-11: *„(1) Ich erinnere euch, Brüder, an das Evangelium, das ich euch verkündigt habe, das ihr auch angenommen habt, in welchem ihr auch steht, (2) durch welches ihr auch gerettet werdet, wenn ihr an dem Wort festhaltet, das ich euch verkündigt habe; es sei denn, ihr wärt umsonst gläubig geworden. (3) Denn ich habe euch vor allem überliefert, was auch ich empfangen habe: dass Christus gestorben ist für unsere Sünden nach den Schriften, (4) und dass er begraben wurde, und dass er auferweckt wurde am dritten Tag nach den Schriften, (5) und dass er dem Kephas erschienen ist, danach den Zwölfen. (6) Danach erschien er mehr als 500 Brüder auf einmal, von denen die meisten noch leben, etliche aber sind entschlafen. (7) Danach erschien er Jakobus, dann allen Aposteln. (8) Als letztem von allen - gleichsam als einer Fehlgeburt - erschien er auch mir. (9) Denn ich bin der geringste der Apostel, der ich nicht wert bin, Apostel zu heißen, weil ich die Gemeinde Gottes verfolgt habe. (10) Durch Gottes Gnade aber bin ich, was ich bin, und seine Gnade mir gegenüber ist nicht vergeblich gewesen, sondern ich habe mehr gearbeitet als sie alle; doch nicht ich, sondern die Gnade Gottes, die mit mir gewesen ist. (11) Ob nun ich oder jene: so predigen wir und so habt ihr es geglaubt."*

Lesetipp: *G. Sellin, Der Streit um die Auferstehung der Toten. Eine religionsgeschichtliche und exegetische Untersuchung von 1.Kor 15, Göttingen 1986.*

Nach Paulus war Petrus der Erstzeuge, die Frauen am Grab finden keine Erwähnung. Paulus nennt wahrscheinlich deshalb nur Männer als Zeugen, da das jüdische Recht Frauen kein volles Zeugnisrecht zuerkannte.

Tipp zur Weiterarbeit: Die Themen „Auferstehung" und „leeres Grab" sind heute wieder Gegenstand der Diskussion weit über die Grenzen der Fachwissenschaft hinaus. Machen Sie sich mit dem Forschungsstand mit Hilfe des Lehrbuches von Theißen/Merz bekannt.

4.4.1.1 Maria Magdalena, Jüngerin und Zeugin der Auferweckung

Alle vier biblischen Evangelien berichten übereinstimmend, dass Frauen Zeugen der zentralen Ereignisse am Ende des Lebensweges Jesu von Nazareth waren. Sie beobachteten die Kreuzigung Jesu „von ferne" (Mk 15,40f par) bzw. standen unter dem Kreuz (Joh 19,25). Sie sahen zu, wie das angesehene Mitglied des jüdischen Hohen Rates, Josef von Arimathäa, den in ein Leintuch eingehüllten Leichnam Jesu in ein Felsengrab legte und den Grabeingang mit einem schweren Rollstein verschloss (Mk 15,42-47 par). Und sie waren es, die am Ostermorgen das leere Grab entdeckten (Mk 16,1 par; Joh 20,1) und denen ein *angelus interpres* den Schrecken nahm, indem er das Geschaute deutete. Nach der johanneischen und der matthäischen Überlieferung waren sie sogar diejenigen, denen Jesus vor Petrus und den anderen Jüngern zuerst erschienen ist (Mt 28,9; Joh 20,11-18). Die neutestamentliche Forschung ist sich darüber einig, dass die historische Glaubwürdigkeit dieser Notizen hoch ist, allein schon deshalb weil sie unabhängig voneinander in verschiedenen Überlieferungssträngen tradiert wurden. Nun fällt nicht nur auf, dass ausschließlich Frauen Zeugen dieser zentralen Heilsereignisse waren,[174] sondern auch dass in den voneinander abweichenden Namenslisten der Zeugen allein Maria Magdalena immer erwähnt wird, ja nach dem Bericht des Johannesevangeliums ist sie es allein, die das leere Grab entdeckt und der als erste der auferweckte Jesus begegnet:

Wichtiger Text, Joh 20,11-18: *Maria aber stand außen bei Der Gruft und weinte ... Und sie sah Jesus dastehen, und wusste nicht, dass es Jesus war. Jesus sagte zu ihr: Frau, was weinst du? Wen suchst du? Jene, in der Meinung, es sei der Gärtner, sagt zu ihm: Herr, hast du ihn weggetragen, so sage mir, wo du ihn hingelegt hast, und ich will ihn holen. Jesus sagt zu ihr: Maria! Da wendet sich diese um und sagt zu ihm auf hebräisch Rabbuni! Jesus sagt zu ihr: Rühre mich nicht an, denn ich bin noch nicht zum Vater aufgefahren. Geh aber zu meinen Brüdern und sage ihnen: Ich fahre auf zu meinem Vater und eurem Vater und zu meinem Gott und eurem Gott. Maria aus Magdala geht und verkündigt den Jüngern, dass sie den Herrn gesehen und dass er dies zu ihr gesagt habe."*

Maria aus Magdala, die „Apostolin der Apostel", zu der sie der Heilige Geist nach dem Kirchenvater Augustin gemacht hat, steht in diesem Text als die Erstempfängerin der zentralen christlichen Heilsbotschaft, der Osterbotschaft, vor uns. Allein dieses Geschehen macht sie bereits zu einer der zentralen Frauengestalten in der frühchristlichen Überlieferung. Die Evangelien erwähnen sie vierzehnmal namentlich, mehr als jede andere neutestamentliche Frauengestalt. Ihre enge Beziehung zu Jesus regt bis heute die Phantasien vieler Menschen an; beflügelt sie zu gewagten Rekonstruktionen des Lebens Jesu, zu kirchenkritischen Ausfällen und zu ehrfürchtig geglaubten Legendenbildungen. Es mag dabei auf den ersten Blick verwundern, dass die Maria Magdalena der Kunst, der Literatur, der kirchlichen Tradition und Überlieferung wenig mit der Frau aus Magdala zu tun hat, die neben Petrus eine der herausragenden Führungspersönlichkeiten innerhalb des engeren Kreises um Jesus gewesen ist. In den großkirchlichen Evangelien haben sich hiervon wenige, aber eindeutige Spuren erhalten, denen es

[174] Lediglich der ausschließlich bei Johannes erwähnte „Lieblingsjünger" stand mit den Frauen unter dem Kreuz.

nachzugehen lohnt. Daneben haben sich in gnostischen Texten wertvolle Zeugnisse über die historische Rolle der Maria aus Magdala erhalten.
Maria stammt, worauf ihr Beiname hinweist, aus der Stadt Magdala am See Genezareth. Sie kommt also aus derselben Gegend Galiläas wie Jesus. Nazareth liegt nicht allzu weit entfernt. Der jüdische Historiker Josephus erwähnt in seinem Bericht über den jüdischen Krieg die Stadt mehrmals. Sie soll etwa 40000 Einwohner gehabt haben, was übertrieben erscheint. Die Stadt war günstig an der *Via Maris* gelegen, eine bei Josephus erwähnte Rennbahn zeugt von griechisch-hellenistischen Einflüssen. Daneben galt sie als ein Zentrum der Fischerei mit einer Flotte von ca. 200 Booten im Hafen. Über Marias Schichtzugehörigkeit können wir nichts Sicheres aussagen. Vielleicht war sie nicht mittellos, denn Lukas erwähnt in einer Liste der Jüngerinnen Jesu, dass diese ihm „mit ihrer Habe" dienten (8,3). Die ältere Markusüberlieferung weiß hiervon allerdings nichts (Mk 15,40f.). Maria war wahrscheinlich alleinstehend, denn es war bei verheirateten Frauen üblich, den Namen nicht mit einer Ortsangabe, sondern mit dem Ehemann zu konkretisieren. Ein Beispiel hierfür gibt wiederum Lukas, der die Jüngerin Johanna als „Frau des Chuzas" näher beschreibt (8,3). Als Maria Jesus traf, war sie eine schwerkranke Frau. Das Krankheitsbild deutet auf schwere psychische Störungen, die Jesus heilte, indem er sieben böse Geister aus ihr austrieb (Lk 8,2). Bis in unser Jahrhundert hinein sah die katholische Exegese in den sieben Dämonen einen Hinweis auf die schweren Sünden Marias. Die Heilung wird damit moralisierend als Buß- und Besserungsakt einer großen Sünderin interpretiert, womit das kirchlich-traditionelle Bild der Maria als der großen büßenden Sünderin bereits im Neuen Testament verankert werden soll. Hiervon kann allerdings keine Rede sein. „Der lukanische Hinweis auf sieben Dämonen deutet auf einen besonders schweren Fall von Besessenheit hin, hinter der wir eine hochgradige Hysterie, ein manisch-depressives Irresein, Tobsucht oder Epilepsie vermuten dürfen."[175] Jesus heilte sie von ihren Krankheiten, was zum entscheidenden Wendepunkt im Leben der Maria aus Magdala wurde. Von keinem Jünger wird berichtet, dass er Jesus aufgrund einer Heilung nachfolgte. Maria wurde nicht wie Petrus aus seinem Beruf herausgerissen, sondern sie erfuhr an sich Heil. Dies mag sie dazu bewogen haben, sich der Anhängerschaft Jesu anzuschließen und ihn von nun an auf seinen Wanderungen durch Galiläa und auf seinem Weg nach Jerusalem zu begleiten. In einer sehr alten Notiz im Rahmen der Passionsgeschichte gibt uns Markus hiervon fast am Rande Kenntnis:
„Es sahen aber auch Frauen von ferne zu, unter ihnen auch Maria aus Magdala und Maria, die Mutter von Jakobus dem Jünger und von Joses, und Salome, die ihm als er in Galiläa war, nachfolgten und dienten, und viele andre, die mit ihm nach Jerusalem heraufgezogen waren" (Mk 15,40f.).
Ganz offensichtlich gab es also nicht nur einen Kreis berufener Jünger in der Nachfolge Jesu, sondern auch einen Gruppe von Jüngerinnen, die sich ihm anschloss und seine unstete Lebensweise als Wandercharismatiker teilte. Diese Tatsache wirft ein Licht auf den erstaunlich unbefangenen, ja anstößigen Umgang Jesu mit Frauen. Flavius Josephus kann bündig feststellen: „Die Frau steht in jeder Beziehung unter dem Mann",[176] und mit Blick auf die weibliche Zeugnisfähigkeit meint er: „Wegen der ihrem Geschlecht eigenen Leichtfertigkeit und Dreistigkeit soll das Zeugnis von Frauen nicht zulässig sein."[177] „Mein Lehrer" redet Maria den Auferweckten an und macht damit noch einmal am Ende deutlich, was sie Jesus auch verdankt: Er hat sie nicht nur an seinem Lebensweg, sondern auch an seiner Lehre teilhaben lassen. Auch dies ist ungewöhnlich: „Lieber möge die Tora in Flammen aufgehen, als dass sie den Frauen übergeben werden", schreibt Rabbi Eliezer[178] und fügt an anderer Stelle hinzu:

---

[175] W. Bösen, Der letzte Tag des Jesus von Nazareth. Was wirklich geschah, 2.Aufl. Freiburg 1994, 317.
[176] Jos Contra Apionem II 24.
[177] Jos Ant IV 8,15.
[178] pal. Sota 3,4,19a.

„Wer seine Tochter Tora lehrt, lehrt sie Albernheit".[179] Innerhalb des Kreises der Jüngerinnen nahm Maria wie Petrus unter den Jüngern den führenden Platz ein. Sie wird wie Petrus vorzugsweise an erster Stelle bei Aufzählungen der Jüngerinnen genannt. Eine Erinnerung an diese führende Position blieb in Offenbarungstexten aus gnostischen, also nicht großkirchlichen Kreisen, noch bis gegen Ende des 2. Jahrhunderts erhalten: In einer gnostischen Schriftensammlung mit Namen 'Pistis Sophia' stellt Maria aus Magdala allein 36 von 46 Fragen an den auferstandenen Herrn. Hiermit tritt sie in deutliche Konkurrenz zu Petrus, der sich über eine derartige Vorzugsstellung der Maria erzürnt. In dem ebenfalls gnostischen „Evangelium nach Maria" spricht Petrus selbst die besondere Stellung Marias an: „Schwester, wir wissen, dass der Erlöser dich mehr geliebt hat als die anderen Frauen", und bittet sie, ihnen die empfangenen Worte Jesu mitzuteilen. Maria tröstet die Jünger nach dem Verschwinden des Herrn und versucht, sie mit Berichten über ihn aus ihrer Unentschlossenheit zu reißen. Am Ende ihrer Rede ist wiederum Petrus, der daran zweifelt, dass Jesus „wirklich mit einem Weibe unter vier Augen gesprochen und uns davon ausgeschlossen" hat. Daraufhin erhebt Levi das Wort, um Maria zu verteidigen:

„Petrus, du bist schon immer aufbrausend gewesen. Und auch jetzt sehe ich, wie du dich gegen diese Frau ereiferst, als wärest du ihr Widersacher. Wenn aber der Erlöser sie gewürdigt hat - wer bist denn du, dass du sie verwerfen dürftest? Sicherlich kennt der Erlöser sie durch und durch. Deshalb hat er sie mehr als uns geliebt. "[180]

In diesen Notizen sind Erinnerungen an ein schon sehr bald nach Ostern einsetzendes Konkurrenzverhältnis zwischen Petrus und Maria erhalten. Die historische Ursache für diese Auseinandersetzungen liegen offenbar in der besonderen Autorität, die Maria für sich beanspruchen konnte und die sich charakteristisch von denen der männlichen Apostel unterschied.[181] Maria beanspruchte für sich keinen „Titel" wie etwa Apostel, sie hatte kein gemeindeleitendes Amt inne und beanspruchte auch keine von Jesus abgeleiteten besonderen Vollmachten, wie beispielsweise das Wirken von Wundern für sich. So sieht Susanne Heine richtig, dass Maria in den ältesten Auferstehungstexten (1.Kor 15 und Lk 24,35) nur deshalb nicht genannt wird, weil hier „Christophanie und Leitungsfunktion ... eng verknüpft sind ... Sie leitete keine Gemeinde und geriet über die ersten institutionellen Autoritätskonflikte ins Hintertreffen. Das schließt aber nicht aus, dass sie als Nachfolgerin Jesu und als pneumatische Persönlichkeit eine geistliche Autorität besessen hat."[182] Die Tatsache, dass Maria Magdalena auch innerhalb apokrypher Evangelien eine zentrale Rolle in der Jesusbewegung einnimmt, macht diese Aussage Heines um so wahrscheinlicher. „In jedem Fall hat Maria Magdalena eine theologisch-symbolische Bedeutung ... Maria Magdalena steht nicht für die Emanzipation der Frauen, das wäre ein Anachronismus, aber dafür, dass Geistempfang, Begnadigung durch den Erlöser, Glaube und Weitergabe dieses Glaubens in Verkündigung und Lehre, samt den dazugehörigen gemeindlichen Funktionen, nicht auf Männer beschränkt sind."[183] Ihre wirkliche Bedeutung fand ich nirgendwo besser beschrieben, als in einer ostkirchlicher Tradition entstammenden Lebensbeschreibung, die auf den 1335 gestorbenen Nikephoros Kallistos zurückgeht:[184] *„Es steht aber unter den Christen fest, dass niemand bestreiten kann, dass Maria von Magdala nach dem Willen Christi die Lehrerin der Apostel war. Daher darf sie von den Aposteln nicht*

---

[179] Sota 3,4.

[180] Dietzfelbinger, Apokryphe Evangelien aus Nag Hammadi, 2.Aufl. Stuttgart 1989, 261.

[181] Vgl. zum Folgenden: K. Berger, Theologiegeschichte des Urchristentums, Tübingen 1994, 636.

[182] S. Heine, Eine Person von Rang und Namen. Historische Konturen der Magdalenerin, in: G. Sellin u.a. (Hg), Jesu Rede von Gott und ihre Nachgeschichte im frühen Christentum. Beiträge zur Verkündigung Jesu und zum Kerygma der Kirche (FS W. Marxsen) Gütersloh 1989, 188.

[183] Heine, a.a.O., 194.

[184] Nikephoros Kallistos, Rede über die heilige und apostelgleiche Salbenträgerin Maria von Magdala, PG 147, 541.

getrennt werden, deren Glauben sie teilt; glauben wir doch auch dem von Gott inspirierten Paulus, der an die Korinther schreibt: 'Wenn die Toten nicht auferstehen, ist auch Christus nicht auferstanden; ist aber Christus nicht auferstanden, so ist euer Glaube vergeblich.' Sie aber war die erste, die den auferstandenen Christus sah und seine Auferstehung den Aposteln verkündete."

4.4.1.2 Jerusalem als Ort der ersten christlichen Gemeinde

Während wir über das weitere Schicksal von Maria Magdalena nichts erfahren, wissen wir dass sich nach den Erscheinungen Jesu in Jerusalem zentrale Gestalten der weiteren Geschichte des frühen Christentums sammelten. Paulus, noch in der Rolle eines fanatischen Christenverfolgers, Petrus, Johannes, Jakobus, der Zebedaide und die anderen Jünger, Jakobus, der Herrenbruder und bald auch die dem griechisch sprechenden Judentum entstammenden Stephanus und Philippus. In Jerusalem bildeten sich die ersten theologischen Positionen aus, die in den späteren Schriften des Kanons teilweise wirksam blieben. Der Herrenbruder Jakobus vertrat eine dem Judentum gegenüber loyale Position.

📖 ***Lesetipp:*** *R. Riesner, Essener und Urgemeinde in Jerusalem, Gießen 1998.*

4.4.1.3 Jakobus, der Herrenbruder

Jakobus wurde nach Gal 1,19 „der Bruder des Herrn" genannt. Offensichtlich stand er Jesus bis Ostern mit Skepsis gegenüber (Mk 3,21.31ff.), doch nahm er bald eine führende Rolle in der Urgemeinde Jerusalems ein. Wahrscheinlich war er verheiratet (1.Kor 9,5). Seine herausragende Stellung unter den ersten Christen bestätigt sich darin, dass er von Paulus zusammen mit Petrus und Johannes unter die „Säulen" der Gemeinde gerechnet wird (Gal 2,9; vgl. Apg 12,17; 15,13). Nach Zeugnissen der Kirchenväter verband Jakobus den Glauben an Jesus als den Auferweckten mit einer uneingeschränkten Treue gegenüber dem Judentum. Im Volk wurde er deshalb „der Gerechte" genannt (Euseb, h.e. II 23,4ff.). Im Streit um die ⇒ Heidenmission nahm er offensichtlich eine vermittelnde Stellung ein, die sich in den Forderungen des ⇒ Aposteldekrets für das Zusammenleben von Heiden- und Judenchristen niederschlug. Jakobus selbst ging nicht zur Heidenmission über, sondern blieb in leitender Position in Jerusalem. Nach Apg 21,18f. traf Paulus bei seinem letzten Aufenthalt in Jerusalem nur noch auf Jakobus, der dort in einer Art bischöflicher Funktion wirkte. Auf Veranlassung des Hohenpriesters Ananos wurde er im Jahre 62 hingerichtet.[185] Dies führte zu heftigen Protesten von pharisäischer Seite. Vielleicht verband Jakobus die Lebenshaltung einer lebenslänglichen Buße mit dem Bekenntnis zu Jesus als dem Auferweckten. Seine theologischen Grundpositionen scheinen sich im Jakobusbrief teilweise erhalten zu haben. Zumindest fehlen dort eine ausgeprägte Christologie und eine Auseinandersetzung mit jüdischen Gesetz wie bei Paulus. Der Jakobusbrief legt großen Wert auf die Lebenspraxis der Christen, ein Anliegen, das Jakobus, der Gerechte, offensichtlich teilte.

📖 **Lesetipp:** *W. Pratscher, Der Herrenbruder Jakobus und sein Kreis, in: EvTh 47 (1987) 228-244.*

4.4.1.4 Der Jakobusbrief

An dieser Stelle wird vorgeschlagen, den Jak als ein Zeugnis sehr früher judenchristlicher Theologie zu verstehen, die in ihren Grundzügen der Theologie um den Kreis des Herrenbruders Jakobus entsprochen haben könnte. Hierauf deuten die folgenden Punkte: Jakobus vertritt keine ausgeprägte Christologie: Der Ort der Sündenvergebung ist das endzeitliche göttliche

[185] Jos ant XX,200.

Gericht, dessen Maßstab die Barmherzigkeit ist (2,13). Christus wird als „Gerechter" verstanden, der unschuldig verurteilt und getötet wurde (5,6). Zum Verständnis der Person Jesu wird somit die jüdische Tradition des „leidenden Gerechten" aufgenommen. Der Jak vermeidet eine Auseinandersetzung mit dem jüdischen Gesetz. Nach 2,10 gilt: *„Wer das ganze Gesetz hält und nur gegen ein einziges Gebot verstößt, der hat sich gegen alle verfehlt."* Das ihn bedrängende Problem des sozialen Ausgleichs von Armen und Reichen in den Gemeinden löst Jakobus, indem er auf palästinische Jesustraditionen zurückgreift. Der Brief berührt sich daher häufig mit synoptischen Logien.[186]
Der Jakobusbrief richtet sich an die „12 Stämme in der Diaspora" (1,1). Als Verfasser wird Jakobus, der Herrenbruder genannt Man kann den Jakobusbrief nicht als eine bloße Sammlung religiös-sittlicher Mahnungen ohne wesentlichen inhaltlichen Zusammenhang ansehen.[187] Denn wäre dies der Fall, wurde er sozusagen außerhalb von Raum und Zeit schweben, da er keine klar fassbaren Verhältnisse voraussetzen würde.[188] Obwohl Jakobus in seinen Paränesen ausgiebig vorchristliches oder gemeinchristliches Material verwendet,[189] was den Rückschluss auf eine konkrete Situation problematisch machen kann,[190] und obwohl die Epistel nicht an eine bestimmte Gemeinde gerichtet ist, sondern "katholischen" Charakter hat,[191] steht er in einer konkreten kirchlichen Situation.[192] Man kann in den beharrlich vorgetragenen Mahnungen zum innergemeindlichen Ausgleich,[193] in den auf das Sozialverhalten der Gemeindemitglieder bezogenen Beispielen[194] zwar keine Widerspiegelungen von Konfliktfällen in einer bestimmten Gemeinde, jedoch eine idealistische Zeichnung der Wirklichkeit vieler Ortsgemeinden zur Zeit der Abfassung sehen.[195] Da die Epistel nicht an eine bestimmte Gemeinde in einer konkreten Konfliktsituation gerichtet ist, muss sie relativ feste, vergleichbare Gemeindestrukturen mit "typischen" Konfliktpunkten voraussetzen, da sonst ihre Paränesen ins Leere gehen würden. Auf dem Hintergrund einer kirchlichen Situation, die besonders durch ein problematisches Verhältnis zwischen Armen und Reichen in den einzelnen Gemeinden geprägt war, wendet sich der Verfasser des Jakobusbriefes gegen einen Glauben, der nicht in Werken aufweisbar ist (2,14-26).

Wichtiger Text. 2.14-26: *„Meine Brüder, was nützt es, wenn einer sagt, er habe Glauben, aber es fehlen die Werke? Kann etwa der Glaube ihn retten? 2,15 Wenn ein Bruder oder eine Schwester ohne Kleidung ist und ohne das tägliche Brot 2,16 und einer von euch zu ihnen sagt: Geht in Frieden, wärmt und sättigt euch!, ihr gebt ihnen aber nicht, was sie zum Leben brauchen - was nützt das? 2,17 So ist auch der Glaube für sich allein tot, wenn er nicht Werke vorzuweisen hat. 2,18 Nun könnte einer sagen: Du hast Glauben, und ich kann Werke vorweisen; zeig mir deinen Glauben ohne die Werke, und ich zeige dir meinen Glauben aufgrund der*

---

[186] Die wichtigsten Parallelen hat übersichtlich zusammengestellt: H. Merkel, Bibelkunde des Neuen Testaments. Ein Arbeitsbuch, 4.Aufl. Gütersloh 1992, 235.

[187] Gegen M. Dibelius, Der Brief des Jakobus, hrsg. u. ergänzt v. H. Greeven, 11. Aufl. Göttingen 1964 (KEK 15).

[188] J.R Soucek, Zu den Problemen des Jakobusbriefes: EvTh 18 (1958) 461.

[189] So wies z.B. Dibelius, Jakobusbrief, 58-66, nach, dass Jakobus auf ein "traditionelles Armenpathos" zurückgreift.

[190] Vgl. K. Berger, Exegese des Neuen Testaments, Heidelberg 1977, 239.

[191] Aufgrund von Jak 1,1 gehe ich in Übereinstimmung mit den meisten Exegeten davon aus, dass der Jakobusbrief nicht an eine bestimmte Gemeinde gerichtet ist, sondern sich an eine Vielzahl von Gemeinden wendet, was aber nicht heißt, dass diese untereinander nicht vergleichbar wären. Zur Literatur: C. Burchard, Gemeinde in der strohernen Epistel. Mutmaßungen über Jakobus: Kirche (FS G. Bornkamm) Tübingen 1980, 315 A.2.

[192] Dies wurde von Soucek, Probleme, mit Nachdruck betont.

[193] Typisch für diesen Grundzug des Jak ist die Betonung der „barmherzigen Werke": Jak 1,27; 2,13; 2,15f.

[194] Vgl. Jak 2,2f; 4,13-17

[195] Ich halte die Spätdatierung der Epistel (80-130 n. Chr.) durch Dibelius, Jakobusbrief, 67-69, für nicht hinreichend begründet. Anders: F Mußner, Der Jakobusbrief, 3. erw. Aufl. Freiburg 1975 (HTHK 13/1) 19.

Werke. 2,19 Du glaubst: Es gibt nur den einen Gott. Damit hast du recht; das glauben auch die Dämonen, und sie zittern. 2,20 Willst du also einsehen, du unvernünftiger Mensch, dass der Glaube ohne Werke nutzlos ist? 2,21 Wurde unser Vater Abraham nicht aufgrund seiner Werke als gerecht anerkannt? Denn er hat seinen Sohn Isaak als Opfer auf den Altar gelegt. 2,22 Du siehst, dass bei ihm der Glaube und die Werke zusammenwirkten und dass erst durch die Werke der Glaube vollendet wurde. 2,23 So hat sich das Wort der Schrift erfüllt: Abraham glaubte Gott, und das wurde ihm als Gerechtigkeit angerechnet, und er wurde Freund Gottes genannt. 2,24 Ihr seht, dass der Mensch aufgrund seiner Werke gerecht wird, nicht durch den Glauben allein. 2,25 Wurde nicht ebenso auch die Dirne Rahab durch ihre Werke als gerecht anerkannt, weil sie die Boten bei sich aufnahm und dann auf einem anderen Weg entkommen ließ? 2,26 Denn wie der Körper ohne den Geist tot ist, so ist auch der Glaube tot ohne Werke.“

Die Forschung rechnet bei der Diskussion von Jak 2,14-26 in der Regel damit, dass hier eine direkte oder indirekte Auseinandersetzung mit der paulinischen Rechtfertigungslehre stattfindet.[196] Je nachdem, wie man den Jakobusbrief chronologisch einordnet, wird ein[197] recht unterschiedliches Bild des Verhältnisses von Jakobus zu Paulus gezeichnet: Einige Exegeten datieren die Epistel in die Zeit des vorliterarischen Frühpaulinismus und sehen in Jak 2,14-26 ein frühes Zeugnis judenchristlichen Antipaulinismus.[198] Datiert man den Brief jedoch in die nachpaulinische Zeit,[199] dann kann sich Jakobus in 2,14-26 entweder mit einem weiterwirkenden Paulinismus[200] oder aber mit einem vulgär verkürzten[201] bzw. häretischen[202] Derivat der paulinischen Rechtfertigungslehre auseinandergesetzt haben. Alle diese Standpunkte stützen sich im Grunde auf zwei Beobachtungen: Einmal erscheint die Opposition Glaube/Werke ohne die sprachliche und theologische Vorarbeit des Paulus nicht erklärbar,[203] zum anderen meint man, die spezifische Verwendung des Abrahambeispiels durch Jakobus traditionsgeschichtlich von Paulus herleiten zu müssen.[204] Neben der grundsätzlichen Schwierigkeit auf implizitem Weg neutestamentliche Aussagen nach "Gegnern" bzw. "Frontstellungen" zu befragen,[205] lassen sich einige inhaltliche Argumente anführen, die gegen eine von Jakobus explizit geführte Auseinandersetzung mit paulinischen Gedankengut sprechen; eine grundsätzliche Alternative von Glauben und Werken ist dem theologischen Denken des Paulus ebenso fremd wie dem Denken des Jakobus. So verwendet Paulus diesen Gegensatz nur in einem kleinen Teil seiner Briefe (Gal 2+3; Röm 3-4). Er führt dort eine soteriologische Diskussion

[196] Anders: K. Berger, Exegese, 181f.; R. Walker, Allein aus Werken. Zur Auslegung von Jak 2,14-26: ZThK 61 (1964) 191f; H. Windisch, Die katholischen Briefe, 3. Aufl. Tübingen 1951 (HNT 15) 21.

[197] M. Goguel, Jésus et les origines du Christianisme. La naissance du Christianisme, Paris 1955; G. Kittel, Der geschichtliche Ort des Jakobusbriefes: ZNW 41 (1942) 71-105

[198] So Mußner, Jakobusbrief, 8.18f

[199] So die meisten Forscher seit A. v. Harnack, Geschichte der altchristlichen Literatur. Teil 2: Die Chronologie der altchristlichen Literatur bis Eusebius, Leipzig 1897, 486; P.Vielhauer, Geschichte der urchristlichen Literatur. Einleitung in das Neue Testament, die Apokryphen und die Apostolischen Väter, Berlin 1975, 580, wendet sich gegen den Versuch einer genauen Datierung des Jakobusbriefes, betont aber, dass er erhebliche Zeit nach der Wirksamkeit des Paulus abgefasst worden sein muss.

[200] So zuletzt wieder A. Lindemann, Paulus im ältesten Christentum. Das Bild des Apostels und die Rezeption der paulinischen Theologie in der frühchristlichen Literatur bis Marcion, Tübingen 1979 (BHTH 58) 249f.

[201] Bultmann, Theologie, 484; Dibelius, Jakobusbrief, 221, E. Dassmann, Der Stachel im Fleisch. Paulus in der frühchristlichen Literatur bis Irenäus, Münster 1979, 111 u.v.a.

[202] H. Schammberger, Die Einheitlichkeit des Jakobusbriefes im antiochenischen Kampf, Gotha 1936, rechnet mit gnostisierenden Paulinisten, gegen die sich Jakobus zur Wehr setzt.

[203] Vgl. Chr. Burchard, Zu Jakobus, 2,14-26: ZNW 71 (1980) 43f. A. 77.

[204] Anders: K. Berger, Art. Abraham II. Im Frühjudentum und Neuen Testament: TRE 1 (1977) 374

[205] Vgl. K. Berger, Die impliziten Gegner. Zur Methode des Erschließens von „Gegnern“ in neutestamentlichen Texten: Kirche (FS G. Bornkamm) Tübingen 1980, bes. 378.382.

über die Ablösung der "Gesetzeswerke "[206] durch den "Glauben an Jesus Christus" als Weg zum Heil. Eine Werkfeindlichkeit, wie sie Rudolf Bultmann für Paulus annahm, besteht sonst bei Paulus nicht.[207] Jakobus führt die für ihn anachronistische Alternative von Glauben und Werken nicht im Rahmen einer soteriologischen, sondern einer ekklesiologischen Diskussion ein. Er kritisiert eine soziologische erklärbare Verhaltensweise, die in seinen Adressatengemeinden zu einem massiven inneren Gemeindekonflikt geführt hat: Teile der Gemeinde betonten einseitig den reinen Bekenntnisakt und vernachlässigten die Verpflichtung zu geschwisterlichem Verhalten mittels "barmherziger Werke".[208] Mit Hilfe des Gegensatzes von Glauben und Werken problematisiert Jakobus diese Verhaltensweise auf systematisch-theologischer Ebene.[209] Er bekämpft eine bestimmte christliche Haltung, die zu schweren Konflikten in den Gemeinden geführt hat, während Paulus eine grundsätzliche Diskussion um den Weg zum Heil für Heiden führt. Ganz offensichtlich bewirkt in diesem Fall die aktuelle, konfliktgeladene Situation innerhalb der Jakobusgemeinden ein neues theologisches Durchdenken von Glaubensinhalten.

Innerhalb des Jakobusbriefes finden sich zahlreiche Indizien für die Annahme, dass der Gemeindekonflikt durch ein unausgeglichenes Verhältnis von armen und reichen Gemeindegliedern ursächlich mitbestimmt ist: Obwohl "Weisheit“ von Jakobus sicher im theologischen Sinn verstanden wird, schließt dies nicht aus, dass die Weisen auch im alltäglichen Sinn reich an Bildung sind.[210] Wenn dies zutreffen sollte, dann finden sich unter den Jakobuschristen Menschen mit unterschiedlicher Bildung: Es gibt Leute, die Mangel an Weisheit haben (1,5) und solche, die Weisheit besitzen (3,13-18). Bezeichnend für den von Jakobus geforderten sozialen Ausgleich als Konfliktlösungsmodell ist es, dass die "Weisen" in die soziale Pflicht genommen werden: Weisheit muss in einem "guten Wandel", der sich besonders in Barmherzigkeit zeigt (3,17), aufweisbar sein (3,13). Die soziale Verpflichtung der Reichen drückt sich auch in der Mahnung zum Tun von Liebeswerken an den Armen aus (2,15f.). Die durch Handel zu Geld Gekommenen sollen nicht vergessen, Gutes zu tun (4,13.17).

Dass es aufgrund der sozialen Unterschiede zu Konflikten in den Jakobusgemeinden gekommen ist, zeigen mehrere Bemerkungen: Wer "gemäß den Lüsten Verschwendung treibt" (4,3) und sich damit jenseits der Gemeinschaftsnormen bewegt, muss dafür auch Geld haben. Es scheint Fälle gegeben zu haben, wo reiche Gemeindemitglieder Glaubensbrüder in Prozesse verstrickten (2,6; vgl. 1.Kor 6,lff.).[211] Das christliche Solidarprinzip des „Nicht-Ansehens-der-Person" scheint mancherorts nicht beachtet worden zu sein (2,1-5). Diese knappe Analyse der soziologischen Struktur der Jakobusgemeinden setzt voraus, dass die Paränesen der Epistel nicht an Außenstehende gerichtet sind. Diese Binnenstruktur der Mahnungen wurde von Christoph Burchard ausführlich herausgearbeitet und begründet.[212] Das Ideal des „Nicht-Ansehens-der-Person“ (2,1), aufgrund dessen sich christliche Gemeinden im Gegensatz zu anderen Religionsgemeinschaften für Angehörige aller Schichten öffneten,[213] führte offen-

[206] Bezeichnenderweise fehlt bei Jakobus die Wendung „Werke des Gesetzes“.

[207] Paulus rechnet in Röm 2,6-11 mit einem Gericht nach den Werken. Auch fordert er, dass der Glaube in Liebe wirksam wird (Gal 5,6), und betont, dass der Glaube in Werken fruchtbar werde (Gal 5,19ff, vgl. Dassmann, Stachel, 113f.).

[208] Zu den „barmherzigen Werken“ vgl.: R. Heiligenthal, Werke der Barmherzigkeit oder Almosen? Zur Bedeutung von ελέμοσυνη: NovTest 25 (1983) 289-301.

[209] Vgl. Berger, Gegner, 378

[210] Vgl. G. Theißen, Soziale Schichtung in der korinthischen Gemeinde, in: ZNW 65 (1974) 232-272, der auf dieses Phänomen für die Gemeinde in Korinth aufmerksam gemacht hat.

[211] Vgl. Theißen Schichtung, 258

[212] Burchard, Gemeinde, 326; vgl. auch: Soucek, Probleme und neuerdings M. Sato, Wozu wurde der Jakobusbrief geschrieben?, in: AJBI 17 (1991) 55-76.

[213] So etwa H. Gülzow, Soziale Gegebenheiten der altkirchlichen Mission: Kirchengeschichte als Missionsgeschichte. Bd.1: Die Alte Kirche, hrsg. v. H. Frohnes/U.W. Knorr, Mainz/München 1974, 189-226. Gülzow sieht

sichtlich zu einem Konflikt, der sich aus den notwendigen Konsequenzen des (neuerworbenen)[214] Glaubens entzündete und der den Verfasser des Jakobusbriefes zu einer Verhältnisbestimmung von Glauben und Werken provozierte. Es scheint zu einem Widerspruch zwischen Anspruch und Wirklichkeit im alltäglichen praktischen Lebensvollzug der Christen gekommen zu sein, der nur aus der veränderten historisch-soziologischen Situation der christlichen Gemeinden verständlich wird: Die Anhänger des christlichen Glaubens sind nun nicht mehr Glieder einer jüdischen Erneuerungsbewegung,[215] deren radikale Ethik zu "sozialabweichendem Verhalten"[216] ihrer Sympathisanten führte, sondern ortsansässige Bürger aus unterschiedlichen sozialen Schichten, die ihren Glauben mit beruflichen[217] und familiären[218] Pflichten vereinbaren mussten. Es ging in diesen Gemeinden nicht mehr um Nachfolge unter Aufgabe allen irdischen Besitzes (vgl. Mt 19,21par), sondern um den Eintritt in die christliche Gemeinde ohne Ansehen der Besitzverhältnisse.[219] Der Grundkonflikt, der sich aus dem Zusammenleben von armen und reichen Gemeindemitgliedern ergab, konnte aber nur dann gelöst werden, wenn für einen sozialen Ausgleich gesorgt war. Deshalb waren gerade die Jakobusgemeinden auf ein solches Modell des sozialen Ausgleichs angewiesen.[220]
Hierfür bot sich -weil der patriarchalischen Struktur der Ortsgemeinden angemessen-[221] die Tradition der "barmherzigen Werke" an. So erklärt sich, dass die Forderung nach Caritas ein durchgängiger Zug des Jakobusbriefes ist.[222] Die Reichen sollen ihren Glauben dadurch zum Ausdruck bringen, dass sie durch Werke der Barmherzigkeit für ihre bedürftigen Glaubensgeschwister sorgen. "Das ethische Materialprinzip des Jakobusbriefes heißt (sc. deshalb) Brüderlichkeit."[223] Wenn dieser Liebespatriarchalismus nicht mehr funktioniert, was wir für die Jakobusgemeinden voraussetzen müssen, dann ist auch die gemeinsame ideologische Grundlage des christlichen Zusammenlebens, der Glaube, in Frage gestellt. Denn die Einheit von Bekenntnis und Ethik, die empirische Aufweisbarkeit des Glaubens in den auf das Sozialverhalten bezogenen Werken der Gemeindemitglieder, ist nichts anderes als die theologische Begründung der Forderung nach sozialem Ausgleich. In Jak 2,14-26 argumentiert Jakobus vehement gegen eine Verhaltensweise, die diese Grundlage eines Zusammenlebens in den Jakobusgemeinde an der Wurzel gefährdet. Die Annahme, dass Jakobus hier "Gegner" bekämpfe

---

in der prinzipiellen Offenheit der christlichen Gemeinden für Menschen aus allen sozialen Schichten besonders einen missionarischen Vorteil gegenüber dem Judentum, der sich bei der Abwerbung von "Gottesfürchtigen" auswirkte.

[214] Vgl. Burchard, Gemeinde, 326; Ders., Jakobus, 33

[215] Für den Prozess der Entstehung von christlichen Gemeinden mit eigenständiger Identität lassen sich nach G. Theißen, Judentum und Christentum bei Paulus. Sozialgeschichtliche Überlegungen zu einem beginnenden Schisma, in: M. Hengel/U. Heckel (Hg.), Paulus und das antike Judentum, Tübingen 1991 (WUNT 58) 357, drei Phasen benennen: 1. Die Entstehung einer innerjüdischen Erneuerungsbewegung in der 1. Generation: das war die Gemeinde Jesu. 2. Die Entstehung einer jüdischen Sekte in der 2. Generation, die noch auf die Überwindung der Spaltung hofft. 3. Ein Schisma nach 70, das von außen sichtbar ist und von innen als endgültig erlebt wird.

[216] So G. Theißen, Legitimation und Lebensunterhalt. Ein Beitrag zur Soziologie urchristlicher Missionare, in: NTS 21 (1975), 202; vgl. ders., Wanderradikalismus. Literatursoziologische Aspekte der Überlieferung von Worten Jesu im Urchristentum,, in: ZThK 70 (1973) 245-271, wo das soziale Verhalten der "Jesusbewegung" genauer untersucht wird.

[217] Jak 4,13; 5,4.

[218] Jak 1,17; 2,15.

[219] So Jak 2,1-5.

[220] G. Theißen, Soziologie der Jesusbewegung, München 1977, 108, nennt in Anschluss an Hengel diesen Tatbestand "effektiven Ausgleich“. Typisch für den ideologischen Charakter dieser Forderung ist Jak 1,9f.: Der Reiche soll sich auf das Niveau des Armen begeben.

[221] Es handelt sich hierbei ursprünglich um ein Modell orientalischer Armenpflege, welches mit dem Wandel der politischen und sozialen Verhältnisse auf den Westen des Kaiserreichs übertragbar wurde H. Bolkestein, Wohltätigkeit und Armenpflege im vorchristlichen Altertum, Neudruck Groningen 1967.

[222] Jak 1,27; 2,13; 2,15f; 3,17

[223] Burchard, Gemeinde, 322.

oder sich mit einem wie auch immer gearteten Paulinismus auseinandersetze, scheint diesem Sachverhalt. nicht angemessen.[224]

Nach kirchlicher Überlieferung gilt Judas, der Bruder des Jakobus (Jak 1,1; Jud; 1,1) als Verfasser des gleichnamigen Briefes. Dies ist jedoch eher unwahrscheinlich, doch fällt auf, dass sich auch im Judasbrief eine alte judenchristliche Theologie erhalten hat:

4.4.1.5 Der Judasbrief

Auch der Judasbrief ist ein Zeugnis früher judenchristlicher Theologie. Kernpunkt des Briefes ist die Auseinandersetzung mit einer Häresie und deren Propagandisten. Die „Irrlehrer waren in die Gemeinde eingedrungen (4), nahmen an den Mahlfeiern der Gemeinde teil (12) und hatten in der Gemeinde Anhänger und Sympathisanten (22f.). Der Judasbrief polemisiert nicht gegen Gnostiker, sondern gegen eine „Häresie“, die sich als Weiterentwicklung paulinischer Gedanken verstehen lässt und bereits im Kol begegnet: Aufgrund des Kreuzesgeschehens fühlen sich die Gegner den Engelmächten überlegen und leugnen ihre Macht (8.10). Sie erheben sich für einen besonderen geistigen (pneumatischen) Anspruch. Für den Jud ist demgegenüber die Gemeinschaft mit den Engeln zentrales Glaubensgut. Traditionsgeschichtlich steht der Jud jüdischer Theologie noch sehr nahe. Man kann ihn als eine nur leicht christianisierte jüdische Schrift verstehen. Auffallend ist besonders, dass er aus der frühjüdischen Henochapokalypse zitiert (14f.). Der Brief vertritt ein Judenchristentum, das in Jesus den kommenden Herrn („Kyrios“) sieht, der mit seinen Engeln und der Gemeinde eine Gemeinschaft der „Heiligen“ bildet, die sich von aller Unreinheit freihalten soll. Die Betonung der Reinheit und die vertretene Engellehre haben eine Analogie in der Frömmigkeit der Pharisäer. Im Schlussteil des Briefes werden Anweisungen für den abgestuften Umgang mit den Anhängern der falschen Lehre gegeben:

Wichtiger Text, 20-23: *„Ihr aber, liebe Brüder, gründet euch auf euren hochheiligen Glauben, und baut darauf weiter, betet in der Kraft des Heiligen Geistes, 21 haltet fest an der Liebe Gottes, und wartet auf das Erbarmen Jesu Christi, unseres Herrn, der euch das ewige Leben schenkt. 22 Erbarmt euch derer, die zweifeln; 23 rettet sie, entreißt sie dem Feuer! Der anderen aber erbarmt euch voll Furcht; verabscheut sogar das Gewand eines Menschen, der der Sünde verfallen ist.“*

R. Heiligenthal, Der Judasbrief. Aspekte der Forschung in den letzten Jahrzehnten: ThR 51 (1986) 117-129.

4.4.1.6 Der 2. Petrusbrief

Auch der 2.Petr repräsentiert wie der Jud einen frühen Strang judenchristlicher Theologie. Wie in Jak und Jud fehlt auch hier jeglicher Bezug auf Kreuz und Auferstehung Jesu. Zum Jud besteht offensichtlich literarische Abhängigkeit, wie ein Vergleich von 2.Petr 2 mit Jud zeigt. Der Verfasser des Briefes stellt sich als Symeon Petrus vor (1,1). Er will den Brief als Testament im Angesichts des nahenden Todes geschrieben haben (1,13f.). Ähnlich wie im Jud geht es um die Bekämpfung einer „Irrlehre“, die allerdings an einem wichtigen Punkt anders akzentuiert ist. Die Gegner des 2.Petr. spotten über die Hoffnung auf ein baldiges Wiederkommen Christi (3,4). Hierauf antwortet der Verfasser des 2.Petr. mit dem Hinweis, dass bei Gott andere zeitliche Dimensionen gelten als bei den Menschen:

---

[224] Vgl. Burchard, Gemeinde, 319; Berger, Gegner, 378. Ich meine, dass es sich um eine innergemeindliche Auseinandersetzung handelt. Einen möglichen Hinweis, gegen wessen Verhalten Jakobus argumentiert, kann vielleicht Jak 2,19 geben. Er nennt dort diejenigen, die nur bekennen und nicht dementsprechend handeln, bezeichnenderweise nicht beim Namen, sondern spricht von "Dämonen“. Scheut sich Jakobus etwa vor der Kritik an kirchlichen Autoritäten und weicht deshalb auf übergeordnete Instanzen aus? Vgl. Berger, Exegese, 239

Wichtiger Text, 3-8-10: *„Das eine aber, liebe Brüder, dürft ihr nicht übersehen: dass beim Herrn ein Tag wie tausend Jahre und tausend Jahre wie ein Tag sind. 3,9 Der Herr zögert nicht mit der Erfüllung der Verheißung, wie einige meinen, die von Verzögerung reden; er ist nur geduldig mit euch, weil er nicht will, dass jemand zugrunde geht, sondern dass alle sich bekehren. 3,10 Der Tag des Herrn wird aber kommen wie ein Dieb. Dann wird der Himmel prasselnd vergehen, die Elemente werden verbrannt und aufgelöst, die Erde und alles, was auf ihr ist, werden (nicht mehr) gefunden."*

Lesetipp: K. Berger, Theologiegeschichte des Urchristentums. Theologie des Neuen Testaments, 1994, 517-520.

4.4.1.7 Palästinische Logienüberlieferung

Die frühesten Tradenten der Worte Jesu waren Wandermissionare und ortsfeste Sympathisanten, die bereits Jesus und seine Anhänger in Palästina unterstützen. Die weitere Entstehungsgeschichte der Quelle Q ist äußerst vielschichtig.[225] Man kann jedoch davon ausgehen, dass große Teile der Q-Überlieferung palästinisches Lokalkolorit tragen.

4.4.1.8 Ein erster Konflikt in Jerusalem

In Apg 6,1-6 wird eine Auseinandersetzung zwischen aramäischen sprechenden Judenchristen („Hebräer") und griechisch sprechenden Judenchristen („Hellenisten") geschildert.
Von Lukas wird der Konflikt zwischen "Hellenisten" und "Hebräern" in Apg 6,1-6 mit folgenden Worten geschildert:

Wichtiger Text, Apg 6,1-6: *"In diesen Tagen aber, als die Jünger an Zahl zunahmen, entstand ein Murren der Hellenisten gegen* die *Hebräer, weil* ihre *Witwen beim täglichen Dienst übersehen wurden. Die Zwölf aber riefen die Menge der Jünger zusammen und sagten: >Es ist nicht richtig, dass wir das Wort Gottes vernachlässigen und bei (den) Mahlzeiten dienen. Schaut aus,* Brüder, *nach sieben Männern aus eurer Mitte,* die *in gutem Ruf stehen, von Geist und Weisheit, die wir für diese Aufgabe einsetzen werden. Wir aber werden festhalten am Gebet und am Dienst des Wortes.< Und das Wort gefiel der ganzen Menge, und sie wählten Stephanus, ein Mann voll von Glauben und* heiligem *Geist, und Philippus und Prochorus und Nikanor und Timon und Parmenas und Nikolaus, einen Proselyten aus Antiochien.* Diese *stellten sie vor die Apostel, und sie beteten und legten ihnen die Hände auf."*

Der vorliegende Bericht enthält Spannungen und historische Ungereimtheiten; er wurde ganz offensichtlich von Lukas überarbeitet: Was Lukas von den genannten Personen berichtet, entspricht nicht der Kompetenzverteilung, wie sie in Apg 6,1-6 vorgenommen wird. So sollte man annehmen, dass die Armen- und Witwenfürsorge in der Jerusalemer Gemeinde einen gemischten Kreis erfordert hätte. Auch zeichnet sich im folgenden Stephanus gerade nicht durch eine herausragende karitative Tätigkeit aus, sondern durch große Wundertaten und Geisteskraft (Apg 6,8: "Stephanus aber, voll Gnade und Kraft, tat Wunder und große Zeichen unter dem Volk."). Ganz offensichtlich hat es sich bei den "Sieben" um charismatische Missionare gehandelt, die auf den hellenistischen Teil der Urgemeinde Einfluss ausübten. Es könnte sich von daher bei dem ursprünglichen Konflikt um einen allgemeinen Gruppenkonflikt zwischen Hellenisten und Hebräern gehandelt haben. Die getauften Diasporajuden kommen aus dem Ausland, sprechen eine andere Sprache, entstammen dem soziokulturellen Milieu der hellenistischen Städte. Sie kannten Jesus nicht, waren nicht in Galiläa dabei und kamen erst später zur Gemeinde hinzu. In dieses Bild fügt sich gut die Notiz ein, dass es sich bei Niko-

[225] Vgl. U. Schnelle, Einleitung in das Neue Testament, Göttingen 1994, 223-226.

laus um einen antiochenischen Proselyten gehandelt habe. All diese Faktoren können innerhalb der Gemeinde zu einer Tendenz zur Verselbstständigung und eigenen Profilierung geführt haben.

Wie stark gerade der unterschiedliche Sprache zu einer Auseinanderentwicklung der beiden Gemeindeteile führen konnte, bemerkt Martin Hengel am Beispiel des Gottesdienstes: "Die sprachliche Verschiedenheit der Gruppe musste notwendig und rasch zu einer Spaltung des Gottesdienstes führen, da wenigstens ein beträchtlicher Teil der >Hellenisten< dem aramäischen Gottesdienst der >Hebräer< nur bruchstückhaft oder gar nicht folgen konnte ... Da aber innerhalb der christlichen Gemeinde in den Anfängen die konkrete Gemeinschaft im Gottesdienst und nicht die äußere Organisation konstitutiv war, bedeutete die -notwendige und folgerichtige- Abhaltung von Gottesdiensten in griechischer Sprache die Konstituierung einer neuen, zweiten >Gemeinde< in Jerusalem.[226]

Der latente Konflikt zwischen beiden Gemeindegruppierungen mag sich dann an dem konkreten Problem der Versorgung der Witwen und Armen entzündet haben. Der „Siebener-Kreis“ verband offensichtlich charismatische Begabung mit „Dienen“. Die Lösung der Spannungen zwischen den beiden Gemeindeteilen, die sich durch unterschiedlich Herkunft, durch einen unterschiedlichen soziokulturellen Hintergrund, durch sich unterscheidende theologische Akzentsetzungen auseinander entwickelten, wurde von den am Konflikt Beteiligten in der Trennung der Leitungskompetenzen gesehen.

Ganz offensichtlich nehmen nun die „Sieben“ die Leitung der griechisch sprechenden Teilgemeinde wahr. Bei diesem Konfliktlösungsmodell steht die organisatorische Pragmatik auf den ersten Blick im Vordergrund. Eine Spaltung der Gemeinde aufgrund von Lehrunterschieden erwähnt Lukas nicht. Und doch gibt es Anzeichen dafür, dass hinter dieser organisatorischen Konfliktbewältigung auch tiefgreifende Lehrunterschiede zwischen dem aramäisch sprechenden Teil der Urgemeinde und den griechisch sprechenden Hellenisten gestanden haben, die zu einer für die Hellenisten folgenreichen Entsolidarisierung der Gesamtgemeinde in Jerusalem geführt haben: Apg 6,8-8,1 berichtet von der Verfolgung und dem Martyrium des Stephanus durch Mitglieder hellenistischer Synagogen aufgrund seiner Kritik an Tempel und Gesetz. In Apg 6,13f. werden diese Vorwürfe gegen Stephanus konkret benannt: „*... Dieser Mensch (sc. Stephanus) hört nicht auf, zu reden gegen diese heilige Stätte und das Gesetz. (14) Denn wir haben ihn sagen hören: Dieser Jesus von Nazareth will diese Stätte zerstören und die Ordnungen ändern, die uns Mose gegeben hat."* Mit diesen Worten verkündet Stephanus die eschatologische Ablösung des Tempels und die ebenfalls im eschatologischen Horizont sich vollziehende Änderung des Gesetzes Mose. durch Jesus von Nazareth. Mit diesen Aussagen verliert der Jerusalemer Tempel seine Funktion und es kann deshalb nicht wundern, dass Stephanus von jüdischer Seite deshalb der Lästerung angeklagt und hingerichtet wird. Auffallend ist aber, dass entgegen der Aussage des Lukas in Apg 8,1: *"Es erhob sich aber an diesem Tag eine große Verfolgung über die Gemeinde in Jerusalem; da zerstreuten sich alle in die Länder Judäa und Samarien, außer den Aposteln",* die Verfolgung und Vertreibung nur den hellenistischen Teil der Gemeinde traf.[227] Es liegt die Schlussfolgerung nahe, dass den Juden eine unterschiedliche Haltung der beiden Gemeindeteile zu Gesetz und Tempel bekannt war. Offensichtlich nahmen in dieser Frage "Hebräer" und "Hellenisten" unterschiedliche Positionen ein, die wahrscheinlich in einer differierenden Christologie ihren Ursprung hatten.[228] Weiterhin fällt auf, dass keinerlei Zeugnisse über Hilfe und Unterstützung der "Sieben" durch die

---

[226] M. Hengel, Zwischen Jesus und Paulus. Die „Hellenisten“, die „Sieben“ und Stephanus (Apg 6,1-15; 7,54-8,3), in: ZThK 72 (1975) 177.

[227] Dies setzt auch Lukas in seiner weiteren Darstellung voraus: Er betont einerseits, dass die zwölf Apostel in Jerusalem blieben (Apg 8,1) und andererseits berichtet er in Apg 8,4ff. und 11,19f nur von "Hellenisten", die sich auf der Flucht befinden.

[228] „Die >Hellenisten< haben... keineswegs die Gesetzeskritik Jesu treuer aufgegriffen und weitergeführt als die aramäisch sprechende Urgemeinde. Nicht Jesu Haltung bestimmte ihre grundsätzliche Kritik an Tempelkult und Tora, sondern ihr eigenes spezifisches Verständnis von Jesu Tod und Auferweckung als eines endzeitlichen Sühne- und Offenbarungshandelns Gottes... Ihre kritische Haltung gegenüber Tempel und Tora ist also nicht vom irdischen Jesus abhängig, sondern in seinem Tod und Auferweckung begründet“, Schenke, Urgemeinde, 179.

"Zwölf" überliefert wurden, als die Gruppe der "Hellenisten" aus Jerusalem vertrieben wurden und ihr Oberhaupt durch den Mob gesteinigt wurde. Auf diesem Hintergrund muss man feststellen, dass die Lösung des ersten uns bekannten Gemeindekonfliktes der Urgemeinde gescheitert ist. Die Trennung der Leitungskompetenzen führte zu einer Vertiefung der schon bestehenden soziologischen, ethnologischen und theologischen Spannungen zwischen den beiden Gemeindeteilen. Es fehlte zu diesem Zeitpunkt eine von beiden Teilen anerkannte integrative Autorität. Trotz dieses Scheiterns entstand aber aus diesem ungelösten Konflikt der Nährboden für die Ausbreitung des Christentums als einer eigenständigen, gesetzesfreien missionarischen Kraft. Man kann durchaus davon ausgehen, dass die geflohenen „Hellenisten" das historische Bindeglied zwischen der Urgemeinde und Paulus darstellen. In ihren Kreisen wurden die theologischen Grundlagen für eine gesetzesfreie Heidenmission gelegt. So ist dieser erste Konflikt auch ein Beleg für die These, dass gerade auch Konflikte das theologische Denken durchaus fruchtbar weiterführen können.

4.4.2 Die Ausbreitung des Christentums über Jerusalem hinaus

Nach der Schilderung der Apg zerstreuten sich die Christen „bis auf die Apostel" (8,1). Genannt werden Samaria und Judäa (Apg 8,2), Phönizien, Zypern und Antiochia (Apg 11,19). Diese „Zerstreuung" markiert auch den Beginn der Öffnung des Messiasglaubens für die Heidenwelt. Wichtig sind in diesem Zusammenhang die Mission des Philippus in Samaria in Auseinandersetzung mit dem Wundertäter Simon Magus (Apg 8), sowie die Taufe des heidnischen Hauptmanns Cornelius durch Petrus (Apg 10). Diese Einzelperikope weist auf den frühen Beginn der gesetzesfreien Heidenmission durch Petrus.

4.4.2.1 Johannes der Täufer

Die Bedeutung des Täufers liegt darin, dass er Kopf einer jüdischen Erneuerungsbewegung war, die in besonderer theologischer Nähe zur Jesusbewegung stand und dass der Beginn der charismatischen Wirksamkeit Jesu offensichtlich mit seiner Taufe durch Johannes in einem konkreten Zusammenhang stand. Ein Vergleich zwischen der Botschaft des Johannes und derjenigen Jesu kann die Besonderheit der jesuanischen Predigt vom Reich Gottes akzentuieren. Die Art wie der Täufer als Vorläufer Jesu in die Evangelientradition eingebunden wurde, ermöglicht Hinweise auf die theologische Konzeption der Evangelisten. Der Zugang zu Gestalt und Botschaft des Täufers wird dadurch erleichtert, dass wir neben den christlichen Quellen über ihn auch einen Text aus den Altertümern des Josephus Flavius besitzen, der von christlichen Tendenzen frei ist, allerdings den Wertvorstellungen der hellenistischen Umwelt verpflichtet ist.

Wichtiger Text: Josephus, ant 18,116-119

Einige der Juden aber glaubten, das Heer des Herodes sei von Gott vernichtet worden, womit er ihn höchst gerechterweise büßen ließ und Rache nahm für Johannes, den sogenannten Täufer. Diesen nämlich tötete Herodes, obwohl der sein Mann von guter Gesinnung war und die Juden dazu aufforderte, (zunächst) Tugend zu üben und Gerechtigkeit gegeneinander und Frömmigkeit gegenüber Gott zu praktizieren und (dann) zur Taufe zu kommen. Denn so schien ihm die Taufe [Gott] wirklich angenehm zu sein, wenn sie sie nicht zur Abbitte für irgendwelche Sünden, sondern zur Reinigung des Leibes ausübten, zumal ja auch die Seele durch (ein Leben in) Gerechtigkeit vorher bereits gereinigt sei. Weil aber die anderen zusammenströmten und weil sie vom Hören der Worte auf höchste erregt wurden, fürchtete Herodes, sein [Johannes'] übergroßer Einfluss auf die Menschen könnte zu einer Art Aufstand führen (denn sie schienen alles seinem Rat gemäß zu tun) und hielt es darum für viel besser, ihn, bevor Neuerungen durch ihn entstünden, vorgreifend aus dem Weg zu räumen, als nach geschehenem Umsturz in eine schwierige Lage zu geraten und (sein Zögern) zu bereuen. Auf den Verdacht des Herodes hin wurde er [Johannes] gefesselt nach Machärus - die bereits erwähnte Festung - geschickt und dort hingerichtet. Bei den Juden aber herrschte die Ansicht, dass als Rache für jenen der Untergang über das Heer kam, weil Gott Herodes Schaden zufügen wollte."[229]

Johannes der Täufer könnte aus einem Priestergeschlecht stammen (Lk 1), da sich damit seine Distanz zum Tempelkult und die Betonung der Taufe als eines Reinigungs- (Josephus) oder eschatologischen Bußritus zur Vergebung der Sünden (Mk 1,4) erklären ließe. Wahrscheinlich wurde er unter Herodes Antipas in der Festung Machärus nahe seines Wirkungsortes aus politischen (Josephus) oder persönlich-religiösen Gründen (Mk 6,17ff.) hingerichtet. Er sammelt wie Jesus Anhänger um sich (Joh 1,35), die nach seinem Tod die Botschaft wandernd weiterverbreiteten (Apg 19,1-5). Johannes lebte in der Erwartung eines „Stärkeren" (Mt 3,11 u.ö.) bzw. „Kommenden" (Joh 1,27), unter dem er eine messianische Richtergestalt verstand, die als göttlicher Bevollmächtigter das Gericht vollziehen wird. Seine Botschaft war eine eschatologisch-prophetische Umkehrpredigt angesichts des nahenden Zorngerichts über Israel (Mt 3,7-10.12; Lk 3,7-9.17), die allen Buße und Sündenvergebung (Mk 1,4; Lk 3,3) ermöglichte.

✎ **Tipp zum Weiterarbeiten:** Klären Sie anhand von § 8.4 aus dem Buch von G.Theißen/A.Merz, Der historische Jesus. Ein Lehrbuch, Göttingen 1996, die folgenden Fragen:
Beschreiben Sie die Lehre Johannes des Täufers durch einen kritischen Vergleich des Josephustextes mit den Evangelientraditionen und arbeiten Sie Gemeinsamkeiten und Unterschiede zu Botschaft Jesu vom Reich Gottes heraus.
Arbeiten Sie den Stellenwert der Figur des Johannes für die christologischen Konzeptionen der vier Evangelisten heraus.
Nehmen Sie die Johannestaufe zum Anlass sich über das urchristliche Verständnis von Taufe kundig zu machen.

4.4.2.2 Philippus

Das Neue Testament kennt zwei Menschen mit dem Namen Philippus: den Jünger Jesu, von dem wir nur im Johannesevangelium mehr als seinen Namen erfahren, und den „Evangelisten" Philippus, der nach dem Zeugnis der Apostelgeschichte zum Kreis des Stephanus gehörte.[230] Die altkirchliche Überlieferung (Papias von Hierapolis, Polykrates von Ephesus) identifizierte beide - ob zurecht, lässt sich nicht mehr entscheiden. Die größte historische Wahrscheinlichkeit dürfte aber die Vermutung besitzen, dass es zwei Männer mit Namen Philippus gab, von denen einer nur namentlich bekannt war, ansonsten ohne jedes Profil blieb, aber dem - jedenfalls aus späterer Sicht - bedeutenderen Kreis entstammte und Träger des geachteten Aposteltitels war, während sich über den anderen zwar eine Reihe von Erzählungen und Nachrichten fanden, die ihm Gesicht verliehen; als Mitglied der „Sieben" entstammte er freilich einem Gremium, das sich als historisch wirkungslos erwiesen hatte. Beide Gestalten wurden dann in der Weise „verschmolzen", dass das Profil des Evangelisten Philippus auf den „gesichtslosen" Apostel übertragen wurde, ein Prozess, der offensichtlich schon im Johannesevangelium einsetzte.
Wenn wir davon ausgehen, dass sich auch die Nachrichten aus dem Johannesevangelium über den Jesusjünger Philippus auf den aus der Apostelgeschichte bekannten „Evangelisten" beziehen lassen, dann ergibt sich folgendes Bild:
Philippus stammte aus dem Fischerdorf Bethsaida, das östlich vom Einfluss des Jordan in den See Genezareth liegt. Er gehörte offenbar zunächst zum Schülerkreis Johannes des Täufers

---

[229] Der Text wurde von Anette Merz übersetzt und abgedruckt in: Theißen/Merz, Jesus, 176f.
[230] Diese prosopographische Skizze verdanke ich meinem Freund Axel v. Dobbeler, der sich mit einer Untersuchung zu Philippus in Heidelberg habilitiert hat.

und ist später unter den Jesusanhängern der Ansprechpartner für die am Christentum interessierten, nichtjüdischen Griechen. Insofern verwundert es nicht, dass er dem siebenköpfigen Führungskreis desjenigen Gremiums der Jerusalemer Urgemeinde angehörte, der aus den Synagogen der griechisch sprechenden, aus der Diaspora heimgekehrten Juden hervorgegangen war. Kennzeichnend für dieses Siebenergremium war eine uns fremd anmutende Verbindung von Geist und Diakonie: Man verstand sich als Pneumatiker, die teilhaben am Geist, der Jesus beseelte, verband dies aber mit dem Gedanken, dass sich wahres Pneumatikertum erst durch das Dienen als echt erweist. Philippus und die Sieben insgesamt gewannen durch diese spezielle Verknüpfung von pneumatisch-charismatischen und diakonischem Wirken ein gegenüber anderen frühchristlichen Strömungen sehr deutliches Profil. Der zentrale Bezugspunkt war dabei die prophetische Tradition, in deren Kontinuität man sich sah, und hierin vor allem die Elia-Elischa-Überlieferung. Dieses Selbstverständnis mag auch dafür ausschlaggebend gewesen sein, dass Philippus zu den ersten gehörte, die den missionarischen Schritt über die Grenzen Palästinas hinaus wagten. Der äußere Anlass für den Beginn seiner missionarischen Wirksamkeit wird die Vertreibung aus Jerusalem gewesen sein, die im Anschluss an das Martyrium des Stephanus offenbar nur die „Hellenisten“ traf, also die Gruppe unter den frühen Christen, zu deren Leitungszirkel Philippus gehörte. Offensichtlich lagen aber die Samaritaner- und Heidenmission auch auf der Linie des theologischen Programms von Philippus und den Sieben. Hier spielte wohl die in Jes 56 prophetisch angekündigte Einbeziehung bisher ausgegrenzter Gruppen in die Gemeinde Gottes die entscheidende Rolle. Philippus verstand sich als Werkzeug der Erfüllung dieser Verheißung, geleitet und gestärkt vom Geist Gottes selbst. So hat er in Samaria augenscheinlich große Erfolge verbuchen können, die wohl nicht zuletzt mit seiner exorzistischen und therapeutischen Wirksamkeit zusammenhingen, mit der er die Verkündigung des Gottesreiches und des „Namens Jesu Christi“ begleitete. Interessant ist sein dortiges Zusammentreffen mit Simon, den die Apostelgeschichte Magier nennt, der aber offenbar in ganz ähnlicher Weise wie Philippus auftrat und vielleicht sogar als Vertreter eines frühen samaritanischen Christentums zu sehen ist. Anders als später Petrus, der Simon verflucht und exkommuniziert, integriert Philippus den als heterodox angesehenen Samaritaner durch die Taufe. Neben seinen Erfolgen in Samaria scheint Philippus sich auch in der Heidenmission einen Namen gemacht zu haben, was exemplarisch in der Erzählung von der Taufe des äthiopischen Kämmerers bewahrt wurde. Anders als die Samaritanermission war seine Heidenmission aber nicht durch sein charismatisches Wirken bestimmt, sondern vornehmlich durch Schriftauslegung. Hier begegnet uns Philippus als Wegführer durch die dunklen Stellen der Schrift, die sich vor dem Hintergrund des Geschicks Jesu entschlüsseln und damit zugleich Licht auf die Bedeutsamkeit des Nazareners werfen. Diese drückte sich für Philippus offenbar nicht durch die Vorstellung vom Sühnetod Jesu aus, von der wir hier nichts hören; vielmehr wird Jesus als der Gerechte gesehen, der unschuldig ermordet, von Gott aber in sein Recht gesetzt und erhöht wird; zur Rechten Gottes tritt er (anwaltlich) für die Seinen ein (⇒ Jakobusbrief).

Sein missionarisches Wirken hat Philippus durch den gesamten heidnischen Küstenstreifen bis hinauf nach Cäsarea geführt, wo er sich niedergelassen hat. Aus einer kurzen Notiz in Apg 21,8f. wissen wir, dass er hier ein „Haus“ hatte; dass es sich dabei um mehr als eine reine Wohnstätte handelte und dass die hier ebenso erwähnten vier prophetisch begabten, jungfräulichen „Töchter“ des Philippus nicht nur seinen Familienstand beschreiben sollten, lässt sich mit Fug und Recht vermuten. Allem Anschein nach war Philippus in Cäsarea das spirituelle Haupt eines charismatisch-pneumatischen Zentrums, vielleicht eines Lehrhauses, das von frühchristlichen Propheten wie dem Jerusalemer Agabus, aber eben auch von Paulus aufgesucht wurde. Dass es sich bei den „Töchtern“ um Schülerinnen und nicht um leibliche Kinder handelte, ist vor dem Hintergrund dieser Annahme nicht unwahrscheinlich. Jedenfalls werfen diese Prophetinnen, die in der Wirkungsgeschichte ihren „Vater“ bald an Bedeutung überflü-

gelten, ein Licht auf die offenbar bedeutende Rolle, die Frauen in dieser Variante des frühen Christentums spielten; dass sich die ⇒ Montanisten in der Mitte des zweiten Jahrhunderts gerade auch auf die Töchter des Philippus beriefen, ist daher kein Wunder.
Augenscheinlich sah sich Philippus in der angespannten Situation der letzten Jahre vor Ausbruch des Jüdischen Krieges zur Auswanderung nach Hierapolis in Kleinasien gezwungen. Antijüdische Pogrome in Cäsarea mögen der konkrete Anlass zur Flucht gewesen sein. Das würde bedeuten, dass Philippus und seine „Töchter" ungefähr ab Mitte der sechziger Jahre in Hierapolis weilten, wo sie nach kleinasiatischer Tradition auch gestorben sind. Die Philippustöchter treten hier vor allem als Tradentinnen von Wunderüberlieferung in den Vordergrund. Ihr „Vater" wird zu einer für die Ostkirche zentralen Autorität, die der Ehrenstellung eines Petrus oder eines Paulus in Rom durchaus zu vergleichen ist.

4.4.3 Cäsarea

Cäsarea liegt auf halber Wegstrecke zwischen Jaffa und Haifa. Herodes baute die Stadt glanzvoll aus. Flavius Josephus beschreibt sie mit den folgenden Worten: *„Da fiel ihm (sc. Herodes) unter anderem auch eine Stadt am Meer auf – sie hatte den Namen Stratonsturm –, eine Stadt, die damals dem Verfall nahe war, wegen der landschaftlichen Schönheit der Gegend jedoch geeignet erschien, seinen ehrgeizigen Plänen Raum zu geben. Er ließ sie deshalb ganz aus weißem Marmor wieder aufbauen und zierte sie mit einem herrlichen Königsschloss ... (Er) schuf einen Hafen, größer als der von Piräus und mit tiefen Ankerplätzen in seinen Ausbuchtungen ... Die Straßen liefen alle parallel zum Hafen hin. Gegenüber der Hafeneinfahrt stand auf einer Anhöhe ein besonders großer und schöner Tempel des Cäsar ... Für den Cäsar war die ganze Gründung als Ehrenmahl bestimmt, und deshalb nannte er sie auch Cäsarea. Die übrigen Bauwerke, das Amphitheater, das Theater und die Marktplätze gestaltete er alle so, dass sie diesem Namen entsprachen. Alle fünf Jahre sollten nach seiner Verfügung Kampfspiele stattfinden, die ebenfalls nach dem Kaiser benannt wurden."*[231] Im Jahre 6 n.Chr. wurde Cäsarea zum Sitz der römischen Prokuratoren und als solche die Hauptstadt der römischen Provinz Judäa. Die Bevölkerung war vorwiegend heidnisch, aber es gab auch eine starke jüdische Minderheit. Die Beziehungen zwischen beiden Volksgruppen waren gespannt. Beide erhoben Anspruch auf die Stadt. Die Juden, weil sie von ihrem König erbaut wurde, die Heiden, weil in öffentlichem Auftrag heidnische Tempel errichtet wurden. Der Ausbruch des Jüdischen Krieges 66 n.Chr. wurde durch blutige Konflikte in Cäsarea beschleunigt. Unter den Prokuratoren Felix und Porcius Festus war Paulus in Cäsarea festgesetzt.[232]

4.4.4 Cäsarea Philippi

Cäsarea Philippi liegt hoch im Norden in der Nähe der Jordanquellen. Die Stadt wurde früh hellenisiert und hatte eine überwiegend heidnische Bevölkerung. Der Sohn des Herodes, der Tetrarch Philippus, baute die Stadt glanzvoll aus und nannte sie zu Ehren des Kaisers Cäsarea.

4.4.4.1 Das Markusevangelium

Das Markusevangelium wurde wahrscheinlich in der Gegend um Cäsarea Philippi (Mk 8,27) geschrieben.

---

[231] Jos bell 1,411
[232] Vgl. hierzu: W.E. Pax, Auf den Spuren des Paulus, Olten/Freiburg 1977, 185.

Zur Verfasserschaft des Markusevangeliums:
Der Verfasser des MkEv nennt seinen Namen ebenso wenig wie einer der anderen Evangelisten. Erst die Evangelienüberschrift, die man im 2.Jhdt. voranstellte, nennt seinen Namen. Ein Judenchrist namens (Johannes) Markus wird im Neuen Testament öfters erwähnt: Nach Kol 4,10 war dieser ein Vetter des Barnabas; nach Apg 12,12 besaß seine Mutter Maria in Jerusalem ein Haus, das der Urgemeinde als Versammlungsort diente und das von Petrus nach seiner Befreiung aus dem Gefängnis aufgesucht wurde; nach Apg 13,5 nahmen Paulus und Barnabas Markus auf ihre 1.Missionsreise nach Zypern mit; nach Apg 13,13 weigerte sich Markus in Perge/Pamphylien weiter mitzureisen und kehrte nach Jerusalem zurück; nach Apg 15,36ff. weigerte sich Paulus später den Markus auf Vorschlag des Barnabas auf eine weitere Missionsreise mitzunehmen, was zu einer Trennung von Paulus und Barnabas führte; Barnabas reist nun mit Markus allein nach Zypern; nach Kol 4,10 und Phlm 24 befindet sich später während der Gefangenschaft des Paulus in Rom wieder Markus bei ihm, der von Paulus mit einem wichtigen Auftrag nach Kleinasien geschickt wird. Erster und wichtigster Zeuge für eine Verfasserschaft des Markus ist der Bischof Papias von Hierapolis († nach 120/130), der folgendes im Vorwort zu seinen „Erklärungen der Herrenworte" schreibt:

Zentraler Text: *„Auch dies hat der Presbyter (sc. Johannes) gesagt: 'Markus, zum Dolmetscher des Petrus geworden, schrieb alles, woran er sich erinnerte, sorgfältig auf, freilich nicht der Reihe nach, sowohl Worte als auch Taten des Herrn.' Denn er hatte den Herrn weder gesehen, noch war er ihm (als Jünger) nachgefolgt, sondern erst später, wie ich bereits sagte, dem Petrus. Dieser richtete seine Lehrvorträge nach den Bedürfnissen (der Hörer), jedoch nicht so, als wollte er eine (fortlaufende und lückenlose) Zusammenstellung der Herrenworte geben. Darum fehlte auch Markus nicht darin, dass er einiges so aufschrieb, wie er es im Gedächtnis hatte. Denn er war darauf bedacht, nichts von dem Gehörten wegzulassen oder falsch wiederzugeben."*

„Dolmetscher" bedeutet in obigem Fragment entweder, dass Markus die Worte des Petrus aus dem Aramäischen ins Griechische übersetzte oder dass er die Lehrverkündigung des Petrus schriftlich fixiert hat. In 1.Petr 5,13 wird von einer engen Beziehung zwischen Petrus und Markus gesprochen. Dort nennt Petrus ihn >meinen Sohn<. Die Wertung dieser Notiz hängt von der Beurteilung der Verfasserschaft des 1.Petr ab. Man ist sich heute überwiegend darüber einig, dass es beim Verfasser des Mk um einen nicht näher bekannten Heidenchristen gehandelt hat und dass die Papiasnotiz aus apologetischen Motiven verfasst wurde. Allerdings erscheint mir aus den folgenden Gründen die These einer Verfasserschaft des Petrusbegleiters Markus historisch ebenso denkbar: Sowohl in der Apg (12,12; 12,25; 13,5; 15,37) als auch in der paulinischen Tradition (Phlm 24; Kol 4,10; 2.Tim 4,11) wird ein Paulusbegleiter Markus erwähnt, der in beiden Überlieferungszweigen mit Barnabas in Verbindung gebracht wird (Apg 12,25; Kol 4,10f.). Aufgrund der Lokalisierung der meisten Belege kann man nun annehmen, dass Markus dem antiochenischen Missionskreis um Barnabas angehört hat und sich wie Barnabas nach dem ⇒ „antiochenischen Konflikt" von Paulus trennte. 1.Petr 5,13 wäre dann ein Hinweis darauf, dass sich Markus später dem in Syrien hoch angesehenen Petrus (vgl. Mt 16,17ff.) angeschlossen hat. Markus wäre dann bereits in Syrien zum Begleiter des Petrus geworden.

Tipp zum Weiterarbeiten: Martin Hengel und Ulrich Körtner vertreten in ihren Untersuchungen die jeweils entgegengesetzte Position zur Verfasserschaft des Mk. Lesen die beiden Untersuchungen und bilden Sie sich Ihr eigenes Urteil: *M. Hengel, Probleme des Markusevangeliums, in: Das Evangelium und die Evangelien, hg. v. P. Stuhlmacher, Tübingen 1983, 244ff.; U.H.J. Körtner, Papias von Hierapolis, Göttingen 1983 (FRLANT 133).*

Zur Entstehungssituation:[233]

Am Beispiel der Thesen zur Entstehungszeit und Lokalisierung des MkEv von Gerd Theißen und Martin Hengel wird deutlich, dass die beiden renommierten Forscher aufgrund unterschiedlicher Voraussetzungen zu differenten Ergebnissen kommen.

<table>
<tr><th></th><th>Theißen</th><th>Hengel</th></tr>
<tr><td>Orientierung:</td><td>Kritische Forschung
histor. Mk ≠ Evangelist</td><td>Anhänger d. altkirchl. Überlieferung
histor. Mk. = Evangelist</td></tr>
<tr><td>Datierung:</td><td colspan="2">- MkEv ist ältestes Ev.
- Abgrenzung geg. Frühdatierung</td></tr>
<tr><td></td><td>- Kriegsnähe</td><td>- Voraussetzungen bei den Hörern</td></tr>
<tr><td></td><td colspan="2">Betrachtung v. Mk 13:
a) 13,2 Tempelweissagung:</td></tr>
<tr><td></td><td>- positive Weissagung fehlt</td><td>Wiederholung der Tempelweissagung</td></tr>
<tr><td></td><td colspan="2">b) 13,6/9-13 Situation d. Gemeinde</td></tr>
<tr><td></td><td>- Weltuntergangsstimmung im Krieg (66-74)</td><td>- Schreckensjahr 69 n. Chr.</td></tr>
<tr><td></td><td colspan="2">c) 13,21-24 Zukunftserwartungen/
Warnungen v. Pseudomessiassen:</td></tr>
<tr><td></td><td>- 1. Nachwehen d. Krieges
- 2. Offene Tempelfrage
- 3. Weiterleben eschatol. Erwartungen</td><td>- Führungslosigkeit
- Missverständnis in der Gemeinde</td></tr>
<tr><td></td><td>FAZIT: Entstehungszeit während des Jüdischen Krieges (66 - 74 n. Chr.), wahrscheinlich nach Tempelzerstörung.
Der Krieg hatte seinen Höhepunkt überschritten.</td><td>FAZIT: Weissagung setzt die Tempelzerstörung nicht voraus.
MkEv ist auf die bedrohliche Situation d. Judäas (70er Jahre) bezogen.
Kriegshöhepunkt steht noch bevor.</td></tr>
<tr><td>Lokalisierung:</td><td>→ SYRIEN
- Petrus war Autorität in Syrien
- a) sozioökol. Milieu : ländlich
- b) traditionsgeschichtl. Knotenpunkt
- c) Widerlegung der geograph. Fehler
- d) Begriff der Syrophönizerin</td><td>→ ROM
- Petrus war Autorität in Rom
- Gebrauch vieler Latinismen
- Unkenntnis der Situation in Judäa
- geographische Fehler
- Begriff der Syrophönizerin</td></tr>
<tr><td></td><td>FAZIT: Entstehungsort ist eindeutig Syrien</td><td>FAZIT: Entstehungsort ist Rom</td></tr>
<tr><td>FAZIT:</td><td>Theißen stellt fest, dass das MkEv von einem Unbekannten nach dem Höhepunkt des Jüdischen Krieges in Syrien verfasst wurde.</td><td>Hengel sagt, dass Markus das Evangelium im Bezug auf die bedrohliche Situation Judäas in Rom geschrieben hat.</td></tr>
</table>

Zur theologischen Konzeption des MkEv:

Für den Verfasser des MkEv ist Jesus der „Gottessohn"; bei der Taufe (1,11) und bei der Verklärung (9,7) spricht Gott dies selbst aus. Doch die Offenbarung der Identität Jesu gegenüber

233 M. Hengel, Entstehungszeit u. Situation d. MkEv, in H. Cancik, Markus-Philologie, Tübingen 1984; G. Theißen, Lokalkolorit u. Zeitgeschichte in den Evangelien, Göttingen/Fribourg 1989.

der Welt geschieht nicht auf einmal, sondern vollzieht sich stufenweise: Erst gegenüber Jesus selbst (1,11); dann in der Mitte des Evangeliums bei der Verklärung gegenüber drei Jüngern (9,7) und am Ende des Evangeliums in Gestalt des heidnischen Hauptmanns gegenüber der ganzen Welt (15,39). Nach 3,11 und 5,7 wissen nur die Dämonen von Beginn an über die Gottessohnschaft Jesu Bescheid. Charakteristisch für das Evangelium ist die Bindung der Identität Jesu an sein Leiden wie es typisch in den drei Leidensankündigungen (8,31; 9,31 und 10,33f.) zum Ausdruck kommt. William Wrede unternahm einen bis heute prägenden Versuch, die theologische Konzeption des MkEv zu verstehen:

Das Messiasgeheimnis nach William Wrede:
Gegen die Leben-Jesu-Forschung des ausgehenden 19. Jahrhunderts, die im Markusevangelium als dem ältesten eine zuverlässige Quelle zur Rekonstruktion des Lebens und Selbstverständnisses des historischen Jesus sah, stellte William Wrede in seiner 1901 erschienenen und bis heute wirkenden Untersuchung "Das Messiasgeheimnis in den Evangelien" die These auf, dass der Evangelist Markus keine wirkliche Anschauung mehr vom historischen Leben Jesu gehabt habe. Wrede möchte den Evangelisten nicht als Geschichtsschreiber des Lebens Jesu verstehen, sondern als theologischen Schriftsteller, der aus Einzeltraditionen des Lebens Jesu sein Evangelium erst mit größerem zeitlichen Abstand zum historischen Leben Jesu verfasst habe. Das Markusevangelium will nach Wrede keinen historischen Bericht des Lebens Jesu bieten, sondern eine theologisch-dogmatische Darstellung darüber. Markus ordnet und gestaltet den aus der Tradition auf ihn gekommenen Stoff nicht nach historischen Gesichtspunkten, sondern unter dem Leitgedanken des "Messiasgeheimnisses". Dieser beinhaltet die Schweigegebote an Dämonen, Geheilte und an die Jünger, die Parabeltheorie, das Jüngerunverständnis und Ortsgeheimnisse. Das Messiasgeheimnis soll verschleiern, dass Jesus selbst kein messianisches Selbstverständnis gehabt habe, sondern erst in den nachösterlichen Gemeinden als Messias verehrt wurde. Deutlich werde dies am Messiasbekenntnis des Petrus (8,29), das nach Wrede für den weiteren Gang der Erzählung folgen- und bedeutungslos bleibe und keinen Einschnitt im Leben Jesu oder im Verhältnis zu seinen Jüngern markiere. Markus lasse Jesus nicht wie Matthäus auf dieses Bekenntnis mit einer Seligpreisung reagieren, sondern mit einem Schweigegebot. Die Stellung des Bekenntnisses innerhalb des Evangeliums lasse außerdem erkennen, dass neben dem Messiasgeheimnis auch die Anordnung nach thematisch-sachlicher Verwandtschaft von Einzelstücken als Gestaltungskriterium eine Rolle spiele. So bilden die Streitgespräche, Gleichnisse und Leidensweissagungen jeweils thematisch geordnete Komplexe, aber keine historische Abfolge. Ob auch der tatsächliche historische Gang des Lebens Jesu oder die traditionelle Folge der Einzelperikopen bei der Gestaltung des Evangeliums vom Evangelisten berücksichtigt wurden, darüber lasse sich keine Aussage mehr machen. Da der Evangelist als theologischer Schriftsteller bei der Anordnung des Stoffes nicht an die Geschichte gebunden sei, könne er Orte, Szenarien und Personen unhistorisch, aber typologisch gestalten, um seine theologische Intention zu verdeutlichen. Letztendlich spreche auch die innere Widersprüchlichkeit im Handlungsgang des Evangeliums, wie z.B. die Öffentlichkeit des Wirkens Jesu trotz seiner Bemühungen um „Geheimhaltung“ oder auch Schweigegebote an Geheilte, die nicht eingehalten werden, dafür, dass sich im Evangelium dogmatische und geschichtliche Darstellung, nachösterlicher Messiasglaube und unmessianische Leben-Jesu-Tradition verbinden. Ein Leben und Wirken Jesu im Verborgenen wäre für den Evangelisten auch nicht erzählenswert gewesen.

Zusammenfassung der ursprünglichen Konzeption Wredes:

1. Das Messiasgeheimnis ist nicht im Leben des historischen Jesus verankert, sondern beruht auf einem dogmatischen Konstrukt.

2. Es setzt sich aus drei Elementen zusammen: den Schweigegeboten an Dämonen, Geheilte und Jünger; den wiederholten Bemerkungen über den Unglauben / das Unverständnis der Jünger, sowie in der Parabeltheorie als einer dem Volk zugedachten Belehrung
3. Die Theorie verfolge den Zweck, das „unmessianische" Wirken und Leben Jesu mit dem nachösterlichen Glauben an den Messias Jesus Christus auszugleichen.
4. Schlüssel des Verständnisses ist das bis zur Auferstehung datierte Schweigegebot in Mk 9,9.

Die Korrektur der ursprünglichen These Wredes durch Ulrich Luz:[234]

Luz versucht zu zeigen, dass die Schweigegebote an Geheilte, an Dämonen und an die Jünger von unterschiedlicher Herkunft sind und eine je verschiedene Funktion haben:

<u>Das Geheimnis in Heilungswundern</u>

a. Perikopen, in denen jede Andeutung eines Geheimnisses fehlt:

Erklärung für das Fehlen des Geheimhaltungsverbotes: In 2,1-12 ist die Wundergeschichte nur noch Demonstrationsmaterial für die Vollmacht des Menschensohnes zur Sündenvergebung; in 3,1-6 braucht das Streitgespräch Öffentlichkeit; der Todesbeschluss in 3,6 ist sonst schwer verständlich.

In den Summarien: 6,53-56 fehlt jede Andeutung; es geht um den öffentlichen Erfolg des Heilens. 1,32-34; 3,7-12: hier liegt das Schweigegebot vor; es gilt jedoch den Dämonen, die Jesus kannten bzw. als Gottessohn bekannten (3,11). Interpretiert man nur die sich auf die Heilung beziehenden Teile der Summarien, so ist der Befund der gleiche wie in 6,53ff.: die Heilungen sind Grund für den großen Zulauf des Volkes. Es werden also in den beiden letztgenannten Summarien Heilungen und Exorzismen unterschiedlich behandelt, nur die letzteren fallen unter das Schweigegebot,

b. Perikopen, mit einer gewissen Verborgenheit durch die Szenerie des Wunders: Beachtenswert ist, dass die redaktionelle Interpretation all dieser Geschichten, die eigentlich nicht in der Öffentlichkeit (in einem Haus; in der Synagoge oder abseits vom Volk) stattfinden, die öffentliche Bedeutung des Wunders betont:

- 1,29-31 (Heilung der Schwiegermutter des Petrus) wird zum Anlass für das folgende Summarium.
- 2,1-12 spielt an sich schon vor großem Publikum, wird zum Anlass für die Disputation mit den Schriftgelehrten; in 2,13 erstmals wird erstmals "die ganze Menge" genannt (Redaktion).
- 7,31-37 (Heilung des Taubstummen) wird Anlass für die Durchbrechung des Schweigegebotes (7,36f).
- 7,24-30 ist formal eher eine Heilung als ein Exorzismus, es wird in der redaktionellen Einleitung betont, dass Jesus gegen seinen Willen nicht verborgen bleiben konnte (7,24)
- 3,1-6 wird zum Anlass des redaktionellen Todesbeschlusses, was nur als Antwort auf die öffentliche Wirksamkeit Jesu verstanden werden kann.
- 5,21-43 (Heilung der Tochter des Jairus) ist eine Ausnahme, die mit einem redaktionellem Schweigegebot endet.
- 8,22-26 (Heilung eines Blinden) ist ein Sonderfall. Vielleicht steht die Perikope in Anschluss an 8,16 (Blindheit der Jünger) symbolisch für die Blindheit der Menschen (so Ulrich Luz).

e. Stellen, an denen Markus ein Schweigegebot in eine Heilungsgeschichte einführt:

Mk 1,40-45 (Heilung eines Aussätzigen). Sinn des eingefügten Schweigegebotes: Der Geheilte soll schweigen, weil es Jesu Wille ist, das der Vertreter des offiziellen Judentums, der Priester, von der Heilung erfährt, damit so ein Zeugnis Jesu gegeben werde. Jedoch lag es auch in der Absicht des Markus, den völlig anderen Ausgang der Szene zu betonen: Der Geheilte beginnt zu verkündigen. Das Wunder kann also nicht geheim bleiben.

Zusammenfassung:

Ein Überblick über alle markinischen Heilungsberichte ergab, dass die markinische Interpretation dieser Perikopen völlig einlinig ist, unabhängig davon, ob sie mit oder ohne Schweigegebot geschahen: Für Markus ist das Wunder ein für die Öffentlichkeit bestimmtes Zeugnis; auch wenn Jesus das nicht will, drängt es in die Öffentlichkeit und hat Erfolg. Das Schweigegebot unterstreicht dann bloß dies Nicht-Verborgen-Bleiben-Können des Wunders. Diese Interpretation hat sich an den markinischen Summarien bestätigt.

<u>Das Geheimnis in den Exorzismen</u>

a. Ähnliche Tendenz wie bei den Heilungswundern

- 1,21-28 endet damit, dass sich die Kunde von Jesu im ganzen Land verbreitet.
- 5,19 erhält der Geheilte sogar von Jesus den Auftrag, im Land zu bleiben und seinen Volksgenossen zu verkündigen, was Gott an ihm Großes getan hat.

---

[234] U. Luz, Das Geheimnismotiv und die markinische Christologie, in: ZNW 56 (1965) 9-30.

b. Schweigegebot in den Summarien

Es geht sowohl in 1,34b als auch in 3,11f um das Verbot Jesu an die Dämonen, sein Wesen weiterzusagen. Mögliche Gründe:

- weil die Dämonen nicht die rechten Verkünder von Jesu wahrem Wesen sind, sie kennen es zwar, stehen aber nicht in seiner Nachfolge.
- weil nach Markus Jesus damals noch nicht offenbar werden wollte. Gerade, weil die Dämonen als einzige Jesu wahres Wesen kennen, erhalten sie das Schweigegebot. Es scheint noch nicht an der Zeit zu sein, Jesus als Gottessohn zu verkünden. Damit ist das Verbot an die Dämonen ein Hinweis auf die markinische Christologie.

c. Das Schweigegebot innerhalb von 8,27-33

Der Abschnitt gliedert sich in drei traditionelle Stücke: das Petrusbekenntnis, die Leidensankündigung und das Satanswort.

Zur Verbindung von Schweigegebot und Petrusbekenntnis:

- Das Schweigegebot bezieht sich nicht auf das folgende Christusbekenntnis (so: Lohmeyer). Interpretiert man das Schweigegebot von den Summarien aus, so soll verschwiegen werden, was wahr ist und nicht was noch nicht vollgültig ist. Markus hat also den Christustitel hier als vollgültige Bestimmung des Wesens Jesu verstanden. 8,30 erweist sich als vollgültige Parallele zu 1,34 und 3,11f. und zeigt, dass das Schweigegebot dort nicht aus dem besonderen Wesen der Dämonen abgeleitet werden darf.

Zum Jüngerverständnis:

- Das Geheimnis ist nun für die Jünger und die übrigen Menschen ein verschiedenes: Die Menschen tappen im Dunkeln über das Wesen Jesu; die Jünger aber wissen um die Messianität Jesu, sie verstehen aber noch nicht, das es sich um einen leidenden Messias handelt.

Worin besteht nun das Messiasgeheimnis: Wohl ist es die Messianität Jesu, die der Welt verborgen bleibt und nur den Dämonen kraft ihres übernatürlichen Wesens und den Jüngern seit Cäsarea Philippi durch die Wunder der Vollmacht Jesu, die sie immer wieder erfuhren, bekannt ist. Aber die Jünger können Jesu Messianität nicht anders erfahren als im Zusammenhang mit seinem Leiden. Dieses Leiden bleibt den Jüngern unverständlich bis zum Kreuz. Erst dann wird volles Verstehen für alle möglich, wie es Markus exemplarisch am Bekenntnis des heidnischen Hauptmannes unter dem Kreuz zeigt. Mk 9,9 hebt nun auf die mit der Kreuzigung eng verbundenen Auferstehung im Sinne einer zeitlichen Begrenzung des Messiasgeheimnisses ab.

✎ **Tipp zum Weiterarbeiten:** Eine Beschreibung der Gemeindesituation, die das MkEv voraussetzt, finden Sie bei Berger, Theologiegeschichte, 689f.

4.4.5 Damaskus

In hellenistischer Zeit war Damaskus ein wichtiger Ort des Seleukidenreiches (1.Makk 11,62; 12,32). Demetrius III. (95-87 v.Chr.) schloss einen Bund mit den Pharisäern (88 v.Chr.), der zu einer verstärkten Zuwanderung von Juden in die Stadt führte. In neutestamentlicher Zeit wurde die Stadt von ca. 15000 Juden und zahlreichen Proselyten bewohnt (Jos bell II,561). Zur Zeit des Paulus war Damaskus Teil des Nabatäerreiches und stand unter der Verwaltung eines Statthalters (1.Kor 11,32). Nach Apg 22,5 wird Paulus vom Hohen Rat und dem Hohenpriester nach Damaskus geschickt, um unter den Juden die auszumachen und festzunehmen, die Jesus als den Messias bekennen (vgl. 26,12; 9,2). Nach kurzem dortigen Aufenthalt und einer Zeit der Mission im Gebiet der Nabatäer (Gal 2) kehrte Paulus nach Damaskus zurück und predigte in den Synagogen Jesus als den Messias (9,20.27). Die Predigt stiftete Verwirrung und führte zur Verfolgung des Paulus durch jüdische Kreise, der er sich nur durch Flucht entziehen konnte (9,24f.; 2.Kor 11,32f.). Die Schilderung der Apg setzt voraus, dass es innerhalb der jüdischen Gemeinde Menschen gab, die Jesus als den Messias bekannten (9,19.26). Sie lebten noch ganz im Verband des Judentums (9,2). Einer dieser Messiasbekenner ist namentlich bekannt: Hananias. Die Verfolgung und überstürzte Flucht des Paulus könnte auch ein Indiz dafür sein, dass die organisatorische Einheit von Juden und jüdischen Messiasbekennern stark gefährdet war. Vielleicht stand sie kurz vor dem Auseinanderbrechen. Diese Situation entspräche der gemeindlichen Binnenstruktur, wie sie im Johannesevangelium und den Johannesbriefen vorausgesetzt ist.

Lesetipp: Welt und Umwelt der Bibel. Archäologie & Geschichte, Heft 3 (1997): Drehscheibe des Orients Damaskus.

4.4.5.1 Das Johannesevangelium

Das JohEv wendet sich zu einem Zeitpunkt an jüdische Messiasbekenner, zu dem die Synagogengemeinschaften beginnen, sich von denjenigen Kreisen zu trennen, die sich zu Jesus als dem Messias bekennen. Diese aus meiner Sicht grundlegende Situation der joh Gemeinden ist auf der einen Seite durch den Synagogenausschluss und zumindest angedrohte Verfolgungen bestimmt und führt auf der anderen Seite in eine schwere Identitätskrise der Gemeinden. So besteht der eigentliche Konflikt der johanneischen Gemeinde in einer Identitätskrise, die dadurch verursacht wurde, dass aus einer messianischen Sondergruppe innerhalb der Synagoge durch Ausschluss eine separate Gemeinschaft von Judenchristen wurde. Die dadurch bedrängten Christen reagierten durch bewusst exkludierende, teilweise diffamierende Kommunikationsmittel, durch die eine Abschottung nach außen und eine Festigung nach innen erreicht werden sollte. Auf diesem Hintergrund sind die >Antijudaismen< des Joh als Abgrenzungsstrategien gegenüber der noch allzu nahestehenden Heimat zu begreifen. Dem korrespondiert ein Jesusbild, dass so gestaltet ist: In Jesus, in seinen Bedrängnissen und in seiner Einsamkeit verstand sich die Gemeinde selbst, die in dieser Welt nicht heidnisch werden konnte. In den sog. Missverständnisszenen (7,33-36; 8,21-24) verstehen die jüdischen Gesprächspartner Jesus nicht und entlarven sich damit als Außenstehende, während der Messiasbekenner bestätigt findet, dass er zu denen gehört, die Jesus verstehen. Dem Abbruch der Kommunikation nach außen entspricht eine hochkommunikative innergemeindliche Praxis, was allein schon in der Ablösung des Herr-Knecht-Bildes durch die Selbstbezeichnungen >Jünger<, >Freund< und >Bruder<, sowie durch die Betonung des Bruderliebegebotes zum Ausdruck kommt. Diese Strategie hat in jedem Fall die Ausformulierung der joh Christologie als Frucht gebracht.
An drei Stellen innerhalb des Evangeliums wird die Situation der johanneischen Christen besonders deutlich: dort ist überall die Rede davon, dass diejenigen, die sich zum Messias bekennen, aus der Synagoge ausgeschlossen werden. In Joh 9 wird dieser Konflikt, der die Trennung des Urchristentums vom Judentum widerspiegelt anhand der Heilung des Blindgeborenen dargestellt. Nach Joh 9,22 zieht das Bekenntnis zu Christus den Synagogenausschluss nach sich; es heißt dort: *"Denn die Juden hatten schon beschlossen, wenn jemand ihn als Christus bekenne, der solle aus der Synagoge hinausgeworfen werden."* Dieser erste der drei Belege stellt ebenso wie derjenige in Joh 12,42 den Ausschluss der Messiasbekenner aus der Synagoge als schon beschlossen dar und setzt damit die Zeit nach der Tempelzerstörung als historische Situation voraus. Der dritte Beleg in Joh 16,2 verhilft zu einer weiteren Klärung der Situation der johanneischen Gemeinden aus der Sicht des Verfassers: Hier kündigt Jesus den Synagogenausschluss für die Zukunft an. Wegen des prophetischen Charakters der Ankündigung Jesu und der aus den Versen 1+4 eindeutig hervorgehenden Trostfunktion der Perikope, spielt diese Vorhersage mit großer Wahrscheinlichkeit auf die Gemeindesituation zur Zeit der Abfassung des Evangeliums an. Aber in 16,2 geht es nicht nur um den Synagogenausschluss, sondern auch um die Ankündigung physischer Bedrohung der johanneischen Gemeinde, wenn Jesus sagt: *"Ja, es kommt die Stunde, dass jeder, der euch tötet, meint, Gott damit einen Dienst zu erweisen."* Damit werden zwei Reaktionen der jüdischen Umwelt beschrieben: in Vers 16,2a der Ausschluss aus der Synagoge und in 16,2b das Martyrium, wobei die Gegner die Verfolgung als "Dienst für Gott" missverstehen. Wichtig ist hier, dass die Ankündigung des Martyriums nicht auf eine Einzelperson, sondern auf alle Jünger bezogen ist. Man kann hierin einen weiteren Hinweis darauf sehen, dass eine die gesamte Gemeinde betreffende Verfolgungssituation im Hintergrund steht.
Wie ist diese hier beschriebene Verfolgungssituation historisch denkbar? In der Forschung finden sich hierauf drei Antworten:

1. Es könnte sich um rechtliche Maßnahmen jüdischer Obrigkeit gehandelt haben. Allerdings finden sich hierfür keine Belege und der Vollzug der Todesstrafe oblag der römischen Obrigkeit.
2. Es könnte sich um Anspielungen auf jüdische Lynchjustiz gegenüber den Messiasbekennern gehandelt haben.
3. Es könnten Denunziationen an die heidnischen Obrigkeiten von synagogaler Seite im Hintergrund stehen, die im Einzelfall durchaus auch tödliche Konsequenzen gehabt haben könnten.

Entscheidend für unsere Betrachtung ist jedoch: Es handelt sich bei den johanneischen Christen um eine bedrängte Minderheit, die um ihre Identität und Existenz ringt. Diese konkrete historische Situation provoziert soziale, psychologische und theologische Reaktionen: So hatte der Ausschluss aus der synagogalen Gemeinschaft für die Ausgeschlossenen ganz konkrete wirtschaftliche und soziale Folgen, wie eine rabbinische Stelle anschaulich macht: Dort heißt es von Ketzern: *"Man verkauft nicht an sie und man kauft nicht von ihnen; man macht keine Geschäfte mit ihnen, man lehrt ihre Söhne kein Handwerk und man lässt sich von ihnen nicht heilen, weder eine Heilung des Besitzes noch eine Heilung der Personen."* Solche schwerwiegenden Nachteile verbunden mit der Gefahr durch den Ausschluss aus der gottesdienstlichen Gemeinschaft den Schutz der jüdischen Religion vor der heidnischen Obrigkeit zu verlieren, hat sicher viele Messiasanhänger dazu bewogen, zu widerrufen und in die Synagoge zurückzukehren. Man kann dies alles gut am ⇒1.Johannesbrief zeigen, der als ein zeitgleicher Kommentar zum Evangelium zu lesen ist.

Die hier beschriebene Situation der johanneischen Christen entspricht den Erfahrungen, die Paulus in Damaskus gemacht hat. Dafür, dass die johanneischen Schriften aus Damaskus stammen könnten, gibt es noch weitere Hinweise, die Klaus Berger zusammengetragen hat[235] und auf die an dieser Stelle nur ausdrücklich hingewiesen werden kann.

Die kirchliche Tradition beantwortet allerdings die Frage nach der Herkunft des Johannesevangeliums und seines Verfassers anders: In der Zeit um 180 n.Chr. überliefert der Kirchenvater Irenäus eine Tradition über den Verfasser des JohEv, die zuvor in Kleinasien entstand und um 200 n. Chr. Allgemeine Anerkennung genoss. Ich zitiere die betreffende Stelle bei Irenäus (Haer III 1,1): *„Danach gab Johannes, der Jünger des Herrn, der auch an seiner Brust gelegen hat, auch selbst das Evangelium heraus, als er in Ephesus in Kleinasien weilte."* An anderer Stelle sagt Irenäus über das Alter des Johannes: *„Und alle Presbyter, die in Asien bei Johannes, dem Jünger des Herrn zusammengekommen waren, bezeugen, dass Johannes dies überliefert hat. Denn er blieb bei ihnen bis in die Zeit Trajans"* (Haer, II 22,5). Irenäus beruft sich für seine Tradition auf die Presbyter, die in Kleinasien mit dem Herrenjünger Johannes zusammenkamen, vor allem aber auf Polykarp und Papias, die er für Schüler des Johannes hält. Über Papias schreibt Irenäus: *„Dies bezeugt schriftlich Papias, ein Hörer des Johannes, ein Freund des Polykarp, ein Mann aus alter Zeit, in seinem vierten Buch"* (Haer V 33,4). Zwar erwähnt Papias als ältester Zeuge einer kleinasiatischen Johannestradition zwar den Apostel Johannes und einen Presbyter Johannes, er weiß aber nichts davon, dass einer dieser beiden das vierte Evangelium geschrieben hat (vgl. Euseb, h.e. III 39,4). Er kann deshalb nicht als ein Repräsentant der von Irenäus überlieferten Traditionen angesehen werden. Über Polykarp (gest. Ca. 156 n.Chr.) berichtet Irenäus: *„Polykarp wurde nicht nur von den Aposteln unterrichtet und verkehrte nicht nur mit vielen, die noch den Herrn gesehen hatten, sondern wurde sogar von den Aposteln in Asien als Bischof der Kirche von Smyrna aufgestellt. Wir selbst haben ihn in unserer ersten Jugend gesehen. Er hatte nämlich ein sehr langes Leben und schied erst in hohem Alter nach einem ruhmvollen sehr glänzenden Martyrium aus dem Leben ... Es gibt Leute, die ihn erzählen hörten, Johannes, der Jünger des Herrn, habe, als er in Ephesus ein Bad nehmen wollte, aber sah, dass Kerinth in demselben war, die Badeanstalt, ohne sich gebadet zu haben, verlassen und ausgerufen: Lasset uns fliehen! Denn es ist zu fürchten, dass die Badeanstalt einstürzt, da Kerinth, der Feind der Wahrheit, darin ist"* (Haer III 3,4). In seinem Brief an Florinus sagt Irenäus über seinen Kontakt mit Polykarp: *„Daher kann ich auch noch den Ort angeben, wo der selige Polykarp saß, wenn er sprach, auch die Plätze, wo er aus- und einging, auch seine Lebensweise, seine körperliche Gestalt, seine Reden vor dem Volk, seine Erzählung über den Verkehr mit Johannes und den anderen Personen, die den Herrn noch gesehen, seinen Bericht über ihre Lehren, ferner dass, was er von diesen über den Herrn, seine Wunder und seine Lehren gehört hatte"* (Euseb, h.e. V 20,6).

[235] K. Berger, Am Anfang war Johannes. Datierung und Theologie des vierten Evangeliums, Stuttgart 1997, 62f.

Man kann also zusammenfassen: Nach der besonders bei dem Kirchenvater Irenäus überlieferten Tradition wurde das JohEv von dem Zebedaiden Johannes, also von einem Augenzeugen des Lebens Jesu, in hohem Alter in Ephesus geschrieben. Gegen diese Tradition sprechen eine Reihe von Argumenten:

- Wenn im Johannesevangelium auf Quellenmaterial zurückgegriffen wird, ist es sehr unwahrscheinlich, dass der Verfasser des Evangeliums eine Augenzeuge des Lebens Jesu gewesen ist.
- Es ist eigentümlich, dass Ignatius von Antiochien, der dem Johannesevangelium räumlich, vielleicht zeitlich und besonders in seiner theologischen Sprache nahe steht, das Johannesevangelium nicht erwähnt.
- Irenäus sieht den Bischof Polykarp von Smyrna als Bindeglied zwischen dem Zebedaiden, den Polykarp noch gekannt haben soll, und sich selbst an. Aber weder in der eigenen Schrift des Polykarp (Philipperbriefkommentar) noch in dem Bericht über sein Martyrium wird diese Bekanntschaft erwähnt.

Das bedeutet, dass wir an keiner Stelle einen historisch zuverlässigen Hinweis auf die Person des Verfassers des Johannesevangelium haben.

Die Eigenart des Johannesevangeliums

Das Johannesevangelium[236] unterscheidet sich inhaltlich und in seinem Aufbau erheblich von den synoptischen Evangelien. Es beginnt mit einem „Prolog" (1,1-18). In ihm werden dem Leser unmittelbar höchste Höhen und tiefste Tiefen eröffnet. Der Blick wird zum Himmel gerichtet. Aus ihm kommt der vor aller Welt und Zeit als Gott und bei Gott lebende ewige Logos und wird Fleisch. Es wird aber auch die Tiefe aufgetan, in die hinein der Logos kommt. Es ist die Finsternis, die er als das wahre Licht erleuchtet und die Welt, die zwar Gottes Schöpfung ist, ihn aber nicht aufnimmt.

Wichtiger Text, 1,1-18: *„Im Anfang war das Wort, und das Wort war bei Gott, und das Wort war Gott. 1,2 Im Anfang war es bei Gott. 1,3 Alles ist durch das Wort geworden, und ohne das Wort wurde nichts, was geworden ist. 1,4 In ihm war das Leben, und das Leben war das Licht der Menschen. 1,5 Und das Licht leuchtet in der Finsternis, und die Finsternis hat es nicht erfasst. 1,6 Es trat ein Mensch auf, der von Gott gesandt war; sein Name war Johannes. 1,7 Er kam als Zeuge, um Zeugnis abzulegen für das Licht, damit alle durch ihn zum Glauben kommen. 1,8 Er war nicht selbst das Licht, er sollte nur Zeugnis ablegen für das Licht. 1,9 Das wahre Licht, das jeden Menschen erleuchtet, kam in die Welt. 1,10 Er war in der Welt, und die Welt ist durch ihn geworden, aber die Welt erkannte ihn nicht. 1,11 Er kam in sein Eigentum, aber die Seinen nahmen ihn nicht auf. 1,12 Allen aber, die ihn aufnahmen, gab er Macht, Kinder Gottes zu werden, allen, die an seinen Namen glauben, 1,13 die nicht aus dem Blut, nicht aus dem Willen des Fleisches, nicht aus dem Willen des Mannes, sondern aus Gott geboren sind. 1,14 Und das Wort ist Fleisch geworden und hat unter uns gewohnt, und wir haben seine Herrlichkeit gesehen, die Herrlichkeit des einzigen Sohnes vom Vater, voll Gnade und Wahrheit. 1,15 Johannes legte Zeugnis für ihn ab und rief: Dieser war es, über den ich gesagt habe: Er, der nach mir kommt, ist mir voraus, weil er vor mir war. 1,16 Aus seiner Fülle haben wir alle empfangen, Gnade über Gnade. 1,17 Denn das Gesetz wurde durch Mose gegeben, die Gnade und die Wahrheit kamen durch Jesus Christus. 1,18 Niemand hat Gott je gesehen. Der Einzige, der Gott ist und am Herzen des Vaters ruht, er hat Kunde gebracht."*

Während die synoptischen Evangelien vom irdischen Auftreten Jesu her den Blick für seine Heilsbedeutung als Person öffnen, wird im Johannesevangelium alles von seinem uranfänglichen Sein bei Gott, seiner Präexistenz, erschlossen Jesu Herkunft, Wesen und Zukunft wird dem Leser von vornherein eröffnet. Er teilt „von Anfang an das Wissen Jesu um sein 'Woher' und 'Wohin' und gewinnt damit eine eigentümliche Überlegenheit über alle Akteure der Er-

[236] Die folgenden Ausführungen verdanken Vieles einer Vorlesung zum Johannesevangelium, die Gerd Theißen in Heidelberg gehalten hat.

zählung, die Jesu Worte und Taten ständig missverstehen.[237] Ganz anders der Beginn der synoptischen Evangelien. Der Verfasser des Markusevangeliums lässt seine Schilderung mit dem Auftreten Johannes des Täufers und Jesu Zusammentreffen mit ihm beginnen. Matthäus und Lukas stellen diesem Bericht sogenannte Kindheitsgeschichten voran, die bekanntlich in manchmal legendarischer Form über die Umstände der Geburt Jesu erzählen. Ganz anders, wie gesagt, das Johannesevangelium: es beginnt mit einem programmatischen Hymnus über den präexistenten und fleischgewordenen Logos.

In einem ersten Hauptteil (1,19-12,50) berichtet der Verfasser des Johannesevangeliums über die öffentliche Wirksamkeit Jesu. Es geht ihm hauptsächlich um die Selbstoffenbarung Jesu in Worten und Zeichen und um die Reaktion der Menschen auf diese Offenbarung. Diese Darstellung des Wirkens Jesu fällt unter geographischen und zeitlichen Gesichtspunkten anders aus als die der ersten drei Evangelien. Nach den Synoptikern hat Jesus hauptsächlich in Galiläa und in den benachbarten Gebieten , etwa der Dekapolis, in Tyrus oder Sidon, gewirkt und er hat erst kurz vor seinem Tod Jerusalem aufgesucht. Nach der johanneischen Darstellung besuchte Jesus Jerusalem mehrmals: und zwar drei oder viermal (2,13; 5,1; 7,10; 12,12), so dass man sagen kann: der Ort des Wirkens Jesu wechselt im Johannesevangelium mehrmals zwischen Galiläa und Jerusalem. Dies wird auch dadurch deutlich illustriert, dass im Johannesevangelium das Wort, „Prophet gelte nichts in seiner Heimatstadt" nicht wie in den synoptischen Evangelien auf Nazareth, sondern auf Jerusalem bezogen ist. In Jerusalem sieht der Verfasser des Johannesevangeliums deutlich einen Schwerpunkt der Wirksamkeit Jesu.

Auch der chronologische Rahmen des Johannesevangeliums ist ein anderer: Die Synoptiker erwähnen während der Wirksamkeit Jesu nur ein Passafest (Mk 14,1parr); Johannes erwähnt dagegen drei Passafeste (2,13; 6,4; 11,55/12,1); in 5,1 wird ein weiteres Fest erwähnt, das aber nicht genauer bezeichnet wird. So gewinnt man den Eindruck, dass die Wirksamkeit Jesu nach den Synoptikern nur etwa ein Jahr lang gedauert hat, während der Verfasser des Johannesevangeliums offensichtlich von einer dreijährigen Wirksamkeitsperiode ausgeht. Auch der letzte, für die Synoptiker einzige, Jerusalemaufenthalt Jesu wird in chronologischer Hinsicht unterschiedlich geschildert: Die in den Kapitel 11-15 des Markusevangeliums lassen sich in einem Zeitraum von einer Woche unterbringen, so hält sich nach dem Johannesevangelium Jesus über ein halbes Jahr in Jerusalem und Judäa auf und zwar vom Laubhüttenfest (7,2) über ein Tempelweihfest (10,22) bis hin zum letzten Passafest, an dem sein Wirken zu Ende geht.

Einige besonders auffällige Unterschiede zwischen dem Johannesevangelium und den Synoptikern:

- Die von den Synoptikern am Schluss des Wirkens Jesu berichtete Tempelreinigung (Mk 11,15-19par) erzählt Johannes schon am Anfang seines Evangeliums anlässlich des ersten Jerusalembesuchs Jesu (2,13-22).
- Unterschiedlich sind auch die Gründe für die Gegnerschaft zu Jesu, die dann zur Verhaftung führen: Im Johannesevangelium gilt die Erweckung des Lazarus, die nach Johannes die öffentliche Wirksamkeit Jesu als Höhe Punkt abschließt, als Grund für den Zugriff seiner Gegner (12,9f.). Die Synoptiker berichten diese Wundererzählung noch nicht einmal. Bei Markus führt ein tempelkritisches Wort Jesu zu einem Anklagepunkt im Prozess Jesu (14,58).
- Nach den Synoptikern beginnt Jesus erst mit seiner Verkündigung nach der Einkerkerung Johannes des Täufers (Mk 1,14), während nach dem Johannesevangelium Jesus und der Täufer einige Zeit nebeneinander Wirken (Joh 3,22; 4,1)
- Auch das Todesdatum Jesu wird unterschiedlich angegeben: Nach Johannes starb Jesus am Rüsttag des Passafestes (19,14: 14. Nisan), nach den Synoptikern am Passatag (15 Nisan).

[237] H. Thyen, Art. Johannesevangelium, in: TRE 17 (1988) 201.

Außer dem geographisch-zeitgeschichtlichen Rahmen unterscheidet sich auch die den Synoptikern und Johannes überlieferte Verkündigung Jesu wesentlich: Den ersten drei Evangelisten geht es -grob vereinfacht- um die Botschaft Jesu vom anbrechenden Reich Gottes. Im Johannesevangelium steht das Wesen, der Glaubensanspruch und die Heilsbedeutung des göttlichen Gesandten und Offenbarers im Mittelpunkt. Besonders deutlich zeigen dies die sog. „Ich-bin-Worte". Sie sprechen von Jesus z.B. als „dem Brot" (6,35), dem „Licht der Welt" (8,12), „der Tür" (10,9), dem „guten Hirten" (10,11), „der Auferstehung und dem Leben" (11,25). Derartige Worte der Selbstoffenbarung begegnen in den synoptischen Evangelien nicht. Auch der Redetyp ist im Johannesevangelium ein anderer: Während der synoptische Jesus in Gleichnissen, in kurzen Streitszenen und in Aussprüchen redet, die oft zu Redekompositionen zusammengefasst worden sind, spricht der johanneische Jesus vorwiegend in der Form von „Offenbarungsreden", die häufig von Gegensatzpaaren wie „Licht und Finsternis", „Leben und Tod"; „Wahrheit und Lüge"; „oben und unten" geprägt sind.
Innerhalb des Erzählgutes des 1. Hauptteils gibt es zwischen den Synoptikern und dem Johannesevangelium mehr oder minder enge Berührungen nur in den folgenden Erzählungen:

- Die Schilderung der Wirksamkeit Johannes des Täufers und der Taufe Jesu (1,19-36).
- Die Perikope von der Tempelreinigung (2,13-16).
- Die Wundergeschichte von der Fernheilung des Sohnes eines königlichen Beamten (4,46-54).
- Das Wunder der Speisung der 5000 und der sich daran anschließende Seewandel Jesu (6,1-21).
- Das sog. Bekenntnis des Petrus (6,67-71)
- Die Perikope der Salbung in Bethanien (12,1-8).
- Der Einzug Jesu in Jerusalem (12,12-16).

Die bei Lukas im Zusammenhang mit der Jüngerberufung überliefert Wundererzählung vom reichen Fischfang (Lk 5,1-11) begegnet im Johannesevangelium im Nachtragskapitel Joh 21 als Ostererzählung. Die übrigen synoptischen Wundererzählungen, insbesondere die Exorzismen, fehlen im Johannesevangelium ganz. Dafür enthält es aber die typisch johanneisch gestalteten Erzählungen vom Weinwunder zu Kana (2,1-11), von den Heilungen eines Gelähmten (5) und eines Blinden (9) sowie von der Erweckung des Lazarus (11).
Der Abschluss des ersten Hauptteils des Johannesevangeliums ist deutlich markiert: Er besteht aus einer letzten Offenbarungsrede an das Volk (12,12). Inhaltlich weist diese Erzählung auf die lebensbringende Bedeutung des Todes Jesu und seine sich daran anschließende Verherrlichung voraus (12,23-38). Auch weist sie bereits auf das darin ergehende „Gericht über die Welt" hin (12,31). In dieser letzten öffentlichen Rede ergeht ein letzter Aufruf, sich dem Licht zu öffnen (12, 35f.44.50). Eine Stimme aus dem Himmel sagt, dass die Verherrlichung Jesu einerseits bevorsteht, auf der anderen Seite aber bereits in seinem offenbarenden Wirken geschehen ist (12,28). Der Verfasser des Johannesevangeliums hebt als „symbolische Zeichenhandlung" das Fortgehen und Sich-Verbergen Jesu hervor (12,36). Dies bedeutet den Abschluss des öffentlichen Offenbarungswirkens Jesu.[238] Auch das Weggehen und Verbergen Jesu wird im Johannesevangelium immer wieder erwähnt (7,34f.; 8,21.59; 10,39; 11,54), bis es in 12,36 endgültig heißt: *„Er ging fort und verbarg sich vor ihnen"*. Rückschauend wird dann die gesamte öffentliche Wirksamkeit kommentiert: *„Obwohl Jesus so viele Zeichen vor ihnen getan hatte, glaubten sie nicht an ihn"* (12,37).
Der zweite Hauptteil (13-20) stellt die Offenbarung Jesu vor den Seinen dar. Er beginnt mit den Szenen des Abschiedsmahls und der Fußwaschung (13,1-30). Im Unterschied zu den Synoptikern wird Abendmahl selbst weder als Passamahl noch als Einsetzung des Abendmahls gekennzeichnet. An die Mahlszene schließen sich Abschiedsreden Jesu (13,31-16,33) im

[238] Die Öffentlichkeit der Wirksamkeit Jesu wird mehrmals betont: 7,4.26; 18,20.

Kreis seiner Jünger an. Es folgt in Kap. 17 das sog. „Hohepriesterliche Gebet“, das Gebet des scheidenden Erlösers. Die Form und die konkreten Inhalte der Abschiedsreden im Johannesevangelium zeigen ein unvergleichbares Eigengepräge.
Die Kapitel 18-20 sprechen von der Passion Jesu und dem Erscheinen des Auferstandenen. Die Berührung mit der synoptischen Tradition ist in diesen abschließenden Kapiteln der Passionsgeschichte am stärksten. Es fehlt aber auch nicht an bemerkenswerten Unterschieden:

- Der Weg Jesu in den Tod wird als königlicher Weg (19,14) zu seiner Verherrlichung (20,17) dargestellt.
- Wie bereits erwähnt unterscheidet sich die Zeitangabe der Hinrichtung.
- Während Jesus nach den ersten drei Evangelien in Verlassenheit stirbt, stehen nach dem Johannesevangelium die Mutter Jesu, zwei weitere Frauen und der Lieblingsjünger beim Kreis, und Jesus spricht zu ihnen wichtige Worte.
- Die Ostererzählungen berichten vom Erscheinen des Auferstandenen gegenüber Maria Magdalena und Thomas sowie von den Erfahrungen des Petrus und des Lieblingsjüngers am Grab Jesu.

Das Evangelium schließt mit einem Epilog (20,30f.): *„Noch viele andere Zeichen hat Jesus vor den Jüngern getan, die nicht in diesem Buch aufgeschrieben sind. Diese aber sind aufgeschrieben, damit ihr glaubt, dass Jesus der Messias, der Sohn Gottes ist, und damit ihr durch den Glauben das Leben habt in seinem Namen.“* Innerhalb der Evangelienliteratur ist ein solcher Epilog etwas Neues. Der Verfasser wendet sich unmittelbar an den Leser. Er richtet den Blick zurück auf den dargestellten Inhalt und auf seine Auswahl des Stoffes. Dabei ist die Konzentration auf die „Zeichen“ und auf die „Jünger“, vor denen sie gewirkt wurden, bemerkenswert. Sodann gibt der Verfasser den Zweck an, um dessentwillen die Niederschrift erfolgte. Sie soll dem Glauben an den Jesus als den Messias dienen. Ähnlich programmatisches finden wir in den Prologen des Lukasevangeliums und der Apostelgeschichte.
Das Kapitel 21 ist ein Nachtrag zum Johannesevangelium. In ihm wird eine dritte Erscheinung des Auferstandenen (21,14) erzählt und mit der Wundergeschichte vom reichen Fischfang (21,1-14), der Einweisung des Petrus ins Hirtenamt (21,15-19) sowie einem Gespräch zwischen Petrus und Jesus über den Lieblingsjünger (21,20-23) verbunden. Ähnlich wie das Evangelium selbst schließt auch der Nachtrag mit einem Epilog. In direkter Anrede an den Leser wird hier über den Lieblingsjünger gesagt: Dieser ist es, *„der all das bezeugt und aufgeschrieben hat, und wir wissen, dass sein Zeugnis wahr ist“* (21,24). Diese Aussage zeigt deutlich, dass sich der Verfasser dieses Kapitels vom Lieblingsjünger unterscheidet und im Namen mehrerer Personen spricht. Dem Lieblingsjünger wird die Abfassung des Johannesevangeliums zugeschrieben und er gilt als Garant seiner Zuverlässigkeit. Vielleicht handelt es sich hierbei um eine Notiz des „Herausgeberkreises“ des Johannesevangeliums. Nochmals wahrscheinlich von anderer Hand stammt die allerletzte Schlussbemerkung, nämlich der Hinweis, dass *„es noch vieles andere gibt, das Jesus getan hat“* und dass die Welt die Bücher nicht fassen könnte, wenn man dies alles aufschriebe (21,25). Es wird an den Evangelienschluss in 20,30f. angeknüpft und mit einer weitverbreiteten Hyperbel der damaligen antiken Welt geschlossen. So schreibt z.B. Philo von Alexandrien in seiner Schilderung des Lebens Mose (VitMos I,213): *Das Leben reichte nicht aus, wollte einer alles einzeln, ja wollte er auch nur einen der wichtigeren Teile des Weltalls schildern, und wäre ihm die längste Lebensdauer eines Menschen beschieden.“*

Forschungsgeschichtlicher Überblick

Trotz der kaum noch überschaubaren Thesenproduktion zum joh Schrifttum ist und bleibt das Joh spätestens seit Beginn des vorigen Jahrhunderts bis in die Gegenwart das „Schmerzenskind“ der neutestamentlichen Wissenschaft. Die hauptsächlichen Dauerprobleme der joh Forschungsarbeit sind zusammengefasst fünf:

- Die Verfasserfrage oder auch die Frage nach der „Echtheit" des Evangeliums. Hierbei geht es um darum, ob der Verfasser der Zebedaide Johannes, also ein Augenzeuge des Lebens Jesu, gewesen ist oder nicht. Diese Frage galt im 19. Und 20. Jh. Sehr lang als die johanneische Frage; sie reicht aber bis in das 2. Jahrhundert zurück. Das JohEv ist in den Kanon unter der Voraussetzung aufgenommen worden, dass es das Werk des Zebedaiden Johannes, also eines Apostels sei. Das Evangelium selbst erhebt mit keiner Zeile und auch nicht zwischen den Zeilen diesen Anspruch. Wann und von wem die Behauptung apostolischer Verfasserschaft erstmals aufgestellt wurde, ist unbekannt. Diese Behauptung begegnet uns zuerst bei dem Kirchenvater Irenäus (ca. 180), der sie schon voraussetzt und heftig verteidigt. Irenäus verteidigte die Verfasserschaft des Johannes deshalb so heftig, weil sie zu seiner Zeit und später dann im 3. Jahrhundert heftig bestritten worden ist. Diese Bestreitung wurde dadurch veranlasst, dass das Johannesevangelium in nicht orthodoxen christlichen Kreisen in hohem Kurs stand. Dies gilt besonders für die Montanisten und gnostische Kreise. Von orthodoxer Seite sah man sich deshalb veranlasst, den Tatbestand der apostolischen Abfassung des Johannesevangelium als dubios und späten Datums anzusehen. Trotzdem setzte sich die These der apostolischen Abfassung des Evangeliums durch und wurde von der Mitte des 3. Jahrhunderts bis zur zu Beginn des 19. Jahrhunderts nicht mehr angefochten. Die Besonderheit des Johannesevangelium gegenüber den drei anderen Evangelien blieb zwar bewusst, wurde jedoch positiv interpretiert. Nach dem Kirchenvater Origenes war es ihnen als das „pneumatische" Evangelium überlegen, und Luther konnte über es sagen, es sei das „einige und rechte Hauptevangelium". Als dann die historische Forschung im 18./19. Jahrhundert die Evangelien als Quellen zur Rekonstruktion des Lebens Jesu kritisch auszuwerten begann, stellte der Unterschied zwischen dem Johannesevangelium und den Synoptikern die Forscher vor die Frage, wer von ihnen den größeren Quellenwert besitze. Diese Frage wurde zunächst als das Verfasserproblem diskutiert. War der Verfasser der Zebedaide Johannes, dann war das Johannesevangelium ein Augenzeugenbericht, zuverlässig und echt. Doch half ein solches Vorgehen nicht weiter, denn nach kirchlicher Tradition war auch das Matthäusevangelium der Bericht eines Augenzeugen, ebenso zuverlässig und echt. Aber die Faszination, die vom Johannesevangelium ausging, sicherte ihm eine Vorrangstellung vor dem Matthäusevangelium und der numerischen Überlegenheit der Synoptiker. Eine Bestreitung dieser Vorrangstellung geschah erstmals in systematischer Weise 1820 durch K.G. Bretschneider, der die angebliche Unvereinbarkeit der Lehre Jesu nach dem Johannesevangelium im Vergleich zu den Synoptikern herausarbeitete und die relativ späte Bezeugung der Verfasserschaft des Johannesevangelium ins Bewusstsein erhob. Radikal wurde dann die Kritik der authentischen Verfasserschaft des Johannesevangelium durch den Tübinger Neutestamentler Ferdinand Christian Baur in den Jahren 1844 bis 1847 durchgeführt. Baur fragte nach der Einordnung des Johannesevangelium in die Geschichte des Urchristentums und kam zu dem Schluss, dass das vierte Evangelium „kein streng geschichtliches Evangelium seyn will, sondern seinen geschichtlichen Inhalt einer über das Ganze gestellten Idee unterordnet" und dass es historisch in die Endphase des Ausgleichs zwischen Judenchristentum und Heidenchristentum gehöre (2. Hälfte des 2. Jhdts). Für Baur war das Johannesevangelium ein von allen Überresten jüdischer Gesetzesreligion befreites Zeugnis der christlichen Wahrheit, der Idee des universalen Christentums. Mit dieser Fragestellung – nicht mit seinen Antworten – hat Baur eine positive Alternative zu der „Echtheitsfrage" geliefert und eine historische Erforschung auch des vierten Evangeliums in die Wege geleitet. Mit dem Sieg der Zwei-Quellen-Theorie, vor allem der Erkenntnis der Priorität des Markusevangeliums wurde eine historische Erforschung des Johannesevangelium ermöglicht, so wie Baur sie gefordert hatte.
- Das zweite Thema ist die sogenannte literarische Problematik des Evangeliums, also die Frage nach seinen Quellen, nach eventuellen Umstellungen im Text und nach dem Verhältnis zu den synoptischen Evangelien. Man versuchte innerhalb des Evangeliums Authentisches und nicht Authentisches durch Quellenkritik zu scheiden. So wurde beispielsweise dem Zebedaiden bald die Reden im Johannesevangelium bald die Erzählungen zugeschrieben. Oder man ging von den Anstößen und Widersprüchen in der Komposition des Johannesevangelium aus und versuchte eine „Grundschrift" von ihren redaktionellen Überarbeitungen freizumachen und so das ursprüngliche Evangelium von späteren Zusätzen zu scheiden. Oder man versuchte, durch Umstellungen im Text das ursprüngliche Evangelium wiederzugewinnen. Die literarkritische Arbeit am Johannesevangelium ist bis heute Bestandteil seiner Erforschung. Es gibt jedoch in jüngerer Zeit wieder vermehrt Stimmen, die von der Einheitlichkeit des vorliegenden Textes des Evangeliums ausgehen.
- Das dritte Problemfeld betrifft die religionsgeschichtliche Einordnung des Werkes. Gab es gnostische oder mandäische Einflüsse? Wo hat das JohEv seinen theologiegeschichtlichen Ort? Diese Frage stellt sich aufgrund des Unterschiedes des Johannesevangelium von den Synoptikern, seiner Redeweise, Begrifflichkeit und Vorstellungswelt. Für die Verfechter der Autorschaft des Zebedaiden ist sie freilich kein Problem. Sie betonen die semitisierende Sprache und versuchen, die Besonderheiten aus dem AT und dem Judentum zunächst aus dem rabbinischen, dann aus dem apokalyptischen, schließlich aus dem Judentum der Gemeinde von Qumran zu erklären. In eine andere Richtung schien der Logosbegriff des Johannesevangelium zu weisen: auf das hellenistische Judentum, besonders auf Philo v. Alexandrien. Andere Forscher fanden nähere Berührungen in dem orientalisch-hellenistischen Synkretismus, besonders im Mandäismus und im Manichäismus. Die Gnosis, wie sie sich in den mandäischen Schriften fand, wies die engsten Parallelen zu den johanneischen Begriffen,

Vorstellungen und Redeweisen auf. Aber die Einordnung des Johannesevangeliums in dieses mandäische Milieu machte historisch und literarisch größere Schwierigkeiten als ursprünglich angenommen.

- Viertens fragt man nach der eigentlichen theologischen Absicht des Verfassers des Johannesevangeliums. Diese Frage ist in den letzten Jahren immer mehr in den Vordergrund gerückt, die Antworten gehen aber weit auseinander.
- Fünftens: die Frage nach dem Verhältnis des Johannesevangeliums zum Judentum angesichts der zahlreichen sogenannten „Antijudaismen" in diesem Evangelium. Diese Aufzählung spiegelt in etwa auch die Reihenfolge wider, in der diese Probleme in der Forschung herausragendes Interesse fanden und die Leitfrage abgaben für die Beschäftigung mit dem Johannesevangelium. In der Geschichte der Forschung sorgten solche Schwerpunktbildungen dann zugleich auch dafür, dass andere Dauerprobleme eine Zeit unbeachtet liegen blieben.

Der britische Forscher Charles C. Dodd schrieb 1936 im Rückblick auf eine mehr als hundertjährige Forschungsgeschichte zum JohEv: „Das vierte Evangelium stellt sich offensichtlich dar als ein Schlussstein eines Gewölbes , das gegenwärtig nicht zusammenzuhalten vermag. Wenn wir es verstehen können, verstehen, wie es zustande kam und was es will, dann werden wir wissen, was Urchristentum wirklich war, und erst dann, wenn wir einigermaßen das Neue Testament als ganzes erfassen, werden wir in der Lage sein, das johanneische Rätsel zu lösen." Diese Feststellung gilt auch heute noch: das JohEv hat sich länger desto mehr als das Rätsel des Urchristentums erwiesen. Die Erforschung des Joh hat nicht wie die der Synoptiker zu Resultaten wenigstens in der Form bewährter und weithin anerkannter Arbeitshypothesen geführt. Hierin besteht aber auch ein großer Reiz, dieses uns an manchen Punkten so fremde, aber gerade deshalb auch so faszinierende Evangelium näher kennenzulernen.

4.4.5.2 Der 1. Johannesbrief

Der 1. Johannesbrief ist stark in Sprache und theologischer Vorstellungswelt vom Johannesevangelium geprägt. Von daher könnte es sich um eine Art Kommentar handeln, der die Theologie des Evangeliums auf eine konkrete Gemeindesituation bezieht. Die typischen Merkmale eines Briefes fehlen. 1.Joh 2,19 gibt einen deutlichen Hinweis auf die schwierige Situation des johanneischen Gemeinden: Dort ist ausdrücklich davon die Rede, dass Menschen die Gemeinde verlassen haben. Es scheint sich hierbei um einen Reflex auf den Vorgang der Distanzierung von Gemeindegliedern zu handeln. Offensichtlich haben zahlreiche Mitglieder die Gemeinde verlassen, um zu dokumentieren, dass sie nicht mehr Christen sind. Das Bekenntnis zu Jesus als dem Christus war offensichtlich nur eine Episode in ihrem jüdischem Glaubensleben. Sie leugnen nun das Bekenntnis zu Jesus als dem Messias (2,22). Durch die Rückkehr von Gemeindegliedern in das Judentum ist die Identität der Gemeinde aufs stärkste gefährdet: Der Verfasser versucht nun auf eine dreifache Weise seine Gemeinde zu stabilisieren. Auf der theologisch-polemischen Ebene wirft er wie bereits das JohEv den Abgefallenen vor, sie seien Teufelskinder (1.Joh 3,8). Hier wird die Funktion dieser Aussage besonders deutlich: Schroffe Polemik nach außen könnte den Zusammenhalt im Inneren fördern. Sie taucht dort auf, wo die Anziehungskraft der jüdischen Orthodoxie so stark wird, dass sie den Bestand der Gemeinden akut gefährdet. Gleichzeitig wirbt der Verfasser für das Bleiben in der Gemeinde, indem er dem Bekenntnis zum Messias als notwendige soziale Lebensform die Bruderliebe zuordnet: Wer den Messias bekennt, erfährt in der Gemeinde auch die solidarische Bruderliebe. Hinter dieser engen Verbindung steht die Erfahrung, dass starker Druck von außen, das interne Zusammenleben von Minderheiten intensivieren kann. Der Verfasser schließt sich selbst mit seiner Gemeinde unter dem Gebot gegenseitiger Liebe und des gemeinsamen Glaubens zusammen und grenzt sich zugleich mit ihnen von den >Kindern des Teufels< und der hassenden Welt ab. Als Drittes kommt hinzu, dass die Gemeindeglieder ermahnt werden, die Folgen des Bleibens in der Gemeinde gegenüber der heidnischen Obrigkeit zu ertragen: In 1.Joh 5,21 wird die Gefahr eines Abfalls in das Heidentum konkret angesprochen.

Zentrale Themen:

- In der Auseinandersetzung mit den jüdischen Messiasleugnern beruft sich der Verfasser auf das Bekenntnis zu Jesus Christus als Sohn Gottes (2,22-29; 4,2; 5,6).
- Gott ist Liebe. Seine Liebe erweist sich in der Sendung seines Sohnes zur Versöhnung für die Sünden der Menschen (4,9f.).

- Die Gottesliebe konkretisiert sich in der Bruderliebe (4,20).

Wichtiger Text, 4,20f.: *„Wenn jemand sagt: Ich liebe Gott!, aber seinen Bruder hasst, ist er ein Lügner. Denn wer seinen Bruder nicht liebt, den er sieht, kann Gott nicht lieben, den er nicht sieht. Und dieses Gebot haben wir von ihm: Wer Gott liebt, soll auch seinen Bruder lieben."*

Lesetipp: *H. Thyen, Art. Johannesbriefe: TRE 17 (1988), 186-200.*

4.4.5.3 Der 2. + 3. Johannesbrief

Im Unterschied zum 1.Joh handelt es sich bei den beiden anderen Johannesbriefen um echte Briefe. Der Verfasser des 2.Joh stellt sich mit dem Titel „der Alte" (V.1) vor. Der Alte schreibt in eine dem 1.Joh vergleichbare Gemeindesituation, allerdings scheinen die Messiasleugner die Gemeinde noch nicht verlassen zu haben. Man kann deshalb erwägen, ob der 2.Joh vor dem 1.Joh abgefasst worden ist. Die Gegner leugnen Jesus „als den im Fleisch Gekommenen" (V.7). Der „Alte" fordert die Gemeinde auf an der „Lehre Christi" festzuhalten (V.9) und schlägt als praktisch-organisatorische Maßnahme vor, jegliche Gemeinschaft mit den Gegner abzubrechen (V.10f.). Auch der Verfasser des 3.Joh ist wiederum „der Alte". Er schreibt diesen echten Privatbrief an Gaius, um ihn zu ermahnen, dass dieser weiterhin Wandermissionare empfängt und aufnimmt, die „der Alte" aussendet. Diese Bitte steht im Gegensatz zu der Auffassung des Gemeindeleiters Diotrephes, der den wandernden Brüdern jede Unterstützung verweigert und dies auch von den Gemeindegliedern verlangt. In diesem kirchenrechtlichen (?) oder theologischen (?) Konflikt schreckt Diotrephes nicht vor dem Ausschluss aus der Gemeinde zurück (V.10).

4.4.6 Antiochia als Zentrum der Heidenmission

Antiochia am Orontes war seit 64 v.Chr. die Residenzstadt des römischen Statthalters der Provinz Syrien. Es war eines der großen Zentren des römischen Reiches mit zahlreichen Prachtbauten und ungefähr 500000 Einwohnern. In Antiochia wohnten zahlreiche Juden; es gab mehrere Synagogen und die Zahl der Proselyten war groß (Apg 6,5). Die Stadt wurde zum ersten Zentrum der christlichen Heidenmission. Wahrscheinlich begegneten sich hier erstmals jüdisch-christlicher Glaube und Hellenismus auf breiter Ebene. Herausragende Gemeindeglieder waren Barnabas (11,22f.) und dann Paulus (Apg 11,25; 13,1-3; 14,26; 18,22). Die Verbindungen zwischen den Gemeinden in Antiochia und Jerusalem waren eng (Apg 11,27-29; 15,22-30). Für die Entstehung und Entwicklung der frühchristlichen Theologie war Antiochia als erstes Zentrum der Heidenmission von zentraler Bedeutung. Hier trafen die beiden wichtigen bisherigen Strömungen zusammen: die griechisch sprechenden Hellenisten mit den eine judenchristliche Theologie vertretenden Anhängern des Jakobus; Paulus und Petrus gerieten über das Verhältnis von Juden- und Heidenchristen in Streit. Paulus begann in Antiochien seine eigenständige Konzeption einer Mission unter den Heiden zu entwickeln.

4.4.6.1 Paulus

Nach dem Bericht der Apostelgeschichte (Apg 22,3) wurde Paulus in Tarsus im kleinasiatischen Kilikien geboren. Diese Angabe steht allerdings in einem gewissen Widerspruch zu einer Nachricht, die Hieronymus überliefert:[239] Ihr zufolge ist das obergaliläische Gischala der Geburtsort des Paulus. Von dort seien seine Eltern wegen der zahlreichen Unruhen in diesem Landstrich nach Tarsus ausgewandert, wo Paulus dann aufwuchs. Zumindest lässt sich also

[239] De viris illustribus 5; ad Philemon 23.

annehmen, dass Paulus in Tarsus seine Kindheit verbrachte. Über sein Geburtsjahr fehlen uns Nachrichten, wahrscheinlich wurde er im ersten Jahrzehnt unserer Zeitrechnung geboren.[240] Jesus von Nazareth war also nur unwesentlich älter als sein großer Apostel.

Paulus erlernte das Handwerk eines „Zeltmachers“ (Apg 18,3). Diese Ausbildung ermöglichte ihm später während seiner Missionsreisen eine von den Gemeinden unabhängige Existenz, worauf der Apostel immer wieder stolz verwies (vgl. 1.Thess 2,9; 1.Kor 4,12; 2.Kor 11,27). Seine Muttersprache war Griechisch; die Ausgabe des Ersten Testaments, die er benutzte, war die Septuaginta. Die Bevölkerung der Stadt Tarsus war bunt gemischt, eine der größten Gruppen waren die Juden. Im Rückblick auf seine „vorchristliche“ Zeit schreibt Paulus im Philipperbrief: „Ich wurde am achten Tag beschnitten, bin aus dem Volk Israel, vom Stamm Benjamin, ein Hebräer von Hebräern, lebte als Pharisäer nach dem Gesetz, verfolgte voll Eifer die Kirche und war untadelig in der Gerechtigkeit, wie sie das Gesetz vorschreibt“ (3,5f.). Als Anhänger der pharisäischen Reformbewegung vertrat Paulus eine streng am Gesetz orientierte Lebensweise, insbesondere eine rituelle Orthopraxie, mit deren Hilfe er den Alltag heiligen wollte. Paulus, der Pharisäer aus der jüdischen Diaspora, war überzeugt, dass durch die religiöse Ausgestaltung der alltäglichen Lebensweise jedes jüdische Haus an der Heiligkeit des Tempels teilhabe. Der Glaube an die Auferstehung und die Überzeugung, dass der Wille Gottes im ganzen Leben zum Ausdruck gebracht werden sollte, machten ihn ebenso sensibel für die Christusbotschaft wie die Hoffnung auf ein baldiges Kommen des Messias, die in pharisäischen Kreisen virulent war.

Die Apostelgeschichte berichtet, Paulus habe Tarsus verlassen, um in Jerusalem als Schüler des berühmten Rabbi Gamaliel I. die Tora zu studieren (Apg 22,3). Danach sei er in Jerusalem ein eifriger Verfolger der tempelkritisch eingestellten hellenistischen Judenchristen gewesen. Lukas berichtet, der Apostel habe bereits als Jüngling der Steinigung des Stephanus zugesehen (Apg 7,58-60) und später eigenhändig Christen und Christinnen aus ihren Häusern ins Gefängnis geschleppt (Apg 8,3). Anlässlich eines Verhörs vor dem römischen Statthalter Festus lässt Lukas Paulus bekennen, er habe Todesurteilen gegen Christen zugestimmt (Apg 26,10). Auch der Apostel selbst gibt an mehreren Stellen Auskunft darüber, dass er Christen verfolgte (vgl. Gal 1,13; 1.Kor 15,9; Phil 3,6).

Die Verfolgung von Christen ist sehr wahrscheinlich auch der Anlass, der Paulus – etwa 32 n.Chr. – auf den Weg nach Damaskus führt. Dort, kurz vor den Toren der Stadt, widerfuhr ihm das entscheidende Erlebnis seines Lebens. Was ist vor Damaskus geschehen? Die Apostelgeschichte berichtet davon an drei Stellen (Apg 9,1-19; 22,6-21; 26,4-20). Diese Berichte gleichen sich in ihrer Grundstruktur; sie sind aber in Einzelheiten durchaus variantenreich. Nach allen drei Berichten widerfährt dem Apostel auf dem Weg nach Damaskus in Gegenwart von Begleitern eine Lichterscheinung in Kombination mit einer Audition: Eine Stimme vom Himmel fragt: „Saul, Saul, was verfolgst du mich?“ Auf die Gegenfrage des Paulus „Wer bist du Herr?“ antwortet die Stimme: „Ich bin Jesus, den du verfolgst.“ In zwei der drei Berichte wird ein Damaszenischer Christ mit Namen Ananias erwähnt, der den kurzfristig erblindeten Paulus nach Damaskus mitnimmt und dort heilt und tauft. Ausschließlich in Apg 22 hat Paulus eine weitere Vision und Audition im Jerusalemer Tempel, durch die er zum Heidenmissionar berufen wird.

Paulus selbst beschreibt im Galaterbrief das Wende-Ereignis seines Lebens in knapper Form und ohne auf die näheren Umstände einzugehen. Er nennt dabei unmittelbar die Folge seines Christuserlebnisses: das Evangelium unter den Heiden zu verkünden (Gal 1,15f.). Rückblickend deutet Paulus sein Christuserlebnis als eine Umwertung aller Werte. Im Philipperbrief schreibt er (3,7): „Aber was mir (sc. vor der Berufung) Gewinn war, das habe ich um Christi

---

[240] Für die paulinische Chronologie stütze ich mich auf den Vorschlag von R. Riesner, Die Frühzeit des Apostels Paulus. Studien zur Chronologie, Missionsstrategie und Theologie, 1994, 226 (WUNT 17).

willen für Schaden erachtet.“ Im Galaterbrief schildert Paulus seine Berufung im Kontext einer heftigen Auseinandersetzung mit judenchristlichen Gegnern, die ihm die Legitimität seiner Verkündigung absprechen. Dem Apostel liegt deshalb nichts daran, seine Berufung in ihrem äußeren Ablauf zu erzählen, wie es Lukas in der Apostelgeschichte unternimmt. Es geht ihm allein um die göttliche Legitimation seiner Evangeliumsverkündigung, die keiner Bestätigung durch frühchristliche Autoritäten bedarf. Wie die großen Propheten Jesaja und Jeremia fühlt er sich bereits im Mutterleib durch Gott zum Völkerapostel ausgewählt (vgl. Gal 1,15). Deutlich wird diese Analogie im Blick auf eine Stelle aus dem Berufungsbericht des Jeremia, in dem es heißt: „Ich kannte dich, ehe ich dich im Mutterleib bereitete, und sonderte dich aus, ehe du von der Mutter geboren wurdest, und bestellte dich zum Propheten für die Völker“ (Jer 1,5; vgl. Jes 49,5).

Paulus kann sein Offenbarungserlebnis auch in mystischen Kategorien deuten. Für ihn bedeutet es nicht nur die Legitimation zur Mission unter den Heiden, sondern auch die Teilhabe am Leib Christi. Der Apostel spricht häufig vom „Sein in Christus“ und meint damit, dass sein ganzes Leben, Denken und Fühlen durch die Zugehörigkeit zu Christus bestimmt ist. Seine eigenen Leidenserfahrungen kann er daher so stark mit dem Leiden Christi identifizieren, dass er davon spricht, die Mahlzeichen Jesu an seinem Leib zu tragen (Gal 6,17). Er deutet die vielen Bedrohungen und Gefahren, psychischen und körperlichen Leiden, die ihm während seiner Wirksamkeit als Apostel widerfahren sind, nicht als eine Form persönlichen Heroismus', sondern als Nachfolge Christi. Der wahre apostolische Dienst steht für ihn in enger Beziehung zum Schicksal des gekreuzigten Christus: „Allezeit tragen wir das Sterben Jesu am Leibe herum“, schreibt er im 2. Korintherbrief (4,10). All diese Aussagen haben einen sehr realen Hintergrund: Das Reisen im östlichen Mittelmeerraum barg zahlreiche Gefahren, obgleich die Verkehrswege in römischer Zeit erstaunlich gut ausgebaut waren. Paulus selbst berichtet von den Gefahren der Schiffsreisen, von Hunger und Kälte. Räuber bedrohten ihn auf seinen Wanderungen, Flussüberquerungen gefährdeten seine Gesundheit und sein Leben. Während einer Reise erlitt er Schiffbruch und trieb eine Nacht und einen Tag auf der offenen See (vgl. 2.Kor 11,16-32). Die Apostelgeschichte berichtet in einer dramatischen Erzählung von einem weiteren Schiffbruch des Paulus vor Malta auf der Reise als Gefangener nach Rom. Neben diesen *alle Reisenden* der antiken Welt bedrohenden Gefahren, nennt Paulus aber auch Leiden, die durch Konflikte *aufgrund seiner Verkündigung* verursacht worden sind. Diese heftigen Auseinandersetzungen werfen nicht nur ein Schlaglicht auf die Biographie des Apostels, sondern sie sind auch der Ursprung für die Präzisierung und Weiterentwicklung seiner theologischen Gedanken.

Mit wem trug Paulus Konflikte aus? Von wem hatte er Verfolgung und Leid aufgrund seiner Botschaft zu erwarten? Innerhalb des sich entwickelnden frühen Christentums geriet Paulus in Auseinandersetzungen sowohl mit gemäßigten judenchristlichen und heidenchristlichen Gruppierungen als auch mit strengen Judenchristen. Auf seinen Missionsreisen brachen heftige Autoritätskonflikte mit anderen Wandermissionaren auf, die zu Turbulenzen in den von Paulus gegründeten Gemeinden führten. Daneben führte seine Missionsstrategie, die häufig im Umfeld von Diasporasynagogen ansetzte, zu massiven Streitigkeiten mit jüdischen Autoritäten. Letztlich geriet Paulus immer auch dann in Schwierigkeiten, wenn seine messianische Verkündigung von der paganen Umwelt und hier besonders von staatlichen Autoritäten als ein Programm gegen den politischen Herrschaftsanspruch des römischen Kaisers missverstanden wurde.

Nach seiner Berufung entzog sich Paulus zuerst bewusst einer Auseinandersetzung mit anderen christlichen Gruppierungen der ersten Generation. Erst drei Jahre nach Damaskus zieht er nach Jerusalem, um dort Petrus zu besuchen. Er wohnte fünfzehn Tage im Haus des Apostels. Ohne allzu spekulativ zu sein, können wir annehmen, dass sich Paulus und Petrus intensiv theologisch austauschten. Wahrscheinlich besprachen die beiden die Möglichkeit einer beschneidungsfreien Heidenmission, wie sie dann später auf dem Apostelkonzil durchgesetzt wurde. Spätestens nach seinem Besuch bei Petrus wird Paulus auch detailliert über das Leben des historischen Jesus informiert gewesen sein. Dennoch wird er später die Bedeutung des Menschen Jesus von Nazareth für seine Theologie fast demonstrativ leugnen. In 2. Kor 5,16 schreibt er an die Christen in Korinth: „Darum kennen wir von nun an niemanden mehr nach dem Fleisch; und auch wenn wir Christus gekannt haben nach dem Fleisch, so kennen wir ihn doch jetzt so nicht mehr." Mit dieser grundsätzlichen Aussage versucht Paulus auch einen Angriffspunkt seiner apostolischen Gegner zu entkräften: Nur wer den Menschen Jesus gekannt habe, könne sich legitimerweise als Apostel bezeichnen. Während seines Aufenthaltes bei Petrus trifft Paulus, was auffallend ist, lediglich noch den Herrenbruder Jakobus aus dem Kreis der Apostel und einflussreichen Gemeindeglieder der Urgemeinde. Nach diesem Besuch in Jerusalem hält sich Paulus in der weiteren Umgebung seiner Heimatstadt Tarsus auf und missioniert in Nordsyrien und Kilikien (1,21; vgl. Apg. 9,30; 11,25f.).

Wahrscheinlich auf Initiative des Barnabas kommt Paulus kurze Zeit später in das erste hellenistisch geprägte frühchristliche Missionszentrum Antiochia. Nach einem längeren dortigen Aufenthalt bricht er zusammen mit Barnabas und Johannes Markus zu einer ersten größeren Missionsreise auf (Apg 13-14).

Diese Reise führt von Antiochia aus über Zypern nach Pisidien und Ikonien und erreicht in Derbe ihren äußersten Punkt. Von dort aus geht es zurück bis zum Ausgangspunkt Antiochia. Auf dieser ersten großen Reise tritt Paulus noch nicht als eigenständiger Missionar auf. Er erscheint als ein einfacher antiochenischer Gemeindemissionar, der seinem Begleiter Barnabas untergeordnet ist. Die in der Apostelgeschichte berichteten Ereignisse auf dieser Reise sind durchaus dramatisch. Mehrmals geraten die Missionare in heftige Auseinandersetzungen mit Juden, die ihre Predigt ablehnen und mit Gewalt auf ihre Botschaft reagieren. In Lystra kommt es sogar zu einer Steinigung, die Paulus überlebt (Apg 14,8-20). Barnabas und Paulus praktizieren eine Missionsstrategie, die Paulus bis an sein Lebensende beibehalten wird. Sie missionieren nicht „flächendeckend" – dies hätte ihre Möglichkeiten überfordert – sondern konzentrieren sich auf das Zentrum des jeweiligen Landstrichs. Dort versuchen sie zuerst in den jüdischen Synagogen neue Anhänger zu gewinnen. Doch regelmäßig führen die Diskussionen mit den jüdischen Glaubensgenossen zu wenig Erfolg. Anklang findet die Missionspredigt eher bei gottesfürchtigen Heiden. Neben der Missionspredigt tritt besonders in den Schilderungen der Apostelgeschichte der charismatische Zug der frühchristlichen Mission deutlich hervor: Paulus tritt ebenso wie beispielsweise Petrus auch als Wunderheiler auf. Paulus selbst sieht in seinen Wundertaten das spezifische Erkennungszeichen eines Apostel in der Nachfolge Jesu (2.Kor 12,12). Spätestens auf dieser Missionswanderung wird Paulus – neben anderen theologischen Kernaussagen – das Programm einer beschneidungsfreien Heidenmission kennengelernt und übernommen haben, wie es in der Christengemeinde Antiochias vertreten wurde. Ein maßgeblicher Einfluss auf Paulus dürfte hierbei von Barnabas ausgegangen sein, dem in der Antiochenischen Gemeinde eine leitende Stellung zukam. Bereits die Antiochenischen Christen verzichteten im Glauben an das baldige Kommen des Messias auf die Beschneidung als Trennungszeichen zwischen Heiden und Juden. Nach seiner Bewährung als Gemeindemissionar gewinnt Paulus stetig an Einfluss in Antiochia (vgl. Apg. 11,25f.) und erreicht dort mit der Zeit neben Barnabas ebenfalls gemeindeleitende Bedeutung.

An der Frage der Beschneidung von Heiden entzündete sich der erste große Konflikt, den Paulus mit anderen Messiasbekennern durchzustehen hatte. Ganz offensichtlich betrachteten Teile der Jerusalemer Christen im Sinne eines jüdischen Bundesnomismus die Beschneidung als heilsnotwendig und damit als unaufgebbar. Um diesen Konflikt zwischen Antiochia und Jerusalem zu lösen zog Paulus als einer der führenden Repräsentanten der antiochenischen Gemeinde (Gal. 2,1; Apg. 15,2) zusammen mit Barnabas und dem unbeschnittenen Heidenchristen Titus zum sog. Jerusalemer Apostelkonvent (48 n. Chr.), etwa 14 Jahre nach seinem ersten dortigen Besuch. Anlass, Darstellung und Ergebnis der Zusammenkunft gehen bei Paulus (Gal. 2,1-10) und Lukas (Apg. 15,1-29) zwar auseinander, können aber zu einem Bild zusammengefügt werden. Von zentraler Bedeutung ist, dass sich auf diesem Zusammentreffen Paulus und Barnabas mit den führenden Kräften der Urgemeinde, mit Petrus, Jakobus und Johannes auf die Anerkennung einer beschneidungsfreien Heidenmission einigen konnten (vgl. Gal 2,9). Allerdings hatte diese Einigung, wie sich später herausstellte, einen folgenschweren Schönheitsfehler: Sie wurde nicht von allen Anwesenden mitgetragen. Es gab eine größere Gruppe strenger Judenchristen, Lukas identifiziert sie als Pharisäer, die Jesus als den Messias anerkennen, für die aber nach wie vor die Beschneidung Bedingung für das Erlangen des Heils vor Gott war. Aus diesem Schönheitsfehler entsprang für Paulus eine heftige Auseinandersetzung, die mitentscheidend zu einer eigenständigen Mission und einer eigenständigen Theologie des Apostels führten.

Ein weiteres Problem trat hinzu: Kurze Zeit nach der Einigung auf dem Apostelkonzil brach in Antiochia die Frage nach dem Zusammenleben zwischen Juden- und Heidenchristen in heftiger Form auf. Konkret ging es um das Verhalten bei gemeinsamen Mahlzeiten; ein Thema, das man beim Apostelkonvent in Jerusalem scheinbar nicht angeschnitten hatte. Was war in Antiochia geschehen? Petrus war zu einem Besuch dorthin gereist. Nach seiner Ankunft schloss er sich der ortsüblichen Praxis an und hielt Tischgemeinschaft mit Juden- und Heidenchristen, ohne sich über die damit zusammenhängenden Fragen der Einhaltung der Speisegebote Gedanken zu machen. Diese Praxis wurde offensichtlich in Jerusalem bekannt und erregte dort Anstoß. Die Beurteilung der sich nun entzündenden Auseinandersetzung wird dadurch erschwert, dass wir nur einen emotional gefärbten Bericht des Paulus über dieses Ereignis besitzen (Gal 2). Sicher wissen wir, dass Jakobus einige Abgesandte nach Antiochia schickte, um für die Einhaltung eines Minimums an kultischer Reinheit bei der Tischgemeinschaft zwischen Juden- und Heidenchristen zu sorgen. Die antiochenischen Christen – unter ihnen auch Petrus und Barnabas – schlossen sich offensichtlich der Argumentation von Jakobus an. Paulus allerdings machte die Tischgemeinschaft zum status confessionis, warf Petrus Heuchelei vor und provozierte damit nicht nur einen menschlichen Bruch mit seinem engsten Weggefährten Barnabas (Gal 2,13), sondern auch mit Petrus (Gal 2,11-14). Die Gemeinschaft zwischen Paulus und Antiochia war zerstört; er hat die Stadt wohl nie wieder besucht. Wahrscheinlich lag dieser Auseinandersetzung ein verdeckter Konflikt zugrunde: „Die Vertragspartner des Paulus meinten, die Heidenchristen ohne Beschneidung als 'Vorstufe' zum wahren Christentum akzeptieren zu können – nach Analogie der Gottesfürchtigen. Sie erwarteten vielleicht, dass auch an ihnen das eschatologische Wunder einer vollen Bekehrung zum Judentum (mit Übernahme der Beschneidung) sich ereignen werde. Wenn man darauf verzichtet, Heidenchristen zur Beschneidung zu nötigen, so heißt das nicht, dass es verboten war, sich aufgrund von innerer Überzeugung freiwillig beschneiden zu lassen. Paulus aber sah in der Aufnahme von Heidenchristen in die Gemeinde eine vollgültige Mitgliedschaft, die durch keine weiteren Auflagen und Erwartungen belastet werden sollte."[241] Im Kern versuchten sowohl Jakobus als auch Petrus und Barnabas einen Kompromiss zu erreichen, der auch strenggläubigen Judenchristen ein reales Zusammenleben mit noch nicht beschnittenen Glaubensgenossen ermöglichte. Ob sich Paulus und Petrus irgendwann später wieder versöhnten, wie es die christliche Legende suggeriert, bleibt im Dunkeln.

Wie gesagt trennte sich Paulus nach dem Konflikt in Antiochia von Barnabas. Zusammen mit einem angesehenen Jerusalemer Christen namens Silas als neuem Begleiter zieht er nun durch Syrien und Kilikien. Im Südteil der Provinz Galatien erreichen sie Lystra, wo Paulus Timotheus als weiteren Mitarbeiter gewinnen kann. Die Apostelgeschichte deutet hierbei einen – nach den Vorkommnissen in Antiochia – überraschenden Charakterzug des Apostels an, der

[241] G. Theißen, Die Religion der ersten Christen. Eine Theorie des Urchristentums, Gütersloh 2000, 229 Anm. 3.

sich auch in seinen Briefen findet: Paulus kann immer dort, wo er sich nicht persönlich angegriffen und seine Botschaft in Frage gestellt sieht, durchaus zu erstaunlichen Kompromissen fähig sein. Er lässt nämlich Timotheus aus Rücksicht gegenüber den Juden beschneiden (Apg 16,1-3).
Von Lystra aus durchwandern Paulus und seine Begleiter Phrygien, Galatien und Mysien. Im kleinasiatischen Troas hat Paulus eine Erscheinung: Er soll seine Mission in Mazedonien fortsetzen, und so begibt er sich auf den Weg dorthin (Apg 16,9f.). Seine erste Station in Europa ist Philippi. Dort bekehrt er die Purpurhändlerin Lydia. Über Thessalonich und Athen kommt er dann nach Korinth, wo er ungefähr anderthalb Jahre wirkte (49/50-52/53).
Die beiden im Neuen Testament überlieferten Briefe des Paulus an die Korinther entstehen in der Zeit nach diesem Aufenthalt. Der erste Brief an die Korinther wurde wahrscheinlich 55 n.Chr. in Ephesus geschrieben. Als Antwort auf Spaltungen innerhalb der Gemeinde entfaltet Paulus in ihm seine Kreuzestheologie als Umwertung aller Werte im Gegensatz zu aller menschlichen Weisheit (1.Kor 1-2): „Die Juden fordern Zeichen, die Griechen suchen Weisheit. Wir dagegen verkündigen Christus als den Gekreuzigten: für Juden ein empörendes Ärgernis, für Heiden eine Torheit, für die Berufenen aber, Juden wie Griechen, Christus, Gottes Kraft und Gottes Weisheit“ (1,22-24). In dieser grundsätzlichen Aussage spiegeln sich die vielen Frustrationen, Zurückweisungen und Ablehnungen, die Paulus auf seinen Missionsreisen erfahren musste. So erntete Paulus von seinen philosophischen Zuhörern in Athen, als er über die Auferstehung Jesu predigt, nur Spott (Apg 17,32). Auch die Ablehnung seiner Botschaft in den Synagogen der Diaspora ist – wie schon erwähnt – eine durchgängige Erfahrung während seiner gesamten Missionstätigkeit.
Daneben behandelt Paulus im 1.Kor unter dem Gesichtspunkt der Heiligkeit der Gemeinde in Kap. 5-7 wichtige ethische Einzelfragen, gibt z.B. Weisungen für Verheiratete und Unverheiratete sowie Hinweise über die Stellung von Sklaven innerhalb einer christlichen Gemeinde.
Die Lehre von den verschiedenen, aber gleichwertigen Charismen stellt Paulus mit Hilfe des Bildes von Christus als Leib mit vielen Gliedern dar (1.Kor 12-14) und konkretisiert dies besonders an dem Phänomen der Zungenrede (Glossolalie), die als ein pneumatisches Phänomen immer im Dienst der Gemeinde stehen müsse.
Seine Lehre von der Auferweckung Christi und der Auferstehung aller Christen stellt Paulus in Kap. 15 in Auseinandersetzung mit Christen, die die allgemeine Auferstehung leugnen, dar. Bis heute ist die christliche Botschaft vom Kreuz das umstrittene Kernstück des Glaubens. Doch ist nach Paulus die Theologie des Kreuzes das allein Christliche der Verkündigung. Sie spiegelt die paradoxe Logik Gottes: Vor ihm kann nur das Erniedrigte gelten.
Im 2.Kor haben wahrscheinlich spätere Redaktoren eine Korrespondenz zwischen Paulus und Korinth aus vier ursprünglich selbständigen Briefen zusammengefasst, die unterschiedlichen Situationen zuzuordnen sind.[242]
Einen der heftigsten, aber wohl theologisch fruchtbarsten Konflikte durchkämpfte Paulus um 54 n.Chr. in den von ihm gegründeten Gemeinden in der kleinasiatischen Provinz Galatien, mit denen er bisher in gutem Einvernehmen lebte (vgl. Gal 4,12-20). Dort traten Missionare auf, die aus der Sicht des Apostels sein Evangelium radikal bestritten und ein gänzlich anderes Evangelium lehrten. Als strenge Judenchristen forderten sie die Beschneidung für alle Christen (Gal 5,2; 6,12f.), die Einhaltung des jüdischen Festkalenders (Gal 4,10) und die Einhaltung der Speisegebote. Damit forderten sie die galatischen Heidenchristen auf, die Identifikationsmerkmale des Judentums auch für sich anzunehmen. Sie forderten aber nicht zur Übernahme der gesamten Tora als heilsgeschichtliche Bedingung des Christentums auf. An diesem

242 Näher dazu: G. Bornkamm, Die Vorgeschichte des sogenannten Zweiten Korintherbriefes, 2.Aufl. Heidelberg 1965 (Sitzungsberichte der Heidelberger Akademie der Wissenschaften 1961) sowie Kap. 4.4.8.3 in diesem Buch.

Punkt wurden sie von Paulus missverstanden. Die von außen gekommenen Judenchristen wollten ganz offensichtlich Paulus nicht bekämpfen, sondern bedrängten die galatischen Heidenchristen, als gottesfürchtige Juden erkennbar zu werden. Vielleicht wollte man mit dieser Strategie Konflikte mit den Synagogengemeinden mildern. Unruhen zwischen Juden und Christen, die in Rom bereits zu staatlichen Sanktionen geführt hatten, sollten verhindert werden. Hierauf weist Gerd Theißen in seiner jüngsten Untersuchung zur Religion der ersten Christen hin.[243] Diese eher pragmatischen Forderungen, die mit den Vereinbarungen des Apostelkonzils, das die Beschneidung ja nicht verbot, vereinbar waren, wurden von Paulus als heftige Angriffe gegen seine Person und die Legitimität seiner Verkündigung verstanden. Besonders der vermeintliche Vorwurf, er habe sein Evangelium von Menschen und nicht von Gott empfangen, musste den Apostel in seinem Selbstverständnis hart treffen (Gal 1,11f.). Paulus reagiert in einem von Ephesus aus geschriebenen Brief hoch emotional, aber auch theologisch brillant. Ohne sich zu Beginn mit Danksagungen aufzuhalten und ohne den Brief mit den üblichen Grüßen abzuschließen, nimmt er die Herausforderung an. Er droht all denen, die seine Verkündigung zu verunglimpfen scheinen mit dem göttlichen Gericht (Gal 1,6-10), weist den göttlichen Ursprung seiner Sendung und die Anerkennung durch die anderen Apostel anhand eines biographischen Rückblicks nach und entwickelt eine theologische Gegenposition, die als Lehre von der Rechtfertigung in die Theologiegeschichte einging. Die Heftigkeit seiner Reaktion liegt wohl darin begründet, dass in ihm selbst ein biographisch durchlebter Konflikt wieder aufbricht. Der Heidelberger Neutestamentler Gerd Theißen stellt die Hypothese auf, dass Paulus in seiner vorchristlichen Zeit als Christenverfolger, „einen unbewußten Konflikt mit sich selbst auf die Christen projizierte: Er sieht bei den Christen eine Freiheit gegenüber dem Gesetz und eine Offenheit gegenüber den Heiden, die er bei sich selbst unterdrückt. Er bekämpft in ihnen ein Stück seiner selbst, und der Kampf gegen die Christen hilft ihm zugleich, diesen ‚Schatten' in sich selbst zurückzudrängen."[244] Für Paulus bringt das Damaskuserlebnis die große innere Wende. Die ein „Sein in Christus" ermöglichende Geisterfahrung öffnet nun die engen partikularen Grenzen seines Religionsverständnis hin zur beschneidungsfreien Heidenmission, und gleichzeitig scheint der Geist Christi die Menschen zu befähigen, eine von Gott gewollte Ethik ohne einen ausdrücklichen Rückgriff auf die Gebote der Tora zu leben. Für ihn war dies ein mit hohen Emotionen besetztes inneres Befreiungserlebnis. Von daher erklärt sich seine heftige Reaktion auf das Vorhaben der in „seinen" galatischen Gemeinden wirkenden Missionare. Seine große Leistung bestand darin, das vor Damaskus Erlebte nun in eine theologische Begrifflichkeit mit dem Ziel zu gießen, zugunsten der Christusoffenbarung die Gesetzesoffenbarung zu relativieren. Jahre später während seiner Haftzeit in Rom reagiert Paulus nochmals in ähnlich emotionaler Weise auf den Versuch judenchristlicher Missionare in der Gemeinde in Philippi die Beschneidung und kultische Speisegebote (Phil 3,19) als Identifikationsmerkmal der Christen einzuführen. Bis auf das Äußerste erregt bezeichnet er die militanten Judenchristen als „Hunde", nennt sie „böse Arbeiter" und führt wie im Galaterbrief argumentativ auch seine eigene jüdische Biographie ins Feld (Phil 3,2-11). In Phil 3,9 nimmt er die Rechtfertigungsterminologie aus dem Galaterbrief auf, um deutlich zu machen, dass der Christ vom Geist Gottes und nicht von dem Wunsch, Gerechtigkeit aufgrund des Gesetzes zu erlangen, bestimmt ist.

Im Leben des Apostels kam es aufgrund seiner Missionsverkündigung öfters zu – teils lebensbedrohenden – Konflikten mit staatlichen Gewalten, vor denen Paulus auch durch sein römisches Bürgerrecht nicht geschützt war. Innerhalb einer Aufzählung seiner erlittenen Leiden berichtet der Apostel selbst, dreimal die staatliche Auspeitschung erduldet zu haben (2. Kor 11,25). Apg 17,5-7 berichtet davon, dass Paulus und sein Begleiter Silas in Thessalonich (in

243 Theißen, Religion 301.
244 Theißen, Religion, 296.

Abwesenheit) angeklagt werden, sie behaupteten, einem anderen als dem Kaiser gebühre der Titel „König". Damit versetzten sie das Volk nicht nur in Unruhe, sondern brächten es zum Aufstand (Apg 17,8). Im Kern wird den Christen hier unterstellt, sie würden dem römischen Imperator die Weltherrschaft bestreiten.

Ob Paulus aufgrund solcher Vorwürfe auch in Ephesus *ad bestias* verurteilt wurde, wie man aus 1. Kor 15,32 schließen könnte, oder ob er sich hier nur übertragener Redeweise bediente, lässt sich nicht eindeutig entscheiden.[245] Zumindest spricht er in 2. Kor 1,9 von einem Todesurteil, das in der Provinz Asia über ihn verhängt wurde, indem er den technischen Ausdruck damaliger Amts- und Gerichtssprache für das Strafmaß verwendet[246]. Hintergrund all dieser Vorkommnisse bildet die Religionspolitik des Kaisers Claudius (41-54 n.Chr.), die einerseits von Anstrengungen zur Wiederbelebung des altrömischen Kultes als einer die Völkervielfalt verbindenden „Zivilreligion", andererseits aber auch deutlich vom Bemühen um Toleranz gegenüber den zahlreichen Religionen seines Weltreichs bestimmt war. Allerdings besaß, wie den Warnungen in den an die Juden gerichteten Toleranzedikten zu entnehmen ist, die Duldsamkeit des Kaiser dort ihre Grenze, wo man den politische Frieden durch religiöse Gruppen gefährdet fände.

Paulus reagiert auf die dauernde Gefährdung seines Auftrages mit einer Strategie der größtmöglichen Konfliktvermeidung gegenüber den staatlichen Gewalten. Bereits in den Mahnungen des 1. Thessalonicherbriefes als ältestem erhaltenen Paulusbrief findet sich eine ausgeprägte Tendenz zum allgemeinen Respektieren der gesellschaftlichen Ordnung (vgl. 1.Thess 4,12: „... damit ihr anständig vor denen draußen euer Leben führt") trotz einer virulenten Naherwartung innerhalb der Gemeinde. Auch an anderen Stellen hat der Apostel seine Gemeinden wiederholt zu einem Respektieren der weltlichen Strukturen aufgerufen hat (z.B. 1. Kor 7,17-21; 14,40).

Besonders konkret wird diese Haltung in der paulinischen Sicht der Sklavenfrage, die Paulus aufgrund eines konkreten Einzelfalles im Philemonbrief anspricht. In diesem Brief geht es um den Umgang mit einem entlaufenen Sklaven namens Onesimus, der von Paulus bekehrt wurde und ihm bei der Mission half. Paulus bittet nun den Besitzer des Sklaven, Philemon, Onesimus freundlich wieder aufzunehmen und auf Strafen zu verzichten. Dabei unterscheidet der Apostel – wie auch in sonstigen Zusammenhängen – zwischen dem Binnenverhältnis des Zusammenlebens von Christen in ihren Gemeinden und der Haltung der Christen nach außen: die bestehenden staatlichen Rechtsverhältnisse werden nicht in Frage gestellt; andererseits bittet Paulus Philemon, seinen Sklaven wieder brüderlich in seine Hausgemeinde aufzunehmen, ja er bietet sogar Schadenersatz an (V.19). Die bestehenden Verhältnisse werden nicht einfach negiert, sondern in ihrer eschatologischen Endlichkeit respektiert und im internen Zusammenleben der christlichen Gemeinden transzendiert. In 1.Kor 6,1-11 lehnt es Paulus mit allem Nachdruck ab, dass Christen zur Bereinigung von internen Rechtsstreitigkeiten die staatlichen Gerichte anrufen. In dieser Ablehnung wird das Selbstbewusstsein der frühen Christenheit aus paulinischer Sicht deutlich. Man kann diese Haltung als „eschatologische Souveränität" beschreiben, sollte allerdings bedenken, dass es auch innerhalb des Judentums vorgeschrieben war, die eigene Zivilgerichtsbarkeit in Anspruch zu nehmen. Auch propagiert Paulus keine Weltflucht, denn im 1. Korintherbrief (5,10) hält er den folgenden Grundsatz unzweideutig fest: „Ihr sollt nicht aus der Welt herausgehen." Bis heute eine Schlüsselstelle für das Verhältnis der Christen zu den staatlichen Obrigkeiten ist eine Passage aus dem Römerbrief (13,1-7), in der Paulus auf dem Hintergrund seiner Lebenserfahrungen auf das zur Rede stehende Problem im Blick auf die römische Gemeinde und deren Situation eingeht.

---

[245] Ephesus war neben Korinth und – in den „frühen" Jahren des Apostels – Antiochia ein weiteres Zentrum paulinischer Wirksamkeit. Paulus besuchte die Stadt gegen Ende seiner 2. Missionsreise (ca. 52-55 n.Chr.) und trieb dort 3 Jahre Missionsarbeit (1.Kor 16,9).

[246] Hans Windisch, Der zweite Korintherbrief, [9]1924 Neudr. 1970 [KEK 6] 46).

Die theologisch primäre Antwort auf das Verhältnis der Christen zum Staat gibt Paulus allerdings nicht in Röm 13,1-7, sondern in Phil 3,20. Das dort verwendete griechische Wort „politeuma“ sollte nicht unscharf mit „Heimat“ übersetzt werden, sondern mit „Staat“ bzw. „Staatswesen“. Es handelt sich um einen staatsrechtlichen Terminus, den Paulus übernimmt. Damit werden in Phil 3,18-21 in einem bewussten Gegensatz diejenigen, die irdisch gesinnt und Feinde des Kreuzes Christi sind, den Christen gegenübergestellt, die von sich sagen können: „Unser Staat existiert im Himmel“ (Phil 3,20). Paulus macht auf diese Weise deutlich, dass der irdische Staat für Christen nicht der Staat schlechthin ist. Letztlich verpflichtet sind die Christen dem himmlischen Staatswesen. Von daher erwarten sie auch ihren Retter.
Röm 13,1-7 ermahnt die Christen zum Gehorsam gegenüber den übergeordneten staatlichen Gewalten in vollem Bewusstsein dessen, dass die Welt ihrem Ende entgegengeht. Phil 3,20 spricht die erwartete letztgültige Perspektive an, die alle irdischen Bindungen relativiert, ohne sie in der noch bestehenden „vor-eschatologischen“ Welt bereits für obsolet zu erklären. Diese „dualistisch-eschatologische Staatslehre“ ermöglicht es dem Christen auch, dort gegen die staatlichen Gewalten Widerstand zu leisten, wo diese ihm den Abfall vom Glauben abfordern wollen. Im Grunde hat Paulus bereits hier den späteren Gegensatz von civitas dei und civitas terrena vorgebildet.
Um 57 beabsichtigt Paulus nach Rom zu reisen, um mit Unterstützung dort bereits lebender Christen seinen Plan, in Spanien zu missionieren, umzusetzen. Paulus schreibt daher aus Korinth seinen Brief an die Römer: Er möchte auf der Durchreise nach Spanien in Rom Station machen (15,24). Bisher war er öfters daran gehindert gewesen, diesen Besuch in die Tat umzusetzen (1,13). Da Paulus Rom als Basis für seine Spanienmission braucht, stellt er zum einen werbend seine Theologie vor und versucht in Blick auf die Außen- und Binnenstruktur der Gemeinde konfliktvermeidend und schlichtend einzuwirken. Da er in Rom aber nicht persönlich bekannt ist, möchte er im Blick auf seine weitere missionarische Tätigkeit im Westen Vertrauen herstellen und persönliche Missverständnisse aus dem Weg räumen (Röm 15,22). So versucht er drei mögliche sachliche Vorwürfe auszuräumen. In Röm 3,8f. wehrt er sich gegen die Behauptung, er vertrete in seiner Ethik libertinistische Prinzipien: „Ist es etwa so, wie wir verlästert werden und einige behaupten, dass wir sagen: Lasst uns Böses tun, damit Gutes daraus komme? Deren Verdammnis ist gerecht.“ Auch verwahrt er sich in Blick auf den judenchristlichen Teil der römischen Gemeinde gegen die Meinung, er disqualifiziere das Gesetz. Paulus betont gegen solche antinomistischen Vorwürfe mehrmals die erzieherische Bedeutung der Tora (Röm 3,8 in Verbindung mit 3,31 und 7,7). Unter Hinweis auf seine jüdische Abstammung wehrt er sich auch gegen Anklagen, er sei antijudaistisch eingestellt: „So frage ich nun: Hat denn Gott sein Volk verstoßen? Das sei ferne! Denn ich bin auch ein Israelit, vom Geschlecht Abrahams, aus dem Stamm Benjamin. Gott hat sein Volk nicht verstoßen, dass er zuvor erwählt hat“ (11,1f.).
Im Römerbrief fasst Paulus Themen seiner Theologie zusammen und korrigiert manche scharfen und pointierten Aussagen aus früheren Schreiben in einer ausgleichenden Weise: Besonders seine harten Äußerungen über die Juden (vgl. 1.Thess 2,14-16) nimmt er zurück. In drei Kapiteln (9-11) beschreibt er das Gottesverhältnis Israels und kommt zu dem letztendlichen Schluss, dass auch Israel von Gott am Ende der Zeiten errettet wird. Paulus fühlt sich nicht als ein Feind Israels. Auch seine scharfe Polemik gegenüber den Speisegeboten nimmt er zugunsten einer toleranten und auf das Gewissen der Judenchristen Rücksicht nehmenden Haltung zurück (Röm 14-15). Paulus, der in Auseinandersetzungen zuweilen fanatisch reagiert, kann auf der anderen Seite durchaus seelsorgerisch handeln und überzogene Positionen bei ruhiger Betrachtung zurücknehmen.
Doch bevor Paulus nach Rom aufbricht, möchte er bedürftigen Christen der Jerusalemer Gemeinde als Zeichen der Solidarität eine von ihm gesammelte Kollekte überbringen. Solches zu tun, war auf dem Apostelkonzil 48 n.Chr. beschlossen worden. Über diese letzte Phase des

paulinischen Wirkens sind wir ausschließlich durch die Apostelgeschichte unterrichtet; autobiographische Zeugnisse fehlen. Paulus reiste auf dem Landweg und per Schiff von Korinth über zahlreiche Stationen nach Jerusalem. Das religiöse Klima in Jerusalem ist ihm gegenüber feindlich. Jüdische Kreise werfen dem Apostel vor, den Abfall vom Gesetz zu lehren. Auch beschuldigt man ihn, er habe den Tempel durch die Mitnahme eines Griechen verunreinigt. Der Herrenbruder Jakobus versucht zu vermitteln, doch kann auch er nicht verhindern, dass eine aufgebrachte Menge Paulus lynchen will. Der Kommandant der römischen Garnison sieht sich gezwungen, den Apostel in Schutzhaft zu nehmen. Kurze Zeit später überführt man ihn nach Cäsarea, dem Sitz des römischen Statthalters. Historisch fest steht, dass Festus, der damalige Statthalter, Paulus ca. 59 n.Chr. nach Rom überführen lässt. Paulus wollte sich offensichtlich als römischer Bürger vor einem kaiserlichen Gericht verantworten. In Rom angekommen wird er unter Hausarrest gestellt, wobei er dort aber noch rund zwei Jahre missionarisch wirken kann. Warum der Prozess gegen Paulus letztlich so ungünstig für ihn ausging und wessen man ihn genau anklagte, bleibt im Dunkeln der Geschichte. Wahrscheinlich wurde er unter Nero als römischer Bürger ca. 62 n.Chr. – noch vor Petrus – mit dem Schwert hingerichtet.

Paulus macht in seinen Briefen verstreut autobiographische Angaben, deren Kenntnis auch für das Verständnis seiner Theologie und für die Geschichte der frühchristlichen Mission von großer Bedeutung sind. Die folgende Tabelle stellt diese Angaben zusammen:

Autobiographische Angaben in den Paulusbriefen Stichworte, die eine Verbindung von Theologie und Biographie signalisieren, sind fett gedruckt. Stichworte, die für die Geschichte des frühen Christentums besonders wichtig sind, sind unterstrichen. Vergleichsstellen aus der Apg sind jeweils notiert.	
1.Thess 2,9	*„Ihr erinnert euch, Brüder, wie wir uns gemüht und geplagt haben. Bei Tag und Nacht haben wir gearbeitet, um keinem von euch zur Last zu fallen, und haben euch so das Evangelium Gottes verkündet.“* ⇒ Apg 18,1-3.
1. Kor 4,12	*„Wir plagen uns ab und arbeiten mit eigenen Händen; wir werden beschimpft und segnen; wir werden* ***verfolgt und halten stand;*** *“*
Phlm 9	*„Ziehe ich es um der Liebe willen vor, dich zu bitten. Ich, Paulus, ein alter Mann, der jetzt für Christus Jesus <u>im Kerker</u> liegt ...“* ⇒ Apg 23,31-35; 28,17ff.
Phil 3,5f.	*„Ich wurde am achten Tag beschnitten, bin aus dem Volk Israel, vom Stamm Benjamin, ein Hebräer von Hebräern, lebte als* ***Pharisäer*** *nach dem* ***Gesetz,*** *. <u>verfolgte voll Eifer die Kirche</u> und war* ***untadelig in der Gerechtigkeit, wie sie das Gesetz vorschreibt****.“* ⇒ Apg 21,39; 22,2f.; 23,6; 26,4f.
Gal 1,13	*„Ihr habt doch gehört, wie ich früher als* ***gesetzestreuer Jude*** *gelebt habe, und wisst, wie <u>maßlos ich die Kirche Gottes verfolgte</u> und zu vernichten suchte.“* ⇒ Apg 7,58; 8,3; 22,4f.; 26,10-12;
1.Kor 15,9	*„Denn ich bin der geringste von den Aposteln; ich bin nicht wert,* ***<u>Apostel</u>*** *genannt zu werden, weil ich die Kirche Gottes verfolgt habe.“*
Gal 1,16f. **Berufung**	*„Als aber Gott, der mich schon im Mutterleib* ***auserwählt*** *und durch seine* ***Gnade*** *berufen hat, mir in seiner Güte* ***seinen Sohn offenbarte****, damit ich ihn* ***<u>unter den Heiden verkündige</u>****, da zog ich keinen Menschen zu Rate; ich ging auch nicht sogleich nach <u>Jerusalem</u> hinauf zu denen, die vor mir Apostel waren, sondern zog nach <u>Arabien</u> und kehrte dann wieder nach <u>Damaskus</u> zurück.“* ⇒ Apg 9,4-17; 22,6-21; 26,12-18.
1.Kor 9,1	*„Bin ich nicht frei? Bin ich nicht ein* ***Apostel? Habe ich nicht Jesus, unseren***

	***Herrn, gesehen**? Seid ihr nicht mein Werk im Herrn?"*
1.Kor 15,8	*„Als letztem von allen **erschien er auch mir**, dem Unerwarteten, der **'Missgeburt'**."*
2.Kor 12,7-9	*„Damit ich mich wegen der **einzigartigen Offenbarungen** nicht überhebe, wurde mir ein **Stachel ins Fleisch** gestoßen: ein Bote Satans, der mich mit Fäusten schlagen soll, damit ich mich nicht überhebe. Dreimal habe ich den Herrn angefleht, dass dieser Bote Satans von mir ablasse. Er aber antwortete mir: Meine **Gnade** genügt dir; denn sie erweist ihre Kraft in der **Schwachheit**. Viel lieber also will ich mich meiner Schwachheit rühmen, damit die **Kraft Christi** auf mich herabkommt."*
2.Kor 10,10	*„Ja, die Briefe, wird gesagt, die sind wuchtig und voll Kraft, aber sein persönliches Auftreten ist matt, und seine Worte sind armselig."*
2.Kor 11,6	*„Im Reden mag ich ein Stümper sein, aber nicht in der **Erkenntnis**; wir haben sie euch in keiner Weise und in keinem Fall vorenthalten."*
2.Kor 12,12	*„Das, woran man den **Apostel** erkennt, wurde mit großer Ausdauer unter euch vollbracht: Zeichen, Wunder und machtvolle Taten."* ⇒ Apg 13,9-12; 14,8-11; 16,16-18; 20,7-12 u.ö.
1.Kor 14,18	*„Ich danke Gott, dass ich mehr als ihr alle **in Zungen rede**."*
1.Kor 1,10-12	*„Ich ermahne euch aber, Brüder, im Namen Jesu Christi, unseres Herrn: Seid alle einmütig, und duldet keine <u>Spaltungen</u> unter euch; seid ganz eines Sinnes und einer Meinung. Es wurde mir nämlich, meine Brüder, von den Leuten der Chloë berichtet, dass es Zank und Streit unter euch gibt. Ich meine damit, dass jeder von euch etwas anderes sagt: <u>Ich halte zu Paulus - ich zu Apollos - ich zu Kephas - ich zu Christus</u>."*
2.Kor 11,16-32 **„Narrenrede"**	*„Noch einmal sage ich: Keiner soll mich für einen Narren halten. Tut ihr es aber doch, dann lasst mich auch als Narren gewähren, damit auch ich ein wenig prahlen kann. Was ich hier sage, sage ich nicht im Sinn des Herrn, sondern sozusagen als Narr im falschen Stolz des Prahlers. Da viele Menschen im Sinn dieser Welt prahlen, will auch ich einmal prahlen. Ihr lasst euch die Narren ja gern gefallen, ihr klugen Leute. Denn ihr nehmt es hin, wenn euch jemand versklavt, ausbeutet und in seine Gewalt bringt, wenn jemand anmaßend auftritt und euch ins Gesicht schlägt. Zu meiner Schande muss ich gestehen: Dazu bin ich allerdings zu **schwach** gewesen. Womit aber jemand prahlt - ich rede jetzt als Narr -, damit kann auch ich prahlen. Sie sind Hebräer - ich auch. Sie sind Israeliten - ich auch. Sie sind Nachkommen Abrahams - ich auch. Sie sind Diener Christi - jetzt rede ich ganz unvernünftig -, ich noch mehr: Ich ertrug mehr Mühsal, war häufiger im <u>Gefängnis</u>, wurde mehr geschlagen, war oft in Todesgefahr. Fünfmal erhielt ich von Juden die neununddreißig Hiebe; dreimal wurde ich ausgepeitscht, einmal <u>gesteinigt</u>, dreimal erlitt ich <u>Schiffbruch</u>, eine Nacht und einen Tag trieb ich auf hoher See. Ich war oft auf Reisen, gefährdet durch Flüsse, gefährdet durch Räuber, gefährdet durch das eigene Volk, <u>gefährdet durch Heiden</u>, gefährdet in der Stadt, gefährdet in der Wüste, gefährdet auf dem Meer, <u>gefährdet durch falsche Brüder</u>. Ich erduldete Mühsal und Plage, durchwachte viele Nächte, ertrug Hunger und Durst, häufiges Fasten, Kälte und Blöße. Um von allem andern zu schweigen, weise ich noch auf den täglichen Andrang zu mir und die Sorge für alle Gemeinden hin. **Wer leidet unter seiner Schwachheit, ohne dass ich mit ihm leide**? Wer kommt zu Fall, ohne dass ich von Sorge verzehrt werde? Wenn schon geprahlt sein muss, will ich mit meiner **Schwachheit** prahlen.*

	Gott, der Vater Jesu, des Herrn, er, der gepriesen ist in Ewigkeit, weiß, dass ich nicht lüge. In Damaskus ließ der Statthalter des Königs Aretas die Stadt der Damaszener bewachen, um mich festzunehmen.“ ⇒ Apg 16,23.37f.; 22,25ff.; 27,13-44.
Gal 2,1-10 **„Apostel-konvent“**	*„Vierzehn Jahre später ging ich wieder nach Jerusalem hinauf, zusammen mit Barnabas; ich nahm auch Titus mit. Ich ging hinauf aufgrund einer* ***Offenbarung****, legte der Gemeinde und im besonderen den «Angesehenen» das Evangelium vor, das ich unter den Heiden verkündige; ich wollte sicher sein, dass ich nicht vergeblich laufe oder gelaufen bin. Doch nicht einmal mein Begleiter Titus, der Grieche ist, wurde gezwungen,* ***sich beschneiden zu lassen****. Denn was die falschen Brüder betrifft, jene Eindringlinge, die sich eingeschlichen hatten, um* ***die Freiheit, die wir in Christus Jesus haben****, argwöhnisch zu beobachten und uns zu* ***Sklaven*** *zu machen, so haben wir uns keinen Augenblick unterworfen; wir haben ihnen nicht nachgegeben, damit euch* ***die Wahrheit des Evangeliums*** *erhalten bleibe. Aber auch von denen, die Ansehen genießen - was sie früher waren, kümmert mich nicht, Gott schaut nicht auf die Person -, auch von den «Angesehenen» wurde mir nichts auferlegt. Im Gegenteil, sie sahen, dass mir das* ***Evangelium für die Unbeschnittenen*** *anvertraut ist wie dem Petrus für die Beschnittenen - denn Gott, der Petrus die Kraft zum Aposteldienst unter den Beschnittenen gegeben hat, gab sie mir zum Dienst unter den Heiden -, und sie erkannten die* ***Gnade, die mir verliehen ist****. Deshalb gaben Jakobus, Kephas und Johannes, die als die «Säulen» Ansehen genießen, mir und Barnabas die Hand zum Zeichen der Gemeinschaft: Wir sollten zu den Heiden gehen, sie zu den Beschnittenen. Nur sollten wir an ihre Armen denken; und das zu tun, habe ich mich eifrig bemüht.“* ⇒ Apg 15,1-29.
Gal 2,11-14 **Konflikt in Antiochia**	*„Als Kephas aber nach* ***Antiochia*** *gekommen war, bin ich ihm offen entgegengetreten, weil er sich ins Unrecht gesetzt hatte. Bevor nämlich Leute aus dem Kreis um Jakobus eintrafen, pflegte er* ***zusammen mit den Heiden zu essen****. Nach ihrer Ankunft aber zog er sich von den Heiden zurück und trennte sich von ihnen, weil er die Beschnittenen fürchtete. Ebenso unaufrichtig wie er verhielten sich die anderen Juden, so dass auch Barnabas durch ihre Heuchelei verführt wurde. Als ich aber sah, dass sie* ***von der Wahrheit des Evangeliums abwichen****, sagte ich zu Kephas in Gegenwart aller: Wenn du als Jude nach Art der Heiden und nicht nach Art der Juden lebst, wie kannst du dann die Heiden zwingen, wie Juden zu leben?“* ⇒ Apg 13,1-3;
Gal 6,17	*„In Zukunft soll mir niemand mehr solche Schwierigkeiten bereiten. Denn ich trage die* ***Zeichen Jesu an meinem Leib****.“*
Röm 15,23-26 **Spanienmission und Kollekte für Jerusalem**	*„Jetzt aber habe ich in diesen Gegenden kein neues Arbeitsfeld mehr. Außerdem habe ich mich seit vielen Jahren danach gesehnt, zu euch zu kommen (sc. nach Rom), wenn ich einmal nach Spanien reise; auf dem Weg dorthin hoffe ich euch zu sehen und dann von euch für die Weiterreise ausgerüstet zu werden, nachdem ich mich einige Zeit an euch erfreut habe. Doch jetzt gehe ich zuerst nach Jerusalem, um den Heiligen einen Dienst zu erweisen. Denn Mazedonien und Achaia haben eine Sammlung beschlossen für die Armen unter den Heiligen in Jerusalem.“* ⇒ Apg 20,22f.
Phil 1,13f. **Gefangenschaft in**	*„Denn im ganzen Prätorium und bei allen übrigen ist offenbar geworden, dass ich* ***um Christi willen im Gefängnis*** *bin. Und die meisten der Brüder sind durch meine Gefangenschaft zuversichtlich geworden im Glauben an den Herrn und wagen um so kühner, das Wort Gottes furchtlos zu sagen.“* ⇒ Apg

Rom (?)	28,17-31.

Tipp zum Weiterarbeiten: Versuchen Sie die großen Themen paulinischer Theologie auf dem Hintergrund der autobiographischen Aussagen des Apostels zu verstehen. Welche Rolle spielte seine pharisäische Herkunft? Wie prägen seine eigenen Leiden die christologischen Aussagen? Welche Rolle spielt die Bestreitung seines Apostolats?

Wichtiger Text, 2.Petr. 3,16: Zum Trost für alle, die sich heute mit dem Verstehen der Paulusbriefe schwer tun, schreibt über eben diese bereits der Verfasser des 2. Petr: *„In ihnen ist manches schwer zu verstehen, und die Unwissenden, die noch nicht gefestigt sind, verdrehen diese Stellen ebenso wie die übrigen Schriften zu ihrem eigenen Verderben.“*

Tipp zum Weiterarbeiten: Eine Zusammenstellung der zentralen Themen, die mit dem Leben und der Theologie des Paulus verbunden sind, finden Sie mit zahlreichen weiterführenden Literaturangaben bei: *E. Lohse, Paulus. Eine Biographie, München 1996, 304-317.*

4.4.6.2 Der 1. Petrusbrief

Textbezeugung

- Die wahrscheinlich älteste Textbezeugung des 1.Petr. findet sich im um das Jahr 120 verfassten 2. Petrusbrief 3,1: „*Das ist schon der zweite Brief, den ich euch schreibe, liebe Brüder. In beiden will ich eure klare Einsicht wachrufen und euch erinnern: ...*“.
- Der Kirchenvater Euseb († ca. 337) schreibt in seiner Kirchengeschichte 4,14,9: *„... In seinem erwähnten, noch erhaltenen Brief an die Philipper beruft sich Polykarp einige Male auf den ersten Brief Petri.“* Der Bischof Polykarp von Smyrna († 155/156 in hohem Alter von mindestens 86 Jahren) gilt nach Irenäus als *„aufmerksamer Schüler mehrerer Apostel“*; nach Tertullian gilt er als Schüler des Johannes, nach Irenäus (adv. haer. III 3,4) wurde er „von den Aposteln“ zum Bischof von Smyrna eingesetzt. In der Tat hat der 1. Petrusbrief dem Bischof von Smyrna eindeutig vorgelegen, wie die beiden folgenden Beispiele zeigen:

1.Petr 1,8: *„Ihn habt ihr nicht gesehen, und dennoch liebt ihr ihn; ihr seht ihn auch jetzt nicht; aber ihr glaubt an ihn und jubelt in unsagbarer, von himmlischer Herrlichkeit verklärter Freude, ...“.* Polykarp Phil 1,3: *„... an ihn glaubt ihr, ohne ihn gesehen zu haben, mit unaussprechlicher und verklärtem Freude, ...“.*

1. Petr 2,12: *„Führt unter den Heiden ein rechtschaffenes Leben, damit sie, die euch jetzt als Übeltäter verleumden, durch eure guten Taten zur Einsicht kommen und Gott preisen am Tag der Heimsuchung.“* Polykarp Phil 10,2: *Ordnet euch alle einander unter, führt euren Wandel untadelig unter den Heiden, damit ihr aus euren guten Werken Lob erntet und auch der Herr in eurer Person nicht gelästert werde.“*

- Der erste Autor, der den 1.Petr ausdrücklich mit dem Namen des Petrus nennt, ist Irenäus (2.Jh.), der ihn dreimal zitiert (adv. haer. IV 9,2; 16,5; V 7,2).

Verfasserschaft

Im Präskript des Briefes nennt sich der Verfasser selbst (1,1): „***Petrus, Apostel Jesu Christi,*** *an die Auserwählten, die als Fremde in Pontus, Galatien, Kappadozien, der Provinz Asien und Bithynien in der Zerstreuung leben, ...*". Aus dieser Verfasserangabe ergibt sich die Frage, ob der Brief von dem historischen Apostel Petrus verfasst wurde oder ob er später unter dessen Autorität gestellt wurde. Gegen eine Verfasserschaft des Petrus sprechen die folgenden Argumente:

- Das gehobene Griechisch des Briefes ist dem Palästiner Petrus kaum zuzutrauen. Doch vielleicht wurde der Brief von Silvanus (5,12) als Sekretär des Petrus verfasst („Sekretärshypothese").
- Der Verfasser wird in 1,1 als „Apostel", in 5,1 als „Mitältester und Zeuge für die Leiden Christi" bezeichnet. Die Bezeichnungen „Apostel" und „Mitältester" sind für die Person des Petrus als eines Mitglieds des Zwölferkreises schwer miteinander zu vereinbaren; allerdings könnte „Zeuge" auf die Augenzeugenschaft Petri bei der Passion hindeuten.
- Die Benutzung der LXX bei alttestamentlichen Zitaten und Anspielungen deutet ebenfalls nicht auf einen Palästiner.
- Die Theologie des Schreibens weist eine Nähe zu Paulus auf, allerdings könnte es sich um spätere Form des Paulinismus handeln: Das Problem des Gesetzes, des Verhältnisses von Juden- und Heidenchristen spielt keine Rolle mehr; die Zulassung der Heiden zum Heil ist auch nicht das große Geheimnis wie noch im Eph, sondern eine Selbstverständlichkeit. Damit aber gehört der 1.Petr in eine Zeit lange nach dem Tode des Paulus und Petrus. Doch Könnte sich umgekehrt auch Paulus und Petrus unabhängig voneinander auf die antiochenische Gemeindetheologie als gemeinsame Basis bezogen haben. Es läge dann eine je eigenständige theologische Akzentsetzung in den jeweiligen Schriften vor, die nicht unbedingt einen größeren zeitlichen Abstand bedingte.[247]
- Die vorausgesetzte Situation weist in eine spätere Zeit, denn eine größere Christenverfolgung (5,9) gab es erstmalig unter Domitian. Allerdings könnte es sich auch um punktuelle Konfliktsituationen mit lokalen Behörden handeln, die die Gemeinden bedrängten.

Ziel des Briefes nach 5,12b:

Wichtiger Text: *„Ich habe euch ermahnt und habe bezeugt, dass dies die wahre Gnade Gottes ist, in der ihr stehen sollt."*

Thematik des Briefes[248]

Die in Jesu Christi Auferstehung geschenkte Hoffnung auf sicheres Heil bei Gott (1,3-12) hat Konsequenzen für das menschliche Leben, indem es die Verhaltensweisen sehr unverhofft verändert (1,13-3,12); und vor allem (denn darin ist offenbar Höhepunkt und Pointe des Briefes zu sehen) ist die Hoffnung - unter Hinweis auf den leidenden und auferstandenen Christus - gerade unter dem Druck von Übergriffen einer aggressiven ungläubigen Umwelt erfahrbar (3,13-5,11). In der Situation von Konflikt und Leiden wird nach 1.Petr die Gnade als Heilsgewissheit nicht widerlegt, sondern in bezeichnender Weise konkret, wenn und weil die Verfolgtensituation nämlich die Folge des unterscheidenden Lebens aufgrund der Bekehrung ist. Grundlegende Metapher für das Selbstverständnis der petrinischen Gemeinde ist das Leiden als Fremde in einer feindlichen Umwelt (3,8-4,6).

Konkret angesprochene Situationen:

---

[247] Vgl. K. Berger, Theologiegeschichte des Urchristentums. Theologie des Neuen Testaments, 2.Aufl. Tübingen 1997.

[248] Nach N. Brox, Der erste Petrusbrief, 4.Aufl. Neukirchen-Vluyn u.a. 1989 (EKK XXI) 16.

- Loyalitätspflicht gegenüber den politischen Instanzen (2,13-17)
- Das Elend des Sklavendaseins (2,18-25)
- Die Konfliktsituation von Mischehen zwischen Christen und Heiden (3,1-6)
- Die konventionelle Privilegierung des Mannes gegenüber der Frau (3,1-7)
- Die Gefahren für das Kirchenamt von Seiten seiner Träger (5,2-7)

Pragmatisches Stichwort der Konfliktbewältigung ist „Gutes Tun“ (2,15.20; 3,6.17; 4,19)
Das Thema bleibt jedoch die Hoffnung (3,l5), aus welcher die Adressaten die Fähigkeit gewinnen sollen, in den »kurzen Leiden«, die vor dem Gewinn der »ewigen Herrlichkeit« nicht zu umgehen sind, die Festigung und Stärkung durch den »Gott aller Gnade« im Vollzug eines christlich rechtschaffenen Lebens zu erfahren (5,l0). Es wird an etlichen Fällen gesellschaftlicher Konflikte demonstriert, wie gerade das realisierbar ist.

Wichtiger Text, 1.Petr 2,5: *„Lasst euch als lebendige Steine zu einem geistigen Haus aufbauen, zu einer heiligen Priesterschaft, um durch Jesus Christus geistige Opfer darzubringen, die Gott gefallen.“* Der 1. Petr. Kennt keine Unterscheidung zwischen Priestern und „Laien“, sondern die Kirche ist eine heilige Priesterschaft. Bei diesem Text handelt es sich um die Kernstelle zur Begründung eines „Priestertums aller Gläubigen“, wie es in den reformatorischen Kirchen praktiziert wird.

Tipp zum Weiterarbeiten: Das Thema „Leiden der Christen“ wird im 1.Petr unter verschiedenen Aspekten bedacht. Untersuchen Sie die folgenden Stellen und versuchen Sie danach, den Leidensbegriff im 1.Petr unter unterschiedlichen Aspekten zu beschreiben: 2,20f.; 3,17ff.; 4,12f.; 2,19f.; 4,1-3; 4,17; 1,6f.

Lesetipp: R. Feldmeier, Die Christen als Fremde, Tübingen 1992 (WUNT 64).

4.4.6.3 Jerusalem und Antiochia, in der Frühzeit eng miteinander verbunden: Der Konflikt in Antiochia und das „Apostelkonzil“ in Jerusalem

Den wahrscheinlichen Ablauf der Ereignisse beschreibt Klaus-Michael Bull:[249]
„Paulus predigte die Freiheit vom Gesetz und beschnitt Heidenchristen nicht. Diese Auffassung des Evangelium wurde von anderen Judenchristen vehement bestritten (Apg 15,1; vgl. Gal 2,4)“.
Zur Lösung des Konflikts haben sich ca. 48/49 Barnabas und Paulus, die führenden Leute der Heidenmission, mit dem unbeschnittenen Heidenchristen Titus nach Jerusalem begeben. Diese Zusammenkunft mit den Köpfen der Urgemeinde wird meist als "Apostelkonzil" bezeichnet. Über den Verlauf und die Ergebnisse liegen uns die Berichte in Apg 15 und Gal 2 vor, die sich in wesentlichen Punkten widersprechen und beide von einem parteilichen Standpunkt aus geschrieben worden sind. Die weiteren Ereignisse der Geschichte des Urchristentums sprechen dafür, dem Bericht des Paulus in wesentlichen Punkten zu folgen. Danach wurde per Handschlag festgelegt, dass die Jerusalemer Autoritäten, namentlich Petrus, ihre Aufgabe unter den Juden sahen, während die Antiochener, namentlich Paulus, zur Heidenmission berufen seien. Den Heidenchristen wurden keine Auflagen erteilt außer der, „der Armen zu gedenken" (Gal 2,10), d.h., eine Kollekte für die Jerusalemer Gemeinde zu sammeln.
Offensichtlich war der Konflikt durch diese Vereinbarung nicht entschärft worden. Einige interpretierten sie als Festlegung, dass für Judenchristen die Tora mit ihren Reinheitsgeboten sehr wohl verbindlich sei. Der sogenannte „antiochenische Zwischenfall“ (Gal 2,11-21) demonstriert den dadurch aufbrechenden Konflikt - das Zusammenleben von Juden- und Heidenchristen wurde unmöglich. Wahrscheinlich überliefert Lukas in Apg 15,23-29 als angebliches Ergebnis des Apostelkonzils den später erzielten Kompromiss (das „Aposteldekret“).

[249] K-M. Bull, Bibelkunde des Neuen Testaments. Die kanonischen Schriften und die Apostolischen Väter, Neukirchen-Vluyn 1997, 176.

Den Heidenchristen werden die aus Lev 17f. übernommenen Minimalforderungen abverlangt, die Judenchristen die Tischgemeinschaft mit ihnen ermöglichen. Für Paulus war damit allerdings das Wesen seines gesetzesfreien Evangeliums in Frage gestellt. Da er sich in Antiochia nicht durchsetzen konnte, bricht er jetzt zur selbständigen Mission auf."

Wie stellt die Apg Anlass, Verlauf und Ergebnis des Apostelkonzils (Apg 15) dar[250]:

Nach Apg 15,ff. ist der Anlass die von judäischen Christen erhobene Forderung, die antiochenischen Heidenchristen müssten sich beschneiden lassen. Paulus und Barnabas lehnen das entschieden ab.
Die Antiochener entsenden Paulus und Barnabas zu den Aposteln und Ältesten in Jerusalem, um ihnen diese Streitfrage vorzulegen,
Als auch unter den Jerusalemer Christen die Meinungen darüber heftig aufeinanderprallen, ergreift Petrus das Wort (I5,7ff.): Gott hat den Unterschied zwischen Juden und Heiden schon längst aufgehoben (Cornelius!); so hieße es Gott herausfordern, wollte man den Heidenchristen das »Joch des Gesetzes« auferlegen.
Daraufhin erzählen Paulus und Barnabas von den Zeichen und Wundern, die Gott durch sie unter den Heiden gewirkt hatte (l5,12).
Jakobus bestätigt die Petrusrede mit einem Schriftbeweis: Gott will die zerfallene Hütte Davids wieder aufbauen, damit auch die Heidenvölker den Herrn suchen können (Am 9,11f.). Daher soll man den Heiden keine besonderen Schwierigkeiten machen, sondern nur vier Grundforderungen an sie richten: Enthaltung von Opferfleisch, Unzucht, Ersticktem (= nicht geschächtetem Fleisch) und Blutgenuss (15,13-21).
Apostel, Älteste und die ganze Gemeinde nehmen diese Empfehlung an und teilen sie den Antiochenern brieflich mit (15,22-30): sog. **Aposteldekret**. (Im „westlichen" Text fehlt die Erwähnung des nicht-geschächteten Fleisches, so dass die kultischen Verbote dort ethischen Sinn erhalten: man muss Götzendienst, Unzucht und Mord meiden).

Anlass, Verlauf und Ergebnis der Zusammenkunft des Paulus mit den Jerusalemer Autoritäten (»Apostelkonvent«) nach der Schilderung des Galaterbriefes:

Nach Gal 2,2 ist Anlass eine »Offenbarung«; ob sie an Paulus persönlich erging oder aus der Gemeinde kam, wird nicht gesagt. Gegenstand der Verhandlung ist das paulinische Evangelium. Vermutlich hatten Jerusalemer Judenchristen, die nach Antiochien gekommen waren, die von Paulus gelehrte Freiheit vom Gesetz angeklagt (Gal 2,4).
Von Seiten der Antiochener nahmen Paulus, Barnabas und Titus, ein unbeschnittener Heidenchrist, teil; von Seiten der Jerusalemer nahmen die „Angesehenen" teil, womit wohl alle Apostel gemeint sind (Gal 2,1.6). Die abschließende Vereinbarung trifft Paulus mit einem Dreierkreis, mit .denen, die als „Säulen" galten (Gal 2,9), nämlich Jakobus, Petrus und Johannes.
Die »Säulenapostel« bestätigen die Heidenmission des Paulus: sie ist gleichberechtigt neben der Judenmission des Petrus (Gal 1,7-9). Paulus unterstreicht, dass er keinerlei Auflagen bekommen hat (Gal 2,6). Freiwillig übernimmt Paulus die Sammlung einer Kollekte für die „Armen" (Gal 2,10).

Zwischen Gal 2,l-l0, dem paulinischen Bericht über das „Jerusalemer Abkommen", und Apg 15,1-33, der lukanischen Erzählung vom „Apostelkonzil", gibt es merkwürdigerweise nur ganz wenige **Berührungspunkte**:

- Die Reise von Paulus und Barnabas nach Jerusalem (2,1/15,2-4);
- Das Auftreten der „Falschbrüder" in Antiochien als deren Anlass (2,4/15,1)
- Der Widerstand des Paulus gegen die Judaisten (2,5/15,2)

[250] Ich danke dem mir leider unbekannten Verfasser der folgenden Zusammenstellung.

- Deren Beschneidungsforderung (2,3f./15,1)
- Die Feststellung der Berufung des Paulus, die Anerkenntnis der ihm verliehenen Apostolatsgnade (2,7.9a/15,12b).

Dagegen lassen sich zwischen den genannten Berichten folgende **Unterschiede** feststellen:

- Gal 2,1 f weiß nichts von einer antiochenischen Delegation;
- Apg l5,lf.erwähnt Titus (Gal 2,1) nicht.
- Gal 2,9 sieht nur die „Säulen" als Verhandlungspartner.
- Apg 15 weiß von der Kollektenauflage (Gal 2,10) nichts.
- Gal 2,6 bestreitet Auflagen wie das Aposteldekret.
- Apg 15 erwähnt nicht die „Vorlage des Evangeliums" (Gal 2.2) bei den Angesehenen in Jerusalem.
- Apg 15 gibt die Abmachung über die Aufteilung der Missionszuständigkeiten (Gal 2,9) nicht wieder.
- Apg 15 sieht Petrus als Heidenmissionar, Gal 2,8 nur als Judenmissionar.

Den Übereinstimmungen stehen mehr Unterschiede gegenüber; die positiven Berührungspunkte in Apg 15 mit Gal 2,1-10 beschränken sich auf 15,1-4.12b:

Zwischen Gal 2,11-16, dem paulinischen Bericht über den „antiochenischen Konflikt", und Apg 15,1-33, der nun schon bekannten lukanischen Erzählung vom „Apostelkonzil", gibt es indessen folgende **Berührungspunkte**:

- Während Gal 2,9b die drei »Säulen« Jakobus, Kephas und Johannes erwähnt, begegnen in Gal 2,11-l2.14 neben Paulus und Barnabas wie in Apg 5 als führende Jerusalemer nur Petrus und Jakobus;
- Das Aposteldekret regelt die Frage der Tischgemeinschaft zwischen Juden- und Heidenchristen, um die es im antiochenischen Konflikt ging (Gal 2,l2).
- Petrus, der Gal 2,l-l0 nur als Judenmissionar vorgestellt war, gilt Apg 15,7-11.14 als Initiator der Heidenmission Gal 2,12.14 zumindest auch als Heidenmissionars.
- In Gal 2,14.16 und Apg l5,5b3.10.l9.28 geht es um den Umfang der Verpflichtung der Heidenchristen auf das Gesetz.

✎ **Tipp zum Weiterarbeiten:** Versuchen Sie einmal probeweise den Gang der Ereignisse plausibel darzustellen, wenn die Ereignisse den folgenden Ablauf gehabt hätten: Apostelkonzil - Aposteldekret - antiochenischer Konflikt.

4.4.6.4 Petrus

Herkunft und soziales Milieu

Simon wurde in eine Fischerfamilie hineingeboren. Ursprünglich stammte er vielleicht (Joh 1,44) aus Bethsaida, einem Fischerdorf an der Nordseite des Sees Genezareth. Zur Zeit seiner ersten Begegnung mit Jesus besaß seine Familie ein Haus in Kafernaum. Kafernaum war zur Zeit Petri eine geschäftige Kleinstadt, „die sich auf einem schmalen Uferstreifen zwischen dem See und dem allmählich aufsteigenden Hügelland ausbreitet."[251] Die Stadt lebte vom Handel, begünstigt durch ihre Lage an einer stark frequentierten Nebenstraße der Via Maris und von der Fischerei. Die im See Genesareth am häufigsten gefangene Fisch - „Petrusfisch"[252] genannt - gilt heute noch" als eine Delikatesse. Die Menschen in Kapernaum hatten

---

[251] W.Bösen, Galiläa als Lebensraum und Wirkungsfeld Jesu, 2.Aufl. Freiburg 1985, 77.

[252] Der „Petrusfisch" gehört zu den Chromiden und ist mit einem Kamm stacheliger Rückenflossen ausgestattet. „Berühmt gemacht hat ihn außer seiner Schmackhaftigkeit vor allem die Besonderheit, daß er seine Eier wie auch die ausgeschlüpften Jungen im Maul mit sich trägt, von hier ausschwärmen läßt und bei Gefahr wieder aufnimmt.

durch den Handel, aber auch durch den Kontakt mit römischen Soldaten und als Grenzstadt zu der halbheidnischen Tetrarchie des Philippus Kontakt mit dem Heidentum. Sie dürften aufgeschlossener gewesen sein als manch andere Bewohner des galiläischen Berglandes. Kapernaum war, wie Ausgrabungen zeigen, schachbrettartig angelegt, hatte keine Befestigungsanlagen, jedoch eine kleine römische Garnison von ca. 100 Soldaten.[253] Neben der Kaserne hat man an öffentlichen Gebäuden eine Zollstation und eine Synagoge ausgegraben.[254] Die Zahl seiner Einwohner betrug in der uns interessierenden Zeit etwa ein- bis zweitausend.[255] Die Menschen wohnten in sogenannten „Wohninseln“, unter denen man ca. 500qm große Wohnkomplexe versteht, die in ihrem Inneren aus einem Komplex von separaten Wohnungen und Höfen bestanden. Italienische Archäologen haben in einen solchen Wohnkomplex bei Ausgrabungen Angelhaken gefunden. Da man in diesem Haus auch einen urchristlichen Versammlungsort mit zahlreichen christlichen Graffiti und 131 Inschriften, die mehrmals Christus und zweimal auch Petrus erwähnen, ausgegraben hat, spricht man vom „Petrushaus“. Von den Fischern am See Genesareth wissen wir, dass sie genossenschaftlich organisiert waren. Die Kosten für die Anschaffung eines Bootes waren für einen Einzelnen zu hoch, auch erforderten die erfolgreicheren Fangtechniken mehrere Personen. So scheint die Vermutung nicht unbegründet, dass Petrus in einem Familienverband lebte und die Fischerei mit Verwandten kollektiv betrieb und in einem Haus mit verwandten Familien, wahrscheinlich auch mit seinem Vater Johannes (oder: Jona) zusammenlebte. Diese Vermutung deckt sich auch mit den synoptischen Evangelienberichten über seine Berufung zum Jünger (Mk 1,16).
Petrus arbeitete mindestens mit seinem Bruder Andreas zusammen, wahrscheinlich halfen ihnen auch Tagelöhner. Petrus war verheiratet; alle drei synoptischen Evangelien berichten, dass Jesus berichten, dass Jesus seine Schwiegermutter heilte. Historisch noch gewichtiger ist eine Notiz des Paulus aus dem 1.Korintherbrief, der wir entnehmen können, dass Petrus zusammen mit seiner Frau Missionsreisen unternahm (1.Kor 9,5). Ob Petrus Kinder gehabt hat, wissen wir nicht, jedoch ist es anzunehmen. Während seiner Wandertätigkeit nach der Berufung zum Jünger war seine Familie eingebunden in den schützenden verband der zusammenlebenden Großfamilie. Diese lebte finanziell zwar nicht ohne Sorgen, doch im Gegensatz zu dem breiten Proletariat der Tagelöhner, Bettler und Handlanger, gehörten die Fischerfamilien am See Genesareth zu der relativ schmalen Mittelschicht Palästinas. Man kann also nicht behaupten, dass die Jesusbewegung eine sozial im Proletariat verwurzelte Bewegung gewesen sei. Petrus war etwa gleichaltrig mit Jesus; seine Sprache verriet ihn als Galiläer.[256] Da er den griechischen Namen Simon trug, könnte sein Elternhaus gegenüber der hellenistischen Kultur eine gewisse Offenheit gezeigt haben.[257] Kephas bzw. Petrus ist ein späterer Bei- bzw. Übername gewesen.

Die Lebenswende: Jesus beruft Petrus zum Jünger

Alle vier Evangelien berichten von der Berufung Petri als einer plötzlichen alles Bisherige umstürzenden Lebenswende, die sich aufgrund einer personalen Begegnung mit Jesus vollzog. Die Berufungsdarstellungen unterscheiden sich in Einzelzügen recht erheblich. Markus und Matthäus bieten eine knappe, wahrscheinlich idealtypische Szene (Mk 1,16-18).

Wird er gefangen entläßt er seine Jungtiere in einem silbern glänzenden Strahl aus seinem Maul ins Freie“, Bösen, Galiläa, 175f.

[253] Vgl. Lk 7,1-10.

[254] Vgl. Die Belege aus neueren archäologischen Forschungs- und Grabungsberichten bei Bösen, Galiläa, 75-78.

[255] H.A. Mertens, Kleines Handbuch der Bibelkunde, Düsseldorf 1969, 463.

[256] Mk 14,70 par Lk 22,59.

[257] So O. Böcher, Art. Petrus, in: TRE 26 (1996) 268.

Jesus ruft Petrus und seinen Bruder Andreas durch ein vollmächtiges Wort[258] mitten aus ihrem beruflichen Alltag heraus in die Nachfolge. Der Bericht setzt voraus, dass die Berufenen Nachfolge in einem wörtlichen Sinn verstanden haben: sie begleiten Jesus auf seinen Wanderungen durch Palästina. Auch das Ziel der Berufung wird knapp genannt: aus Fischern sollen Menschenfischer werden. Für Petrus hat dieses Berufungserlebnis ganz konkrete Folgen, die man ganz allgemein als Merkmale der Jüngerschaft zusammenfassen kann:[259] Petrus teilt von nun mit Jesus dessen Heimatlosigkeit. Allerdings hatte Jesus eine feste Beziehung zu Kapernaum und im Haus des Petrus fand er offensichtlich häufig eine Bleibe,[260] er nahm dessen Gastfreundschaft gerne an und hob damit Petrus aus dem Kreis seiner anderen Jünger heraus.[261] Aber in Konfliktfällen wird Petrus die Bindung an Jesus über die an Frau und Familie gestellt haben. Petrus nimmt mit seiner Jüngerschaft teil am Charisma Jesu; er partizipiert an dessen Vollmacht und Sendung. Nach Mk 3,14 erhalten sie die Vollmacht zum Heilen und zum Austreiben von Dämonen. Wie Jesus sind sie von Gott in die Ernte gesandt (Mk 9,37f.). In einer zusammenfassenden Rede schildert Matthäus Vollmachtsteilhabe der Jünger und ihre Berufung in die Missionstätigkeit (Mt 10,1-20). Petrus zieht in demonstrativer Askese ohne Reisetasche, Schuhe und Wanderstock heilend und predigend durch Palästina. Allerdings ist ihm nach Ausweis aller Evangelien die Teilhabe am Charisma Jesu nicht exklusiv übertragen. Nicht allein der Zwölferkreis auch andere werden zu Jüngern berufen und erhalten von Jesus dieselben Vollmachten. Doch der Ruf in der Jüngerschaft bedeutet noch mehr: Petrus und die anderen wird Teilhabe an der eschatologischen Verheißung, ja Teilhabe am messianischen „Amt" Jesu zugesprochen. Sie werden in der Endzeit auf zwölf Thronen sitzen und das Volk Israel richten (Mt 19,28/Lk 22,30). Offensichtlich bilden die Jünger eine Art messianisches Kollektiv, messianische Vollmacht ist ihnen zugesprochen. Gerd Theißen nennt dieses Phänomen „Gruppenmessianismus"[262]. Petrus steht nun im Dienst einer neuen Vision; er teilt die Außenseiterrolle des charismatischen Wanderpredigers Jesus von Nazareth. Er hofft mit ihm auf das baldige Kommen des messianischen Reiches, ja vielleicht sieht er in seinem bereits den Messias inkorporiert.

Eine ausgesprochen schwierige Frage ist, ob Petrus schon vor seiner entscheidenden Begegnung mit Jesus in irgendeiner Weise religiös vordisponiert war. Das Johannesevangelium berichtet, dass sein Bruder, Andreas, zunächst zu den Jüngern des Johannes gehörte, der ihn und einen namentlichen nicht Genannten auf Jesus hinweist, mit dem sie dann einen Tag lang zusammen sind. Dann geht Andreas zu Simon und sagt ihm: „Wir haben den Messias gefunden" und bringt ihn zu Jesus, der ihm den Namen Kephas gibt (Joh 1,35-42). Vielleicht lernten Andreas und auch Johannes Jesus im Umfeld des Täufers kennen. Seine Wirkungsstätte war nicht weit von Kapernaum entfernt und Jesus hatte eine enge Beziehung zu Johannes dem Täufer. Er war vielleicht sogar ursprünglich sein Schüler. Würden der Bericht des Johannesevangeliums zutreffen, wäre Petrus bereits mit einem stark endzeitlichen religiösen Milieu bekannt gewesen. Aber dies bleibt lediglich eine Vermutung.

Die Stellung Petri im Jüngerkreis

Petrus nahm eine hervorgehobene Stellung unter allen Jüngern ein. Hierin sind sich alle Zeugen einig, ob sie dieser Tatsache befürwortend oder kritisch gegenüberstehen. In allen Aufzäh-

---

[258] Lukas benötigt zur weiteren Motivation noch ein Fischwunder.

[259] Vgl. G. Theißen/A. Merz, Der historische Jesus. Ein Lehrbuch, Göttingen 1996, 199-201.

[260] Vgl. C. Kopp, Die heiligen Stätten der Evangelien, 2.Aufl. Regensburg, 1964, 214: „Das Heim des Petrus war allem Anschein nach auch das Haus Jesu."

[261] Bösen, Galiläa, 91 spricht von einer „Kafarnaum-Gruppe" innerhalb des Zwölferkreises der Jünger.

[262] G. Theißen, Gruppenmessianismus. Überlegungen zum Ursprung der Kirche im Jüngerkreis Jesu, in: JBTh 7 (1991) 101-123.

lungen der Jünger, den sog. Jüngerlisten, wird Petrus an erster Stelle genannt.[263] Er tritt als Sprecher der Jünger auf.[264] Unter den Zwölfen bildet er offensichtlich zusammen mit Johannes und Jakobus einen inneren Zirkel, der in einer besonderen Nähe zu Jesus steht. Besonders augenfällig wird dies in der Verklärungsgeschichte (Mk 9,2par).[265] Auch ist er der erste männliche Auferstehungszeuge nach der Kreuzigung.[266] Auch Paulus kommt nicht umhin seine hervorgehobene Stellung einzuräumen. Es ist Petrus, den Paulus bei seiner ersten Reise nach Jerusalem besucht (Gal 1,18); er gehört zu den Säulen in Jerusalem, vor denen Paulus sein Apostolat rechtfertigen muss und er wird auch von Paulus als erster Zeuge der Auferstehung genannt.

In der Zeit seines Zusammenseins mit Jesu, der Wanderungen durch Palästina im Jüngerkreis war Petrus in gewissen der typische Jünger.[267] Auf der einen Seite war er Jüngersprecher und der Jesus besonders nahe stehende Schüler. Er ist es, der für alle Jünger wichtige Fragen stellt. In der Manier eines Musterschülers reagiert er auf Jesu Lehre immer wieder mit insistierenden Nachfragen. Nach einer Gesetzesauslegung Jesu kann er mit seinen Nachfragen, seinen Herrn geradezu in Verzweiflung stürzen (Mt 15,15f.).

Auch hat Petrus keinerlei Scheu gegenüber Jesus Einwände zu erheben, um dann manchmal barsch korrigiert zu werden. Aber auch in seinem Verhalten gegenüber Jesus, in seinen inneren Konflikten, die er in dieser Zeit durchlebt, ist er geradezu ein Paradigma für christliches Verhalten bzw. Fehlverhalten überhaupt. Es könnte ein Beleg für die Ursprünglichkeit dieser Petrusüberlieferungen sein, dass auch besonders krasses Fehlverhalten nicht verschwiegen wird. Die Erinnerungen an die Schwächen des Petrus waren in den frühen Gemeinden so lebendig, dass sie relativ früh Legenden zu diesem Charakterzug bildeten. Seine sporadisch auftretende Glaubensschwäche, die in der Regel aus einer Überschätzung der Möglichkeiten seiner Person hervorgeht, wird in grotesk-komischer Weise in der Legende vom „sinkenden Petrus" (Mt 14,28-33) sinnbildlich:

Was in dieser Szene noch als fast absurde Selbstüberschätzung zum Lachen reizt, schlägt in den beiden nächsten sicher historisch glaubwürdigen Berichten in Erschrecken über furchtbares Versagen um: Als Jesu bitterste Stunde naht, schläft auch er wie alle anderen Jünger auch im Garten Gethsemane schlicht ein (Mk 14,37; Mt 26,36-46 will Petrus vom expliziten Vorwurf entlasten). Auch die Verleugnungsszene, die darin gipfelt, dass Petrus einen Meineid schwört (Mt 26,73), beginnt sympathisch: Petrus ist der einige der Jünger, der seinem Herrn bis in den Hof des hohepriesterlichen Hauses folgt. Ganz offensichtlich möchte er seinem Herrn in schwerer Stunde nahe sein (Mt 26,58). Auch dass der offensichtliche Versuch eines Jüngers, sich der Verhaftung Jesu mit Gewalt zu widersetzen, im Johannesevangelium Petrus zugeschrieben wird, lässt Petrus nicht als einen Feigling erscheinen. Doch dann verleugnet Petrus dreimal seinen Herrn; alle vier Evangelien berichten dies mit nur wenigen Nuancen. Petrus Lebensweg hat einen ersten Tiefpunkt erreicht. Es muss dies wohl selbst sofort gespürt haben, denn seine Reue wird von den Evangelisten ebenfalls glaubhaft überliefert:

Mt 26:75 *„Petrus erinnerte sich an das, was Jesus gesagt hatte: Ehe der Hahn kräht, wirst du mich dreimal verleugnen. Und er ging hinaus und weinte bitterlich."*

Zeigte Petrus hier nur eine – für lebenserfahrene Menschen verständliche – Charakterschwäche, oder gibt es auch objektivere Gründe für sein Verhalten? Ein Hinweis könnte eine Szene aus der Zeit der Wanderschaft sein, mit der wir uns auch auf historischen Boden befinden: Ich

---

263 Vgl. Mk 3,13-19; Lk 6,12-16; Apg 1,13.

264 Mk 8,29; Joh 6,68.

265 Vgl. auch: Mk 2,37; Mk 14,33.

266 Lk 24,34; 1.Kor 15,5.

267 Vgl. zum Folgenden: U. Luz, Das Evangelium nach Matthäus II, Neukirchen-Vluyn u.a. 1990, 467f (EKK I/2).

denke dabei an die erste Leidensankündigung Jesu und die darauffolgende Auseinandersetzung zwischen Jesus und Petrus: Die erste Ankündigung von Leiden und Auferstehung:

Wichtiger Text, Mt 16,21-23: *„Von da an begann Jesus, seinen Jüngern zu erklären, er müsse nach Jerusalem gehen und von den Ältesten, den Hohepriestern und den Schriftgelehrten vieles erleiden; er werde getötet werden, aber am dritten Tag werde er auferstehen. 16,22 Da nahm ihn Petrus beiseite und machte ihm Vorwürfe; er sagte: Das soll Gott verhüten, Herr! Das darf nicht mit dir geschehen! 16,23 Jesus aber wandte sich um und sagte zu Petrus: Weg mit dir, Satan, geh mir aus den Augen! Du willst mich zu Fall bringen; denn du hast nicht das im Sinn, was Gott will, sondern was die Menschen wollen."*

Kurz vor dieser Szene berichtet uns Matthäus, dass Petrus Jesus als den Messias erkannt hat: Mt 16,16: „*Simon Petrus antwortete: Du bist der Messias, der Sohn des lebendigen Gottes!*"
Petrus erkannte in Jesus den Christus, aber er missverstand ihn ganz im jüdisch-eschatologischen Denken seiner Zeit verhaftet, als einen neuen strahlenden König Israels, der seinem Volk Größe und Befreiung vor Unterdrückung bringen wird. Das sich Jesu Schicksal im Leiden vollenden wird, war ihm unverständlich. Ganz auf der Linie dieses Missverständnisses liegt auch der Versuch, sich der Verhaftung Jesu gewaltsam zu widersetzen. Wie die anderen Jünger auch begriff Petrus den Sinn des Leidens Jesu erst durch die Ostergeschehnisse. Vielleicht war die Verleugnung der Jüngerschaft bei Petrus durch eine tiefe Enttäuschung über das aus seiner damaligen Sicht Scheitern Jesu motiviert. Hart formuliert könnte man auch sagen, Petrus fühlte sich unter Umständen in all den Hoffnungen, für die er in den letzten Jahre lebte, verraten. Dies könnte sein Verhalten in einem anderen Licht erscheinen lassen, als die bloße Vermutung, Petrus scheue sich vor persönlichem Leiden.
Wir können zusammenfassen: „Im ganzen fällt eine Ambivalenz im Verhalten des Petrus auf: Er ist Bekenner und Versucher, Verleugner und Reuiger, Mutiger und Schwacher. In alledem ist er typisch für die Jünger überhaupt."[268] Wir können auch festhalten, indem sich die Päpste auf Petrus berufen, berufen sie sich auf einen Sünder. Dieser Gedanke schützt vor jeder Überhöhung des päpstlichen Amtes, ja es kann es menschlich machen.
Petrus nimmt aber auch eine einmalige Stellung im Jüngerkreis Jesu ein. Ich möchte dies an dem zentralen biblischen Petrustext überhaupt verdeutlichen:

Wichtiger Text: „*Mt 16:17 Jesus sagte zu ihm: Selig bist du, Simon Barjona; denn nicht Fleisch und Blut haben dir das offenbart, sondern mein Vater im Himmel.* 16,18 *Ich aber sage dir: Du bist Petrus, und auf diesen Felsen werde ich meine Kirche bauen, und die Mächte der Unterwelt werden sie nicht überwältigen.* 16,19 *Ich werde dir die Schlüssel des Himmelreichs geben; was du auf Erden binden wirst, das wird auch im Himmel gebunden sein, und was du auf Erden lösen wirst, das wird auch im Himmel gelöst sein.*"

Der Text enthält drei zentrale Aussagen über Petrus, die man sich getrennt voreinander ansehen sollte:

- Petrus wird von Jesus als Offenbarungsträger selig gepriesen.
- Petrus wird als Fels bzw. Fundament der Kirche Jesu bezeichnet. Die auf dieses Fundament gebaute Kirche wird mächtiger sein als die Mächte des Tode.
- Petrus erhält die Binde- und Lösegewalt auf Erden.

Petrus wird als einmaliger Offenbarungsträger seliggepriesen, zugleich aber wurden bereits an einer früheren Stelle im MtEv alle Jünger von Jesus seliggepriesen (Mt 13,16f.). Der Apostel wird hier also in einer besonderen Weise hervorgehoben, unterscheidet sich aber nicht grund-

[268] Luz, Evangelium, 468.

sätzlichen von den anderen Jüngern. Dies ist anders in dem folgenden Vers, dem Felswort. Diese Verheißung erhält nur Petrus. Man ist sich heute unter evangelischen und katholischen Auslegern darüber einig, dass dieses Wort nicht auf Jesus zurückgeht, sondern die Rolle des Petrus aus dem Blickwinkel der Gemeinden, an die das MtEv sich richtet, interpretiert. Man geht davon aus, dass Jesus noch nicht von „meiner Kirche" gesprochen haben kann; er wollte das Judentum seiner Zeit erneuern und dachte wohl noch nicht an eine vom Judentum getrennte eigenständige Kirche. Und doch knüpft Matthäus an die historische Gestalt des Petrus an: Er ist der Offenbarungsträger der die Kontinuität und die Unverfälschtheit der Jesustradition personal garantiert. Er ist sozusagen die Brücke zwischen dem Leben Jesu und dem Glauben an den Auferstanden zur Zeit der Urgemeinde und der frühen Kirche. Von daher ist er das Fundament auf den sich eine Kirche zu gründen hat, die sich auf die Offenbarung Jesu beruft.[269] Durch seine enge Bindung an Jesu wurde Petrus, nicht Paulus zu der Grundgestalt, auf die sich dann große Teile der frühen Kirche berufen haben. Hierin besteht das Petrusamt, nicht aber darin, dass Matthäus eine Sukzession im Petrusamt im Auge hatte.[270] Allein schon das gebrauchte Bild verbietet einen solchen Gedanken: Der Fels bleibt, das darauf gebaute Haus wächst in die Höhe. Die Vorstellung von einem beständig wachsenden Fundament ist eine innere Unmöglichkeit. Auch historisch ist der Sukzessionsgedanke im Sinne des Papstes als Nachfolger Petri nicht haltbar: Zwar haben die Apostel und nicht nur Petrus Amtsträger eingesetzt, Bischöfe, Diakone und Älteste, aber sie haben sie nicht für die Gesamtkirche, sondern immer nur für Einzelgemeinden eingesetzt. Anders steht es um den Petrusdienst; dieser setzt sich den Gemeinden fort in dem Gedanken der Schlüsselgewalt Petri. Diese besteht in der Lehrautorität, die sich auf Petrus als Tradenten der Lehre Jesu bezieht. Allerdings sollte man hier nicht einem hierarchischen Missverständnis erliegen: Auch aus der Sicht des Matthäus gilt die Schlüsselgewalt allen Jüngern; in Mt 18,18 wird das Schlüsselwort in Blick auf die gesamte Jüngerschaft wiederholt. Die Frage nach dem Jünger, der den höchsten Rang hat, wird ausdrücklich zurückgewiesen: nur wer wie ein Kind wird, wird im Himmelreich groß sein (Mt 18,1-4).

Von Ostern bis Rom

Die herausragende Stellung des Petrus gründet sich nicht nur auf seine Jüngerschaft, sondern auch auf sein weiteres Wirken bis hin zu seinem Martyrium in Rom. Sein Charakter, seine Wirksamkeit als Apostel lassen sich besonders an ausgewählten Lebenskonflikten verdeutlichen, von denen ich einige herausgreifen möchte. Wir erinnern uns: In der Paschanacht, 15. Nisan, dem 7. April 30, war Petrus dem im Landgut Gethsemani am Ölberg verhafteten Jesus noch bis in den Innenhof des hohepriesterlichen Palastes gefolgt, hatte dort aber, in Bedrängnis geraten, den Meister verraten. Nachdem er zunächst in die Vorhalle ausgewichen war, wird er - wohl noch vor der Überstellung an den Präfekten Pilatus im Morgengrauen nach Gethsemani zu den anderen Jüngern zurückgegangen sein. Trauer, Hoffnungslosigkeit und Furcht vor Verfolgung durch die Römer werden seine Gemütslage bestimmt haben. Wahrscheinlich werden er und die restlichen Jünger baldmöglichst nach Galiläa, in die Heimat, geflohen sein. Petrus war weder bei der Kreuzigung, noch bei Grablegung dabei, noch wird er, obwohl Paulus dies anders berichtet, der erste Zeuge der Auferstehung gewesen sein. Dies waren Maria Magdalena und andere Frauen.

Petrus empfängt als erster der Jünger seine Christusoffenbarung in Galiläa, sammelt dort die Jünger und wird zu der ersten leitenden Autorität der Jerusalemer Urgemeinde. Doch im Jahr 41 n. Chr. verliert er seine Führungsrolle an den Herrenbruder Jakobus und flieht nach zwölf-

[269] Vgl. R. Pesch, Simon-Petrus. Geschichte und geschichtliche Bedeutung des ersten Jüngers Jesu Christi, Stuttgart 1980 (Päpste und Papsttum 15).

[270] O. Cullmann, Petrus. Jünger, Apostel, Märtyrer. Das historische und das theologische Petrusproblem, München/Hamburg 1967, 243.

jährigem Aufenthalt aus Jerusalem. Was war geschehen. Historisch gesichert ist der folgende Sachverhalt: Der König Herodes Agrippa lässt Führungspersönlichkeiten der Urgemeinde verfolgen, um sich bei gesetzestreuen Juden Liebkind zu machen. Zwei Apostel sind von der Verfolgung betroffen: Jakobus, der Zebedaide, und Petrus. Jakobus wird mit dem Schwert hingerichtet, Petrus entkommt und flieht. Die Gefängniswächter werden hingerichtet (Apg 12,3-19). Die Rettung des Petrus wird als ein Befreiungswunder legendarisch überhöht. Doch warum wurde Jakobus hingerichtet und Petrus nicht? War Bestechung im Spiel? Doch warum wurden nur die Wachen nur für Petrus bestochen? Oder konnte sich Petrus dem Leiden auf eine andere Weise entziehen? Wieder durch eine opportunistische Handlung? Alles Vermutungen...

Petrus war ein begeisternder Missionar mit großem Charisma und im Unterschied zu Paulus kein verbissener Fanatiker. Die apostolische Vollmacht, die ihm Jesus einst übertrug wirkt in ihm weiter. Drei ausführliche Wunderberichte in der Apostelgeschichte zeugen von seinen Wunderkräften: die Heilung des Gelähmten an der Tempelpforte (3,1-10); die Erzählung des Gelähmten Äneas in Lydda (9,32-34) und die Erzählung von der Jüngerin Tabitha in Joppe (5,14-26). Sogar Paulus musste eingestehen, dass er einen überaus großen Missionserfolg hatte (Gal 2,8). Zusammen mit seiner Frau missionierte er zuerst im palästinischen Raum vorwiegend unter Juden. In Cäsarea bekehrt er den gottesfürchtigen Heiden Cornelius, ein Wendepunkt: von nun an missioniert er über den palästinischen Raum hinaus und er missioniert immer stärker unter Heiden. Doch er vermeidet im Gegensatz zu Paulus den radikalen Bruch mit dem gesetzestreuen Jerusalemer Urchristentum. Petrus versucht Brücken zu bauen, wo Paulus polarisiert. So musste es zwischen den beiden so unterschiedlichen Charakteren zum wahrscheinlich endgültigen Bruch kommen. Wir sind hierüber nur einseitig durch Paulus informiert. In Antiochia kommt es zum Streit, Paulus wirft Petrus Anpassung an die gesetzesstrengen Ansichten des Jakobus wider besseres Wissen, schlicht Heuchelei vor. Doch sieht man sich den paulinischen Bericht genau an, so fällt auf, dass Paulus am Ende des Streites allein dastand. Barnabas und auch Titus standen Petrus zur Seite; Paulus trennte sich von seinen treuesten Weggefährten. Die Wahrheit wird wohl die gewesen, dass Petrus den Kompromiss mit Jakobus, der seinem Wesen entsprach, suchte, während Paulus die grundsätzliche Entscheidung suchte. Paulus und Petrus haben sich wohl nicht mehr wiedergesehen, Paulus wurde wahrscheinlich als römischer Bürger geraume Zeit vor Petrus durch Enthauptung in Rom hingerichtet. Indirekt kreuzen sich in den fünfziger Jahren ihre Missionswege in Korinth. Dort beklagt sich Paulus, dass sich ein Teil der Gemeinde auf die Autorität des Petrus berief.

4.4.6.5 Das Matthäusevangelium

Das Matthäusevangelium lässt sich als eine erweiterte und umgearbeitete Auflage des Markusevangeliums begreifen (so Klaus Berger). Seine Entstehungszeit ist mit Sicherheit nach der Zerstörung des Tempels in Jerusalem anzusetzen. „ Die umfangreichen judenchristlichen Traditionen, Mt 4,24 ... und die Bezeugung durch die Didache (vgl. 7,1;8;10,5;16) bzw. Ignatius von Antiochien (vgl. IgnSm 1,1/Mt 3,15; IgnPhld 3,1/Mt 15,13) deuten auf Syrien als Entstehungsort des Matthäusevangeliums hin ... genauere Bestimmungen lassen sich dem Evangelium nicht entnehmen.“[271]

Es fügt besonders Stoffe aus der Redequelle Q und seinem Sondergut hinzu. Wichtigstes Kompositionsmerkmal ist die Zusammenfassung von sachlich zusammengehörenden Stoffen in sechs großen Reden:

---

[271] Schnelle, Einleitung, 261.

Die Reden im Matthäusevangelium	
5-7	Die Bergpredigt
9,37-11,1	Die Aussendungsrede an die Jünger
13	Die Gleichnisrede
18	Die Gemeinderede
23	Rede gegen Pharisäer und Schriftgelehrte
24-25	Die Endzeitrede

Bereits in dem einleitenden Stammbaum (1,1-17) macht Matthäus deutlich, dass Jesus als Sohn Davids (Mt 21,9) der Messias Israels ist. Diese unterstreicht er durch sog. Reflexions- oder Erfüllungszitate, mit denen er in Jesus die Verheißungen des Alten Testaments in Erfüllung gehen lässt (vgl. Kap. 2). Doch wurde der Messias nach Matthäus von seinem Volk verworfen (vgl. 23,37ff.), so dass sich die Mission nach Ostern nun an alle Völker richtet (28,16-20).In Mt 16,16 und 18,17 kommt die Kirche erstmals als selbständige Größe in den Blick.

Zur Gemeindesituation im Matthäusevangelium
Am Ende der Bergpredigt findet sich in Mt 7,15-23 eine Paränese, die auf einen Konflikt zwischen "richtigen" und "falschen" Autoritäten innerhalb der Gemeinde hinweist:

Wichtiger Text: *„Seht euch vor vor den falschen Propheten, die in Schafskleidern zu euch kommen, inwendig aber sind sie reißende Wölfe. (16) An ihren Früchten sollt ihr sie erkennen. Kann man denn Trauben lesen von den Dornen oder Feigen von den Disteln? (17) So bringt jeder gute Baum gute Früchte; aber ein fauler Baum bringt schlechte Früchte. (18) Ein guter Baum kann nicht schlechte Früchte bringen, und ein fauler Baum kam nicht gute Früchte bringen. (19) Jeder Baum, der nicht gute Früchte bringt, wird abgehauen und ins Feuer geworfen. (20) Darum: an ihren Früchten sollt ihr sie erkennen. (21) Es werden nicht alle, die zu mir sagen: Herr! Herr! in das Himmelreich kommen, sondern die den Willen tun meines Vaters im Himmel (22) Es werden welche zu mir sagen an jenem Tag: Herr, Herr haben wir nicht in deinem Namen geweissagt? Haben wir nicht in deinem Namen böse Geister ausgetrieben? Haben wir nicht in deinem Namen viele Wunder getan? (23) Dann werde ich ihnen bekennen: Ich habe euch noch nie gekannt, weicht von mir, ihr Übeltäter!“*

Mit der Erfüllung der Forderung nach einer "besseren Gerechtigkeit", die Jesus autoritativ gebietet, wächst auch der Lehre aus der Sicht des Matthäus eine größere Bedeutung zu als etwa noch bei Markus. Die rechte Auslegung der Tora als verbindender Klammer zwischen Altem Testament und christlicher Gemeinde wird ihm gerade auch in der Auseinandersetzung mit dem Judentum zu einem entscheidenden Anliegen. Auf diesem Hintergrund lässt sich an Mt 7,15-23 beispielhaft zeigen, dass es in den frühchristlichen Gemeinden Konflikte um die richtige Beurteilung christlicher Lehrautorität gab und mit Hilfe welcher Kriterien versucht wurde, diese Konflikte zu lösen:
Gemeinsam mit den Abschnitten Mt 7,13f. („schmaler und breiter Weg“) und Mt 7, 24-29 („Gleichnis vom Haus auf dem Felsen/auf dem Sand") bildet die Warnung vor den falschen Propheten den Abschluss der Bergpredigt. Thema dieses Abschnittes ist die Gegenüberstellung von Jesus als dem wahren und den Pseudopropheten als den falschen Lehrern. Diesen beiden „Typen“ von Lehrern entsprechen die beiden Wege, von denen der breite ins Verderben und der schmale zum Leben führt (Mt 7,13f.). Dem „richtigen“ Lehrer soll man nicht nur durch Zuhören, sondern auch durch Taten folgen, während die „falschen“ Lehrer ausschließ-

lich an ihren Werken zu erkennen seien.[272] Diejenigen, deren selbst erhobener Anspruch nicht mit ihren Taten übereinstimmt, sollen nach Mt 7 mit Hilfe des Kriterium „an ihren Früchten erkennen" durch die Gemeindeglieder identifiziert werden können. In diesem Zusammenhang bezeichnet „Frucht" nicht wie im alttestamentlichen Sprachgebrauch die Folgen einer Handlungsweise,[273] sondern die von außen wahrnehmbaren Taten selbst, die Zeichen einer bestimmten inneren Grundhaltung sind. Das Kriterium nach dem sich die von Matthäus angesprochenen Christen bei Auseinandersetzungen um die Beurteilung ihrer Führer in den Gemeinden richten sollen, sind deren „Früchte", d.h. deren Taten, die von einer möglichen Einheit oder Diskongruenz der inneren Einstellung und dem nach außen getragenen Anschein und Anspruch zeugen können. Damit gibt Matthäus eine Richtlinie für das Verhalten bei innergemeindlichen Auseinandersetzungen, die zu exklusiven Konfliktlösungen führt. Es geht um Entwarnung (Mt 7,15) und Ausschluss von falschen Lehrern durch die Gemeinde. Diese harte Konfliktlösung wird durch den Hinweis auf Jesu Verhalten im Gericht sanktioniert: auch dort werden falsche Lehrer aus dem Reich der Himmel ausgeschlossen (Mt 7,21f.).
Diese Beobachtungen lassen sich anhand von Mt 23,1-12 untermauern. Auch in dieser Perikope wird deutlich, dass es für die Ordnung der frühchristlichen Gemeinden außerordentlich wichtig ist, dass die Einheit von Lehre und Praxis im Gemeindeleben nicht gefährdet wird. Denn sie gewährleistet sowohl die Glaubwürdigkeit gegenüber Außenstehenden als auch die notwendige Orientierung der Gläubigen im internen Zusammenleben. Matthäus spricht hier eine Gemeindesituation an, die offensichtlich dadurch Gekennzeichnet ist, dass Gemeindelehrer diese Einheit durch ihr Verhalten gefährden (Mt 23,llf):[274] *„Der größte unter euch soll euer Diener sein. (12) Denn wer sich selbst erhöht, der wird erniedrigt; und wer sich selbst erniedrigt, der wird erhöht."* Der Gemeindefrieden scheint durch die "Titelsucht" (Mt 23,8) einiger Gemeindeglieder nachhaltig gestört,[275] und auch die Vorwürfe gegen die Pharisäer scheinen in aktueller Transparenz den Blick auf die Situation der matthäischen Gemeinden zuzulassen. Wie in den Adressatengemeinden des Jakobusbriefes geht auch hier der Konflikt nicht um Lehrstreitigkeiten, sondern von einem falschen Tatverhalten mancher hervorgehobener Gemeindeglieder aus. In einer für die Kompositionstechnik des Matthäus typischen Rede[276] wird unter Aufnahme antipharisäischen Materials[277] dieser Konflikt mit dem Gegensatz von Wort und Tat angezeigt (Mt 23,3). Die Konfliktlösung ist durchaus autoritätskritisch: Mit Hilfe eines negativen Beispiels, dem Verhalten der Schriftgelehrten, wird die Gemeinde zu einer Frömmigkeit ermahnt, die geschwisterliches Verhalten über Autoritätsstrukturen setzt. Die Entwicklung von Autoritätsstrukturen innerhalb der Gemeinden kann zwar unter Beachtung der in Mt 7 genannten Kriterien die rechte Lehre garantieren, sie birgt aber auch die Gefahr eines Missbrauchs durch die Lehrer selbst. Dieser Missbrauch wird an den Taten und nicht an der Lehre offenkundig. Matthäus versucht, die ihm bekannten Missstände dadurch zu lösen, dass er die Orthopraxie der Lehrer zum Maßstab ihrer Beurteilung erhebt.

---

[272] Durch die enge Verbindung des Gleichnisses vom Hausbau mit den vorausgehenden Versen schließt nicht nur das Gleichnis allein, sondern der ganze Abschnitt Mt 7,13-29 die Bergpredigt ab.
[273] Vgl. Jes 3,10; Jer 17,10; 21,14; Hos 10,13; Spr 1,31; 31,16.
[274] Mt 23,11f gehört zur matthäischen Redaktion und beinhaltet zusammen mit Mt 23,8-10 die Aussage, auf die der ganze Abschnitt hinzielt: W. Pesch, Theologische Aussagen der Redaktion von Matthäus 23: Orientierung an Jesus (FS J. Schmidt) 1973, Freiburg 290.
[275] Vgl. K Berger, Bibelkunde Neues Testament, Heidelberg 1980, 260.
[276] Vgl. E. Haenchen, Matthäus 23, in: ZTHK 48 (1951) 29f.
[277] Pesch, Aussagen, 287f, vermutet, dass Matthäus Material einer judenchristlichen Gruppe verwendet hat, die nach dem Jahr 70 damit begann, ihre rabbinischen Führer zu kritisieren.

Die Bergpredigt

Gliederung:

5,1-2	Einleitung: „*Als Jesus die vielen Menschen sah, stieg er auf einen Berg. Er setzte sich, und seine Jünger traten zu ihm. Dann begann er zu reden und lehrte sie.*“
5,3-12	Die neun Seligpreisungen
5,13-16	Das Salz- und Lichtwort
5,17-20	Jesu Stellung zum Gesetz; 5,18: „*Amen, das sage ich euch: Bis Himmel und Erde vergehen, wird auch nicht der kleinste Buchstabe des Gesetzes vergehen, bevor nicht alles geschehen ist.*“ 5,20: Stichwort „bessere Gerechtigkeit“.
5,21-48	Die sechs Antithesen: Vom Töten; Vom Ehebruch; Von der Scheidung; Vom Schwören; Von der Vergeltung; Von der Feindesliebe.
6,1-18	Von der richtigen Frömmigkeit (Stichworte Heuchelei; Tun im Verborgenen)
6,1-4	Vom Almosengeben ohne eigenes Sich-Rühmen
6,5-15	Vom Beten im Verborgenen; 5,7-13: Das Vater-Unser
6,16-18	Vom Fasten im Verborgenen
6,19-34	Trachten nach dem Reich Gottes und seiner Gerechtigkeit (Stichworte: Habsucht und falsches Sorgen)
7,1-4	Gegen heuchlerisches Richten
7,6	Über das Heilige: „*Gebt das Heilige nicht den Hunden, und werft eure Perlen nicht vor die Säue, denn sie könnten sie mit ihren Füßen zertreten und sich umwenden und euch zerreißen.*“
7,7-11	So wie ein Vater seinen Kindern gibt Gott den Seinen Gutes: 7,7: „*Bittet, dann wird euch gegeben; sucht, dann werdet ihr finden; klopft an, dann wird euch geöffnet.*“
7,12	Die Goldene Regel: „*Alles, was ihr also von anderen erwartet, das tut auch ihnen! Darin besteht das Gesetz und die Propheten.*“
7,13-27	Von der Verantwortung des Menschen vor dem eschatologischen Gericht
7,13-14	Die enge und die breite Pforte (Heil und Verdammnis)
7,15-23	Das endzeitliche Gericht über die falschen Propheten („*an den Früchten sollt ihr sie erkennen*“)
7,24-27	Schlussgleichnis: Das Haus auf dem Felsen und das Haus auf dem Sand
7,28-29	Wirkung der Rede auf die Hörer

Vom Römerbrief abgesehen gibt es kaum einen anderen Text des Neuen Testaments, der die Kirche so in Atem gehalten und immer wieder beunruhigt hat, wie die Bergpredigt. Die Forderungen der Bergpredigt sind im Laufe der Kirchengeschichte zu einem der schwierigsten Probleme christlicher Ethik geworden, das bis heute nicht wirklich gelöst wurde und gerade so als Unruhe weiterwirkt. Durch die Radikalität ihrer Forderungen führte die Bergpredigt immer wieder zum Protest gegen die Verweltlichung der Kirche und gegen die Kritiklosigkeit, mit der Motive, Normen und Verhaltensweisen der Umwelt von der Christenheit übernommen und bejaht wurden. Die Radikalität führte zugleich zu der ständigen Frage, wie diese Forderungen zu verstehen seien, wem und für welche Bereiche sie gelten sollen, zur Frage nach ihrer Erfüllbarkeit und Praktikabilität.

- Bereits in der Didache wird aber auch die Problematik dieser Forderungen deutlich. Am Ende der durch die Bergpredigtforderungen erweiterten Zweiwegelehre heißt es: *„Wenn du das ganze Joch des Herren tragen kannst, wirst du vollkommen sein. Kannst du das aber nicht, dann halte, was du kannst"* (6,2).
  Hier wird gesehen, dass die strikte Erfüllung mancher Forderungen offenbar nicht von allen Gemeindegliedern erwartet werden kann, und es wird ein Ausweg gezeigt, der die spätere Unterscheidung zwischen den „Vollkommenen" und den „gewöhnlichen" Christen anbahnt: die Vollkommenen halten alles, die anderen sollen wenigstens soviel halten, wie sie können. Diese Unterscheidung bestimmt die Bergpredigt-Rezeption des Mittelalters. Nach dem Liber Graduum (4.Jhdt) halten die Vollkommenen die Forderungen der Bergpredigt, während die als 'Gerechte' bezeichneten einfachen Gemeindeglieder „leichtere" Forderungen wie die 10 Gebote oder die Goldene Regel halten sollen. Auch für die Waldenser, für die die Bergpredigt die lex Christi ist, gibt es noch den Unterschied zwischen den credentes/amici und den perfecti, die die Gebote der Bergpredigt halten.
- Die Gesinnungsethik des 19.Jhdt. lehnt eine buchstäbliche Erfüllung der Bergpredigt als Werkerei ab. Es gilt, die 'Gesinnung' zu verstehen, für die uns Jesus gewinnen will. Für diese Gesinnung sind die einzelnen Gebote der Bergpredigt nur Veranschaulichungen.
- Die eschatologische Interpretation der Bergpredigt als „eschatologische Ausnahmeethik" (Johannes Weiß) oder als "Interimsethik" (Albert Schweitzer). Danach war Jesus von der Überzeugung bestimmt, das ohnehin nahe bevorstehende Kommen des Reiches Gottes durch eine besondere Bußbewegung beschleunigen zu können. Dieser Bußbewegung dienen die Forderungen der Bergpredigt, die daher nur für diese eschatologische Ausnahmesituation gedacht waren. Nach dem Scheitern de Naherwartung Jesu der Bergpredigt ethische Weisungen für das Leben der Christen in der Welt entnehmen zu wollen, sei daher verfehlt.
- Besonders im Luthertum wird die Bergpredigt bis in die neuste Zeit als Spiegel menschlicher Verlorenheit und Sünde, als Ausdruck des usus elenchticus des Gesetzes verstanden. Ihre Forderungen sollen „das Bewußtsein der Erlösungsbedürftigkeit wecken" (Tholuck), nach Kittel „die große sittliche Not des empirischen Menschtums aufweisen" oder nach Hengel „jede Möglichkeit menschlicher Selbstgerechtigkeit zerstören".

✎ **Tipp zum Weiterarbeiten:** Das Problem der Erfüllbarkeit der Forderungen der Bergpredigt beschäftigte die Kirche von den Anfängen bis heute. Bei F.W. Kantzenbach, Die Bergpredigt, Stuttgart 1982, können Sie Lösungsversuche dieses Problems nachlesen und überprüfen.

🕮 **Lesetipp:** *R. Feldmeier (Hg.), Salz der Erde. Zugänge zur Bergpredigt, Göttingen 1998.* Eine besonders auch für Religionspädagogen geeignete ausgezeichnete Einführung in die Probleme der Bergpredigt, die sich auch der Frage nach der Umsetzung von Mt 5-7 in die schulische Praxis stellt.

4.4.7 Korinth

In Korinth wirkte der Apostel Paulus ungefähr anderthalb Jahre (49/50-52/53). Die Stadt liegt verkehrsgünstig an der Landenge zwischen Ägäischen und Adriatischem Meer. Die Zitadelle von Akrokorinth mit dem Tempel der Aphrodite überragt die Stadt. Der Geograph Strabo beschreibt die Hafenstadt folgendermaßen: *„Korinth wird als reich bezeichnet, weil die Feier der Isthmischen Spiele große Menschenmengen dorthin brachten; das Heiligtum der Aphrodite war so reich, dass es mehr als eintausend Kurtisanen besaß; die Seeleute brachten ihr Geld* *dorthin, weshalb des Sprichwort sagt; 'Die Reise nach Korinth ist nicht jedermanns Sache'.* " In Korinth vermischten sich unterschiedlichsten Kulturen und Rassen. Die sozialen Unterschiede zwischen arm und reich waren enorm. „Die Spannweite der Bevölkerung reichte von römischen Aristokraten bis zu besitz- und heimatlosen Armen. In dieser fabelhaft reichen Stadt kam es vor, dass die Ärmsten der Armen beim Brotverkäufer Krumen vom Boden auflasen."[278] Die sozialen Unterschiede spiegeln sich auch in der dortigen christlichen Gemeinde. Paulus geht auf diese Spannungen in den ⇒Korintherbriefen ein.

Die paulinischen Briefe
Der Röm, 1.+2.Kor, Gal, Eph, Phil, Kol, 1.+2.Thess, 1.+2.Tim, Tit und Phlm nennen Paulus als ihren Verfasser. Die heutige Forschung erkennt den Römer-, den 1.+2. Korinther-, den Galater-, den Philipper-, den 1. Thessalonicher- und den Philemonbrief als von Paulus geschrieben an („Echte Paulinen"). Die paulinische Verfasserschaft des Kolosser-, des Epheser- und des 2. Thessalonicherbriefes wird von einigen Forschern vertreten. Die Briefe wurden zwischen 50 und 60 n.Chr. geschrieben. Aufgrund der vorausgesetzten Abfassungssituation fasst man Eph, Kol, Phlm und Phil unter den Stichwort „Gefangenschaftsbriefe" zusammen. 1.+2. Tim und Tit bezeichnet man als Pastoral- oder Hirtenbriefe. Aufgrund von 1.Kor 5,9; 2.Kor 2,4; 2.Thess 2,2 und Kol 4,16 wissen wir, dass einige Paulusbriefe verlorengegangen sein müssen. Der Hebr wird in den alexandrinischen Überlieferungstradition als Anhang zu den paulinischen Briefen geführt. Die paulinischen Briefe haben besonders zu Beginn und am Schluss gemeinsame Formelemente, die der orientalischen Brieftradition entsprechen: Der Brief beginnt mit einem Präskript (Absender, Adressat und Gruß), auf das als Danksagung das Proömium in der Regel folgt (Ausnahme: Gal!). Der Briefschluss besteht aus Grüßen an die Empfänger und einem Schlusswunsch.

4.4.7.1 Der 1. Thessalonicherbrief

Nach Apg 17,1-9 war Thessaloniki eine paulinische Gründung. Der Apostel schrieb den Brief wahrscheinlich 50/51 aus Korinth. Damit handelt es sich bei 1.Thess um den ältesten erhaltenen Paulusbrief.

Wichtige Themen:

- In 1,9f findet sich eine knappe Zusammenfassung der paulinischen Missionspredigt.
- In 2,14-16 greift Paulus seine jüdischen Mitbrüder heftig an. Diese Stelle wurde wirkungsgeschichtlich zu einem Hauptbeleg des späteren kirchlichen Antijudaismus.
- In 4,13-5,11 findet sich eine Trostrede über die verstorbenen Christen bei der Parusie. In einer „Miniaturapokalypse" werden die Ereignisse bei der Wiederkunft Christi geschildert. Paulus spricht in diesem Zusammenhang wohl erstmalig von der Auferstehung der Christen.

Wichtiger Text, 4,15-17: *„Denn dies sagen wir euch nach einem Wort des Herrn: Wir, die Lebenden, die noch übrig sind, wenn der Herr kommt, werden den Verstorbenen nichts voraushaben. 4,16 Denn der Herr selbst wird vom Himmel herabkommen, wenn der Befehl ergeht, der Erzengel ruft und die Posaune Gottes erschallt. Zuerst werden die in Christus Verstorbenen auferstehen; 4,17 dann werden wir, die Lebenden, die noch übrig sind, zugleich mit ihnen auf den Wolken in die Luft entrückt, dem Herrn entgegen. Dann werden wir immer beim Herrn sein."*

[278] Pax, Spuren, 121.

✎ **Tipp zum Weiterarbeiten**: Nehmen Sie die Lektüre des 1.Thess zum Anlass, sich über die Bedeutung der „Naherwartung" im Neuen Testament Gedanken zu machen. Wichtige Stellen: Mk 9,1; 13,30.37; Mt 10,23; 1.Kor 7,29-31; Röm 13,11-14; Phil 4,5; Hebr 10,35-39; Jak 5,8; Apk 3,11; 2.Petr 3,1-13; 2.Thess 2,2. Lektüretipp: *K. Erlemann, Endzeiterwartungen im frühen Christentum. Tübingen 1996 (UTB 1937).*

4.4.7.2 Der 2. Thessalonicherbrief

Der 2.Thess beschäftigt sich wie der 1.Thess besonders mit Frage der Wiederkunft Christi in ihrer Wirkung auf das Gemeindeleben. Da sich der 2.Thess gegen eine hoch gespannte Naherwartung wendet (2,2) und die eschatologischen Vorstellungen des 1.Thess korrigiert, rechnen die Mehrzahl der Forscher den 2.Thess unter die Deuteropaulinen und nehmen eine Entstehung um 80 n.Chr. an.

Wichtige Themen:

- 2,1-12: Dieser Abschnitt beinhaltet das eigentliche theologische Thema des 2.Thess: Die Wiederkunft Christi steht nicht unmittelbar bevor, da es einen „Widersacher" gibt, der das Kommen des Jüngsten Tages aufhält (2,5-7).
- Mit seinen eschatologischen Ausführungen will der Verfasser offensichtlich eine akute Hoffnung auf die Wiederkunft in der Gemeinde korrigieren. Es gab Gemeindeglieder, die in der Hoffnung auf die Parusie nicht mehr arbeiteten (3,6-12).

✎ **Tipp zum Weiterarbeiten**: Vergleichen Sie 1.Thess 4 mit 2.Thess 2.

4.4.7.3 Der Römerbrief

Sechs Jahre nach der Abfassung des 1.Thess hielt sich Paulus wiederum in Korinth auf. Er wohnte Paulus im Haus des Gaius, wo er wahrscheinlich im Frühjahr 56 n.Chr. den Römerbrief diktierte (vgl. Apg 20,2f.; Röm 16,1.22.23; 1.Kor 1,14). Während der 1.Thess am Anfang der theologischen Entwicklung steht, kann man den Römerbrief als eine Art theologisches „Testament" des Paulus bezeichnen.

Die historische Situation:
Eine größere jüdische Kolonie in Rom ist spätestens seit der Eroberung Palästinas im Jahr 63 n.Chr. durch Pompeius belegbar, da dieser dort gefangene Juden als Kriegssklaven ansiedelte. Diese brauchten ihre Religion nicht abzulegen und organisierten sich in Synagogen. Zur Zeit des Paulus sind 12 römische Synagogen bekannt. 19 n.Chr. kam es zu einer Vertreibung von Juden aus Rom unter Tiberius. Vordergründung beruhte die Strafmaßnahme auf dem Vorwurf, dass einige Juden die Tempelspende einer vornehmen Proselytin unterschlagen hätten. Die eigentlich Ursache lag wohl in der Konversion einflussreichen Heiden zum Judentum. Unter Claudius erfolgte 41 n.Chr. (Dio Cassius Hist. Romana 60b) ein Versammlungsverbot für Juden und 49 n.Chr. das sog. Claudius-Edikt, dessen entscheidende Passage bei Sueton überliefert ist: „Die Juden vertrieb er aus Rom, weil sie von Chrestus aufgehetzt, fortwährend Unruhe stifteten" (Claudius 25). Anlass für die Maßnahme waren tumultartige Zwischenfälle in Synagogen, die durch christliche Missionare verursacht waren. Man ist sich darüber einig, dass nicht alle der rund 50000 Juden aus Rom vertrieben worden sind. Die Ereignisse lassen sich mit einiger Wahrscheinlich rekonstruieren: „Aufgelöst wurde die Strafmaßnahme durch die Verkündigung des Messias Jesus in römischen Synagogen. Deshalb und vielleicht besonders wegen der forcierten Predigt des gesetzesfreien Evangeliums kam es zu gewaltsamen Zwischenfällen. Die Weitergabe apokalyptischer Prophetien durch Judenchristen mag den ohnehin schon vorhandenen Verdacht der Behörden verstärkt haben, Juden seien in besonde-

---

[279] Vgl. R. Riesner, Die Frühzeit des Apostel Paulus. Studien zur Chronologie, Missionsstrategie und Theologie, Tübingen 1994 (WUNT 71), 174.

rer Weise für Magie Zukunftsweissagungen und umstürzlerische Gedanken offen." Juden und Christen wurden offensichtlich von den römischen Umwelt noch nicht als zwei verschiedene Glaubensgemeinschaften wahrgenommen. Über die Umstände der Vertreibung und damit auch über die Zustände in den christlichen Gemeinden Roms war Paulus durch Aquila und Priszilla unterrichtet (Apg 18).

🕮 **Lesetipp:** *R. Riesner, Die Frühzeit des Apostels Paulus . Studien zur Chronologie, Missionsstrategie und Theologie, Tübingen 1994 (WUNT 71) 139-180.*

Das Claudius-Edikt ist für das Verständnis des Römerbriefs deshalb so wichtig, weil es ein Schlaglicht auf die konfliktgeladenen Verhältnisse innerhalb der jüdischen Gemeinden Roms wirft, in denen Juden und Christen noch nicht vollständig getrennt waren. Deshalb schreibt Paulus den Römerbrief nicht an die „Gemeinde in Rom", sondern an die „Heiligen in Rom" (1,7). Die Bekanntschaft mit Aquila und Priszilla zeigt, dass Paulus Menschen nahestand, die in die römischen Konflikte unmittelbar involviert waren. Die Bekanntschaft mit Aquila und Priszilla zeigt, dass Paulus Menschen nahestand, die in die römischen Konflikte unmittelbar involviert waren. Unmittelbar vor seiner Reise nach Jerusalems zur Überbringung der Kollekte und am Ende seiner Orientmission schreibt Paulus den Brief an die Römer ca. 56 n.Chr. aus Korinth. Er möchte auf der Durchreise nach Spanien in Rom Station machen (15,24). Bisher war Paulus öfters daran gehindert gewesen, diesen Besuch in die Tat umzusetzen (1,13). Mit dem Schreiben eines Briefes an die ihm bisher persönlich unbekannten Christen in Rom wirbt Paulus um die sachliche Anerkennung seines Evangeliums und um Vertrauen in seine Person. Er möchte persönliche Missverständnisse aus dem Weg räumen (15,22). Da Paulus Rom als Basis für seine Spanienmission braucht, stellt er zum einen werbend seine Theologie vor und versucht in Blick auf die Außen- und Binnenstruktur der Gemeinde konfliktvermeidend und schlichtend einzuwirken: In Röm 14 interveniert Paulus in einem Konflikt zwischen Heiden- und Judenchristen zugunsten der die Speisegebote einhaltenden Judenchristen mit dem Ziel der Einmütigkeit der Gruppen; in 13,1-7 propagiert er eine Strategie konformer Ethik gegenüber den staatlichen Gewalten. Hintergrund sind wahrscheinlich Tendenzen unter den römischen Christen, die vom Staat geforderten Steuern in Erwartung des kommenden Gottesreiches zu verweigern. Paulus erklärt sich mit dieser Paränese als politisch unverdächtig. Sein eigenes Evangelium verteidigt er gegen drei mögliche Vorwürfe, die ihm während seiner Missionstätigkeit im Osten gemacht wurden: a. gegen den Vorwurf des Libertinismus (3,8), gegen die Unterstellung, er zerstöre das Gesetz (Antinomismus: 3,31; 7,7+3,8) und gegen den Vorwurf er sei antijudaistisch eingestellt (11,1; 3,1f.). In den ersten fünf Kapitel entfaltet Paulus seine Auffassung von der universalen Offenbarung der Gerechtigkeit Gottes für alle Menschen, Juden und Heiden. Das Problem, was der Jude Paulus in dieser Argumentation bewältigen musste, war der Nachweis, dass beide, Juden und Heiden, gleichermaßen unter dem Zorn Gottes stehen und deshalb auch gleichermaßen auf Jesus Christus angewiesen sind.

Die deutsche Tradition der Paulusauslegung interpretiert dieses zentralen Passagen bis heute auf dem Hintergrund der Frage „Wie bekomme ich einen gnädigen Gott?", die Martin Luther zum Ausgangspunkt seiner Theologie machte und die er mit der These beantwortete, dass „die Gerechtigkeit Gottes als diejenige zu begreifen (sc. sei), durch die der Gerechte aus Gottes Geschenk lebt, also als passive Gerechtigkeit, durch die der barmherzige Gott die Glaubenden rechtfertigt." Damit ist die Möglichkeit, dass der Mensch durch seine eigenen Anstrengungen (Werke/Taten) das Gericht vor Gott besteht grundsätzlich ausgeschlossen. Er bleibt angesichts Gottes immer Sünder. Dieses Verständnis der Rechtfertigungslehre wurde von Rudolf Bultmann aufgegriffen und existential interpretiert: Er greift die bereits für Luther zentrale Kategorie „Gesetz und Evangelium" als klare Alternative von Unheil und Heil auf und sieht in dem Geschenk der Gerechtigkeit das Geschenk des unverfügbaren eigentlichen Lebens, da nur im Glauben angenommen werden kann. Bultmann begreift die paulinische Rechtfertigungslehre wie bereits Luther streng individualistisch und als gegen das (jüdische) Gesetz als ein Weg zum Heil gerichtet.

Wichtiger Text, Röm 3,28: *„Denn wir sind der Überzeugung, dass der Mensch gerecht wird durch Glauben, unabhängig von Werken des Gesetzes."*

Die Thesen Bultmanns zur Rechtfertigungslehre wurde unter verschiedenen Gesichtspunkten in der Forschung kritisch diskutiert:

- Ist die paulinische Theologie leistungsfeindlich?: Bultmann setzt die „Werke des Gesetzes" mit den menschlichen Taten allgemein gleich und sieht sie Paulus dem todbringenden Bereich der Sünde zuordnen. Gegenposition: Paulus meint mit „Gesetzeswerken" konkret nur die von der Mosetora geforderten Gebote.
- Gerechtigkeit Gottes ist nach Bultmann als Gabe Gottes zu verstehen. Gegenposition; Sie umschreibt auch die Machtsphäre Gottes, die gegenüber den Menschen auch Anspruchcharakter hat (so: Ernst Käsemann).
- Nach Bultmann ist Sünde nicht der Bruch des göttlichen Gesetzes, sondern Gesetzlichkeit überhaupt. Gegenposition: Es geht Paulus nur um den faktischen Bruch des Gesetzes. Der Weg des Gesetzes als Heilsweg ist damit nicht grundsätzlich ausgeschlossen (Ulrich Wilckens).
- Bei Bultmann liegt eine Identifikation von Judentum und Gesetzlichkeit vor, wobei Gesetzlichkeit den Weg der Sünde meint. Gegenposition: Dies ist ein Zerrbild des Judentums: Der Schlüssel zum Verständnis des Judentums ist der Bundesnomismus, d.h. der Bund Gottes mit seinem Volk geht als Indikativ (Zuspruch) der Gesetzesoffenbarung (Anspruch) voraus. Die Funktion des Gesetzes ist der Bereich des Bleibens innerhalb der Religion durch Halten der Gebote. Paulus thematisiert mit seiner Rechtfertigungslehre aber den universalen Zugang zum Judentum, der nun durch Christus durch Gnade allen Menschen möglich ist. Es geht also Paulus nicht um eine heilsgeschichtliche Ablösung des Judentums, sondern um dessen universale Öffnung für alle Menschen (E.P. Sanders).

Tipp zum Weiterarbeiten: Lesen Sie: E.P. Sanders, Paulus, Stuttgart 1995. Versuchen Sie nach gründlicher Einarbeitung in das Thema „Rechtfertigungslehre bei Paulus" eine Position zu zwei Thesen zu beziehen, die die zentrale Stellung der Rechtfertigungslehre innerhalb der paulinischen Theologie bestritten haben: Die Rechtfertigungslehre diene lediglich als eine „Kampfeslehre" der Abgrenzung vom Judentum und sei deshalb heute nicht mehr aktuell (William Wrede, Paulus, Halle 1904). Die Rechtfertigungslehre sei lediglich ein „Nebenkrater", der sich am „Hauptkrater" paulinischer Erlösungslehre gebildet habe. Zentrum der paulinischen Theologie sei die Mystik („Sein in Christus") und sakramentale Aussagen (Albert Schweitzer, Die Mystik des Apostels Paulus, Nachdruck Tübingen 1981).

Lesetipp: *U. Wilckens, Rechtfertigung als Freiheit, Neukirchen/Vluyn 1974.*

<u>Wichtige weitere Themen in Auswahl:</u>

- Taufe als Anteilhabe am Geschick Christi im Mitsterben und Mitauferstehen (Röm 6)
- Gottes Gerechtigkeit und die Erwählung Israels (Röm 9-11)
- Der Gottesdienst der Christen im Alltag der Welt (Röm 12,1f.)
- Das Verhältnis der Christen zu den politischen Gewalten (Röm 13,1-7)
- Zusammenfassung des Gesetzes im Liebesgebot (Röm 13,8-10)

4.4.8 Ephesus

Ephesus war in neutestamentlicher Zeit eine reiche Handelsstadt und das Zentrum zahlreicher heidnischer Kulte. Herausragend war die Verehrung der Artemis, deren Tempel unter die sieben Weltwunder der Antike gerechnet wurde. Paulus besuchte die Stadt gegen Ende seiner 2. Missionsreise. Neben zahlreichen dort wohnenden Juden traf er auch auf einige Christen jüdischer Herkunft. Wie auch in Korinth predigte dort der alexandrinische Judenchrist Apollos ein geistgewirktes Christentum, das besonders auf die Lehre Jesu bezogen war. Wahrscheinlich war er der Gründer der ephesinischen Gemeinde. Auf seiner 2. Missionsreise besuchte Paulus die Stadt noch einmal und trieb dort 3 Jahre Missionsarbeit (1.Kor 16,9). Nach späterer Tradition hat nicht nur Paulus, sondern auch der Apostel Johannes viele Jahre in Ephesus gelebt. Das erste Sendschreiben der (Johannesapokalypse ist an Ephesus gerichtet.

🕮 **Lesetipp:** *W. Thiessen, Christen in Ephesus. Die historische und theologische Situation in vorpaulinischer und paulinischer Zeit und zur Zeit der Apostelgeschichte und der Pastoralbriefe, Tübingen 1995 (TANZ 12).*

4.4.8.1 Der Galaterbrief

Der Brief wendet sich die Gemeinden Galatiens, in die Gegner des Paulus eingedrungen sind und „ein anderes Evangelium" als das von Paulus gelehrte, verkünden. Der um 54/55 n.Chr. aus Ephesus von Paulus geschriebene Brief trägt von daher polemische Züge. So ist gleich zu Beginn die „captatio benevolentiae" durch Tadel und Verfluchung ersetzt.

Wichtige Themen:

- Um die Legitimität seiner Botschaft und seines Apostolats zu unterstreichen, macht Paulus in 1,13-2,14 wichtige autobiographische und kirchengeschichtliche Angaben: Berufung, frühe Missionstätigkeit, Zusammentreffen mit Petrus und Jakobus in Jerusalem, Apostelkonvent und antiochenischer Konflikt.
- Die Position der Gegner scheint bestimmt durch die Forderung nach Einhaltung von Speisegeboten (2,12), Beachtung der Festzeiten (4,10) und besonders durch die Forderung nach Beschneidung der Christen (5,2; 6,12f.). Es könnte sich im christliche Pharisäer gehandelt haben (Apg 15,5).
- Paulus argumentiert in dieser Situation mit der Lehre von Rechtfertigung: Kein Mensch wird vor Gott durch Werke des Gesetzes gerecht (2,16d), sondern die Rechtfertigung des Menschen vor Gott geschieht aus Glauben (3,1-14).
- In 3,1-29 setzt Paulus die zentralen Begriffe Verheißung - Gesetz - Christus unter dem Aspekt von Heil und Sünde in Beziehung. Träger der Verheißung ist Christus und nur die Teilhabe an ihm, das „Sein in Christus" ermöglicht dem Menschen Befreiung aus der Sklaverei der Sünde (3,26-29).
- In der abschließenden Mahnrede an die Galater (5-6) macht Paulus deutlich, dass die Freiheit der Christen vom Gesetz durch den Besitz des Geistes bewirkt ist. Erst der Geistbesitz ermöglicht auch die Erfüllung des Gesetzes in seiner ethischen Dimension (6,1-3: Liebesgebot als Erfüllung des Gesetzes).

Wichtiger Text: 3,26-28: *„Ihr seid alle durch den Glauben Söhne Gottes in Christus Jesus. 3,27 Denn ihr alle, die ihr auf Christus getauft seid, habt Christus (als Gewand) angelegt. 3,28 Es gibt nicht mehr Juden und Griechen, nicht Sklaven und Freie, nicht Mann und Frau; denn ihr alle seid «einer» in Christus Jesus."*

Die durch den Glauben bewirkte und in der Taufe vollzogene Teilhabe an Christus bedeutet im Verhältnis der Gemeinde zu Gott die Aufhebung aller sozialen und geschlechtlichen Unterschiede. Alle sind gleich. Dieser Text ist bis heute von großer Bedeutung für das Verständnis von christlicher Gemeinde/Kirche. Die Aufhebung aller sozialen und ethnischen Unterschiede durch die Taufe und im zukünftigen Gericht wird in weiteren Texten thematisiert: Phil 3,2-4; Kol 2,8-23; 1.Joh 3,7.

✎ **Tipp zum Weiterarbeiten:** Paulus setzt sich in vielen seinen Briefen mit „Gegnern" auseinander. Nehmen Sie den Galaterbrief zum Anlass, sich über die theologischen Positionen der Gegner kundig zu machen. Lesen Sie hierzu: *K. Berger, Die impliziten Gegner. Zur Methode des Erschließens von „Gegnern" in ntl. Texten, in: Kirche (FS G. .Bornkamm) Tübingen 1980, 373-400*

4.4.8.2 Der 1. Korintherbrief

Der erste Brief an die Korinther wurde von Paulus wahrscheinlich 55 n.Chr. von Ephesus aus nach Korinth geschrieben. Er ist besonders zum Verständnis der paulinischen Kreuzestheologie und als Dokument für Konflikte in einer sich entwickelnden frühchristlichen Gemeinde von Bedeutung.

Wichtige Themen:

- Als Antwort auf Spaltungen innerhalb der Gemeinde entfaltet Paulus seine Kreuzestheologie als Umwertung aller Werte im Gegensatz zu aller menschlichen Weisheit (1-2).
- Unter dem Gesichtspunkt der Heiligkeit der Gemeinde behandelt Paulus in 5-7 wichtige ethische Einzelfragen: Umgang mit einem Blutschänder; Rechtsstreitigkeiten unter Gemeindegliedern, außerehelicher Geschlechtsverkehr, Weisungen für Verheiratete und Unverheiratete und Hinweise über die Stellung von Sklaven.
- In 8+10 behandelt Paulus die Frage nach dem Essen von heidnischem Opferfleisch unter dem Gesichtspunkt der Liebe und Rücksichtnahme zu den im Gewissen schwachen Gemeindegliedern.
- Aufgrund von Missständen in der Praxis thematisiert Paulus die Abendmahlstradition. Er plädiert für eine Trennung von Sättigungs- und Abendmahl.
- Die Lehre von den verschiedenen, aber gleichwertigen Charismen stellt Paulus mit Hilfe des Bildes von Christus als Leib mit vielen Gliedern dar (12-14) und konkretisiert dies besonders an dem Phänomen der gemeindenützlichen Zungenrede (Glossolalie).
- Seine Lehre von der Auferweckung Christi und der Auferstehung aller Christen stellt Paulus in Kap. 15 in Auseinandersetzung mit Christen, die die allgemeine Auferstehung leugnen, dar.

Wichtiger Text: 1.Kor 1,22-24: *„Die Juden fordern Zeichen, die Griechen suchen Weisheit. 1,23 Wir dagegen verkündigen Christus als den Gekreuzigten: für Juden ein empörendes Ärgernis, für Heiden eine Torheit, 1,24 für die Berufenen aber, Juden wie Griechen, Christus, Gottes Kraft und Gottes Weisheit."*

Bis heute ist die christliche Botschaft vom Kreuz das umstrittene Kernstück des Glaubens. Doch ist nach Paulus die Theologie des Kreuzes das allein Christliche der Verkündigung. Sie spiegelt die paradoxe Logik Gottes: vor ihm kann nur das Erniedrigte gelten.

✎ **Tipp zum Weiterarbeiten:** Nehmen Sie den 1. Korintherbrief zum Anlass sich mit den Ursachen und Lösungsmöglichkeiten neutestamentlicher Gemeindekonflikte zu beschäftigen. Lesetipp: *R. Heiligenthal, Methodische Erwägungen zur Analyse neutestamentlicher Gemeindekonflikte: ZRGG 48 (1996) 97-113.*

4.4.8.3 Der 2. Korintherbrief

Die literarische Einheit des 2.Kor wird in der Forschung immer wieder bezweifelt. Nach G. Bornkamm setzt sich der 2.Kor aus vier ursprünglich selbständigen Briefen zusammen, die unterschiedlichen Situationen zuzuordnen seien:[280] 1. Brief (2,14-7,4): Erste Apologie des apostolischen Amtes durch Angriffe von Gegner veranlasst; 2. Brief (10-13): Sog. „Tränenbrief". Paulus reagiert auf die akute Gefährdung der Gemeinde mit äußerster Schärfe; 3.Brief (1,3-2,13+7,5-16): „Versöhnungsbrief". Nach Beilegung des Streites schreibt Paulus in freundlich-versöhnlichem Ton. 4. Brief (9): „Kollektenbrief". Später abgefasstes Empfehlungsschreiben für die Kollekte an der Armen der Gemeinde in Jerusalem (Kap.8 thematisiert ebenfalls die Kollekte, könnte aber Bestandteil des Versöhnungsbriefes sein, da auf die vorausgegangenen Schwierigkeiten zurückgeblickt wird). Zwischen der Abfassung der Briefe lag nach 2.Kor 2,5; 7,12 ein sog. „Zwischenbesuch", der Paulus eine schwere Kränkung durch ein Gemeindemitglied eintrug. Einige Forscher (Kümmel, Berger) gehen trotz aller Spannungen von der Einheitlichkeit des 2.Kor aus.[281] Für die Annahme von Teilungshypothesen gilt grundsätzlich: „Teilungshypothesen sind deshalb methodisch erst dann gerechtfertigt, wenn es für die vorliegende Gestalt eines Paulusbriefes ausgehend vom Prinzip der Textkohärenz und seinen verschiedenen Dimensionen als Syntaxkohärenz, semantische Kohärenz und pragmatische Kohärenz keine Erklärung auf paulinischer Ebene gibt."[282]

Wichtige Themen:

- Ein durchgängiges Thema des Briefes ist die Legitimität des paulinischen Apostolats, welches er gegen Angriffe von Gegnern verteidigen muss.
- Das paulinische Apostolat als enge Verbindung von Amt und Botschaft umfasst sowohl Herrlichkeit (2,14-16) als auch Leiden als Durchleiden der Leiden Christi (Leidens- oder Persistasenkataloge in: 4,7-12; 6,4-10; 11,23-29).
- In einer Gegenüberstellung veranschaulicht Paulus das Wesen des Alten und des Neuen Bundes (3,1-18):[283]

Neuer Bund	Geist	macht lebendig	Dienst d. Geistes	der Gerechtigkeit	Herrlichkeit
Alter Bund	Buchstabe	tötet	Dienst d. Todes	der Verurteilung	vergänglicher Glanz

- In der sog. „Narrenrede" verteidigt sich Paulus gegen die Aktivitäten seiner Gegner durch Selbstruhm, der unter christlichen Gesichtspunkten Torheit ist. In der „Narrenrede" finden sich wichtige autobiographische Hinweise.

Wichtiger Text: 5:19f.: *„Ja, Gott war es, der in Christus die Welt mit sich versöhnt hat, indem er den Menschen ihre Verfehlungen nicht anrechnete und uns das Wort von der Versöhnung (zur Verkündigung) anvertraute. 5,20 Wir sind also Gesandte an Christi Statt, und Gott ist es, der durch uns mahnt. Wir bitten an Christi Statt: Lasst euch mit Gott versöhnen!"* Das Thema Versöhnung begegnet nur im Rahmen paulinischer Theologie neben der zitierten an relativ wenigen Stellen: Röm 5,10f.; Kol 1,20-22; Eph 2,16; Röm 11,15.

Tipp zum Weiterarbeiten: Der 2.Kor bietet sich an, das Thema „Apostolat des Paulus" unter Heranziehen aller autobiographischen Stellen näher zu betrachten. Warum musste Paulus immer wieder die Legitimität seines Apostolats verteidigen?

280 G. Bornkamm, Die Vorgeschichte des sog. Zweiten Korintherbriefes, 2.Aufl. Heidelberg 1965 (Sitzungsberichte der Heidelberger Akademie der Wissenschaften 1961).

281 Vgl. die Analyse von K. Berger in: H.-D. Preuß/K. Berger, Bibelkunde des Alten und Neuen Testaments 2. Neues Testament, 3. Aufl. Heidelberg/Wiesbaden 1986, 380-390.

282 U. Schnelle, Einleitung in das Neue Testament, Göttingen 1994, 96.

283 Tabelle in Berger, Bibelkunde, 383.

🕮 **Lesetipp:** *W. Rebell, Gehorsam und Unabhängigkeit. Eine sozialpsychologische Studie zu Paulus, München 1986.*

4.4.8.4 Der Philemonbrief

Der Philemonbrief ist der einzige von Paulus erhaltene Privatbrief; er richtete sich an die Hausgemeinde des Christen Philemon und gehört auch zu den sog. Gefangenschaftsbriefen. Inhaltlich geht es um den Umgang mit dem entlaufenen Sklaven Onesimus, der von Paulus bekehrt wurde und ihm bei der Mission half. Paulus bittet nun den Besitzer des Sklaven, Philemon, Onesimus freundlich wieder aufzunehmen und auf Strafen zu verzichten. Trotz Anerkennung der Rechtslage soll der ehemalige Sklave forthin als Bruder aufgenommen werden.

4.4.8.5 Der Kolosserbrief

Die Situationsangaben im Kol erwecken den Anschein eines „echten" Paulusbriefes: Paulus schreibt aus der Gefangenschaft (4,10.18), sendet den Onesimus nach Kolossai (4,9), wo Philemon eine Hausgemeinde hatte (Phlm 2). Offensichtlich war der Paulusschüler Epaphras Gründer der Gemeinde (1,7; 4,12f.), der zur Zeit der Abfassung sich bei Paulus befand (1,8f.). Der Anlass des Briefes ist das Auftreten einer als „Philosophie" (2,8) bezeichneten „Irrlehre". Auf der anderen Seite lassen sich im Bereich der Christologie, der Eschatologie, der Ekklesiologie und der Pneumatologie erhebliche Akzentverschiebungen zu anderen Paulusbriefen feststellen, die eine spätere Verfasserschaft durch einen Paulusschüler vermuten lassen.[284]

Wichtige Themen:

- Die als „Philosophie" bezeichnete kolossische „Häresie" enthält die typisch jüdischen Merkmale „Beschneidung", Einhaltung von Festen und Beachtung von Speisegeboten, sowie Askese. Hinzu kommt nach 2,18 ein intensiver Engelglaube und die Berufung auf Visionen. Ihnen wird vorgeworfen, sich auf die „Elemente der Welt" (2,8) und nicht auf Christus zu berufen. Die Position der Gegner im Kol ist im vielen mit der Position des Verfassers des Jud zu vergleichen.[285] Es könnte sich um jüdische Mystiker gehandelt haben.
- Im Kolosserbrief findet sich im Gegensatz zu Röm 6,5 eine präsentische Auferweckungsvorstellung (Kol 2,12; 3,1).
- In Kol 1,15-20 ist ein Christushymnus aufgenommen, der Christus als Schöpfer und Versöhner beschreibt.
- In 2,18-25 findet sich eine Haustafel, die eine Pflichtenreihe für den christlichen Hausstand umfasst (vgl. auch: Eph 5,22-6,); 1.Petr 2,18-3,7)

Wichtiger Text, 2,12: *„Mit Christus wurdet ihr in der Taufe begraben, mit ihm auch auferweckt, durch den Glauben an die Kraft Gottes, der ihn von den Toten auferweckt hat."*
✎ **Tipp zum Weiterarbeiten:** Vergleichen Sie Kol 2,12 mit der Röm 6,5.

4.4.8.6 Der Epheserbrief

Der Epheserbrief wurde wahrscheinlich nicht nach Ephesus geschrieben, da in den ältesten Textzeugen die Anschrift fehlt. Die Gefangenschaft Pauli wird auch hier vorausgesetzt (4,1). Er rückt die Frage nach der Einheit der Gemeinde und damit die Lehre von der Kirche (Ekklesiologie) in den Vordergrund seiner Argumentation. Seine Adressaten waren Heidenchristen (2,1.11f.14f.; 3,1). Gegenüber den „echten" Paulinen gibt es in zentralen Themen des Briefe wichtige Unterschiede:

---

[284] Die theologischen Akzentverschiebungen sind übersichtlich dargestellt in: Schnelle, Einleitung 329-335.
[285] Vgl. R. Heiligenthal, Zwischen Henoch und Paulus. Studien zum theologiegeschichtlichen Ort des Judasbriefes, Tübingen 1992 (TANZ 6).

Wichtige Themen:

- Im Eph spielt die Vorstellung des „Leibes eine zentrale Rolle: Für ihn ist die Kirche der „Leib Christi" (1,23; 4,12.15f.; 5,30) und Christus ist das Haupt des Leibes (1,22; 4,15; 5,22). In Letzterem unterscheidet er sich von Paulus, der nirgends von „Christus als Haupt des Leibes" spricht.
- Im Unterschied zu Paulus ist die Ehe kein notwendiges Übel (1.Kor 7), sondern das Abbild des Verhältnisses von Christus/Kirche (Eph 5,25ff.).
- Der Eph kennt bereits eine besondere Ämterlehre, die er als besondere Gaben ansieht: Apostel, Propheten, Evangelisten, Hirten und Lehrer (4,11).

Wichtiger Text, 4,2-6: *„Seid demütig, friedfertig und geduldig, ertragt einander in Liebe, 4,3 und bemüht euch, die Einheit des Geistes zu wahren durch den Frieden, der euch zusammenhält. 4,4 Ein Leib und ein Geist, wie euch durch eure Berufung auch eine gemeinsame Hoffnung gegeben ist; 4,5 ein Herr, ein Glaube, eine Taufe, 4,6 ein Gott und Vater aller, der über allem und durch alles und in allem ist."*

Tipp zum Weiterarbeiten: Vergleichen Sie die Vorstellungen vom Leib in Eph 1,23; 4,12.16 mit denen in Röm 12 und 1.Kor 12 und stellen Sie die Unterschiede in einen theologiegeschichtlichen Kontext.

4.4.8.7 Die Pastoralbriefe (1.+2.Tim; Tit)

Die Pastoralbriefe sind um 100 n.Chr. von Mitgliedern der Paulusschule wahrscheinlich in Ephesus geschrieben worden. Nach dem Selbstzeugnis des 2.Tim (1,8; 2,9 spielen wahrscheinlich auf die römische Gefangenschaft des Paulus an) wäre auch Rom als Abfassungsort denkbar. Die drei Briefe sind alle an eine Einzelperson gerichtet, jedoch keine Privatbriefe, sondern sie geben autoritative Anweisungen für das Hirtenamt. Daher auch ihre aus dem 18. Jhdt. Stammende Bezeichnung. In den Pastoralbriefen spiegelt sich die Entwicklung der christlichen Gemeinden in der dritten Generation wieder, deren Probleme besonders auch in Auseinandersetzung mit „Häresien" behandelt werden. Den Verfassern der Pastoralbriefe geht es wesentlich um die Kontinuität der christlichen Lehre in der Geschichte. Spezifisch paulinische Begrifflichkeit und Gedankengut tritt den Hintergrund. In Tit 3,4-7 finden sich Spuren der paulinischen ⇒ Rechtfertigungslehre.

Wichtige Themen:

- Die Relevanz der menschlichen Werke für in ihrer endzeitlichen Funktion im Gericht und in ihrer Bedeutung für die Beurteilung der Lebenspraxis von Gemeindegliedern treten stärker in den Vordergrund (2.Tim 4,7f..14f.; Tit 1,16)
- Die Pastoralbriefe kennen institutionalisierte Ämter: Bischof (1.Tim 3,1-7; Tit 1,7-9), Presbyter 1.Tim 5,17-19; Tit 1,5f.), Presbyterium (1.Tim 4,14), Diakon (1.Tim 3,8-13) Witwenamt (1.Tim 5,3-16). Das Charisma wird dem Amtsträger durch Handauflegung vermittelt (1.Tim 4,14; 2.Tim 1,6).
- Die Stellung der Frau innerhalb der Gemeinde wird im Sinne einer schöpfungsgemäßen Unterordnung bestimmt (1.Tim 2,9-15).
- Die als „gesunde Lehre" (1.Tim 1,10) bezeichnete Glaubenstradition wird als notwendiges Kontinuum gesehen und von den Amtsträgern vor Zeugen bekannt (1.Tim 6,12f.).

Wichtiger Text, 1.Tim 4,8: *„Denn körperliche Übung nützt nur wenig, die Frömmigkeit aber ist nützlich zu allem: Ihr ist das gegenwärtige und das zukünftige Leben verheißen."*
Typisch für Pastoralbriefe ist, dass sie den Begriff „Frömmigkeit" häufig dort verwenden, wo Paulus vom „Glauben" spricht.

✎ **Tipp zum Weiterarbeiten:** Nehmen Sie die Pastoralbriefe zum Anlass, sich näher mit den „Ämtern“ in den frühchristlichen Gemeinden zu beschäftigen. Lektürevorschlag: *R. Heiligenthal, Das Amt des Laien in den neutestamentlichen Gemeinden, in: H. Maaß/P. Müller/G. Presler (Hg.), Leben im Dialog (FS Eugen Engelsberger) Karlsruhe 1996, 25-38.*

4.4.8.8 Das Lukasevangelium

Der Ort, an dem das lukanische Doppelwerk ca. 90 n.Chr. abgefasst wurde, kann bis heute nicht mit Sicherheit bestimmt werden. Es sprechen jedoch einige Gründe für Ephesus.[286] Die beiden Schriften entstammten dann wie die Pastoralbriefe der ephesinischen Paulusschule.
In einem Prolog teilt Lukas zu Beginn seinen Lesern (Theophilus) das schriftstellerische Programm, Ziel und Zweck seines Evangeliums mit. Er selbst greift auf ihm vorliegende schriftliche Berichte über das Leben zurück und beabsichtigt diese in eine in eine historisch einleuchtende Ordnung zu bringen. Zweck seines Evangeliums ist, Christen einen festen Grund in der Lehre zu geben. Der lukanische Prolog ist in seiner Gestalt ein kleines Meisterwerk. Dies kann mit dem folgenden Schema gezeigt werden:[287]

Text	**Grammatik**	**Logik**	**Raum-zeitl. Erstreckung**
Da viele es unternommen haben, einen Bericht über die Ereignisse abzufassen,	**Kausaler Nebensatz**	**Begründung** d. Handlung	Anfang = Vergangenheit
die sich bei uns erfüllt haben, so wie uns jene überliefert haben,	Nebensatz 2. Ordnung (mit Parenthese)		
die von Anfang an Augenzeugen und Diener des Wortes gewesen sind -	Nebensatz 3. Ordnung		
schien es auch mir gut,	**Hauptsatz**	**Ausführung** d. Handlung	Mitte = Gegenwart
der ich von vorn an allem gefolgt bin,	Nebensatz 1. Ordnung		
genau nacheinander dir aufzuschreiben	**Hauptsatz** (Fortsetzung)		
– lieber Theophilus –	Parenthese		
damit du erkennst die Sicherheit der Worte,	**finaler Nebensatz**	**Absicht** d. Handlung	Ende = Zukunft
über die du unterrichtest wurdest	Nebensatz 2. Ordnung		

Lukas akzentuiert in seinem Evangelium besonders die Hinwendung Jesu zu den sozialen Randgruppen. Man hat deshalb das Evangelium als „Evangelium der Armen“ bezeichnet. In diesem Zusammenhang sind die folgenden Stellen weiterführend:

---

[286] Siehe: Thiessen, Christen, 342ff.
[287] Dieses Schema verdanke ich meinem Landauer Kollegen Hans Merker.

Lukas, der Evangelist der Armen	
1,52f.	Im Magnifikat werden die Umkehr der Macht- und Besitzverhältnisse als ein eschatologisches Ereignis angekündigt. Maria preist in diesem Hymnus die Erwählung der Niedrigen, die sich im Kommen des Herrn erfüllt: *„Er stürzt die Mächtigen vom Thron und erhöht die Niedrigen. Die Hungernden beschenkt er mit seinen Gaben und lässt die Reichen leer ausgehen."*
3,10f	Johannes der Täufer ruft in seiner „Standespredigt" zur Wohltätigkeit auf: *„Da fragten ihn die Leute: Was sollen wir also tun? Er antwortete ihnen: Wer zwei Gewänder hat, der gebe eines davon dem, der keines hat, und wer zu essen hat, der handle ebenso."*
6,20-26	Zu Beginn der Feldrede finden sich neben 4 Seligpreisungen (Makarismen) über Armen, Hungernden, Weinenden und Verfolgten auch vier Wehe-Rufe über die Reichen, Satten, Lachenden und in öffentlichem Ansehen Stehenden.
6,30.35.38	Die Forderung nach einem Ausgleich der Besitzverhältnisse durch barmherzige Taten nimmt Lukas auch in der Feldrede auf: 6;30 *„Gib jedem, der dich bittet; und wenn dir jemand etwas wegnimmt, verlang es nicht zurück."*
12,16-21.22-24	Aus Q übernimmt Lukas zwei Texte, die die Vergänglichkeit irdischen Reichtums illustrieren: Das Gleichnis vom törichten Reichen und die Warnung vor dem Sorgen um irdisches Wohlergehen: 12,22-24 *„Und er sagte zu seinen Jüngern: Deswegen sage ich euch: Sorgt euch nicht um euer Leben und darum, dass ihr etwas zu essen habt, noch um euren Leib und darum, dass ihr etwas anzuziehen habt. Das Leben ist wichtiger als die Nahrung und der Leib wichtiger als die Kleidung. Seht auf die Raben: Sie säen nicht und ernten nicht, sie haben keinen Speicher und keine Scheune; denn Gott ernährt sie. Wie viel mehr seid ihr wert als die Vögel!"*
Lk 14,7-33	Das Gleichnis vom großen Gastmahl sieht diejenigen von der Teilhabe am kommenden Reich Gottes ausgeschlossen, die die Einladung zum Essen aufgrund ihrer irdischen Verpflichtungen ablehnen. Zu Tisch werden die Armen und Behinderten gebeten. Die Verbindung von Wohltätigkeit und eschatologischem Lohn ist für Lukas konstitutiv; 14,13f.: *„Nein, wenn du ein Essen gibst, dann lade Arme, Krüppel, Lahme und Blinde ein. Du wirst selig sein, denn sie können es dir nicht vergelten; es wird dir vergolten werden bei der Auferstehung der Gerechten."*
Lk 16,19-31	Die Beispielgeschichte vom reichen Mann und dem armen Lazarus unterstreicht die Umkehrung der Rangordnung zwischen arm und reich im Jenseits: Der Reiche hat nach seinem Tod nichts mehr zu erwarten.

Auch die Rolle der Frauen im Umfeld Jesu wird im Lukasevangelium besonders hervorgehoben. Die folgende Übersicht kann einige Anregungen über die Stellung der Frau innerhalb der Evangelientradition überhaupt geben:

- Unter den Zeugen der Kreuzigung waren viele Frauen (Mt 27,55), die „von ferne" zusahen. Namentlich werden genannt: Maria Magdalena, Maria, die Mutter des Jakobus und Josef; die Mutter der Söhne des Zebedäus. Bei Markus wird noch Salome namentlich erwähnt (15,40).

- Bei der Grablegung waren anwesend: Maria von Magdala und „die andere Maria" (Mt 27,61)
- Mt 28,5-10: Maria Magdalena und „die andere Maria" waren Zeugen des leeren Grabes und hatten die erste Erscheinung des Auferstandenen; vgl. die Rolle von Maria Magdalena in Joh 20,11ff.
- Mk 10,6 und Mt 19,4 betonen die göttliche Herkunft von Mann und Frau.
- Jesus hatte in seinem Gefolge auch Jüngerinnen: Lk 8,1-3; Mk 15,41 (Stichworte: „nachfolgen" und „dienen"), vgl. Mk 10,42ff.
- Mk 5,25ff.: Heilung der blutflüssigen Frau: aktives Reinheitsverständnis Jesu; keine Ausgrenzung und Zurückweisung.
- Heilung der Tochter der kanaanäischen Frau (Mt 15,21ff): Jesu lässt sich von einer heidnischen Frau zu einer Verhaltensänderung bewegen.
- Jesus kann eine durchaus emotionale Beziehung zu Frauen haben: Joh 11,5: „Jesus aber hatte Marta lieb und ihre Schwester und Lazarus."
- Die drei Versionen der Salbungsgeschichte: Mk 14,3ff; Lk 7,36ff.; Joh12,1ff.
- Die Samaritanerin am Brunnen: Joh 4,6ff.
- Joh 11,27: Marta spricht ein Christusbekenntnis
- Frauen werden im Stammbaum des MtEv genannt.
- Lk 10,38-42: Maria und Marta: Jesus als Lehrer von Frauen.
- Lk 18,1ff.: Gleichnis von der bittenden Witwe; vgl. Lk 21,1-4.
- Joh 8: Jesus und die Ehebrecherin.
- Lk 1; Mt 2: Maria als Mutter Gottes („Jungfrauengeburt")

🕮 **Lesetipp:** *H. Melzer-Keller, Jesus und die Frauen. Eine Verhältnisbestimmung nach den synoptischen Überlieferungen, Freiburg u.a.1997.*

✎ **Tipp zum Weiterarbeiten:** Das Lukas- und das Matthäusevangelium unterscheiden sich von den beiden anderen Evangelien charakteristisch dadurch, dass sie dem Bericht über den Beginn der Wirksamkeit Jesu Kindheitsgeschichten voranstellen. Vergleichen Sie kritisch die Vorgeschichten bei Lk und Mt.

4.4.8.9 Die Apostelgeschichte

Seit Irenäus bezeichnet man die Apostelgeschichte auch als „Taten der Apostel" (lat. „acta apostolorum", vgl. Irenäus, haer III 13,3: „ex actis apostolorum"). Diese Bezeichnung gibt einen Hinweis auf den literarischen Charakter der Apg, der mit anderen aus dem paganen Bereich stammenden „historischen Monographien" verglichen werden kann. Vergleichbar sind beispielsweise die Werke Sallusts oder des Historiographen Diodor von Sizilien oder des Plutarch. Typisch sind ein ausgeprägt lebhafter Episodenstil, der sich mit längeren Erzählzusammenhängen und Reden einzelner Personen abwechseln kann. Dennoch ist mit Blick auf die Apg die Gattungsbezeichnung „acta apostolorum" nicht unproblematisch, da sie das Interesse des Lukas, das heilsgeschichtliche Wirken Gottes nach der Himmelfahrt Jesu zu schildern, nicht angemessen fasst.
Der Aufbau der Apg ergibt sich aus der programmatischen Stelle Apg 1,8:

„Aber ihr werdet die Kraft des Heiligen Geistes empfangen, der auf euch herabkommen wird; und ihr werdet meine Zeugen sein in Jerusalem und in ganz Judäa und Samarien und bis an die Grenzen der Erde."

Nach der, die Kontinuität mit der Zeit Jesu sichernden Geistverleihung, geht es Lukas um die Darstellung der Ausbreitung des Christentums in drei Stufen: in Jerusalem unter den Judenchristen, in den umgrenzenden Gebieten (Samaria/Judäa) durch die griechisch sprechenden Teil der Jerusalemer Judenchristen (Hellenisten) und unter den Heidenchristen im gesamten

Bereich der Ägäis bis nach Rom. Wichtige Einschnitte sind die Bekehrung des heidnischen Hauptmanns Cornelius (9,32) und der ⇒ Apostelkonvent, der den Beginn der beschneidungsfreien Heidenmission und damit das Ende der Urgemeinde markiert. Eine thematische Gliederung der Apg nach ihren Hauptthemen ergibt die folgende Übersicht:

1,1-14	Prolog und zweiter Bericht über die Himmelfahrt Jesu
1,15-5	Urgemeinde: Nachwahl des 12 Apostels; Pfingsten; Zustände in der ersten Gemeinde; Wundertaten der Apostel; erste innere und äußere Konflikte.
6+7	Hellenisten: Auseinandersetzung zwischen Hellenisten und Hebräern; Stephanus
8,4-12	vorpaulinische Mission: Philippus- und Petrusmission; Antiochia
15,1-29	Apostelkonzil und Aposteldekret
13-21,14	paulinische Mission (3 Missionsreisen)
21,15-28	Paulus auf dem Weg von Jerusalem nach Rom

In der Tradition wurde Lukas als Verfasser der Apg als Augenzeuge und Begleiter des Paulus angesehen. Durch eine Kombination von 2.Tim 4,11 Phlm 24 und Kol 4,14 schlussfolgerte man, dass sein Beruf Arzt gewesen sei (Euseb h.e. III,4,6). Heute lässt sich diese Position ebenso wenig aufrechterhalten wie die extreme Gegenposition, die davon ausging, Lukas sei ein reiner Romanschriftsteller gewesen, der sich auf keine historischen Tatsachen stützen konnte. Lukas war ein gebildeter Vertreter der dritten Generation des frühen Christentums, der seine Geschichtsschreibung auf unterschiedliches Quellenmaterial stützen konnte. Neben Legenden, Wunderberichten, Einzeltraditionen und Namenslisten konnte er sich im ersten Teil seiner Darstellung wahrscheinlich auf zwei recht zuverlässige Quellen stützen (Jerusalem- und Antiochia-Quelle), während ihm u.a. im zweiten Teil „Itinerare" (Martin Dibelius) vorlagen, die er mit Augenzeugenschaft suggerierenden „Wir-Passagen" (Kap. 16; 20-21; 27) verband. Grundlage von 27,1-28,18 war wahrscheinlich ein antiker Seefahrtsbericht, in den er die ihm bekannten Nachrichten über die Reise des Paulus nach Rom einarbeitete. Etwa ein Drittel der Apg füllen größere und kleinere Reden, unter ihnen Missionsreden (2,14-39; 13,16-41 u.a.), die Petrus oder Paulus zugeschrieben sind und wertvolle Hinweise auf die Methoden und Begründungen frühchristlicher Mission geben. Die historische Zuverlässigkeit der Apg muss in jedem Einzelfall geprüft werden, doch setzt sie die Forschung heute allgemein höher an, als noch vor dreißig Jahren.

🕮 **Lesetipp**: *Martin Hengel, Zur urchristlichen Geschichtsschreibung, Stuttgart 1979. Der Verfasser diskutiert in dieser Untersuchung den Wert der Apg als Geschichtswerk auf dem Hintergrund der antiken Geschichtsschreibung überhaupt.*

Wahrscheinlich schrieb Lukas die Apg in Rom, da die gesamte Darstellung dort ihren Zielpunkt findet und sowohl das Paulusbild als auch das Amtsverständnis der Apg mit den Aussagen des mit Sicherheit in Rom entstanden 1. Clemensbrief übereinstimmt (vgl. 1Clem 5; 42). Für die Annahme, dass sich die Apg an heidenchristliche Gemeinden richtet, sprechen vier Argumente: 1. Die beschneidungsfreie Heidenmission wird als anerkannte Praxis vorausgesetzt (Kap. 28,28). 2. Lukas setzt bereits die heilsgeschichtliche Ablösung Israels durch die Kirche als gegebene Realität voraus (28,25-27). 3. Die Apg steht in der Tradition griechisch-römischer Geschichtsschreibung und 4. Lukas drängt deutlich palästinisches Lokalkolorit zurück (z.B. die Auslassung von Mk 7,1-23 im LkEv). Ebenfalls unter vier Gesichtspunkten können wir die Situation der Christen, an die sich Lukas mit der Apg richtet, näher bestimmen: 1. Lk reagiert mit seinem Doppelwerk auf das Schwinden der Naherwartung in der dritten christlichen Generation, indem er an der Hoffnung auf die Wiederkunft Christi festhält, aber hierfür keinen konkreten Zeitrahmen mehr angibt (1,6-8). Es geht nun darum, nach dem Geistempfang Zeugen Christi bis an das Ende der Welt zu werden. 2. Probleme, die sich offensichtlich aus dem Gefälle zwischen Armut und Reichtum innerhalb der Gemeinden ergaben, bedurften einer ausgleichenden Lösung. Lukas reagiert mit einem historischen und einem pragmatischen Gegenmodell: Historisch stellt er seinen Lesern die Urgemeinde idealisiert als Gemeinschaft vor, in der Gütergemeinschaft herrscht (4,34-37; 2,45) und in der materielle Eigensucht als Sünde gegen den heiligen Geist tödliche Folgen haben konnte (5,1-11). Pragmatisch setzt Lukas auf ein Modell des sozialen Ausgleichs durch Almosen und barmherzige Werke der Reichen an die Armen; ein Modell, das Gerd Theißen „Liebespatriarchalismus" nennen konnte.

Wichtiger Text: *4,34 „Es gab auch keinen unter ihnen, der Not litt. Denn alle, die Grundstücke oder Häuser besaßen, verkauften ihren Besitz, brachten den Erlös 4,35 und legten ihn den Aposteln zu Füßen. Jedem wurde davon so viel zugeteilt, wie er nötig hatte. 4,36 Auch Josef, ein Levit aus Zypern, der von den Aposteln Barnabas, das heißt übersetzt Sohn des Trostes, genannt wurde, 4,37 verkaufte einen Acker, der ihm gehörte, brachte das Geld und legte es den Aposteln zu Füßen."*

Das Verhältnis der frühchristlichen Gemeinden zu ihrer paganen (heidnischen) Umwelt wurde besonders im Blick auf die staatlichen Gewalten zu einem Problem. Lukas möchte in seiner Darstellung den Gemeinden durch Konformität und Loyalität gegenüber der heidnischen Umwelt und den staatlichen Machtträgern innere Freiräume für Kult und Gemeindeleben sichern. Er reagiert damit offensichtlich auch auf partielle Denunziationen von Gemeindegliedern durch lokale jüdische Kreise (13,45.50; 16,19ff.; 17,5f.13; 19,9-23-40 u.ö.). Lukas unterstreicht die Loyalität der Christen in dreifacher Weise: Er stellt die Verfolgung und Hinrichtung Jesu so dar, dass allein den Juden die Schuld am Tod Jesu zukommt (13,50; 17,5-7.13; 21,17ff.). Er zeichnet Paulus als einen aufrechten römischen Staatsbürger, der sich unter den Schutz der staatlichen Macht stellt (25,8) und er betont immer wieder, dass die staatlichen Behörden die Christen vor Übergriffen schützen (19,23-40; 23,29; 25,25; 26,31). Doch findet diese Strategie auch bei Lukas dort ihre Grenze, wo es um eine bekenntnishafte Entscheidung zwischen Gott und den Ansprüchen staatlicher Gewalten geht:

Wichtiger Text: 5,29 *„Petrus und die Apostel antworteten: Man muss Gott mehr gehorchen als den Menschen."*

Lesetipp: *W. Stegemann, Zwischen Synagoge und Obrigkeit. Zur historischen Situation der lukanischen Christen, Göttingen 1991 (FRLANT 152).*

Sowohl die Begegnung des Philippus mit Simon Magus als auch das programmatische Wort in 20,29f. geben Hinweise auf eine Auseinandersetzung mit „Irrlehrern", deren Lehren Lukas mit dem Hinweis auf die Kontinuität der rechten Lehre entgegentritt ⇒ Pastoralbriefe.

Tipp zum Weiterarbeiten: Informieren Sie sich über die Urgemeinde in Jerusalem.

Lesetipp: *L. Schenke, Die Urgemeinde. Geschichtliche und theologische Entwicklung, Stuttgart 1990.*

4.4.8.10 Die Johannesapokalypse

Nach Apk 1,9 empfing der Seher Johannes seine Offenbarungen auf der Insel Patmos, doch ist unwahrscheinlich, das die Apokalypse auch auf Patmos abgefasst wurde.[288] Den historischen

[288] Siehe: Schnelle, Einleitung, 591.

Kontext bilden die kleinasiatischen Verfolgungen am Ende der Regierungszeit Domitians (90-95 n.Chr.; vgl. Irenäus, haer V 30,3). Der Seher Johannes nimmt in seinem Sendschreiben an die Epheser in Abwehr von eingedrungenen Wandermissionaren (den „Nikolaiten") eine dem LkEv vergleichbare Position bezüglich des Verhältnisses von Juden- und Heidenchristen ein: Er verteidigt das in Ephesus und anderen kleinasiatischen Gemeinde praktizierte ⇒Aposteldekret (2,14). Dies ist ein Hinweis auf eine judenchristliche Position, die der Seher vertreten haben könnte. Ob die Apokalypse direkt aus Ephesus stammt oder im kleinasiatischen Umfeld der Stadt geschrieben wurde, bleibt im Ungewissen. Die Sprache der Apokalypse verwendet eine für uns schwer verständliche Bilderwelt, mit der visionär die Erfahrungen der Hörer auf dem Hintergrund zeitgeschichtlicher Ereignisse zum Ausdruck gebracht werden. Ein schmaler brieflicher Rahmen mit einem Präskript (1,4f.) und einem Schlussgruß (22,21) ist erkennbar. Dem Präskript vorangestellt ist ein Proömium (1,1-3). Die Gliederung ergibt sich aus 1,9: *„Schreibe auf, was du gesehen hast und was ist und was danach geschehen wird."* Johannes sah in einer Berufungsvision den erhöhten Christus (1,9-20); er schrieb in sieben Sendschreiben über die ihm gut bekannten Zustände in kleinasiatischen Gemeinden auf, was ist, und legte die künftigen Ereignisse in einem großen Visionszyklus nieder (4,1-22,5). Eine Vision des himmlischen Thronsaals leitet die Visionen der endzeitlichen Ereignisse und Schrecken ein: je sieben Siegel- (5,1-8,1), Posaunen- (8,2-9,21; 11,15-19) und Schalenvisionen (15f.). - Deutliche Anspielungen auf die römische Herrschaft finden sich innerhalb dieser Offenbarungen: auf Rom, dass mit der „Hure Babylon gleichgesetzt wird (17,9); auf die Regierungszeit des Kaisers Titus (17,10) und die Domitians, der als wiedergekommener Nero („Nero redivivus") angesehen wird (17,11). Auf die Verfolgungen der Christen wird deutlich angespielt (13,7-10).

„Die Apokalypse... hat den Zweck, die Christen in dieser Not zu treuem Ausharren und bekennendem Zeugnis zu stärken. Ihr Inhalt geht aber über diesen aktuellen Zweck hinaus. Der Verfasser will nicht nur trösten und stärken, sondern für die apokalyptischen Anschauungen werben":[289] Apokalyptik beschreibt von jeher Ordnungsverfall im Gegensatz zu darauf folgender Wiederherstellung besserer Ordnung. Dieser Gegensatz wird in der neutestamentlichen Apokalypse dadurch noch deutlicher, die die himmlische Ordnung – dargestellt als feierliche, völlig intakte Thronliturgie – stets schon parallel im Kontrast zum irdischen Ordnungsverfall dargestellt wird. Gegen die „apokalyptische" Erfahrung auf Erden wird die Thronvision gesetzt. Es werden somit menschliche Erfahrungen und „Glaubensaussagen" miteinander konfrontiert. Die Vermittlung zwischen beiden ist durch Jesus Christus geleistet: Er ermöglicht die Thronvision überhaupt (1,1f.10-19) als auch speziell die Einsicht in die Ordnungshaftigkeit der gesamten Ereignisse vor dem Ende selbst. Denn es ist das Lamm, das die Siegel öffnen darf. Die strenge Gliederung nach Siegeln, Posaunen und Schalen hat daher die Funktion einer Ordnungserfahrung. Wenn Gott als Richter dargestellt wird, der endgültig vernichtet, so wird Naturerfahrung zur Gotteserfahrung in Beziehung gesetzt. Zugleich wird aber auch die politische Erfahrung vorausgesetzt, nach welcher der Herrscher zugleich auch der Richter ist. Die Fremdheit der Vorstellung von Gott als dem Richter liegt darin, dass uns heute beide Erfahrungen fehlen. Der Ausblick auf die neue Gottesstadt nach dem endgültigen Gericht (21) setzt den Erfahrungshorizont hellenistischer Städte voraus: Das Paradies wird nicht in ländlich-idyllischen Bildern beschrieben, sondern als humane moderne Stadt von riesigen Ausmaßen. Das ist nicht nur die Aufnahme der alten Erwartung eines neuen Jerusalems, sondern diese Stadt ist ohne Tempel und hat die Ausdehnung des gesamten römischen Reiches.

In apokalyptischen Aussagen wird Erfahrung extrem formuliert. Die apokalyptische Sprache kennt die Beschreibung alltäglicher begrenzter Erfahrung nur in Gleichnissen. Das gilt sowohl für den Gegensatz von jetzigem Leiden und zukünftiger Herrlichkeit als auch für den von

[289] P. Vielhauer, Geschichte der urchristlichen Literatur, Berlin u.a. 1978, 503f.

Dogma und Wirklichkeit. Alles ist so extrem dargestellt, dass man sagen kann: „So etwas ist noch nie da gewesen". Die Aussagen sind wesenhaft religiöse Erfahrungen, deren Integration in die Theologie auf bleibende Aufgabe und Herausforderung bleibt.

🕮 **Lesetipp:** *M. Karrer, Die Johannesoffenbarung als Brief. Studien zu ihrem literarischen, historischen und theologischen Ort, Göttingen 1986 (FRLANT 140).*

4.4.9 Rom

Wir können heute nicht mehr mit Sicherheit feststellen, wie das Christentum nach Rom kam. Man erwog die Möglichkeit, dass bereits kurz nach Pfingsten einige römische Juden den Glauben an den auferstanden Christus in die Stadt brachten (Apg 2,10). Mit Sicherheit gab es 49 in Rom Christen (Aquila, Apg 18,2), die wahrscheinlich aber noch innerhalb des jüdischen Synagogenverbandes lebten und sich in Hausgemeinden trafen. Als ca. 58 Paulus von Korinth aus nach Rom schrieb, gab es zahlreiche Christen. Um 60 kam Paulus als Gefangener in Stadt (Apg 28,16) und verbrachte dort weitere 2 Jahre unter Hausarrest (Apg 28,30). Unter Nero wurden er und Petrus hingerichtet (1.Clem 5,7). Die Gemeinde in Rom blieb mit dem Namen des Petrus besonders verbunden. In der Johannesapokalypse wird der Untergang der Stadtgöttin Roma und der Weltstadt überhaupt verkündet (Apk 17,5; 18,2).

🕮 **Lesetipp:** *P. Lampe, Die stadtrömischen Christen in den ersten beiden Jahrhunderten. Untersuchungen zur Sozialgeschichte, 2.Aufl. Tübingen 1989.*

4.4.9.1 Der Philipperbrief

Zeit und Ort der Abfassung des Philipperbriefes werden in der Forschung kontrovers diskutiert. Nach Phil 1,7 und 13,17 schrieb Paulus den Brief aus einer Gefangenschaft. Als mögliche Haftorte sind Cäsarea, Ephesus und Rom denkbar. Aufgrund der im Phil vorausgesetzten leichten Haftsituation, die Paulus eine rege Missionstätigkeit ermöglichte (1,12ff.), der Erwähnung der Prätorianergarde in 1,13 und der kaiserlichen Sklaven in 4,22 könnte Rom der Abfassungsort gewesen sein. Der Brief wäre dann um 60 n.Chr. in Rom als jüngster erhaltener Paulusbrief geschrieben worden.[290] Wegen des starken Bruchs zwischen 3,1 und 3,2 nehmen viele Forscher an, dass 3,2-4,3 ursprünglich aus einem anderen Philipperbrief stammte, der die Gefährdung der Gemeinde durch „Irrlehrer" zum Gegenstand hatte. Doch durchziehen die Motive „Freude" und „Vorbildhaftigkeit des Apostels" den gesamten Brief.

<u>Wichtige Themen</u>:

- In 2,6-11 nimmt Paulus einen Christushymnus, der Präexistenz, Menschwerdung und Erhöhung Christi beschreibt auf und überarbeitet ihn charakteristisch.
- Innerhalb der scharf geführten Auseinandersetzung mit den in die Gemeinde eingedrungenen „Irrlehrer" lehnt Paulus unter Hinweis auf seine eigene Abstammung (3,4-11) die Beschneidung ab und stellt die Alternative „eigene Gerechtigkeit aus dem Gesetz" und „Gerechtigkeit aus Gott aufgrund des Glaubens" (3,9) auf.
- In 3,20 spricht Paulus vom „Bürgerrecht der Christen im Himmel". Diese eschatologische Aussage ist geeignet die Aufforderung zu Unterordnung unter die obrigkeitlichen Gewalten (Röm 13,1-11) zu relativieren.

Wichtiger Text, Phil 2,6-11: „Er war Gott gleich, hielt aber nicht daran fest, wie Gott zu sein,2,7 sondern er entäußerte sich und wurde wie ein Sklave und den Menschen gleich. Sein

[290] Vgl. Schnelle, Einleitung, 159-162.

Leben war das eines Menschen; 2,8 er erniedrigte sich und war gehorsam bis zum Tod, bis zum Tod am Kreuz. 2,9 Darum hat ihn Gott über alle erhöht und ihm den Namen verliehen, der größer ist als alle Namen, 2,10 damit alle im Himmel, auf der Erde und unter der Erde ihre Knie beugen vor dem Namen Jesu 2,11 und jeder Mund bekennt: 'Jesus Christus ist der Herr' - zur Ehre Gottes, des Vaters."

✎ **Tipp zum Weiterarbeiten:** Versuchen Sie den Hymnus in zwei Strophen zu gliedern. Achten Sie dabei auf den Wechsel des handelnden Subjekts. Diskutieren Sie, warum es sich bei dem unterstrichenen Vers 8c um einen paulinischen Zusatz handeln könnte.

📖 **Lesetipp:** *U.B. Müller, Der Christushymnus Phil 2,6-11, in: ZNW 79 (1988) 17-44.*

4.4.9.2 Der Hebräerbrief

Der Hebräerbrief hat kein Präskript, so dass man über seinen Verfasser nichts Näheres aussagen kann. Der Brief wird jedoch mit einem regulären Briefschluss abgeschlossen. Die dortigen Grüße lassen einen Abfassungsort in Italien vermuten (13,24). Die Abfassungssituation ist für die Lage der Christen in der dritten Generation typisch: Der Glaubenseifer hat nachgelassen, der Gottesdienstsbesuch geht zurück, Bekenntnis in Wort und Tat verlieren an Bedeutung (10,23-25). Im ganzen sind die Adressaten „im Hören stumpf geworden" (5,11).

Wichtige Themen:

- Christus ist der „Hohepriester", die Gemeinde ein „wanderndes Gottesvolk", das ihre Heimat und ihr Bürgerrecht im Himmel hat (11,14.16).
- Als Hohepriester wird Christus als der wahre Mittler des „Neuen Bundes" vorgestellt (7,1-10,19). Sein Tod ist das einzige wahre Opfer, dass endgültig Versöhnung und Sündenvergebung schafft.

Wichtiger Text, 4,15: *„Wir haben ja nicht einen Hohenpriester, der nicht mitfühlen könnte mit unserer Schwäche, sondern einen, der in allem wie wir in Versuchung geführt worden ist, aber nicht gesündigt hat."*
Jesus kann nur Hohepriester sein, da er trotz aller Überlegenheit Mensch war. Von daher finden sich im Hebr eine Reihe von Hinweisen auf den irdischen Jesus: 2,5-18; 4,14-5,10; 7,14; 12,2f.; 13,12.

✎ **Tipp zum Weiterarbeiten:** Sowohl bei Paulus (2.Kor 3; Gal 4,21-31) als auch im Hebr (8-10) findet sich das Stichwort „Neuer Bund". Wie unterscheiden sich die diesbezüglichen Aussagen des Hebr von denen des Paulus?

4.4.10 Texte und Themen aus der religiösen Umwelt des NT, über die man Bescheid wissen sollte:

- Die Schriften von Qumran und die neuere „Qumrandebatte": 📖 *J.C. van der Kam, Einführung in die Qumranforschung, Göttingen 1998 (UTB 1998); O. Betz/R. Riesner, Jesus, Qumran und der Vatikan. Klarstellungen, Gießen/Freiburg u.a. 1993.*
- Das frühjüdische Schrifttum: 📖 *G. Stemberger, Geschichte der jüdischen Literatur. Eine Einführung, München 1977; J. Maier, Zwischen den Testamenten. Geschichte und Religion in der Zeit des zweiten Tempels, Würzburg 1990.*
- Das rabbinische Schrifttum: 📖 *G. Stemberger, Einleitung in Talmud und Midrasch, 8.Aufl. München 1992.*
- Apostolische Väter: 📖 *K.-M. Bull, Bibelkunde des Neuen Testaments. Die kanonischen Schriften und die Apostolischen Väter. Überblicke, Themakapitel, Glossar, Neukirchen-*

Vluyn 1997; P. Vielhauer, Geschichte der urchristlichen Literatur. Einleitung in das Neue Testament, die Apokryphen und die Apostolischen Väter, Berlin/New York 1975.

- Neutestamentliche Apokryphen: 🕮 *W. Schneemelcher, Neutestamentliche Apokryphen in deutscher Übersetzung, 5.Aufl. Bd.1: Evangelien. Bd.2: Apostolisches, Apokalypsen und Verwandtes, Tübingen 1989.*
- Gnosis, antike Philosophie und pagane Religionen zur Zeit des NT: 🕮 *H.-J. Klauck, Die religiöse Umwelt des Urchristentums, Bd.1: Stadt- und Hausreligion, Mysterienkulte, Volksglaube. Bd.2: Herrscher- und Kaiserkult, Philosophie, Gnosis, Stuttgart 1995.1996.*

Thomas Martin SCHNEIDER

5 Kirchengeschichte

5.1 Kurzer Überblick über den Gegenstand und zentrale Fragestellungen

5.1.1 Was ist Kirchengeschichte?

Die Kirchengeschichte steht gewissermaßen zwischen der allgemeinen Geschichtswissenschaft einerseits und der Theologie andererseits.

Mit den Methoden der allgemeinen Geschichtswissenschaft widmet sie sich einem bestimmten Bereich der Universalgeschichte, und zwar nicht nur der Geschichte der Institution Kirche und den Personen, die diese Institution maßgeblich repräsentierten (Kirchengeschichte im engeren Sinne), sondern auch der historischen Entwicklung des christlichen Bekenntnisses bzw. der christlichen Lehren (Dogmen- bzw. Theologiegeschichte), der Geschichte christlicher „Mentalitäten" und Verhaltensweisen im „Alltag" sowie der Geschichte der Ausbreitung des Christentums (Frömmigkeits- und Missionsgeschichte). Sie ist dabei im Gespräch mit der allgemeinen Geschichtswissenschaft (und gegebenenfalls anderen Geisteswissenschaften, wie Religionswissenschaft, Philosophie und Sozialwissenschaften) und profitiert von deren Erkenntnissen, wie umgekehrt die Kirchengeschichte der allgemeinen Geschichtswissenschaft (und anderen Wissenschaften) dienlich sein kann. Die Kirchengeschichte leistet insofern einen wichtigen Beitrag zur interdisziplinären Forschung und kann in besonderem Maße dazu beitragen, den bisweilen umstrittenen Anspruch der Theologie, eine akademische Wissenschaft zu sein, plausibel zu machen.

Aus der Perspektive der *Theologie* ist Kirchengeschichte die „Geschichte des in der Welt fortwirkenden Christus", der letztlich „Kirche wirkt" (Kurt Dietrich Schmidt), oder, da nach evangelischem Verständnis das Wort - also die Heilige Schrift, das Evangelium Jesu Christi — das entscheidende Heilsmittel ist, „die Geschichte des Evangeliums und seiner Wirkungen in der Welt" (Heinrich Bornkamm) bzw. die Geschichte dessen, was das Evangelium bzw. die Heilige Schrift „erleidet", das heißt die „Geschichte der Auslegung der Heiligen Schrift", die das zutage fördert, „was zwischen uns und der Offenbarung Gottes in Jesus Christus steht" (Gerhard Ebeling). Droht auf der einen Seite zumindest bei der letzten Definition auch die Gefahr einer gewissen Verkürzung der Kirchengeschichte im Sinne einer bloßen Auslegungsgeschichte der Bibel, so erhält der Kirchenhistoriker / die Kirchenhistorikerin auf der anderen Seite einen klaren Beurteilungsmaßstab an die Hand: Der christliche Glaube in seiner institutionalisierten und lehrmäßigen und im „Alltag" praktizierten und missionierenden Gestalt muss seine Geschichte vor dem Evangelium verantworten.

Die Kirchengeschichte ist unmittelbar auf die übrigen theologischen Disziplinen bezogen: als Auslegungsgeschichte der Bibel auf die exegetischen Wissenschaften, als Dogmen- und Theologiegeschichte auf die Systematische Theologie (die Lehre von der Kirche, die Ekklesiologie, ist zudem zentraler Bestandteil der Glaubenslehre) und als Frömmigkeits- und Missionsgeschichte auf die Praktische Theologie.

🕮 **Lesetipp:** *W.A. Bienert, G. Koch, Kirchengeschichte I, Stuttgart u.a. 1989, S.9-27 (Kapitel: Grundprobleme der Kirchengeschichte).*
K. Nowak, Wie theologisch ist die Kirchengeschichte?, in: ThLZ 1, 1997, Sp.3-12 bzw. in: ders., Kirchliche Zeitgeschichte Interdisziplinär. Beiträge 1984-2001, Stuttgart 2002, S.464-473.

Die folgende Darstellung[290] soll einem ersten groben Überblick über die verschiedenen Epochen der Kirchengeschichte dienen. Sie kann in der Kürze nur lückenhaft und unvollständig sein. Die Akzentsetzungen und Wertungen sind natürlich subjektiv. Schwerpunkte sind die deutsche und die evangelische Kirchengeschichte.

5.1.2 Die Geschichte der Alten Kirche

5.1.2.1 Die Urgemeinde

Die Geschichte der Kirche begann mit einem historisch schwer erklärbaren Phänomen. Nach der schmachvollen Kreuzigung des verehrten „Meisters" etwa im Jahre 30 liefen die Anhängerinnen und Anhänger Jesu von Nazareth nicht resigniert auseinander, sondern trafen sich in Fortsetzung der Tischgemeinschaften Jesu weiterhin in Privathäusern zum Gebet und zum gemeinsamen Essen (vgl. Act 2, 42ff.). Diese Jerusalemer Urgemeinde, die auf Grund der Ostererfahrungen glaubte, dass Jesus von den Toten auferweckt worden war, kannte kaum besondere Formen und feste Regeln. Sie lebte in Erwartung der unmittelbar bevorstehenden Wiederkunft (Parusie) ihres „Herrn" (kyrios) und der dann beginnenden Gottesherrschaft, deren Nähe Jesus verkündigt hatte. Enthusiastisch-ekstatische Erscheinungen wie Zungenreden wurden als Gabe des göttlichen (Heiligen) Geistes aufgefasst. Spontan-„geistgewirkt" spielte sich das Gemeindeleben ab. Geistbesitz verschaffte Autorität. Eine führende Stellung inne hatten die Jünger Petrus, Jakobus und Johannes sowie der leibliche Bruder Jesu, Jakobus. Bereits in ältester Zeit kümmerte man sich in der Nachfolge Jesu intensiv um die Armen der Gemeinde und taufte die, die zur „Jesus-Bewegung" dazugehören wollten. Die Urgemeinde bewegte sich im übrigen noch ganz im Rahmen des Judentums, verstand sich aber innerhalb des Judentums als eine besondere Gruppe von „Herausgerufenen" (ekklesia = Kirche). Aus jüdischer Sicht war die Urgemeinde nichts weiter als eine von vielen jüdischen Parteiungen, die untereinander im Streit lagen. Die Entwicklung einer eigenen Lehre begann, als man den Kreuzestod Jesu mit Hilfe der Heiligen Schriften des Judentums (unserem „Alten Testament") theologisch zu deuten versuchte. Jesus wurde als „Christus" bzw. „Messias" (= der Gesalbte) und „Sohn Gottes" zum verehrten Objekt religiöser Reflexion (Christologie). Es ist umstritten, inwieweit dies bereits in Jesu Lehre und Wirken selbst angelegt war, ob Jesus sich also selbst bereits als „Christus" gesehen hatte.

5.1.2.2 Judenchristen und Heidenchristen

Die Urgemeinde zog vor allem auch griechisch sprechende Juden, die etwa als Kaufleute von außerhalb nach Jerusalem kamen, an. Die hellenistischen Diaspora-Juden standen dem Judentum in Palästina oft kritisch-distanziert gegenüber und waren deshalb in besonderem Maße offen für die neue Lehre. Hellenistisch-jüdische Jesus-Anhänger waren es, die die für den weiteren Verlauf der Kirchengeschichte gleichermaßen bedeutsame wie problematische Ablösung der „Jesus-Bewegung" vom Judentum einleiteten, weil sie in besonderem Maße den Widerstand des Judentums erweckten (Steinigung des Stephanus, vgl. Act 6, 8ff.) und weil sie, aus Jerusalem verdrängt, für die Verbreitung ihres Glaubens in ihren Herkunftsgebieten außerhalb Palästinas sorgten und hier erstmals auch Nicht-Juden (Heiden) hinzugewannen. Neben Jerusalem wurde Antiochien zum zweiten Zentrum der „Jesus-Bewegung". Hier wurden *die* Je-

[290] Es handelt sich um die Zusammenfassung von Überblickslehrveranstaltungen zu den verschiedenen Epochen der Kirchengeschichte, die ich seit 1994 an der Universität Koblenz-Landau, Campus Koblenz hielt. Zugrunde liegen die im Literaturverzeichnis (s.u.) unter a) und b) angegebenen Darstellungen.

sus-Anhänger – von Außenstehenden – zum ersten Mal als „Christen“ und damit als eigenständige Religionsgemeinschaft bezeichnet. Zwischen Judenchristen und Heidenchristen kam es zum Konflikt darüber, ob ein Heide, der Christ werden wollte, die jüdischen Gesetze, vor allem das Beschneidungsgebot, beachten musste. Die Frage war also gewissermaßen, ob jemand zunächst Jude werden musste, um dann Christ werden zu können, oder ob er direkt – ohne den „Umweg“ über das Judentum – Christ werden konnte. Auf dem sogenannten „Apostelkonzil“ in Jerusalem ca. 48 erreichte Paulus († ca. 64) die Anerkennung des gesetzeskritischen Heidenchristentums neben dem Judenchristentum (vgl. Act 15). Der ehemalige streng pharisäisch eingestellte Christengegner Paulus war zwar nicht der Begründer des Heidenchristentums, aber er hat das Heidenchristentum theologisch fundiert (Röm, Gal) und dessen Ausbreitung durch ausgedehnte Missionsreisen (Kleinasien und Griechenland) in außerordentlich starkem Maße gefördert. Durch seine zwischen 50 und 60 verfassten Briefe, die rasch verbreitet und in den Gottesdiensten vorgelesen wurden, wurde Paulus zum eigentlichen Begründer einer christlichen Theologie, durch seine Gemeindegründungen zum großen kirchlichen Organisator. Paulus ermöglichte es, dass aus dem Christentum eine Weltreligion werden konnte. Ohne ihn hätte es vermutlich als eine kleine jüdische Sekte nur eine sehr marginale historische Bedeutung erlangt und wäre mit dem Judenchristentum, das sich auf Dauer nicht behaupten konnte, untergegangen. Paulus hat die Christen auch an die bleibende Erwählung Israels erinnert (vgl. Röm 9-11), was in der immer wieder durch Antijudaismus geprägten Kirchengeschichte oft vergessen bzw. verdrängt wurde.

5.1.2.3 Die Verfestigung der kirchlichen Strukturen und die Grundlagenkrise im 2. Jahrhundert

Ab etwa der zweiten Generation mussten die Christen, weil die Parusie ausblieb und die Zahl der Gemeindeglieder stark anwuchs, nach einer Phase bunter Mannigfaltigkeit und Regellosigkeit festere, dauerhafte Strukturen für ihr Zusammenleben finden. Die christliche Botschaft, bislang weitgehend mündlich tradiert, wurde verschriftlicht. Es entstand die frühchristliche Literatur, bestehend aus a) der Sammlung der Paulusbriefe (Corpus Paulinum), b) den zwischen etwa 60 und 120 verfassten übrigen später zum „Neuen Testament“ gerechneten Schriften, c) den aus der ersten Hälfte des 2. Jahrhunderts stammenden Schriften der „Apostolischen Väter“, die teilweise in demselben hohen Ansehen wie die später als verbindlich (kanonisch) geltenden Schriften standen, und d) den in der Regel etwas jüngeren sogenannten „apokryphen“ (= verborgenen, d.h. nicht-kanonischen) Evangelien, Apostelgeschichten und Apokalypsen, die sich durch stark volkstümliche, wunderhaft-abergläubische Züge auszeichnen. Aus den an die (erwachsenen) Täuflinge gerichteten Fragen erwuchs – unter Aufnahme neutestamentlicher Bekenntnisformulierungen – Anfang des 2. Jahrhunderts als Selbstaussage des Glaubenden und zum Lobpreis Christi ein Taufbekenntnis (Romanum), aus dem später das apostolische Glaubensbekenntnis (Apostolicum) hervorging, welches zunehmend als Fixierung der reinen apostolischen Lehre (Dogma) der Abwehr von „Irrlehre“ (vgl. unten) diente. Das ursprünglich in Verbindung mit einer normalen Mahlzeit gefeierte, an das letzte Mahl Jesu erinnernde „Herrenmahl“ (vgl. 1 Kor 11) wurde als sakramentaler Kultakt zum Zentrum des sonntäglichen Gottesdienstes. Der um 115 hingerichtete Bischof Ignatius von Antiochien, einer der „Apostolischen Väter“, bezeichnete es gar als „Arzneimittel zur Unsterblichkeit“. Weil die Christen auch nach der Taufe, von der sie glaubten, dass sie in den Zustand völliger Reinheit versetzte, den z.T. sehr hohen asketischen Moralvorstellungen nicht genügen konnten, ergab sich die Notwendigkeit der Ausbildung einer Bußdisziplin. Es entwickelten sich ferner die kirchliche Hierarchie mit dem Gedanken der apostolischen Sukzession (Vorstellung von der ununterbrochenen Weitergabe der Amtsvollmachten seit der Zeit der Apostel) und mit den drei Ämtern des Bischofs, des Presbyters und des Diakons, feste Gottesdienstordnungen

(Liturgien), ein eigener christlicher Festkreis, eine gut organisierte Barmherzigkeitspflege und ein System der freiwilligen Selbstbesteuerung (Zehnter).
Einen kräftigen „Schub“ erfuhr die eben geschilderte Konsolidierung durch die latente Verfolgungssituation (seit Kaiser Nero † 68), die „zusammenschweißte“, sowie vor allem durch die erfolgreiche Bewältigung der Grundlagenkrise in der zweiten Hälfte des zweiten Jahrhunderts, die vor allem durch die (Irr-)Lehren der Gnosis, des Marcion und des Montanus sowie durch heidnische antichristliche Polemiken verursacht wurde. Der Gnostizismus war keine eigenständige Religion, sondern gewissermaßen eine „parasitäre“, eher philosophische Erscheinung, die u.a. auf christlichem „Nährboden“ bestens gedieh. Er schied schroff das böse Materiell-Leibliche von dem guten Geistig-Seelischen und ordnete beide Bereiche sogar jeweils einem eigenen Gott zu (Schöpfergott – Erlösergott). Nach einer Reihe von geheimnisvoll-mysteriösen Weihen gelangte man zur Erkenntnis (gnosis) der Erlösung. Marcion, dessen Lehre viele Berührungspunkte mit dem Gnostizismus aufwies, gelang es Mitte des 2. Jahrhunderts, nachdem er aus der christlichen Gemeinde ausgeschlossen worden war, eine große Gegenkirche zu gründen. Er identifizierte den Schöpfergott der „ekelhaften Welt“ mit dem Judengott und wollte deshalb den christlichen Glauben von allen jüdischen Elementen befreien. Das jüdische „Alte Testament“ ersetzte er durch ein stark überarbeitetes Lukas-Evangelium sowie durch ebenfalls stark überarbeitete Paulus-Briefe. In Abwehr der gnostischen und marcionitischen Lehren sowie auch heidnischer antichristlicher Polemiken und innerkirchlicher Reformbewegungen, wie dem streng asketischen, rigoristischen Montanismus, verfassten die sogenannten „Apologeten“ Verteidigungsschriften (Apologien) zum Schutz des rechten Glaubens. Ende des zweiten Jahrhunderts wurde – wohl auch als Reaktion auf den Kanon des Marcion – eine Einigung über den neutestamentlichen Schriftenkanon zur Ergänzung (nicht Ersetzung) des „Alten Testamentes“ erzielt. Die bis dahin rechtlich unabhängigen Gemeinden schlossen sich zu einer „Großkirche“ zusammen. Die monarchische bischöfliche Kirchenverfassung setzte sich auf Kosten anderer Formen kollegialer Gemeindeleitung durch. Die „katholische Kirche“ mit ihrer „Tradition“ war in den Grundzügen fertig.

5.1.2.4 Christenverfolgungen und „konstantinische Wende“

Tertullian († ca. 215), dem ersten lateinischen Kirchenvater, und Origenes († ca. 254), dem berühmten griechischen Kirchenvater, gelang es neben anderen, die christliche Theologie auf ein geistiges Niveau zu heben, das dem der nicht-christlichen Geisteswelt ebenbürtig war. Während auf der einen Seite dadurch die Attraktivität des Christentums wuchs, begann auf der anderen Seite in der Mitte des 3. Jahrhunderts eine neue Phase konsequenter Unterdrückung des Christentums. Hintergrund war die schwere Krise des gleichermaßen von außen bedrohten wie im Innern erschütterten Reiches, die Kaiser Decius (249-251) veranlasste, von allen Reichsbewohnern ein allgemeines Opfer für die Götter des Staates zu fordern, um die Loyalität der Bevölkerung sicherzustellen. Im Effekt richtete sich diese Maßnahme gegen die wegen ihrer Weltabgewandtheit ohnehin unbeliebten Christen, die das geforderte Opfer als Verleugnung ihres Glaubens ansehen mussten. Zu blutigen Verfolgungen kam es dann vor allem unter den Kaisern Valerian (253-260) und Diocletian (284-305). Dass es außer vielen Standhaften, von denen nicht wenige zu Märtyrern wurden (Beginn der Heiligenverehrung), viele Christen gab, die dem Druck nicht standhielten und sich zumindest Opferbescheinigungen besorgten und dann als „Abgefallene“ (lapsi) galten, führte zu schweren Konflikten in der Kirche. Insgesamt hat die Kirche sich auf Grund ihrer bereits gefestigten Strukturen freilich gut behaupten können. Kaiser Galerius († 311) und dann Kaiser Konstantin († 337), der sich gewaltsam gegen seine Konkurrenten durchsetzte, zogen daraus den Schluss, nicht nur die Verfolgung abzubrechen und den Christen Religionsfreiheit zu gewähren (Toleranzedikt des Galerius und seiner Mitkaiser, einschließlich Konstantins, von 311 und Vereinbarung von Mailand von 313 – sog. „konstantinische Wende“), sondern sogar umgekehrt das Christentum für staatspolitische Zwecke nutzbar zu machen. Abgesehen von Kaiser Julian „Apostata“ (= der Abgefallene) (361-363) waren hinfort alle Kaiser Christen. 380 wurde das Christentum offiziell zur Staatsreligion. Jetzt wurden zunehmend andere Religionen geächtet.

5.1.2.5 Der trinitarische und der christologische Lehrstreit

Im 4. und 5. Jahrhundert erschütterten der trinitarische und der christologische Streit die Kirche. Vor dem Hintergrund der neutestamentlichen Überlieferung von der Menschwerdung Gottes (Inkarnation) und der Auferstehung Jesu Christi ging es um die Fragen, wie es sich mit der Gottheit und wie es sich mit der Menschheit Jesu Christi verhalte. Vor dem Hintergrund der veränderten politischen Bedingungen bekamen die vorhandenen Lehrdifferenzen eine ganz neue Bedeutung, weil die Einheit der Kirche für die innere Stabilität des Reiches wichtig wurde. Die Kaiser fühlten sich jetzt auch für Fragen der Lehre verantwortlich und mischten sich direkt ein. Die Ablehnung der dann dogmatisch fixierten Lehrsätze zog jetzt auch staatliche Sanktionen nach sich. Gegenüber der von Arius († ca. 336) vertretenen Lehre, wonach der Sohn wesensmäßig von Gott Vater unterschieden ist, bestimmten nach langen, heftigen Auseinandersetzungen die Konzilien von Nizäa (325) und Konstantinopel (381) entsprechend den Lehren des Athanasius († ca. 373) sowie der drei großen kappadozischen Bischöfe Basilius von Caesarea († ca. 378), Gregor von Nazianz († ca. 390) und Gregor von Nyssa († ca. 395), dass Gott Vater und Sohn wesenseins und Vater, Sohn und Heiliger Geist drei Existenzweisen (Hypostasen, Personen) des einen Wesens sind. Das Nizäno-Konstantinopolitanische Glaubensbekenntnis mit dem Trinitätsdogma ist bis heute konstitutiv für die christliche Lehre, gleich welcher Konfession. Allerdings fand die verworfene arianische Lehre zeitweise eine große Anhängerschaft, besonders unter den Germanen (s.u.).

Das Problem, das sich sachlogisch anschloss, war das der Menschheit Jesu Christi. Während antiochenische Theologen um den Patriarchen Nestorius von Konstantinopel († ca. 451) das Menschsein und das Gottsein Jesu Christi strikt voneinander trennten (Dyophysitismus bzw. Nestorianismus), betonten alexandrinische Theologen um den Patriarchen Cyrill von Alexandrien († ca. 444) die Einheit seiner gottmenschlichen Natur (Monophysitismus). Der rasch eskalierende Konflikt wurde – nach einer Verurteilung des Nestorianismus auf dem Konzil zu Ephesus 431 – schließlich 451 auf dem Konzil von Chalkedon durch einen Kompromiss beigelegt. Man einigte sich auf die Formel: „ungetrennte, unzerteilte“ Personeneinheit Christi in zwei „unvermischten, unverwandelten“ Naturen (wahrer Gott und wahrer Mensch). Mit dieser Formel wurde eine positive Festlegung weitgehend vermieden; sie diente mit ihren vier Negationen vor allem der Grenzziehung nach außen. Das Ziel der Wahrung der Kircheneinheit wurde dennoch nicht erreicht. Es kam zur ersten großen Kirchenspaltung durch die Entstehung eigenständiger „nestorianischer“ und „monophysitischer“ orientalischer Nationalkirchen, die bis heute existieren.

5.1.2.6 Augustin

Gewissermaßen an der Schwelle zwischen Antike und Mittelalter stand der Kirchenvater Augustin († 430), dessen umfangreiches Werk jahrhundertelang das theologische Denken, vor allem auch das der Reformatoren, stark beeinflusste. Der erst nach „Umwegen“ Christ gewordene Rhetoriklehrer (vgl. die autobiographischen „Bekenntnisse“) erlebte als Bischof von Hippo Rhegius in Nordafrika (seit 396) den Beginn des Untergangs des weströmischen Reiches. In den 22 Büchern „Vom Gottesstaat“ kontrastierte er scharf den durch Selbstliebe bestimmten „Welt- bzw. Teufelsstaat“ mit dem „Gottesstaat“, zu dem die gehören, die der Liebe zu Gott den Vorrang vor den eigenen Wünschen geben. Während es Augustin weniger um bestimmte Institutionen als vielmehr um ethische Ziele ging, wurde in den großen Auseinandersetzungen zwischen geistlicher und weltlicher Gewalt im Mittelalter kirchlicherseits in unzulässiger Vereinfachung der „Gottesstaat" mit der kirchlichen Hierarchie und der „Teufelsstaat" mit dem weltlichen Regiment gleichgesetzt. In der Auseinandersetzung mit den Anhängern des Donatus († ca. 355), die die Großkirche als sündhaft ablehnten, entwickelte Augustin seine Lehre von der einen, universalen (katholischen), aus Frommen und Unfrommen bestehenden Kirche und deren objektiv gültigen Heilsmitteln (Sakramenten). Wirkungsgeschichtlich höchst fatal war die Auffassung Augustins, dass man die Donatisten notfalls wieder in die Kirche „hineinzwingen" (cogite intrare) müsse. Im Streit mit Pelagius († 418), dem zufolge der Getaufte zur Sündlosigkeit fähig ist und sich sein Heil verdienen kann, betonte Augustin im Anschluss an Paulus die Sündhaftigkeit und Erlösungsbedürftigkeit des Menschen und stellte die Allmacht und freie Gnadenwahl Gottes heraus, der die einen zum Heil und die anderen zur Verdammnis vorherbestimmt (doppelte Prädestination). In den 15 Büchern „Über die Trinität" begründete Augustin das Trinitätsdogma sowohl biblisch als auch philosophisch.

5.1.2.7 Übersicht über die Geschichte der Alten Kirche

Urgemeinde	Kreuzigung Jesu (30)	Jesu Jünger Petrus, Jakobus und Johannes sowie Jesu Bruder Jakobus
Heidenmission	Apostelkonzil in Jerusalem (48)	Paulus († 64)
Ausbleiben der Parusie, Verfestigung der Strukturen, „Frühkatholizismus", Traditionsbildung	urchristliche Literatur (ab 50) Bekenntnis, Bußpraxis, Sakramente, Liturgie, Kanon, Großkirche (bis Ende 2. Jh.)	Verfasser der NT-Schriften und „Apostolische Väter"
Grundlagenkrise	Gnostizismus Marcionitische Gegenkirche, Kanon des Marcion (Mitte 2. Jh.) Montanismus heidnische antichristliche Polemiken	 Marcion (Mitte 2. Jh.) versus christliche „Apologeten" Montanus
Erste Kirchenväter		Tertullian († ca. 215) Origenes († ca. 254)
Christenverfolgungen	Opferedikte	Kaiser Decius († 251) Kaiser Valerian († 260) Kaiser Diocletian († 305)
„Konstantinische Wende"	Toleranzedikt des Galerius (311) Vereinbarung von Mailand (313)	Kaiser Galerius († 311) Kaiser Konstantin († 337)
Lehrentscheidungen: trinitarisches und christologisches Dogma	Konzilien Nicäa (325) und Konstantinopel (381); Konzil Chalkedon (451)	Arius († 336) versus Athanasius († 373); Augustin († 430)

🕮 **Lesetipp:** *H. v. Campenhausen, Griechische Kirchenväter, Stuttgart [8]1993.*
Ders., Lateinische Kirchenväter, Stuttgart [7]1995.

5.1.3 Mittelalterliche Kirchengeschichte

Das Mittelalter war geprägt durch die Faktoren Germanenherrschaft, Christentum und Rezeption der antiken Kultur. Die Kirchengeschichte dieser Epoche lässt sich kaum von der übrigen Geschichte trennen – und umgekehrt.

5.1.3.1 Die Germanenmission

Die germanischen Reichsgründungen im Zuge der Völkerwanderung des 5. Jahrhunderts bedeuteten den Untergang des weströmischen Reiches. Von Dauer war die Gründung des Frankenreiches durch den merowingischen König Chlodwig († 511), der sich um 500 katholisch taufen ließ und die Katholisierung der Ostgermanen einleitete, die bis dahin im Gefolge des Gotenbischofs Wulfila († ca. 383) zumeist einem gemäßigten Arianismus (s.o.) anhingen. Durch die Übernahme des Glaubens ihrer römischen Untertanen wurde das die Herrschaft destabilisierende Problem der Zweikonfessionalität beseitigt. Die Christianisierung der Westgermanen erfolgte ab etwa 600, zum Teil auf Initiative Papst Gregors I. († 604), durch iro-schottische, gallisch-fränkische und angelsächsische Mönche und Missionsbischöfe. Eine systematische Missionierung mit der Errichtung einer Diözesanorganisation gelang in der ersten Hälfte des 8. Jahrhunderts vor allem Willibrord-Clemens († 739) und Winfrid-Bonifatius († 754). Beide handelten als Bevollmächtigte des Papstes, dessen lange Zeit umstrittener Führungsanspruch durch die erfolgreiche Mission bekräftigt wurde.

5.1.3.2 Die Kirche im Zeitalter der Karolinger

751 ergriff der Karolinger Pippin († 768) mit ausdrücklicher Zustimmung des Papstes die Macht im Frankenreich und ließ sich dann durch diesen nach biblischem Vorbild zum König salben. Der neue König versprach, für den militärischen Schutz des Papstes zu sorgen und ihm – nach erfolgter Eroberung – die Gebiete um Rom und Ravenna zu schenken. Diese „Pippinische Schenkung“ war die Grundlage für den Kirchenstaat. Es begann die enge, ambivalente Verbindung zwischen den fränkischen, später deutschen Herrschern, die fortan sehr viel Energie in die Italienpolitik investierten, einerseits und den von nun an immer auch machtpolitisch engagierten Päpsten andererseits. Pippins Nachfolger Karl der Große († 814), der die Sachsen als das letzte heidnische germanische Volk im fränkischen Einflussbereich zwangsweise missionierte und ein abendländisches Universalreich schuf, kümmerte sich als bewusst christliche Herrscher intensiv auch um kirchliche Belange, so etwa durch die Rückführung des abgesetzten Papstes Leo III. († 816) und die einem konsequenten trinitarischen Denken entsprechende Ergänzung des Nizäno-Konstantinopolitanischen Glaubensbekenntnisses, wonach der Heilige Geist nicht nur vom Vater, sondern vom Vater „und dem Sohne“ (filioque) ausgeht. Wenn der Papst durch die spektakuläre Kaiserkrönung Karls an Weihnachten 800 auch sein Ansehen steigern konnte, war es doch unzweifelhaft so, dass Karl, der als Kaiser in Konkurrenz zu dem oströmischen Kaiser trat, auch in der (westlichen) Kirche bestimmte.

5.1.3.3 Das ottonisch-salische Reichskirchensystem

Einen gewissen Höhepunkt erreichte die Dominanz der weltlichen über die geistliche Gewalt während der Herrschaft der Ottonen im 10. Jahrhundert. Die Kaiser übten maßgeblichen Einfluss auf die Besetzung des „apostolischen Stuhles“ aus. Otto I. († 973) begann zudem aus Gründen der innenpolitischen Stabilisierung seiner Herrschaft mit dem planmäßigen Aufbau eines „Reichskirchensystems“. Die Reichsbischöfe und -äbte wurden aus der Hofkapelle rekrutiert und waren deshalb dem Kaiser loyal ergeben. Deswegen und weil sie als Geistliche ohne (legitime) Nachkommen frei von dynastischen Familieninteressen waren, die in der Vergangenheit immer wieder zu Aufständen und Erbteilungen geführt hatten, wurden ihnen neben den geistlichen jetzt auch bedeutsame weltliche Aufgaben übertragen. Ottos Bruder Brun († 965) etwa, der „Prototyp" des ottonischen Reichsbischofs, war nicht nur kaiserlicher Erzkapellan und Kanzler, sondern auch Erzbischof von Köln und Herzog von Lothringen (archidux = „Erzherzog"). Der Kaiser übertrug den Bischöfen und Äbten die geistlichen und die weltlichen Amtsbefugnisse mittels Ring, Stab und Zepter (Investitur). Die salischen Kaiser haben dann das „Reichskirchensystem" systematisch ausgebaut.

5.1.3.4 Das Mönchtum

Das Mittelalter war die Blütezeit des Mönchtums. Klöster waren die Zentren der Gelehrsamkeit, Bildung, Kultur und Mission, auch des Wirtschaftslebens. Neue Impulse, vor allem natürlich im Bereich von Theologie und Kirche, gingen in der Regel vom Mönchtum aus, das meist in einer gewissen Distanz, mitunter auch in Konkurrenz zur kirchlichen Amtshierarchie existierte. Auch das Mönchtum war freilich nicht frei von Dekadenzerscheinungen, es gelang ihm aber erstaunlich häufig, sich, orientiert an den ursprünglichen Idealen, zu regenerieren.
Die Wurzeln des Mönchtums reichen in urchristliche Zeiten zurück. Die ersten Mönche waren Einsiedler (Anachoreten = „Sich-Zurückziehende" bzw. Eremiten = „in der Einöde Lebende"). Die klassische Form des Klostermönchtums (Koinobion = „gemeinsames Leben") geht auf den Ägypter Pachomius († ca. 348) zurück. Basilius von Caesarea hat gewissermaßen Mönchtum und Amtskirche zusammengeführt, indem er als Ortsbischof monastisches Leben organisierte und in das Leben seiner Diözese integrierte. Die Bischöfe Martin von Tours († 397) und Ambrosius von Mailand († 397) schufen die ersten monastischen Gemeinschaften im Westen. Augustin, der sich von Ambrosius hatte taufen lassen, stellte durch die Gründung einer monastischen Lebensgemeinschaft von Priestern in Hippo Rhegius die Verbindung zwischen Mönchtum und Priestertum her. Seit dem 8. Jahrhundert setzte sich im Westen allgemein die Klosterregel Benedikts von Nursia († ca. 550) durch. Entscheidend bei der Benediktregel, die unter den Karolingern für alle Klöster im Reich verbindlich gemacht wurde und die für den Benediktinerorden bis heute gilt, sind die drei Gelübde: kein Klosterwechsel, sittenreines Leben in persönlicher Armut und Keuschheit, Gehorsam.
Von dem im Jahre 910 gegründeten Kloster Cluny in Burgund ging eine Reformbewegung (Cluniazenser Reform) aus, die zahlreiche Klöster (u.a. Fruttuaria, Hirsau, Gorze, Brogne) erfasste. Entscheidend war die weitgehende Befreiung vom „Eigenkirchenrecht", d.h. von der Aufsicht und Einmischung des weltlichen Herrschers, aber auch des Ortsbischofs, durch direkte Unterstellung unter und Schutz durch den Papst (Exemtionsprivileg). Häufig gelang es, das klostereigene Investiturrecht zu bekommen. Der Abt bestimmte dann zum Beispiel seinen Nachfolger, der den Stab nach dessen Tod selbst vom Altar nahm.

5.1.3.5 Die Auseinandersetzungen zwischen Kaiser und Papst und die Kreuzzüge

Zwar wird heute bestritten, dass das Reformmönchtum der unmittelbare Vorläufer und Wegbereiter des Reformpapsttums war, zweifelsohne aber war es in einer Zeit des allgemeinen sozialen und geistigen Aufbruchs nach der Jahrtausendwende ein wichtiger Faktor für das Erstarken des Papsttums. Merkmale hierfür waren die institutionelle Konsolidierung des Papsttums durch die Sammlung und systematische Ordnung der kirchlichen Rechtsquellen (Kanonistik) und den Ausbau der Kurie nach dem Vorbild des deutschen Königshofes sowie das zum Teil erfolgreiche Bemühen des Papstes, über zahlreiche Länder die Lehnsoberhoheit zu erlangen. Auf Synoden in Anwesenheit des Papstes bzw. seiner Gesandten wurde die Reformpolitik vorangetrieben. Zu dem jetzt ganz energisch und kompromisslos vertretenen innerkirchlichen Primatanspruch des Papstes, der neben dem Streit um das für östliches Denken nicht nachvollziehbare „filioque“ (s.o.) maßgeblich zur endgültigen Trennung der katholischen Westkirche von der orthodoxen Ostkirche im Jahre 1054 („großes Schisma“) beitrug, kam also der weltliche Herrschaftsanspruch, ja Weltherrschaftsanspruch des Papstes hinzu. In seinen Leitsätzen zur Kirchenpolitik (Dictatus papae) von 1075 formulierte Papst Gregor VII. († 1085) u.a.: „Nur er [der Papst] verfügt über die kaiserlichen Insignien. Alle Fürsten haben die Füße einzig und allein des Papstes zu küssen. ... Der Papst kann Kaiser absetzen. ... Er [der Papst] kann vom Treueid gegen unbillige [Herrscher] entbinden.“[291] Als der deutsche König Heinrich IV. (aus dem Geschlecht der Salier; † 1106) in gewohnter Weise Bischöfe in Oberitalien einsetzte, versuchte Gregor 1076 gegen den Widerstand der deutschen Bischöfe, aber mit der Unterstützung der Mehrzahl der deutschen Fürsten seine Leitsätze durch die Exkommunikation Heinrichs und die Entbindung seiner Untertanen vom Treueid in die Tat umzusetzen. Obwohl Heinrich sich 1077 dem berühmten Bußgang nach Canossa unterzog, den man sowohl als Unterwerfung als auch als geschickten politischen Schachzug interpretieren kann, kam es zum Bürgerkrieg in Deutschland und 1080 zur Erhebung eines Gegenpapstes durch Heinrich (Papstschisma). Der Investiturstreit wurde erst unter den Nachfolgern Heinrichs und Gregors beigelegt. Im „Wormser Konkordat“ von 1122 wurde zwischen den geistlichen Befugnissen (Spiritualien) und den weltlichen Befugnissen und Besitztümern (Temporalien und Regalien) unterschieden. Während die Übertragung der Spiritualien nach kirchlich-kanonischem Recht erfolgen sollte, blieb dem weltlichen Herrscher die Übertragung der Temporalien und Regalien vorbehalten.

Die Auseinandersetzungen zwischen Kaiser und Papst gingen freilich auch zur Zeit der Staufer-Kaiser weiter, die den päpstlichen Machtansprüchen mit einer neuen selbstbewussten Reichsideologie begegneten und die Gottunmittelbarkeit des Kaisertums betonten.

Vor dem Hintergrund der päpstlichen und kaiserlichen Machtansprüche müssen auch die Kreuzzüge gesehen werden, die im übrigen nur durch ein ganzes Bündel von politischen, wirtschaftlichen, psychologischen und spirituellen Motiven zu erklären sind. Während der erste Kreuzzug, dessen Ergebnis die überaus blutige Eroberung Jerusalems 1099 und die Gründung der Kreuzfahrerstaaten war, von Papst Urban II. († 1099) initiiert und organisiert worden war, waren bei den übrigen, meist ganz erfolglosen Kreuzzügen nicht nur Päpste, sondern neben anderen weltlichen Herrschern die deutschen Könige, u.a. der Staufer-Kaiser Friedrich I. „Barbarossa“ († 1190), führend. Trauriger „Nebeneffekt“ der Kreuzzüge war eine Welle von Judenpogromen in Westeuropa, positiver „Nebeneffekt“ der Kulturtransfer aus dem Morgenland.

Die Schwäche des deutschen Königtums nach dem plötzlichen Tod Heinrichs VI. († 1197) und der daraufhin erfolgten „Doppelwahl“ zweier Könige war die Voraussetzung dafür, dass Papst Innocenz III. († 1216), der sich erstmals „vicarius (Stellvertreter) Christi“ nannte, als der mächtigste Papst in die Geschichte eingehen konnte. Unter Friedrich II. († 1250), der in schwere Konflikte mit dem Papsttum geriet, erlebte das mittelalterliche Kaisertum seinen letzten großen Aufschwung. Gleich nach seinem Tode wurde sein imposantes Herrschaftsgebilde auf Sizilien zerschlagen und das staufische Geschlecht vernichtet. Es folgte eine kaiserlose Zeit (Interregnum), die im Grunde bis 1355 andauerte.

📖 **Lesetipp:** *U.-R. Blumenthal, Der Investiturstreit, Stuttgart u.a. 1981.*

5.1.3.6 Der Niedergang des Papsttums

Der Triumph des Papsttums war freilich nur von kurzer Dauer, denn schon bald geriet es in völlige Abhängigkeit von der französischen Krone. Von 1309 bis 1377 residierten die Päpste, sämtlich Franzosen, als politische Interessensvertreter Frankreichs gegenüber dem geschwäch-

---

[291] Zitiert nach: KTGQ II, S.61.

ten deutschen Reich in Avignon („babylonische Gefangenschaft"), wo die Kurie auf der Grundlage eines umfassenden Besteuerungssystems zur führenden Geldmacht aufstieg. Schon ein Jahr nach der Rückkehr Papst Gregor XI. nach Rom kam es 1378 bei der Papstwahl nach dessen Tod zum Konflikt, der zum „großen abendländischen Schisma" führte, d.h. zur Spaltung der katholischen Kirche in eine Kirche mit ihrem Papst in Rom und eine Kirche mit ihrem Papst in Avignon. Nachdem verschiedene Lösungsversuche gescheitert waren und es nach dem Konzil zu Pisa (1409) sogar drei Päpste gab, gelang es erst dem auf Initiative des deutschen Königs Sigismund († 1437) zustandegekommenen Konzil zu Konstanz (1414-1417), durch die Erhebung eines neuen Papstes die Kircheneinheit wiederherzustellen. Bemerkenswert an dem Konstanzer Konzil war, dass es den Anspruch erhob, die Kirche zu repräsentieren (Dekret „Haec sancta", 1415). Seither bestimmte der Dualismus zwischen Konziliarismus (kollegiale Kirchenleitung durch die Bischöfe) und Papalismus (Alleinherrschaft des Papstes) die Geschichte der römisch-katholischen Kirche mit, bis sich 1870 der Papalismus endgültig durchsetzte (s.u.).
Der offenkundige Niedergang des Papsttums während der Zeit der „babylonischen Gefangenschaft" und des „großen Schismas" führte bereits lange vor der Reformation zu einer grundsätzlichen Infragestellung des Papsttums. Hier sind vor allem die beiden großen „Vorreformatoren" John Wyclif und Jan Hus zu nennen. Beide wurden mit ihren Anhängern auf dem Konstanzer Konzil verdammt. Hus starb trotz Zusicherung freien Geleits 1415 in Konstanz auf dem Scheiterhaufen, die Leiche Wyclifs, der bereits 1384 gestorben war, wurde ausgegraben und ebenfalls verbrannt.

5.1.3.7 Neue Aufbrüche im Mönchtum

Machtstreben, Reichtum und Zank in der Kirche führten zu einem abermaligen Aufbruch im Mönchtum. In Abgrenzung zu Cluny, dem man Prunkentfaltung vorwarf, entstand seit Anfang des 12. Jahrhunderts als erster zentralistischer Klosterverband der Zisterzienserorden, der u.a. eine wichtige Rolle bei der Kultivierung von Ödland spielte. Ritter- und Spitalorden wurden im Zusammenhang mit den Kreuzzügen gegründet; auch sie haben zum Teil die Siedlungsgeschichte geprägt (Deutscher Orden in Preußen). Die als Reaktion auf die Verweltlichung der Kirche entstandene Armutsbewegung brachte im 13. Jahrhundert die Bettelorden (Franziskaner, Dominikaner, Karmeliter, Augustiner-Eremiten) hervor, die bald in jeder Stadt vertreten waren. Teile der Armutsbewegung, wie die vom Gnostizismus (s.o.) beeinflussten Katharer (= „die Reinen"), aber auch die zunächst ganz auf dem Boden der katholischen Lehre stehenden Waldenser (nach Petrus Waldes † 1206), die sich später der Reformation anschlossen, wurden als „Ketzer" (von Katharer) blutig verfolgt (Inquisition), wobei vor allem die als „Hunde des Herrn" (= Domini cani) bezeichneten Dominikaner eine unrühmliche Rolle spielten.

5.1.3.8 Scholastik und Mystik

Mönche waren es vor allem, die seit dem 11. Jahrhundert die wissenschaftliche Theologie der Scholastik entwickelten. Es ging darum, Glauben und Wissen bzw. Offenbarung und Rationalität oder – so bei dem später zum „Lehrer der Kirche" erklärten Thomas von Aquin († 1274) – Gnade und Natur miteinander in Einklang zu bringen. „Credo ut intelligam" – ich glaube, um zu verstehen (um intellektuell nachvollziehen zu können), auf diese Formel hatte Anselm von Canterbury († 1109) das Programm der Scholastik gebracht. Mit Hilfe der dialektischen Methode des „Sic et non" – ja und nein (Petrus Abaelardus, † 1142) bemühte man sich angesichts widersprüchlicher Aussagen der kirchlichen Autoritäten um eine Synthese. Typisch für die Scholastik war auch der Versuch, die Existenz Gottes rational zu beweisen. Nach der Wiederentdeckung seiner Schriften versuchte man, das Denken des griechischen Philosophen Aristoteles († 322 v.Chr.) für die Theologie fruchtbar zu machen. Jahrhundertelang schwelte

der „Universalienstreit“, der im Grunde unentschieden blieb. Es ging um ein denkerisches Problem, das die Philosophie seit Platon beschäftigte und bis heute beschäftigt, um die Frage nämlich, ob „Universalien“ (d.h. Gattungen, Allgemeinbegriffe, wie z.B. Kirche, Liebe) unabhängig bzw. vor den Einzeldingen (d.h. den konkreten Formen der Kirche, Liebe etc.) real existieren (so die Realisten) oder ob „Universalien“ bloße nachträgliche Benennungen (nomina) der Einzeldinge sind (so die Nominalisten).
Abseits von der zunehmend als erstarrt empfundenen Scholastik entwickelten sich neue Frömmigkeitsformen: neben Heiligenverehrung, Reliquienkult und Wallfahrten mit sehr volkstümlichen, z.T. abergläubisch-magischen Zügen verschiedene Ausprägungen der Mystik (Bernhard von Clairvaux † 1153, Hildegard von Bingen † 1179, Meister Eckhart † 1327, Gabriel Biel † 1495 u.a.). Mystik im engeren Sinne bezeichnet das Streben nach Überwindung des Gegensatzes Gott-Mensch-Welt, nach innerlichem Einswerden mit dem Göttlichen (unio mystica) durch Gebet, Meditation, Kontemplation, Versenkung und Ekstase, wobei man in der Regel von einem gestuften Aufstieg ausging. Die theologisch gedeutete Liebeslyrik des alttestamentlichen Hohenliedes (Braut-Mystik) und das Leiden und Sterben Jesu (Passions- und Kreuzesmystik) spielten eine wichtige Rolle. Der enorme religiöse Aufschwung unter den Frauen seit dem 12. Jahrhundert brachte eine eigene „Frauen-Mystik“ hervor; vielfach wurden religiöse Erlebnisse und Visionen von Frauen aufgezeichnet. Die mittelalterliche Tradition der Mystik lebte auch fort in der Ende des 14. Jahrhunderts in den Niederlanden aufgekommenen Frömmigkeitsbewegung der „devotio moderna“ (vgl. auch die Brüder vom gemeinsamen Leben), die den jungen Luther (vgl. unten) teilweise mit beeinflusste. Besonders an den Universitäten wurden Fragen der Mystik systematisch und schulmäßig behandelt, so dass sich hier Scholastik und Mystik miteinander verbanden.

5.1.3.9 Übersicht über die mittelalterliche Kirchengeschichte

Christentum und Germanenherrschaft	Taufe König Chlodwigs (um 500); (katholische) Mission der Germanen	Merowinger-Herrscher (ab etwa 500) Willibrord-Clemens († 739), Winfrid-Bonifatius († 754)
Mönchtum	Benediktinerregel Cluniazenser Reform (10. Jh.) Armutsbewegung	Benedikt von Nursia († ca. 550) Petrus Waldes († 1206) Franz von Assisi († 1226)
Kaiser und Papst	Pippinische Schenkung Reichskirchensystem Investiturstreit (ab 1076) Wormser Konkordat (1122)	Karolinger-Herrscher (ab 751) Kaiser Otto I. († 973), Archidux Brun von Köln († 965) Papst Gregor VII. († 1085) gegen Kaiser Heinrich IV. († 1106)
Kreuzzüge	Eroberung Jerusalems (1099) Kreuzfahrerstaaten Judenpogrome	Papst Urban II. († 1099) Kaiser Friedrich I. († 1190)
Scholastik	Gottesbeweise	Anselm von Canterbury

	dialektische Methode Aristoteles-Rezeption Universalienstreit	(† 1109) Petrus Abaelardus († 1142) Thomas von Aquin († 1274)
Mystik	Streben nach innerlichem Einswerden mit dem Göttlichen (unio mystica)	Hildegard von Bingen († 1179) Meister Eckhart († 1327)
Niedergang des Papsttums	Päpste in Avignon (1309-1377) Papstschisma (1378-1415) Vorreformatoren Konziliarismus: Konzil zu Konstanz (1414-1417) Renaissancepäpste (Ende 15. Jh.)	 John Wyclif († 1384) Jan Hus († 1415 – hingerichtet)

🕮 **Lesetipp:** *M. Borgolte, Die mittelalterliche Kirche, München 1992.*

5.1.4 Reformationsgeschichte

5.1.4.1 Der allgemeine historische Kontext

Die Zeit um 1500 war eine Phase des allgemeinen Umbruchs. Hier seien nur kurz erwähnt: die geradezu revolutionäre Erfindung des Buchdrucks durch Johannes Gutenberg († 1468), die das bisherige Weltbild zerstörenden Entdeckungen von Christoph Kolumbus († 1506) und Nikolaus Kopernikus († 1543), die starke Bevölkerungszunahme ab etwa 1470, die allmähliche Ablösung der zünftisch-feudalen durch eine frühkapitalistische Wirtschaftsordnung, für die u.a. der Name Fugger steht, sowie die mit der demographischen und wirtschaftlichen Entwicklung verbundenen erheblichen Veränderungen der Sozialstruktur, die die Ursache sowohl für den Ritteraufstand 1522/23 als auch für den Bauernkrieg 1524/25 waren.
Profitiert haben die Reformatoren in Deutschland ohne Zweifel davon, dass der den alten Glauben verteidigenden habsburgischen kaiserlichen Zentralgewalt starke reichsständische Partikulargewalten gegenüber standen, die teilweise die Reformation unterstützten; und ebenso vom Dauerkonflikt zwischen den Habsburgern und der französischen Krone sowie von der Notwendigkeit der Verteidigung gegen das expansive osmanische Reich, denn die Kriege gegen Franzosen und Türken banden bedeutsame Kräfte, die sonst zur Abwehr der Reformation hätten eingesetzt werden können.

5.1.4.2 Der Humanismus

Das korrupte, auf den eigenen Vorteil bedachte Renaissancepapsttum ließ allenthalben den Ruf nach einer „Reform der Kirche an Haupt und Gliedern" laut werden. Scharfe Kritik an kirchlichen Missständen übten vor allem auch die Humanisten. Die Bewegung des Humanismus, die damals das gesamte Geistesleben erfasste, besann sich nach dem Motto „ad fontes" (zurück zu den Quellen) auf die antiken, vor allem auch christlichen, Schriften in ihrer Originalsprache, um dadurch – vor allem durch die Orientierung am Beispiel Jesu – eine allgemeine Hebung der Moral zu erreichen. Das Verhältnis zwischen Humanismus und Reformation war zwar nicht spannungsfrei, und spätestens nach dem Streit zwischen dem „ungekrönten Humanistenkönig" Desiderius Erasmus von Rotterdam († 1536) und Martin Luther im Jahre 1525 (s.u.) kam es zum offenen Bruch, aber mindestens in dreifacher Hinsicht haben die Humanisten – neben ihrer Kritik an den kirchlichen Missständen – der Reformation doch mit den Weg bereitet: 1.) Den Reformatoren kam die philologische Forschung der Humanisten, vor allem natürlich im Hinblick auf die biblischen Schriften, zugute. Luther benutzte z.B. für seine Bibelübersetzung das von Erasmus herausgegebene griechische Neue Testament. 2.) Die Humanisten, die in regem Briefkontakt miteinander standen, diskutierten und verbreiteten so das Denken und auch die Schriften der Reformatoren. 3.) Viele namhafte Reformatoren stammten ursprünglich aus Humanistenkreisen oder wurden zumindest zeitweilig durch den Humanismus stark geprägt.

5.1.4.3 Der Werdegang und die reformatorische Wende Martin Luthers

Die Reformation in Deutschland ist freilich zunächst untrennbar mit dem Namen Martin Luther verbunden, der vom Humanismus kaum beeinflusst wurde. 1483 als Sohn eines Bergbauunternehmers in Eisleben geboren, besuchte er die Lateinschulen in Mansfeld, Magdeburg und Eisenach und wurde 1501 an der Universität Erfurt immatrikuliert. Nach dem mit dem Magisterexamen abgeschlossenen (Grund-)Studium der „sieben freien Künste" (Grammatik, Rhetorik, Dialektik, Arithmetik, Geometrie, Musik und Astronomie) begann er gemäß dem Wunsch des Vaters 1505 ein Jurastudium, das er jedoch schon bald auf Grund verschiedener krisenhafter Vorfälle (u.a. das bekannte Blitzerlebnis bei Stotternheim) abbrach. Er trat in das Erfurter Kloster der Augustiner-Eremiten ein, wo er 1507 zum Priester geweiht wurde. Auf Betreiben seines Mentors Johannes von Staupitz († 1524) studierte er anschließend Theologie und wurde nach einer im Auftrag seines Ordens unternommenen Romreise im Jahre 1512 zum Doktor der Theologie promoviert. Von 1513 bis zu seinem Lebensende 1546 hatte er die bibelwissenschaftliche Professor an der jungen Universität der kleinen kursächsischen Residenzstadt Wittenberg inne.

Zentraler Inhalt der reformatorischen Wende Martin Luthers war die Entdeckung der „allein im Glauben" (sola fide) zu empfangenden Rechtfertigung des sich von Gott abwendenden, sündhaft „in sich selbst verkrümmten Menschen" (homo incurvatus in se) „allein durch die Gnade Gottes" (sola gratia). Wann genau es – bis spätestens 1518 – zu dieser als „Turmerlebnis" bekannt gewordenen Entdeckung kam und ob es sich, wie es der Begriff „Erlebnis" nahe legt, um ein punktuelles Ereignis oder eher um einen längeren Entwicklungsprozess handelte, ist in der Forschung umstritten. Der Inhalt der reformatorischen Wende ist aber vor allem durch Luthers berühmtes Selbstzeugnis von 1545 sehr gut bezeugt. Sicherlich waren die persönlichen Lebensumstände des verzweifelt um ein gottwohlgefälliges Leben als Mönch Bemühten mitentscheidend für die Wende, in erster Linie handelte es sich jedoch um eine exegetische Entdeckung, vor allem beim Studium des Römerbriefes des Paulus. Vorausgegangen war die Konzentration auf die aus sich selbst heraus zu interpretierende Heilige Schrift als die alleinige Offenbarungsquelle (sola scriptura = „allein die Schrift") und auf die Person Jesu Christi (solus Christus = „allein Christus") als den „Schlüssel" zu ihrem Verständnis.

🕮 **Lesetipp:** *B. Lohse, Martin Luther. Eine Einführung in sein Leben und sein Werk, München ^{3}1997.*
R. Schwarz, Luther, Göttingen ^{2}1998.

5.1.4.4 Die Auseinandersetzungen mit Rom

Zum Bruch mit der römischen Kirche und dann auch mit dem Kaiser kam es nach dem (zum Teil angezweifelten) Anschlag der 95 Thesen an das Portal der Wittenberger Schlosskirche am 31. Oktober 1517. Luther, der zunächst nur eine Gelehrtendiskussion über die völlig kommerzialisierte Ablasspraxis (Erlass von Sündenstrafen gegen Geldleistungen) anstoßen wollte, musste sich, nachdem die lateinischen Thesen ohne sein Zutun übersetzt, gedruckt und verbreitet worden waren, 1518 in Heidelberg und Augsburg und 1519 in Leipzig gegenüber Vertretern seines Ordens bzw. der Amtskirche rechtfertigen.

1520 entfaltete er die reformatorische Lehre in drei Schriften. In der „Adelsschrift" („An den christlichen Adel deutscher Nation ...") forderte er wegen des Versagens der Bischöfe die weltlichen Herrscher zur Durchführung der Kirchenreform auf und stellte der Unterscheidung zwischen „Geistlichen" und „Laien" die Lehre vom „allgemeinen Priestertum der Gläubigen" gegenüber. In „Von der babylonischen Gefangenschaft der Kirche" erklärte Luther in Anspielung auf die als „babylonische Gefangenschaft" bezeichnete Zeit der Päpste in Avignon (s.o.) das Papsttum selbst zum Gefängnis der Kirche. In dieser Schrift übte Luther vor allem auch Kritik am Sakramentsverständnis. Nur Taufe und Abendmahl anerkannte er als schriftgemäß, bei der Buße war er zunächst unsicher. „Von der Freiheit eines Christenmenschen" ist wohl Luthers bekannteste Schrift. Ausgehend von den Antithesen: „Ein Christenmensch ist ein freier Herr über alle Dinge und niemand untertan. Ein Christenmensch ist ein dienstbarer Knecht aller Dinge und jedermann untertan."[292] entfaltete er das dialektische Verhältnis zwischen der umfassenden, endgültigen Befreiung des Menschen durch die von Gott geschenkte Rechtfertigung einerseits und dem notwendigen Dienst am Mitmenschen andererseits. Gegenüber einem libertinistischen Missverständnis der Freiheit schärfte er ein, dass ein gerechtfertigter Mensch sich in freier Liebe seinem Nächsten zuwendet, nicht, um sich dadurch Verdienste vor Gott bzw. Ansehen bei den Menschen zu erwerben oder um eine Regel zu befolgen oder irgendeinem Zwang nachzugeben, sondern einfach so, gleichsam „automatisch", wie ein gesunder Baum gute Früchte hervorbringt.
1521 wurde über Luther sowohl der päpstliche Bann als auch, nachdem er sich auf dem Reichstag zu Worms vor Kaiser Karl V. († 1558) geweigert hatte zu widerrufen, die Reichsacht verhängt. Luthers Landesherr, der sächsische Kurfürst Friedrich der Weise († 1525) ließ ihn daraufhin auf der Wartburg bei Eisenach in Schutzhaft nehmen. Hier übersetzte Luther in wenigen Wochen das Neue Testament ins Deutsche („Septembertestament").

5.1.4.5 Der „linke Flügel der Reformation"

Auch die folgenden Lebensjahre Luthers waren durch Auseinandersetzungen geprägt. Zunächst galt es, das Anliegen der Reformation gegenüber dem radikalen sogenannten „linken Flügel der Reformation" zu schützen. Mit dem Begriff „linker Flügel der Reformation" werden sehr verschiedene Gruppierungen bezeichnet, denen Luthers Reformen nicht weit genug gingen. Dazu gehörten vor allem „Spiritualisten", die die institutionelle Kirche durch „geistgeleitete" Gemeinden wie im Urchristentum (s.o.) ersetzen wollten, „Täufer", die die Taufe von einer bewussten Entscheidung abhängig machten und deshalb die Kindertaufe ablehnten, und schließlich diejenigen, die wie Thomas Müntzer († 1525) mit der Reformation sozialrevolutionäre politische Ziele verbanden und sich im Bauernkrieg auf die Seite der Bauern stellten. Luther polemisierte z.T. sehr heftig und undifferenziert gegen die „Schwärmer", wie er die Anhänger der unterschiedlichen Bewegungen pauschal nannte. Gegenüber den „Spiritualisten" stellte er klar, dass der Heilige Geist sich an das Wort, die Heilige Schrift, gebunden habe und man deshalb misstrauisch sein müsse gegenüber denjenigen, die von sich behaupten, sie seien vom Geist erfüllt. Gegenüber den „Täufern" machte er geltend, dass der Glaube ein Geschenk Gottes sei und eben nicht das Produkt einer bewussten Entscheidung des Menschen. Nachdem er bereits 1523 in seiner Schrift „Von weltlicher Obrigkeit" vor einer Vermischung von geistlichem und weltlichem Regiment gewarnt hatte, wandte er sich 1525 in äußerster Schärfe gegen den gewaltsamen Aufstand der sich auf das Evangelium berufenden Bauern. Christlich sei es, so Luther, notfalls zu leiden, nicht aber, für seine Belange zu streiten. Der Bauernkrieg bedeutete für die Reformation eine Zäsur; sie war seitdem weitaus weniger eine Volksbewegung von unten als vorher. Luthers Lehre von den zwei Regimenten hatte – fälschlich als „Zwei-Reiche-Lehre" bezeichnet – z.T. eine fatale Wirkungsgeschichte, weil *damit*

[292] WA 7, S.21.

häufig sämtliches Tun der Obrigkeit gerechtfertigt wurde. Nach Luther aber ist auch die Obrigkeit Gott gegenüber verantwortlich. Er konnte sich nur nicht vorstellen, dass das Reich Gottes mit machtpolitischen, gewaltsamen Mitteln geschaffen werden kann. Der verbreitete Vorwurf, Luther sei ein „Fürstenknecht“ gewesen, ist deshalb – zumal unter Berücksichtigung des historisch Möglichen – überzogen.

5.1.4.6 Luther und Erasmus

1524/25 kam es zu dem bereits erwähnten Bruch zwischen Luther und Erasmus. Die Schrift „Vom freien Willen“, in der Erasmus Luther angriff, beantwortete Luther mit einer Gegenschrift: „Vom unfreien Willen“. Es ging nach Luthers Meinung um das zentrale theologische Problem schlechthin. Dem Humanisten Erasmus war an der Sittlichkeit der Menschen gelegen, und er war optimistisch, dass es in dieser Hinsicht einen Fortschritt gab. Deshalb war es für ihn schon aus pädagogischen Gründen nicht anders denkbar, als dass der Mensch durch seinen freien Willen an seinem Heil mitwirkt. Für Luther dagegen, der im Hinblick auf die sittlichen Möglichkeiten des Menschen äußerst pessimistisch war, hing alles von der freien Gnade des allmächtigen Gottes ab, die für ein auch noch so geringes Mitwirken des Menschen am Heil keinen Platz ließ. In zwischenmenschlichen, weltlichen Angelegenheiten ließ Luther dagegen einen freien menschlichen Willen durchaus gelten. Wirklich frei kann der Mensch aber nach Luther erst sein, wenn ihm die Sache des Heils von Gott gänzlich aus der Hand genommen worden ist.

5.1.4.7 Huldrych Zwingli und die schweizerische Reformation

Ab 1526 setzte Luther sich mit Huldrych Zwingli (* 1484) auseinander. Zwingli, seit 1519 Priester am Großmünsterstift in Zürich, hatte ab 1522 gemeinsam mit dem Rat der Stadt die Reformation in Zürich eingeführt; andere Städte folgten. Inwieweit Zwinglis Denken durch die Lektüre Luthers geformt worden war, ist bis heute in der Forschung umstritten. Der frühere Erasmus-Anhänger hatte intensiv Paulus und Augustin studiert und war nicht zuletzt unter dem Eindruck der Vorgänge um Luther sowie einer schweren Pesterkrankung Ende 1519 am humanistischen Fortschrittsoptimismus irre geworden. In jedem Fall hatte die Zürcher „Kirchenbesserung“, die ganz „handfest“ mit einem Wurstessen in der Fastenzeit begann, schon auf Grund der ganz anderen sozialen und politischen Situation in der eidgenössischen Stadt gegenüber der Wittenberger Reformation ein eigentümliches Gepräge. In zentralen theologischen Fragen, etwa in der Rechtfertigungslehre und in der Frage der Willensfreiheit, stimmten Zwingli und Luther indes überein, und auch die Zürcher Reformation brachte einen „linken Flügel“ hervor, den Zwingli wie Luther bekämpfte. Uneinigkeit herrschte dagegen im Verständnis des Abendmahls. Zwar lehnten beide die altgläubigen Lehren von der Wandlung der Elemente Brot und Wein in den Leib und das Blut Christi (Transsubstantiation) und von der Wiederholung des Opfers Christi ab, jedoch hielt Luther an der leiblichen Gegenwart (Realpräsenz) Christi beim Abendmahl fest, während Zwingli das Abendmahl symbolisch verstand in dem Sinne, dass die Gemeinde sich das Geschehen am Kreuz von Golgatha vergegenwärtigt und sich dazu bekennt. Das auch aus politischen Gründen arrangierte „Marburger Religionsgespräch“ 1529 brachte keine Einigung zwischen Luther und Zwingli in der Abendmahlsfrage. Es entwickelten sich zwei verschiedene reformatorische Konfessionen, die lutherische und die reformierte. Erst 1973 vereinbarten beide Konfessionen Abendmahls- und Kirchengemeinschaft („Leuenberger Konkordie“). Anders als Luther hat Zwingli sich auch unmittelbar politisch engagiert. 1531 kam er als Teilnehmer am innerschweizerischen Glaubenskrieg ums Leben.

📖 **Lesetipp:** *U. Gäbler, Huldrych Zwingli. Eine Einführung in sein Leben und sein Werk, München [2]1988. G.W. Locher, Zwingli und die schweizerische Reformation, Göttingen [2]1997.*

5.1.4.8 Johannes Calvin

Weit mehr noch als Zwingli prägte der Franzose Johannes Calvin (* 1509, † 1564) die reformierte Konfession, die dann häufig auch nach ihm benannt wurde. Calvin, ein Mann der zweiten Reformatorengeneration, gilt als der größte Schüler Luthers. Von Haus aus Jurist, schloss er sich in Paris einem Gelehrtenkreis an, der zwischen Humanismus und Reformation stand, und widmete sich philologischen Studien. Als Sympathisant der Reformation aus Frankreich verdrängt, veröffentlichte er 1536 in Basel die erste Ausgabe seiner „Institutio religionis Christianae" (Unterricht in der christlichen Religion). Diese systematische Darstellung der evangelischen Lehre, die er zeitlebens immer wieder stark überarbeitete und erweiterte, wurde zu Calvins Hauptwerk. Guillaume Farel († 1565) überredete ihn, ihn bei der Durchführung der Reformation in Genf zu unterstützen. Nach anfänglichen Misserfolgen – zeitweilig musste Calvin sogar die Stadt verlassen – gelang ihm 1541 die Durchsetzung einer neuen Kirchen- und Gottesdienstordnung und eines neuen Katechismus. Calvins Kirchenreform und Theologie waren stark ethisch akzentuiert. Anders als Luther ging er von der grundsätzlichen Erfüllbarkeit der biblischen Gebote durch die von Gott Gerechtfertigten aus, wodurch der Calvinismus teilweise einen gesetzlichen Zug erhielt. Zum Merkmal des Calvinismus wurde die Lehre von der doppelten Prädestination, die auch die Möglichkeit beinhaltet, dass Gott Menschen zur ewigen Verdammnis vorherbestimmt. Erst später entwickelte sich im Calvinismus die problematische Vorstellung, dass der Lebenswandel eines Menschen Rückschlüsse auf seine Erwählung bzw. seine Verwerfung erlaube (Syllogismus practicus). Bei dem Bemühen, sein sittenstrenges Gemeindeideal, bei dem die Kirchengemeinde und die politische Gemeinde im Grunde zusammenfielen, durchzusetzen, musste Calvin einen jahrelangen Kampf gegen heftige Widerstände in der Bürgerschaft führen. In einem gewissen Kontrast zu seinem Rigorismus in Genf standen Calvins Vermittlungsbemühungen zwischen den schweizerischen und den lutherischen Reformatoren. In der Abendmahlsfrage vertrat er eine mittlere Position: Christus ist beim Abendmahl durch die Wirkung des Heiligen Geistes gegenwärtig (Spiritualpräsenz). 1541 unterzeichnete Calvin eine abgeänderte Form der grundlegenden lutherischen Bekenntnisschrift, des „Augsburger Bekenntnisses" (s.u.), und 1549 kam es zur „Zürcher Übereinkunft", einem Konsenspapier zwischen Calvin und Zwinglis Nachfolger in Zürich, Heinrich Bullinger († 1575). Während letzteres auf Dauer Bestand hatte und in gewissem Sinne die Zwinglische Reformation in die Calvinsche überführte, wurde das geänderte „Augsburger Bekenntnis", die sogenannte „Varita", von lutherischer Seite nicht akzeptiert. Der Calvinismus verbreitete sich außer in der Schweiz vor allem in Westeuropa (Frankreich, Niederlande, Schottland, England), in Ungarn, auch in einigen deutschen Territorien und später in Amerika. Heute gibt es weltweit mehr reformierte als lutherische Christen.

📖 **Lesetipp:** *W. van't Spijker, Calvin. Biographie und Theologie, Göttingen 2001.*

5.1.4.9 Die politischen Auseinandersetzungen bis zum „Augsburger Religionsfrieden" 1555

Zu Lebzeiten Luthers gelang es dem Kaiser, der sich als „Vogt der römisch-katholischen Kirche" verstand, nicht, die weitere Ausbreitung der evangelischen Lehre zu verhindern. Das „Wormser Edikt" von 1521, in dem Luther und seine Lehre verurteilt worden waren, konnte wegen der auswärtigen Kriege und wegen des Widerstands der evangelischen Reichsstände (s.o.) nicht konsequent durchgeführt werden. Verschiedentlich beschloss der Reichstag sogar eine einstweilige Aussetzung des Ediktes. Daneben gab es freilich auch Beschlüsse, das Edikt durchzuführen, wogegen aber die evangelischen Reichsstände protestierten (daher die Bezeichnung Protestanten). Auf dem Augsburger Reichstag 1530 legten die lutherischen Stände das von Philipp Melanchthon († 1560), Luthers wichtigstem Weggefährten, erarbeitete „Augsburger Bekenntnis" (s.o.) vor. Zwingli und die vier oberdeutschen Reichsstädte Straßburg, Konstanz, Lindau und Memmingen reichten jeweils ein eigenes Bekenntnis ein. Der Versuch, mit Hilfe dieser Bekenntnisse den Kaiser zur Duldung des evangelischen Glaubens zu bewegen, scheiterte. Karl V. ließ eine Widerlegung des „Augsburger Bekenntnisses" verlesen und forderte anschließend die evangelischen Stände zur Unterwerfung auf, was diese ablehnten. Nachdem verschiedene vom Kaiser angeordnete Religionsgespräche zu keinem Ergebnis geführt hatten, kam es nach Luthers Tod 1546 zum „Schmalkaldischen Krieg" und weiteren Auseinandersetzungen, die nach wechselhaftem Verlauf schließlich mit einer Art Pattsituation endeten. Im „Augsburger Religionsfrieden" 1555 musste der Kaiser den Landesherren das Recht zugestehen, die Konfession in ihrem Territorium zu bestimmen: cuius regio – eius religio (wessen Region, dessen Religion). Anerkannt wurden freilich nur die römisch-katholische und die lutherische Konfession. Der „Augsburger Religionsfrieden", der zum Teil die konfessionelle Landkarte bis heute bestimmt, bescherte Deutschland zwar rein äußerlich betrachtet die längste Friedensperiode seiner Geschichte, unterschwellig aber gab es vielerlei Konflikte, die jahrzehntelang gärten und dann im „Dreißigjährigen Krieg" (1618-1648) kulminierten.

5.1.4.10 Das „Konfessionelle Zeitalter"

Das nun beginnende „Konfessionelle Zeitalter" zeichnete sich zunächst dadurch aus, dass sich die Konfessionen konsolidierten und ihr jeweiliges lehrmäßiges Profil entwickelten: Dem in die Defensive geratenen römischen Katholizismus gelang durch das auf Betreiben des Kaisers einberufene „Konzil von Trient" (1545-1563) eine umfassende Erneuerung und Regeneration, die Lutheraner einigten sich nach heftigen Lehrstreitigkeiten 1577 auf die „Konkordienformel" und 1580 auf das „Konkordienbuch", eine Zusammenstellung der als verbindlich geltenden lutherischen Bekenntnisschriften, und es entstanden auch die wichtigsten reformierten Bekenntnisschriften wie der „Heidelberger Katechismus" von 1563. Mit der Konsolidierung der Konfessionen gingen eine konfessionalistische Engführung, die durch das Streben nach der reinen, unverfälschten Lehre (Orthodoxie) gekennzeichnet war, und eine zunehmende Abgrenzung gegenüber den anderen Konfessionen einher. Dieser Konfessionalismus war mit ursächlich für den „Dreißigjährigen Krieg" (s.o.), in dem religiöse Motive freilich rasch von rein machtpolitischen Interessen überlagert wurden. Nachdem es keiner Konfession gelungen war, die anderen zu verdrängen, knüpfte der „Westfälische Frieden" von 1648 wesentlich an den „Augsburger Religionsfrieden" an. Diesmal wurden allerdings auch die Reformierten als die „dritte Konfession" miteinbezogen.

5.1.4.11 Übersicht über die Reformationsgeschichte

allgemeiner historischer Kontext	Erfindung des Buchdrucks (um 1450) Entdeckung Amerikas (1492) neues Weltbild Dualismus zwischen der kaiserlichen Zentralgewalt und den reichsständischen Partikulargewalten Kriege zwischen dem Kaiser und dem französischen König sowie zwischen dem Reich und den Türken (1529 Türken vor Wien)	Johannes Gutenberg († 1468) Christoph Kolumbus († 1506) Nikolaus Kopernikus († 1543) Kaiser Karl V. († 1558) Kurfürst Friedrich der Weise von Sachsen († 1525) König Franz I. († 1547) Sultan Suleiman II. († 1566)
Humanismus	philologische Bildung („Zurück zu den Quellen!"), Kritik an kirchlichen Missständen, moralischer Fortschrittsoptimismus	Desiderius Erasmus von Rotterdam († 1536)
Anfänge der Reformation	Luthers reformatorische Wende („Turmerlebnis") (ca. 1513-1518) Thesenanschlag (1517)	Martin Luther († 1546)
Auseinandersetzungen mit Rom	Verhör Luthers in Augsburg (1518) Leipziger Disputation (1519) „reformatorische Hauptschriften" Luthers (1520) päpstlicher Bann gegen Luther (1521)	Kardinal Cajetan († 1534) Johann Eck († 1543) Papst Leo X. († 1521)
Auseinandersetzungen mit dem „linken Flügel der Reformation"	Bewegung der „Täufer" und „Spiritualisten" (ab 1521) Bauernkrieg (1525)	Thomas Müntzer († 1525 – hingerichtet)
schweizerische Reformation	Zürcher Fastenbruch (1522) Abendmahlsstreit Zwingli – Luther (ab 1526) Marburger Religionsgespräch (1529) Genfer Kirchenordnung (1541) Zürcher Übereinkunft (1549)	Huldrych Zwingli († 1531) Johannes Calvin († 1564)
Luther und Erasmus	Erasmus: „Vom freien Willen" (1524) Luther: „Vom unfreien Willen" (1525)	

politische Entwicklungen	Wormser Edikt (1521) Augsburger Reichstag mit Verlesung des „Augsburger Bekenntnisses“ (1530) „Schmalkaldischer Krieg“ (1546)	Philipp Melanchthon († 1560)
„Konfessionelles Zeitalter“	Katholische Reform / Gegenreformation: Konzil von Trient (1545-1563) (reformierter) „Heidelberger Katechismus“ (1563) (lutherisches) Konkordienwerk (1577/1580) „Dreißigjähriger Krieg“ (1618-1648) „Westfälischer Frieden“ (1648)	

📖 **Lesetipp:** *B. Moeller, Deutschland im Zeitalter der Reformation, Göttingen ^{4}1999.*
R. Stupperich, Die Reformation in Deutschland, Gütersloh ^{3}1988.
Th. Kaufmann, Reformatoren, Göttingen 1998.

5.1.5 Kirchengeschichte der Neuzeit

5.1.5.1 Der Pietismus

Die Katastrophe des „Dreißigjährigen Krieges“ mit seinen tiefgreifenden Umwälzungen war der Anstoß für eine neue konfessionsübergreifende Frömmigkeitsbewegung in Europa. Gegenüber der Betonung der rechten Lehre im „Konfessionellen Zeitalter“, die vielfach zu Erstarrung und Konfrontation geführt hatte, legte man nun den Akzent auf den gelebten Glauben. Während im Katholizismus mystische Erneuerungsbewegungen für frischen Wind sorgten, drückte weiten Teilen des deutschen Protestantismus in der Zeit vom Ende des 17. bis zur Mitte des 18. Jahrhunderts der Pietismus seinen Stempel auf, und zwar auch über den kirchlich-theologischen Bereich hinaus. Die Wurzeln des Pietismus sind u.a. in den Erbauungs- und Gebetbüchern Johann Arndts († 1621) zu suchen. Obwohl es sich keineswegs um eine einheitliche Strömung handelte, die vor allem auch regionale Besonderheiten aufwies, kann man folgende Punkte als charakteristisch für den Pietismus bezeichnen: 1.) im Alltag praktizierte Frömmigkeit (praxis pietatis) mit regelmäßigem Gebet, Bibellesen, Hausandacht etc.; 2.) Biblizismus, d.h. strenge Orientierung an der Bibel, deren Wortlaut nicht kritisch hinterfragt wird; 3.) „Wiedergeburt“ bzw. „Bekehrung“ als notwendiges, in der Regel punktuell verstandenes, bewusst erlebtes Ereignis im Leben eines Christen; 4.) Distanz zur Welt (Fernhalten von weltlichen Vergnügungen wie Theater, Tanzen etc.) und auch zur Amts- bzw. Volkskirche (Gründung von kleinen Konventikeln von „Bekehrten“); 5.) eschatologische Vorstellungen vom Beginn der tausendjährigen Endzeit, in der Gott diejenigen sammelt, die mit ihm in seinem Reich leben werden (Chiliasmus); 6.) diakonisches und missionarisches Engagement; 7.) Relativierung der Dogmen und Bekenntnisse und statt dessen Betonung der individuellen Herzensfrömmigkeit.

Drei Namen stehen vor allem für den Pietismus in Deutschland: Philipp Jakob Spener († 1705), August Hermann Francke († 1727) und Nikolaus Graf von Zinzendorf († 1760). Trotz

mancher Abhängigkeiten des jeweils Jüngeren vom jeweils Älteren gaben sie dem Pietismus einen jeweils eigenen Akzent.
Spener, ab 1666 Oberpfarrer in Frankfurt am Main, ab 1686 Oberhofprediger in Dresden und ab 1691 Konsistorialrat und Propst in Berlin, war der eigentliche Vater des Pietismus. In seiner berühmten Programmschrift von 1675 „Pia desideria“ (Frommes Verlangen) forderte er angesichts des nach seiner Ansicht verdorbenen Zustands der Kirche eine umfassende Reform, einschließlich der Pfarrerausbildung. Bemerkenswert ist u.a. seine Forderung nach stärkerer Einbeziehung der „Laien“, entsprechend Luthers Lehre vom „allgemeinen Priestertum der Gläubigen“ (s.o.).
Francke, der in enger Verbindung mit Spener stand und 1687 in Lüneburg ein „Bekehrungserlebnis“ hatte, gilt als der große Organisator des Pietismus. Als Pfarrer und Professor in Halle (seit 1692) reformierte er nicht nur gemäß den Vorschlägen Speners das Theologiestudium, sondern auch die Pädagogik und das Schulwesen. 1695 gründete er eine Armenschule und ein Waisenhaus, aus denen sich mit Unterstützung des preußischen Königs rasch eine regelrechte „Schulstadt“ mit angegliederten Wirtschafts- und Handelsunternehmen und einer Lehrerbildungseinrichtung entwickelte; Tochtergründungen entstanden u.a. in Amerika und Russland.
Zinzendorf, Jurist und ehemaliger Schüler der Halleschen Anstalten, gründete 1722 mit böhmisch-mährischen Glaubensflüchtlingen auf seinen Ländereien in der Oberlausitz die Kolonie Herrnhut, ein politisch-kirchliches Gemeinwesen mit besonderen Ordnungen (u.a. strenge Kirchenzucht, starke Beteiligung der „Laien“) und Gottesdienstformen, aus dem sich entgegen der Absicht Zinzendorfs eine selbständige Sonderkirche entwickelte, die heute in Deutschland vertraglich mit der Evangelischen Kirche in Deutschland verbunden ist. Auf Grund der „Tropentheorie“ Zinzendorfs, wonach die verschiedenen Konfessionen nur unterschiedliche Erziehungsformen Gottes zur Ausbreitung des Evangeliums sind, wurde die „Herrnhuter Brüdergemeine“ zu einem der Wegbereiter der Ökumene.
Auch der Pietismus, „die bedeutendste Erneuerungsbewegung des Protestantismus seit der Reformation“ (Martin Brecht), brachte einen radikalen, separatistischen „Flügel“ mit z.T. ekstatischen Erscheinungen hervor. Eine Renaissance erlebte der Pietismus in der Erweckungsbewegung des 19. Jahrhunderts (s.u.); z.T. wirkt er auch in der heutigen evangelikalen Bewegung nach.

5.1.5.2 Die Aufklärung

Fast zeitgleich mit dem Pietismus begann in Deutschland die Aufklärung. Die Aufklärung war eine alle Lebens- und Kulturbereiche durchdringende gesamteuropäische Geistesbewegung vornehmlich des 18. Jahrhunderts, für die der Mensch und seine Emanzipation im Mittelpunkt stand und deren Methode der Gebrauch der Vernunft war: „Sapere aude! Habe Mut, dich deines eigenen Verstandes zu bedienen! ist also der Wahlspruch der Aufklärung.“[293]
Aufklärung und Pietismus werden meist als miteinander unvereinbare Gegensätze betrachtet. Aber der „Vater der deutschen Aufklärung“, der Universalgelehrte Gottfried Wilhelm Leibniz († 1716), war mit Spener, dem „Vater des Pietismus“, befreundet, und die rationale Kritik der Aufklärung an den kirchlichen Dogmen und Bekenntnissen war durch deren Relativierung zugunsten einer individuellen Herzensfrömmigkeit im Pietismus (s.o.) vorbereitet worden. Völlig gegensätzlich war freilich das Bibelverständnis. Während der Pietismus die bereits im „Konfessionellen Zeitalter“ entwickelte Verbalinspirationslehre, wonach gleichsam jedes Wort der Bibel direkt vom Heiligen Geist diktiert wurde und deshalb jeglicher Kritik enthoben ist, noch verschärfte, begann die Aufklärungstheologie bzw. „Neologie“ (neue Lehre), mit philologischen Methoden den geschichtlichen Entstehungsprozess der Bibel und die zeitgeschichtliche Bedingtheit ihrer Sprache und Vorstellungswelt zu erforschen.

---

[293] I. Kant, Beantwortung der Frage: Was ist Aufklärung?, 1784, zitiert nach: KTGQ IV, S.146.

Als Begründer dieser historisch-kritischen Bibelexegese gilt der Hallenser Theologieprofessor Johann Salomo Semler († 1791), ein durch und durch konservativ-kirchlicher Mann, der keineswegs den christlichen Glauben erschüttern, sondern im Gegenteil gegen rationalistische Fundamentalkritik, wie sie vor allem in der französischen Aufklärung laut wurde, verteidigen wollte. Ähnlich wie schon Luther unterschied Semler zwischen der Bibel und dem Wort Gottes, das zwar in der Bibel enthalten, aber nicht mit ihr gleichzusetzen sei. Das Wort Gottes passt sich, so Semler, dem jeweiligen Fassungsvermögen der Menschen der verschiedenen Epochen an, in der Bibel also den Menschen der biblischen Zeiten (Akkomodationstheorie). Semler unterschied auch bereits zwischen dem nötigen Glauben und dem unnötigen Fürwahrhalten von Fakten.

1774 veröffentlichte Gotthold Ephraim Lessing († 1781) unter dem Titel „Fragmente eines Wolfenbüttelschen Ungenannten" Schriften des Hamburger Gymnasialprofessors Hermann Samuel Reimarus († 1768). Auf Grund von Widersprüchen in den Evangelien war Reimarus zu dem Ergebnis gekommen, die Jünger hätten Jesu Leichnam entwendet, die Lüge von der Auferstehung verbreitet und auf der Grundlage dieses Betruges die Kirche gegründet. Dieser radikale Angriff auf das Christentum führte zu einem heftigen Streit, dem sogenannten „Fragmentenstreit". Das Verdienst des Reimarus ist es, deutlich auf die Unterschiede in den Evangelien hingewiesen und die Leben-Jesu-Forschung angestoßen zu haben. Es fehlte ihm freilich die Einsicht in den Überlieferungsprozess der Evangelien und in deren verkündigende und eben nicht biographische Absicht.

In der Folge des „Fragmentenstreites" verkümmerte das Christentum vielfach zu einer reinen anthropozentrischen Vernunft- und Tugendreligion; Pfarrer wurden, namentlich im Preußen Friedrichs des Großen († 1786), zu Volkserziehern, die die Staatstugenden zu vermitteln hatten. Symbol hierfür war das Geläut der Potsdamer Garnisonskirche: „Üb immer Treu und Redlichkeit ..."

Den Höhepunkt und zugleich den Endpunkt der deutschen Aufklärung markiert das Werk des Königsberger Philosophen Immanuel Kant († 1804). In seiner „Kritik der reinen Vernunft" (1781) widerlegte er alle Gottesbeweise und alle aufklärerischen Versuche, eine Vernunftreligion zu konstruieren. Freilich wurde der „Alleszermalmer", wie der jüdische Philosoph Moses Mendelssohn († 1786) ihn nannte, deswegen nicht zum Atheisten oder Agnostiker. Die Grundideen der Vernunftreligion, Gott, Freiheit und Unsterblichkeit, sind, so Kant in seiner „Kritik der praktischen Vernunft" (1788) Postulate der praktischen Vernunft, d.h. der Moral. Kant zeigte also zum einen die Grenzen der Vernunft im Blick auf das Transzendente auf und betonte zum anderen die Notwendigkeit des moralischen Handelns. Berühmt wurde sein „kategorischer Imperativ", dessen bekannteste Formulierung lautet: „Handle so, daß die Maxime deines Willens jederzeit zugleich als Prinzip einer allgemeinen Gesetzgebung gelten könne."[294]

5.1.5.3 Friedrich Schleiermacher

Friedrich Daniel Ernst Schleiermacher († 1834) brachte einen Neuansatz in der Theologie. Schleiermacher hatte, bevor er in Halle Theologie studierte, bei den Herrnhutern eine Predigerausbildung begonnen. Ab 1804 war er Theologieprofessor und Prediger in Halle, später in Berlin, wo er zum Wegbereiter der modernen theologischen Wissenschaft wurde. In seinem 1799 erschienenen ersten Buch „Über die Religion" präsentierte er ein neues Religionsverständnis: Anknüpfungspunkt der Religion ist danach nicht, wie die Aufklärer gemeint hatten, der menschliche Verstand oder die menschliche Sittlichkeit bzw. das moralische Handeln, sondern „eine eigene Provinz im Gemüte" des Menschen, das religiöse „Bewusstsein" oder „Gefühl", das er in seiner „Glaubenslehre" (1821/22) näher definierte als „Gefühl der

---

[294] Zitiert nach K. Heussi, Kompendium der Kirchengeschichte, Tübingen [18]1991, S.410.

schlechthinnigen Abhängigkeit“, und zwar der Abhängigkeit von Gott als dem Woher des Abhängigkeitsgefühls. Theologie war für Schleiermacher, wie er es in seiner „Kurzen Darstellung des theologischen Studiums“ (1811) ausführte, keine „reine“, sondern eine „positive“ bzw. „praktische“ Wissenschaft, die nicht allgemeingültige Lehrsätze aufstellen, sondern das jeweils in der Kirche geltende „fromme Bewusstsein“ erfassen und die „Kunstregeln“ des im weiteren Sinne „kirchenleitenden“ Handelns zusammenfassen sollte.

5.1.5.4 Die protestantische Theologie und Kirchenpolitik im 19. Jahrhundert

Drei große Strömungen bestimmten im wesentlichen die protestantische Theologie des 19. Jahrhunderts:
1.) die konservative Theologie, zu der vor allem die in verschiedener Hinsicht an den Pietismus anknüpfende, breite Volksschichten erfassende Erweckungsbewegung, das an der uneingeschränkten Autorität der lutherischen Bekenntnisschriften festhaltende Neuluthertum sowie die ausschließlich am Bibeltext orientierte, mit der Erweckungsbewegung verwandte biblische Theologie zu rechnen sind;
2.) die in der Tradition des aufklärerischen Rationalismus stehende liberale Theologie, die die Dogmen und Bekenntnisse in Frage stellte, die historisch-kritische Bibelexegese fortführte und dann auch das Christentum vor dem Hintergrund der allgemeinen spätantiken Religionsgeschichte analysierte (religionsgeschichtliche Schule);
3.) die sich um einen Ausgleich zwischen konservativer und liberaler Theologie bemühende und sich dabei auf Schleiermacher berufende Vermittlungstheologie.
Im kirchenpolitischen Bereich stritten konservative und liberale Protestanten im 19. Jahrhundert um die Gestaltung der Kirchenverfassung. Während die Konservativen an dem in der Reformationszeit als Provisorium eingeführten landesherrlichen Kirchenregiment mit dem Landesherrn als oberstem Bischof (Summepiskopat) und von diesem eingesetzten Kirchenverwaltungen (Konsistorien) festhielten, forderten die Liberalen analog zu den politischen Demokratisierungsbestrebungen im Umfeld der Märzrevolution 1848 Mitbestimmungsrechte der Gemeinden. Den liberalen Forderungen z.T. entsprechende presbyterial-synodale Kirchenordnungen erhielten zunächst (1835) nur die neuen preußischen Provinzen Rheinland und Westfalen. Erst nach der Gründung des Kaiserreiches 1871 gelangten presbyterial-synodale Elemente – neben den weiterhin bestehenden konsistorialen Strukturen – auch in andere Kirchenverfassungen.
Vor dem Hintergrund der nationalen Einigungsbestrebungen nach der napoleonischen Ära müssen die Bemühungen um einen Zusammenschluss von Lutheranern und Reformierten zu einer einheitlichen evangelischen Kirche gesehen werden. 1817 verkündete König Friedrich Wilhelm III. († 1840) für Preußen eine solche Kirchenunion, wie sie etwa auch Schleiermacher gefordert hatte. Das preußische Beispiel machte Schule. Auch in Hessen, in der Pfalz, in Baden und in Anhalt kam es zu Unionen, freilich nur in der Pfalz und in Baden zu echten Bekenntnisunionen mit einem neuen Einheitskatechismus. Ansonsten beschränkten sich die Unionen auf die Verwaltung und z.T. die Liturgie. Trotzdem stießen sie vor allem auf Seiten des Neuluthertums auf massiven Widerstand, der sogar zur Gründung lutherischer Freikirchen („Altlutheraner“) führte. Statt zweier protestantischer Konfessionen gab es hinfort drei: Lutheraner, Reformierte, Unierte.
Die Vertreter der liberalen und der Vermittlungstheologie stimmten weithin darin überein, dass sich die Christen den kulturellen Herausforderungen der Zeit stellen müssten, dass sie offen sein müssten für die aktuellen Entwicklungen in Wissenschaft, Politik und Gesellschaft. Ein solches „kulturprotestantisches“ Denken, für das u.a. die Namen der Theologieprofessoren Albrecht Ritschl († 1889) und Adolf von Harnack († 1930) stehen, bestimmte am Ende des 19. und zu Beginn des 20. Jahrhunderts weithin das evangelische Deutschland.

5.1.5.5 Die katholische Kirche

Ganz im Gegensatz hierzu schottete sich der Katholizismus seit der Mitte des 19. Jahrhunderts regelrecht gegen alles Moderne ab. Gegenüber nationalkirchlichen Konzeptionen und aufklärerischen Tendenzen setzte sich klar die universalkirchliche, antiliberale, streng papsttreue Bewegung des „Ultramontanismus“ (ultra montes = jenseits der Berge, d.h. auf den Papst in Rom bezogen) durch. Höhepunkte dieser Entwicklung, die bis zum Zweiten Vatikanischen Konzil (1962-1965) und z.T. darüber hinaus andauerte, waren u.a. das Dogma von der unbefleckten Empfängnis Mariens 1854, das Dogma von der Unfehlbarkeit des Papstes 1870, das zur Gründung der von Rom unabhängigen altkatholischen Kirche führte, der Erlass des „Antimodernisteneides“ 1910, der bis 1967 von jedem Priester verlangt wurde, und das Dogma von der Himmelfahrt Mariens 1950. Der Katholizismus hat sich, trotz heftiger Zusammenstöße mit der protestantischen Obrigkeit während der „Kölner Wirren“ in den 1830-er und während des „Kulturkampfes“ in den 1870-er Jahren, in seinem selbstgewählten Ghetto insgesamt gut entfalten können. Der Protestantismus hingegen, der zu einem großen Teil im wilhelminischen Reich eine geradezu symbiotische Verbindung mit dem Kaiserhof einging (Bündnis von Thron und Altar) und wegen seiner Offenheit im Zeitalter des Imperialismus von nationalistischen Strömungen erfasst wurde (Nationalprotestantismus), musste sich nach dem Umbruch 1918, der auch das Ende des landesherrlichen Kirchenregiments bedeutete, völlig neu orientieren.

5.1.5.6 Die soziale Frage

Auf die Herausforderungen der sozialen Frage im Gefolge der industriellen Revolution haben beide Kirchen erst spät und unzureichend reagiert. Der Hamburger Pfarrer Johann Hinrich Wichern († 1881) schuf zwar 1848 mit der Inneren Mission (heute Diakonisches Werk) ein imposantes Werk der christlichen Nächstenliebe, jedoch beschränkte sich dieses – entgegen den weiterreichender Vorstellungen Wicherns von einem christlichen Sozialstaat – faktisch auf das bloße Kurieren der Symptome. Der Versuch des Berliner Hofpredigers Adolf Stoecker († 1909), durch die Gründung der Christlich-Sozialen Arbeiterpartei 1878 der kirchenkritischen Arbeiterbewegung den Wind aus den Segeln zu nehmen, scheiterte kläglich. Stoecker, der in bedenkliches antisemitisches Fahrwasser geriet und mit seinen eigenen hauptsächlich kulturell bestimmten antisemitischen Gedanken seinerseits fatalerweise eine große Wirkung erzielte, war dem theoretischen Niveau des Marxismus nicht gewachsen. Zudem stießen seine durchaus ernst zu nehmenden sozialreformerischen Pläne auf die Ablehnung des Kaisers, der ihn als Hofprediger entließ. Katholische Soziallehrer wie der Mainzer Bischof Wilhelm Emanuel von Ketteler († 1877) und auch Papst Leo XIII. († 1903) übten zwar eine über die meisten evangelischen Stellungnahmen hinausgehende grundsätzliche Sozialkritik, sie waren aber auf Grund des Antimodernismus häufig einem wirklichkeitsfremden vorindustriellen, bisweilen sozialromantischen Denken verhaftet, das freilich auch bei evangelischen Theologen zu finden war. Erfolgreich waren die Gesellenvereine des Kölner Priesters Adolf Kolping († 1865).

5.1.5.7 Karl Barth und die Dialektische Theologie

Nachdem das Versagen des Nationalprotestantismus, der das Kriegserlebnis 1914-1918 theologisch verbrämt hatte (Kriegstheologie), 1918 offenkundig geworden war, begann mit Karl Barth († 1968) und der von ihm begründeten Dialektischen Theologie eine neue Epoche in der Theologiegeschichte. Barth, der auf Grund seines Römerbriefkommentars 1921 aus seinem schweizerischen Pfarramt auf eine Professur für reformierte Theologie in Göttingen berufen wurde, sah die Ursache der Fehlentwicklung in der Theologie schon bei Schleiermacher. Wer wie dieser beim Menschen und seinem religiösen „Bewusstsein“ ansetzt, verwandelt, so

Barth, die Theologie in Anthropologie. Jegliche „natürliche Theologie" im weitesten Sinne, d.h. alle Versuche, von der Natur oder der Geschichte oder einer allgemeinen Religionstheorie oder dem menschlichen Denken, Fühlen und Gewissen oder der menschlichen Sittlichkeit auf Gott zurück zu schließen, lehnte er kategorisch ab, da Gott immer „ganz anders" (totaliter aliter) sei. Der scharfe Kontrast, die Realdialektik zwischen Gott und dem Menschen könne keinesfalls vom Menschen überbrückt werden. Aber Gott hat, so Barth, zu den Menschen gesprochen (Deus dixit), und zwar in Jesus Christus, wie er in der Bibel bezeugt wird. Deshalb gelte es, wieder „mit dem Anfang anzufangen", d.h. ganz auf das Wort Gottes zu hören und sich dabei durch keinerlei Nebengeräusche aus Kultur, Politik, Wissenschaft etc. stören bzw. beeinflussen zu lassen. Das klingt zunächst ganz unpolitisch, aber Barth, der selbst Mitglied der sozialdemokratischen Partei war, hat das politische Gemeinwesen in reformierter Tradition auf die Christengemeinde und die Königsherrschaft Christi bezogen. Im „Kirchenkampf" 1933-1945 half seine Theologie maßgeblich mit, dass Teile der Kirche gegenüber den Verführungs-, Manipulations- und Vergewaltigungsversuchen der Nationalsozialisten weitgehend resistent waren.
Auch im Luthertum kam es nach dem Ersten Weltkrieg zu einem theologischen Aufbruch, der zunächst vor allem mit dem Namen des Berliner Kirchenhistorikers Karl Holl († 1926) verbunden ist. Im Mittelpunkt dieser sogenannten „Lutherrenaissance" stand die Orientierung am Rechtfertigungserlebnis des jungen Luther (vgl. oben).

🕮 **Lesetipp:** *K. Kupisch, Karl Barth, Stuttgart/Kiel ²1996.*

5.1.5.8 Die Kirchen im Nationalsozialismus

1933 standen große Teile des deutschen Protestantismus, die nach wie vor nationalprotestantischem Denken verhaftet waren, der Machtübernahme der Nationalsozialisten durchaus positiv gegenüber, wenn sie auch nicht mit deren „Blut- und Bodenideologie" übereinstimmten. Sie wurden in ihrer Haltung dadurch bestärkt, dass Adolf Hitler, der um Vertrauen der Kirchen warb, sich zu Beginn seiner Herrschaft betont christlich gab. Zum Konflikt kam es, als die 1932 gegründete nationalsozialistisch orientierte Kirchenpartei der Deutschen Christen (DC) die Macht in der Kirche ergreifen wollte. Die Kirchenführer beschlossen, nicht zuletzt um solch einer Machtergreifung wirksamer entgegenwirken und einer entsprechenden populären Forderung der DC den Wind aus den Segeln nehmen zu können, den Zusammenschluss der bis dahin nur lose verbundenen 28 Landeskirchen zu einer einheitlichen Reichskirche mit einem Reichsbischof an der Spitze. Entgegen der Forderung der DC, deren „Schirmherrn", den Königsberger Wehrkreispfarrer Ludwig Müller († 1945), den Hitler zu seinem „Bevollmächtigten für die Angelegenheiten der evangelischen Kirche" ernannt hatte, zum Reichsbischof zu wählen, entschied sich schließlich eine breite Mehrheit der Landeskirchenvertreter für den angesehenen Leiter der Betheler Anstalten Friedrich von Bodelschwingh († 1946) als Reichsbischof. Dieser trat freilich auf Grund staatlichen Drucks bereits nach vier Wochen zurück. Nachdem staatlich angeordnete Kirchenwahlen im Juli 1933 einen Sieg der DC gebracht hatten, wurde im September 1933 Müller zum Reichsbischof gewählt. Seine Inkompetenz, seine diktatorischen Maßnahmen sowie die auf der Berliner DC-Sportpalastkundgebung im November 1933 erhobenen Forderungen nach einer Anpassung der christlichen Lehre an die NS-Ideologie führten schon Ende 1933 zur Formierung einer breiten Oppositionsfront gegen Müller, aus der heraus sich 1934 (Reichsbekenntnissynoden in Barmen und Dahlem) die Bekennende Kirche (BK) entwickelte. Die vor allem von Karl Barth verfasste „Barmer Theologische Erklärung", in der „Jesus Christus, wie er uns in der heiligen Schrift bezeugt wird", als „das eine Wort Gottes" bezeichnet wird, wurde zu deren „Magna Charta". Die Versuche des von Hitler 1935 eingesetzten Reichskirchenministers Hanns Kerrl († 1941), mit Hilfe von „neutralen" Kirchenausschüssen ein völliges Auseinanderbrechen der Kirche zu *verhindern, um die* im In- und Ausland entstandene Unruhe zu beseitigen, scheiterten. Nachdem sich die DC bereits nach der Sportpalastkundgebung zersplittert hatten, spaltete sich 1936 an der Stellung zu den Kirchenausschüssen auch die BK in einen gemäßigteren Flügel um den lutherischen Bischof von Bayern Hans Meiser († 1956) („Lutherrat“) und in einen radikaleren „bruderrätlichen“ Flügel um den Dahlemer Pfarrer Martin Niemöller († 1984), der von 1937 bis 1945 inhaftiert war.

Die katholische Kirche, die vor 1933 vor dem Nationalsozialismus gewarnt hatte, arrangierte sich 1933 teilweise mit den neuen Machthabern. Im Konkordat zwischen dem Papst und dem Deutschen Reich vom Juli 1933, das im übrigen ein wichtiger außenpolitischer Erfolg der neuen Regierung war, verzichtete die katholische Kirche gegen eine weitgehende Bestandsgarantie ihrer Institutionen und Leitungsstrukturen auf jegliche politische Betätigung. In der Folgezeit kam es staatlicherseits zu zahlreichen Konkordatsverletzungen, und 1935 begann eine Verleumdungskampagne gegen Priester und Ordensleute mit zahlreichen Verhaftungen. 1937 reagierte der Papst hierauf mit der Enzyklika „Mit brennender Sorge“, in der der Staat ermahnt wurde, den Frieden mit der Kirche wiederherzustellen.

Aktiven Widerstand gegen den Nationalsozialismus und seine Verbrechen leisteten in beiden Kirchen jeweils nur einzelne, wie etwa der evangelische Theologe Dietrich Bonhoeffer und der Jesuitenpater Alfred Delp, die beide ihr Engagement 1945 mit dem Leben bezahlen mussten.

Das Verhalten der Kirchen im Nationalsozialismus wird heute mitunter scharf kritisiert. Die Kirchen waren aber die einzigen gesellschaftlichen „Großgruppen“, die sich der „Gleichschaltungspolitik“ auf Dauer erfolgreich widersetzten.

🕮 **Lesetipp:** *E. Röhm, J. Thierfelder (Hg.), Evangelische Kirche zwischen Kreuz und Hakenkreuz, Stuttgart ^{4}1990.*

5.1.5.9 Entwicklungen seit 1945

Die „Stuttgarter Schulderklärung“ von 1945, heute oftmals als zu schwach empfunden, damals vielfach als „Nestbeschmutzung“ verunglimpft, ermöglichte die internationale Anerkennung der aus der BK heraus neu gegründeten Evangelischen Kirche in Deutschland (EKD), die auch gleich Mitglied des sich 1948 in Amsterdam konstituierenden Ökumenischen Rates der Kirchen (ÖRK) wurde.

Die strukturell intakt gebliebene katholische Kirche erneuerte sich grundlegend durch das von Papst Johannes XXIII. († 1963) einberufene Zweite Vatikanische Konzil (s.o.).

Die Nachkriegszeit ist einerseits geprägt durch Annäherung. Neben dem eben erwähnten ÖRK, dem mit Ausnahme der römisch-katholischen Kirche mittlerweile nahezu alle größeren christlichen Kirchen angehören, sei noch einmal auf die weiter oben erwähnte „Leuenberger Konkordie“ von 1973, die volle Abendmahls- und Kirchengemeinschaft zwischen Reformierten und Lutheranern ermöglichte, hingewiesen. Auch die katholische Kirche öffnete sich gegenüber der Ökumene, wenn auch noch viele Fragen (Abendmahlsgemeinschaft, Anerkennung der Ämter u.a.) ungeklärt sind. Im Alltag jedenfalls verlor die konfessionelle Frage zunehmend an Bedeutung.

Freilich hängt dies auch andererseits mit dem Traditionsabbruch weiter Bevölkerungskreise im christlich-kirchlichen Bereich zusammen, mit dem vor allem seit den sechziger Jahren beide Großkirchen in Deutschland konfrontiert werden. Bestimmte theologische und politische Fragen (Umgang mit der Bibel, Wiederbewaffnung, Befreiungstheologie, feministische Theologie u.a.) wurden weniger zwischen den Konfessionen als vielmehr quer durch die Konfessionen z.T. äußerst kontrovers diskutiert und stellten die Kirchen mitunter vor die Zerreißprobe. Spät bekannten die Kirchen ihre Mitschuld an den Verbrechen gegen die Juden; seither bemühen sie sich z.T. sehr intensiv um einen gleichberechtigten Dialog.

Auf Grund staatlichen Drucks trennten sich die evangelischen Kirchen in der DDR 1969 organisatorisch von der EKD. Unter der mehrdeutigen Formel „Kirche im Sozialismus" versuchte der DDR-Kirchenbund zwischen Anpassung und Opposition die christliche Identität in einer erklärtermaßen atheistischen Gesellschaft zu behaupten. Als 1991 auch die EKD wiedervereinigt wurde, hatten die ostdeutschen Landeskirchen einen Großteil ihrer Mitglieder verloren.
1999 vereinbarten Lutheraner und Katholiken eine „Gemeinsame Erklärung zur Rechtfertigungslehre" (mit interpretierendem – relativierendem? – Zusatz). Ob damit tatsächlich, wie es in der Erklärung heißt, ein „Konsens in Grundwahrheiten" erzielt wurde, ist umstritten. Jedenfalls blieben praktische Konsequenzen bislang aus. Die Katholische Kirche beharrte im Gegenteil sogar darauf, dass die reformatorischen Kirchen „nicht Kirchen im eigentlichen Sinn" seien (Erklärung Dominus Jesus vom 6. August 2000) und dass eine eucharistische Gemeinschaft mit diesen nicht möglich sei (Enzyklika De Eucharistia vom Gründonnerstag 2003). Deutet sich hier ein Paradigmenwechsel in der Ökumene an? Hinter der nicht nur für Nicht-Katholiken schwer verständlichen Haltung der Katholischen Kirche unter ihrem charismatischen Papst Johannes Paul II. (* 1920, Papst seit 1978) steckt die durchaus verständliche Sorge vor Relativismus und Indifferentismus. In der Evangelischen Kirche hat nach einer Phase starken (zum Teil als einseitig empfundenen) sozial-, friedens- und umweltpolitischen sowie sozial-diakonischen Engagements in den 1970-er bis 1990-er Jahren – angesichts sinkender Mitgliederzahlen und Kirchensteuereinnahmen – eine notwendige theologische Neubesinnung auf die „Kernaufgaben" der Kirche (die politische und diakonische Konsequenzen nicht ausschließt) begonnen.

🕮 **Lesetipp:** *R. Frieling, Der Weg des ökumenischen Gedankens, Göttingen 1992.*

5.1.5.10 Übersicht über die Kirchengeschichte der Neuzeit

Pietismus	**Konventikel, praxis pietatis, Biblizismus „Wiedergeburt", „Bekehrung" Herrnhuter Brüdergemeinde (1722)**	**Philipp Jakob Spener († 1705) August Hermann Francke († 1727) Nikolaus Graf von Zinzendorf († 1760)**
Aufklärung	**historisch-kritische Bibelexegese „Fragmentenstreit", Leben-Jesu-Forschung „Kritik der praktischen Vernunft" (1788), „kategorischer Imperativ"**	**Gottfried Wilhelm Leibniz († 1716) Johann Salomo Semler († 1791) Hermann Samuel Reimarus († 1768) Gotthold Ephraim Lessing († 1781) Immanuel Kant († 1804)**

Protestantische Theologie und Kirchenpolitik im 19. Jahrhundert	**„Gefühl" als Anknüpfungspunkt der Theologie Summepiskopat / Konsistorien versus presbyterial-**	**Friedrich Daniel Ernst Schleiermacher († 1834)**

	synodale Kirchenordnungen Kirchenunionen dagegen: „Altlutheraner" konservative Theologie liberale Theologie Vermittlungstheologie Kulturprotestantismus Nationalprotestantismus / „Kriegstheologie" (1914-1918)	 König Friedrich Wilhelm III. von Preußen († 1840) Albrecht Ritschl († 1889) Adolf von Harnack († 1930)
Die katholische Kirche	„Ultramontanismus" Mariendogmen (1854 und 1950) Unfehlbarkeitsdogma (1870) dagegen: „Altkatholiken" „Kulturkampf" in Preußen (1870-er Jahre) „Antimodernisteneid" (1910)	 Papst Pius IX. († 1878)
Soziale Frage	Innere Mission (1848) Christlich-Soziale Arbeiterpartei (1878) Katholische Soziallehre	Johann Hinrich Wichern († 1881) Adolf Stoecker († 1909) Adolf Kolping († 1865) Wilhelm Emanuel von Ketteler, Bischof von Mainz († 1877) Papst Leo XIII. († 1903)
Dialektische Theologie Lutherrenaissance	Ablehnung jeglicher „natürlichen Theologie" Realdialektik zwischen Mensch und Gott (totaliter aliter) christozentrische Wort-Gottes-Theologie Neubesinnung auf die Rechtfertigungslehre	Karl Barth († 1968) Karl Holl († 1926)
Nationalsozialismus und Kirchen	NS-Kirchenpartei „Deutsche Christen" (1932) Reichskirche / Reichsbischof (1933) Reichskonkordat (1933) Bekennende Kirche: Reichsbekenntnissynoden von Barmen (Theologische Erklärung) und Dahlem (1934)	Joachim Hossenfelder († 1976) Friedrich von Bodelschwingh († 1946), Ludwig Müller († 1945) Karl Barth (s.o.) Martin Niemöller († 1984)

	„Lutherrat" (1936) **Kirchenausschüsse (1935-1937)** **Enzyklika: „Mit brennender Sorge" (1937)** **politischer Widerstand**	**Hans Meiser († 1956)** **Hanns Kerrl († 1941)** **Papst Pius XI. († 1939)** **Dietrich Bonhoeffer, Alfred Delp († 1945 – hingerichtet)**
Entwicklungen seit 1945	**„Stuttgarter Schulderklärung" (1945)** **Evangelische Kirche in Deutschland (EKD) (1948)** **Ökumenischer Rat der Kirchen (1948)** **Zweites Vatikanisches Konzil (1962-1965)** **„Leuenberger Konkordie" (1973)** **DDR-Kirchenbund (1969): „Kirche im Sozialismus"** **Wiedervereinigung der EKD (1991)**	 **Theophil Wurm († 1953)** **Otto Dibelius († 1967)** **Papst Johannes XXIII. († 1963)** **Albrecht Schönherr (* 1911)**

5.2 Interpretation eines kirchengeschichtlichen Quellentextes

5.2.1 Allgemeine Hinweise zur Interpretation historischer Quellentexte

Es empfiehlt sich ein Vorgehen in drei Schritten: Analyse, historisches Sachurteil, Werturteil.[295]

1. Ziel der **Analyse** ist das **Wissen bestimmter Sachverhalte**. Sie geschieht möglichst sachlich, objektiv, ohne bzw. vor der Wertung. Hierbei gilt natürlich: Reine Neutralität und Objektivität sind nicht möglich. Man sollte sich daher über sein Vorverständnis, seine Perspektive, seine Vorurteile Rechenschaft ablegen.[296] Es kommt zunächst darauf an, zu ergründen, was im Text wirklich drinsteht, was der Autor / die Autoren sagen wollten, egal, wie man selbst dazu steht.
Zur Analyse gehören zum einen das Ermitteln der „Daten der äußeren Beschreibung" (soweit möglich), zum anderen die Reorganisation des Textinhaltes.

„Daten der äußeren Beschreibung":
– Autor(en) / Abfassungsort;

[295] Vgl. hierzu u.a. K.-E. Jeismann, Didaktik der Geschichte u. ders., Grundfragen des Geschichtsunterrichts, in: G. C. Behrmann u.a. (Hg.), Geschichte und Politik, Paderborn 1978, S.50-107, besonders S.58ff. u. 81ff; ders., „Geschichtsbewußtsein", in: H. Süßmuth (Hg.), Geschichtsdidaktische Positionen, Paderborn 1980, S.179-222, besonders S.204ff; E. Weymar, Werturteile im Geschichtsunterricht, in: GWU 21/1970, S.198-215.
[296] Vgl. W. J. Mommsen, Der perspektivische Charakter historischer Aussagen und das Problem von Parteilichkeit und Objektivität historischer Erkenntnis, in: R. Koselleck u.a. (Hg.), Objektivität und Parteilichkeit, München 1977, S.441-468.

- Adressat(en) / Ort;
- Abfassungszeit;
- Art der Quelle (Handelt es sich um eine Primärquelle, z.B. eine Urkunde, oder um eine Sekundärquelle, z.B. ein nachträglich angefertigtes Gedächtnisprotokoll?);
- Überlieferungsgeschichte der Quelle (Gibt es abweichende Textfassungen, „Vorläufer" der vorliegenden Textfassung? Ist der Text literarisch einheitlich bzw. integer?); hierzu gehören auch Informationen zum Fundort des Textes und zu eventuellen Veröffentlichungen;
- unmittelbarer Anlass für die Abfassung;
- unmittelbare Wirkung des Textes (Gibt es etwa ein Antwortschreiben?).

Reorganisation des Textinhaltes:

- Strukturierung / Gliederung des Textes nach textimmanenten Gesichtspunkten;
- Wiedergabe / Zusammenfassung des Textinhaltes mit eigenen Worten (z.B. thesenartig), dabei Verzicht auf kommentierende Zusätze;
- Erklären von Begriffen, Personen, Sachen.

2. Das Vorgehen beim **historischen Sachurteil** ist – wie bei der Analyse – ebenfalls möglichst sachlich, objektiv; Wertungen bzw. Kommentare sind zu vermeiden.
Ziel ist das **Erkennen bestimmter Zusammenhänge**, zum einen durch das Aufzeigen von Interdependenzen, Abhängigkeiten und Widersprüchen, zum anderen durch das In-Beziehung-Setzen der Quelle zum historischen Kontext.

Aufzeigen von Interdependenzen, Abhängigkeiten und Widersprüchen:

(innerhalb des Quellentextes und gegebenenfalls im Vergleich des Quellentextes mit anderen Quellen desselben Autors oder anderer Autoren)

- Kausalzusammenhänge (Ursache – Wirkung);
- Zweck-Mittel-Relation;
- inhaltlich-gedankliche Brüche;
- Widerspruch zwischen Wollen und Tun;
- Widerspruch zwischen Anspruch und Wirklichkeit etc.

In-Beziehung-Setzen der Quelle zum historischen Kontext:

- allgemeiner politischer, kirchenpolitischer, geistes- bzw. ideen-, mentalitäts-, theologiegeschichtlicher, sozial-ökonomischer Hintergrund;
- entsprechende Ursachen und Wirkungen;
- benutzte Quellen / Literatur / Zitate.

3. Ziel der **Wertung** ist es, nach der Klärung bestimmter Sachverhalte und Zusammenhänge mittels Reflektieren und Problematisieren zu einer **begründeten Beurteilung** zu gelangen.

Werturteil:

- Beurteilen von historischen Personen, Handlungen, Ereignissen, Institutionen, Strukturen, Ideen etc. nach bestimmten politischen, weltanschaulichen, ethischen oder religiösen Normen und Werten.
- Ganz entscheidend ist hierbei: **Man muss sich über seine eigenen Normen und Werte Rechenschaft ablegen und die Kriterien und Maßstäbe seines Urteilens offen darlegen!**

- Wichtig auch: Beim Werturteil droht stets die Gefahr einer unhistorischen moralistischen Selbstgerechtigkeit, Überheblichkeit und Besserwisserei aus der sicheren Warte der Nachgeborenen. **Wer angemessen über eine historische Persönlichkeit urteilen will, muss fragen, was angesichts der allgemeinen geschichtlichen und der besonderen biographischen Gegebenheiten möglich war.**

5.2.2 Beispiel für die Interpretation eines Quellentextes:

Beispielhaft interpretiert wird ein bislang unveröffentlichter Text aus dem Bundesarchiv-Militärarchiv Freiburg i.B., Bestand Reichsmarine (RM) 26/50, Bl.19-23.

„Rede beim Feldgottesdienst
anlässlich der Skagerak [sic!] - Gedenkfeier am 9. Juni 1922 am Hermannsdenkmal

Wir singen zunächst das Lied: Grosser Gott, wir loben dich.

Im Namen des Vaters und des Sohnes und des Heiligen Geistes, Amen.

Wir hören einige kurze Worte aus dem Neuen Testament, die unser Herr und Heiland gesprochen hat: Niemand hat grössere Liebe denn die, dass er sein Leben lässt für seine Freunde und wenn ihr glauben werdet an meine Rede, so seid ihr meine rechten Jünger und ihr werdet die Wahrheit erkennen und die Wahrheit wird euch frei machen. Gott ist Geist und die ihn anbeten, müssen ihn im Geiste und in der Wahrheit anbeten und der Geist ist es, der sie lebendig macht, Amen.

Wir singen einen Vers: Ich hab' mich ergeben, mit Herz und mit Hand, dir Land voll Lieb und Leben, mein teures Heimatland.

Liebe Kameraden! Am 31. Mai wurde die Seeschlacht vor dem Skagerak in all' unseren Strandorten [sic!] unter grosser Beteiligung der ganzen Einwohnerschaft der Borkum nahegelegenen Städte gefeiert. Es war ein besonders denkwürdiger Tag, der Tag der Skagerakgedenkfeier, weil sie eigentlich zum ersten Mal wieder zeigte, wie der Soldat mit dem Bürger zusammenstehen muß und steht. Ihr waret damals auf dem Marsch und so soll diese Feier auf diesem Boden unsere Skagerak-Gedenkfeier sein. Kaum ein anderer Platz auf dem Marsch, den ihr bis jetzt gemacht und der noch vor euch liegt, ist geeigneter als dieser Platz hier zu den Füssen dieses Denkmals. Der Mann, dessem Gedächtnis dieses Denkmal gesetzt ist, hat vor langer, langer Zeit hier, auf diesem Stück deutschen Bodens, eine Tat vollbracht, die sein Andenken sichert für alle Zeiten. So oft es in dunklen Tagen mit dem deutschen Volke niederging und die Not lag auf den Herzen und auf den Menschen, hat man sich dieses Mannes erinnert und unter seinem Namen und in seinem Geiste ist dann wieder etwas lebendig geworden im deutschen Land, das die Kraft gegeben hat, die Fesseln zu sprengen. Der Name Hermanns, des Cheruskers oder des Befreiers Deutschlands führt uns zurück in eine Zeit, wo es auch eine grosse Weltmacht gab, das römische Reich, das seine Herrschaft ausgedehnt über alle Länder des Mittelländischen Meeres, über Germanien, das Land vom Rhein bis zur Elbe. Sie hatten es geschickt angefangen, dieses Land zur römischen Provinz zu machen. Unter der sehr geschickten Leitung des Tiberius fing man an, den Germanen so zu behandeln, wie er nach seinen Schwächen behandelt werden musste. Man brachte ihm die römische Kultur ins Land, rief die edlen Jünglinge ins Heer und wenn sie wie-

der kamen, waren sie begeistert und erfüllt von dem Sehnen des Deutschen nach heller, warmer Sonne und den Ländern, wo mehr Sonne scheint, als bei uns, bis ein neuer zu ihnen kam, Quintilius Varus. Er war vorher in Syrien gewesen und hatte da geherrscht über ein sklavisch gesinntes Volk und als sie ihm nicht zu Willen waren, blutig gestraft und sogar ans Kreuz schlagen lassen. Er kam ins Land unserer Väter und meinte, er könnte seine Macht durchsetzen indem er diese Männer mit harter Hand fasste und die entehrende Strafe des Prügelns einführte. Und wie diese blutige, harte Hand des römischen Landes auf dem Volke lag, da bäumte sich etwas auf in den Herzen der Männer in ihren freien Sitzen und es ging eine Raunen und Rauschen durch's Land und wie die Bewegung reif war, war auch der Mann da und ihm folgten sie. Varus fegte von München her in dieses Gebiet. In der Dörenschlucht, in dem sumpfigen Terrain, da geschah es. Die Römer waren in der Uebermacht und absolut modern ausgerüstet mit allem, was ihnen die damalige Zeit an die Hand gab. Aber Hermanns Leute waren nicht so ausgerüstet. Sie hatten aber etwas, das stärker war, als die technischen Ausrüstungen. Sie hatten in ihren Herzen einen Geist, ein Feuer, eine Liebe zur Heimat, die durch nichts niedergehalten werden konnte. Und als der Nebel über dem Lande lag und die Römer mit ihren Rüstungen schwer durchkamen, da standen die deutschen Männer und keiner fürchtete den Feind. Da gabs ein blutiges Schlagen in den Schluchten und da lagen sie, die stolzen römischen Legionen und frei war das Land geworden zu einer Zeit, wo die römische Herrschaft auf dem Gipfel ihrer Macht stand. Aber das Feuer liess sich nicht länger dämmen und so kam es zum Ausbruch und führte zur Freiheit. Wir kommen von jener Zeit in die heutige Zeit. Ihr jüngeren Kameraden habt es vielleicht nicht so miterlebt. Wir haben es im deutschen Land auch so erlebt, wie das Wehen des grossen Heiligen Geistes im August 1914. Ein Ring hatte sich um das deutsche Land geschlossen und da ging es durch jedes Herz, ob hoch oder niedrig. Da standen wir alle unter dem zwingenden, unter dem mächtigen Banne dieses Geistes, wo wir uns fühlten als Brüder einer Volksgemeinschaft, die nun in den Kampf ziehen mussten, die Heimat zu schützen. Und wenn ein Volk so nahe von Gottes Geist berührt ist und sich nicht zurückfindet zu dieser alten, ewig jungen Wurzel dieser Kraft, dann ist es um das Volk geschehen. Aller Orten fangen die Herzen an, lebendig zu werden, die Fessel [sic!] werden uns zu hart. Ihr lieben Kameraden, die ihr jetzt den grauen Rock tragt, ihr seid zur Marine gekommen, weil ihr zur See fahren wollt und um weiter zu sehen als nur die engen Grenzen des Heimatdorfes. Ihr habt ein Erbe angetreten, gross und heilig. Ihr jungen Kameraden wisst garnicht [sic!], was wir gehabt haben damals in den ersten Augusttagen, als die deutsche Flotte versammelt war, als wir ausriefen: morgen, übermorgen vielleicht. Da lag über dem Ganzen eine heilige Gottesstille. Mit einem Mal fing alles an zu singen das alte, liebe, deutsche Schutzlied. Das sind Stunden und Augenblicke gewesen, die wir nie vergessen. Die deutsche Flotte war der Ausdruck des deutschen Volkes. Man freute sich dieser starken Flotte in jenen Tagen. Es umschwebte uns ein Geist, der genau so [sic!] stark war, wie überall in Deutschland. Was sind das für Schiffe gewesen, diese grossen, starken, stolzen, um die uns die Welt beneidet hat. Was die erlebt haben, was sie aushielten, wie uns diese Schiffe ans Herz gewachsen waren! Dann kam der grosse Tag, auf den alles hingearbeitet hatte vom Kaiser zum Kapitän bis zum letzten Heizer. Wie ist gearbeitet worden auf diesen Schiffen bis der Tag kam, der Tag, der der grösste gewesen ist, wo eine Schlacht auf See geschlagen wurde, wo die junge deutsche Flotte gegen einen Feind stand, der ihr überlegen war und wie ist hingearbeitet und geschafft worden, und die deutsche Flotte ist Sieger geblieben. Je weiter wir Abstand gewinnen von dieser Zeit, je grösser ist der Tag, je mehr merken wir, was wir verloren haben. Es darf nicht verloren sein! Gerade im Unglück, wo die Fesseln am härtesten sind, muss das geboren sein, was uns verlo-

ren ist. Von euch verlangt man, wo die Stunde kommt, dass Jeder das Beste und Letzte gibt, was wir haben, das ist unser Leben. Wir müssen eine Kraft haben, die die anderen Leute nicht mit den Augen sehen, die wir aber fühlen. In dieser Stunde des Erinnerns muss es lebendig werden und wir wollen uns darüber klar sein, was wir haben müssen. Wir wollen uns nicht mehr mit leeren Worten begnügen, wir wollen Wahrheit haben und wir wollen Kraft haben und darum müssen wir inwendig zurück zu der Kraft dort oben, zu dem ewigen Gott, unserem Vater im Himmel. Wir leben in einer Zeit, wo der fremde Geist die Herrschaft führt, wo Gott und Christus nichts mehr gilt und die Menschen meinen, sie könnten über die letzten Wahrheiten lächeln, wo die Lüge und Gemeinheit dominiert und wir nicht viel merken von Volksgemeinschaft und Kameradschaft. Da sind wir berufen, Führer zu werden, für eine neue Zeit, wo wir uns wieder eins fühlen in der Liebe zu Volk und Vaterland, gestärkt durch die Liebe zu dem, der die Wahrheit und Offenbarung Gottes ist in Ewigkeit. Und so ist das ein wahres Wort und bleibt es: Niemand kann grössere Liebe haben als die, dass er sein Leben lässt für seine Freunde. Der Geist ist es, der lebendig macht. Ein altes Soldatenwort sagt: Eine Truppe ohne Geist ist nichts wert und ist der Geist da, dann kann man alles schaffen. Habt ihr gelesen, was auf dem Schwerte steht, das der Hermann trägt? ‚Deutschlands Einigkeit meine Stärke, meine Stärke Deutschlands Macht'. Dieses Werk ist begonnen zu einer Zeit, wo es schwer auf dem Volke lag und zur Krönung gekommen ist, als das einige deutsche Reich errichtet war, als es unsere Väter erlebten, wie der Mensch glücklich ist, wenn er einig ist mit der Gemeinschaft. Und wie dieses Denkmal das Symbol der deutschen Kraft ist, und so wie diese deutsche Einigkeit 4 Jahre lang die ganze Welt in Schrecken gehalten hat, wollen wir uns innerlich stärken und sich jeder bemühen, ein echter, deutscher, ehrlicher Mann zu sein, der jederzeit bereit ist, vor Gott zu treten und den letzten Weg zu gehen und darum helfe uns allen unser ewiger Gott, unser Vater im Himmel, dass wir uns wieder zurückfinden zu dieser Wahrheit, zu dieser Kraft, zu dieser Stärke, dass wir den Kampf führen in uns selbst, dass uns inwendig die Wahrheit freigemacht wird und wir helle Augen kriegen, als frohe, starke Männer unseren Dienst tun können, auch den letzten und grössten, für Volk und Vaterland zu sterben. Und wenn dieser Geist wieder lebendig ist, dann mögen wieder wie damals so viele Stimmen laut werden. Der Geist ist es, der lebendig macht und wir wollen sein ein einzig Volk von Brüdern, in keiner Not uns trennen und Gefahr. Wir wollen frei sein, wie die Väter waren, eher den Tod, als in der Knechtschaft leben. Wir wollen trauen auf den höchsten Gott und uns nicht fürchten vor der Macht der Menschen. Amen.

Wir beten: Vater unser, der du bist in dem Himmel, geheiligt werde dein Name, dein Reich komme, dein Wille geschehe wie im Himmel also auch auf Erden. Unser täglich Brot gib uns immerdar und vergib uns unsere Schuld und führe uns nicht in Versuchung, sondern erlöse uns von dem Uebel, denn dein ist das Reich und die Kraft und die Herrlichkeit in Ewigkeit, Amen.

Zum Schluss singen wir: Und wenn die Welt voll Teufel wär'."

5.2.2.1 Analyse

Bei dem Autoren handelt es sich vermutlich um einen Militärpfarrer, dessen Standort vermutlich an der westlichen deutschen Nordseeküste, in der Nähe der Insel Borkum, liegt (vgl. Z.19f.), also offenbar um einen Marinepfarrer. Adressaten sind vermutlich Marinesoldaten, die zur Militärgemeinde des Pfarrers gehören, sich aber während eines „Marsches" (Z.2f.) –

offenbar im Rahmen eines Manövers – gegenwärtig, am 9. Juni 1922, am „Hermannsdenkmal“ (bei Detmold) befinden. Ausweislich der Überschrift ist die Quelle eine „Rede beim Feldgottesdienst“ (Z.1). Diese Überschrift verwundert, weil eine gottesdienstliche „Rede“ für gewöhnlich als Predigt bezeichnet wird. Vor und nach dem eigentlichen Redetext finden sich Textstücke (vgl. unten), die auf das Gesamtkonzept für eine gottesdienstliche Feier schließen lassen. Eventuell haben wir es aber auch mit einer Mit- bzw. Nachschrift einer solchen Feier zu tun. Anlass ist der Jahrestag der Skagerrak-Schlacht; im Text ist ausdrücklich von einer „Skagerrak-Gedenkfeier“ die Rede (Z.23). Um die Frage nach der Quellenart genauer klären zu können, ob es sich nämlich um eine Rede oder doch um eine Predigt, um einen (Feld-)Gottesdienst oder doch eher um eine mehr weltliche Gedenkfeier handelt, müssen inhaltliche Gesichtspunkte berücksichtigt werden (vgl. unten).

Die Quelle weist folgende Gliederung auf:
1.) Lied (Z.4);
2.) gottesdienstliche Eingangsformel, schließend mit „Amen“ (Z.6);
3.) Schriftlesung aus dem Neuen Testament, schließend mit „Amen“ (Z.8ff.);
4.) Liedvers (Z.15f.);
5.) Ansprache, bestehend aus der Anrede (Z.18), einer kurzen Erläuterung des Anlasses und der Umstände der „Gedenkfeier“ (Z.18-25), Ausführungen zur „Hermannsschlacht“ (Z.25-59), zum Ersten Weltkrieg (Z.59-86) und zur heutigen Situation (Z.86-119), einem Schlussappell (dreimal: „Wir wollen ...“), schließend mit „Amen“ (Z.119-123);
6.) Gebet: Vaterunser, schließend mir „Amen“ (Z.125ff.);
7.) Lied bzw. Liedvers (Z.131).

Der eigentliche Inhalt der Ansprache, die Ausführungen 1.) zur „Hermannsschlacht“, 2.) zum Ersten Weltkrieg und 3.) zur heutigen Situation, lässt sich thesenartig wie folgt zusammenfassen:
1.) Zunächst brachten die Römer den Germanen ihre Kultur ins Land und bildeten die „edlen Jünglinge“ der Germanen militärisch aus.
Dann – unter Varus – wurden die Germanen unterdrückt, die daraufhin aufbegehrten.
Trotz großer technisch-militärischer Überlegenheit der Römer besiegten die Germanen unter Führung „Hermanns“, des „Befreiers Deutschlands“, die Römer unter Varus, weil sie „in ihren Herzen einen Geist (hatten), ein Feuer, eine Liebe zur Heimat, die durch nichts niedergehalten werden konnte“ (Z.53f.).
2.) Im August 1914 standen die Deutschen unter dem mächtigen Banne des einen „grossen Heiligen Geistes“ und fühlten sich als „Brüder einer Volksgemeinschaft“ (Z.62 u. 65).
Obwohl sich ein Ring um Deutschland geschlossen hatte, blieb die deutsche Flotte schließlich Sieger über einen überlegenen Feind.
3.) In der gegenwärtigen Situation des Unglücks, in der Deutschland in Fesseln liegt, kommt es darauf an, sich wieder auf den einen Geist zu besinnen, zurückzukehren zur deutschen Kraft und Einigkeit. Jeder muss sich bemühen, jeder muss das Beste und Letzte geben für Volk und Vaterland, auch das eigene Leben.

5.2.2.2 Historisches Sachurteil

Zum historischen Kontext:
1.) Angesprochen wird in der Ansprache die legendäre Varusschlacht ca. 9 n.Chr., bei der die gut ausgebildeten und gut ausgerüsteten römischen Truppen unter dem Feldherrn Varus durch ein Cheruskerheer unter Arminius („Hermann“ – vgl. unten) vernichtend geschlagen wurden, wodurch eine Expansion des Römischen Reiches jenseits des germanisch-rätischen Limes auf Dauer vereitelt wurde. Die Lokalisierung der Schlacht ist umstritten. Das „Hermannsdenk-

mal" bei Detmold aus dem 19. Jahrhundert, erbaut in einer Hochphase des deutschen Nationalismus, erinnert an den Sieg der Cherusker.[297]
2.) Deutlich Bezug genommen wird auf die Begeisterung in Deutschland beim Ausbruch des Ersten Weltkrieges im August 1914 sowie auf den Flottenenthusiasmus im Zusammenhang mit dem Tirpitzschen Flottenaufrüstungsprogramm.[298]
3.) Anlass für das Entstehen der Quelle war der Jahrestag der Skagerrakschlacht. Am 31. Mai/1. Juni 1916 lieferten sich am Skagerrak deutsche und britische Flottenverbände ein Gefecht, das etwa 8000 Menschen das Leben kostete. Obwohl mehr britische als deutsche Schiffe versenkt wurden, war der Ausgang der Schlacht im Grunde unentschieden; jedenfalls war sie für den weiteren Kriegsverlauf ohne Bedeutung. Wenn die Skagerrakschlacht in Deutschland als Sieg gefeiert wurde, so vor allem deshalb, weil die Flotte der Seemacht Großbritannien insgesamt der deutschen Flotte weit überlegen war.[299]
4.) Die Quelle selbst datiert vom 9. Juni 1922, sie stammt also aus der Anfangsphase der Weimarer Republik. Nach dem verlorenen Weltkrieg und dem Untergang des Kaiserreiches Ende 1918 war die innenpolitische Lage noch sehr instabil. Die die junge parlamentarisch-demokratische Republik tragenden Kräfte waren fortwährend massiven Angriffen sowohl von der politischen Linken als auch von der politischen Rechten ausgesetzt. Sie wurden auch für die Belastungen des Versailler Friedensvertrages von 1919 verantwortlich gemacht, der die ohnehin schlechte wirtschaftliche Situation noch verschlimmerte und Deutschland außenpolitisch (weiterhin) isolierte. Vor allem die gesellschaftlichen Eliten des Kaiserreiches konnten sich nicht mit der Kriegsniederlage und der Ersetzung der monarchischen durch eine demokratische Ordnung abfinden und verlangten eine Revision der 1918/19 geschaffenen Fakten, insbesondere die Aufhebung des Versailler Vertrages und die Rückkehr zu einer autoritären Staatsform.[300] Dies gilt gerade auch für viele Vertreter der evangelischen Kirche, weil die Kirche – besonders in Preußen, aber auch anderswo – mit den Regenten eine fast schon symbiotische Verbindung eingegangen war („Bündnis von Thron und Altar": die Regenten waren „oberste Bischöfe" der jeweiligen Landeskirche) und weil mittels der weitverbreiteten nationalprotestantischen Kriegstheologie deren politischen Ziele, einschließlich der Kriegsziele, unterstützt worden waren.[301]

Die Quelle beinhaltet eine Reihe von gottesdienstlichen Elementen: zwei Choräle („Großer Gott, wir loben dich ..." und die dritte Strophe von Martin Luthers „Ein feste Burg ist unser Gott ...")[302], die liturgische trinitarische Eingangsformel, Jesusworte aus dem Neuen Testament als Schriftlesung und das Vaterunser. Allerdings handelt es sich bei den Jesusworten nicht um einen zusammenhängenden Text, sondern um eine Zusammenstellung verschiedener Verse bzw. Halbverse aus dem Johannes-Evangelium (Joh. 15,13; 8,31b-32; 4,24; 6,63),[303] und beim Vaterunser fehlt der Satz „... wie auch wir vergeben unseren Schuldigern." – Versehen oder Absicht?
Neben den gottesdienstlichen Elementen findet sich anderes, Weltliches: ein weltlich-vaterländischer Liedvers und die bei Gottesdiensten wohl eher unübliche Anrede „Liebe Ka-

---

[297] Vgl. W. Dahlheim, Geschichte der Römischen Kaiserzeit, München ^{2}1989, S.89f.
[298] Vgl. H.-U. Wehler, Deutsche Gesellschaftsgeschichte, Bd.3, München 1995, S.1129ff.
[299] Vgl. K. D. Erdmann, Der Erste Weltkrieg, München ^{6}1986 (= Gebhardt. Handbuch der deutschen Geschichte, Bd.18), S.128.
[300] Vgl. H. Schulze, Weimar, Berlin ^{3}1982; E. Kolb, Die Weimarer Republik, München ^{2}1988.
[301] Vgl. K.-W. Dahm, Pfarrer und Politik. Soziale Position und politische Mentalität des deutschen evangelischen Pfarrerstandes zwischen 1918 und 1933, Köln/Opladen 1965; W. Pressel, Die Kriegspredigt 1914-1918 in der evangelischen Kirche Deutschlands, Göttingen 1967; K. Nowak, Evangelische Kirche und Weimarer Republik, Göttingen ^{2}1988.
[302] Vgl. Evangelisches Gesangbuch (EG), Nr.331 u. 362.
[303] Vgl. Konkordanz.

meraden!“ (Z.18). Vor allem fällt auf, dass die Ansprache kaum ausdrücklich theologische bzw. religiöse, vielmehr vor allem historische und politische Inhalte hat.
Das vorherrschende Strukturmerkmal ist das der Analogisierung. Die „Hermannsschlacht“ wird mit der Skagerrakschlacht verglichen; in beiden Schlachten seien Germanen bzw. Deutsche trotz eines übermächtigen Feindes siegreich gewesen. Bei dieser Analogisierung kommt es zu Anachronismen. So wird „Hermann“ – schon der Name ist eine nachträgliche Verdeutschung von Arminius – als „Befreier Deutschlands“ bezeichnet, obwohl im ersten Jahrhundert von Deutschland überhaupt noch keine Rede sein konnte. Ebenso anachronistisch sind die Formulierung: „Varus fegte von München her in dieses Gebiet.“ (Z.49) sowie die Bezeichnung der Cherusker als „deutsche Männer“ (Z.56).
Trotz des großen Überwiegens nicht-religiöser Inhalte zieht sich doch ein Stichwort der christlichen Dogmatik durch die gesamte Ansprache: der „Geist“. Das Stichwort, mit dem ein Bezug zur Schriftlesung (Z.12f.) hergestellt wird, fällt freilich in ganz unterschiedlichem Zusammenhang: als Geist „Hermanns“ (Z.30), als ein den Cheruskern eignendes „Feuer, eine Liebe zur Heimat, die durch nichts niedergehalten werden konnte“ (Z.53f.), als die Kriegsbegeisterung vom August 1914 – in diesem Zusammenhang ist vom „Wehen des großen Heiligen Geistes im August 1914“ und von „Gottes Geist“ die Rede (Z.62ff.) –, als Stolz auf bzw. Freude über die „starke Flotte“ (Z.77), als „Kraft dort oben“, die dem „fremden Geist“ entgegenzusetzen ist (Z.95f.), als Geist der Truppe (Z.104), als Kampfgeist (Z.115ff.; vgl. 65ff.). Der Heilige Geist bzw. der Geist Gottes wird also mit Heimatliebe, Kriegsbegeisterung, Flottenenthusiasmus, Kampf- und Widerstandsgeist analogisiert.
Der Geist war nach Ansicht des Autors der Schlüssel für den außergewöhnlichen Erfolg sowohl in der „Hermannsschlacht“ als auch in der Skagerrakschlacht. Es gelte gegenwärtig, sich wieder auf diesen Geist zurückzubesinnen und insofern aus der Geschichte zu lernen.
Vom Bibeltext wird auch der Vers Joh. 15,13 („Niemand hat größere Liebe denn die, dass er sein Leben lässt für seine Freunde.“) zweimal ausdrücklich aufgegriffen und im Sinne eines Kampfappells zur Opferbereitschaft interpretiert (vgl. Z.89f. u. 117f.).
Bei dem dreifachen Schlussappell (Z.119ff.) handelt es sich um den „Rütlischwur“ bei der Gründung der schweizerischen Eidgenossenschaft im 13. Jahrhundert, zitiert nach Friedrich Schillers Wilhelm Tell.[304]
Die politische Position des Autors kann man klar als nationalistisch und revisionistisch im Hinblick auf die Ergebnisse des Ersten Weltkrieges für Deutschland charakterisieren. Auch eine Begeisterung für das Militär, besonders die Flotte, wird deutlich. Zweimal klingt der „Führergedanke“ an (Z.48f. u. 99); hierbei ist freilich zu bedenken, dass „ganz unabhängig von der Figur Hitlers ... der Führergedanke schon zentraler Bestandteil antidemokratischen Denkens in der Weimarer Republik (war).“[305] Die Formulierung „Er [Varus] war vorher in Syrien gewesen und hatte da geherrscht über ein sklavisch gesinntes Volk ...“ (Z.41f.) könnte auf eine antisemitische Tendenz hindeuten.
Die vergleichsweise wenigen religiös-theologischen Aussagen sind wohl eindeutig im Sinne einer nationalprotestantischen Kriegstheologie eng mit den politischen Intentionen verflochten, wie die ganze Feier eine Mischung aus Gottesdienst und profaner vaterländischer Gedenkfeier ist.

[304] Vgl. G. Büchmann, Geflügelte Worte, Frankfurt a.M./Berlin [36]1986, S.134.
[305] H.-U. Thamer, Verführung und Gewalt, Berlin 1986, S.158.

5.2.2.3 Werturteil

Es stellt sich zunächst die Frage, ob der Autor mit dem Bibeltext und mit der Geschichte sachgemäß umgeht.

Es ist offensichtlich nicht sachgemäß, einzelne Verse bzw. Halbverse aus insgesamt vier verschiedenen Kapiteln eines Evangeliums herauszupicken und in willkürlicher Reihenfolge zusammenzufügen. Durch eine solche „Steinbruchmethode" wird der Kontext völlig missachtet und der Bibeltext manipuliert bzw. schlicht vergewaltigt.

Aber nicht nur die Auswahl, sondern auch die Auslegung des Bibeltextes ist unsachgemäß. Die unreflektierte Gleichsetzung des Heiligen Geistes mit geschichtlichen Phänomenen, mit Heimatliebe (der heidnischen Cherusker!), Kampf- und politischem Widerstandsgeist widerspricht der christlichen Pneumatologie. Ebenso gibt es keine biblisch-theologischen Anhaltspunkte dafür, dass man den sich auf das Christusgeschehen und die demütige Leidensnachfolge beziehenden Vers Joh. 15,13 im Sinne eines militärischen Kampfappells interpretieren könnte. Schließlich erscheint es vor dem Hintergrund der Intentionen der Ansprache unwahrscheinlich, dass ausgerechnet der Satz „... wie auch wir vergeben unseren Schuldigern." lediglich versehentlich weggelassen wurde. Auch das Streichen dieses Satzes ist biblisch-theologisch nicht haltbar.

Historisch fragwürdig ist die Analogisierung der Varusschlacht mit der Skagerrakschlacht. Dies zeigen schon die in der Ansprache vorhandenen Anachronismen. Auch die Umstände der beiden Schlachten sind kaum vergleichbar. Während sich die Cherusker der Expansion des Römischen Reiches widersetzten, verfolgte Deutschland im Ersten Weltkrieg selbst offen imperialistische Ziele. Während der Sieg der Cherusker dauerhafte Folgen hatte, ist es fraglich, ob man im Blick auf die Skagerrakschlacht überhaupt von einem deutschen Sieg sprechen kann.[306] Bei der Forderung, aus der „Hermannsschlacht" und der Skagerrakschlacht unmittelbar Konsequenzen für das Handeln 1922 zu ziehen, werden die Bedingungen in der Anfangsphase der Weimarer Republik, vor allem die militärische Niederlage Deutschlands im Ersten Weltkrieg, übersehen.

Wie willkürlich der Autor mit der Geschichte umgeht, zeigt das Zitat des „Rütlischwures" am Ende der Ansprache. Der „Rütlischwur" gilt als die Geburtsstunde der unabhängigen Schweiz mit ihrer demokratischen Tradition; er war gewissermaßen gegen das deutsche Reich und das Kaisertum gerichtet, also gerade gegen das, wofür der Autor sich einsetzt.

Von einer freiheitlich-demokratischen Position aus sind natürlich die nationalistischen, militaristisch-revanchistischen und eventuell antisemitischen Töne zu verurteilen, ebenso die offensichtlichen Sympathien für das „Führerprinzip". Von einer an der Bibel und den reformatorischen Bekenntnisschriften orientierten theologischen Position aus ist darüber hinaus u.a. darauf hinzuweisen, dass der Heilige Geist sich an das Wort gebunden hat und dass er zur Bildung der Gemeinde Jesu Christi und zur Völkerverständigung beiträgt (vgl. die Pfingstgeschichte Act 2).

Beurteilt man unseren Autor vor dem Hintergrund seiner Zeit, so ist ihm zugute zu halten, dass so wie er sehr viele seiner Zeitgenossen, auch sehr viele Kirchenvertreter, dachten.[307] Freilich gab es 1922 auch schon andere Stimmen in der Theologie (vgl. auch die ersten Anfänge der Dialektischen Theologie).

Wie es kirchen-, theologie- und mentalitätsgeschichtlich zu der höchst problematischen – aus heutiger Sicht theologisch völlig falschen und unbiblischen – nationalprotestantischen Kriegstheologie kommen konnte und weshalb sie so viele Anhänger fand, das zu ergründen, *ist ein*

---

[306] H.-U. Wehler, a.a.O., S.1137 spricht sogar von dem „faktisch ... verlorenen Duell der Skagerrakschlacht".

[307] Vgl. Anm.12.

weites Feld, das hier nicht bestellt werden kann und auf dem sicher noch sehr viel Arbeit wird investiert werden müssen.

5.3 Literatur

5.3.1 Einführende Literatur

Einen gut lesbaren, verständlichen **Überblick** über 2000 Jahre Christentum bietet: *Bernd Moeller, Geschichte des Christentums in Grundzügen, Göttingen ^{7}2000.* Nur die kirchengeschichtlichen Epochen 3 bis 5 behandeln, ebenfalls in gut lesbarer und verständlicher Weise: *Johannes Wallmann, Kirchengeschichte Deutschlands seit der Reformation, Tübingen ^{5}2000 und Martin Greschat, Christentumsgeschichte II. Von der Reformation bis zur Gegenwart, Stuttgart u.a. 1997.* Einer ersten groben Orientierung über die gesamte Kirchengeschichte dienen kann die katholisch-evangelische Gemeinschaftsarbeit: *Herbert Gutschera, Joachim Maier und Jörg Thierfelder, Kirchengeschichte – ökumenisch, 2 Bde., Mainz und Stuttgart 1995 (Studienausgabe)* sowie: *Manfred Sitzmann und Christian Weber, Übersichten zur Kirchengeschichte, Göttingen 2001.*
Die christliche **Lehre** in ihrer historischen Entwicklung ist zusammenfassend dargestellt bei: *Bernhard Lohse, Epochen der Dogmengeschichte, Münster/Hamburg ^{8}1994 sowie bei: Bengt Hägglund, Geschichte der Theologie. Ein Abriß, Göttingen ^{3}1997.*
Über Leben und Werk der wichtigsten kirchengeschichtlichen **Persönlichkeiten** informieren kurz die von evangelischen und katholischen Wissenschaftlern erarbeiteten Bände: *Heinrich Fries und Georg Kretschmar (Hg.), Klassiker der Theologie, 2 Bde., München 1981/1983.*
Ein unentbehrliches, ökumenisches **Nachschlagewerk** mit kurzen Artikeln zu kirchengeschichtlich bedeutsamen Begriffen, Sachverhalten und Personen ist: *Georg Denzler und Carl Andresen, dtv-Wörterbuch der Kirchengeschichte, München ^{5}1997 (CD-ROM-Ausgabe 2003).*

5.3.2 Standardwerke

Von den detaillierteren, **umfangreicheren Gesamtdarstellungen** sind als „Klassiker" zu bezeichnen (vergleiche schon die Anzahl der Auflagen!): *Karl Heussi, Kompendium der Kirchengeschichte, Tübingen ^{18}1991 sowie Kurt-Dietrich Schmidt, Grundriß der Kirchengeschichte, Göttingen ^{9}1990 (hierzu ergänzend: ders. und Gerhard Ruhbach, Chronologische Tabellen zur Kirchengeschichte, Göttingen ^{6}1999).* Den neuesten Forschungsstand bietet: *Wolf-Dieter Hauschild, Lehrbuch der Kirchen- und Dogmengeschichte, 2 Bde., Gütersloh ^{2}2001/2002.* Durch eine konsequente ökumenische Perspektive zeichnet sich aus: *Raymund Kottje und Bernd Moeller (Hg.), Ökumenische Kirchengeschichte, 3 Bde., Gütersloh und Mainz $^{4\text{ bzw. }5}$1989 bzw. 1993.* Eine aktuelle und prägnante katholische Darstellung ist die „Patmos-Kirchengeschichte" in vier Bänden: *Norbert Brox, Kirchengeschichte des Altertums, Düsseldorf ^{7}2002; Isnard W. Frank, Kirchengeschichte des Mittelalters, Düsseldorf 2002; Heribert Smolinsky, Kirchengeschichte der Neuzeit I, Düsseldorf 2003; Klaus Schatz, Kirchengeschichte der Neuzeit II, Düsseldorf 2003.*
Eine **umfangreichere Darstellung der christlichen Lehre** ist: *Carl Andresen (Hg.), Handbuch der Dogmen- und Theologiegeschichte, 3 Bde., Göttingen ^{2}1998 (auch als preiswertere Studienausgabe).*
Kirchen- und theologiegeschichtlich bedeutsamen **Persönlichkeiten** widmen sich: das vierzehnbändige Werk *Martin Greschat (Hg.), Gestalten der Kirchengeschichte, Stuttgart ^{2}1994*

(Studienausgabe) sowie das bislang 21 Bände (einschließlich Ergänzungsbänden) umfassende *Biographisch-bibliographisches Kirchenlexikon (BBKL), begründet von Friedrich Wilhelm Bautz, Hamm 1970ff.*

Wer sich **ausführlich** über ein bestimmtes Gebiet der Kirchen- und Theologiegeschichte informieren möchte, sei auf *Die Geschichte des Christentums, deutsche Ausgabe hg. von Norbert Brox, 13 Bde., Freiburg i.B. 1991ff.* sowie die beiden mehrbändigen Reihen verwiesen: *Die Kirche in ihrer Geschichte. Ein Handbuch, begründet von Kurt-Dietrich Schmidt und Ernst Wolf, hg. von Bernd Moeller, Göttingen 1961ff. (z.T. mehrere Aufl.)* sowie *Kirchengeschichte in Einzeldarstellungen, hg. von Gert Haendler, Kurt Meier und Joachim Rogge, Berlin 1978ff. (z.T. mehrere Aufl.).* Das zehnbändige katholische Standardwerk ist: *Hubert Jedin (Hg.), Handbuch der Kirchengeschichte, Freiburg i.B. 1962ff. (z.T. mehrere Aufl.).*

5.3.3 Quellen

Ausgewählte, kurze, übersetzte Texte **aus allen Epochen** finden sich in den als Arbeitsbuch hervorragend geeigneten Bänden: *Heiko Augustinus Oberman, Adolf Martin Ritter und Hans-Walter Krumwiede (Hg.), Kirchen- und Theologiegeschichte in Quellen (KTGQ), 5 Bde., Neukirchen-Vluyn 1977ff. (mehrere Aufl.).*

Längere „Schlüsseltexte" **zu einzelnen Theologen bzw. besonderen Themenbereichen** veröffentlichen dieselben Herausgeber in der Reihe: *Grundtexte zur Kirchen- und Theologiegeschichte (GKTG), Neukirchen-Vluyn 1989ff. (bislang 3 Bde. erschienen).*

Eine Übersetzung ausgewählter **Werke Martin Luthers** bietet: *Kurt Aland (Hg.), Luther deutsch, 10 Bde. und Registerbd., Göttingen 1969ff. (z.T. mehrere Aufl.; hierzu ergänzend: Lutherlexikon, Göttingen ^{4}1989).*

Thesen- bzw. stichwortartige **Zusammenfassungen** des Inhalts kirchen- und theologiegeschichtlich bedeutsamer Schriften finden sich bei: *Wolfgang Schnabel, Grundwissen zur Theologie- und Kirchengeschichte. Eine Quellenkunde, 5 Bde., Gütersloh 1988-1997.*

5.3.4 Fachzeitschriften

Dreimal jährlich erscheint die: *Zeitschrift für Kirchengeschichte (ZKG), Stuttgart,* mit wissenschaftlichen Aufsätzen und Buchbesprechungen aus allen Bereichen der Kirchen- und Theologiegeschichte.

Jeweils einer bestimmten Epoche widmen sich: *das Jahrbuch für Antike und Christentum (JAC), Münster, die Jahrbücher Archiv für Reformationsgeschichte (ARG), Gütersloh,* und *Pietismus und Neuzeit (PuN), Göttingen,* sowie die Halbjahresschrift *Kirchliche Zeitgeschichte (KZG), Göttingen.*

Zur regionalen Kirchengeschichte erscheinen in den Landeskirchen meist besonderes Jahrbücher (auch besondere wissenschaftliche Reihen).

✎ Tipps zum Weiterarbeiten:

1.) Notieren Sie auf jeweils ein bis zwei Schreibmaschinenseiten stichwortartig die wichtigsten Informationen zu Leben, Werk und Wirkung von kirchen- und theologiegeschichtlich bedeutsamen Persönlichkeiten, wie z.B.:

- Origenes, Basilius von Caesarea, Augustin;
- Gregor VII., Anselm von Canterbury, Thomas von Aquin, Jan Hus;
- Luther, Zwingli, Calvin;
- Spener, Semler, Schleiermacher, Barth, Bonhoeffer.

Fügen Sie auch Hinweise auf weiterführende aktuelle Literatur sowie auf Werkausgaben an.

2.) Informieren Sie sich in einem Handbuch (vgl. Literaturverzeichnis) genauer:

a) Wie entwickelte sich aus der kleinen, unorganisierten Urgemeinde die „frühkatholische Kirche"?

b) Aus welchen Gründen und mit welchen Maßnahmen wurden die Christen verfolgt?
c) Welche Positionen standen sich im trinitarischen und im christologischen Streit gegenüber? Fertigen Sie ein Schaubild an.
d) Wie verlief die Germanenmission? Besorgen Sie sich hierzu einen (kirchen-)historischen Atlas.
e) Wie entwickelte sich das Verhältnis zwischen Kaiser und Papst von der Karolinger- bis zur Stauferzeit? Wie begründeten Kaiser und Papst ihre Positionen?
f) Wie entwickelte sich das Mönchtum im Verlauf des Mittelalters?
g) Welchen Einfluss hatten die politischen Rahmenbedingungen für den Verlauf der Reformation?
h) Stellen Sie die Argumente Luthers und Zwinglis im Abendmahlsstreit einander gegenüber.
i) Welches waren die Ergebnisse des Konzils von Trient?
j) Vergleichen Sie das Bibelverständnis der Orthodoxie mit dem des Pietismus und der Aufklärung.
k) Welches sind jeweils die Merkmale der konservativen Theologie, der liberalen Theologie, der Vermittlungstheologie und des Kulturprotestantismus?
l) Wie werden katholischerseits die Dogmen des 19. und 20. Jahrhunderts begründet?
m) Wie entwickelten sich die evangelische Kirche und Theologie in der Weimarer Republik?
n) Welche Konflikte bestimmten den sogenannten „Kirchenkampf" 1933-1945?
o) Wie entwickelte sich der Ökumene-Gedanke im 20. Jahrhundert? Welche Probleme gab und gibt es?

3.) Besorgen Sie sich kirchengeschichtliche „Schlüsseltexte" (in neuhochdeutscher Übersetzung), und lesen Sie sie zumindest in Auszügen, z.B.:

- Glaubensbekenntnis von Nicäa und Konstantinopel, 325/381;
- Augustin, Confessiones (Bekenntnisse), 401;
- Hildebrand (Papst Gregor VII.), Dictatus papae (Diktat des Papstes), 1075;
- Anselm von Canterbury, Cur Deus homo (Warum Gott Mensch wurde), 1098;
- Martin Luther, Von der Freiheit eines Christenmenschen, 1520;
- Augsburger Bekenntnis, 1530;
- Heidelberger Katechismus, 1563;
- Philipp Jakob Spener, Pia desideria (Frommes Verlangen), 1675;
- Immanuel Kant, Beantwortung der Frage: Was ist Aufklärung?, 1784;
- Adolf (von) Harnack, Das Wesen des Christentums, 1899/1900;
- Karl Barth, Theologische Existenz heute, 1933;
- Barmer Theologische Erklärung, 1934.

6 Systematische Theologie

Mit dem Begriff „Systematische Theologie" wird das Stück theologischer Arbeit bezeichnet, das die Aussagen des christlichen Glaubens **geordnet und zusammenhängend** erörtert und darstellt. Dabei geht es zentral um die Frage der Wahrheit, und zwar in einer doppelten Weise: einmal um die Übereinstimmung heutiger Glaubensaussagen mit der biblischen Überlieferung, zum anderen um die Übereinstimmung solcher Aussagen mit gegenwärtigem Wirklichkeitsverständnis und Wahrheitsbewusstsein. Damit sind zwei Fragehorizonte angesprochen: a) Was sollen wir glauben - was sollen wir tun? b) Was können wir glauben - was können wir tun?

Ein Beispiel: Wir „sollen" glauben, dass Gott der Schöpfer „des Himmels und der Erde" ist. Wie kann man das heute bekennen - angesichts unseres gegenwärtigen Wissens um die Entstehung des Universums und das evolutive Werden alles Lebens?[308]

Es gibt noch eine weitere Fragestellung, nämlich: Was wird geglaubt - was wird getan? Die Antwort darauf ist - wie auch anderswo - Aufgabe **empirischer** Erhebung und Darstellung.

Mit dem Begriffspaar „Glauben" und „Tun" ist die innerhalb der systematischen Theologie sich häufig findende Unterscheidung zwischen **„Dogmatik"** (oder „Glaubenslehre"[309]) und **„Ethik"**[310] angesprochen. Diese Unterscheidung kann darauf aufmerksam machen, dass - wie noch deutlich werden wird - mit dem christlichen Gottesglauben und der sich daraus ergebenden Sicht des Menschen eine bestimmte Auffassung von der menschlichen Lebensführung verbunden ist. Deshalb gehört Ethik als „Theorie der menschlichen Lebensführung"[311] unverzichtbar zu den Aufgaben der systematischen Theologie[312].

Für das Studium wichtiger Fragen der systematischen Theologie bietet sich an:

Evangelischer Erwachsenenkatechismus**: glauben – erkennen – leben, im Auftrag der Vereinigten Evangelisch-Lutherischen Kirche Deutschlands hrsg. v. den Geschäftsführern der Katechismuskommission der VELK M. Kießig u.a., 7. aktualisierte Aufl., Gütersloh 2001 **(zur Anschaffung empfohlen)

Das Buch wendet sich - wie es schon der Titel ausdrückt - an Erwachsene und will einen Beitrag zur Weitergabe des christlichen Glaubens zu Beginn des neuen Jahrhunderts bieten. „Die Wechselbeziehung zwischen Situation und Botschaft, Frage und Antwort prägt ... den Aufbau des ganzen Buches. Dreimal wird die Brücke geschlagen von der Situation zur Botschaft: Einem Hauptteil, der die Fragen der Menschen in den Vordergrund stellt, folgt jeweils einer, der das Handeln Gottes betont:

[308] Siehe dazu den Abschnitt 1.2.6 „Das Bekenntnis zu Gott als dem „Schöpfer des Himmels und der Erde"!

[309] In der Reihe „Theologische Wissenschaft", hrsg. v. C. Andresen u.a, erschien 1973 als Band 12/1 und 12/2 eine „Christliche Glaubenslehre" von Hans Graß.

[310] In der Landesverordnung über die Erste Staatsprüfung für das Lehramt an Grund- und Hauptschulen vom 16.06.1982, geändert mit LVO vom 15.07.1992, des Landes Rheinland-Pfalz wird im Anhang ein „Bereich" des Faches Evangelische Religionslehre „Glaubenslehre und Ethik" genannt.

[311] T. Rendtorff, Ethik. Grundelemente, Methodologie und Konkretionen einer ethischen Theologie, Band 1 (Theologische Wissenschaft 13,1), Stuttgart u.a. [2]1990, S. 9.

[312] Die Einheit von Dogmatik und Ethik hat im 19. Jahrhundert etwa Martin Kähler in seiner 1883 zuerst erschienenen „Wissenschaft der christlichen Lehre" zur Geltung gebracht, im 20. Jahrhundert vor allem Karl Barth in seiner „Kirchlichen Dogmatik" – mit problematischer Überordnung der Dogmatik über die Ethik.

Glauben wagen | 1. Gott
2. Der Mensch | 3. Jesus
4. Leben in der Welt: Ethik | 5. Leben in der Kirche: Hl. Geist
6. Ziele aller Wege: Ewiges Leben

Mit diesem dreimaligen Doppelschritt, der durch den 6. Teil abgeschlossen wird, folgt das Buch im großen Ganzen der Gliederung des Glaubensbekenntnisses“[313].
Dieses Kursbuch des Glaubens bietet
- **Informationen** zum neuesten Stand der Theologie und der kirchlichen Überzeugung
- **Hintergründe** zur Botschaft der Bibel und zur theologiegeschichtlichen Entwicklung
- **Erfahrungen** mit der christlichen Gestaltung von Gesellschaft, Gemeinde und Lebenswelt.

Alle Kapitel des Buches tragen diesen drei Aspekten Rechnung.

6.1 Dogmatik

Eine gründliche Einführung in die zentralen Fragen der Dogmatik bietet:

Rochus Leonhardt: Grundinformation Dogmatik. Ein Lehr- und Arbeitsbuch für das Studium der Theologie, UTB 2214, Göttingen 2001.

Dem Verfasser geht es einmal um die Vermittlung elementarer Kenntnisse zu den wichtigsten Punkten der Dogmatik und zum anderen um Information über die Zusammenhänge und Fragen, die Voraussetzung sind für die Erarbeitung eines eigenständigen theologischen Denkens. Im Aufbau der einzelnen Abschnitte findet sich folgendes Haupt-Schema: Einordnung des jeweiligen Themas in den Gesamtzusammenhang der dogmatischen Arbeit - die Einbeziehung der biblischen Überlieferung - Hinweise zu den wichtigen Positionen der Theologiegeschichte unter Berücksichtigung auch der römisch-katholischen Position - knappe Darstellung der aktuellen Diskussion (***wird zur Anschaffung empfohlen***).

Wenn man das Charakteristische des christlichen Glaubens in einem Satz zum Ausdruck bringen will, dann lässt sich formulieren:

Der christliche Glaube ist auf die in der Bibel bezeugte, aber von ihr unterschiedene Offenbarung Gottes in der Geschichte Israels und im Auftreten und Geschick Jesu von Nazareth bezogen.

In diesem Grund-Satz sind wesentliche Fragestellungen der Dogmatik enthalten:

- Die Frage nach der Bedeutung der Bibel
- Die Frage nach Gott und seiner Offenbarung
- Die Frage nach der Bedeutung Jesu von Nazareth (Christologie)
- Die Frage nach der Dreieinigkeit Gottes (Trinitätslehre)
- Die Frage nach dem Glauben und nach der Kirche als „Gemeinschaft der Heiligen“ (Ekklesiologie).

Zu den meisten dieser Fragen finden sich Aussagen im „Apostolischen Glaubensbekenntnis“. Dieses Bekenntnis hat in der Gegenwart fast überall seinen festen Platz in den evangelischen und katholischen Gottesdiensten, auch wenn daneben neuere Bekenntnisse - oft aus bestimm-

[313] Ev. Erwachsenenkatechismus..., S. 841f.

ten Anlässen - das Apostolikum ergänzen oder ersetzen. Die Fassung, auf die sich die Kirchen in Deutschland geeinigt haben, lautet[314]:

Ich glaube an Gott,
den Vater, den Allmächtigen,
den Schöpfer des Himmels und der Erde,
und an Jesus Christus,
seinen eingeborenen Sohn, unsern Herrn,
empfangen durch den Heiligen Geist,
geboren von der Jungfrau Maria,
gelitten unter Pontius Pilatus,
gekreuzigt, gestorben und begraben,
hinabgestiegen in das Reich des Todes,
am dritten Tage auferstanden von den Toten,
aufgefahren in den Himmel;
er sitzt zur Rechten Gottes, des allmächtigen Vaters;
von dort wird er kommen, zu richten die Lebenden und die Toten.
Ich glaube an den Heiligen Geist,
die heilige katholische/christliche/allgemeine christliche* Kirche,
Gemeinschaft der Heiligen,
Vergebung der Sünden,
Auferstehung der Toten
und das ewige Leben. Amen.
*Jede Kirche legt die in ihrem Bereich geltende Fassung fest.

Es ist für unseren Zusammenhang nicht erforderlich, Entstehung und Geschichte des Bekenntnisses im einzelnen nachzuzeichnen[315]. Einige wenige Hinweise sollen genügen:

Eine Vorform des Apostolikums war das Taufbekenntnis der christlichen Gemeinde in Rom. Ab dem 3. Jahrhundert wurde es am Ende des Taufunterrichts vom Taufbewerber als zusammenhängender Text gesprochen, daraufhin erfolgte die Taufe und damit die Eingliederung in die Gemeinde. Das römische Taufbekenntnis hat vor allem in den Provinzen der westlich-abendländischen Christenheit Anerkennung gefunden. Es ist in den verschiedenen Gegenden unterschiedlich erweitert worden. Fassungen aus Gallien und Spanien kommen dabei dem heutigen Text des Apostolikums am nächsten. Zwischen dem 9. und 11. Jahrhundert setzte es sich dann auch in Rom gegenüber dem alten Taufbekenntnis durch, und spätestens seit dem 13. Jahrhundert hat es in der gesamten westlichen Christenheit Geltung. Der heutige Text findet sich zum ersten Mal im 8. Jahrhundert, und zwar in einem Werk des Abtes Pirmin von Reichenau. Der Name „Apostolisches Bekenntnis“, den bereits das römische Taufbekenntnis erhielt, spiegelt die Überzeugung wider, dass seine Aussagen die Botschaft der urchristlichen Apostel sachgemäß zusammenfassen. Diese Überzeugung bildet auch den Kern jener Überlieferung aus der Alten Kirche, nach der die zwölf Apostel je einen Teil des Bekenntnisses beigesteuert und so der Nachwelt einen verlässlichen Maßstab für den Glauben überliefert hätten. Auch wenn man das als eine Legende ansehen muss - auf zwei Sachverhalte werden wir aufmerksam gemacht: einmal auf das hohe, bis in die Zeit des biblischen Zeugnisses reichende Alter der einzelnen Aussagen, zum andern auf den Anspruch, Zusammenfassung der von den Aposteln überkommenen Botschaft zu sein.

Ob das Apostolikum für uns heute diese Geltung haben kann, ob seine Aussagen uns Antworten auf die genannten Fragen geben können, das muss im einzelnen geprüft werden. Diese Überprüfung darf mit Recht von gegenwärtigen Auslegungen des Bekenntnisses erwartet werden.

---

[314] Nach A. Völker, Gemeinsames Glaubensbekenntnis, Gütersloh 1974 (Anhang).

[315] Eine kurze, aber völlig ausreichende Darstellung findet sich in der Einleitung des Buches: Bekenntnis-Zweifel-Vertrauen. Das Apostolische Glaubensbekenntnis, kommentiert und ausgelegt von H. Lachenmann (Biblisch-theologische Grundlagen 2), Stuttgart 1993.

Zwei solcher Auslegungen sollen genannt werden:

– ***Wolfhart Pannenberg***, *Das Glaubensbekenntnis, ausgelegt und verantwortet vor den Fragen der* Gegenwart *(GTB 1292), Gütersloh* [6]*1995* ***(wird zur Anschaffung empfohlen)***.

– *Bekenntnis - Zweifel - Vertrauen. Das Apostolische Glaubensbekenntnis, kommentiert und ausgelegt von* ***Hans Lachenmann*** *(Biblisch-theologische Grundlagen 2), Stuttgart 1993.*

Die Auslegung von Pannenberg wurde zunächst als Vorlesung für „Hörer aller Fakultäten" gehalten, ehe sie dann 1972 als Buchveröffentlichung erschien. Von daher erklärt sich, dass hier auf allgemeine Verständlichkeit Wert gelegt und auf „gelehrten Ballast" (etwa auf Anmerkungen) verzichtet wurde.

Die angesprochene Überprüfung geschieht jeweils in drei Schritten: Informationen über den ursprünglichen Sinn der einzelnen Bekenntnisformulierungen - Frage, „wie sich die im Bekenntnis genannten Glaubensinhalte in einer die heutige kritische Bibelwissenschaft berücksichtigenden Sicht darstellen"[316] - „Überlegungen, was diese Inhalte im Zusammenhang der Probleme und Überzeugungen gegenwärtigen Wirklichkeitsverständnisses für den heutigen Christen bedeuten können"[317].

In ähnlicher Weise verfährt auch Lachenmann. Seine Auslegung erschien 1993 in der Reihe „Biblisch-theologische Grundlagen" als Band II. Die ganze Reihe versteht Vaterunser, Glaubensbekenntnis, Zehn Gebote, Abendmahl und Taufe als „Grundbausteine des christlichen Glaubens".

Lachenmann beschreibt die drei Schritte seiner Auslegung wie folgt: „Zuerst wird die Bekenntnisaussage in den zeitgenössischen Rahmen hineingestellt, um die ursprüngliche Aussageabsicht zu erhellen. In einem zweiten Schritt werden die biblischen Ursprünge im Alten und Neuen Testament herausgearbeitet. Schließlich zeigen die theologischen Perspektiven die Bedeutung für die Fragen der Gegenwart"[318].

Wer sich mit den beiden Auslegungen intensiv beschäftigt, wird in das Ringen um die Grundfragen der dogmatischen Theologie eingeführt.

Bei der Beantwortung der Grundfragen des christlichen Glaubens sind zwei Hinsichten unverzichtbar:

- die Kenntnis der unterschiedlichen Positionen, die in der gegenwärtigen Theologie und in den Lebensäußerungen der Kirchen vertreten werden. Hier gilt es, sich einen Einblick zu verschaffen, um zu einem eigenständigen Urteil zu kommen.
- der Zusammenhang gegenwärtiger Positionen mit der Vergangenheit, also mit der Geschichte des theologischen Denkens. Erst bei Berücksichtigung der Theologiegeschichte werden Motive und Fragestellungen der theologischen Arbeit der Gegenwart verständlich.

Die Darstellung der jüngeren Theologiegeschichte und der Theologie der Gegenwart wird in der Regel von den Vertretern der Systematischen Theologie wahrgenommen, während die ältere Geschichte im Rahmen der Kirchengeschichte, insbesondere von der Dogmengeschichte behandelt wird.

Bei der Darstellung sind zwei Wege möglich: einmal kann man die einzelnen Theologen und ihre Theologien beschreiben, zum anderen kann man die Motive, Probleme und Lösungen schildern, die in den unterschiedlichen theologischen Entwürfen eine Rolle spielen.

[316] W. Pannenberg, Das Glaubensbekenntnis ..., S. 6.
[317] Ebd., S .6.
[318] Bekenntnis – Zweifel – Vertrauen. Das Apostolische Glaubensbekenntnis ..., S. 9.

Da im Rahmen unserer Einführung die beiden Hinsichten nur sporadisch berücksichtigt werden können, sollen für das eigene Studium drei Darstellungen genannt werden:

– ***Heinz Zahrnt**, Die Sache mit Gott. Die protestantische Theologie im 20. Jahrhundert, München ^{1}1966 (zahlreiche neuere Auflagen)*

Diese - schon etwas ältere - Arbeit will sich nicht nur an Theologen wenden und stellt deshalb auch kein Kompendium dar. Da „die Theologie sich heute in einem großen Dialog befindet", will sich das Buch an diesem Dialog beteiligen, „indem es ihn in seinen Hauptlinien und Pointen nachzeichnet und in diesem Sinne einen <Leitfaden> durch die oft verwirrende Fülle der Gedanken bietet"[319].

– ***Hermann Fischer**, Systematische Theologie. Konzeptionen und Probleme im 20. Jahrhundert (Grundkurs Theologie, hrsg. v. Georg Strecker, Band 6), Kohlhammer-Urban-TB 426, Stuttgart u.a. 1992 **(wird zur Anschaffung empfohlen)**.*

Die Darstellung setzt - wie auch die von Heinz Zahrnt - beim bzw. unmittelbar nach dem 1. Weltkrieg ein und beschränkt sich im wesentlichen auf die deutschsprachige evangelische Theologie. Fischer will die inneren Entwicklungslinien dieser Theologie sichtbar machen. Dabei konzentriert er sich „auf die großen Konzeptionen, die ihre anfängliche Gestalt in und unter dem Einfluss der Krisensituation des Ersten Weltkriegs empfangen haben und in der weiteren Entwicklung auf unterschiedliche Weise in einen Gegensatz zur Theologie Barths getreten sind und zusammen mit dieser, die ihrer Bedeutung entsprechend in einem gesonderten Kapitel zur Darstellung kommt, in ihrer Wirkung bis in die Gegenwart hineinreichen"[320].

– ***Wolfhart Pannenberg**, Problemgeschichte der neueren evangelischen Theologie in Deutschland. Von Schleiermacher bis zu Barth und Tillich (UTB 1979), Göttingen 1997.*

Anders als Zahrnt und Fischer beginnt Pannenberg seine problemgeschichtliche Darstellung bei Schleiermacher im 19. Jahrhundert. Sie ist vor allem dadurch gekennzeichnet, „dass sie an einer Stelle von der Orientierung am zeitlichen Fortgang der Geschichte abweicht. Die mit der dialektischen Theologie[321] und dem Prozess ihrer Auflösung verbundenen Probleme veranlassen dazu, der Anknüpfung Karl Barths [s.u.] an die spekulative Theologie[322] genauer nachzugehen im Blick auf die von Barth der Theologie gestellte Aufgabe der Konzentration auf ihr Thema, die Souveränität Gottes in seiner Offenbarung"[323].

Da das Buch von Pannenberg gründliche Kenntnisse der theologischen Diskussion voraussetzt, kommt es eher für in der Theologie Fortgeschrittene in Frage.

6.1.1 Die Frage nach der Bedeutung der Bibel

Es geht hier nicht um die Frage, wie durch die Bibel Sprache, Denken, Kultur geprägt worden sind, auch nicht darum, wie positiv Dichter (z.B. Bert Brecht) die Bibel eingeschätzt haben. Es geht vielmehr um die Frage, welche Bedeutung, welche Funktion die Bibel oder - wie man

[319] H. Zahrnt, Die Sache mit Gott ..., S. 11.
[320] H. Fischer, Systematische Theologie ..., S. 14.
[321] Anmerkung vom Vf.: So nennt man - wegen der von Karl Barth anfänglich betonten Methode der Dialektik (beim Reden von Gott) die von ihm ausgehende und mit ihm zusammenhängende theologische Bewegung des 20. Jahrhunderts.
[322] Anmerkung vom Vf.: So kann die an das philosophische Denken Schellings und vor allem Hegels anknüpfende Theologie heißen.
[323] W. Pannenberg, Problemgeschichte der neueren evangelischen Theologie in Deutschland ..., S. 6.

in dem Zusammenhang zumeist sagt - die Heilige Schrift (lat. scriptura sacra) bzw. die Schrift für den christlichen Glauben hat, bzw. noch deutlicher: **in welchem Verhältnis Gott und Bibel stehen.**

In der Alten Kirche wurde die Autorität der Schrift (in der frühen Zeit ist die Schrift noch die hebräische Bibel, das erst später so genannte Alte Testament) **theoretisch** durch die Annahme ihrer Inspiriertheit gestützt. In 2 Tim 3,16 heißt es: „Jede von Gott eingegebene [griech. theopneustos] Schrift ist auch nützlich zur Belehrung, zur Widerlegung, zur Besserung, zur Erziehung in der Gerechtigkeit"[324]. Diese „Theopneustie" wurde als Einwirkung des göttlichen Geistes auf einen empfangenden Menschen verstanden; dabei war die eigene geistige Selbsttätigkeit des Empfangenden nicht ausgeschlossen, etwa im Blick auf seinen Stil, auf sein Erinnerungsvermögen, auf sein Empfinden[325].

Im Mittelalter trat der Schrift allmählich die Tradition zur Seite und wurde später zur entscheidenden Autorität. Vincenz von Lerinum (gest. vor 450) formuliert als Traditionsprinzip: *Festzuhalten ist, ... was überall, was immer, was von allen geglaubt ist, das ist nämlich wirklich und eigentümlich katholisch*[326]. Was Inhalt der Tradition war, entschied das kirchliche Lehramt - in der Gestalt des Papstes und der Konzilien.

In einer Gegenbewegung erhoben die Reformatoren die Schrift zur alleinigen Autorität. Sie sahen in ihr die viva vox evangelii, die lebendige Stimme des Evangeliums, ihr kommt innere und äußere Klarheit zu, so dass sie sich selbst auslegt.

Das gegenreformatorische Konzil von Trient (1545 - 1563) hat dann die Gleichstellung von Schrift und Tradition vollzogen.

In der Auseinandersetzung mit dieser Position sahen sich die Theologen der altprotestantischen Orthodoxie[327] genötigt, eine ausgebaute Lehre von der Schrift zu entwickeln. Um die Schrift als unbedingte Autorität zu erweisen, vollzogen sie die Gleichstellung von Offenbarung Gottes und Schrift: Die heilige Schrift ist das Wort Gottes, durch das dem Menschen das göttliche Heil vermittelt wird. Dass die Schrift in dieser Weise Offenbarung Gottes ist, sieht die Orthodoxie durch die Inspiration erwiesen. Die Inspiration erstreckt sich im Unterschied zur Theopneustie auf alles und jedes in der Schrift, nicht etwa nur auf die Hauptsachen. Im Inspirationsvorgang unterscheidet man drei aufeinander folgende Momente: - impulsus ad scribendum oder mandatum divinum (der Anstoß zum Schreiben oder der göttliche Auftrag) - suggestio rerum (die Eingebung der Sachen) - suggestio verborum (die Eingebung der Worte); die biblischen Zeugen sind Schreiber des göttlichen Geistes, der ihnen die Hand führt, die Verschiedenheit des Stils etwa erklärt sich aus der Akkodomation (der Anpassung) des Geistes an die Schreiber. Diese „Verbalinspiration" begründet die affectiones (die Eigenschaften) der Schrift: die auctoritas (Autorität) - die perspicuitas (Klarheit und Verstehbarkeit) - die perfectio seu sufficientia (Vollkommenheit oder Vollständigkeit) - die efficacia (Wirksamkeit).

Man kann erkennen: Hier liegt eine in sich geschlossene Lehre von der Schrift vor. Von daher ist leicht nachzuvollziehen, dass die protestantische Theologie in der Folgezeit alles daransetzte, Inhalt und Aussageabsicht der biblischen Texte zu erkennen. In diesem Bemühen ist es dann unter den Bedingungen der Aufklärung zur Ausbildung der historisch-kritischen Schriftauslegung gekommen. Und die historisch-kritische Erforschung der Schrift hat nach und nach in einem längeren Zeitraum die Unhaltbarkeit der Verbalinspirationslehre aufgezeigt und da-

---

[324] Alle Bibelzitate stammen aus „Die Bibel. Altes und Neues Testament. Einheitsübersetzung", Stuttgart 1980

[325] Vgl. Chr. E. Luthardt, Kompendium der Dogmatik, Leipzig [14]1937, S. 106f.

[326] „Magnopere curandum est, ... quod ubique, quod semper, quod ab omnibus creditum est, hoc est etenim vere proprieque catholicum", zit. bei Chr. E. Luthardt, Kompendium der Dogmatik ..., S. 108.

[327] So wird die protestantische Theologie vom Ende des 16. bis zum Anfang des 18. Jahrhunderts genannt. Ihre Betonung der „richtigen Lehre" und das oft apodiktisch anmutende Verfahren haben ihr den Namen „Orthodoxie" eingebracht.

mit zur Auflösung des Schriftprinzips in seiner altprotestantischen Gestalt geführt[328]. Sie hat die Vielgestaltigkeit der biblischen Auffassungen, die Widersprüche und Dissonanzen und ihre Zeitgebundenheit aufgewiesen und insgesamt gezeigt, dass die Schrift selbst ein "Produkt" der Tradition ist. Diese Erkenntnis bedeutet nun nicht, auf die Linie des Konzils von Trient mit seiner dogmatischen Gleichstellung von Schrift und Tradition einzuschwenken. Vielmehr gilt es, der Einsicht entschlossen Rechnung zu tragen, dass die Schrift nicht selbst die Offenbarung ist, sondern deren menschliches Zeugnis, d.h. es gilt, hinter die Schrift zurückzufragen nach dem, was sie bezeugt: das Geschehen der Offenbarung Gottes in der Geschichte Israels und im Auftreten und Geschick Jesu von Nazareth. Die Bibel ist allerdings kein „totes“ Protokoll, sondern „lebendiges“ Zeugnis; als Zeugnis von Menschen ist sie nicht selbst die Offenbarung Gottes, etwa als „Wort Gottes“, sondern sie ist ganz und gar menschliches Wort, entstanden unter den jeweiligen Bedingungen des menschlichen Lebens. Als menschliches Wort verweist sie auf Ereignisse und Erfahrungen, in denen der Gott Israels seine Gottheit erwiesen hat und die sich in ihrem überlieferungsgeschichtlichen Zusammenhang selbst erschließen. Durch die historisch-kritische Auslegung der Texte wird die Unterscheidung zwischen der Bibel und der Offenbarung Gottes vollzogen und wach gehalten. Dabei erfordert das Zurückfragen einen sensiblen Umgang mit der Schrift, die Antworten werden strittig und unabgeschlossen bleiben. In dieser Form bleibt das „Schrift-Prinzip“ für Kirche und Theologie bestehen. **Die Autorität der Bibel jedenfalls beruht auf der in ihr bezeugten, aber von ihr unterschiedenen Offenbarung Gottes[329].**

6.1.2 Die Frage nach Gott und seiner Offenbarung

6.1.2.1 Zur Bestimmung des Begriffs „Gott“

Wir nähern uns der Bestimmung des Begriffs „Gott“, indem wir zwei Aussagen **Martin Luthers** betrachten. Luther beginnt die Auslegung des 1. Gebots in seinem „Großen Katechismus“ mit den - oft zitierten - Sätzen: *„Du sollt nicht andere Gotter haben. Das ist, Du sollt mich alleine fur Deinen Gott halten. Was ist das gesagt und wie verstehet man's? Was heißt ein Gott haben oder was ist Gott ? Antwort: Ein Gott heißet das, dazu man sich versehen soll alles Guten und Zuflucht haben in allen Nöten. Also daß ein Gott haben nichts anderes ist, denn ihm von Herzen trauen und gläuben, wie ich oft gesagt habe, daß alleine das Trauen und Gläuben des Herzens machet beide Gott und Abegott. Ist der Glaube und Vertrauen recht, so ist auch Dein Gott recht, und wiederümb, wo das Vertrauen falsch und unrecht ist, da ist auch der rechte Gott nicht. Denn die zwei gehören zuhaufe, Glaube und Gott. Worauf Du nu (sage ich) Dein Herz hängest und verlässest, das ist eigentlich Dein Gott“*[330]. Luther betont hier sehr deutlich: Was einen Menschen in seinem Leben bestimmt, wofür er sich einsetzt, worauf er sich verlässt, das wird ihm zur göttlichen Macht, in deren Dienst er sich stellt. Als Beispiele nennt Luther „Geld und Gut“ sowie „große Kunst, Klugheit, Gewalt, Gunst, Freundschaft und Ehre“[331]; wir könnten heute hinzufügen: Nation, Gesundheit und Jugendlichkeit, rauschhafte Vergnügungssucht. Natürlich ist Luther der Meinung, dass es sich dabei um Abgötter handelt. Aber aus seiner hier genannten Bestimmung der göttlichen Macht ergibt sich das keineswegs.

Das wird anders, wenn wir eine zweite Aussage Luthers bedenken. Bei der Auslegung des ersten Artikels des apostolischen Glaubensbekenntnisses ebenfalls im „Großen Katechismus“ heißt es zu Beginn: *„...möchte man nu fragen: >Was ist denn Gott fur ein Mann, was tut er,*

---

[328] Vgl. P. Althaus, Die christliche Wahrheit. Lehrbuch der Dogmatik, 1.Band, Gütersloh 1947, S. 176ff.
[329] Vgl. Ev. Erwachsenenkatechismus ..., S. 91ff.
[330] Zit. aus: Die Bekenntnisschriften der Evangelisch-Lutherischen Kirche, Göttingen [4]1959, S. 560.
[331] Vgl. Die Bekenntnisschriften ..., S. 561.

wie kann man ihn preisen oder abmalen oder beschreiben, daß man ihn kenn?< Das lehret nu dieser und folgende Artikel. Also daß der Glaube nichts anders ist denn ein Antwort und Bekenntnis der Christen, auf das erst Gepot gestellet. Als wenn man ein jung Kind fragete. >Lieber, was hast Du fur ein Gott, was weißest Du von ihm?<, daß es künnde sagen: >Das ist mein Gott, zum ersten der Vater, der Himmel und Erde geschaffen hat. Außer diesem einigen halte ich nichts fur Gott, denn sonst keiner ist, der Himmel und Erde schaffen künnde<[332]. Das Schöpfer-Sein-Können wird hier als entscheidendes Kriterium des Göttlichen genannt; dadurch erst ergibt sich die Möglichkeit, zwischen Gott und Abgott zu unterscheiden.
Rudolf Bultmann (1884 - 1976) geht in seinem 1925 veröffentlichten Aufsatz „Welchen Sinn hat es, von Gott zu reden?“[333] mit großer Selbstverständlichkeit von folgender Formel aus: „Denn wo überhaupt der Gedanke <Gott> gedacht ist, besagt er, dass Gott der Allmächtige, d.h. die Alles bestimmende Wirklichkeit sei“[334]. Bei dieser Formel handelt es sich um eine sprachliche Übereinkunft, um eine Nominaldefinition. Sie fasst die göttliche Wirklichkeit als Macht auf, als eine Macht, die von keiner anderen Größe in ihrem Wollen und Entscheiden abhängig ist. Sie allein bestimmt über sich; zu dieser Alleinbestimmung über sich kann auch gehören, dass die göttliche Macht entscheidet, sich von anderen in ihrem Handeln bestimmen zu lassen[335]. Aus dieser Auffassung ergibt sich zwingend, dass es nur **eine** göttliche Wirklichkeit geben kann.
Wenn wir heute nach Gott fragen und von ihm reden, dann meinen wir diese **eine alles bestimmende Wirklichkeit.** Ob es allerdings sinnvoll und berechtigt ist, an dem Gedanken Gottes und an dem Reden von ihm festzuhalten, muss immer wieder geprüft werden. Dabei ist der Gebrauch des Ausdrucks „Gott“ eigens zu rechtfertigen. Das Wort „Gott“ hat nämlich unentrinnbar einen personalen Klang; ob aber die eine alles bestimmende Wirklichkeit eine personale Größe ist, muss erst noch geklärt werden.

6.1.2.2 Die Bestreitung des Gottesgedankens durch die neuzeitliche Religionskritik[336]

Kritik an der Religion, Kritik an bestimmten Äußerungen und Funktionen von Religion gibt es, solange es Religion gibt. Innerhalb der jüdisch-christlichen Überlieferung kann man auf die die scharfe Kritik der Gerichtspropheten, etwa des Amos, verweisen. Dabei geht es allerdings um eine Kritik an der Religion auf dem Boden des Gottesglaubens.
Die Bedeutung der neuzeitlichen Religionskritik liegt darin, dass sie das Zentrum der Religion, die Existenz Gottes, bestreitet. Sie unternimmt den Versuch, den Gottesgedanken als ein nicht ursprüngliches, sondern aus bestimmten Eigentümlichkeiten der menschlichen Existenz ableitbares Phänomen, also als ein Produkt des Menschen zu erweisen.
Hier ist an erster Stelle **Ludwig Feuerbach** (1804-1872) zu nennen. Er unterscheidet zwischen der Gattung und dem Individuum. Der Gattung „Mensch“ kommt das Prädikat „unendlich“ zu, durch die Wesenskräfte Vernunft, Wille, Liebe verwirklicht sich im Leben des einzelnen das unendliche Wesen des Menschen, die Menschheit als Gattung. „Jede Beschränkung der Vernunft oder überhaupt des Wesens des Menschen beruht auf einer Täuschung, einem Irrtum. Wohl kann und soll selbst das menschliche Individuum - hierin besteht sein Unterschied von dem tierischen - sich als beschränkt fühlen und erkennen; aber es kann sich seiner Schranken, seiner Endlichkeit nur bewusst werden, weil ihm die Vollkommenheit, die Unendlichkeit der Gattung Gegenstand ist, sei es nun als Gegenstand des Gefühls oder des Gewissens oder des denkenden Bewusstseins. Macht es gleichwohl seine Schranken zu

---

[332] Zit. aus: Die Bekenntnischriften ..., S. 647.
[333] Jetzt in R. Bultmann, Glauben und Verstehen. Gesammelte Aufsätze I, Tübingen ^{3}1958, S. 26-37.
[334] R. Bultmann, Glauben und Verstehen I, Tübingen ^{3}1958, S. 26.
[335] Vgl. W. Pannenberg, Wissenschaftstheorie und Theologie ..., S. 304f.
[336] Vgl. Ev. Erwachsenenkatechismus ..., S. 31ff; W. Pannenberg, Das Glaubensbekenntnis ..., S. 26f.

Schranken der Gattung, so beruht dies auf einer Täuschung, dass es sich eins mit der Gattung hält - eine Täuschung, die mit der Bequemlichkeitsliebe, Trägheit, Eitelkeit und Selbstsucht des Individuums aufs innigste zusammenhängt"[337]. Das Individuum selbst ist endlich; da es sich aber mit der Gattung verwechselt, kommt es zur Entzweiung des Menschen mit sich selbst, indem er das unendliche Wesen der menschlichen Gattung in einen imaginären Himmel projiziert. „Das göttliche Wesen ist nichts anderes als das menschliche Wesen, oder besser: das Wesen des Menschen, abgesondert von den Schranken des individuellen, d.h. wirklichen, leiblichen Menschen, vergegenständlicht, d.h. angeschaut und verehrt als ein anderes, von ihm unterschiedenes, eigenes Wesen - alle Bestimmungen des göttlichen Wesens sind darum Bestimmungen des menschlichen Wesens"[338].

Die Aussage des biblischen Schöpfungsglaubens in Gen 1, 27: „Gott schuf also den Menschen als sein Abbild; als Abbild Gottes schuf er ihn" muss umgedreht werden: Der Mensch schuf Gott nach seinem Abbild. Gott ist als Produkt des Menschen nicht einfach nur entbehrlich, sondern er muss verschwinden, damit die Entzweiung, die Selbstentfremdung des Menschen aufgehoben wird und der Mensch den wahren Humanismus zurückgewinnt.

Karl Marx (1818-1883) hat den Ansatz Feuerbachs in seine Religionskritik aufgenommen und dabei den Grund für die Entzweiung des Menschen durch Religion erweitert. In seiner 4. Feuerbach-These kann er formulieren: „Feuerbach geht aus von dem Faktum der religiösen Selbstentfremdung, der Verdopplung der Welt, in eine religiöse, vorgestellte, und eine wirkliche Welt. Seine Arbeit besteht darin, die religiöse Welt in ihre weltliche Grundlage aufzulösen. Er übersieht, dass nach Vollbringung dieser Arbeit die Hauptsache noch zu tun bleibt. Die Tatsache nämlich, dass die weltliche Grundlage sich von sich selbst abhebt und sich, ein selbständiges Reich, in den Wolken fixiert, ist eben nur aus der Selbstzerrissenheit und dem Sichselbst-Widersprechen dieser weltlichen Grundlage zu erklären. Diese selbst muss also erstens in ihrem Widerspruch verstanden und sodann durch Beseitigung des Widerspruchs praktisch revolutioniert werden"[339]. Die gesellschaftlichen und ökonomischen Verhältnisse sind der Grund für die Entfremdung des Menschen, für sein Elend. „Das religiöse Elend [gemeint ist das Vorhandensein von Religion] ist in einem Ausdruck des wirklichen Elendes und in einem die Protestation gegen das wirkliche Elend. Die Religion ist der Seufzer der bedrängten Kreatur, das Gemüt einer herzlosen Welt, wie sie der Geist geistloser Zustände ist. Sie ist das Opium des Volkes [die Betäubung also, die sich die Menschen gegen ihr Leiden verschaffen]"[340].

Auch **Sigmund Freud** (1856-1939) urteilt, dass sich der Gedanke des Göttlichen menschlichen Sehnsüchten und Wünschen verdankt. Ihm geht es um eine Erklärung der Religion aus der Psyche, vor allem aus dem Unbewussten. In dem Aufsatz „Die infantile Wiederkehr des Totemismus", dem letzten der vier Beiträge in „Totem und Tabu" (1913)[341], nimmt er Beobachtungen bei Kleinkindern auf: Zunächst lieben Kinder Tiere, erkennen ihnen ohne Bedenken volle Ebenbürtigkeit zu. Später tritt in dem Verhältnis Kind - Tier eine Störung auf; das Kind beginnt, eine bestimmte Tierart zu fürchten und sich vor Anblick und Berührung zu schützen. In solchen „Tierphobien" findet er zwei Züge, die mit dem Totemismus übereinstimmen: „die volle Identifizierung mit dem Totemtier und die ambivalente Gefühlseinstellung gegen dasselbe"[342]. Wenn man dann das Totemtier durch den Vater ersetzt,

---

[337] L. Feuerbach, Das Wesen des Christentums (1841), Reclams Universalbibliothek Nr. 4571-4575, S. 65.
[338] Ebd., S. 73
[339] K. Marx, Thesen über Feuerbach (1845), in: K. Marx / F. Engels, Über Religion, Berlin 1958, S. 55.
[340] K. Marx, Zur Kritik der Hegelschen Rechtsphilosophie (1844), in: K. Marx / F. Engels, Über Religion ..., S. 30f.
[341] S. Freud, Totem und Tabu. Einige Übereinstimmungen im Seelenleben der Wilden und der Neurotiker, Fischer-Bücherei 147, Frankfurt/M. 1956. In den Beiträgen dieses Buchs beschäftigt sich Freud mit den Ursprüngen der Religionen unter historischen, ethnologischen, philologischen und psychologischen Gesichtspunkten und versucht, Aspekte und Ergebnisse der Individualpsychologie auf ungeklärte Probleme der Völkerpsychologie anzuwenden.
[342] S. Freud, Totem und Tabu ..., S. 147.

springen die Zusammenhänge mit dem Ödipus-Komplex sofort in die Augen. Von daher ist es für Freud wahrscheinlich, „dass das totemistische System sich aus den Bedingungen des Ödipus-Komplexes ergeben hat wie die Tierphobie ...“[343]. Die individuelle Kindheit des Menschen (= die Ontogenese) hat eine Entsprechung in der Menschheitsgeschichte als Kindheit der Menschheit (= Phylogenese). Was das für die Frage nach dem Grund und der Entstehung von Religion bedeutet, fasst der bekannte katholische Theologe **Hans Küng** so zusammen: „Auf dem Grund des Totemismus, diesem Durchgangsstadium auch für höherstehende Völker, ist nichts anderes als der Ödipuskomplex mit seinen beiden Inhalten - Zuneigung zur Mutter und Todeswunsch gegen den väterlichen Rivalen - verborgen wirksam. Und gerade der Kern des Totemismus, jene Totemmahlzeit, in der alljährlich das heiliggehaltene Totemtier kultisch getötet, verzehrt, dann betrauert und schließlich doch mit einem Fest gefeiert wird, macht deutlich, dass die Vatertötung der Ausgangspunkt des Totemismus und damit der Religionsbildung überhaupt ist“[344]. Diese These impliziert, dass es in den Anfängen der Menschheitsgeschichte eine „religionslose“ Zeit gegeben hat und die Menschen in Horden, ja eigentlich in einer „Urhorde“ zusammenlebten. Das nimmt Freud tatsächlich an; was sich dort ereignet haben muss, beschreibt er folgendermaßen: „Eines Tages taten sich die ausgetriebenen Brüder zusammen, erschlugen und verzehrten den Vater und machten so der Vaterhorde ein Ende ... Der gewalttätige Urvater war gewiss das beneidete und gefürchtete Vorbild eines jeden aus der Brüderschar gewesen. Nun setzten sie im Akte des Verzehrens die Identifizierung mit ihm durch, eigneten sich ein jeder ein Stück seiner Stärke an. Die Totemmahlzeit, vielleicht das erste Fest der Menschheit, wäre die Wiederholung und die Gedenkfeier dieser denkwürdigen, verbrecherischen Tat, mit welcher so vieles seinen Anfang nahm, die sozialen Organisationen, die sittlichen Einschränkungen und die Religion“[345].
Damit war für Freud der Ursprung der Religion psychisch erklärt - und zwar aus dem Ödipus-Komplex der Gesamtmenschheit. Der gefürchtete und gehasste, verehrte und beneidete Urvater ist das Urbild Gottes.
Freud sieht drei Funktionen von Religion für den Menschen: a) sie erklärt ihm Entstehung und Herkunft der Welt, b) sie bietet ihm Schutz und Glück in den Unsicherheiten und Unwägbarkeiten seines Lebens, c) sie schreibt ihm mit ihrer ganzen Autorität Gesinnungen und Handlungen vor. Damit erweist sie sich insgesamt als Illusion. Die Illusion „Religion“ muss aufgehoben werden, damit der Mensch seinen infantilen Zustand überwinden und endlich „erwachsen“ werden kann.

6.1.2.3 Die Reaktion der Theologie auf die Religionskritik der Neuzeit

Wie hat die Theologie auf diese Herausforderung reagiert? Es lassen sich - grob gesehen - vier Reaktionen unterscheiden:
1) Man nahm diese Kritik zur Kenntnis oder auch nicht und fuhr mit dem Reden von Gott wie bisher fort.
2) Man übernahm die Grundzüge der Kritik, ließ Gott „tot“ sein und versuchte, eine Kultur bzw. ein Christentum ohne Gott zu etablieren[346]. Hier ist zunächst eine radikale, vor allem in den USA vertretene Position zu nennen: **Gabriel Vahanian**, The Death of God. The culture of our postchristian era, New York 1961. In Deutschland tritt eine weniger radikale Position auf: **Dorothee Sölle**, Stellvertretung. Ein Kapitel Theologie nach dem „Tode Gottes“, Stuttgart 1965, und weitere Veröffentlichungen.

---

[343] Ebd., S. 148.
[344] H. Küng, Existiert Gott? Antwort auf die Gottesfrage der Neuzeit (dtv 1628), München 1981, S. 317.
[345] S. Freud, Totem und Tabu ..., S. 158f.
[346] Vgl. H. Zahrnt, Gott kann nicht sterben. Wider die falschen Alternativen in Theologie und Gesellschaft, München 1970.

3) Man stimmte der Kritik zu, war aber der Meinung, dass das eigene Reden von Gott etwas anderes darstelle und von daher nicht betroffen sei. Hier ist vor allem an **Karl Barth** (1886-1968) und die „dialektische Theologie" (vgl. Anm. 14) zu denken. Barth sagt über Religion und ihr Reden von Gott bzw. Göttlichem: „Wir beginnen mit dem Satz: Religion ist Unglaube; Religion ist eine Angelegenheit, man muss geradezu sagen: die Angelegenheit des gottlosen Menschen"[347]. In der Religion erblickt Barth den hochmütigen Versuch des Menschen, von sich aus nach Gott zu greifen, an die Stelle der göttlichen Wirklichkeit ein Bild von Gott zu schieben, „das der Mensch sich eigensinnig und eigenmächtig selbst entworfen hat"[348]. Weil Religion auf diese Weise bloß menschliches Tun ist, gibt Barth sie dem Verdikt Feuerbachs preis. Auch wenn man berücksichtigt, dass er damit kein religionswissenschaftliches oder religionsphilosophisches Urteil sprechen, sondern von der Offenbarung Gottes her ein „göttliches Urteil"[349] zur Geltung bringen will, das auch und vor allem „Angehörige der christlichen Religion treffen"[350] soll, muss man sehen, dass hier das Entscheidende im Selbstverständnis der Religionen übergangen wird: das Widerfahrnis göttlicher Wirklichkeit. Dass der christliche Glaube im Unterschied zu anderen Religionen auf einer Offenbarung des biblischen Gottes beruhe, erweist sich hier als pure Behauptung. Gerade auch das christliche Reden von Gott ist von der neuzeitlichen Religionskritik betroffen[351], und das kann nur heißen: Es muss sich dieser Kritik stellen und mit ihr auseinandersetzen.
4) Der Religionskritik dort zu begegnen, wo sie ansetzt: nämlich beim Verständnis des Menschen, ist der Theologie aufgegeben. So hat **Ernst Troeltsch** (1865-1923) versucht, „die Selbständigkeit der Religion"[352] zu erweisen, zunächst religionspsychologisch: In den Gottesvorstellungen steckt ein tieferer Kern, die Ahnung eines Absoluten. Diese Ahnung verdankt sich nicht der Phantasie, sondern ist ein unwillkürliches Urdatum des Bewusstseins. Allerdings kann der Hinweis auf die „Unwillkürlichkeit" der religiösen Erfahrung das Verdikt Feuerbachs nicht entkräften, denn Illusionen sind in der Regel unwillkürlich, und gerade darauf zielte Feuerbachs Theorie.

Später hat Troeltsch eine transzendentalphilosophische Grundlegung der Religion versucht. In seiner Schrift „Psychologie und Erkenntnistheorie in der Religionswissenschaft" aus dem Jahre 1905 konstruiert er im Anschluss an Kant die Theorie eines „religiösen Apriori": Im menschlichen Geist gibt es ein religiöses Vermögen, das von allen Erfahrungsbedingungen unabhängig und allgemeingültig, d.h. apriorisch ist. Dieser Versuch erweist sich bei näherem Zusehen als unglücklich. Er trägt dem Umstand nicht genügend Rechnung, dass nicht der menschliche Geist der Schöpfer der religiösen Erfahrung ist, sondern dass das Widerfahrnis der göttlichen Wirklichkeit die religiöse Erfahrung begründet.

In der 2. Hälfte des 20.Jahrhunderts hat es dann vor allem **Wolfhart Pannenberg** (geb. 1928) unternommen, die Frage nach Gott im Zusammenhang mit der Anthropologie der Gegenwart zu erörtern[353].

6.1.2.4 Weltoffenheit des Menschen als Grund der Frage nach Gott

Die Anthropologie der Gegenwart sieht - über Nuancierungen hinweg - das Eigentümliche des Menschen im Unterschied zu den anderen Lebewesen in seiner „Weltoffenheit"[354] oder „Ex-

---

[347] K. Barth, Kirchliche Dogmatik I,2: Die Lehre vom Wort Gottes, Zürich 1948, S. 327.
[348] Ebd., S. 329.
[349] Ebd., S. 328.
[350] Ebd., S. 327.
[351] Feuerbach und die anderen haben bei ihrer Kritik gerade den christlichen Glauben und das christliche Reden von Gott im Auge gehabt.
[352] So der Titel seiner Abhandlung aus dem Jahre 1895.
[353] Vgl. W. Pannenberg, Was ist der Mensch? Die Anthropologie der Gegenwart im Lichte der Theologie (Kleine Vandenhoeck-Reihe 139/140), Göttingen ([1]1962) [3]1968, und W. Pannenberg, Anthropologie in theologischer Perspektive, Göttingen 1983.
[354] So Max Scheler, Die Stellung des Menschen im Kosmos, 1928; Arnold Gehlen, Der Mensch, seine Natur und seine Stellung in der Welt, 1940.

zentrizität"[355]. Pannenberg interpretiert diese Eigentümlichkeit des Menschen so: „Die Weltoffenheit ... ist nicht nur dem Grade nach, sondern grundsätzlich von tierischer Umweltgebundenheit verschieden. Darum kann es sich hier nicht nur um eine Offenheit für die Welt handeln. Sondern Weltoffenheit muss heißen: Der Mensch ist ganz und gar ins Offene gewiesen. Er ist über jede Erfahrung, über jede gegebene Situation hinaus immer noch weiter offen. Er ist offen auch über die Welt hinaus, nämlich über sein jeweiliges Bild von der Welt"[356]. Hier stellt sich die Frage, ob der Mensch dann offen ist für die von ihm selbst geschaffene Welt, die Kultur. Dagegen spricht, dass die Menschen sich nicht mit der von ihnen jeweils geschaffenen Kultur zufrieden geben, sondern Kultur andauernd verändern und ersetzen.

Was treibt den Menschen zu diesem Streben ins Offene, über jede erreichte Stufe der Lebensverwirklichung hinaus? Es ist die Angewiesenheit des Menschen, und zwar seine unbegrenzte, unendliche. „Während nun die Bedürftigkeit der Tiere auf ihre Umwelt beschränkt ist, kennt die des Menschen keine Grenzen. Er ist nicht nur angewiesen auf bestimmte Bedingungen seiner Umgebung, sondern darüber hinaus auf etwas, das sich ihm entzieht, sooft er nach seiner Erfüllung greift. Die chronische Bedürftigkeit, die unendliche Angewiesenheit des Menschen setzt ein Gegenüber jenseits aller Welterfahrung voraus ...Für dieses Gegenüber, auf das der Mensch in seinem unendlichen Streben angewiesen ist, hat die Sprache den Ausdruck Gott"[357]. Damit ist der Aufweis erbracht, dass die religiöse Dimension zum Menschsein des Menschen gehört. Dem entspricht auch der historisch-empirische Befund: Menschliches Leben ohne religiöse Dimension hat es nicht gegeben[358]; und die These, dass durch Aufklärung und naturwissenschaftlich-technischen Fortschritt mit dem baldigen Ableben der Religion zu rechnen sei, erweist sich angesichts der Realität heute entweder als Selbsttäuschung oder Wunschdenken. Dennoch liegt kein anthropologischer Gottesbeweis vor; denn es lässt sich daraus, „dass die religiöse Dimension zu den konstitutiven Elementen des Menschseins gehört, nicht auf das Dasein Gottes schließen. Es könnte ja auch sein, dass der Mensch durch seine Natur selbst auf eine Illusion angelegt ist, die er dann allerdings im Gegensatz zu den atheistischen Illusionstheorien nicht als solche durchschauen könnte, weil er sie kraft seiner Wesensnatur immer wieder selbst vollzieht"[359].

Wenn man von hier aus auf die Religionskritik zurückblickt, dann erweist sich ihre Grundthese, dass der Gottesgedanke auf Projektion (Feuerbach und Marx) bzw. Illusion (Freud) beruhe, als nicht stichhaltig. Das bedeutet nicht, dass sie nicht manches in den religiösen Lebensäußerungen als das entlarvt hat, was es ist: die Projektion menschlicher Wünsche und Phantasien in das Gottesbild hinein - auch auf dem Hintergrund gesellschaftlicher und psychischer Zerrissenheit[360].

Dass Menschen radikal über sich und die Welt hinaus fragen, dass sie also den Gottesgedanken - in allen Schattierungen – bilden, gehört zu ihrem Wesen. Allerdings ist mit dem Fragen nach Gott bzw. dem Göttlischen nicht ohne weiteres der Glaube als existentielle Bejahung Gottes bzw. des Göttlichen verbunden. Glaube als vertrauensvolle Hinwendung zu Gott – das ist Tat des Menschen, ein Sich-Einlassen auf das, was ihm konkret in seinem Leben als Zuspruch und Anspruch Gottes begegnet[361].

---

[355] So Helmut Plessner, Die Stufen des Organischen und der Mensch, 1928; Plessner kennzeichnet die Besonderheit des Menschen als seine exzentrische Position: Der Mensch hat sein Zentrum nicht nur in sich und verhält sich zu seiner Umgebung, sondern auch außerhalb seiner, so dass er sich zu sich selbst verhalten kann.

[356] W. Pannenberg, Was ist der Mensch? ..., S. 9f.

[357] Ebd., S. 11. Bei dem Ausdruck „Gegenüber" handelt es sich um eine Metapher. Von der alles Vorhandene und Endliche, damit auch den Menschen und seine Möglichkeiten übersteigenden unendlichen Wirklichkeit lässt sich nur analog reden, durch Übertragung von anderweitig gebildeten Wörtern. Weil das Wort „Gott" Personalität impliziert, hängt die Benennung dieser Wirklichkeit als „Gott" davon ab, ob sie als personale begegnet.

[358] Die gegenteilige Auskunft von Freud (und anderen) stellt eine nicht belegte Behauptung dar.

[359] W. Pannenberg, Gottesgedanke und menschliche Freiheit, Göttingen 1972, S. 25.

[360] Vgl. H. Zahrnt, Stammt Gott vom Menschen ab? (Theologische Meditationen 50), Zürich u.a. 1979.

[361] Siehe dazu den Abschnitt 1.5.1 „Glaube als Vertrauen und Teilhabe"!

6.1.2.5 Die Personalität der göttlichen Wirklichkeit

Wenn die Christen sich zu Gott als dem „Vater" bekennen, dann ist darin vollends die göttliche Wirklichkeit als „Person" angesprochen. Dass Gott ein denkendes, fühlendes, wollendes, ja den Menschen anredendes „Du" ist, erscheint in der biblischen Überlieferung als selbstverständlich. Diese Selbstverständlichkeit beruht nicht auf einer unaufgeklärten Wirklichkeitssicht der biblischen Menschen, sondern hängt mit dem Person-Sein des Menschen zusammen. Die Humanwissenschaften zeigen in einsichtiger Weise, dass der Mensch ein soziales und personales Wesen ist: Er entwickelt seine Persönlichkeit, indem andere sich ihm zuwenden, ihn anreden und indem er selbst zugewandt zu anderen lebt, mit ihnen kommuniziert.[362] Hier wird die große Bedeutung des gegenseitigen In-Beziehung-Tretens, des kommunikativen Austauschs für das menschliche Leben erkennbar. Die Kommunikativität des Menschen ist der Ausdruck der grundlegenden dialogischen Struktur des Menschseins.[363] Von dieser dialogischen Struktur her ergibt es sich, dass auch die Beziehung des Menschen auf die göttliche Wirklichkeit dialogisch und damit auch personal ist[364]. Allerdings verbietet sich eine einfache Übertragung des uns geläufigen Begriffs „Person" auf die göttliche Wirklichkeit: Unser geläufiger Begriff von Person schließt ihre Begrenzung durch andere Personen ein, menschliche Person ist somit eine endliche Größe, der Begriff kann nicht ohne weiteres auf die unendliche Wirklichkeit Gottes übertragen werden[365]. Es stellt sich allerdings die Frage, ob hier nicht ein zu enges Verständnis von Person zugrunde liegt. Ein Mensch gilt uns als Person, als Du, weil er in seiner Tiefe für uns, aber auch für ihn selbst, undurchschaubar, unberechenbar, unverfügbar ist. Wir können noch so viel von einem Menschen erkennen und wissen, wir können vielleicht sehr weit über ihn bestimmen, aber letztlich bleibt er ein Geheimnis, unserem Bestimmen entzogen. Das alles gilt erst recht für die göttliche Wirklichkeit, so dass wir sie als personhaft erfahren und denken können[366].

6.1.2.6 Das Bekenntnis zu Gott als dem „Schöpfer des Himmels und der Erde"

Wenn Gott die alles bestimmende Wirklichkeit ist, dann muss sich unsere Welt als von ihm bestimmt erweisen. Das hat seinen Ausdruck in dem Bekenntnis zu Gott als dem Schöpfer gefunden. Wie kann Gott angesichts unserer heutigen Erkenntnisse über die Entstehung der Welt und des Lebens als Schöpfer gedacht werden?

Rudolf Bultmann hat in seinem Aufsatz „Die Krisis des Glaubens" aus dem Jahre 1931 den „Sinn des christlichen Gottesglaubens" so beschrieben: „der Glaube an Gott als die rätselhafte Macht, die mich ins Leben ruft und begrenzt, an den Gott, der in dem durch Christus in der Welt begründeten Wort mich richtet als Sünder und mir die Sünde vergibt, an den Gott, der mich an das Du weist und mir gebietet, den Anspruch des Augenblicks zu hören in der Lie-

---

[362] Solche Kommunikation erfolgt sehr häufig – aber nicht immer und überall und auch nicht notwendigerweise – mittels der (Verbal-) Sprache. Es gibt aber, das lehren insbesondere Erfahrungen mit Kleinkindern, demenzerkrankten oder schwer geistig behinderten Personen, neben der Verbalsprache auch andere Kanäle, über die eine Zuwendung von Mensch zu Mensch, eine Kommunikation zwischen ihnen sich ereignet, wie z.B. Bewegung, Körperhaltung oder Mimik (vgl. z.B. A. Fröhlich, Sprachlos bleibt nur der, dessen Sprache wir nicht beantworten. Grundzüge des somatischen Dialogs, in: Orientierung, 2001, 2, 20-22; W. Mall, Basale Kommunikation – ein Weg zum andern. Zugang finden zu schwer geistig behinderten Menschen, in: Geistige Behinderung, 1984, 1, Heftmitte 1-16).

[363] Man bedenke: Auf die dialogische Struktur des Menschseins wird in den biblischen Schöpfungsberichten (Gen 1–3) großer Wert gelegt. In Gen 1,27 heißt es: „Und Gott schuf den Menschen zu seinem Bilde, zum Bilde Gottes schuf er ihn; und schuf sie als Mann und Weib." Das aber bedeutet: „Gott schuf *den* Menschen, indem er *die* Menschen schuf, Mann und Frau" [E. Jüngel, Der Gott entsprechende Mensch. Bemerkungen zur Gottebenbildlichkeit des Menschen als Grundfigur theologischer Anthropologie, in: H.-G. Gadamer / P. Vogler (Hg.), Philosophische Anthropologie. Erster Teil (Neue Anthropologie 6), Stuttgart 1975, 342-372, hier 353].

[364] Vgl. B. Buschbeck/S. Wibbing, Religionsunterricht im 6. Schuljahr (Religionsunterricht in der Sekundarstufe I), Stuttgart 1994, S. 101ff.

[365] Diese These hatte Johann Gottlieb Fichte im sogenannten „Atheismusstreit" von 1798/99 vertreten.

[366] Vgl. W. Pannenberg, Das Glaubensbekenntnis ..., S. 35ff.

be"[367]. Man kann dieser Beschreibung des Verhältnisses von Gott und Mensch weitgehend zustimmen. Allerdings fällt sofort auf, dass von einer Beziehung zwischen Gott und der außermenschlichen Wirklichkeit nicht die Rede ist. Das hängt damit zusammen, dass Bultmann die biblischen Aussagen existential interpretieren will[368]. Interpretiert man aber die Aussage von Gott als dem Schöpfer existential („die rätselhafte Macht, die mich ins Leben ruft ..."), so ergibt sich als Konsequenz, dass der Bezug Gottes auf die außermenschliche Welt aus dem Gottesgedanken ausgeblendet wird.

Der an der Universität in Koblenz lehrende Theologe und Biologe **Günter Altner** will dagegen an dem Weltbezug Gottes festhalten. Die naturwissenschaftliche Theorie der offenen Systeme im Anschluss an die Arbeiten des Physikers I. Prigogine versteht die Welt, Materie, Leben und Bewusstsein als offenen Prozess, der immer höhere Ordnungsstrukturen hervorbringt und dessen Zukunft nicht voraussagbar ist. Altner stellt die Frage: „Müssen wir nicht die Bedingungen des Offenseins des Weltwerdeprozesses unter der Perspektive göttlichen Handelns anders beschreiben, als es die >offenste< Theorie der offenen Systeme kann?"[369]. Was ermöglicht und erhält die Offenheit der Prozesse? Hier kommt bei Altner der Gottesgedanke ins Spiel: „Wenn wir auf der Grundlage des neuzeitlichen Weltbildes Gott nicht mehr im Gegenüber der Welt bildlich durchhalten können, dann muss man darüber nachdenken, wie Gott in dieser Welt ist, wie er als Ermöglichung dieses Weltwerdeprozesses mit der Welt zusammengedacht werden kann. Und dann kommt man natürlich auf Vorstellungen, dass Gott gewissermaßen als der tiefere Urgrund, als der Faktor, als die ständige Möglichkeit für Schöpfungswerden in seiner Schöpfung selbst ist und mit seiner Schöpfung unterwegs ist. Anders gesagt: dass die Schöpfung in ihrer immer wieder neuen Formenvielfalt Ausdruck seiner Wirklichkeit, seiner Existenz ist"[370]. Gott nicht außerhalb der Welt, Gott nicht als Gegenüber der Welt, sondern in, mit und durch den Weltwerdeprozess - läuft das nicht auf den Gedanken der Identität von Gott und Welt hinaus, wie das der Pantheismus[371] in allen seinen Spielarten gemeint hatte? Angesichts dieses Einwandes präzisiert Altner: „Man meint ja nicht, dass die Wirklichkeit Gottes gleichzusetzen ist mit dem Augenblick der Schöpfung; mit dem, was an Formenvielfalt gerade da ist, und mit dem, was wird. Sondern man wird die Wirklichkeit Gottes so beschreiben müssen, dass Gott gewissermaßen die Möglichkeit ist, aus der heraus Evolution geschieht. Dies gibt dem aktuellen Stand der Schöpfung Offenheit und Zukunft. Er [Gott] ist in seiner Schöpfung, er findet Ausdruck in der Vielfalt seiner Schöpfung, in der Offenheit, im Unterwegssein seiner Schöpfung, aber er ist mit dem, was wir an der Schöpfung als Augenblick erkennen, nicht identisch"[372].

Zu diesem schöpferischen Gott bekennt sich der Glaube. Im Vertrauen auf ihn gewinnt er Hoffnung für die Schöpfung und wird zu ihrer Bewahrung aufgerufen.

6.1.2.7 Die Offenbarung Gottes

Die Religionen sind sich darin einig, dass Menschen von sich aus - auf Grund ihrer Möglichkeiten und Fähigkeiten - nicht ohne weiteres Zugang zur Gottheit haben, sie erschließen und begreifen können. Dass Menschen in den Religionen ein Verhältnis zur göttlichen Wirklichkeit haben, beruht - nach ihrem Selbstverständnis jedenfalls - auf dem „Inerscheinungtreten

---

[367] R. Bultmann, Glauben und Verstehen. Gesammelte Aufsätze II, Tübingen ^{5}1968, S. 13.

[368] Bultmann will die biblischen Texte nach dem in ihnen zur Sprache kommenden Existenzverständnis des Menschen befragen. Das nennt er „existentiale Interpretation". Durch existentiale Interpretation geschieht das, was Bultmann „Entmythologisierung" nennt; vgl. dazu: F. Lemke, Geschichte und Eschatologie bei Rudolf Bultmann, in: Wahrheit suchen – Wirklichkeit wahrnehmen, hrsg. v. E. Reil u. R. Schieder, Landau 2000, S. 139-152!

[369] G. Altner in: W.- R. Schmidt, Leben ist mehr. Fragen nach Gott in unserer Zeit (GTB 957), Gütersloh ^{4}1989, S. 122.

[370] G. Altner in: W.-R. Schmidt ..., S. 122.

[371] So nennt man eine Anschauung, nach der alles (= pan) mit dem Göttlichen (= theismus) eins ist.

[372] G. Altner in: W.-R. Schmidt ..., S. 123.

der göttlichen Wirklichkeit“[373]. Für dieses In-Erscheinung-Treten hat sich in der christlichen Theologie der Ausdruck „Offenbarung“ eingebürgert. Dabei wurde Offenbarung zunächst als Übermittlung von sonst verborgenen Wahrheiten durch Gott aufgefasst, die dann formulierbare Erkenntnisse nicht nur über Gott und sein Wesen, sondern auch über die Welt ermöglichen und begründen. Darin waren sich die Vertreter der römisch-katholischen Tradition und der altprotestantischen Orthodoxie durchaus einig (vgl. den Abschnitt 1.1 Die Frage nach der Bedeutung der Bibel!).
Die Theologie der Gegenwart versteht dagegen unter Offenbarung Gottes vor allem seine „Selbstoffenbarung“, seine „Selbsterschließung“ oder - wie Karl Barth einmal sagt: seine „Selbstdarbietung und Selbstdarstellung“[374]. In dem Geschehen der Selbstoffenbarung erschließt Gott, wie er sich zu seiner Schöpfung und den Geschöpfen verhält und wie er mit den sich ihm verweigernden und gegen ihn rebellierenden Menschen umgeht. So wird Gottes Erhaltungswille offenbar, seine Treue und Barmherzigkeit, seine jeweils Zukunft eröffnende Vergebung, aber auch sein Widerstand gegen das Böse.
Der christliche Glaube hat die Gewissheit, dass sich diese Selbsterschließung Gottes in der Geschichte Israels und im Auftreten und Geschick Jesu von Nazareth ereignet hat.

6.1.3 Die Frage nach der Bedeutung Jesu von Nazareth (Christologie)

Das Wort Christologie setzt sich aus den griechischen Wörtern „christos“ und „logos“ zusammen und bedeutet demnach „Lehre von dem Christus“. Dabei ist Christus die Übersetzung des jüdischen Hoheitstitels „Messias“ (= Gesalbter).
Die Christologie ist das Stück theologischer Lehre, das sich mit Person und Bedeutung Jesu von Nazareth beschäftigt.
In der Alten Kirche wurde diese theologische Arbeit „theologia“ und „oikonomia“ genannt. Die „theologia“ erörterte den Zusammenhang der Person Jesu mit Gott (z.B. in der Zwei-Naturen-Lehre, s.u.), während die „oikonomia“ das Heilswirken Gottes in dieser Person diskutierte (z.B. Erlösung von Sünde und Tod). Als 1624 in Wittenberg das Buch von Balthasar Meisner „Christologia sacra“ erschien, setzte sich der Begriff schnell durch und wird bis heute gebraucht.
Der Messias- und damit Christustitel markiert in ausgezeichneter Weise den Zusammenhang der endzeitlichen Erwartungen Israels mit dem Auftreten und Geschick Jesu von Nazareth. Indem sich die heidenchristliche Kirche zu Jesus, dem Christus bekennt, ist auch für sie dieser Zusammenhang bis heute konstitutiv geblieben. Deshalb muss man die Bezeichnung Christologie für diesen Teil der theologischen Lehre als angemessen beurteilen.
Der Weg des christologischen Nachdenkens beginnt bei der Person Jesu, um in ihm Gott zu finden. Dieser Ansatz setzt voraus, dass der Gottesgedanke sachlich und historisch gegeben ist. Deshalb haben wir uns zunächst mit der Frage nach Gott beschäftigt. Ohne das Gegebensein des Gottesgedankens kann es keine Christologie geben, höchstens vielleicht eine „Jesulogie“, in der Jesus als „interessante Persönlichkeit“, als moralisches oder gesellschaftspolitisches Vorbild, als „Superstar“ oder auch „Superdroge“ behauptet wird.
Historisch gesehen, war die göttliche Wirklichkeit schon längst vor Jesus als Wirken göttlicher Mächte in den Religionen der Völker und als geschichtsmächtiges Handeln des schöpferischen Gottes in der Geschichte Israels erfahren worden. Im Horizont der Überlieferung vom Handeln Gottes in der Geschichte Israels hat Jesus selbst sein Auftreten verstanden; er war nicht nur „äußerlich“, etwa von der Abstammung her, sondern durch und durch ein Jude[375].

---

[373] W. Pannenberg, Systematische Theologie, Band 1, Göttingen 1988, S. 188.
[374] K. Barth, Kirchliche Dogmatik I,2: Die Lehre vom Wort Gottes, Zürich 1948, S. 335.
[375] Vgl. R.Heiligenthal, Der Lebensweg Jesu von Nazareth. Eine Spurensicherung, Stuttgart 1994!

6.1.3.1 Aufgabe und Ansatz der Christologie

In der christologischen Tradition haben sich zwei unterschiedliche Vorstellungen von Aufgabe und Ansatz der Christologie ausgebildet. Wir vergegenwärtigen uns diese Positionen, indem wir jeweils einen Text von **Otto Weber** und **Paul Althaus** vergleichen:
1) Die Christologie *„gibt darüber Rechenschaft, was gemeint ist, wenn das biblische Zeugnis und das ihr [!] folgende der Kirche von Jesus Christus geschichtliche Damaligkeit und Einmaligkeit in dem Sinne aussagt, dass mit der Damaligkeit und Einmaligkeit als solcher die den Glauben begründende, wenn auch wiederum nur im Glauben anerkannte Geltung gemeint ist. Dies heißt aber wiederum: sie sucht eine Antwort auf die Frage, was gemeint ist, wenn die Kirche ... von Gottes >Zuspruch und Anspruch< als dem spricht, der in dem geschichtlichen Jesus ergeht. Oder wieder anders: sie sagt explizit, was es mit der >Mitte< der christlichen Verkündigung positiv auf sich hat, sie sagt explizit, was darin eingeschlossen ist, wenn wir Jesus Christus den Herrn, den Sohn Gottes nennen"*[376]. Wie sich unschwer erkennen lässt, wird hier ohne weiteres vorausgesetzt, dass Gott in Jesus offenbar ist, dass Jesus der „Sohn Gottes" ist - ohne einen Versuch, diese Aussage zu begründen[377]. Der Christologie wird nur die Aufgabe zugewiesen, diese schon vorausgesetzte Wahrheit zu explizieren, zu **entfalten**[378].
2) Die Christologie *„kann nicht ausgehen von den christologischen Bekenntnissen des Urchristentums und ihre Aufgabe allein in deren Interpretation sehen, sondern sie muss hinter sie zurückgehen auf das, worauf sie selber zurückweisen, auf die Person, Botschaft und Geschichte Jesu ... Die Christologie hat also einzusetzen nicht bei Paulus und Johannes als Christologen, sondern bei den synoptischen Evangelien, bei Paulus und Johannes, soweit sie als Zeugen für die hinter ihren christologischen Sätzen stehende geschichtliche Wirklichkeit in Frage kommen (wie Paulus z.B. 1. Kor. 11,23; 15,3ff.) ... Diesen Weg weist uns auch die offenkundige Tatsache, dass die Christologie im Neuen Testamente eine Entwicklung durchläuft. Der Glaube an Jesus ist ein und derselbe vom Anfang, von der Entstehung der Gemeinde an. Aber sein christologischer Ausdruck hat sich nach und nach entfaltet ... Der Dogmatik ist also die Aufgabe gestellt, nach der inneren sachlichen Notwendigkeit der christologischen Entwicklung im Neuen Testamente zu fragen und sich ihrer zu vergewissern ... Dazu muss die dogmatische Christologie hinter die neutestamentliche zurückgehen zu dem Grunde, auf den sie zurückweist, der den Glauben an Jesus trägt. Das ist die Geschichte Jesu. Die Christologie hat zu fragen und zu zeigen, inwiefern diese Geschichte den Glauben an Jesus begründet"*[379]. Hier erhält die Christologie die primäre Aufgabe, hinter das biblische Zeugnis auf die „Geschichte Jesu" zurückzugehen und zu zeigen, dass diese Geschichte den Glauben an ihn, den Glauben, dass er der Christus Gottes ist, zu **begründen**[380].
Den beiden unterschiedlich akzentuierten Aufgaben entsprechen zwei unterschiedliche Ansätze bzw. Wege der Christologie: **„Christologie von oben" – „Christologie von unten"**.
Den ersten Weg soll ein Text von Karl Barth vor Augen stellen: *„Gott sei Dank haben die Väter damals [die Väter des Konzils von Nicäa 325 und von Konstantinopel 381] in aller Torheit und Schwachheit und mit aller ihrer griechischen Gelehrsamkeit sich nicht gescheut, zu kämpfen. Alle die Formeln sagen ja nur das Eine: der Eingeborene, der vom Vater vor aller Zeit Gezeugte, der Sohn, Licht vom Lichte, wahrer Gott vom wahren Gott, also nicht Kreatur sondern Gott selber, gleichen Wesens mit dem Vater nicht nur ähnlichen Wesens,*

---

[376] O. Weber, Grundlagen der Dogmatik, 2. Band, Neukirchen-Vluyn 1962, S. 16.
[377] Auch der Verweis auf das biblische Zeugnis und das der Kirche führt in dem Zusammenhang nur unbefragte Autoritäten ein und stellt insofern keine Begründung dar.
[378] Das liegt ganz auf der Linie der Theologie Karl Barths.
[379] P. Althaus, Die christliche Wahrheit. Lehrbuch der Dogmatik, 2. Band, Gütersloh 1948, S. 196f.
[380] Diese Linie wird von der Theologie Wolfhart Pannenbergs aufgenommen, vgl. etwa W. Pannenberg, Grundzüge der Christologie, Gütersloh 1964, § 1: Der Ausgangspunkt!

Gott in Person. <Durch welchen das All geschaffen wurde und welcher um unseretwillen vom Himmel, von oben herabgestiegen ist.> Herab zu uns: dieser ist Christus"[381]. Der Ausgangspunkt liegt in der Wirklichkeit Gottes, von ihr aus, im Bild gesprochen: von oben wird der Weg des Sohnes in die Welt hinein verfolgt bis zu seiner Menschwerdung; die Einheit Jesu mit Gott ist vorausgesetzt, der Inkarnationsgedanke steht im Mittelpunkt.

Aus mehreren Gründen scheint dieser Weg einer „Christologie von oben" nicht gangbar:

a) Wir müssten in der Wirklichkeit Gottes sein, um von ihr aus den Weg der zweiten Person des dreieinigen Gottes in die Welt und zu den Menschen zu verfolgen. Wir leben aber mitten in der Geschichte, im „Unten".

b) Die vom Glaubensbekenntnis formulierte Einheit Jesu mit Gott („und an Jesus Christus, seinen eingeborenen Sohn") wird nicht begründet, sondern von Anfang an vorausgesetzt.

c) Die „Christologie von oben" hält zwar mit dem Inkarnationsgedanken an dem wirklichen Menschsein Jesu fest, aber dieses Menschsein bleibt allgemein. Deshalb geraten hier die Besonderheiten der Gestalt Jesu, sein Judesein sowie der Zusammenhang seines Auftretens mit der Geschichte Israels und des zeitgenössischen Judentums leicht aus dem Blick.

Die „Christologie von unten" setzt in der Geschichte Jesu ein und versucht, aus dem damals Geschehenen die Bedeutung Jesu zu begründen. Diesen Weg sind die ersten Christen gegangen. Ihnen stand das Reden und Handeln Jesu, sein Tod am Kreuz und seine Auferweckung von den Toten vor Augen. So wurden sie geradezu gedrängt, miteinander darüber nachzudenken, welche Konsequenzen aus diesem Geschehen für die Einschätzung der Person Jesu und für ihr Leben zu ziehen seien. Bei dieser Rückbesinnung spielte das Beurteilungsschema „nach dem Fleisch" - „nach dem Geist" eine Rolle. So heißt es z.B. in Röm 1, 3f.: „... das Evangelium von seinem Sohn, der dem Fleisch nach geboren ist als Nachkomme Davids, der dem Geist der Heiligkeit nach eingesetzt ist als Sohn Gottes in Macht seit der Auferstehung von den Toten ...". Hier wird die **eine konkrete** Gestalt Jesu unter zwei Gesichtspunkten beschrieben: er stammt nach menschlich-irdischen Gesichtspunkten (nach dem Fleisch) aus dem Geschlecht Davids, nach dem Verständnis vom göttlichem Geist her ist er der „Sohn Gottes".

Der Weg der altkirchlichen Christologie verlief - insgesamt gesehen - aber anders, nämlich von „oben" nach „unten".

6.1.3.2 Der Ertrag der altkirchlichen Christologie

In den Auseinandersetzungen der altkirchlichen Christologie ging es vor allem um zwei große Problemkreise: einmal um die Anerkennung des vollen Gottseins Jesu, zum anderen um die Frage nach dem Verhältnis des Gottseins Jesu zu seinem Menschsein[382].

Mit den beiden Konzilien von Nicäa 325 und Konstantinopel 381 ist das Ringen um das volle Gottsein Jesu zu einem gewissen Abschluss gekommen. Im Nicaeno-Constantinopolitanum[383] wird das Verhältnis Jesu zu Gott wie folgt bestimmt: *„Wir glauben an einen Gott, den Vater, den Allmächtigen, Schöpfer Himmels und der Erden, all des, das sichtbar ist und unsichtbar. Und an einen Herrn Jesus Christus, Gottes eingeborenen Sohn, aus Gott geboren vor aller Zeit, Licht vom Licht, wahrer Gott von wahrem Gott, geboren, nicht geschaffen, mit dem Vater eines Wesens [homousion], durch den alle Dinge ins Sein traten, der um uns Menschen und um unseres Heiles willen herabgekommen ist vom Himmel und Fleisch geworden aus dem Hl. Geist und Maria, der Jungfrau, der Mensch wurde, gekreuzigt ward unter Pontius Pilatus, litt und begraben ward, am dritten Tage auferstand nach den Schriften, aufgefahren ist gen Himmel, sitzt zu Rechten des Vaters und wiederkommen wird in Herrlichkeit, zu rich-*

---

[381] K. Barth, Dogmatik im Grundriß, Zollikon ²1947, S. 100f.

[382] Vgl. zum folgenden B. Lohse, Epochen der Dogmengeschichte, Stuttgart ³1974, S. 45ff.

[383] So wird das Bekenntnis genannt, das im Zusammenhang mit dem Konzil von Konstantinopel entstand, als Symbolum Nicaenum in die Liturgie der Kirche Eingang fand und heute in evangelischen Gottesdiensten manchmal noch an hohen Feiertagen gesprochen wird.

ten Lebende und Tote; des Reich wird sein ohne Ende"[384]. Wenn hier Jesus Christus als „wahrer Gott von wahrem Gott ..., mit dem Vater eines Wesens" bekannt wird, dann ist damit die unbegrenzte Einheit Jesu mit Gott ausgesprochen.

Schon hier sei darauf hingewiesen, dass damit der Ansatz der trinitarischen Auffassung Gottes gegeben ist! Wenn Jesus unbegrenzt mit Gott eins ist, dann kann Gott nicht abgesehen von der Person Jesu zur Sprache kommen. Als dritte Größe ist in dem Bekenntnis vom Heiligen Geist die Rede: *„Und an den Hl. Geist, der da Herr ist und lebendig macht, der vom Vater ausgeht, der mit dem Vater und dem Sohn zugleich angebetet und gepriesen wird, der durch die Propheten geredet hat"*[385]. Indem das Bekenntnis den Geist als „Herrn" und als Spender des Lebens, der mit dem Vater und dem Sohn zusammen verehrt und gepriesen wird, bezeichnet, wird die Unterscheidung dreier gleichrangiger „Hypostasen" (=Wesenheiten) bzw. „Personen" ausgesprochen und anerkannt[386].

Durch den Ansatz einer „Christologie von oben" bedingt, ergab sich zwangsläufig die Frage, wie in der Gestalt Jesu sein Gottsein sich zu seinem Menschsein verhält. Oder mit den Begriffen der **Zwei-Naturen-Lehre**: Wie verhalten sich in Jesus Christus die göttliche und die menschliche „Natur" zueinander? Bei der Diskussion dieser Frage gab es zwei entgegengesetzte Ansätze: Die in Antiochia vertretene „Trennungs-Christologie" gestand höchstens eine - wenn auch enge - Verbindung der beiden Naturen zu[387], die in Alexandria vertretene „Einigungs-Christologie" plädierte für das Aufgehen der menschlichen Natur in die göttliche und damit für eine Vereinigung der beiden Naturen zu einer[388]. Der machtpolitische Streit zwischen den Patriarchaten von Konstantinopel und Alexandrien bildet den kirchenpolitischen Hintergrund dieser Auseinandersetzungen. Sie wurden vorläufig durch das Konzil von Chalcedon 451 beendet. Die entsprechenden Formulierungen lauten: Wir bekennen *„einen und denselben Christus, Sohn, Eingeborenen, in zwei Naturen unvermischt, unverwandelt, ungetrennt, ungesondert erkannt, wobei keineswegs die Verschiedenheit der Naturen um der Einung willen aufgehoben wird, sondern die Eigentümlichkeit einer jeden Natur erhalten bleibt und sich zu einer Person und einer Hypostase [= Wesenheit] verbindet"*[389].

Das Bekenntnis versucht, zwischen den beiden entgegengesetzten Ansätzen einen mittleren Weg zu gehen: Beide Naturen verbinden sich in Jesus Christus zu einer Person bzw. Wesenheit (damit ist das Interesse der Alexandriner aufgenommen); aber die Verschiedenheit der beiden Naturen wird nicht aufgehoben (darauf legten die Antiochener wert).

Das Schaubild will die Erfassung der komplizierten, heutigen Menschen merkwürdig vorkommenden Aussagen erleichtern:

[384] Text aus: Kirchen- und Theologiegeschichte in Quellen, Band I: Alte Kirche, ausgew., übersetzt u. kommentiert von A.M. Ritter, Neukirchen-Vluyn [6]1994, S.179f.

[385] Text aus: Kirchen- und Theologiegeschichte in Quellen, Band I: Alte Kirche..., S. 180.

[386] Siehe dazu den Abschnitt 1.4 Der dreieinige Gott (Aspekte der Trinitätslehre)!

[387] Die Anhänger dieser Auffassung werden „Dyophysiten" genannt.

[388] Die Anhänger dieser Position heißen „Monophysiten".

[389] Text aus: Kirchen- und Theologiegeschichte in Quellen, Band I: Alte Kirche ..., S. 221.

Antiochenische Trennungs-Christologie	Alexandrinische Einigungs-Christologie
Göttliche Natur	Göttliche Natur
Menschliche Natur	Menschliche Natur
Enge Verbindung beider Naturen, aber	Aufgehen der menschlichen Natur in die göttliche Natur, und
es bleiben zwei Naturen (Duophysiten)	es bildet sich eine Natur (Monophysiten)

Bekenntnis von Chalcedon
eine Person bzw. eine Wesenheit
in zwei Naturen,
beide Naturen
bleiben unvermischt und unverwandelt (gegen Alexandr. Einigungs-Christologie),
aber auch ungetrennt und ungesondert (gegen Antiochen. Trennungs-Christologie).

Otto Weber hat gemeint: „Die grundlegende Formel ist kein Kompromiss. Mit ihrer paradoxen Aussage hat sie, in der Sprache und Begriffswelt ihrer Zeit, gerade das vollbracht, was die auf >Lösungen< ausgehenden gegensätzlichen Gruppen nicht vermocht hatten ... Aber da ... alle unsere Begriffe inadaequat sind (weil sie innerhalb der Geschichte als Werden und Vergehen von Menschen geformt werden), so ist das Paradoxon die einzige sachgemäße Aussageweise“[390]. Gegen Weber muss festgehalten werden: Das Bekenntnis von Chalcedon ist ein kirchenpolitisch vermittelter Kompromiss zwischen den beiden entgegengesetzten Grundtypen der altkirchlichen „Christologie von oben“. Der Dogmenhistoriker Friedrich Loofs urteilt: „Die Gegensätze waren durch eine widerspruchsvolle Formel, hinter der eine entsprechende Theologie noch nicht stand, verdeckt, blieben aber unausgetragen. Wie sollte das Chalcedonense interpretiert werden?“[391]

Wie wir oben gesehen hatten, war die christliche Theologie von Anfang an zu der Aussage genötigt, dass Jesus wahrhaft Gott (vere deus) und wahrhaft Mensch (vere homo) ist. Diese Aussage geht davon aus, dass der eine konkrete Mensch Jesus nach verschiedenen Gesichtspunkten (nach dem Geist - nach dem Fleisch) beschrieben wird. Dabei ist die Einheit der geschichtlichen wirklichen Person Jesu von Nazareth als Ausgangspunkt immer schon vorgegeben.

Die Zwei-Naturen-Lehre hat einen genau entgegengesetzten Ausgangspunkt. Der Gegensatz zwischen Gott und Geschöpf, zwischen göttlicher und menschlicher Natur, zwischen göttli-

---

[390] O. Weber, Grundlagen der Dogmatik, 2. Band ..., S. 135f.
[391] F. Loofs, Leitfaden zum Studium der Dogmengeschichte, hrsg. v. K. Aland, Tübingen ^{6}1959, S. 237.

chem und menschlich-geschöpflichem Wesen überhaupt bildet - zumindest logisch - den Ausgangspunkt, „und von daher bemüht man sich um das Verständnis der Einheit beider in Jesus, des Zusammenkommens von Gottheit und Menschheit in ihm ... Jesus erscheint nun als ein Wesen, welches zwei - und zwar entgegengesetzte - Substanzen in sich trägt und vereinigt. Aus dieser Vorstellung entstehen alle die unlösbaren Probleme der Zweinaturenlehre"[392], etwa das Problem, ob Christus einen oder zwei „Willen" gehabt und infolgedessen eine gottmenschliche Tätigkeit oder zwei - eine göttliche und eine menschliche - Tätigkeit ausgeübt habe, ein Problem, das im 7. Jahrhundert zu bitteren Auseinandersetzungen führte und die Beratungen des Konzils von Konstantinopel 680/81 bestimmte[393].
Trotz dieser Aporie hat die Christologie der Alten Kirche **jeder künftigen Christologie zwei unaufgebbare Wahrheitsmomente mitgegeben: die unbegrenzte Einheit Jesu mit Gott und sein konkretes individuelles Menschsein.**
Der Jude Jesus von Nazareth, der Sohn von Maria und Josef[394], von dem römischen Prokurator Pontius Pilatus am Kreuz hingerichtet, durch das Schöpfer-Handeln Gottes von den Toten auferweckt, begegnet uns nicht nur als dieser konkrete **Mensch**[395] mit seinem besonderen Handeln und Reden, sondern darüber hinaus gerade von seiner Auferweckung und damit von seiner Aufhebung in die Einheit mit Gott her als **Gott**[396]. „Die Einheit Jesu mit Gott, des konkret geschichtlichen, in vieler Hinsicht immer wieder rätselhaften und doch so unverwechselbar charakteristischen Jesus von Nazareth mit dem Gott der Bibel, des AT, den Jesus Vater nannte, diese Einheit kann nur in der historischen Besonderheit des Menschen Jesus, seiner Botschaft und seines Geschicks, gefunden werden ... Und Jesus ist keine Zusammensetzung von Menschlichem und Göttlichem, von der wir am historischen Jesus etwa nur die eine Seite, die menschliche, erblicken könnten. Sondern als dieser Mensch ist Jesus Gott"[397].

6.1.4 Der dreieinige Gott (Aspekte der Trinitätslehre)

Die trinitarische Auffassung Gottes stellt eine Besonderheit des christlichen Glaubens dar, die ihm im interreligiösen Dialog, vor allem mit dem Judentum und dem Islam, große Verlegenheiten und Schwierigkeiten einbringt; vom Judentum und Islam aus erscheint das Bekenntnis zu dem dreieinigen Gott, dem Vater und dem Sohn und dem Heiligen Geist, als Bestreitung

---

[392] W. Pannenberg, Grundzüge der Christologie ..., S. 292.
[393] Vgl. B. Lohse, Epochen der Dogmengeschichte..., S. 102f. Wie erbittert der Streit geführt wurde, zeigt das Schicksal des Maximus Confessor; ihm wurde zur Strafe die Zunge abgeschnitten und die rechte Hand abgeschlagen, weil er gegen eine von ihm nicht akzeptierte Kompromissformel des Kaisers ankämpfte.
[394] Diese Formulierung schließt die Aussage ein, dass Maria und Josef die leiblichen Eltern Jesu sind. Die neutestamentliche Überlieferung, dass Jesus durch das Wirken des Heiligen Geistes von Maria empfangen wurde, ist im Apostolikum aufgenommen worden: „empfangen durch den Heiligen Geist, geboren von der Jungfrau Maria". Diese Überlieferung, die die Besonderheit Jesu in der Weise seiner Empfängnis und Geburt zum Ausdruck bringen will, findet sich nur im Matthäus- und Lukasevangelium; sie fehlt im Markus- und Johannesevangelium sowie bei Paulus. Im Johannesevangelium wird Jesus ausdrücklich „Sohn Josefs" genannt: „Philippus traf Natanael und sagte zu ihm: Wir haben den gefunden, über den Mose im Gesetz und auch die Propheten geschrieben haben: Jesus aus Nazaret, den Sohn Josefs", Joh 1,45. Auf Grund der schmalen neutestamentlichen Basis und wegen der Betonung des wirklichen Menschseins Jesu muss heute auf die Behauptung eines „biologischen Wunders" im Blick auf Empfängnis und Geburt Jesu verzichtet werden, vgl. dazu Ev. Erwachsenenkatechismus..., S. 212f!
[395] Gegen gewisse Übertreibungen feministischer Theologie muss betont werden, dass das Interesse der Christologie dem Mensch-Sein Jesu gilt, nicht seinem Mann-Sein.
[396] Auf die Problematik der Rede von der Auferweckung Jesu kann hier aus Platzgründen nicht eingegangen werden. Eine gründliche, vor allem die historischen Aspekte behandelnde Darstellung bietet G. Theißen / A.Merz, Der historische Jesus. Ein Lehrbuch, Göttingen 1996, in: §15: Jesus als Auferstandener: Ostern und seine Deutungen, S. 415-446.
[397] W. Pannenberg, Grundzüge der Christologie ..., S. 334.

der Einheit Gottes - wie sie von einem strengen Monotheismus gefordert wird -, als eine Art Tritheismus (= Dreigötterglaube).

Darüber hinaus kommt heute vielen Menschen, gerade auch Christen, die Trinitätslehre als schwer vermittelbares Relikt aus alter Zeit vor.

Auf der anderen Seite kann man nicht übersehen, dass trinitarische Formeln auch heute noch wie selbstverständlich in gottesdienstlichen Zusammenhängen ihren Platz haben, z.B.:

- „Im Namen des Vaters und des Sohnes und des Heiligen Geistes" zu Beginn eines Gottesdienstes
- „Ich taufe dich auf den Namen des Vaters und des Sohnes und des Heiligen Geistes" bei der Taufe
- „Der Segen Gottes, des Vaters und des Sohnes und des Heiligen Geistes, komme über euch und bleibe bei euch ..." beim Traugottesdienst.

Handelt es sich bei der trinitarischen Gottesauffassung tatsächlich um ein überflüssiges Relikt, entstanden aus der Lust an der theologischen Spekulation, oder gibt es Gründe, dieses Gottesverständnis als „sachgemäß", d.h. in unserem Zusammenhang: als der Person Jesu gemäß anzusehen?

6.1.4.1 Neutestamentliche Hintergründe

a) Das Verhältnis Jesu zu Gott

Im Verhalten Jesu, in seinem Reden und Tun, treten deutlich zwei Momente hervor: einmal die Inanspruchnahme der Autorität Gottes für seine eigene Position, etwa bei der Auslegung des überlieferten Gotteswillens z.B. in der Bergpredigt (Mt 5,21ff.) oder bei der Sündenvergebung (Mk 2,1-12). Zum anderen: Die von Jesus vorausgesetzte Übereinstimmung mit Gott führt nicht zu einer Ineinssetzung, sondern Jesus unterscheidet sich selbst immer wieder von Gott, dem Vater, z.B. Mk 14,36: „Er sprach: Abba, Vater, alles ist dir möglich. Nimm diesen Kelch von mir! Aber nicht, was ich will, sondern was du willst (soll geschehen)"[398].

Durch die Auferweckung Jesu von den Toten hat Gott die Botschaft Jesu zu seiner eigenen gemacht, hat sich voll und ganz zu Jesus bekannt und damit die von Jesus gelebte Beziehung zu ihm ein für allemal bestätigt.

Das hat sich in der schon im Neuen Testament einsetzenden Auslegung dieses Geschehens niedergeschlagen. Bei der Taufe Jesu wird das besondere Verhältnis Gottes zu ihm von der Stimme aus dem Himmel ausdrücklich proklamiert: „Das ist mein geliebter Sohn, an dem ich Gefallen gefunden habe", Mt 3,17. Bei der Kreuzigung Jesu bekennen der heidnische Zenturio und seine Männer: „Wahrhaftig, das war Gottes Sohn!", Mt 27,54. Und im Johannesevangelium spricht Jesus sogar seine Einheit mit Gott aus: „Ich und der Vater sind eins", Joh 10,30.

b) Der Heilige Geist als eigenständige Größe

Nach einer von Paulus zitierten Bekenntnisformel ist Jesus durch die Kraft des Heiligen Geistes auferweckt und in die Herrscherrechte des messianischen Gottessohnes eingesetzt worden (Röm 1,4). Auch bei der Auferweckung der Christen spielt der Geist diese Rolle: „Wenn der Geist dessen in euch wohnt, der Jesus von den Toten auferweckt hat, dann wird er, der Christus Jesus von den Toten auferweckt hat, auch euren sterblichen Leib lebendig machen, durch seinen Geist, der in euch wohnt", Röm 8,11.

Die Evangelien haben die Verbundenheit Jesu mit Gott auf die Gegenwart und das Wirken des Gottesgeistes in ihm zurückgeführt (Mk 1,10; Joh 3,33f.). „Wenn aber die Darstellung des Redens und Handelns Jesu als vom Geist gewirkt die Gegenwart Gottes selber in ihm beschreibt, dann läßt sich zwischen Gottes Geist und Gott selbst nicht trennen. Vielmehr ist im Wirken seines Geistes Gott selbst gegenwärtig. Die Gemeinschaft Jesu als des Sohnes mit Gott als dem Vater läßt sich offenbar nur aussagen, wenn als Drittes auch vom Heiligen Geist gesprochen wird"[399]*. Im Johannesevangelium wird dann deutlich zwischen Sohn und Geist unterschieden und der Geist als eigenständige Größe Jesus gegenüber zur Sprache gebracht: „Wenn aber der Beistand*[400] *kommt,*

---

[398] *Dabei ist „Abba" im Aramäischen die vertrauliche Form, in der man den Familienvater anredet.*

[399] W. Pannenberg, Systematische Theologie, Band 1, Göttingen 1988, S. 291.

[400] In der Lutherbibel ist das an dieser Stelle stehende griechische Wort „Paraklet" mit „Tröster" übersetzt.

den ich euch vom Vater aus senden werde, der Geist der Wahrheit, der vom Vater ausgeht, dann wird er Zeugnis für mich ablegen", Joh 15,26, ähnlich Joh 16,7.

Aus alledem wird deutlich, dass die christliche Gottesauffassung nicht in einer Art Binität, in einer Zweieinheit von Vater und Sohn, sondern in der Trinität, in der Dreieinheit von Vater, Sohn und Geist ihre ausgebildete Gestalt gefunden hat.

c) Triadische (=dreigliedrige) Aussagen

Im Neuen Testament findet sich, wie wir gesehen haben, keine ausgeführte Trinitätslehre. Es gibt aber Aussagen, in denen die drei Größen, die in dem erst viel später (325 bzw. 381) formulierten Bekenntnis die Trinität Gottes konstituieren, in **einem** Zusammenhang genannt werden:

- „Es gibt verschiedene Gnadengaben, aber nur **den einen Geist**. Es gibt verschiedene Dienste, aber nur **den einen Herrn**. Es gibt verschiedene Kräfte, die wirken, aber nur **den einen Gott**: Er bewirkt alles in allen, 1.Kor 12,4-6.
- „Die **Gnade Jesu Christi**, des Herrn, die **Liebe Gottes** und die **Gemeinschaft des Heiligen Geistes** sei mit euch allen", 2.Kor 13,13.
- „Ein Leib und **ein Geist**, wie euch durch eure Berufung auch eine gemeinsame Hoffnung gegeben ist; **ein Herr**, ein Glaube, eine Taufe, ein **Gott und Vater aller**, der über allem und durch alles und in allem ist" Eph 4,4-6.
- „Darum geht zu allen Völkern, und macht alle Menschen zu meinen Jüngern; tauft sie auf den Namen **des Vaters** und **des Sohnes** und des **Heiligen Geistes**", Mt 28,19.

(Alle Hervorhebungen d.Verf.)

6.1.4.2 Die Einheit Gottes in der Dreiheit von Vater, Sohn und Geist

Aus dem Geschehen der Selbstoffenbarung Gottes im Auftreten und Geschick Jesu ergibt sich einmal, dass Jesus in der Einheit mit Gott der „Sohn" ist, und zum andern, dass der „Geist" als Geist der Gemeinschaft von Vater und Sohn erkennbar ist, und damit als Gott selbst, der der Glaubensgemeinschaft der Kirche und den einzelnen Glaubenden gegenwärtig ist. So ist Gott selbst in Jesus Christus offenbar im Geist.

Wie kann die Einheit Gottes angesichts der Unterscheidung von Vater, Sohn und Geist gedacht und formuliert werden? Die Beantwortung dieser Frage ist die eigentliche Aufgabe der Trinitätslehre. Dabei geht es nicht um die Lust an der Spekulation oder um sophistische Streitereien, sondern um ein existentielles Anliegen, wie es in besonderer Weise der griechische Kirchenvater ***Athanasius*** *(gest. 373) vertrat: „Wenn uns in der vom Heiligen Geist bewirkten Begegnung mit Christus nicht wirklich und wesentlich Gott begegnet, wie er in sich selber ist, dann werden wir im Glauben nicht wirklich Gottes teilhaftig, dann sind wir nicht wirklich erlöst"[401].*

Um diesem soteriologischen (= auf das Heil des Menschen bezogenen) Anliegen gerecht zu werden, dürfen an der Gleichrangigkeit von Vater, Sohn und Geist keine Abstriche gemacht werden. Wie kann das geschehen, ohne die Einheit Gottes zu zerstören, den Ein-Gott-Glauben, den das Christentum von Israel übernommen hat und mit dem Islam teilt? „Dies gelang durch die Formel: Gott hat ***ein*** *>Wesen<, das sich in drei ewigen >Seinsweisen< oder >Personen< verwirklicht. Jede dieser Personen ist ganz (also nicht etwa nur zu einem Drittel) Gott, sie unterscheiden sich aber voneinander darin, wie sie einander gegenüberstehen: Der Vater ist >ungezeugt<, er >zeugt< den Sohn und lässt den Geist >hervorgehen<. Das göttliche Heilswerk von der Schöpfung bis zur Vollendung bewirken aber alle drei >Personen< gemeinsam: So wie alles, was ist, >durch das Wort< (also Christus) entstanden ist (Joh I,13) und schon vor dem ersten Schöpfungstag >der Geist Gottes über den Wassern schwebte< (I Mose I,2), so ist auch der Weg Jesu von Anfang an bis zum Kreuz und zur Auferstehung vom Heiligen Geist begleitet, und wir können nicht an Christus glauben außer durch den Heiligen Geist"[402].*

Bei der Trinitätslehre wird besonders deutlich, daß die Beschreibung des dreieinigen Wesens Gottes mit den Begriffen „ungezeugt", „gezeugt" und „hervorgehen" an die Grenzen unseres Begreifens und damit auch unserer Begrifflichkeit führt. Die Theologie spricht deshalb im Blick auf das innere Leben Gottes vom Geheimnis der Trinität, vom Mysterium Trinitatis.

---

[401] Zit. nach Evangelischer Erwachsenenkatechismus..., S. 225.

[402] Evangelischer Erwachsenenkatechismus..., S. 225.

*Bei **Hans Küng** findet sich ein Bild*[403] *für diese Einheit in der Dreiheit: „Nicht drei Sterne im Dreieck nebeneinander ... Vielmehr drei Sterne hintereinander, wobei der erste Stern sein Licht dem zweiten und schließlich dem dritten gibt, so dass für das menschliche Auge diese drei Sterne nur als einer scheinen. Wer im Geist den Sohn sieht, sieht auch den Vater"*[404].

Was ist das für ein Gott, den der christliche Glaube als Vater, Sohn und Geist bekennt? Zur Beantwortung dieser Frage soll im folgenden der Evangelische Erwachsenenkatechismus zu Wort kommen:

a) Gott der Vater

„Das Bild des Vaters - kulturgeschichtlich verstanden im Sinne des Oberhauptes einer patriarchalen Großfamilie und nicht im Sinne des erwachsenen männlichen Mitglieds einer modernen Kleinfamilie – offenbart Gottes umfassende Fürsorge für seine Geschöpfe, seine innere Verbundenheit mit ihrem Wohlergehen. Nicht dass die Menschen damit der Verantwortung für ihr Leben beraubt wären, es nimmt sie im Gegenteil der Vater-Gott so ernst, dass sie sich vor ihm verantworten müssen. Sie können dieser Verantwortung aber ohne Angst entgegenblicken; denn sie dürfen auf seine väterliche Güte und seine Vergebung vertrauen, wie sie in Jesus Christus offenbar geworden ist"[405].

b) Gott der Sohn

„Dass Gott nicht nur Vater, sondern auch Sohn ist, hat für das Gottesverständnis kaum zu überschätzende Konsequenzen. Wort, Werk und Schicksal Jesu sind nicht nur die Geschichte eines Menschen, sondern von Gott selbst kann ohne diese Geschichte nicht angemessen gesprochen werden ... Ebenso wenig erschließt sich Gottes Gerechtigkeit abgesehen davon, dass Jesus am Kreuz die verheerenden Folgen der menschlichen Sünde auf sich genommen und die Menschen dadurch mit Gott versöhnt hat. Weil Gott Sohn ist, tritt uns - mit Luthers entscheidender reformatorischer Einsicht gesprochen - Gottes Gerechtigkeit nicht nur als der Spiegel unseres Versagens gegenüber. Im Spiegel des Angesichts Christi erkennen wir vielmehr, dass Gott uns seine Gerechtigkeit nicht strafend vorhält und vorenthält, sondern sie uns schenkt, indem er uns trotz unserer Sünden annimmt. Deshalb geht es nicht zu weit, Jesus als das menschliche Antlitz Gottes zu bezeichnen. Dieses Antlitz ist keine bloße Maske, hinter der sich der eigentliche Gott verbirgt. Es offenbart Gott so, wie er ist. Das heißt aber nichts anderes, als dass von Gott unabhängig von seiner menschlichen Gestalt nicht angemessen geredet werden kann. Umgekehrt bedeutet das für die Menschen, dass sie durch Christus in einer unüberbietbaren und unverbrüchlichen Weise Gott nahe sind"[406].

c) Gott der Heilige Geist

„Das Neue Testament sieht Gott im Heiligen Geist den Menschen so nahe, dass sie in ihrem Herzen das in Christus erschienene Heil individuell erfahren. Dieser Geist öffnet die Augen und Herzen der Menschen für Jesus als den Offenbarer Gottes und füreinander als »Kinder Gottes«... Dass Gott selbst Heiliger Geist ist, heißt dann, dass er nicht nur Gemeinschaft schenkt, sondern auch Gemeinschaft ist. Gott öffnet sich für andere, weil er gleichsam in sich selbst gesellig ist. Gott ist keine >absolute Persönlichkeit<, die einsam in sich selber ruht, sondern ein Beziehungsgeschehen, das über sich hinausdrängt und immer neue Beziehungen sucht. Gott ist Geist (Joh 4,24), das heißt dann auch: Gott erschließt sich jedem und jeder einzelnen in einer besonderen Weise ... Die Vielfalt der individuellen Gotteserfahrungen stellt keinen Mangel dar, dem man durch Reglementierung abhelfen muss, sondern einen Reichtum, aus dem immer wieder neue Gotteserfahrungen erwachsen können. In dieser Perspektive ist

---

403 Auf die Darstellungen der Bildenden Kunst kann hier nicht eingegangen werden; siehe dazu R. Leonhardt, Grundinformation Dogmatik..., Trinitätsdarstellungen in der christlichen Kunst, S. 149ff.
404 H. Küng, Christ sein (dtv 1220), München ^{5}1980, S. 580.
405 Evangelischer Erwachsenenkatechismus..., S. 226f.
406 Evangelischer Erwachsenenkatechismus..., S. 227.

auch die ökumenische Vielfalt der Konfessionen (und der verschiedenen Gruppen innerhalb der Konfessionen) eine »Gabe des Geistes«[407].
Das Bekenntnis zu dem dreieinigen Gott geschieht im Glauben des einzelnen und in der Gemeinschaft der Glaubenden, der Kirche.

6.1.5 Die Frage nach dem Glauben und nach der Kirche als „Gemeinschaft der Heiligen" (Ekklesiologie)

Auf das Christusgeschehen haben Menschen so reagiert, dass sie Jesus Christus als ihren und aller Menschen „Kyrios (= Herrn)" und „Soter (= Retter, Heiland)" bekannt, ihr Vertrauen auf ihn gesetzt und aus seinem Geschick Hoffnung für ihr Leben - auch über den Tod hinaus - geschöpft haben. Für diese Reaktion kann man den zusammenfassenden Ausdruck „Glaube" verwenden.

6.1.5.1 Glaube als Vertrauen und Teilhabe

Die christliche Tradition hat von Anfang an im Moment des Vertrauens das bestimmende Element des Glaubens gesehen. Auf die Selbsterschließung Gottes in der Geschichte Israels und im Auftreten und Geschick Jesu antworten Menschen so, dass sie ihr Leben, ihr Heil, ihre Zukunft dem unendlichen Gott anvertrauen. Solches Vertrauen hat - wie auch das Vertrauen von Menschen untereinander - mit der Zukunft zu tun. Dass sich jemand auch morgen und in Zukunft als der erweist, der er für mich heute ist, darauf setze und baue ich. Vertrauen wird von der Zukunft gerechtfertigt oder enttäuscht und bleibt insofern ein Wagnis.
Wahres Vertrauen ist aber nicht „blind", auch keine „Vertrauensseligkeit", sondern stützt sich auf Anhaltspunkte, ruht auf einem Grund auf. Zwei Menschen begegnen sich, lernen sich tiefer kennen, ihre Beziehung bewährt sich und sie fassen Vertrauen zueinander. Psychologisch gesehen, mag das als **ein** Vorgang erscheinen. Dennoch kann man nicht übersehen, dass das Vertrauen hier auf einer gemeinsamen Geschichte aufruht, in der der jeweils andere sich als vertrauenswürdig erwiesen hat.
Die Geschichte Jesu als Selbsterschließung Gottes ist der Grund, auf dem das christliche Vertrauen aufruht. Der an manchen Orten noch gebräuchliche Heidelberger Katechismus von 1563 formuliert in Frage 21: *„Was ist wahrer Glaube? Es ist nicht allein eine gewisse **Erkenntnis**, dadurch ich alles **für wahr halte**, was uns Gott in seinem Wort hat geoffenbart, sondern auch ein herzliches **Vertrauen**, welches der Heilige Geist durchs Evangelium in mir wirkt, dass nicht allein andern, sondern auch mir Vergebung der Sünden, ewige Gerechtigkeit und Seligkeit von Gott geschenkt sei, aus lauter Gnaden, allein um des Verdienstes Christi willen"* [Hervorhebungen durch Vf.][408]. Man kann unschwer erkennen, wie der Heidelberger Katechismus zwei Momente unterscheidet: auf der einen Seite eine gewisse, d.h. zuverlässige Erkenntnis der Offenbarung Gottes und die Zustimmung dazu, auf der anderen Seite das herzliche Vertrauen auf den Heil wirkenden Gott in Christus.
In der altprotestantischen Orthodoxie hat man Glaubensgrund und Glauben als eine Einheit gesehen und darin drei Momente unterschieden: „Die Teile des rechten Glaubens sind Kenntnis, Zustimmung und Vertrauen"[409]. Aber auch hier ist ein Begründungsverhältnis zwischen den drei Teilen gegeben: Das Vertrauen wird durch Kenntnis und Zustimmung zu dem Erkannten begründet. Wolfhart Pannenberg hat in dem Zusammenhang die „Logik" des Glau-

---

[407] Ebenda, S. 227f.
[408] Der Heidelberger Katechismus, hrsg. v. der Lippischen Landeskirche und der Evangelisch-Reformierten Kirche in Nordwestdeutschland, Essen 1963, S. 10.
[409] „Partes fidei iustificae sunt notitia, assensus, fiducia", zit. bei Chr. E. Luthardt, Kompendium der Dogmatik, S. 402.

bens von seiner „Psychologie“ unterschieden: „Was die Logik des Glaubens angeht, so gilt das Gesagte, dass er als fiducia begründet ist durch ein Wissen (notitia). Im seelischen Vollzug kann beides mit einem Akt ergriffen werden. Das Vertrauen kann auch entstehen in der Erwartung, dass das (logisch in ihm schon vorausgesetzte) Wissen sich erst später erschließen wird ... Das gläubige Vertrauen kann ferner auch so entstehen, dass der Glaubende das darin vorausgesetzte Wissen nicht immer eigens auf seine Zuverlässigkeit prüfen muss. Letzteres ist die besondere Aufgabe der Theologie“[410]. Man muss über Pannenberg hinaus sehen, dass - zumindest in unserer durch das Christentum geprägten Kultur - die „Psychologie des Glaubens“ fast immer eine größere Rolle spielt als die „Logik des Glaubens“. Durch den Vorgang, den man heute oft „religiöse Sozialisation“ nennt, begegnen Menschen der christlichen Überlieferung und werden im Glauben „heimisch“, wobei sich die Intensität in der Lebensgeschichte wandeln kann. Davon unabhängig bleibt es Aufgabe der Kirche und der Theologie, sich um die Glaubwürdigkeit der Geschichte Jesu als der Grundlage des christlichen Vertrauens zu bemühen[411].

Indem der Glaubende in solchem Vertrauen sich und sein Leben auf den in Christus offenbaren Gott bezieht, hat er Anteil am Heil Gottes, jetzt schon vorweggenommen in der Übereignung an Gott durch die Taufe und in der Mahlgemeinschaft mit Christus in der Feier des Herrenmahls[412].

Die Institution, die den Menschen zu allen Zeiten und an allen Orten die Geschichte Jesu durch Reden und Handeln, also durch ihre ganze Existenz, als Zuspruch und Anspruch Gottes zu bezeugen hat, ist die *Kirche.*

6.1.5.2 Die Kirche als „Gemeinschaft der Heiligen“

Mit dem Wort „Kirche“ bzw. „Gemeinde“ wird das griechisch-lateinische Wort „ecclesia“ wiedergegeben. Die Menschen, die sich vertrauensvoll auf Jesus Christus einlassen, bilden die Gemeinschaft der Kirche. Mit Jesus Christus verbunden, sind sie auch miteinander verbunden in der „Gemeinschaft der Heiligen“, in der „communio sanctorum“. Dieser lateinische Ausdruck kann in zweifacher Weise verstanden werden, einmal personal: Die Kirche ist die Gemeinschaft der Menschen, die von Gott berufen, ganz zu ihm gehören und insofern „Heilige“[413] sind; zunächst hatte man dabei an die Gemeinschaft vor allem mit den „heiligen“ Märtyrern gedacht, den „Blutzeugen“ Christi, die ganz zu ihm gehören und schon bei ihm sind. Zum andern ist auch ein neutrisches Verständnis möglich: Die Kirche ist die Gemeinschaft, in der man Anteil hat an den „sancta“, an den Sakramenten, vor allem am Herrenmahl, durch die das Heil zugeeignet wird.

Die Reformation hat das personale Element betont; in der „Augsburgischen Konfession“ von 1530[414] heißt es in Artikel VII: *„Es wird auch gelehret, dass alle Zeit musse ein heilige christliche Kirche sein und bleiben, welche ist die Versammlung aller Glaubigen, bei welchen das Evangelium rein gepredigt und die heiligen Sakrament lauts des Evangelii gereicht werden“*[415]. Obwohl hier die Kirche primär als „Versammlung der Glaubenden“ charakterisiert

---

[410] W. Pannenberg, Einsicht und Glaube, in: der., Grundfragen systematischer Theologie. Gesammelte Aufsätze, Göttingen ^{2}1971, S. 226f.

[411] Zu dieser Aufgabe gehört auch die Kritik verfälschender Aussagen über die Geschichte Jesu, vgl. R. Heiligenthal, Der verfälschte Jesus. Eine Kritik moderner Jesusbilder, Darmstadt 1997!

[412] In der römisch-katholischen Tradition heißt das Herrenmahl „Eucharistie“, in der evangelischen „Abendmahl“.

[413] Der Apostel Paulus bezeichnet die Christen häufiger als „Heilige“ oder auch „berufene Heilige“, z.B. Röm 1, 7; I Kor 1, 2; Phil 1, 1.

[414] Das Augsburgische Bekenntnis, lat. Confessio Augustana, von Melanchthon für den Reichstag in Augsburg verfasst, gehört zu den maßgebenden Bekenntnisschriften der evangelisch-lutherischen Kirchen.

[415] Zit. aus: Die Bekenntnisschriften der Evangelisch-Lutherischen Kirche, Göttingen ^{4}1959, S. 61.

wird, fehlt das andere Element nicht: In dieser Versammlung wird das Evangelium gepredigt und werden die Sakramente, das sind hier Taufe und Abendmahl, gereicht, d.h. den Glaubenden wird durch die Verkündigung des Evangeliums sowie durch Taufe und Abendmahl Gemeinschaft mit Jesus Christus und damit Anteil am Heil Gottes geschenkt. Dieses innere Wesen der Kirche ist - schon im Neuen Testament - mit dem Bild „Leib Christi" beschrieben worden: „Denn wie wir an dem einen Leib viele Glieder haben, aber nicht alle Glieder denselben Dienst leisten, so sind wir, die vielen, **ein** [Hervorhebung durch Verf.] Leib in Christus, als einzelne aber sind wir Glieder, die zueinander gehören. Wir haben unterschiedliche Gaben, je nach der uns verliehenen Gnade", so Paulus in Röm 12, 4-6. Hier kommen zwei Aspekte sehr deutlich zum Ausdruck: die Vielfalt der Glieder und ihrer Gaben und Aufgaben sowie ihre Einheit in einem Ganzen.

Die bisherige Charakterisierung des Wesens der Kirche ist vor Missdeutung nicht geschützt. Die Kirche kann zur privatistischen Vereinigung von Menschen verkommen, die an den Aufgaben und Nöten der menschlichen Gemeinschaft insgesamt vorbeigehen und so weltabgewandt ihre Frömmigkeit pflegen. Gemeinschaft mit Jesus Christus schließt dagegen auch Gemeinschaft mit dem ein, was Jesus selbst in seinem Tun und Reden vertreten hat. Der Horizont seines Redens und Tuns ist das kommende Reich Gottes, die gute Zukunft Gottes für alle. „Als die Gemeinschaft derer, die mit Jesus verbunden auf die Zukunft Gottes warten und ihr gegenwärtiges Leben aus dieser Erwartung leben, ist die Kirche der Anfang einer neuen Menschheit, die die Bestimmung des Menschen angesichts der Zukunft Gottes und seines Liebeswillens schon jetzt ergreift und für alle Menschen zur Darstellung bringt. So ist die Kirche auf das kommende Reich Gottes bezogen: Das Reich Gottes ist nicht die Kirche, sondern die Zukunft der Kirche wie der ganzen Menschheit"[416]. Aus dieser Bezogenheit der Kirche wie der Menschheit auf die Zukunft Gottes ergibt sich „der eschatologische Vorbehalt"[417]. Keine Gestaltung des kirchlichen Lebens und des gesellschaftlichen Lebens kann letzte Gültigkeit beanspruchen, sie sind immer vorläufig und bedürfen der Veränderungen in der Perspektive der erhofften Zukunft Gottes. Das gilt zunächst für die Kirche selbst, für ihre Ordnungen und Lehren. Deshalb ist zu Recht betont worden, dass sie eine immer zu erneuernde Kirche (ecclesia semper reformanda) ist. Dabei geht es nicht - wie die protestantische Seite häufig gemeint hat - um eine Veränderung hin zu einer vermeintlich im Neuen Testament zu findenden Urgestalt, sondern um eine Erneuerung auf die Zukunft Gottes hin. In der Hoffnung auf die Zukunft Gottes war schon im Alten Testament, vor allem bei den Propheten, die Hoffnung auf Frieden und Gerechtigkeit sowie auf die Aufhebung der Herrschaft von Menschen über Menschen eingeschlossen. So heißt es z.B. in Jes 2, 2-4: *„Am Ende der Tage wird es geschehen: Der Berg mit dem Haus des Herrn steht fest gegründet als höchster der Berge; er überragt alle Hügel. Zu ihm strömen alle Völker. Viele Nationen machen sich auf den Weg. Sie sagen: Kommt, wir ziehen hinauf zum Berg des Herrn und zum Haus des Gottes Jakobs. Er zeige uns seine Wege, auf seinen Pfaden wollen wir gehen. Denn von Zion kommt die Weisung des Herrn, aus Jerusalem sein Wort. Er spricht Recht im Streit der Völker, er weist viele Nationen zurecht. Dann schmieden sie Pflugscharen aus ihren Schwertern und Winzermesser aus ihren Lanzen. Man zieht nicht mehr das Schwert, Volk gegen Volk, und übt nicht mehr für den Krieg"*. In der Perspektive dieser Hoffnung nimmt die Kirche Anteil an der Gestaltung des politisch-sozialen Lebens, vor allem auch des Rechts, und beteiligt sich an der Linderung und Überwindung von Not und Leid. Insofern ist sie nicht nur eine Zeugnis-, sondern auch eine Dienstgemeinschaft. Sie kann das allerdings nur sein, sofern sie die **„eine, heilige, katholische und apostolische"** Kirche ist.

---

[416] W. Pannenberg, Das Glaubensbekenntnis ..., S. 162f.

[417] „Eschatologisch" meint: auf das Ende bezogen, von der letzten Zukunft her ausgehend.

6.1.5.3 Die Merkmale der Kirche

Im Apostolischen Glaubensbekenntnis ist mit und in dem Bekenntnis zum Heiligen Geist das Bekenntnis zur „heiligen" und „katholischen"[418] Kirche eingeschlossen. Das Nicaeno-Constantinopolitanum[419] nennt insgesamt 4 Kennzeichen (lat. notae) der Kirche: Einheit, Heiligkeit, Katholizität und Apostolizität[420]. Damit sind keine jeder Zeit aufweisbaren Qualitäten gemeint, sondern Bestimmungen dessen, was die Kirche sein soll und wozu sie berufen ist. An diesen Maßstäben hat sie sich zu orientieren und messen zu lassen.

a) Weil der Bezug auf den **einen** Christus für die Gemeinschaft der Christen konstitutiv ist, kann die Kirche Jesu Christi nur **eine** sein. Dem widerspricht nicht der Sachverhalt, dass es von Anfang an unterschiedliche Ausprägungen gegeben hat, die dann zu Traditionen geworden sind mit je eigenen Erfahrungen und Gewohnheiten und mit verschiedenen Erscheinungs- und Organisationsformen. Solange solche Kirchen und Gemeinschaften ihr Bezogensein auf Christus sich gegenseitig anerkennen und sich in Glaube und Liebe verbunden wissen, wahren sie die Einheit der Kirche. Uniformität in Lehre und Ordnung, in Gottesdienst und Unterricht ist keine Bedingung von Einheit, ja nicht einmal wünschenswert, weil sie keinen angemessenen Ausdruck für die Vielfalt, die „Buntheit" des Lebens darstellt.

b) Heilig ist das, was zu Gott gehört. „Der Glaube bekennt die heilige Kirche. Er nimmt wahr, dass inmitten aller menschlichen und auch ethischen Unzulänglichkeiten Gott in ihr überraschender Weise mit seinem Geist tröstend, ermutigend, erneuernd, friedensstiftend am Werk ist und so Menschen verändert"[421]. Die Kirche wahrt ihre Heiligkeit, solange sie ihrer Berufung und Beauftragung durch Gottes Geist treu bleibt, oder um es mit der 3. These der „Theologischen Erklärung zur gegenwärtigen Lage der Deutschen Evangelischen Kirche" von Barmen (1934)[422] zu sagen: „Die christliche Kirche ist die Gemeinde von Brüdern, in der Jesus Christus in Wort und Sakrament durch den Heiligen Geist als der Herr gegenwärtig handelt. Sie hat mit ihrem Glauben wie mit ihrem Gehorsam, mit ihrer Botschaft wie mit ihrer Ordnung mitten in der Welt der Sünde als die Kirche der begnadigten Sünder zu bezeugen, dass sie **allein sein Eigentum** ist, **allein von seinem Trost und von seiner Weisung** [Hervorhebung durch Verfasser.] in Erwartung seiner Erscheinung lebt und leben möchte. Wir verwerfen die falsche Lehre, als dürfe die Kirche die Gestalt ihrer Botschaft und ihrer Ordnung ihrem Belieben oder dem Wechsel der jeweils herrschenden weltanschaulichen und politischen Überzeugungen überlassen"[423].

c) Die **Katholizität** der Kirche bezeichnet ihre Ausrichtung auf das Ganze der Menschheit und damit ihre Allgemeinheit und Universalität (griech. Adjektiv katholikos = allgemein)[424]. Da die Kirche Christus als den Herrn und Retter der ganzen Welt bekennt, kann es für sie als Zeugnis- und Dienstgemeinschaft keine Schranken der Nation, der Rasse, der Klasse geben. Die Heilsbotschaft von Jesus Christus gilt allen Menschen zu allen Zeiten und an allen Orten. Dem widerspricht es nicht, dass es partikulare Ausformungen gibt, in denen die jeweiligen

---

[418] Bedauerlicherweise hat die protestantische Seite den Begriff „katholisch" wohl aus der Befürchtung heraus, dass er im Sinne der römisch-katholischen Tradition missverstanden werden kann, durch den Ausdruck „christlich" ersetzt bzw. mit „allgemein" übersetzt.

[419] Siehe oben Anmerkung 74!

[420] Vgl. Kirchen- und Theologiegeschichte in Quellen, Band I: Alte Kirche ..., S. 180!

[421] Ev. Erwachsenenkatechismus ..., S. 619.

[422] Die erste „Bekenntnissynode der Deutschen Evangelischen Kirche" fand 1934 in Barmen statt. Zu ihren wichtigsten Beschlüssen gehört die „Theologische Erklärung zur gegenwärtigen Lage der Deutschen Evangelischen Kirche", die sich in 6 Thesen mit den Vorstellungen der sog. Deutschen Christen auseinandersetzt. Sie wurde nach 1945 im Bereich der Evangelischen Kirche in Deutschland zu einem gewichtigen Grundlagendokument und fand auch in der weltweiten Christenheit, der Ökumene, große Beachtung.

[423] Kirchen- und Theologiegeschichte in Quellen, Band IV/2: Neuzeit, ausgewählt, übersetzt und kommentiert v. H.-W. Krumwiede u.a., Neukirchen-Vluyn [3]1989, S. 131.

[424] Vgl. weiter unten den Abschnitt: Die ökumenische Dimension der Kirche!

Christen sich heimisch fühlen und mit denen sie sich identifizieren. Solange sie sich nicht abschotten, sondern für andere Prägungen offen bleiben, gehören sie zu der einen, heiligen und katholischen Kirche.
d) So wie die Apostel (griech. apostolos = Gesandter) in die Welt gesandt waren, das in Christus bereitete Heil allen Menschen zu bringen, so ist auch die Kirche gesandt. Sie wahrt ihre **Apostolizität**, wenn sie dem Zeugnis der Apostel, wie es sich in den Schriften des Neuen Testaments findet, treu bleibt. Dabei genügt ein einfaches Wiederholen nicht, sondern es geht darum, die apostolisch bezeugte Geschichte Jesu als Aufruf und Zuspruch in der jeweiligen Gegenwart neu zu vertreten.

6.1.5.4 Die ökumenische Dimension der Kirche

Wie schon oben bei dem Merkmal „Katholizität" angeführt, ist die Kirche mit ihrem Zeugnis und Dienst auf die ganze Menschheit ausgerichtet. Das ist ihre „ökumenische" Dimension. Das Wort „Ökumene" kommt aus dem Griechischen, es ist ein substantiviertes Partizip, sinngemäß zu ergänzen durch das griechische Wort „gä" (= Erde); seit dem griechischen Geschichtsschreiber Herodot, also seit dem 5. Jahrhundert vor Christus, dient es als Bezeichnung für „bewohnte Erde, Erdkreis". In der Umgangssprache hat das Wort zumeist die Bedeutung: das Gemeinsame bzw. die Zusammenarbeit von evangelischer und katholischer Kirche. Damit kommt aber nur ein Teilaspekt in den Blick. Ökumene umfasst mehr, zielt auf die Zusammenführung, auf die Gemeinschaft und das Zusammenleben der Christen und Kirchen in der Welt.
Die Begründung für das, was den Kirchen mit Ökumene verheißen und aufgetragen ist, ergibt sich aus dem Gefälle der biblischen Überlieferung. Schon das Bekenntnis zu Gott als dem Schöpfer und damit zum Gott aller Völker (Gen 1-3) verweist die Christen wie auch die Juden und Muslime[425] an die ganze Erde und die Völkerwelt auf ihr.
Die Verklammerung der Sprachen- und Völkerverwirrung in Gen 11 mit der Berufung Abrahams in Gen 12 lässt die besondere Rolle Israels in der Völkerwelt hervortreten: Der auf Abraham gelegte Segen wird allen Völkern zugute kommen (Gen 12, 1-3). In welcher Weise wird Israel zum Segen für die Völker? Die alttestamentliche Überlieferung hat insgesamt kein Interesse daran, die staatlichen oder kulturellen Ordnungen und Hervorbringungen Israels oder gar sein ethisches Handeln als Vorbild oder Modell hinzustellen. Im Gegenteil, es wird - vor allem von den sog. Gerichtspropheten - immer wieder ausdrücklich vom Scheitern und Schuldigwerden Israels gegenüber dem Willen Gottes gesprochen. Damit wird deutlich, dass nicht das eigene Sein und Tun Israels, sondern seine ganze, auch Schuld und Versagen umfassende Existenz in der Geschichte zum Abbild dessen wird, was ihm von seinem barmherzigen Gott her widerfährt.
Das erreicht einen Höhepunkt in den Gottesknechtsliedern in Deuterojesaja. In ihnen ist von einem „Knecht" Gottes die Rede, der eine weit über Israel hinausgreifende Mission hat und der durch seinen Gehorsam gegenüber seiner Sendung in das Leiden und in den Tod geführt wird. In Jes 49, 1-6 ist ausdrücklich die ganze Völkerwelt Ziel des göttlichen Auftrags an seinen Knecht:
„Hört auf mich, ihr Inseln, merkt auf, ihr Völker in der Ferne! Der Herr hat mich schon im Mutterleib berufen; als ich noch im Schoß meiner Mutter war, hat er meinen Namen genannt. Er machte meinen Mund zu einem scharfen Schwert, er verbarg mich im Schatten seiner Hand. Er machte mich zum spitzen Pfeil und steckte mich in seinen Köcher.
Er sagte zu mir: Du bist mein Knecht, Israel, an dem ich meine Herrlichkeit zeigen will.
Ich aber sagte: Vergeblich habe ich mich bemüht, habe meine Kraft umsonst und nutzlos vertan. Aber mein Recht liegt beim Herrn und mein Lohn bei meinem Gott.

---

[425] Das besondere Verhältnis von Juden, Christen und Muslimen wird oft „abrahamitische Ökumene" genannt.

Jetzt aber hat der Herr gesprochen, der mich schon im Mutterleib zu seinem Knecht gemacht hat, damit ich Jakob zu ihm heimführe und Israel bei ihm versammle. So wurde ich in den Augen des Herrn geehrt, und mein Gott war meine Stärke.
Und er sagte: Es ist zu wenig, dass du mein Knecht bist, nur um die Stämme Jakobs wieder aufzurichten und die Verschonten Israels heimzuführen. ***Ich mache dich zum Licht für die Völker; damit mein Heil bis an das Ende der Erde reicht****"* [Hervorhebung durch Vf.].
Im Danielbuch findet sich die Erwartung einer kommenden, alle irdische Herrschaft aufhebenden, ewigen Herrschaft Gottes (Dan 2, 31-45). Mit dem Anbruch dieser Gottesherrschaft ist das Gericht über alle verbunden, durchgeführt von einem Beauftragten Gottes, dem „Menschensohn":
„Da kam mit den Wolken des Himmels einer wie ein Menschensohn. Er gelangte bis zu dem Hochbetagten und wurde vor ihn geführt. Ihm wurden Herrschaft, Würde und Königtum gegeben. Alle Völker, Nationen und Sprachen müssen ihm dienen. Seine Herrschaft ist eine ewige, unvergängliche Herrschaft. Sein Reich geht niemals unter" (Dan 7, 13-14).
Die Züge des Gottesknechts und des Menschensohns verschmelzen für die Christenheit mit den Zügen des hingerichteten und auferweckten Jesus von Nazareth. Jesus selbst hat zwar sein unmittelbares Wirken auf Israel beschränkt; aber in seiner Ankündigung der nahen Gottesherrschaft bleibt der universale Hintergrund der alttestamentlichen Überlieferungsgeschichte erhalten. Im Gebot der Feindesliebe (Mt 5, 43-48) etwa wie auch in der Geschichte vom barmherzigen Samariter (Lk 10, 25-37) wird die universale Tendenz im Auftreten Jesu deutlich.
Entscheidend ist dann das Geschick Jesu. Durch seine Auferweckung von den Toten wird er der endgültige, alle menschliche Herrschaft und Geschichte umgreifende Beauftragte Gottes. Das findet in der urchristlichen Überlieferung seinen Ausdruck in bestimmten Hoheitstiteln, die Jesus innehat: Christus (= Messias), Menschensohn, Gottessohn, Kyrios (= Herr).

Die Evangelien verbinden mit der Auferweckung Jesu den Sendungsbefehl an seine Anhänger:
„Da trat Jesus auf sie zu und sagte zu ihnen: Mir ist alle Macht gegeben im Himmel und auf der Erde. Darum geht ***zu allen Völkern****, und macht* ***alle Menschen*** [Hervorhebung durch Vf.] *zu meinen Jüngern; tauft sie auf den Namen des Vaters und des Sohnes und des Heiligen Geistes, und lehrt sie, alles zu befolgen, was ich euch geboten habe. Seid gewiss: Ich bin bei euch alle Tage bis zum Ende der Welt"* (Mt 28, 18-20).
Hier ist Aufgabe und Geschick der Anhänger Jesu in unauflösbare Verbindung mit der ganzen Völkerwelt gebracht.

Man kann in den Aussagen von Eph 4, 1-10 ein „ökumenisches Manifest" sehen:
„Ich, der ich um des Herrn willen im Gefängnis bin, ermahne euch, ein Leben zu führen, das des Rufes würdig ist, der an euch erging. Seid demütig, friedfertig und geduldig, ertragt einander in Liebe, und bemüht euch, die Einheit des Geistes zu wahren durch den Frieden, der euch zusammenhält. Ein Leib und ein Geist, wie euch durch eure Berufung auch eine gemeinsame Hoffung gegeben ist; ein Herr, ein Glaube, eine Taufe, ein Gott und Vater aller, der über allem und durch alles und in allem ist. Aber jeder von uns empfing die Gnade in dem Maß, wie Christus sie ihm geschenkt hat. Deshalb heißt es: Er stieg hinauf zur Höhe und erbeutete Gefangene, er gab den Menschen Geschenke. Wenn er aber hinaufstieg, was bedeutet dies anderes, als dass er auch zur Erde herabstieg? Derselbe, der herabstieg, ist auch hinaufgestiegen bis zum höchsten Himmel, um das All zu beherrschen".
In diesem Gedankengang des Epheserbriefes geht es zwar primär um die Einheit der Christenheit, aber diese Einheit ist begründet von dem Herrn her, der das „All" beherrscht.
Zusammenfassend lässt sich konstatieren: Es gibt in der biblischen Überlieferung ein Gefälle in Richtung auf universale, die ganze Menschheit und Erde umfassende Ausrichtung von Zeugnis und Dienst, von Glauben und Handeln. Darin eingeschlossen ist die Verheißung und

der Auftrag, die Einheit der Christen zu gewinnen und um die Einheit der Menschheit bemüht zu sein.
Angesichts dieses Gefälles und eingedenk schmerzlicher Erfahrungen, vor allem im 20. Jahrhundert, ist die „ökumenische Bewegung“ entstanden[426], ein Aufbruch von Christen und Kirchen in aller Welt zur Überwindung von trennenden Schranken und zur gegenseitigen Anerkennung ihres Christ- und Kircheseins.
In Amsterdam kam es 1948 zur Gründung des „Ökumenischen Rats der Kirchen“ (engl. World Council of Churches). Als Basis gilt seit 1961 die Formel: *„Der Ökumenische Rat der Kirchen ist eine Gemeinschaft von Kirchen, die den Herrn Jesus Christus gemäß der Heiligen Schrift als Gott und Heiland bekennen und darum gemeinsam zu erfüllen trachten, wozu sie berufen sind, zur Ehre Gottes, des Vaters, des Sohnes und des heiligen Geistes“*[427]. Leider gehört die römisch-katholische Kirche dieser Gemeinschaft nicht an, arbeitet aber in vielen Bereichen intensiv mit.
Nach der Auffassung der vierten Vollversammlung des Ökumenischen Rats 1968 in Uppsala ist die Kirche berufen, schon jetzt ein Zeichen der zukünftigen Einheit der Menschheit zu sein. Diese Auffassung deckt sich mit dem, was das Zweite Vatikanische Konzil fünf Jahre zuvor erklärt hatte: *„Die Kirche ist ja in Christus gleichsam das Sakrament, das heißt Zeichen und Werkzeug für die innigste Vereinigung mit Gott wie für die Einheit der ganzen Menschheit“*[428].
Als Zeichen für die zukünftige Einheit der Menschheit kann die Christenheit allerdings nur fungieren, wenn sie ihre eigene Zerrissenheit überwindet und zu mehr Gemeinschaft untereinander kommt.
Wenn man die Herstellung kirchlicher Gemeinschaft sich nicht mehr als „Rückkehr“ oder „Übertritt“ der anderen Kirchen zur eigenen vorstellt - das kann man im Blick auf den Verlauf der ökumenischen Diskussion ausschließen, dann stellt sich die Frage: In welcher Form kann die Einheit der Christenheit gewonnen und gelebt werden? Bei der Beantwortung dieser Frage spielt die Einsicht eine entscheidende Rolle, dass Einheit und Verschiedenheit legitim sind und zusammengehören. So erklärte die Gemeinsame Synode der katholischen Bistümer in Deutschland 1974: „Nur wo die Einheit des Glaubens zusammen mit seiner Vielgestaltigkeit gesehen und bejaht wird, ergibt sich die Möglichkeit für eine sachgemäße Zielvorstellung von der Einheit der Kirche“[429]. Im Ökumenischen Rat der Kirchen wurde die Konzeption der **„konziliaren Gemeinschaft“** entwickelt. Die 5. Vollversammlung des Ökumenischen Rats der Kirchen in Nairobi 1975 hat diese Konzeption wie folgt beschrieben:
„Die Kirche ist als konziliare Gemeinschaft von Ortskirchen zu verstehen, die ihrerseits tatsächlich vereinigt sind. In dieser konziliaren Gemeinschaft hat jede der Ortskirchen zusammen mit den anderen volle Katholizität, sie bekennt denselben apostolischen Glauben und erkennt daher die anderen als Glieder derselben Kirche Christi an, die von demselben Geist geleitet werden. Wie die Vollversammlung in Neu-Delhi ausführte, gehören sie zusammen, weil sie die gleiche Taufe empfangen haben und das gleiche Hl. Abendmahl feiern; sie erkennen die Mitglieder und die geistlichen Ämter der anderen Ortskirchen an. Sie sind eins in ihrem gemeinsamen Auftrag, das Evangelium von Christus in ihrer Verkündigung und in ihrem Dienst in der Welt und vor der Welt zu bekennen. Zu diesem Zweck ist jede Kirche bestrebt, die angebahnten Beziehungen aufrechtzuerhalten und neue Beziehungen zu ihren Schwester-

---

[426] Vgl. zu Einzelheiten die entsprechenden Artikel im Ökumenelexikon. Kirchen, Religionen, Bewegungen, hrsg. v. H. Krüger u.a., Frankfurt/M. ^{2}1987!
[427] Kirchen- und Theologiegeschichte in Quellen, Band IV/2: Neuzeit, ausgewählt, übersetzt und kommentiert v. H.-W. Krumwiede u.a., Neukirchen-Vluyn ^{3}1989, S. 180.
[428] Dogmatische Konstitution über die Kirche „Lumen gentium“, in: K. Rahner/H. Vorgrimler, Kleines Konzilskompendium, Freiburg 1966, S. 123.
[429] Zit. nach H. Meyer, Einheit der Kirche I, Einigungsbestrebungen, in: Ökumenelexikon, hrsg. v. H. Krüger u.a., Frankfurt /M. ^{2}1987, S. 298.

kirchen anzuknüpfen und diesen Beziehungen in konziliaren Zusammenkünften Ausdruck zu verleihen, wo immer die Erfüllung ihres gemeinsamen Auftrags dies erfordert"[430].

Der Gedanke, durch Zusammenkünfte kirchlicher Vertreter, also durch Synoden oder Konzile, den Beziehungen untereinander Ausdruck zu verschaffen, greift eine Erfahrung aus der Geschichte der Christenheit auf. Von Anfang an gab es solche Zusammenkünfte, etwa das sog. Apostelkonzil im Jahre 48 in Jerusalem; sie erwiesen sich häufig als konfliktlösend und einigend.

Die Konzeption der konziliaren Gemeinschaft wurde etwas später ergänzt durch den Gedanken einer **„Einheit in versöhnter Verschiedenheit"**. Die 6. Vollversammlung des Lutherischen Weltbundes hat diese Vorstellung in Daressalam 1977 wie folgt charakterisiert:

„Es ist ein Weg lebendiger Begegnung, geistlicher Erfahrung miteinander, theol. Dialogs und gegenseitiger Korrektur, auf dem sich die jeweilige Besonderheit des Partners nicht verliert, sondern sich läutert, wandelt und erneuert und so für den anderen als legitime Ausprägung des Christseins und des einen christl. Glaubens sichtbar und bejahbar wird. Die Verschiedenheiten werden nicht ausgelöscht. Sie werden auch nicht einfach konserviert und unverändert beibehalten. Sie verlieren vielmehr ihren trennenden Charakter und werden miteinander versöhnt ... Einheit und Versöhnung meinen nicht bloße Koexistenz. Es geht um wirkliche kirchl. Gemeinschaft, zu der die Anerkennung der Taufe, die Herstellung eucharistischer Gemeinschaft, die gegenseitige Anerkennung der kirchl. Ämter und eine verpflichtete Gemeinschaft in Zeugnis und Dienst als konstitutive Elemente hinzugehören"[431].

Hier findet sich die Grundaussage der Gemeinsamen Synode der katholischen Bistümer (s.o.) wieder. An Ideen und Worten fehlt es jedenfalls nicht, nun geht es darum, dass der ökumenischen Dimension im Leben der Kirchen Rechnung getragen wird.

6.1.5.5 Kirche und Israel

Das Verhältnis der Kirche zu Israel bzw. der Judenheit ist von Anfang an belastet gewesen durch theologische Fehlurteile und Ansprüche, Konkurrenzempfinden und Vorurteile. Indem sich die Kirche als das „neue Israel" verstand, das die Geschichte des „alten Gottesvolks" fortsetzt, kam es zur sog. „Substitutionstheorie": Die Juden seien enterbt und verworfen, bis sie das Evangelium annehmen. Vor allem nach „Auschwitz"[432] kann man wissen, wie verheerend sich diese Substitutionstheorie auswirkte: Verfolgung der Juden galt als Strafe Gottes, dadurch war das christliche Gewissen fast vollständig ausgeschaltet.

Einen Neubeginn im Verständnis des Verhältnisses von Israel und Kirche stellt die Weißenseer Erklärung der EKD 1950 dar: *„Wir glauben, dass Gottes Verheißung über dem von ihm erwählten Volk Israel auch nach der Kreuzigung Jesu Christi in Kraft geblieben ist"*. Ähnlich äußert sich die „Judenerklärung" des Zweiten Vatikanischen Konzils aus dem Jahr 1965: *„Obgleich die jüdischen Obrigkeiten mit ihren Anhängern auf den Tod Christi gedrungen haben, kann man dennoch die Ereignisse seines Leidens weder allen damals lebenden Juden ohne Unterschied noch den heutigen Juden zur Last legen. Gewiss ist die Kirche das neue Volk Gottes, trotzdem darf man die Juden nicht als von Gott verworfen oder verflucht darstellen, als wäre dies aus der Heiligen Schrift zu folgern"*[433]. Damit ist der Substitutionstheorie der Boden entzogen.

---

[430] Zit. nach H. Meyer, Einheit der Kirche I ..., in: Ökumenelexikon ..., S. 298.

[431] Zit. nach H. Meyer, Einheit der Kirche I ..., in: Ökumenelexikon ..., S. 299.

[432] „Auschwitz" steht oft als Chiffre für die millionenfache Ermordung von Juden durch das nationalsozialistische Deutschland. Dieses jüdische Schicksal wird von Teilen der Judenheit als „Holocaust" gedeutet, als religiöses „Ganz- oder Brandopfer"; andere lehnen das ab und sprechen von der „Shoah", der Katastrophe.

[433] Die Erklärung über das Verhältnis der Kirche zu den nichtchristlichen Religionen „Nostra aetate", in: K. Rahner / H. Vorgrimler, Kleines Konzilskompendium, Freiburg 1966, S. 358f.

Auf evangelischer Seite haben in Deutschland seit 1980 einige Landeskirchen durch Synodalerklärungen und Ergänzungen ihrer Kirchenordnungen das Verhältnis zu den Juden neu zu bestimmen versucht. An erster Stelle ist hier der Synodalbeschluss der Ev. Kirche im Rheinland „Zur Erneuerung des Verhältnisses von Christen und Juden" vom 11.1.1980[434] zu nennen. Der Beschluss setzt an mit dem Bekenntnis der Mitverantwortung und Schuld der Christen in Deutschland an der Judenvernichtung. Er verfolgt das Ziel, das Juden und Christen gemeinsame Bekenntnis zu Gott als dem Schöpfer und Erlöser zurückzugewinnen. Dabei hat die Synode besonders betont: „Wir bekennen die gemeinsame Hoffnung eines neuen Himmels und einer neuen Erde und die Kraft dieser messianischen Hoffnung für das Zeugnis und das Handeln von Christen und Juden für Gerechtigkeit und Frieden in der Welt"[435]. Mit dem Satz „Wir glauben die bleibende Erwählung des jüdischen Volkes als Gottes Volk ..."[436] wird die Substitutionstheorie entschieden abgelehnt.
Dieser Synodalerklärung sind andere gefolgt, etwa die der Landessynode der Ev. Landeskirche in Baden vom 3.5.1984 oder die der Synode der Ev. Kirche der Pfalz vom 16.5.1990.

Die Ev. Kirche in Hessen und Nassau ist die erste gewesen (sofern der Vf. das richtig sieht), die im Dezember 1991 mit der erforderlichen Mehrheit der Kirchensynode eine Ergänzung des Grundartikels ihrer Kirchenordnung im Blick auf das Verhältnis zu den Juden vorgenommen hat:
„Aus Blindheit und Schuld zur Umkehr gerufen, bezeugt sie [die Ev. Kirche in Hessen und Nassau] neu die bleibende Erwählung der Juden und Gottes Bund mit ihnen. Das Bekenntnis zu Jesus Christus schließt dieses Zeugnis ein"[437].
Es versteht sich von selbst, dass mit all dem keine endgültige Klärung herbeigeführt ist. Zwei Fragen sollen zum Abschluss genannt werden:
- Wenn Israel nach wie vor das Volk Gottes ist, wie ist dann die Bezeichnung der Kirche als Volk Gottes zu verstehen und zu rechtfertigen? Vielleicht kann diese Bezeichnung nur eschatologisch verstanden werden als Hinweis auf die volle Verwirklichung der endzeitlichen Völkergemeinschaft aus Juden und Heiden.
- Die Christen bekennen sich zu Jesus als dem Messias. Ist der Messias Jesus nur der Messias für die Völker, aber nicht der Messias für Israel? Juden und Christen gehen - so ihre gemeinsame Hoffnung - der endgültigen Zukunft Gottes entgegen; sollten die Christen nicht hoffen, dass in dieser Zukunft Gottes die Züge des kommenden Messias der Juden mit den Zügen des wiederkommenden Messias Jesus verschmelzen?

6.2 Ethik

Die Ausdrücke Moral, Moralität, Sitte, Sittlichkeit, Ethos, Ethik werden - zusammen mit den entsprechenden Adjektiven: moralisch, sittlich, ethisch - oft ungenau bzw. synonym gebraucht. Die folgenden „Definitionen" wollen zu einem präziseren Gebrauch beitragen:
Unter Moral und Sitte versteht man ein Gefüge von Vorschriften und Verhaltensweisen, die in einem bestimmten Lebensbereich gelten und die Bewertung „gut" und „böse" ermöglichen (z.B. Sexualmoral, Zahlungsmoral).
Moralität und Sittlichkeit bezeichnen „die bewusste, vernunftgeleitete Orientierung an sittlichen Prinzipien"[438].

---

[434] Vgl. EPD-Dokumentation 42/80, Frankfurt 1980, S. 1f!
[435] Ebd., S. 2.
[436] Ebd., S. 2.
[437] Ordnung der Ev. Kirche in Hessen und Nassau, in: Texte, hrsg. v. d. Kirchenverwaltung der EKHN, Darmstadt 1992, S. 1.
[438] Chr. Frey u.a., Repetitorium der Ethik für Studierende der Theologie, Waltrop ^{2}1996, S. 7.

Das Wort „Ethos“ stammt aus dem Griechischen und hat dort die Bedeutung: Gewöhnlicher Aufenthaltsort, Gewohnheit, Sitte, Brauch. Heute wird der Begriff zumeist verwendet, um die Gesamtheit der Vorstellungen und Handlungen von Gruppen und Gesellschaften im Blick auf das „Gute“ zu charakterisieren. In diesem Sinne wird vom Ethos bestimmter Berufsgruppen gesprochen, etwa vom ärztlichen Ethos.
Im Anschluss an Aristoteles, der von einer „ethischen Theorie“ spricht und damit vor allem die Rechtfertigung der überkommenen Sitten und Institutionen meint, versteht man unter Ethik die „Theorie der menschlichen Lebensführung“ (s.o.). Als Theorie ist sie nicht das Handeln selbst, sie folgt dem gelebten Leben, oder sie geht der Lebensführung voran und vermittelt Orientierung für das künftige Verhalten.

Für das Studium zentraler Fragen der Ethik bietet sich an:

– ***Handbuch der christlichen Ethik**, hrsg. v. A. Hertz, W. Korff, T. Rendtorff, H. Ringeling, 3 Bände, Freiburg u. a. 1978 - 1982*

In einer Fülle von Beiträgen beschäftigt sich das in evangelisch-katholischer Zusammenarbeit entstandene Handbuch im ersten Band mit den Fragen der Grundlegung der Ethik, im zweiten Band mit konkreten Problemfeldern wie Ehe und Familie oder Wirtschaft und Arbeit, im dritten Band mit Wegen ethischer Praxis, wobei der Begriff der „Verantwortung“ eine zentrale Rolle spielt.
In den Beiträgen finden sich jeweils Hinweise auf weiterführende Literatur.

– ***Trutz Rendtorff**, Ethik. Grundelemente, Methodologie und Konkretionen einer ethischen Theologie (Theologische Wissenschaft 13/1 und 13/2), Band I, Stuttgart u.a. ^{2}1990, Band II, Stuttgart ^{2}1991*

Diese 1980/81 in erster Auflage veröffentlichte „ethische Theologie“ weist vier große Teile auf:
Im I. Teil geht es um die „Ortsbestimmung der Ethik“, vor allem um „Ethik im Kontext der Theologie“.
Der II. Teil stellt die drei - von Rendtorff ausgemachten - „Grundelemente der ethischen Lebenswirklichkeit“ dar: a) „Das Gegebensein des Lebens“, b) „Das Geben des Lebens“, c) „Die Reflexivität des Lebens“ - damit ist der Sachverhalt angesprochen, dass der Mensch in seiner Lebensführung „zur Fülle des Lebens“ Stellung nimmt und darin eine Beziehung zur Wirklichkeit thematisiert, die das Vorhandene transzendiert (= überschreitet) und ihn über das Vorhandene hinaus in Anspruch nimmt[439]. Nach Rendtorff kann die Fülle des Lebens als seine „religiöse Dimension“ gelten, „weil sich in ihr auch das Wissen um eine Beziehung aller Wirklichkeit zu Gott ... zur Geltung bringen kann“[440].
Im III. Teil wird die „Methodologie der Ethik“ diskutiert. Ausgangspunkt ist die Frage: Was sollen wir tun? Die methodischen Aspekte dieser Frage werden unter den drei Punkten „Gebotsethik“, „Verantwortungsethik“ und „Metaethik“ als theoretische Rechtfertigung der Ethik behandelt[441].
Der IV. Teil - das ist der ganze Band II - behandelt „Konkretionen der Ethik“. Solche Konkreionen sind „Beschreibungen ethischer Lebenswirklichkeit in normativer Absicht“[442]. Die konkreten Themen wie Ehe und Familie, politische Ordnung, Arbeit, Beruf und Wirtschaft, Bildung und Kultur, werden in der Perspektive der drei oben geschilderten Grundelemente bedacht und für die jeweils geforderte Stellungnahme erschlossen.

---

[439] Vgl. T. Rendtorff, Ethik, Band I, Stuttgart u.a. ^{2}1990, S. 93f.
[440] T. Rendtorff, Ethik, Band I ..., S. 94.
[441] Vgl. T. Rendtorff, Ethik, Band I, S .99ff.
[442] T. Rendtorff: Ethik, Band II, Stuttgart u.a. ^{2}1991, S. 9.

Das Werk von Rendtorff muss als äußerst selbständig und anspruchsvoll beurteilt werden. Wer sich der Mühe unterzieht, den komplexen Gedankengängen und Argumentationen nachzugehen, wird durch den Gewinn einer Fülle von Aspekten und Einsichten belohnt.

– ***Christofer Frey**, Theologische Ethik (Neukirchener Arbeitsbücher), Neukirchen-Vluyn 1990*

Der Verfasser beschreibt mehrere Möglichkeiten, die den Leser durch sein Buch führen können[443]. Das erweist sich für die Nutzung als hilfreich und unterstreicht den Charakter eines Arbeitsbuches.

Der Leser wird von Anfang an darauf hingewiesen, dass der Verfasser „den Ansatz der Reformation und der Wort-Gottes-Theologie[444] als verbindlich betrachtet: Vom Zuspruch und Anspruch Gottes her soll ein Zugang zu dem, was alle Menschen in ihrer Lebensführung binden kann, gesucht werden ...“[445].

– ***Hartmut Kreß / Karl-Fritz Daiber**, Theologische Ethik - Pastoralsoziologie (Grundkurs Theologie 7), Stuttgart u.a. 1996 (Urban-TB 427/ **wird zur Anschaffung empfohlen**)*

Die von Hartmut Kreß vorgelegte knappe Einführung in die theologische Ethik geht davon aus, dass ethische Theorien und Urteile „im Bezug auf gesellschaftliche und technische Entwicklungen sowie ... in der Vermittlung mit gelebter Moral“[446] zu entwickeln sind. Kreß sieht im 19. Jahrhundert eine kreative Epoche protestantischer Ethik. Im Mittelpunkt seines eigenen Ansatzes steht ein „verantwortungsethisch-normatives Verständnis heutiger theologischer Ethik“[447]. Da der einzelne Mensch das Subjekt der ethischen Verantwortung ist, liegt ein Akzent auf der Frage nach dem Gewissen und der Personwürde. Was normative Verantwortung bedeutet, wird exemplarisch am Problem des technischen Fortschritts erörtert.

– ***Wolfhart Pannenberg**: Grundlagen der Ethik. Philosophisch-theologische Perspektiven (Kleine Vandenhoeck-Reihe 1577), Göttingen 1996*

Pannenberg will Anstöße aufnehmen, die Trutz Rendtorff in seiner Ethik (s. o.) gegeben hat, und sie in Auseinandersetzung mit den in der Geschichte der Ethik aufgetretenen Ansätzen entfalten. Dazu diskutiert er die wichtigsten Begründungsversuche der Ethik, etwa die Pflichtethik Kants oder die Naturrechtsethik. Sein eigener Ansatz kommt in einer bestimmten Sicht des Verhältnisses vom Reich Gottes und ethischen Aussagen zum Ausdruck[448].

Im 6. Kapitel beschreibt Pannenberg dann „Prinzipien christlicher Ethik im Kontext einer säkularisierten Gesellschaft“[449]. Dabei werden folgende Themen behandelt: Selbstverwirklichung und Dienst, Selbstbeherrschung, Ehe und Familie, christliches Handeln im säkularen Staat[450].

Das Buch setzt insgesamt eine gründliche Kenntnis der philosophischen und theologischen Ethikentwürfe voraus und kommt deshalb nur für in der Theologie Fortgeschrittene in Frage.

---

443 Chr. Frey, Theologische Ethik (Neukirchener Arbeitsbücher), Neukirchen-Vluyn 1990, S. XII – XIII.

444 So wird manchmal die aus der dialektischen Theologie hervorgegangene und mit ihr zusammengehörende Richtung einer Theologie genannt, die die Offenbarung Gottes als „Wort Gottes“ versteht.

445 Chr. Frey, Theologische Ethik ..., S. XI.

446 H. Kreß / K.-F. Daiber, Theologische Ethik – Pastoralsoziologie, Stuttgart u.a. 1996, S. 12.

447 Ebd., S.12.

448 W. Pannenberg, Grundlagen der Ethik. Philosophisch-theologische Perspektiven (Kleine Vandenhoeck- Reihe 1577), Göttingen 1996, 4. Kapitel: Reich Gottes und Ethik, S. 73ff.

449 W. Pannenberg, Grundlagen der Ethik ..., S. 108.

450 Ebd., S. 110ff.

Im „***Evangelischen Erwachsenenkatechismus***“[451] wird im 4. Teil: „Leben in der Welt: die Ethik (S. 257ff.) eine Fülle ethischer Fragestellungen behandelt, und zwar in drei großen Kapiteln: **Person und Gemeinschaft** (darin z.B. Partnerschaft und Ehe, S. 282ff. – Krankheit und Heilung, S. 334ff.), **Gesellschaft und Staat** (darin z.B. Staat, Demokratie und Kirche, S. 350ff. – Beruf und Wirtschaft, S. 422ff.), **Globale Verantwortung** (darin z.B. Die natürlichen Lebensgrundlagen, S. 465ff. – Der Krieg und das Bekenntnis zum Frieden, S. 485ff.).

Beim Bedenken dieser Fragen findet sich neben humanwissenschaftlichen Informationen jeweils der Bezug auf die biblische Überlieferung.

Ein Mensch kann nicht umhin, sein Leben zu führen. Der französische Dichter und Philosoph Albert Camus (1913-1960) hat gemeint: „Es gibt nur ein wirklich ernstes philosophisches Problem: den Selbstmord. Die Entscheidung, ob das Leben sich lohne oder nicht, beantwortet die Grundfrage der Philosophie“[452]. Wenn man sich - allerdings anders, als Camus das getan hat - für den Selbstmord entscheidet, wäre auch das eine Tat menschlicher Lebensführung; und die Überlegungen, die gegebenenfalls einer solchen Entscheidung vorangehen, wären Bestandteil einer Theorie der menschlichen Lebensführung.
Wie schon anfangs gesagt, ist mit dem christlichen Gottesglauben - wie auch in anderen Religionen - eine bestimmte Sicht des Menschen verbunden. Die „Theologische Anthropologie“ legt - in kritischer Aufnahme und Würdigung humanwissenschaftlicher Erkenntnisse - diese Sicht des „Menschen vor Gott“ dar.
Im folgenden werden drei Grundaussagen der Theologischen Anthropologie vorgestellt, und zwar Aussagen, die - vom Glauben aus gesehen - für alle Menschen gelten, unabhängig davon, ob sie sich zum biblischen Gott bzw. zu Christus bekennen oder nicht. Die Konsequenzen allerdings, die sich aus diesen Aussagen für das Verhalten ergeben, sind von denen zu ziehen, die diese Aussagen für sich akzeptieren. Das schließt nicht aus, dass Anders- oder Nichtgläubige von anderen Begründungszusammenhängen her das geforderte Verhalten übernehmen.

Den drei Grundaussagen ist jeweils ein bestimmter **Aspekt der Ethik** zugeordnet.

6.2.1 Der Mensch als Geschöpf Gottes – Aspekte einer Bioethik

Wenn Gott in dem weiter oben beschriebenen Sinne der Schöpfer ist, dann sind die Menschen seine Geschöpfe, und die anderen Lebewesen sind die Mitgeschöpfe des Menschen. Die Geschöpflichkeit des Menschen bedeutet seine Endlichkeit, seine Begrenztheit, seine Verletzlichkeit. Unausweichbar setzt der Tod dem Leben des Menschen ein Ende. So wenig, wie der Mensch seinem Tod entrinnen kann, so wenig kann er sich selbst in das Leben rufen. Daraus ergibt sich die Konsequenz, dass dem Menschen wie auch seinen Mitgeschöpfen das Leben gegeben ist. Das geht weit über den Umstand hinaus, dass ein Mensch von seiner Mutter geboren, Kind seiner Eltern ist, dass Traditionen und gesellschaftliche Bedingungen ihn prägen. Luther hat das bei seiner Auslegung des Glaubensbekenntnisses im Kleinen Katechismus so formuliert: *„Ich gläube, dass mich Gott geschaffen hat sampt allen Kreaturn [!], mir Leib und Seel, Augen, Ohren und alle Gelieder, Vernunft und alle Sinne gegeben hat und noch erhält ...“*[453]. Der Mensch ist dazu bestimmt, in seinem Leben von der Geburt bis zu seinem Tod auf Gott bezogen zu sein. Und weil Gott Ursprung und Grund allen Lebens ist, ist der Mensch mit seinem Leben bezogen auf das Leben überhaupt.

---

[451] Vgl. oben S. 270!

[452] Albert Camus, Der Mythos von Sisyphos. Ein Versuch über das Absurde, rde 90, Hamburg 1959, S. 9.

[453] Zit. aus: Die Bekenntnisschriften der Evangelisch-Lutherischen Kirche, Göttingen [4]1959, S. 510.

Auf diesem Hintergrund ist die Auseinandersetzung zwischen einer „anthropozentrischen" und einer „biozentrischen" Position zu verstehen. Der anthropozentrische Standpunkt behauptet die Vorrangstellung des Menschen gegenüber dem außermenschlichen Leben, der „Natur", wie man auch sagt; allerdings hat ein „aufgeklärter" Anthropozentrismus an dem Schutz und der Erhaltung der Natur ein elementares Interesse - um des Lebens und Überlebens der Menschen und der kommenden Generationen willen.
Auf der anderen Seite sieht die biozentrische Position jedes Leben als schützens- und erhaltenswert an. Diese Position ist in pointierter Weise von Albert Schweitzer (1875-1965) formuliert worden: „Wahre Philosophie muss von der unmittelbarsten und umfassendsten Tatsache des Bewusstseins ausgehen. Diese lautet: ***Ich bin Leben, das leben will, inmitten von Leben, das leben will***"[454]. Als Inbegriff aller sich daraus ergebenden ethischen Forderungen hat Schweitzer den Begriff **„Ehrfurcht vor dem Leben"** geprägt.
Angesichts eines weltweiten Artentods und der Gefährdung der Biosphäre überhaupt ist die Erarbeitung einer umfassenden „Bioethik" unumgänglich geworden. Dieser Aufgabe hat sich der schon weiter oben genannte Günter Altner gewidmet. In einem von der VW-Stiftung und vom Land Rheinland-Pfalz unterstützten Forschungsprojekt „Naturvergessenheit - Grundlagen einer umfassenden Bioethik" hat er Perspektiven für eine solche Ethik entwickelt[455]. Sie sollen im folgenden kurz skizziert werden:
1) Wenn es keinen Vorrang einer Lebensform, auch nicht der menschlichen, vor anderen geben kann, wenn also alles Leben gleichwertig ist, dann ergibt sich angesichts konkurrierender Ansprüche die Notwendigkeit, „unter Berücksichtigung der jeweiligen Organisationshöhe und Lebensleistung einen differenzierten Katalog der Lebensschonung zu entwickeln" (S. 4).

2) Wie schon oben beschrieben, gehört der Mensch als Subjekt ethischer Verantwortung in einen Lebenszusammenhang, in einen „Werdezusammenhang" (vgl. den Abschnitt oben: Das Bekenntnis zu Gott als dem „Schöpfer des Himmels und der Erde"), den er nicht selber geschaffen hat, an dessen Gestaltung und Veränderung er aber mitwirkt. Dabei ist zu berücksichtigen: „Wir sind nicht in der Lage, Lebendes zu schaffen. Der menschliche Lebenswille ist immer nur Antwort auf das allgemeine Gegebensein des Lebens" (S. 5).

3) Der Mensch erfährt sich in seinen Lebensansprüchen in Konkurrenz zu den Ansprüchen anderen Lebens. Die Bioethik huldigt nicht einer modisch gewordenen Naturverklärung oder dem Gedanken einer Harmonie zwischen dem Menschen und dem außermenschlichen Leben. Der Mensch kann nicht umhin, angesichts der Realitäten zu schädigen und zu töten, wenn er leben will. Diese Durchsetzung seiner Lebensansprüche muss aber im einzelnen legitimiert werden. Als Maßstab für diese Überprüfung zitiert Altner einen von Gernot Strey aufgestellten Grundsatz: „Ein Umgang mit lebenden Organismen, der zu deren Schädigung oder Tod führt, ist nur zulässig, wenn er nach intensiver Prüfung als unumgänglich dargestellt werden kann und über die natürlichen Beeinträchtigungen der Gefährdungen der Pflanzen und Tiere prinzipiell nicht hinausgeht"[456]. Von daher lässt sich zum Beispiel die mit Quälerei und Tötung verbundene Inanspruchnahme von Tieren für kosmetische oder militärische Versuche kaum rechtfertigen.
4) Wenn man die gegenwärtige Verfassung der Welt unvoreingenommen zur Kenntnis nimmt, dann kommt man an der Einsicht nicht vorbei, dass der Mensch mit Naturwissenschaft und Technik steuernd und verändernd nicht nur in die menschliche Geschichte eingegriffen hat, sondern darüber hinaus in die Naturgeschichte überhaupt. Von daher ist ihm Verantwortung für die gesamte Biosphäre zugewachsen. Altner hält zu Recht „die damit gegebene Überforderung des Menschen hinsichtlich seiner Handlungskompetenz" (S. 5) für offensichtlich. Dennoch besteht die Aufgabe, alle Entwicklungen, vor allem die Energie-, Chemie-, Bio- und Verkehrstechnik einer radikalen Überprüfung zu unterziehen - mit dem Ziel, Alternativen zu

---

[454] A. Schweitzer, Kultur und Ethik, München 1960, S. 330.
[455] Vgl. G. Altner, Grundlagen und Perspektiven einer umfassenden Bioethik, in: UniPrisma 6. Zeitschrift der Universität Koblenz - Landau, Mainz 1993, S. 3 -5! Daraus sind die folgenden Zitate.
[456] Zit. bei G. Altner, Grundlagen und Perspektiven ..., S. 5.

finden, die die Biosphäre stärker schonen. Gentechnische Verfahren zum Beispiel, mit denen sich für die Millionen Menschen, die an einem Insulinmangel-Diabetes leiden, verträgliches Insulin herstellen lässt, werden bei dieser Überprüfung Bestand haben.
5) Da alle Menschen von der Überlebenskrise betroffen sind, ist auch die Mitwirkung aller gefordert. Das setzt „partizipativ-demokratische Entscheidungsstrukturen“ (S. 5) voraus. Nur so kann „der gesellschaftliche Diskurs [eine Erörterung, bei der die Teilnehmer gleichberechtigt sind] als Mittel der ethischen Entscheidungsfindung“ (S. 5) funktionieren. Der einzelne ist aufgerufen, sich mit seinen Erfahrungen und Fähigkeiten an diesem Diskurs zu beteiligen und in seiner Lebensführung den gewonnenen Einsichten Rechnung zu tragen.

6.2.2 Der Mensch als Ebenbild Gottes - Aspekte einer Verantwortungsethik

Die Besonderheit des Menschen im Unterschied zu den anderen Lebewesen wird in der jüdisch-christlichen Überlieferung in seiner „imago dei“, in seiner Gottesebenbildlichkeit gesehen. In dem an erster Stelle im Buch Genesis stehenden Schöpfungstext heißt es: *„Gott schuf also den Menschen als sein Abbild; als Abbild Gottes schuf er ihn. Als Mann und Frau schuf er sie“*(Gen 1, 27). Die heutige Exegese ist sich weithin darin einig, dass mit dieser Qualifizierung nicht bestimmte im oder am Menschen aufweisbare Qualitäten gemeint sind, wie etwa Vernunft, Geist, Willensfreiheit oder Ichbewusstsein. Vielmehr geht es primär um eine Aussage über die Beziehung zwischen Gott und Mensch[457]:
„Alle Menschen hat Gott <zu seinem Entsprechen> d.h. so geschaffen, dass etwas zwischen dem Schöpfer und diesem Geschöpf geschehen kann“[458]. Damit ist der Mensch zum „Gegenüber“ und zum „Partner“ Gottes bestimmt, mit dem Gott kommunizieren und dessen Antworten er erwarten kann. Darin ist dem Menschen seine unverlierbare Würde verliehen, und darin wiederum sind die Menschenrechte zutiefst begründet, wie sie etwa in der Allgemeinen Erklärung der Menschenrechte der Vereinten Nationen vom 10.12.1948 verkündet worden sind. Die Menschenrechte formulieren den Anspruch auf das Leben und die körperliche Unversehrtheit, die Freiheit der Person, des Glaubens und des Gewissens[459].
Aus der Bestimmung des Menschen zum „Bild“ Gottes folgt die Bestimmung des Menschen zur „Herrschaft“ über die Schöpfung Gottes. Insofern sind die Menschen Mitarbeiter Gottes, aufgerufen, in ihrem „Herrschaftshandeln“ dem schöpferischen Handeln Gottes zu entsprechen: *„Gott, der Herr, nahm also den Menschen und setzte ihn in den Garten von Eden, damit er ihn bebaue und hüte“*, so drückt das der an zweiter Stelle im Buch Genesis stehende Schöpfungstext in seiner narrativen Weise aus (Gen 2, 15)[460].
Wie der Mensch in seiner Lebensführung dieser Beauftragung gerecht wird, dafür hat er „Rede und Antwort“ zu stehen: *„Denn wir alle müssen vor dem Richterstuhl Christi offenbar werden, damit jeder seinen Lohn empfängt für das Gute oder Böse, das er im irdischen Leben*

[457] Für die exegetische Diskussion ist der umfassende Kommentar von Claus Westermann heranzuziehen: C. Westermann, Genesis, 1. Teilband: Genesis 1-11 (Biblischer Kommentar Altes Testament I/1), Neukirchen-Vluyn ^{3}1983, z.St.
[458] C. Westermann, Genesis ..., S. 218.
[459] Was die Menschenrechte konkret garantieren, ist allerdings in den verschiedenen Regionen der Welt umstritten, die Auffassung darüber hängt jeweils ab von Kultur und Tradition, von Sitte und Religion. In den von der jüdisch-christlichen Überlieferung geprägten Kulturen und Gesellschaften wird stärker das Individuum betont, während etwa in Afrika und Asien der Zusammenhalt im Familien- und Stammesverbund mehr im Vordergrund steht. Was die universale Verwirklichung der Menschenrechte aber vor allem behindert, sind machtpolitische, militärische und wirtschaftliche Interessen.
[460] Die kritisch-befreiende Kraft dieser Sicht des Menschen hat Jürgen Moltmann herauszustellen versucht, vgl. J. Moltmann, Mensch. Christliche Anthropologie in den Konflikten der Gegenwart (Themen der Theologie 11), Stuttgart -Berlin ^{2}1973, S. 156ff.

getan hat", so hat das Paulus in II Kor 5, 10 formuliert. Diese eschatologische Verantwortung vor Christus als dem Richter Gottes schließt die gegenwärtige Verantwortung des Menschen für sein Tun und Lassen ein.

Hier kommt das in den Blick, was man „Verantwortungsethik" nennen kann. Die Frage: „Was soll ich tun?" kann nicht **ausschließlich** mit dem Hinweis auf vorgegebene Antworten oder auf Entscheidungen von außen gegeben werden[461]. Die Antwort soll vielmehr **selbst** gesucht und die getroffene Entscheidung vom Handelnden **selbst** verantwortet werden, d.h. die Antwort „nimmt die Struktur einer ethischen Entscheidung an, in dem Sinne, dass der Fragende sich ein eigenes Urteil bilden muss und sich selbst in seinem Handeln bestimmen muss"[462].

Wie wenig die Antwort durch den Hinweis auf vorgegebene allgemeine Gebote oder Verbote gegeben werden kann, zeigt der Blick auf zwei mögliche Situationen des Handelns: einmal die konkrete, individuelle Situation, in der **allgemeine** Regeln nicht greifen; zum andern Situationen, die - durch den geschichtlichen Wandel bedingt - so noch nicht dagewesen sind und von daher **neue** Antworten herausfordern.

Verantwortliche Lebensführung schließt vor allem zwei Bemühungen ein: einmal den Versuch, die Situation des Handelns möglichst genau zu erfassen, zum anderen den Versuch, die Folgen des Handelns umfassend einzuschätzen[463]. Hier kommen allerdings auch die Grenzen menschlicher Verantwortung in den Blick: Angesichts hochkomplexer und vernetzter Lebenszusammenhänge ist die Erfassung der Bedingungen des Handelns wie auch die Folgeneinschätzung schwierig, faktisch oft unmöglich. Dennoch bleibt beides Aufgabe verantwortlicher Lebensführung.

6.2.3 Der Mensch als Sünder - Aspekte einer Gebotsethik

Menschen werden ihrer Bestimmung nicht gerecht, sie leben nicht in vertrauensvoller Offenheit auf Gott und den Mitmenschen hin, sondern sie sind (nach einer Formulierung Luthers) in sich hinein verkrümmte Menschen (lat. homines incurvati in se) und machen ihr Ich zum Zentrum ihres Lebens. Das ist die Realität der Sünde. In der „Augsburgischen Konfession"(s.o. Anm. 105!) heißt es in Artikel II: *„Item docent, quod post lapsum Adae omnes homines, secundum naturam propagati, nascantur cum peccato, hoc est sine metu Dei, sine fiducia erga Deum et cum concupiscentia ..* [464]*: Ebenso lehren wir, dass nach Adams Fall alle Menschen, nach der Natur geboren, geboren werden mit Sünde, das ist ohne Furcht Gottes, ohne Vertrauen gegenüber Gott und mit Begierde* [Übersetzung durch Vf.]. Mit drei Ausdrücken bestimmt das Bekenntnis das Wesen der Sünde: a) ohne Furcht Gottes, b) ohne Vertrauen gegenüber Gott und c) mit Begierde. Zu a: Der Mensch, dazu bestimmt, als Gottes Geschöpf zu leben, respektiert die ihm darin gesetzte Grenze nicht, will Gott nicht Gott sein lassen, sondern werden wie Gott. Das Gegenstück zur Selbstüberhebung ist die Verzweiflung. Auch hier will der Mensch seine Endlichkeit und Begrenzung nicht annehmen. Er überschreitet aber die Grenzen nicht, sondern er hadert mit seinem Schicksal und resigniert. Zu b: Der Mensch, zur Gemeinschaft mit Gott bestimmt, setzt sein Vertrauen nicht auf Gott, sondern auf sich selbst. So entfremdet er sich von Gott, trennt sich von dem Grund, aus dem er lebt. Daraus erwächst die Angst, die nicht Furcht vor etwas ist, sondern elementare Angst um sich, um

---

[461] Zu dieser Art Ethik kann man auch die „Situationsethik" rechnen, wie sie etwa durch Joseph Fletcher, Situation Ethics. The New Morality, 1966; dt. Moral ohne Normen?, Gütersloh 1967, vertreten wird.

[462] T. Rendtorff, Ethik, Band I, Stuttgart u.a. ^{2}1990, S. 103.

[463] Auf diesen Aspekt verantwortlichen Handelns hat besonders energisch der bekannte Soziologe Max Weber(1864-1920) - etwa in seinem Vortrag aus dem Jahre 1919 „Politik als Beruf" - hingewiesen. Die Ethik, in der das Bedenken der Handlungsfolgen im Mittelpunkt steht, grenzt Weber nachhaltig gegen den Typus einer einseitigen Gesinnungsethik ab, wie sie nach seiner Auffassung u.a. in der religiösen Moral der Bergpredigt vorliegt.

[464] Die Bekenntnisschriften der Evangelisch-Lutherischen Kirche, Göttingen ^{4}1959, S. 53.

den Sinn und die Ganzheit des Lebens. Zu c: Unter der Begierde ist nicht die sexuelle Lust zu verstehen. Zwar hat man oft genug in der Kirchengeschichte - etwa bei dem lateinischen Kirchenvater **Augustin** (354-430) - gemeint, dass der Vorgang der Zeugung durch das Lustbegehren sündig geworden sei und die Sünde sich durch die Zeugung fortpflanze. Aber entscheidend ist doch die Auffassung geworden - etwa bei Luther -, dass unter der Begehrlichkeit sehr viel mehr zu verstehen ist als nur die geschlechtliche Begierde, nämlich die Ichzentriertheit, der Ichwille, womit der Mensch alles auf sich beziehen, sich gefügig machen und in seinen Dienst stellen will.

Wenn das Bekenntnis betont, dass alle Menschen mit der Sünde geboren werden, dann ist damit die Unausweichlichkeit und Allgemeinheit der Sünde ausgesprochen. Darin liegt die Erklärung für alles Böse und Schreckliche, was Menschen ihrer Mitwelt, ihren Mitmenschen und sich selbst antun. Eine Theorie der menschlichen Lebensführung, die dieser Herrschaft der Sünde im Verhalten der Menschen eingedenk bleibt, wird realistisch die Möglichkeiten menschlichen Handelns einschätzen.

Auf der anderen Seite gilt: Wir Menschen werden in der Situation unserer Ichzentriertheit nicht uns selbst überlassen. „Uns selbst überlassen, unserm Ich preisgegeben, müssten wir ersticken in Trägheit oder in Hochmut, uns selbst verzehren in Gier, Neid, Geiz und Hass, versinken in Angst und Verzweiflung. Doch soweit kommt es selten, weil wir immer wieder durch das Leben hinausgerissen werden über unser Ich, durch die äußeren Begebenheiten, denen wir uns stellen müssen, durch die Notwendigkeit, uns anzuvertrauen, wo wir uns nicht sichern können, durch die Sachlichkeit vernünftiger Erkenntnis, durch die schöpferischen Kräfte der Phantasie und der Liebe: All das reißt uns von Mal zu Mal über unser Ich hinaus. Nicht wir selbst vermögen es, über uns hinaus zu kommen, aber die tausendfältig auf uns eindringende Wirklichkeit schließt uns immer wieder dem Leben auf. Gott selbst, der durch alle Dinge mit uns handelt, führt uns über unser Ich hinaus auf die Bahn unserer Bestimmung“[465]. Zu diesem barmherzigen Handeln Gottes an den sich ihm gegenüber immer wieder verschließenden Menschen gehört auch die Offenbarung seines heiligen Willens. Die Antwort auf die Frage: Was sollen wir tun? lautet: Was Gott von uns will. Eine Ethik, die auf die Frage nach dem geforderten Tun mit dem Hinweis auf die Gebote Gottes antwortet, kann man als „Gebotsethik“ bezeichnen[466]. Theologische Ethik wurde und wird häufig als Gebotsethik konzipiert[467].

Als eine Art Gebotsethik kann auch die Naturrechtsethik gelten. Hier wird von einem ewigen Gesetz (lex aeterna oder von einem natürlichen Gesetz (lex naturalis) ausgegangen, das für alle Menschen gültig und unabänderlich ist. Im Rückgriff auf solches „Naturrecht“ schien man für die Begründung von Rechtsnormen unabhängig zu sein von den unterschiedlichen religiösen und kulturellen Bildungen der Menschheit. Von daher lag es nahe, vor allem die Menschenrechte naturrechtlich zu begründen. Allerdings hat die historische Überprüfung ergeben, dass der Bestand der abendländischen Naturrechtsauffassungen keineswegs allen Völkern und Kulturen zu allen Zeiten gemeinsam war und ist. Trotz dieser Relativierung scheint es eine anthropologische Basis für das Rechtsempfinden zu geben. Von daher erklärt es sich, dass zum Beispiel das Prinzip der Gegenseitigkeit von Geben und Nehmen in den sozialen Beziehungen der Menschen weithin Geltung besitzt. Dieses Prinzip hat seinen klassischen Ausdruck in der so genannten **„Goldenen Regel“** gefunden: **Was du nicht willst, dass man dir tu’, das füg’ auch keinem andern zu!**[468]

---

[465] W. Pannenberg, Was ist der Mensch ? ..., S. 47f.

[466] Vgl. T. Rendtorff, Ethik, Band I, Stuttgart u.a. ^{2}1990, S. 101ff!

[467] So hat z.B. Karl Barth in seiner „Kirchlichen Dogmatik“ im zweiten Teil des zweiten Bandes: „Die Lehre von Gott“ das Wesen von Gottes Gebieten als Grundlage der christlichen Ethik entwickelt.

[468] Im „deuterokanonischen“ Buch Tobit findet sich in 4, 15 die Formulierung: „Was dir selbst verhasst ist, das mute auch einem anderen nicht zu!“ Und in Mt 7, 12 – ähnlich Lk 6, 31 – ist der Satz positiv gewendet: „Alles, was ihr also von anderen erwartet, das tut auch ihnen!“

In der jüdisch-christlichen Überlieferung gelten als Willensoffenbarung Gottes vor allem der Dekalog und das Liebesgebot.

Die zehn Gebote [= Dekalog, griech. hoi deka logoi = die zehn Worte] finden sich an zwei Stellen: in Ex 20, 2 - 17, und in Dtn 5, 6 - 21. Beide Fassungen weisen eine Reihe von kleineren Unterschieden auf. Der Versuch, aus beiden Fassungen einen „Urdekalog" zu gewinnen, muss als gescheitert betrachtet werden. Der Dekalog ist „nicht vom Himmel gefallen", sondern seine Sätze sind im Laufe der Geschichte Israels mit Gott als sein Gebieten erfahren worden und haben sich als Thora = gute Wegweisung - bis heute - bewährt.
Auf die Frage, welches das größte Gebot sei, antwortet Jesus, indem er das Gebot der Gottesliebe in Dtn 6,5 und das der Nächstenliebe in Lev 19,18 zusammenfasst: *"Du sollst den Herrn, deinen Gott, lieben mit ganzem Herzen, mit ganzer Seele und mit all deinen Gedanken. Das ist das wichtigste und erste Gebot. Ebenso wichtig ist das zweite: Du sollst deinen Nächsten lieben wie dich selbst"*, Mt 22, 37-39. Was die Nächstenliebe (griech. agape) betrifft, so hat Jesus sie in der Geschichte „vom barmherzigen Samariter" in Lk 10, 25-37 in einer Weise ausgelegt, die bis heute entscheidend geblieben ist: Die Frage, wer denn als Nächster zu gelten habe (Lk 10, 29), wird umgekehrt zu der Frage, wer dem, der „unter die Räuber" gefallen ist, der Nächste geworden sei. Durch die Konzeption der Geschichte bedingt, kann die Antwort nur lauten: „ Der, der barmherzig an ihm gehandelt hat", Lk 10, 37. Nächstenliebe bedeutet demnach, ein Nächster zu werden und zu sein, denen sich barmherzig, d.h. mit der gebotenen und zu Gebote stehenden Hilfeleistung zuzuwenden, die einem „vor die Füße" gelegt sind[469].
Dass der in den überlieferten Weisungen ursprünglich lebendige Gotteswille im Auftreten und Geschick Jesu die endgültige Gestalt des Liebesgebots erhalten hat, ist von Paulus klar gesehen und ausgesprochen worden: *„Bleibt niemand etwas schuldig; nur die Liebe schuldet ihr einander immer. Wer den andern liebt, hat das Gesetz erfüllt. Denn die Gebote: Du sollst nicht die Ehe brechen, du sollst nicht töten, du sollst nicht stehlen, du sollst nicht begehren!, und alle anderen Gebote sind in dem einen Satz zusammengefasst: Du sollst deinen Nächsten lieben wie dich selbst. Die Liebe tut dem Nächsten nichts Böses. Also ist die Liebe die Erfüllung des Gesetzes"*, Röm 13, 8-10. Damit ist die Liebe als der ganze Inhalt und das letzte Ziel des göttlichen Willens verstanden.
Können Menschen bloß auf ein Gebot hin andere lieben? Besteht nicht zwischen Befehlen und Lieben ein Widerspruch? Hier muss man zur Kenntnis nehmen, dass der Mensch dem Menschen nicht nur ein „Wolf" ist (lat. homo homini lupus), sondern dass es auch zum Menschsein des Menschen gehört, anderen mit **Wohlwollen** zu begegnen. „Das Liebesgebot ist nur darum kein paradoxer Widersinn, weil Jesu Aufruf zur Liebe auf ein Echo im Herzen der Menschen rechnen kann, deren Leben immer schon durch die Liebe des Schöpfers begründet und zur Teilnahme an der Bewegung seiner Liebe geschaffen ist"[470]. Jesus hat diesen Zusammenhang so ausgedrückt: *„Ich aber sage euch: Liebt eure Feinde und betet für die, die euch verfolgen, damit ihr Söhne eures Vaters im Himmel werdet; denn er lässt seine Sonne aufgehen über Bösen und Guten, und er lässt regnen über Gerechte und Ungerechte"*, Mt 5, 44f.
In dieser Weise als **Wohlwollen** verstanden, unterscheidet sich die Nächstenliebe von der Leidenschaftlichkeit erotischer Neigung und auch von der Freundschaft, bei der Gegenseitig-

[469] Welche Konsequenzen das für das karitative bzw. diakonische Handeln hat, kann hier nicht diskutiert werden, auch nicht die Frage, ob es überhaupt uneigennützige Zuwendung gibt. Vgl. dazu G. Theißen, Die Bibel diakonisch lesen. Die Legitimationskrise des Helfens und der barmherzige Samariter, in: Diakonie – biblische Grundlagen und Orientierungen. Ein Arbeitsbuch zur theologischen Verständigung über den diakonischen Auftrag, hrsg. v. G. K. Schäfer u. Th. Strohm, Heidelberg [2]1994, S. 376-401!
[470] W. Pannenberg, Grundlagen der Ethik ..., S. 79.

keit der Zuwendung gilt. Die Nächstenliebe begegnet mit Wohlwollen auch dem Unbekannten und dem Unsympathischen und kann so die Werke der Barmherzigkeit tun: Hungernde speisen, Durstigen zu trinken geben, Fremdlinge beherbergen, Nackte kleiden, Kranke und Gefangene besuchen (so die Aufzählung in Mt 25, 35 - 37).

Die genannten Aspekte der Ethik schließen sich nicht gegenseitig aus, sondern sind ineinander verschränkt.

Die Verantwortungsethik schwebt nicht in einem „luftleeren Raum", sie befindet sich vielmehr in einem Kontext, der von den überkommenen Antworten auf die Frage: „Was sollen wir tun?" bestimmt ist. Diese Antworten der Tradition muss sie in ihre Überlegungen einbeziehen.

Auch die Gebotsethik kann ihre Aufgabe nicht alleine durch den Verweis auf gegebene Gebote als erledigt ansehen; denn die gegebenen Weisungen müssen jeweils auf die individuelle bzw. auf die aktuelle Situation bezogen werden.

6.2.4 Jesus von Nazareth - der wahre Mensch

Nach der Gewissheit des christlichen Glaubens ist in Jesus nicht nur Gott offenbar (Vgl. weiter oben den Abschnitt: Die Frage nach der Bedeutung Jesu von Nazareth!), sondern auch die Bestimmung des Menschen. Jesus ist der Mensch, wie er nach dem Willen Gottes sein soll. Seine Lebensführung ist dadurch bestimmt, dass er sich Gott und den Menschen aufschließt, sein Ich in den Dienst an seinem Auftrag - bis zur Hingabe des Lebens am Kreuz - und in den Dienst an den ihm begegnenden Menschen stellt und so die Struktur der Sünde durchbricht. Gott „hat den, der keine Sünde kannte, für uns zur Sünde gemacht, damit wir in ihm Gerechtigkeit Gottes würden", so hat Paulus in II Kor 5, 21 geurteilt. Ähnlich äußert sich der Hebräerbrief in 4, 15: „Wir haben ja nicht einen Hohenpriester [= Jesus], der nicht mitfühlen könnte mit unserer Schwäche, sondern einen, der in allem wie wir in Versuchung geführt worden ist, aber nicht gesündigt hat". Dieses Urteil über Jesus beruht auf der Entscheidung Gottes selbst, der dem gekreuzigten Jesus – durch die Auferweckung von den Toten – Recht gab, indem er ihn in die Einheit mit sich aufhob.

Die aktuelle Diskussion vieler Einzelfragen der systematischen Theologie findet in den entsprechenden Fachzeitschriften statt.
Zwei sollen hier eigens erwähnt werden:
- *Zeitschrift für systematische Theologie (ZSTh), Berlin u.a.1923 - 1957, dann Neue Zeitschrift für systematische Theologie (NZSTh), Berlin 1963ff.*
- *Zeitschrift für evangelische Ethik (ZEE), Gütersloh 1957ff.*

Bernd SCHRÖDER
(unter Mitarbeit von Karin Lange)

7 Religionspädagogik – Theorie des Religionsunterrichts – Religionsdidaktik

7.1 Religionspädagogik

Ziel des Studiums zur Vorbereitung auf den Beruf der Religionslehrerin bzw. des Religionslehrers ist die Vermittlung bzw. der Erwerb „religionspädagogischer Kompetenz“[471]. Wird diese Charakterisierung der Lehramtsstudiengänge Evangelische Theologie / Religionspädagogik ernst genommen, kommt der Orientierung im Fach „Religionspädagogik“ keine bloß nachrangige oder gar marginale Rolle im Studium zu. Im Gegenteil: Der – je nach Studiendauer und gewählter Schulform – mehr oder weniger intensive Gang durch die theologischen Fächer findet im religionspädagogischen Reflektieren eine orientierende Mitte. Das Lehramtsstudium zielt darauf, all diejenigen Kenntnisse und Fähigkeiten zu erwerben, die erforderlich sind, um theologische Wissensbestände religionspädagogisch reflektiert, d.h. sachgemäß und zugleich orientiert an den Lernenden, in Bildungsprozesse einspeisen zu können.
In Anlehnung an Friedrich Schleiermacher, den „Kirchenvater des 19. Jahrhunderts“ (Christian Lühmann), lässt sich das Studium der Religionspädagogik deshalb mit einigem Recht als die „Krone“ des Studiums evangelischer Theologie verstehen. Gemeint ist: Die Vertiefung in dieses Teilgebiet der Theologie ist ebenso unverzichtbar wie die Befassung mit ihren übrigen Disziplinen – in Schleiermachers Bildwort: Das In-den-Blick-nehmen der Krone ist dem Studium von „Wurzel“ und „Stamm“ der Theologie gleichwertig.[472]
Allerdings: Wer Evangelische Theologie in Vorbereitung auf das Lehramt studiert, wird sich nicht selten angesichts der soeben angeführten Überlegungen verwundert die Augen reiben. In den Studienordnungen haben religionspädagogische Veranstaltungen keineswegs durchweg ein ähnlich hohes Gewicht wie exegetische, kirchengeschichtliche oder systematisch-theologische; das Fach ist auch keineswegs überall durch eine Professur vertreten; religionspädagogische Kompetenzen spielen weithin, wenn überhaupt, erst gegen Ende des Studiums eine Rolle. Der Blick auf diese tatsächlichen Gegebenheiten zeigt, dass es sich bei den obigen programmatischen Bestimmungen nicht um beschreibende (deskriptive), sondern um vorschreibende (präskriptive) Aussagen handelt. Nach Lage der Dinge ist somit jede und jeder Studierende gefordert, in ihrem bzw. seinem Studium religionspädagogische Fragestellungen zu entwickeln, zu verfolgen und sie in Lehrveranstaltungen einzubringen. Dazu soll diese skizzenhafte Darstellung des Faches anregen.

Ein Grund für die verbreitete Hintanstellung bzw. Geringschätzung der „Religionspädagogik“ liegt in einem verkürzten Verständnis des Faches. Nicht selten wird nämlich unter „Religionspädagogik“ lediglich das Nachdenken darüber verstanden, wie sich theologische Theorien

[471] Im Dialog über Glauben und Leben. Zur Reform des Lehramtsstudiums Evangelische Theologie / Religionspädagogik. Empfehlungen der Gemischten Kommission, Gütersloh 1997, 14.
[472] Schleiermacher sah die „Wurzel“ der Theologie in ihren religionsphilosophischen Grundfragen, ihren „Stamm“ in Exegese, Kirchengeschichte und Systematischer Theologie, ihre „Krone“ in der sog. Praktischen Theologie. Dargelegt hat er dies erstmals 1811 in seiner berühmten Schrift „Kurze Darstellung des theologischen Studiums“ (in: Friedrich D. E. Schleiermacher: Kritische Gesamtausgabe, Erste Abteilung, Band 6, Berlin / New York 1998, 319-446); vgl. dazu sowie zu Leben und Werk dieses Theologen Kurt Nowak: Schleiermacher, Göttingen 2001, hier 223-234.

für den schulischen Unterricht ‚kleinbuchstabieren' lassen – Religionspädagogik erscheint als eine Art Anwendungslehre, mit deren Hilfe das Erteilen von Religionsunterricht vorbereitet wird.

Demgegenüber wird hier für ein umfassenderes Verständnis von Religionspädagogik geworben. Welche Fragestellungen und Themenbereiche über den Religionsunterricht hinaus zur Religionspädagogik zählen, soll an vier Facetten umrissen werden:

- Religionspädagogik hat nicht allein den schulischen Religionsunterricht zum Gegenstand, sondern auch alle anderen Felder christlich-religiösen Lernens, vor allem also Kindergarten, Kindergottesdienst, Konfirmanden- und Jugendarbeit in der Kirchengemeinde, religiöse Erwachsenen- und Seniorenbildung, religiöse Erziehung und Sozialisation[473] in der Familie sowie in der peer-group, zudem die Kommunikation von Religion in Medien. Kurz: Religionspädagogik ist auf verschiedene *Lernorte*, insbesondere auf Schule, (Kirchen-)Gemeinde, Familie und Medien bezogen.[474]
- Religionspädagogik erschöpft sich nicht in der ‚Übersetzung' vorgegebenen theologischen Fachwissens in Bausteine von Unterricht. Sie repräsentiert vielmehr eine eigene gedankliche Perspektive, aus der sich durchaus kritische Rückfragen an die übrigen Disziplinen der Theologie ergeben. Diese Perspektive lässt sich knapp wie folgt umreißen: Religionspädagogik wählt nicht die theologische Überlieferung als Ausgangspunkt ihres Nachdenkens, sondern die Wahrnehmung der Lernenden, seien es Kinder, Jugendliche oder Erwachsene. Sie fragt, welche theologischen (und pädagogischen) Einsichten und Denkfiguren für deren Entwicklung hin zum mündig-verantwortungsbewussten Menschen und Christen förderlich sind. In diesem Sinne ist sie dem Leitbild der *Bildung* des Menschen und der Rede von ‚Bildung' als Leitbegriff verpflichtet.[475]
- Der Religionspädagogik als ein Fach, das der evangelischen oder katholischen Theologie (nicht der Pädagogik / Erziehungswissenschaft) als Dach zugeordnet ist, geht es darum, die „Kommunikation des Evangeliums"[476] und die Aneignung christlicher Religion zu fördern. Obwohl sie also auf das Christentum bezogen ist, befasst sie sich mit einem – in doppelter Hinsicht – weiten Themenspektrum. Sie nimmt zum einen nicht nur christliche, sondern auch andersreligiöse Phänomene in den Blick – so unternimmt sie es etwa, die Religiosität Jugendlicher zu verstehen, die nicht selten synkretistisch ist und dabei Elemente fernöstlicher, ggf. okkulter Herkunft aufgreift. Dieser Seitenblick ist kein Allotria-Treiben, sondern Aufgabe der Religionspädagogik. Zum andern denkt Religionspädagogik nicht nur über Unterricht und Erziehung, also über bewusst und zielorientiert steuerbares Handeln nach, sondern auch über religiöse Sozialisation und Entwicklung – sie hat deshalb religionssoziologische Studien ebenso

[473] Zur Klärung dieser Begriffstrias (Unterricht – Erziehung – Sozialisation) vgl. Günter R. Schmidt: Religionspädagogik, Göttingen 1993.

[474] Unter dem Titel „Bildung als Lebensbegleitung und Erneuerung" hat Karl Ernst Nipkow die religionspädagogischen Aufgaben in Schule und Gemeinde im Zusammenhang reflektiert (Gütersloh 1990, ^{2}1992); Christian Grethlein weist in seiner „Religionspädagogik" (Berlin / New York 1998, v.a. 312-385) zudem nachdrücklich auf Familie und Medien als Lernorte hin.

[475] Vgl. etwa Peter Biehl / Karl Ernst Nipkow: Bildung und Bildungspolitik in theologischer Perspektive, Münster 2003.

[476] Dieser Begriff unterstreicht, dass es weder in christlich verantworteten Bildungsprozessen noch in anderen Feldern kirchlicher Praxis um eine asymmetrische Vermittlung von Einsichten und Fähigkeiten (von einem oder einer Wissenden zu Unwissenden) gehen sollte, sondern um einen freien Austausch unter der Bedingung gegenseitiger Achtung. Die Rede von der „Kommunikation des Evangeliums" geht auf den Berliner Pfarrer und Praktischen Theologen Ernst Lange (1927-1974) zurück.

aufzugreifen wie Theorien zur religiösen Entwicklung. Dieser weite Horizont kommt im Begriff ‚*Religions*pädagogik' zum Ausdruck.[477]

- Religionspädagogik will nicht in erster Linie ein bestimmtes Handeln, also etwa eine bestimmte Methode oder Strategie des Religion Unterrichtens, empfehlen. Sie verfolgt als wissenschaftliche Disziplin vielmehr das Ziel, denjenigen, die im Bereich christlicher Bildungsarbeit tätig sind, den theologischen Horizont sowie Einfluss- und Bestimmungsfaktoren ihres eigenen Handelns durchsichtig werden zu lassen und ihnen Gesichtspunkte zur konzeptionellen Weiterentwicklung ihres Tuns anzubieten. Um diese komplexe Aufgabe erfüllen zu können, verknüpft die Religionspädagogik drei Fragerichtungen. Sie fragt *historisch, empirisch und vergleichend* nach dem Ist-Zustand eines religionspädagogisch relevanten Phänomens und seiner Genese; sie fragt *systematisch* nach biblisch, theologiegeschichtlich oder pädagogisch begründeten Beurteilungskriterien und sie fragt *didaktisch* nach den bestmöglichen Handlungsweisen. Diese Trias lässt sich in Form eines Ypsilons veranschaulichen:

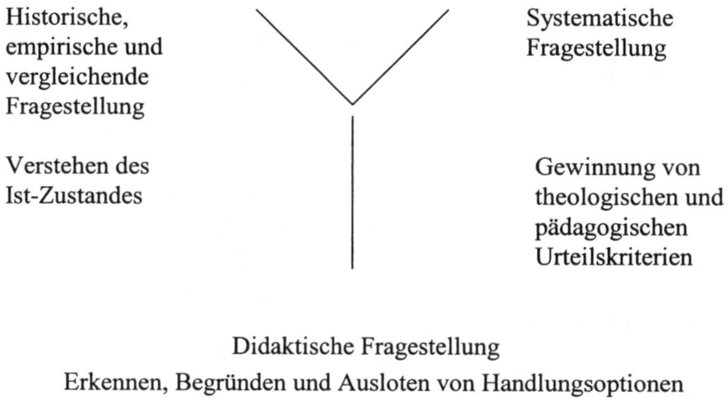

Dieser Dreischritt soll in der Religionspädagogik Anwendung finden bei konzeptionellen Fragen wie etwa derjenigen, ob Religionsunterricht in der Schule weiterhin konfessionell oder möglicherweise interreligiös erteilt werden sollte, er soll aber auch bei der unterrichtsvorbereitenden und –reflektierenden Arbeit zum Tragen kommen.[478]

Soll dieser weite Horizont religionspädagogischen Nachdenkens in einer Definition von Religionspädagogik Berücksichtigung finden, so legt sich etwa folgende Formulierung nahe:
Religionspädagogik ist die Verbindung von empirischen, historischen und vergleichenden Einsichten mit Grundsätzen der christlichen Überlieferung zu der wissenschaftlichen Theorie religiöser und christlicher Sozialisation, Erziehung und Bildung, die die Grundlage der Bildungs(mit-)verantwortung der Kirche sowie religionsdidaktisch reflektierten Handelns von Einzelnen, vor allem von Religionslehrer/innen bildet.
Diese Definition von Religionspädagogik greift auf Formulierungen und Einsichten anderer Autoren zurück, die hier sowohl als Quelle wie auch als alternative Vorschläge zur Kenntnis

[477] Vorgeführt wird dies z.B. in Friedrich Schweitzer / Rudolf Englert / Ulrich Schwab / Hans Georg Ziebertz: Entwurf einer pluralitätsfähigen Religionspädagogik, Gütersloh 2002.
[478] Zur Methodik und wissenschaftstheoretischen Verortung der Religionspädagogik vgl. den vielschichtigen Artikel von Rudolf Englert: Wissenschaftstheorie der Religionspädagogik, in: Bilanz der Religionspädagogik, hg. von Hans-Georg Ziebertz und Werner Simon, Düsseldorf 1995, 147-174.

gebracht werden sollen.[479] Christian Grethlein etwa konzipiert Religionspädagogik als Theorie „religiöser, christlicher und kirchlicher Sozialisation, Erziehung und Bildung",[480] Karl Ernst Nipkow entwirft sie als „Theorie kirchlicher [bzw. evangelischer] Bildungsverantwortung"[481].

Haben die bisherigen Überlegungen die Religionspädagogik im allgemeinen behandelt, so müssen nun diejenigen Teildisziplinen der Religionspädagogik in den Blick rücken, die für angehende Religionslehrerinnen und -lehrer von besonderer Wichtigkeit sind. Es handelt sich um zwei Teilgebiete, die präzise als „Theorie des Religionsunterrichts" und als „Religionsdidaktik / Fachdidaktik des evangelischen Religionsunterrichts" zu bezeichnen sind und sich unter dem Begriff „Schulische Religionspädagogik" zusammenfassen lassen. In der *Theorie des Religionsunterrichts* werden gleichsam äußere Fragen dieses Schulfaches behandelt: seine pädagogische und theologische Begründung, seine rechtlichen Grundlagen und geschichtlichen Wurzeln, der Zusammenhang von Religionsunterricht und (religiösem) Schulleben, die Frage der Alternativfächer und Kooperationspartner. In der *Religionsdidaktik / Fachdidaktik des evangelischen Religionsunterrichts* werden innere Aspekte von Unterricht in christlicher Religion thematisch: seine Inhalte, Methoden und Medien, Ziele, didaktische Konzeptionen für den Religionsunterricht im allgemeinen sowie für einzelne Schulformen und für den Umgang mit unterrichtlichen Themenbereichen (Bibel, Kirchengeschichte, Ethik, Liturgie usw.) im besonderen.[482]
Graphisch lassen sich die bisher vorgestellten Begriffe „Religionspädagogik", „Theorie des Religionsunterrichts" und „Religionsdidaktik" – sowie die übrigen, hier nur als Stichworte erwähnten Teilgebiete – wie in nachstehendem Schaubild (nächste Seite) einander zuordnen.

Religionspädagogik ist somit als Dachbegriff für eine größerer Zahl von Teilbereichen zu verstehen. Gemeinsames Kennzeichen all dieser Sachgebiete ist, dass sie theologische und pädagogische Einsichten miteinander verknüpfen. Anders formuliert: Theologie und Pädagogik sind die wesentlichen Bezugswissenschaften der Religionspädagogik - über sie hinaus muss die Religionspädagogik andere Disziplinen einbeziehen, etwa die Entwicklungspsychologie (wenn sie über biographische Wandlungen von Religiosität bei Lernenden nachdenkt) oder Religionswissenschaften wie Islamwissenschaft, Judaistik u.ä., wenn sie über interreligiöses Lernen oder Islamischen / Jüdischen Religionsunterricht reflektiert.

---

479 In ihrer Grundstruktur ist diese Formulierung einer Definition Praktischer Theologie von Dietrich Rössler (Grundriß der Praktischen Theologie, Berlin / New York 1986, ²1994, Leitsatz der Einleitung) entlehnt.
480 Grethlein 1998 (s.o. Anm. 3), V/VI u.ö.
481 Nipkow ²1992 (s.o. Anm. 3), 17 u.ö.
482 Da unter „Didaktik" hier das Reflektieren auf Unterricht (nicht auf jedwede Form des Lehrens und Lernens) verstanden wird, gehört zum Gegenstandsbereich der Religionsdidaktik nicht allein die innere Gestalt des schulischen Religionsunterrichts, sondern auch das Reflektieren auf Inhalte, Methoden, Medien usw. anderer Formen religiösen Unterrichts, etwa im Blick auf Konfirmandenunterricht oder Kurse/Seminare der Erwachsenenbildung.

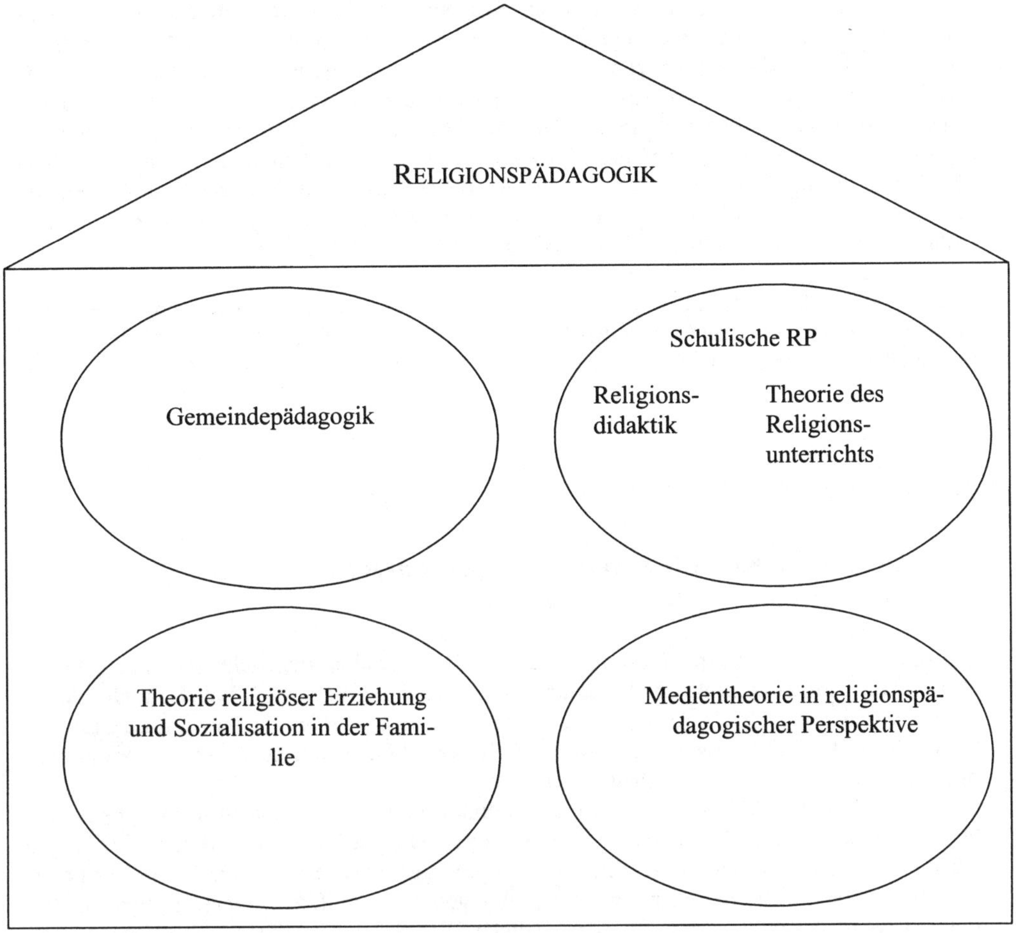
RELIGIONSPÄDAGOGIK
Gemeindepädagogik
Schulische RP
Religions-
didaktik
Theorie des
Religions-
unterrichts
Theorie religiöser Erziehung
und Sozialisation in der Fami-
lie
Medientheorie in religionspä-
dagogischer Perspektive

Für die Religionslehrerinnen und -lehrer haben diese wissenschaftstheoretischen Bestimmungen durchaus konkrete Konsequenzen. Einerseits: Um ‚guten Religionsunterricht' geben und über ihre unterrichtliche Praxis selbstkritisch Rechenschaft ablegen zu können, sollen sie sich demzufolge in den theologischen Disziplinen Altes und Neues Testament, Kirchen- und Theologiegeschichte, Systematische Theologie ebenso gut auskennen wie in der Allgemeinen Pädagogik und Didaktik, darüber hinaus auch solides Wissen im Blick auf nicht-christliche Religionen erwerben.[483] Andererseits: Religionsdidaktik ist nur ein Teilgebiet der Religionspädagogik (wenn auch ein sehr wichtiges). Religionsunterricht ist nicht allein für eine gelingende religiöse Bildung verantwortlich, sondern er ist ein Baustein im Netz der Lernorte. Religionslehrer/innen können und sollen sich dadurch entlastet, zugleich aber zur Kooperation mit Mitarbeitenden anderer Felder religiöser Bildung eingeladen fühlen.

Nach diesen einleitenden Überlegungen zur gedanklichen Architektur des Faches Religionspädagogik sollen die beiden folgenden Kapitel grundlegendes Wissen aus den beiden Gebieten bereitstellen, die für die berufliche Praxis von Religionslehrerinnen und -lehrern vorrangig sind.

7.2 Theorie des Religionsunterrichts

7.2.1 Rechtliche Koordinaten des Religionsunterrichts in der Bundesrepublik Deutschland

In Artikel 7, Abs. 3 des Grundgesetzes heißt es: „Der Religionsunterricht ist in den öffentlichen Schulen mit Ausnahme der bekenntnisfreien Schulen ordentliches Lehrfach. Unbeschadet des staatlichen Aufsichtsrechtes wird der Religionsunterricht in Übereinstimmung mit den Grundsätzen der Religionsgemeinschaften erteilt. Kein Lehrer darf gegen seinen Willen verpflichtet werden, Religionsunterricht zu erteilen."

In der Bundesrepublik Deutschland ist der Religionsunterricht demnach an allgemein- und berufsbildenden Schulen regulärer Teil der Stundentafel („ordentliches Lehrfach"). Er hat „in Übereinstimmung mit den Grundsätzen der Religionsgemeinschaften", herkömmlicher Lesart zufolge also nach Konfessionen bzw. Religionen getrennt, erteilt zu werden; Religionsunterricht ist somit das einzige Fach in der staatlichen Schule, dessen Inhalte nicht (allein) vom Staat, sondern von außerschulischen Institutionen, in diesem Falle: den Religionsgemeinschaften, (mit-)verantwortet werden. Diese Ordnung des Religionsunterrichts, die ihn anderen Fächern gleichstellt und zugleich von ihnen unterscheidet, ist in unserem Land mit der höchstmöglichen rechtlichen Verbindlichkeit, im Grundgesetz, festgeschrieben.[484]

Ein Blick auf andere europäische wie außereuropäische Länder zeigt, dass diese Verfasstheit des Religionsunterrichts keineswegs selbstverständlich ist.[485] In manchen Staaten soll Religion erklärtermaßen kein Fach (und auch nicht Thema) der Schule sein – die prägnantesten Bei-

---

[483] Einen Überblick über die Kenntnisse und Fähigkeiten, die ein Lehramtsstudium wünschenswerterweise vermitteln – oder zumindest anregen – soll, bietet die Schrift „Im Dialog über Glauben und Leben" (s.o. Anm. 1), 50-77. Vgl. auch die knappe Fortschreibung dieser Empfehlungen: Im Dialog über Glauben und Leben (II). Zur Fortführung der Reform des Lehramtsstudiums Evangelische Theologie / Religionspädagogik. Vorschläge der Gemischten Kommission zur Reform des Theologiestudiums, Hannover 2001.

[484] Der Religionsunterricht ist das einzige Schulfach, das im Grundgesetz Erwähnung und Unterstützung findet!

[485] Einschlägige Informationen im Überblick bietet: Religious Education in Europe. A collection of basic information about RE in European countries, ed. Peter Schreiner, Münster 2000.

spiele sind Frankreich[486] und die USA. In vielen europäischen Ländern wird Religion in Form eines einheitlichen Faches für alle Schülerinnen und Schüler ungeachtet ihrer Konfessions- oder Religionszugehörigkeit im Klassenverband unterrichtet – so etwa in England („Religious Education") oder in Schweden („Religionskunskap", deutsch: Religionskunde). Wieder andere Länder sehen zwar vor, dass Religionsunterricht in Übereinstimmung mit den Grundsätzen der Religionsgemeinschaften erteilt werden soll, doch gibt es dort entweder nur Religionsunterricht der Konfession, der die Mehrheit der Bevölkerung angehört (Finnland, Italien), oder aber der Religionsunterricht wird gleichsam außerplanmäßig ausschließlich in Verantwortung der Kirchen erteilt (Ungarn). Kurz: Religionsunterricht, der reguläres Schulfach und zugleich nach Religionen bzw. Konfessionen vielgestaltig gegliedert ist, stellt ein Proprium des deutschen Schulwesens dar.[487]

Die beschriebene Konstellation ist erstmals in der Weimarer Reichsverfassung aus dem Jahr 1919 (dort im Art. 149) festgeschrieben worden. In ihr schlagen sich Erfahrungen aus der Geschichte von Religionsunterricht und Schule nieder, die bis in die Reformationszeit zurückreichen.[488] So spiegelt sich etwa in der Wertschätzung des Religionsunterrichts als regulärem Schulfach die zentrale Rolle von Religion(sunterricht) in der deutschen Schulgeschichte. In der rechtlichen Zueinanderordnung von Staat und Kirche als Kooperationspartner im sensiblen Bereich religiös-weltanschaulicher Bildung schlägt sich die Erfahrung nieder, dass auf diese Weise am ehesten die Manipulation junger Menschen (sei es – wie in der nationalsozialistischen Zeit – durch den Staat, sei es durch die Religionen) verhindert werden kann. Im Nebeneinander von evangelischem und katholischem Religionsunterricht findet Widerhall, dass Deutschland, das Mutterland der Reformation, der einzige Staat in Europa ist, in dem über Jahrhunderte hinweg zwei Konfessionen annähernd gleichgewichtig vertreten waren.[489] Diese Bikonfessionalität wirkt bis heute in dem Umstand nach, dass de facto allein der Religionsunterricht der zwei großen christlichen Denominationen in Deutschland flächendeckend erteilt wird.

Während die geschichtlichen Wurzeln des gegenwärtigen Religionsunterrichts hier nur gestreift werden können, sind die rechtlichen Rahmenbedingungen, zumal die zentralen Bestimmungen, detaillierter ins Auge zu fassen:[490]
Erstens: Der bereits zitierte Artikel 7.3 des Grundgesetzes von 1949 weist den Religionsunterricht als gemeinsame Angelegenheit (*res mixta*) von Staat und Religionsgemeinschaft aus. Der Staat sorgt für die Gewährung und Einhaltung der äußeren Rahmenbedingungen (Stundenumfang, Bezahlung der Lehrkräfte, Dienstaufsicht, Einhaltung pädagogischer Standards, Versetzungsrelevanz der Noten u.ä.m.). Im Blick auf die Lehrpläne sucht er das Einverneh-

---

[486] Das gilt allerdings nicht für Elsass-Lothringen (genauer: für die drei Departements Bas-Rhin, Haut-Rhin und Moselle).

[487] Ähnlich geordnet ist der schulische Religionsunterricht lediglich in Österreich, Elsass-Lothringen (s.o.) sowie in einigen Kantonen der Schweiz.

[488] Zur Geschichte des Religionsunterrichts und des Schulwesens in Deutschland vgl. die gute lesbare Darstellung von Ernst Helmreich: Religionsunterricht in Deutschland, Hamburg 1966 sowie den Art. Religionsunterricht, in: RGG[4] VII (2004).

[489] Diese charakteristische Bikonfessionalität hat sich lange, angefangen mit der Reformation bis in die Anfänge des 19. Jahrhunderts (so im Bereich der höheren Bildung: Gymnasium) bzw. in die 60er Jahre des 20. Jahrhunderts hinein (so im Bereich des Volksschulwesens), sogar in einem konfessionell gegliederten Schulwesen abgebildet. In Nordrhein-Westfalen und Niedersachsen sind unter bestimmten Umständen bis heute Grund- und Hauptschulen konfessionell gegliedert.

[490] Vgl. dazu etwa Martin Heckel: Der Rechtsstatus des Religionsunterrichts im pluralistischen Verfassungssystem, Tübingen 2002, Axel Freiherr von Campenhausen: Staat und Kirche unter dem Grundgesetz. Eine Orientierung, Hannover 1994, und Christoph Link: RU in Deutschland, in: ZEvKR 47 (2002) 449-463.

men mit der entsprechenden Religionsgemeinschaft; in den Lehrplankommissionen arbeiten Vertreter des Staates und der Religionsgemeinschaft zusammen, deren Grundsätzen sie entsprechen sollen (zugleich aber dürfen Lehrpläne nicht gegen die Bestimmungen des Grundgesetzes verstoßen). Die Religionsgemeinschaft hat zudem das Recht, die Lehrkräfte dieses Faches – fachliche, staatlich geprüfte Qualifikation einerseits, entsprechende Mitgliedschaft in einer Religionsgemeinschaft andererseits vorausgesetzt – mit dem Unterricht zu beauftragen (katholischerseits durch die *missio canonica*, evangelischerseits durch die *vocatio*). Fehlt diese kirchliche Lehrerlaubnis, dürfen die betreffenden Lehrkräfte nicht zur Erteilung konfessionellen Religionsunterrichts eingesetzt werden.
Zweitens: Ein solcher, gemeinsam mit dem Staat verantworteter Religionsunterricht ist keineswegs der evangelischen und katholischen Kirche vorbehalten. Vielmehr können prinzipiell alle Religionsgemeinschaften Religionsunterricht erteilen, sofern sie bestimmte Bedingungen erfüllen[491] – in Deutschland tun dies mancherorts etwa das Judentum oder die griechisch-orthodoxe Kirche. Auch ein islamischer Religionsunterricht ist prinzipiell möglich – allerdings gelten in diesem Fall die besagten Bedingungen bisher noch nicht als erfüllt. So fehlt es insbesondere an einer Selbstorganisation des Islam bzw. der verschiedenen islamischen Richtungen (Sunniten, Schiiten, Alewiten), die sie zu verlässlichen Ansprechpartnern des Staates werden lässt, sowie an einer Definition islamischer Grundsätze, die einem entsprechenden Religionsunterricht zugrunde liegen sollen.[492]
Von großer Wichtigkeit für die rechtliche Ordnung des Religionsunterrichts ist *drittens* die folgende Differenzierung: „Der RU ist zwar sachlich, nicht aber persönlich obligatorisch.“[493] Das heißt: Der Staat definiert dieses Fach in Art. 7.3 GG als Bestandteil schulischer Bildung; zugleich aber gewährleistet er die Religionsfreiheit der Lehrerinnen und Lehrer sowie der Schülerinnen und Schüler, die nach Art. 4 GG jedermann gilt. Daraus folgt: „Kein Lehrer darf gegen seinen Willen verpflichtet werden, Religionsunterricht zu erteilen.“ (Art. 7.3 GG); und: Schülerinnen und Schüler dürfen sich von der Teilnahme abmelden.[494]
Damit auch diejenigen, die von dieser Freiheit Gebrauch machen, ihre Schullaufbahn nicht ohne unterrichtliche Auseinandersetzung mit Sinn- und Wertfragen absolvieren, sehen die Schulgesetze aller Bundesländer, die Religionsunterricht nach Art. 7.3 GG erteilen lassen, ein Fach namens „Ethik“, „Werte und Normen“, „Philosophie“ o.ä. als Ersatz- bzw. Alternativfach zum Religionsunterricht vor.[495]

An diesen Bestimmungen wird deutlich: Dem Staat liegt in Deutschland sowohl daran, *dass* Religion in der Schule zur Sprache kommt – dies ist Ausdruck der so genannten positiven Religionsfreiheit – als auch daran, dass *nicht er selbst* die Inhalte von Religion bestimmen muss und damit die weltanschaulich-religiöse Orientierung der Bürgerinnen und Bürger manipulieren kann. Diese „Selbstbegrenzung des Staates“ im Blick auf Religion und religiöse Bildung[496] ist ein wichtiges Motiv für die Ordnung von Religionsunterricht im Sinne des Grundgesetzes! Zugleich entspricht es dieser Ordnung, dass der Religionsunterricht für die

---

[491] Dies ergibt sich aus Art. 7.3 GG sowie aus dem Gleichheitsgebot nach Art. 3 GG und aus Art. 137 WRV (der wiederum durch Art. 140 GG Teil des Grundgesetzes wurde).
[492] Über die rechtlichen Fragen sowie über praktische Probleme bei der Einführung islamischen Religionsunterrichts informieren etwa Urs Baumann (Hg.): Islamischer Religionsunterricht, Frankfurt (2001) ^{2}2002 und Peter Schreiner / Karen Wulff (Hg.): Islamischer Religionsunterricht, Münster 2001 (Lit.!).
[493] So Gottfried Adam / Rainer Lachmann: Begründungen des schulischen Religionsunterrichts, in: dies. (Hg.): Religionspädagogisches Kompendium, Göttingen 5., neubearb. A. 1997, 121-137, hier 128.
[494] Dies können sie im Regelfall (etwa in Rheinland-Pfalz) ab Vollendung des 14. Lebensjahres tun; im Saarland allerdings erst ‚ab 18'.
[495] Übersichtliche Informationen und weiterführende Literatur bietet Heinz Schmidt: Art. Ethikunterricht / Moralunterricht, in: RGG^{4} II (1999), 1631-1633.
[496] Dazu knapp Nipkow ^{2}1992 (s.o. Anm. 3), 436f.

Religionsgemeinschaften „kein Instrument kirchlicher Bestandssicherung“ sein soll, sondern ihren Beitrag zur selbständig-kritischen Bildung junger Menschen in religiös-weltanschaulicher Hinsicht darstellt.[497]

Diese Skizze der Rechtslage des Religionsunterrichts bliebe allerdings unvollständig ohne den Hinweis darauf, dass Religionsunterricht nicht in ganz Deutschland im Sinne von Art. 7.3 GG erteilt wird. Ausnahmen bilden die Bundesländer Bremen, Berlin und Brandenburg.[498]
In *Bremen* wird anstelle konfessionellen Religionsunterrichts bereits seit 1918 ‚Unterricht in Biblischer Geschichte auf allgemein christlicher Grundlage' als ein für alle Schüler/innen verbindliches Fach erteilt. In *Berlin* wird Religionsunterricht seit 1952 als ‚Fach mit besonderer Anmeldepflicht' zwar in den Räumen der Schule, aber in allein kirchlicher Verantwortung, also nicht als ordentliches Lehrfach, durchgeführt. Unterrichtet wird das Fach von Katechet/innen, also kirchlichen Mitarbeiter/innen, die nicht Teil des Lehrerkollegiums sind; die Leistungen der Schüler/innen werden nicht benotet. Und schließlich wurde in *Brandenburg* 1996 (und bereits seit 1992 im Modellversuch) an Stelle des Religionsunterrichts ein Fach namens ‚Lebensgestaltung – Ethik – Religionskunde'(LER) eingerichtet, das im Prinzip für alle Schüler/innen verpflichtend ist und unter dem Dach der Daseins- und Wertorientierung unter anderem auch religionskundliche Kenntnisse vermitteln soll. Anlass dazu gab die besondere religionssoziologische Ausgangslage in Ostdeutschland: Die geringe Kirchenmitgliedschaftsquote ließ und lässt dort eine Gliederung von Religions-unterricht nach Konfessionen schwerlich zu; die hohe Zahl der konfessionslosen Schüler/innen sollte durch ein „religiös und weltanschaulich neutral[es]“ Angebot der Lebenshilfe wie der Wertorientierung mit Sinnfragen konfrontiert werden.
Langjährig war umstritten, ob die Einrichtung dieses Faches rechtens war.[499] Die entsprechende Kontroverse, die dem Bundesverfassungsgericht zur Entscheidung vorgelegt worden war, wurde Anfang 2002 durch Annahme eines Vergleichsvorschlages entschieden. Das Brandenburgische Schulgesetz (v.a. dessen § 9) wurde inzwischen dementsprechend geändert. Demnach kann LER weiterhin als Regelfach erteilt werden; zugleich wird Schüler/innen die Möglichkeit eingeräumt, sich zugunsten eines kirchlich verantworteten Religionsunterrichts von LER abzumelden.
In religionspädagogischer Hinsicht hat LER vor allem in zwei Richtungen kritische Rückfragen provoziert: Kann dieses Fach angesichts des geringen Stellenwertes, den es dem Themengebiet Religion zubilligt, Religionsunterricht ‚ersetzen'? Ist ein religionskundlicher, dem eigenen Anspruch nach objektiv-neutraler Umgang mit Religion sachgemäß? Darüber hinaus rührt LER ungeachtet mancher Reform des ursprünglichen Konzeptes an die rechtlich und pädagogisch brennende Frage, ob der Staat – wie es hier geschieht – ‚Religion' und ‚Werte' in eigener Verantwortung unterrichten darf. Art. 7.3 des Grundgesetzes antwortet darauf: Er darf es nicht. Die gebotene Zurückhaltungspflicht des Staates im Blick auf die inhaltliche Be-

[497] So wird es eindrücklich etwa in der (bisher) einzigen Denkschrift der EKD zu Fragen des Religionsunterrichts formuliert. Sie trägt den Titel „Identität und Verständigung“ (Gütersloh 1994, 11).
[498] Näheres zu diesen drei Sonderfällen bei Manfred Spieß: RU oder nicht? Der Biblische Geschichtsunterricht im Land Bremen, in: Jürgen Lott (Hg.): Religion - warum und wozu in der Schule? Weinheim 1992, 81-102, Christian Grethlein: Das 'Berliner Modell' - eine Rekonstruktion seines Ursprungs in religionspädagogischem Interesse, in: Gerhard Besier / Christoph Gestrich (Hg.): 450 Jahre Evangelische Theologie in Berlin, Göttingen 1989, 483-509, und bei Wolfgang Edelstein u.a.: Lebensgestaltung – Ethik – Religionskunde, Weinheim 2001.
[499] In der juristischen Kontroverse ging es nicht zuerst um die Inhalte dieses Faches, sondern um folgende juristische Detailfrage: Beruft sich das Land Brandenburg zu Recht auf den Art. 141 GG, der Ausnahmen vom Regelunterricht nach Art. 7.3 GG definiert?

stimmung ethisch-religiöser Bildung wird auch durch die Berufung auf Art. 141 GG nicht aufgehoben.[500]

7.2.2 Gründe für (konfessionellen) Religionsunterricht in der Schule

Trotz des Umstandes, dass der Religionsunterricht als einziges Schulfach grundgesetzlich verankert ist, wird seine Berechtigung nicht selten in Frage gestellt – von Kolleg/innen in der Lehrerschaft, von Schüler/innen und Eltern und in der bildungspolitischen Debatte. Diesen Anfragen stehen gute Gründe für religiöse Bildung und konfessionellen Religionsunterricht in der Schule gegenüber. *Dass* es Religionsunterricht in der Schule geben sollte, dafür lassen sich folgende sechs Argumente anführen.[501]

a. Ein anthropologisches Argument

Dieses Argument geht davon aus, dass die Gattung Mensch und damit auch die überwältigende Mehrheit der Individuen geradezu „naturnotwendig“ (R. Oerter) religiös-existentielle Fragen entwickelt: Fragen nach der eigenen Identität, nach dem Sinn des Lebens, nach dem Tod, nach einem Einheitsmoment der Welt, nach dem richtigen/guten Handeln. Menschen sind wenn nicht angeboren religiös, so doch auf die Suche nach Transzendenz angelegt. Eine Schule, die den Menschen in allen seinen Dimensionen fördern will, muss, wenn sie diesem Argument folgt, auch der religiösen Dimension des Menschseins unterrichtlich Raum geben.

b. Ein kulturgeschichtliches Argument

Diesem Argument zufolge haben die biblische Überlieferung und ihre Wirkungsgeschichte den abendländischen Kulturraum nachhaltig geprägt. Wer diese christlich-religiösen Wurzeln nicht kennt, kann zahlreiche Phänomene der Gegenwart nicht verstehen – weder die Maximen des Sozialstaates noch zahlreiche Werke der bildenden und literarischen Kunst noch den Konsensbestand ethischer Werte noch Sitten und Gebräuche (Ostern, Weihnachten, Bestattung usw.) – und auch nicht das Selbstverständnis eines Großteils der Bevölkerung. Denn diese ist mehrheitlich noch immer als Mitglied einer der beiden christlichen Konfessionskirchen (oder aber als Muslim, Jude oder Buddhist) anzusprechen und deutet das eigene Leben bzw. die Welt mit Hilfe christlich inspirierter Denkfiguren. Eine Schule, die sich als Anwalt der Überlieferung begreift und Schüler/innen zum vertieften Verstehen ihrer Lebenswelt veranlassen will, kann sich diesem Argument kaum verschließen.
Allerdings führt dieses Argument nur bedingt zu einem konfessionellen Religionsunterricht im Sinne von Art. 7.3 GG; vielmehr wäre ihm auch durch einen religionskundlich-kulturgeschichtlich ausgerichteten allgemeinen Religionsunterricht genüge getan (vgl. die französischen Experimente mit Unterricht in ‚culture religieuse').

c. Ein gesellschaftlich-problemorientiertes Argument

In der gegenwärtigen Gesellschaft sind verschiedene Religionen präsent, politische Konstellationen werden von religiösen Verhältnissen mitbestimmt, Religion gehört zur gegenwärtigen Erfahrungswelt der Schüler/innen unvermeidlich hinzu. Eine Schule, die über die Lebenswelt ‚aufklären' und jungen Menschen darin eine Orientierung ermöglichen will, muss deshalb Religion thematisieren – entweder, so könnte man in weitgehend monokonfessionellen Ge-

[500] Zu kritischen religionspädagogischen Anfragen siehe Karl Ernst Nipkow: Die Herausforderung aus Brandenburg: „Lebensgestaltung – Ethik – Religionskunde“ als Staatliches Pflichtfach, in: ZThK 93 (1996), 124-148.
[501] Vgl. dazu Adam / Lachmann 1997 (s.o. Anm. 23) sowie Friedrich Schweitzer: Religiöse Bildung als Aufgabe der Schule, in: Religionspädagogisches Kompendium ^{5}1997 (s.o. Anm. 23), 104-120.

sellschaften wie etwa in Finnland sagen, indem sie ein Unterrichtsfach aus dem Geist einer Religion erteilen lässt, oder, so wird in multireligiösen Gesellschaften wie England oder Deutschland zu argumentieren sein, indem sie die Schüler/innen von bzw. in den vielfältigen Formen der Religion unterrichtet.

d. Ein ethisch-funktionales Argument

Dieses Argument geht davon aus, dass menschliches Zusammenleben nur auf der Grundlage eines im Kern gemeinsamen Ethos und eines Grundbestandes gemeinsamer Werte funktionieren kann. Schule ist für die Vermittlung bzw. Pflege dieses Wertebestandes zuständig. Sie muss dazu jene Wissensbestände fruchtbar machen, die für die Bürgerinnen und Bürger plausibel sind: für die einen also Wissensbestände ihrer Religion, für die anderen ethische oder philosophische Wissensbestände.

e. Ein bildungstheoretisches Argument

Dieses Argument ist weitgehend unabhängig sowohl von der anthropologischen Grundannahme natürlicher Religiosität als auch von der empirischen Religionszugehörigkeit der Bürger/innen. Die bildungstheoretische Begründung geht vielmehr von einem Bildungsverständnis aus, das sich seinerseits aus alteuropäischen, humanistischen, aufklärerischen und theologischen Wurzeln speist. Bildung hat demnach umfassende Bezüge – zu Politik, Utopie, Subjektivität, Überlieferung und Verständigung[502], damit nicht zuletzt zu einer „das eigene Selbst umgreifende[n] transzendente[n] Lebensperspektive“[503]. Bildung schließt demnach die *Auseinandersetzung* mit sinnstiftenden Deutungen des eigenen Lebens wie der Wirklichkeit und die Aneignung solcher Deutungen ein. Eine Schule, die sich *diesem* „mehrdimensionalen“ Bildungsgedanken – und nicht einem ökonomisch-funktionalen Ausbildungs-Ideal – verpflichtet sieht, sollte einem Fach Raum geben, das solche das eigene Selbst überschreitende Perspektiven thematisiert, also „die Frage nach Gott“ stellt und dabei dialogisch-interreligiöses Lernen zulässt.[504]

f. Ein politisch-staatskirchenrechtliches Argument

Dieses Begründungsmuster ist auf den ersten Blick rein rechtspositivistisch; demnach gibt es in den bundesrepublikanischen Schulen Religionsunterricht, weil es das Grundgesetz und die entsprechenden Artikel der Länderverfassungen so bestimmen und diese dem demokratisch artikulierten Willen der Bevölkerung Ausdruck geben. Auf den zweiten Blick gewinnt dieses Argument seine Kraft daraus, dass in das geltende Recht geschichtliche Erfahrungen eingeflossen sind: Das Grundgesetz (und vor ihm die Weimarer Verfassung von 1919) sieht einen Religionsunterricht in der Schule vor, dessen Inhalte ausdrücklich nicht vom Staat bestimmt werden sollen. „Dem Staat wird ... verwehrt, sich absolut zu setzen“ und seine Bürger/innen sollen lernen, zwischen „Gott und Welt [zu] unterscheiden“.[505] So hält der Staat sich selbst und seinen nachwachsenden Bürgern bewusst, dass er selbst und seine Bürger/innen von Voraussetzungen leben, die sie nicht selbst geschaffen haben und auch nicht selbst schaffen können (Ernst-Wolfgang Böckenförde).[506]

---

[502] So Nipkow ^{2}1992 (s.o. Anm. 3), 32-37.

[503] Kirchenamt der EKD: Maße des Menschlichen. Evangelische Perspektiven zur Bildung in der Wissens- und Lerngesellschaft. Eine Denkschrift, Gütersloh 2003, hier 54.

[504] Ebd., 14f. Auf pädagogischer Seite wird so etwa von Dietrich Benner und Jürgen Oelkers argumentiert.

[505] Nipkow ^{2}1992 (s.o. Anm. 3), 436 und 439.

[506] Wörtlich heißt es bei Böckenförde: „Der freiheitliche, säkularisierte Staat lebt von Voraussetzungen, die er selbst nicht garantieren kann.“ (Die Entstehung des Staates als Vorgang der Säkularisation [1967], in: Recht, Staat, Freiheit, Frankfurt 1991, 92-114, hier 112f.)

Die vorgetragenen Argumente sind geeignet, die Notwendigkeit religiöser Bildung in der Schule zu belegen – und zwar in einer Weise, die weitgehend unabhängig ist von der persönlichen religiösen Orientierung Einzelner. Sie sind aber keineswegs alle dazu angetan, einen konfessionellen Religionsunterricht im Sinne von Art. 7.3 GG zu begründen. Den Argumenten b, c und d kann auch durch ein religionskundliches Fach oder durch religionskundliche Anteile am Geschichts-, Kunst- oder Ethikunterricht genüge getan werden.

Allein die bildungstheoretische und die politisch-staatskirchenrechtliche Argumentation zielen auf einen Religionsunterricht, der das religiöse „commitment" der Lehrenden und Lernenden gleichermaßen voraussetzt, fördert und anstiftet, der also Institutionen und Repräsentanten gelebter Religion mit in die Verantwortung nimmt. Das Konzept eines nichtreligionskundlichen Religionsunterrichts lebt somit letztlich von der pädagogischen Überzeugung, dass religiöse Orientierung nicht allein durch Information und neutrale Begegnung, sondern durch kritische Reflexion vorgängiger religiöser Erfahrung, durch einen Brückenschlag zwischen unterrichtlich gelehrter und gelebter Religion möglich wird. Solche gelebte christliche Religion findet sich am ehesten im Raum der konfessionellen Kirchen – nicht zuletzt dieser Umstand spricht für einen konfessionell verantworteten Religionsunterricht.

7.2.3 Konfessioneller Religionsunterricht und Ansätze zu seiner Öffnung

Die Väter des Grundgesetzes (und zuvor der Weimarer Reichsverfassung) hatten, als sie die oben skizzierten rechtlichen Bestimmungen festschrieben, konfessionell bestimmten Religionsunterricht als gewohnte Praxis und Leitbild vor Augen. Dieses Modell hat sich angesichts einer annähernd paritätisch evangelischen und katholischen Bevölkerung in Deutschland bewährt.

Es sind vor allem vier Argumente, die für eine konfessionelle Bindung des schulischen Religionsunterrichts sprechen. *Pädagogisch* wird dabei, wie oben angedeutet, ernst genommen, dass religiöse Bildung nicht im Transfer von Wissensbeständen aufgeht, sondern auf glaubwürdige Impulse durch die Person der Lehrerin bzw. des Lehrers, auf die Auseinandersetzung mit deren religiösen Standpunkt bzw. Bekenntnis angewiesen ist. Religionsunterricht, der *erklärtermaßen* von einer Konfession verantwortet wird, lässt diese Positionalität für alle Beteiligten, gerade auch für die Schüler/innen transparent und didaktisch nutzbar werden: Lehrer/innen sind in diesem Rahmen – unbeschadet des hohen Maßes an Individualität in ihren religiösen Haltungen, das empirische Untersuchungen erkennen lassen[507] – als Mitglieder dieser oder jener Kirche ansprechbar. *In religionspädagogisch-schülerorientierter Hinsicht* vermag konfessioneller Religionsunterricht der religiösen Erziehung und Prägung von Schüler/innen in Elternhaus und Kirchengemeinde Raum zu geben. Er kann sie in ihrer konfessionellen Identität vergewissern bzw. dazu beitragen, sie in den Vollzügen und Überzeugungen einer Spielart gelebten christlichen Glaubens zu beheimaten. *Rechtlich* gibt der Religionsunterricht entsprechend der Option von Kindern bzw. Jugendlichen (und ihren Eltern) Raum, ihrem Glauben positiv Ausdruck zu verleihen, ihre religiösen Erziehungsziele und Standpunkte auch im öffentlichen Raum der Schule geachtet und gewahrt zu sehen. *In empirischer und theologischer Hinsicht* bildet konfessioneller Religionsunterricht die faktisch bestehenden Differenzen zwischen den Konfessionen ab. Gewiss haben sich evangelische und katholische Kirchen mittlerweile in vielen Kontroversfragen angenähert, doch sind Unterschiede im Selbstverständnis der Kirchenmitglieder, in deren gewohnten Ausdrucksformen des Glaubens und in der Einschätzung theologischer Fragen (v.a. im Verständnis von Kirche, Amt und Eucharistie) nach wie vor unverkennbar.

---

[507] Vgl. etwa Andreas Feige u.a.: „Religion" bei ReligionslehrerInnen. Religionspädagogische Zielvorstellungen und religiöses Selbstverständnis in empirisch-soziologischen Zugängen, Münster u.a. 2001.

Diese vier Argumente sind derzeit je nach Kontext unterschiedlich durchschlagend. Sie greifen vor allem dort, wo die Verbundenheit von Schüler/innen und Eltern mit ihrer Kirche hoch ist. Vielerorts jedoch begegnen Schülerinnen und Schüler den konfessionellen Differenzen innerhalb des Christentums zunehmend häufig mit Unverständnis oder Gleichgültigkeit; nicht wenige Kirchenmitglieder empfinden die Spaltung der Christenheit, die etwa eine gemeinsame Feier des Herrenmahls verunmöglicht, sogar als Skandal; insbesondere in Ballungsräumen stellt sich die Auseinandersetzung mit anderen Religionen (im Vergleich zur Klärung innerchristlicher Kontroversen) als die lebensweltlich dringlichere Herausforderung dar. Kurz: Die religiösen Orientierungen und Kontexte verändern sich (vgl. dazu unten 2.4.) und eben dies wirft Fragen an die angemessene Gestalt des Religionsunterrichts auf.

Religionspädagogische Debatten und Modellversuche loten dementsprechend die interpretatorischen Spielräume aus, die durch die Bindung des Religionsunterrichts an die „Grundsätze der Religionsgemeinschaften" vorhanden sind. Sie optieren insbesondere für konfessionelle Kooperation zwischen evangelischem und katholischem Religionsunterricht, seltener für ökumenische oder interreligiöse Öffnung. Diese drei im deutschen Kontext vieldiskutierten Konzeptionen sollen kurz vorgestellt werden.[508]

a. Konfessionell-kooperativer Religionsunterricht

Evangelische und Katholische Kirche haben in den vergangenen Jahrzehnten die kirchentrennenden Lehrunterschiede so weit theologisch aufgearbeitet, dass sie dogmatische Positionen der jeweils anderen Kirche nicht länger verurteilen. In wichtigen Streitfragen, etwa und vor allem in derjenigen nach dem Verständnis der Rechtfertigungslehre, haben sie einen „Konsens in Grundwahrheiten" erzielt.[509] Vor diesem Hintergrund sind beide Kirchen übereingekommen, „daß konfessioneller Religionsunterricht immer auch in ökumenischem Geist erteilt wird". Um diesem Geist sichtbar Ausdruck zu verleihen, bejahen sie die „konfessionelle Kooperation", etwa das Abstimmen der Lehrpläne und innerschulischen Curricula aufeinander, konfessionsübergreifende Treffen von Referendar/innen, Fachleiter/innen und innerschulischen Fachkonferenzen, den wechselseitigen Gebrauch von Unterrichtsmaterialien zu bestimmten Themen, gemeinsame Unterrichtsprojekte, Einladung der Religionslehrerin bzw. des Religionslehrers der je anderen Konfession in den eigenen Religionsunterricht bis hin zum „zeitweilige[n] team-teaching von bestimmten Themen oder Unterrichtsreihen".[510]

Unbeschadet dieses Plädoyers für interkonfessionelle Kooperation halten beide Kirchen daran fest, dass Religionsunterricht im Grundsatz konfessionell strukturiert bleiben sollte. Besonders nachdrücklich haben dies 1996 die deutschen Bischöfe unterstrichen. In ihrer grundlegenden Erklärung „Die bildende Kraft des Religionsunterrichts" bekräftigen sie ausdrücklich, dass Religionsunterricht im katholischen Sinne über die „Trias" katholische/r Lehrer/in, katholische Lehre und katholische Schüler/innen definiert ist.[511] Die Evangelische Kirche in Deutschland anerkennt ebenfalls theologische und pädagogische Gründe für die Konfessionalität des Religionsunterrichts, setzt aber den Akzent „nachdrücklich" darauf, „das Gemeinsame inmitten des Differenten zu stärken". Eben deshalb hat sie sich bereits in ihrer wegweisenden Denkschrift zum Religionsunterricht von 1994 für „die Form eines ‚konfessionell-

[508] Anhand der Grundschule wird das Spektrum der gegenwärtigen Optionen minutiös vorgeführt von Christhard Lück: Religionsunterricht an der Grundschule, Leipzig 2002, 42-193.

[509] Lutherischer Weltbund / Katholische Kirche: Gemeinsame Erklärung zur Rechtfertigungslehre (31.10.1999), Frankfurt 1999.

[510] Eine Liste der Kooperationsformen findet sich in der gemeinsamen Stellungnahme von Deutscher Bischofskonferenz und Evangelischer Kirche in Deutschland: Zur Kooperation von Evangelischem und Katholischem Religionsunterricht, Bonn / Hannover 1998, 2f.

[511] Die deutschen Bischöfe: Die bildende Kraft des Religionsunterrichts. Zur Konfessionalität des katholischen Religionsunterrichts (27.9.1996), Bonn 1996, 50-57.

kooperativen' Religionsunterrichts" ausgesprochen (und schon seit 1974 nicht mehr verlangt, dass am evangelischen Religionsunterricht nur evangelische Schüler/innen teilnehmen dürfen).[512] Völlig einig sind sich beide Kirche darin, dass die Verdichtung konfessioneller Kooperation nicht „aus schulorganisatorischen Gründen angeordnet werden" und keineswegs zu dem Zweck instrumentalisiert werden darf, konfessionelle Minderheiten zu vereinnahmen![513] Konfessionelle Kooperation ist indes nicht nur das Leitwort der kirchlichen Stellungnahmen zum Religionsunterricht; sie ist auch Gegenstand wissenschaftlich begleiteter Unterrichtsversuche, die bisher sowohl die Machbarkeit als auch die didaktische Fruchtbarkeit dieser Synthese aus konfessioneller Identifizierbarkeit und dialogischer Kooperation zeigen.[514]

b. Ökumenischer Religionsunterricht

Über das Konzept der konfessionellen Kooperation hinaus geht die Forderung nach einem ökumenischen Religionsunterricht. Gemeint ist (hier – und auch sonst in den meisten Fällen) ein bikonfessioneller, evangelisch-katholisch verantworteter Religionsunterricht, an dem sich zukünftig ggf. auch die in Deutschland vertretenen orthodoxen Kirchen beteiligen könnten. Dieser soll in der Schule in erster Linie „christliche Positionalität" zu Gehör bringen. Ökumenischer Religionsunterricht soll einladend „grundsätzlich allen Schülern offen" stehen; gleichwohl versteht er sich keineswegs als Einheitsfach für alle. Vielmehr soll für diejenigen, die nicht an ihm teilnehmen, also Angehörige nicht-christlicher Religionen oder Konfessionslose z.B. jüdischer Religionsunterricht oder Ethikunterricht als Ersatz- bzw. Alternativfach vorgehalten werden. Die Lehrenden gehören weiterhin einer der beiden Kirchen an und werden von ihnen beauftragt (*vocatio, missio canonica*). Lehrpläne und Lehrerausbildung sollen ökumenisch koordiniert und nach Möglichkeit gemeinsam verantwortet werden; der Unterricht kann und soll gleichwohl neben dem Gemeinsamen auch konfessionelle Differenzen thematisieren.[515] Ein solcher ökumenischer Unterricht gilt als kompatibel mit Art. 7.3 GG unter der Voraussetzung, „daß beide Kirchen förmlich erklären, daß Ökumene und ökumenischer Geist zu den ‚Grundsätzen ihrer Religionsgemeinschaft' gehören".[516] Das heißt, er setzt die *ausdrückliche* Zustimmung der evangelischen wie der katholischen Kirche zu seiner Ökumenizität voraus – eine bloß pragmatisch-schulorganisatorisch begründete Zusammenlegung von evangelischem und katholischem Religionsunterricht ist nicht intendiert, gefährdet vielmehr ihr theologisches Anliegen und verundeutlicht den „Ernst des Wahrheitsproblems"[517], der Schüler/innen einsichtig werden soll.

Begründet wird der Vorschlag eines Ökumenischen Religionsunterrichts vor allem mit der „'Entkonfessionalisierung' unserer multikulturellen Gesellschaft" und dem Bedeutungsverlust konfessioneller Grenzziehungen in Familie und Erziehung; als vordringlich gilt angesichts wachsender Kirchendistanz bzw. Konfessionslosigkeit unter Schüler/innen und angesichts des Bildungsauftrags der Schule alphabetisierendes Lernen der Grundelemente des Christentums.

---

[512] Identität und Verständigung 1994 (s.o. Anm. 27), 61-72.

[513] Deutsche Bischofskonferenz / Evangelische Kirche in Deutschland 1998 (s.o. Anm. 39), 4.

[514] Vgl. Friedrich Schweitzer / Albert Biesinger: Gemeinsamkeit stärken – Unterschieden gerecht werden, Gütersloh / Freiburg 2002.

[515] Ökumene wird hier – ebenso wie in weiten Teilen der Ökumenischen Bewegung - nicht als Aufhebung aller konfessionellen Unterschiede, sondern als „Einheit in versöhnter Verschiedenheit" verstanden (vgl. dazu beispielsweise Harding Meyer: Ökumenische Zielvorstellungen, Göttingen 1996, 142ff.).

[516] Alle vorherigen Zitate sind einem Aufsatz des evangelischen Religionspädagogen Rainer Lachmann entnommen: „Wenn die Kirchen nur wollten: Ökumenischer Religionsunterricht" (1993, in: ders.: Religionspädagogische Spuren, Göttingen 2000, 24-28, hier 25.24 und 28). Vgl. katholischerseits etwa Richard Schlüter: Konfessioneller Religionsunterricht heute? Darmstadt 2000. Umfassend informiert über Wurzeln und Möglichkeiten ökumenischen Lernens Uwe Böhm: Ökumenische Didaktik, Göttingen 2001.

[517] Identität und Verständigung 1994 (s.o. Anm. 27), 30.

Den Fürsprechern dieses Konzeptes schwebt allerdings „keine ... Zwangsökumenisierung" vor, sondern die „sanfte" Entwicklung hin zu einem ökumenischen RU „je nach ... gemeindlichen, schulischen und personellen Gegebenheiten vor Ort" – aber eben auf der Basis einer grundsätzlichen Freigabe dieser Unterrichtsform durch die Kirchen.[518]
Für einen solchen ökumenischen Religionsunterricht plädieren nicht nur zahlreiche Religionslehrer/innen und Religionspädagog/innen, sondern auch Religionslehrer/innen-Verbände, etwa die Arbeitsgemeinschaft Evangelischer Erzieher in Deutschland (AEED). In ihren Augen sprechen nicht zuletzt schulpraktische und schultheoretische Gründe für einen gemeinsamen christlichen Religionsunterricht: Er ist die Bedingung dafür, – je nach konfessionell-religiöser Zusammensetzung der Schülerschaft – auch den Religionsunterricht im Klassenverband erteilen zu können, ihn ohne Komplikationen in projektorientierte und fächerübergreifende Arbeit einzubringen und die Uneigennützigkeit der Kirchen in ihrem schulischen Engagement zu dokumentieren. Umgekehrt fragen Kritiker u.a., ob ein ökumenischer Religionsunterricht nicht theologisch unterbestimmt und gleichsam blutleer sei, weil es das Christentum de facto nur in konfessionell geprägter Gestalt gebe; sie fragen weiterhin, wie Schüler/innen vor einer Vereinnahmung durch eine konfessionell anders gebundene Lehrkraft geschützt werden können.

Bezogen sich die beiden bisher skizzierten Ansätze auf eine innerchristliche Öffnung des Religionsunterrichts, liegt dem folgenden an der Einbeziehung anderer Religionen.

c. Interreligiöses Lernen

Die Forderung nach interreligiösem Lernen im Religionsunterricht wird in der Religionspädagogik weithin erhoben. Sie findet sich in der EKD-Denkschrift zum Religionsunterricht[519] ebenso wie bei Fürsprechern eines konfessionellen oder ökumenischen Religionsunterrichts.[520] Doch in der Regel ist damit die Ausweitung des Themenspektrums oder ein didaktisches Prinzip innerhalb des herkömmlichen Religionsunterrichts gemeint.
Daneben gibt es einzelne Ansätze, die interreligiöses Lernen als zentralen Auftrag des Religionsunterrichts in einer pluralen Gesellschaft verstehen und mit ihren Vorschlägen zur Umgestaltung an die Grenzen des Artikels 7.3 GG stoßen. Gemeinsam ist diesen Ansätzen, dass sie sowohl bei der Konzeption als auch bei der Durchführung des Religionsunterrichts Begegnung und Dialog zwischen Angehörigen verschiedener Religionen als konstitutiv ansehen. Dem Dialog und der Begegnung mit Angehörigen nicht-christlicher Religionen muss und soll keine Phase der Vertiefung in die je eigene Religion *voraus*gehen; vielmehr geschieht Identitätsbildung im Vollzug der Verständigung. Religionsunterricht soll die Stimme der Religionen authentisch zu Gehör bringen – die relevanten Themen wachsen ihm aus der Erfahrungswelt der Schüler/innen bzw. aus dem Schulumfeld zu. Ein scharfe Grenze wird dabei zwischen diesem interreligiösen Religionsunterricht und einem Fach „Religionskunde" gezogen: Während hier Schüler/innen oder eingeladene Gäste religiöse Standpunkte einbringen und den Stoff der existentiellen Auseinandersetzung darstellen, gehe es dort vor allem um Information und Vergleich.
Begründet werden Plädoyers für interreligiöses Lernen vor allem pädagogisch und lebensweltlich. In großstädtischen Kontexten – Beispiel: Ruhrgebiet, Hamburg, Berlin, Frankfurt – sei interkulturelle bzw. interreligiöse Verständigung *die* Herausforderung der Schule und des Religionsunterrichts; ein Religionsunterricht der sich an eine homogen monokonfessionelle oder

[518] Vgl. Lachmann 1993 (s.o. Anm. 46), 28 und 26.
[519] Identität und Verständigung 1994 (s.o. Anm. 27), 54f.
[520] Im Rahmen des konfessionellen Religionsunterrichts wirbt dafür vor allem Johannes Lähnemann: Evangelischer Religionsunterricht in interreligiöser Perspektive, Göttingen 1998.

homogen monoreligiöse Lerngruppe wende, verfehle den Auftrag der Schule, der Integration des Differenten den Weg zu bereiten.
Als Prototypen interreligiösen Lernens sind in Deutschland vor allem das Konzept eines „Religionsunterrichts für alle" (sog. Hamburger Modell)[521] und das Konzept der „Alltagserfahrungen im Kontext Interreligiösen Lernens" der Duisburger „Arbeitsstelle Interreligiöses Lernen" zu nennen.[522] Beide unterscheiden sich im Detail nicht unwesentlich und bedürfen gesondert genauer Wahrnehmung und Auseinandersetzung.

Bei der Einschätzung dieser Modelle sind vor allem theologische und pädagogische, nicht zuletzt auch juristische Kriterien zu berücksichtigen: Sind die Modelle mit den Grundsätzen christlicher Überlieferung vereinbar und aus der Perspektive evangelischen Bildungsdenkens verantwortbar? Werden sie den Schülerinnen und Schülern gerecht und können Kinder und Jugendliche in ihrem Rahmen möglichst gut bei der Gewinnung einer religiösen Identität gefördert werden? Entsprechen sie den grundgesetzlichen Bestimmungen in Art. 7.3 GG und dem Recht auf positive Religionsfreiheit im Sinne von Art. 4.2 GG?
Aus meiner Sicht lassen sich diese Fragen im Falle des konfessionell-kooperativen, aber auch des ökumenischen Religionsunterrichts bejahen; im Falle des interreligiösen Lernens bleibt vorerst offen, in welchem Maße eine christliche oder evangelische Perspektive im Unterricht zum Tragen kommen kann und ob die – der Intention nach – gleichrangige Begegnung mit verschiedenen Religionen Kindern und Jugendlichen eine persönliche religiöse Orientierung ermöglicht.[523]
Vor die Wahl gestellt zwischen konfessionell-kooperativem und ökumenischem Religionsunterricht soll hier zunächst für eine Regionalisierung religionsunterrichtlicher Konzeptionen plädiert werden.[524] In Gebieten, in denen evangelische und katholische Konfession paritätisch gemischt sind oder in denen ein religiös pluraler (Beispiel: Ruhrgebiet) bzw. weithin konfessionsloser (Beispiel: Ostdeutschland) Kontext innerchristliche Differenzen gegenüber interreligiösen verblassen lässt, kann ein ökumenischer Religionsunterricht sowohl den Schüler/innen als auch der Öffentlichkeit deutlicher als konfessioneller RU vor Augen führen, welchen Gewinn Menschen aus den Erfahrungen *christlichen* Glaubens für die Deutung ihres Lebens und die Orientierung ihres Handelns ziehen können. In Regionen, in denen eine Konfession dominiert, scheint die gegenseitige Skepsis und die Gefahr der Vereinnahmung der jeweiligen Minderheit noch zu groß zu sein für eine solch weitreichende Zusammenarbeit.
Die Vision eines ökumenischen Religionsunterrichts setzt, das wird an diesen Erwägungen deutlich, ein hohes Maß an Vertrauen in die ökumenische Gesinnung der jeweils anderen Konfession voraus – ein Vertrauen, das nicht überall schon gewachsen und angesichts mancher kirchlicher Störsignale möglicherweise auch nicht gerechtfertigt ist. Um so notwendiger erscheint eine tatkräftige Verwirklichung konfessioneller Kooperation – als Ausdruck des Gemeinsamen, das unbeschadet aller konfessionellen Unterschiede bereits erkennbar ist, als Einübung eines umsichtigen, bereichernden Umgangs mit Differenz und nicht zuletzt auch als vertrauensbildende Maßnahme.

---

[521] Grundlegend ist „Religionsunterricht für alle. Hamburger Perspektiven zur Religionsdidaktik", hg. von Folkert Doedens und Wolfram Weiße, Münster u.a. 1997, v.a. 35-41. Zur Kritik etwa Karl Ernst Nipkow: Religionsunterricht für alle? Stellungnahme zum Hamburger Modell, in: ZPT 52 (2000), 293-411.
[522] Vgl. dazu etwa Folkert Rickers / Eckart Gottwald (Hg.): Vom religiösen zum interreligiösen Lernen, Neukirchen 1998.
[523] Verfassungsrechtlich scheint das Hamburger Modell zulässig zu sein, wenn man die nach Art. 7.3 GG gebotene „Übereinstimmung mit den Grundsätz*en* der Religionsgemeinschaft*en*" nicht auf je getrennte Spielarten von Religionsunterricht, sondern auf ein gemeinsames Fach bezieht, in dem die Grundsätze der verschiedenen Religionsgemeinschaften beachtet werden.
[524] Vgl. Anton A. Bucher: RU: von der Nordsee bis zu den Alpen? Ein Plädoyer für regionale Lösungen, in: KatBl 119 (1994), 765-768.

7.2.4 Religiosität von Kindern, Jugendlichen und jungen Erwachsenen als Horizont des Religionsunterrichts

Schulischer Religionsunterricht ist in verschiedenen Hinsichten unlösbar mit der Religiosität seiner Schüler/innen und darüber hinaus mit der religiösen Lage in Deutschland verknüpft. Denn je nach eigener religiöser Orientierung leuchtet Menschen Notwendigkeit und Inhalt eines Religionsunterrichts ein, der von gelebter Religion getragen wird. Je nachdem, welche Religionen in Deutschland vertreten sind, erweitert sich das Spektrum der Spielarten von Religionsunterricht. (So lässt etwa die hohe Zahl von Muslimen in Deutschland die Einrichtung islamischen Religionsunterrichts wünschenswert erscheinen.) Je nach Vertrautheit der Schüler/innen und der Religionslehrer/innen (!) mit christlicher Religion verändern sich Ziele und Möglichkeiten eines schulischen Religionsunterrichts. Nicht zuletzt gehört es zu den Voraussetzungen eines Religionsunterrichts, der sich didaktisch an den Schüler/innen orientiert, dass Religionslehrerinnen und -lehrer deren Religiosität sachgemäß wahrnehmen und interpretieren.

Obwohl die religiöse Landschaft unmittelbar in den Unterricht hineinwirkt und dort didaktisch reflektiert aufgegriffen werden muss, gehört ihre Beschreibung zu den äußeren Faktoren des Religionsunterrichts. Neben eigenen Beobachtungen an den Individuen, mit denen es Religionslehrer/innen in ihrer Schule zu tun haben, sind für die Wahrnehmung und Interpretation von Religiosität wissenschaftliche Untersuchungen unverzichtbar. Die hier einschlägigen Theorien widmen sich schwerpunktmäßig entweder der Veränderung von Religiosität im Lebenslauf (diesen Aspekt untersuchen *Theorien religiöser Entwicklung bzw. Entwicklungspsychologien*) oder aber der Beschreibung von Spielarten, Akzeptanz und Verbreitung von Religion zu einem gegebenen Zeitpunkt (dieser Aspekt wird von der *Religionssoziologie* bearbeitet). Einige Befunde sollen hier exemplarisch zusammengestellt werden.

1. In Deutschland ist - trotz aller seit langem beobachtbaren Indizien einer Entkirchlichung - nach wie vor die Mehrheit der Bevölkerung Mitglied der evangelischen oder katholischen Kirche: im Landesdurchschnitt sind es 66,3%, in Westdeutschland sogar 76,3%. Doch diese hohe Mitgliedschaftsquote bedeutet nicht, dass die Kirchenmitglieder durchweg regelmäßig an kirchlichen Veranstaltungen teilnehmen. Vielmehr praktizieren sie mehrheitlich eine *so genannte distanzierte Kirchlichkeit*: „Auswahl und Gelegenheit bestimmen zunehmend das Teilnahmeverhalten." Beispielsweise gehört nur für 22% der Kirchenmitglieder „unbedingt zum Evangelisch-Sein", dass man in der Bibel liest; knapp ein Viertel der evangelischen Kirchenmitglieder gibt an, einmal im Monat oder öfter in die Kirche zu gehen.[525] Das trifft auf Erwachsene und Senioren ebenso zu wie auf Jugendliche.

2. In allen Altersgruppen kristallisiert sich als verhaltensprägendes Muster das folgende heraus: Kirchenbeziehung und Intensität christlicher Religiosität werden „vom primären Lebenskontext [also etwa von den Anforderungen des Berufs und der Familie] her und auf ihn hin geordnet, nicht umgekehrt die eigene Lebenswelt von der Kirche [bzw. der Religion] her und auf sie hin geformt"[526].

---

[525] Im Blick auf evangelische Kirchenmitglieder (sofern sie älter sind als 14 Jahre) stellen diesbezüglich die sog. EKD-Mitgliedschaftsuntersuchungen, die seit 1972 alle zehn Jahre durchgeführt werden, eine unverzichtbare Informationsquelle dar. Zuletzt erschienen ist unter dem Titel „Kirche. Horizont und Lebensrahmen" ein Vorabdruck von Ergebnissen der IV. Mitgliedschaftsuntersuchung (Hannover 2003, Zitate 8 und 10; statistische Angaben 18 und 23).

[526] Christsein gestalten. Eine Studie zum Weg der Kirche, hg. vom Kirchenamt der EKD, Gütersloh 1986, 28.

Und eine zweite Konstante kommt hinzu: Religiöse Überzeugungen (gleich ob es sich um christliche oder andersreligiöse handelt) wirken sich keineswegs selbstverständlich auf alle Lebensbereiche eines Menschen aus. Vielmehr verschaffen sie sich in erster Linie dann und solange Geltung, wie ein Mensch sich im Raum seiner Religionsgemeinschaft bewegt – außerhalb der kirchlich-religiösen Sphäre, etwa im beruflichen Alltag, folgt man hingegen den Regeln der Arbeitswelt. Dieses Phänomen wird jede/r Leser/in aus eigener Erfahrung kennen – es lässt sich mit Hilfe einer soziologischen Theorie, nämlich der Systemtheorie erklären: Demnach gliedert sich unsere Lebenswelt in verschiedene, jeweils nach eigenen Regeln funktionierende Systeme – z.B. Wirtschaft, Kultur, Politik usw. Der Einzelne wechselt im Alltag mehrfach zwischen verschiedenen Systemen und verhält sich dementsprechend unterschiedlich (*compartmentalization*).[527]

3. Was für das Teilnahmeverhalten gilt (siehe Punkt 1), trifft analog auch zu auf den Umgang der Kirchenmitglieder mit lehrhaft formulierten Grundpositionen der Kirchen. Sie werden nur in Ausnahmefällen abbildlich als persönliche Überzeugung angeeignet. Normalerweise gestalten sich Glaubensüberzeugungen individuell unterschiedlich; nicht selten fließen in sie Versatzstücke aus anderen Religionen oder Weltanschauungen ein. Kurz: In einer modernen Gesellschaft wie der bundesrepublikanischen neigen Kirchenmitglieder „zu einer *individual-synkretistischen Religiosität*“[528]. Der Religionssoziologe Peter L. Berger hat diesen Sachverhalt bereits 1979 auf den Begriff „Zwang zur Häresie“ (bzw. „Heretical Imperative“) gebracht.[529]

4. Diese Art des Teilnahmeverhaltens und der Positionsbestimmung verändert auch die religiöse (christlich-religiöse) Sozialisation und Erziehung von Kindern und Jugendlichen. Trotz der außerordentlich großen Bereitschaft von Kirchenmitgliedern, ihre Kinder taufen zu lassen (sie liegt im Jahr 2002 bei 95%!), wird die Taufe immer häufiger erst nach dem ersten Lebensjahr vollzogen, zum Teil erst im Umfeld der Konfirmation. Somit kann Religionsunterricht nicht mehr fraglos davon ausgehen, dass Schüler/innen getauft sind – erst recht kann nicht mehr fraglos vorausgesetzt werden, dass Kinder und Jugendliche Erfahrungen mit Beten und Gottesdienst gemacht haben oder biblische Geschichten in größerer Zahl und im Zusammenhang kennen.[530]

5. Deutschland ist in religiöser Hinsicht keineswegs eine Einheit. Insbesondere in den neuen und alten Bundesländern haben sich *„zwei völlig unterschiedliche ‚Religionskulturen'“* herausgebildet. Während in Westdeutschland auf Grund der hohen Kirchenmitgliedschafts-quote und der Verbreitung christlich grundierter Gebräuche noch von einer basalen Vertrautheit mit christlicher Religion auszugehen ist, scheint der hohen Zahl von „Konfessionslosen in Ostdeutschland [dort sind nur 28,4% der Bevölkerung Mitglied einer christlichen Kirche] die Sprachfähigkeit für Religion völlig abhanden gekommen“ zu sein.[531] Auch innerhalb Westdeutschlands stellt sich Religiosität je nach Konfession, Geschlecht, Grad an formaler Bildung und schließlich Maß der Verstädterung des eigenen Wohnsitzes – um nur die wichtigsten Kri-

[527] Zur Systemtheorie vgl. Niklas Luhmann: Soziale Systeme, Frankfurt 1984 (oder einführend *über* ihn: Georg Kneer / Armin Nassehi: Niklas Luhmanns Theorie sozialer Systeme, München ^{4}2000); zu den Umgangsweisen mit akkulturativem Stress, der sich aus diesem Wechsel zwischen den Teilsystemen für den Einzelnen ergibt, siehe Schmidt 1993 (s.o. Anm. 6), 38-40 u.ö.

[528] Karl-Fritz Daiber: Religion unter den Bedingungen der Moderne, Marburg 1995, 160.

[529] Vgl. sein gleichnamiges, nach wie vor lesenswertes Buch (Freiburg u.a. 1992).

[530] Dazu Helmut Hanisch / Anton A. Bucher: Da waren die Netze randvoll. Was Kinder von der Bibel wissen, Göttingen 2002.

[531] Zitate aus Klaus Engelhardt u.a. (Hg.): Fremde Heimat Kirche, Gütersloh 1997, 345f.

terien zu nennen – unterschiedlich dar. Äußerst verkürzt kann man sagen: Die Faktoren katholische Konfession, weibliches Geschlecht, niedrige formale Bildung und ländliches Wohnumfeld lassen eine ausgeprägte Kirchenloyalität wahrscheinlich werden.

6. Bisher wurden die Begriffe ‚Religion', ‚christliche Religion' und ‚Kirchlichkeit' so gebraucht, als ob sie dasselbe bezeichnen würden. Es gehört indes zu den wichtigsten Entwicklungen der Moderne, dass Religiosität und Kirchlichkeit nicht länger gleichzusetzen sind: Auch wer nicht Mitglied einer Kirche ist, kann (zumindest der eigenen Einschätzung nach) durchaus religiös sein – sei es, insofern er einer anderen Religionsgemeinschaft, etwa dem Islam, angehört, sei es, dass er sich ohne eine solche formale Zugehörigkeit als religiös versteht.[532] Selbst christliche Religion ist nicht mit Kirche gleichzusetzen. Vielmehr lassen sich *eine kirchliche,* daneben aber auch *eine private und eine öffentliche Spielart des Christentums* unterscheiden.[533] Jenseits der grundlegenden formalen Zugehörigkeitsmerkmale zu einer Religion – im Falle des Christentums: das Getauftsein – sind Intensität, Ausdrucksformen und gedankliche Gehalte von Religiosität, christlicher Religiosität und Kirchlichkeit in hohem Maße individualisiert.

7. Menschen in verschiedenen Alters- und Lebensphasen verstehen, artikulieren und praktizieren ihre Religiosität, ihren christlichen Glauben in unterschiedlicher Weise. Diese *Variation von Religiosität im Lebenslauf* lässt sich unschwer im religionsunterrichtlichen Alltag beobachten, wird zudem durch alle entwicklungspsychologischen Untersuchungen bestätigt und differenziert.[534] Einige Beispiele: Kinder im Grundschulalter eignen sich Glaubensüberlieferungen mit Hilfe von Geschichten an, die sie als unmittelbar wirklich verstehen, junge Erwachsenen prüfen sie anhand des Kriteriums, was sie als Person verstandesmäßig verantworten können.[535] Kinder gehen, wenn sie den Einfluss Gottes auf ihr Handeln beurteilen sollen, davon aus, dass Gott nach dem Grundsatz der ausgleichenden Gerechtigkeit verfährt (do-ut-des), in der Phase der Pubertät sehen Jugendliche indes kaum mehr einen Zusammenhang zwischen ihrem Handeln und Gott (Deismus).[536] Während Kinder das schöpfende Handeln Gottes, von dem die biblischen Überlieferungen erzählen, als Wirklichkeit akzeptieren können, wird es Jugendlichen gänzlich unglaubwürdig. Erst im Erwachsenenalter kommen Menschen in die Lage, mythische Schöpfungserzählung und naturwissenschaftliches Denken als komplementär zu verstehen.[537]
Doch unbeschadet der empirisch beobachtbaren gravierenden Unterschiede in Form und Inhalt religiösen Denkens können und dürfen diese Spielarten *in theologischer Hinsicht* nicht als verschieden wertvoll eingestuft werden; sie sind vielmehr Ausdruck entwicklungsgemäßer Verarbeitung von Religion und als solche ernst zu nehmen.[538]

---

532 Weil auch Menschen ohne formale Religionszugehörigkeit sich nicht selten als religiös verstehen und auch das öffentliche Leben moderner Gesellschaften (Medien, Politik, Kultur usw.) durchaus nicht wenige religiöse Elemente enthält, erweist sich der Begriff „Säkularisierung" (Verweltlichung) als Beschreibung jüngerer religiöser Entwicklungen als unzutreffend bzw. ungeeignet.

533 Eindrücklich dargestellt ist dies bei Rössler ^{2}1994 (s.o. Anm. 9).

534 Einen ausgezeichneten, gut lesbaren Einblick in die verschiedenen Theorien religiöser Entwicklung gewährt Friedrich Schweitzer: Lebensgeschichte und Religion, Gütersloh 4., überarb. und erw. A. 1999.

535 Dazu im Einzelnen James Fowler: Stufen des Glaubens, Gütersloh 1991.

536 Zu den Stufen des religiösen Urteils Fritz Oser / Paul Gmünder: Stufen des religiösen Urteils, Gütersloh ^{4}1996.

537 Grundlegend ist Reto Luzius Fetz / Karl Helmut Reich / Peter Valentin: Weltbildentwicklung und Schöpfungsverständnis, Stuttgart u.a. 2001.

538 Dazu Anton A. Bucher: Kindertheologie: Provokation? Romantizismus? Neues Paradigma? In: Jahrbuch für Kindertheologie 1 (2002), 9-27.

8. Kinder, Jugendliche und Erwachsene übernehmen religiöse Überzeugungen und Verhaltensweisen nicht ungebrochen aus der Tradition der Kirche und sie eignen sie sich nicht ein für allemal an. Vielmehr werden sie anhand des Kriteriums ihrer Funktionalität aufgenommen und variiert. So verändert sich Religiosität in Wechselwirkung mit Reifungsprozessen und von außen kommenden Herausforderungen.
Die kognitionspsychologisch orientierte Entwicklungstheorie, die im wesentlichen von Einsichten Jean Piagets (1896-1980) zehrt, beschreibt diesen Zusammenhang in erhellender Weise mit Hilfe dreier Begriffe: Das Individuum strebt demnach nach Äquilibration (zwischen Reifung, Erfahrungen und Erziehung). Dabei werden neue Impulse entweder mit den bestehenden Strukturen des Denkens und Verstehens aufgenommen (Assimilation) oder aber, wenn sich dies als unmöglich erweist, durch eine Veränderung der eigenen Urteilsschemata bearbeitet (Akkomodation).[539] Anders gesagt: Menschen verändern ihr religiöses Denken, wenn sie mit ihren bisherigen Ansätzen Widerfahrnisse ihres Lebens nicht mehr verarbeiten können. Auch die Strukturen des religiösen Urteils, des Glaubens und des Weltbild-Konstruierens, auf die eben hingewiesen wurde, verändern sich nach diesem Muster.

9. Es entspricht diesen Theorien der Entwicklung, dass auch die Inhalte der persönlichen Daseins- und Wertorientierung veränderlich sind. Die empirische Religiositätsforschung hat zumal bei Jugendlichen beobachtet, dass sie religiöse Fragen kaum mehr „prinzipiell" beantworten, sondern jeweils „in Auseinandersetzung mit lebenspraktischen Bezügen" und im Einvernehmen mit so genannten signifikanten Anderen[540]. Mit anderen Worten: Religiöse Antworten werden in Anspruch genommen, wenn und solange sie sich zur Bearbeitung eines konkreten moralischen oder religiösen Problems als hilfreich erweisen. In begrifflich verdichteter Form kann dies als *„Modus der okkasionell-sozialen Aneignung von Sinn*" bezeichnet werden.[541] Auch wenn Jugendstudien zuletzt einen Rückgang bei „Gottesdienstbesuch, Beten und Glaube[n] an ein Weiterleben nach dem Tod" unter Jugendlichen konstatieren,[542] ist ihre Position – wenn auch bisweilen gegen den Augenschein – weniger von Ablehnung und Religionskritik als von Sinnsuche und Unsicherheit geprägt.
Gerade die Zeit des Besuchs weiterführender allgemeinbildender Schulen ist so als eine Phase der Weichenstellung erkennbar; die Konsequenzen, die von den Einzelnen in religiöser Hinsicht gezogen werden (also etwa ein Kirchenaustritt), zeichnen sich selten während der Schulzeit, häufiger und deutlicher allerdings erst im jungen Erwachsenenalter (also zwischen 18 und 29 Jahren) ab.[543]

10. Die religiöse Landschaft ist in Deutschland seit den 60er Jahren, dem Beginn der Zuwanderung sog. Gastarbeiter, erkennbar pluraler geworden (Pluralisierung).[544] Nicht selten wird im Blick auf die deutsche Situation von einem Markt der religiösen Möglichkeiten gespro-

---

[539] Näher erläutert wird dies etwa bei R. Murray Thomas / Birgitt Feldmann: Die Entwicklung des Kindes, Weinheim (1986) 2002.
[540] Die Rede von den signifikanten Anderen verdankt sich der Sozialpsychologie, genauer: dem Symbolischen Interaktionismus. Gemeint ist: Der Einzelne orientiert sich in Denken und Verhalten unvermeidlich auch an Mitmenschen. Unter ihnen spielen einige – etwa die Gleichaltrigen (peers) oder Eltern – eine besonders wichtige Rolle, weil der Kontakt zu ihnen besonders eng, lang andauernd oder aus anderen Gründen prägend ist. Diese werden mit dem Begriff „signifikante Andere" bezeichnet.
[541] Hier nach Dietlind Fischer / Albrecht Schöll: Glauben Jugendliche anders? Zur Bedeutung von Religion in der Lebenspraxis Jugendlicher, in: Katechetische Blätter 121 (1996), 4-14, hier 8.
[542] Einschlägig sind insbesondere die Jugendstudien der Deutschen Shell; hier ein Zitat aus der 13. Studie mit dem Titel „Jugend 2000", verfasst von Arthur Fischer u.a., Opladen 2000, Band 1, 180.
[543] Dazu Friedrich Schweitzer: Postmoderner Lebenszyklus und Religion, Gütersloh 2003, 91-113.
[544] Michael Klöcker / Udo Tworuschka: Handbuch der Religionen. Religionen und Glaubensgemeinschaften in Deutschland, Landsberg 1997.

chen. Gewiss sind in Deutschland innerhalb wie außerhalb des Christentums viele religiöse Gruppierungen vertreten, doch empirische Forschung hat bisher noch kaum Indizien dafür gefunden, dass nichtchristliche Religionen (etwa Islam und Buddhismus) oder Spielarten der sog. neuen Religiosität erkennbar Faszinationskraft gewinnen oder gar zum formellen Übertritt anregen.[545]

Aus diesem skizzenhaften Panorama ergeben sich Folgerungen von grundlegender Bedeutung für den Religionsunterricht. Verallgemeinernde oder gar generelle Aussagen über die Religiosität *der* Schülerinnen und Schüler sind in der Regel unzutreffend. Vielmehr gilt in religiöser Hinsicht: „Jede/r [ist] ein Sonderfall" (Dubach / Campiche). Das Wissen um diese Befunde kann somit die Sensibilität für Spielarten von Religiosität schulen; es warnt zudem vor Verallgemeinerung der eigenen Erfahrungen mit Religion. Religionslehrer/innen müssen religionssoziologisch oder entwicklungspsychologisch beschreibbare Entwicklungen nicht im Detail verfolgen (nicht umsonst haben sich spezialisierte Wissenschaftszweige dafür herausgebildet), wohl aber sollten sie wichtige Ergebnisse etwa der EKD-Mitgliedschaftsstudien und der Shell-Jugendsstudien im Blick behalten.
Aus den angeführten Befunden ergibt sich eine doppelte didaktische Aufgabe: Auf der einen Seite ist diese Individualität fördernd aufzunehmen; auf der anderen Seite sind die unterschiedlichen Personen und Ausprägungen von Religiosität miteinander ins Gespräch zu bringen. Und: Ein positionell als christlich bestimmter Religionsunterricht kann in der Regel nicht das Einverständnis der Schüler/innen mit Denkfiguren und Inhalten christlicher Religion voraussetzen. Vielmehr muss er dafür mit Argumenten, anschaulichen Beispielen und persönlicher Überzeugung werben; er lädt im Idealfall die Schüler/innen dazu ein, ihre individuellen religiösen Einsichten im Licht theologisch geschulter Vernunft zu prüfen und zu verändern.

7.2.5 Religionsunterricht als Teil der Institution Schule

Die bisherigen Überlegungen haben dem Religionsunterricht gleichsam isoliert gegolten. Der Religionsunterricht als Fach versteht sich jedoch zugleich als integraler Bestandteil der Schule; dementsprechend hat auch seine Rolle im Gefüge der Schule zum religionspädagogischen Thema zu werden.
Zwei Beobachtungen sollen seine gegenwärtige Rolle und die damit verbundenen Herausforderungen kennzeichnen:

- Das Verständnis von Schule erfährt derzeit sowohl in der Schultheorie als auch in der Bildungspolitik und in der Öffentlichkeit eine tiefgreifende Wandlung. Von einer zentralistisch verwalteten Institution soll die einzelne Schule zu einer Handlungseinheit werden, die ökonomisch, personell und pädagogisch in hohem Maße selbständig ist (Stichwort: Schulautonomie). Aus einer Unterrichtsanstalt soll ein „Lebens- und Erfahrungsraum" werden, der den Schüler/innen vielfältige unterrichtliche und außerunterrichtliche Optionen eröffnet (Stichwort: Schulprogramm). Eine traditionsorientierte oder unbeweglich im gegebenen Zustand verharrende Einrichtung soll durch aktive Beteiligung des Kollegiums und aller Schulangehörigen einen permanenten Verbesserungsprozess initiieren (Stichwort: Schulentwicklung).[546] Wie jedes andere Fach ist auch der Religionsunterricht um seinen Beitrag zum Schulprofil gefragt.[547]

---

[545] So im Blick auf Jugendliche etwa die 13. Shell-Studie 2000 (s.o. Anm. 72), Band 1, 174.
[546] Vgl. als Skizze der Entwicklungen etwa Kai S. Cortina u.a. (Hg.): Das Bildungswesen in der Bundesrepublik Deutschland, Reinbek 2003, 52-147.
[547] Siehe dazu etwa Albert Biesinger / Friedrich Schweitzer: Religionspädagogische Perspektiven, in: Schulentwicklung – Religion – Religionsunterricht, hg. von Achim Battke u.a., Freiburg u.a. 2002, 77-99.

- Der Schule wird die Erfüllung verschiedener Funktionen zugeschrieben: Sie soll die Gaben der Schüler/innen fördern (Personalisationsfunktion), sie vermittelt Kenntnisse und Fähigkeiten (Qualifikationsfunktion), sie integriert Schüler/innen in Normen und Gewohnheiten der Gesellschaft (Sozialisationsfunktion), sie weist den Schüler/innen über Noten und Abschlüsse Berufs- und Lebenschancen zu (Allokationsfunktion). In den Debatten um die ökonomische Zukunftsfähigkeit Deutschlands und den Zustand des deutschen Bildungswesens rücken derzeit die Qualifikations- und die Allokationsfunktion von Schule in den Vordergrund. Darin den musisch-künstlerischen Fächern ähnlich, gerät der Religionsunterricht unter Legitimationsdruck; er wird „marginalisiert".[548] Ist ein Fach wie dieses notwendig? Was trägt es zum Auftrag von Schule bei?

Bereits von diesen beiden Beobachtungen her sind Religionslehrer/innen zum Engagement für das Schulleben und für die Integration des Religionsunterrichts ins Schulprofil aufgefordert. Hinzu kommen religionspädagogische Überlegungen:

a) Religionsunterricht kann – angesichts der oben erwähnten, religionssoziologisch beschreibbaren Entwicklungen – nicht voraussetzen, dass Schüler/innen mit grundlegenden Vollzügen christlicher Religion vertraut sind, dass sie etwa beten, Gottesdienste besuchen, Angebote kirchlicher Kinder- und Jugendarbeit wahrnehmen. Er muss vielmehr im Rahmen seiner Möglichkeiten Erfahrungen und Begegnungen mit gelebter Religion anbahnen oder auf Räume verweisen, in denen solche Erfahrungen möglich sind (bildungstheoretisches Argument).

b) Das für junge Menschen hilfreiche Moment christlicher Religion kann sich nur bedingt im Unterricht entfalten. Zuwendung zum Einzelnen, Rückenstärkung und Lebenshilfe können durch außerunterrichtliche Angebote in der Schule deutlicher und gezielter wirksam werden (schülerorientiert-diakonisches Argument).

c) Wird der Religionsunterricht als Fach mit seinen Inhalten in der Schule isoliert, ist seine Wirkungskraft eng begrenzt; das gilt um so mehr, als er außerhalb der Schule kaum sozialisatorische Stützung erfährt. Im Interesse der Stabilisierung des Wissens, das der Religionsunterricht vermittelt, muss Religionslehrer/innen an weiteren Haftpunkten religiösen Wissens in der Schule gelegen sein (wissenssoziologisches Argument).

Aus der Tradition der christlich geprägten Schule und aus dem Spektrum gegenwärtigen kirchlichen Engagements in der Schule bieten sich vor allem vier Handlungsfelder an, um diesen Herausforderungen und Argumenten Rechnung zu tragen. Außerhalb des Religionsunterrichts kann christliche Religion in der Schule in Form von

- liturgischem Handeln (Schulgottesdienst u.ä.),
- individuell-beratendem Handeln (Schulseelsorge),
- Hilfen für sozial Benachteiligte (Schulsozialarbeit) und
- Freizeitangeboten (schulnahe Jugendarbeit)

präsent sein.

Dies alles müssen Religionslehrer/innen nicht zusätzlich zu ihrem unterrichtlichen Engagement selbst initiieren oder durchführen. Das ist in der Regel nicht zu schaffen – zumal wenn in diesen Feldern die entsprechenden Qualitätsstandards gewahrt bleiben sollen. Wohl aber sollten sie um solche außerunterrichtlichen Möglichkeiten wissen, dementsprechend auch (liturgische, poimenische und sozialpädagogische) Grundkenntnisse im Blick auf das erwerben, was dort getan und bewirkt werden kann und bereit sein, auf Mitarbeiter/innen der Kirchengemeinden und Kirchenkreise zuzugehen, um im Rahmen einer „Nachbarschaft von Schule und Gemeinde" entsprechenden Angeboten in ihrer Schule Raum zu geben.[549] Zudem

---

[548] Vor dem Hintergrund der deutschen Schulgeschichte bringt dies Karl Ernst Nipkow (Bildung in einer pluralen Welt, Gütersloh 1998, Band 2, 47-95, hier 93) meisterhaft zur Darstellung.

[549] Anschauungsmaterial bieten neben Hans-Bernhard Kaufmann u.a.: Nachbarschaft von Schule und Gemeinde, Gütersloh 1990 vor allem Harmjan Dam / Heike Zick-Kuchinke: Evangelische schulnahe Jugendarbeit, Neukirchen 1996.

wird es zukünftig in jedem Fall zum Aufgabenkanon von Religionslehrer/innen gehören, sich als Teil des Kollegiums aktiv in die einzelnen Facetten der Arbeit an einem Schulprofil einzubringen. Kenntnisse über aktuelle bildungspolitische Entwicklungen und Schultheorie sind insofern unverzichtbarer Bestandteil ihrer beruflichen Kompetenz.

7.3 Religionsdidaktik (hier: Fachdidaktik des evangelischen Religionsunterrichts)

7.3.1 Aufgaben der Religionsdidaktik

Religionsdidaktik ist die Theorie des Unterrichts in Religion. Sie betrifft also dem Wortsinn nach nicht nur schulischen Religionsunterricht, sondern jedwede Form von Religionsunterricht, auch zum Beispiel den Konfirmandenunterricht in der Gemeinde oder eine unterrichtliche Maßnahme religiöser Erwachsenenbildung. Religionsdidaktik betrifft ihrem Wortsinn nach auch keineswegs nur den Unterricht in christlicher Religion. Vielmehr kann auch jüdischer oder islamischer Religionsunterricht (wiederum in Schule und Gemeinde) religionsdidaktisch reflektiert werden.

Für eine klare gedankliche Rechenschaft über Religionsdidaktik ist es nicht unwichtig, sich die Weite ihrer möglichen Gegenstände vor Augen zu halten; hier indes wird aus pragmatischen Gründen unter Religionsdidaktik allein die *Theorie des Unterrichtens im Schulfach (Evangelische) Religionslehre* verstanden, also die Fachdidaktik des evangelischen Religionsunterrichts. Religionsdidaktik bedenkt dabei, *was durch wen warum wozu* und *wie* im Religionsunterricht thematisch wird.[550]

Dieser formalen Definition sind vier gewichtige Qualifikationen von Religionsdidaktik hinzuzufügen:

Erstens: Didaktik ist mehr als Methodik. Didaktik unterscheidet die Frage nach dem ,Was' des Unterrichts von derjenigen nach dem ,Wie' und sie ordnet diese Frage nach Zielen und Inhalten einschließlich ihrer Begründung der Frage nach den Verfahrensweisen vor. Dies ist das sog. *„Primat der Didaktik"*.[551] Gleichwohl ist sich die Didaktik des Umstands bewusst, dass die Faktoren des Unterrichts untereinander in Wechselwirkung stehen - sie sind interdependent – und deshalb gleichermaßen umsichtig bedacht werden müssen.

Zweitens: Das Wort ,Didaktik' ist der griechischen Sprache entlehnt; zugrunde liegt: ,didáskein' / lehren. Dies ist ein transitives, also ein zielendes / zielführendes Verb. In unserem Zusammenhang weist dies auf den Umstand hin, dass Didaktik ein inneres Gefälle hat. Sie ist nicht neutral oder inhaltslos, sondern hat ihren Fixpunkt in den Schülerinnen und Schülern, genauer: in deren *Förderung*. Schüler/innen auf ihrem biographischen Weg unterrichtlich durch den Erwerb kognitiver, pragmatischer und emotionaler Kompetenzen zu fördern, ist das materiale Ziel jeder Didaktik, auch der Religionsdidaktik (und es ist zugleich Kern des Berufsethos von Lehrer/innen!). Religionsdidaktik versucht, dabei insbesondere die religiöse Dimension der Daseins- und Wertorientierung hilfreich zur Geltung zu bringen.

Drittens: Wenn ,Religion' Gegenstand der Didaktik wird, dann ist ihrer Wirksamkeit eine spezifische Grenze gezogen: Es kann und darf nicht Ziel einer unterrichtlichen Behandlung von Religion sein, Menschen religiös zu ,machen' oder sie zur Annahme einer bestimmten

---

[550] Einen instruktiven, viel gelesenen Überblick über „Religionsdidaktik" bietet das Religionspädagogische Kompendium ^{5}1997 (s.o. Anm. 23); vgl. daneben seit kurzem auch Georg Hilger / Stephan Leimgruber / Hans-Georg Ziebertz: Religionsdidaktik, München 2002.

[551] Dieses Primat der Didaktik ist Quintessenz der sog. bildungstheoretischen Didaktik; dazu hier nur Wolfgang Klafki: Grundlinien kritisch-konstruktiver Didaktik, in: ders.: Neue Studien zur Bildungstheorie und Didaktik, Weinheim / Basel (1985) 4. durchges. A. 1994, 83-138.

Religion zu drängen. Einer solchen Absicht stehen sowohl pädagogische als auch theologische Einsichten entgegen. Pädagogik weiß um die gebotene taktvolle Achtung vor dem Lernenden, dessen Personkern vor manipulierender Einflussnahme zu schützen ist; Theologie ist sich darüber hinaus des Umstandes bewusst, dass Glaube ein Geschenk Gottes und eben deshalb menschlicher Verfügung entzogen ist. *Gegenstand religionsdidaktischen Nachdenkens ist christliche Religion* folglich *nur soweit sie menschlichem Verstehen und Handeln zugänglich ist.* Mit den Worten lutherisch-dogmatischer Tradition: Bei der unterrichtlichen Behandlung christlicher Religion kann es um Kenntnisse und Fähigkeiten (notitia) sowie um Einverständnis (assensus), nicht aber um glaubendes Vertrauen (fiducia) gehen.

Viertens: Im Gefüge der Wissenschaften gehört die Religionsdidaktik wie die Didaktik insgesamt zu den *Handlungswissenschaften*. Mit dieser Bestimmung wird ihr besonderer Fokus deutlich: Religionsdidaktik versteht Unterricht in erster Linie als personal-kommunikatives Geschehen, als Geschehen, das im wesentlichen von den handelnden Personen, also Lehrer/innen und Schüler/innen bestimmt wird, nicht als einen Vorgang, der gleichsam automatisch abläuft oder von anonymen Einflussfaktoren bestimmt wird. Religionsdidaktik rückt deshalb in erster Linie die Handlungsspielräume der agierenden Personen, vor allem also der Lehrer/innen, ins Bewusstsein, nicht etwa die Strukturen der Schule oder die vermeintlichen bzw. tatsächlichen Sachzwänge, die auf Lehrer/innen einwirken. Religionsdidaktik entwirft nicht eine ideale (fiktive) Praxis, sondern sie denkt über die vorfindliche Praxis nach, um diese sachgemäß zu verstehen und kriteriengeleitet zu verbessern.

Im Anschluss an diese grundsätzlichen Überlegungen lässt sich nun genauer bestimmen, warum es sich lohnt, Religionsdidaktik zu studieren. Deutlich dürfte sein: Ziel des Studiums im Bereich der Religionsdidaktik ist *nicht* die Befähigung zum Unterrichten. Wer Religionsdidaktik *studiert* hat, ist noch kein Religionslehrer oder eine Religionslehrerin. Dazu fehlt es sowohl an eigenen Unterrichtsversuchen und Praxisreflexion als auch an Berufserfahrung. Dennoch ist das Studium der Religionsdidaktik keineswegs verzichtbar. Es leistet vielmehr folgendes.

Das Studium der Religionsdidaktik stellt *erstens* diejenigen Begriffe und Theoriebausteine bereit, die es ermöglichen, den schulischen Religionsunterricht realistisch zu beschreiben, Chancen und Schwierigkeiten unterrichtlichen Handelns zu deuten und Handlungsoptionen bewusst zu machen. Die Begriffe und Theoriebausteine dienen also dem Zweck, erst einmal *einen gedanklichen Horizont und einen Kriterienkanon* aufzubauen, *mit deren Hilfe reflektierte Praxis überhaupt nur möglich ist.*

Zum Ziel kommt dieses Bemühen um Theorie, wenn ein Religionslehrer oder eine Religionslehrerin Unterricht so erteilt, dass ein didaktisches Konzept erkennbar oder auf Nachfrage ausweisbar ist, dass er oder sie aus Problemen und Fehlern Anstöße zum Umdenken sowie Impulse für einen neuerlichen verbesserten Versuch aufnehmen, kurz: theoretische Einsichten in bessere Praxis übersetzen kann. Dies ist mehr als die bloße Übernahme bewährter Unterrichtsrezepte von der Referendariatsmentorin, auch mehr als die Abarbeitung von Lehrplänen oder die Nutzung von Unterrichtshilfen. Der Kern religionsdidaktisch reflektierter Praxis besteht darin, dass Religionslehrer/innen ihr Arbeitsfeld als aufgrund bestimmter Faktoren so geworden und damit als gestaltungs- und veränderungsfähig wahrnehmen!

Zweitens trägt bereits das Studium der Religionsdidaktik dazu bei, bestimmte Kompetenzen auszubauen bzw. zu erwerben, die für eine Religionslehrerin oder einen Religionslehrer notwendig sind. Rainer Lachmann nennt vier Kompetenzen, nämlich fachdidaktisches *Problembewusstsein, Orientierungs- und Standpunktfähigkeit, Kritik- und Urteilsfähigkeit, unterrichtsvorbereitende und -leitende Handlungskompetenz.*[552] Im Einzelnen ist hier (einschließ-

[552] Rainer Lachmann: Verständnis und Aufgaben religionsunterrichtlicher Fachdidaktik , in: Religionspädagogisches Kompendium ^{5}1997 (s.o. Anm. 23), 17-36, hier 33/34.

lich einiger Ergänzungen) auf die Anforderungen zu verweisen, die von der Gemischten Kommission benannt wurden.[553]
Deutlich ist: Religionsdidaktische Kompetenz muss erarbeitet werden. Sie stellt sich nicht durch bloße unterrichtliche Praxis ein, sondern ist das Ergebnis *reflektierter* Praxis auf der Grundlage eines intensiven Studiums theologischer und pädagogischer Fragen.
Drittens führt das Studium der Religionsdidaktik in *eine andere Sichtweise auf theologische Sachverhalte* ein. Während die übrigen Disziplinen der Theologie der Binnenlogik ihrer Wissenschaft, vor allem auch dem Ausdifferenzierungsgefälle ihrer weltlichen Gesprächsdisziplinen folgen, ist es das Anliegen der Religionsdidaktik, die Theologie gleichsam mit den Augen der Schülerinnen und Schüler sehen zu lernen. Aus ihrer Perspektive sind Fragen an die Theologie zu stellen; umgekehrt ist das Wissenspotential, das die Theologie bereitstellt, auf die Schüler/innen hin fruchtbar zu machen.
Ein Beispiel: „Jesus Christus" als Thema der exegetischen Disziplinen, der Kirchengeschichte oder der Systematischen Theologie zu behandeln, hieße: Wissen über den historischen Jesus und die Anfänge christologischer Reflexion zu rekonstruieren, die Genese der christologischen Lehrbildung nachzuzeichnen, die dogmatischen Loci der Christologie zu durchdenken. Dasselbe Thema religionsdidaktisch zu reflektieren, hieße, empirisch danach zu fragen, wie Schüler/innen einer bestimmten Altersstufe Jesus Christus sehen, an welchen Fragen sie in ihrer Einschätzung Jesu Christi hängen und wie eben diese Fragen in einer für sie förderlichen Weise unterrichtlich erschlossen werden können.
Das Studium der Religionsdidaktik übt dergestalt einen „Perspektivenwechsel" ein.[554]

Die folgenden vier Unterkapitel nähern sich den Themen der Religionsdidaktik aus vier Richtungen. Sie beschreiben die Faktoren des Religionsunterrichts und die Handlungsspiel-räume, die Religionslehrer/innen im Umgang mit diesen Faktoren haben (3.2); sie arbeiten die zentrale religionsdidaktische Aufgabe der Religionslehrer/innen heraus (3.3); sie skizzieren in aller Kürze konzeptionelle Überlegungen zu Ziel und angemessener Durchführung des Religionsunterrichts (die mittlerweile zur Geschichte der Religionsdidaktik zu rechnen sind) und führen am Beispiel der Bibeldidaktik themenbezogene religionsdidaktische Ansätze vor (3.4). Schließlich werden handlungsorientierende Grundsätze zur Diskussion gestellt (3.5).

7.3.2 Faktoren von Unterricht in religionsdidaktischer Perspektive

Wie in jedem anderen Unterricht spielen auch für das Gelingen des Religionsunterrichts verschiedene Faktoren eine Rolle, die untereinander interdependent sind (die jedoch deshalb für die didaktische Reflexion nicht gleichrangig sein müssen). Ihre Bedeutung ist im Laufe der didaktischen bzw. religionsdidaktischen Theorieentwicklung schrittweise erkannt und in ein mittlerweile komplexes Bild des Unterrichtsgeschehens eingezeichnet worden.

---

[553] Im Dialog über Glauben und Leben (s.o. Anm. 1), 50-77. Zu ergänzen sind in diesem Katalog aus unserer Sicht unter den „Anforderungen des Handlungsfeldes Religionsunterricht" [als Punkt 4.1.5.] die „Partizipation an der Gestaltung von Schule" mit den Unterpunkten: Religiöse Bildung im Schulprogramm profilieren, Schule zu religionsgemeinschaftlichen Institutionen hin öffnen, liturgisch-seelsorglichen Handlungsbedarf erkennen, sowie unter „Anforderungen der theologischen Wissenschaft" [als Punkt 4.2.7.] die „Streitbare Positionalität" mit den Unterpunkten: Rechenschaft über eigene theologische Präferenzen ablegen, Gesellschafts-, schul- und selbstkritisches Potential des Evangeliums freilegen, Sachwalter/in evangelischer Theologie in der schulischen und kommunalen Öffentlichkeit sein.
[554] Kundgebung der 8. Synode der Evangelischen Kirche in Deutschland [Tagung in Halle/S. 1994], in: Kirchenamt der EKD (Hg.): Aufwachsen in schwieriger Zeit. Kinder in Gemeinde und Gesellschaft, Gütersloh 1995, 99-111, hier 101.

Schaut man beispielsweise auf die Entwicklung der Allgemeinen Didaktik seit dem Zweiten Weltkrieg, so stand zunächst im Zeichen der *Bildungstheoretischen Didaktik* (Wolfgang Klafki) die Frage nach der Auswahl der Bildungsinhalte im Mittelpunkt. Die *lerntheoretische Didaktik* (Wolfgang Schulz) sensibilisierte für die Einbeziehung der anthropogenen und soziokulturellen Faktoren und für die Interdependenz der verschiedenen Faktoren; die *kybernetische Didaktik* (Felix von Cube) rückte die Lehrkraft als ‚Steuermann' bzw. ‚Steuerfrau' des Unterrichts in den Mittelpunkt didaktischer Aufmerksamkeit, die Curriculumtheorie (Christine Möller) die Lernziele. *Kritisch-kommunikative Didaktik* (Rainer Winkel) lässt den real stattfindenden Unterricht und damit auch Störfaktoren zum Gegenstand des Nachdenkens werden; *konstruktivistische Didaktik* (Horst Siebert) bestimmt die Schüler/innen als aktiv Lernende zum Dreh- und Angelpunkt der Didaktik.[555]
Graphisch lässt sich dies etwa wie folgt darstellen:

[555] Dazu etwa Friedrich W. Kron: Grundwissen Didaktik, München ^{3}2000.

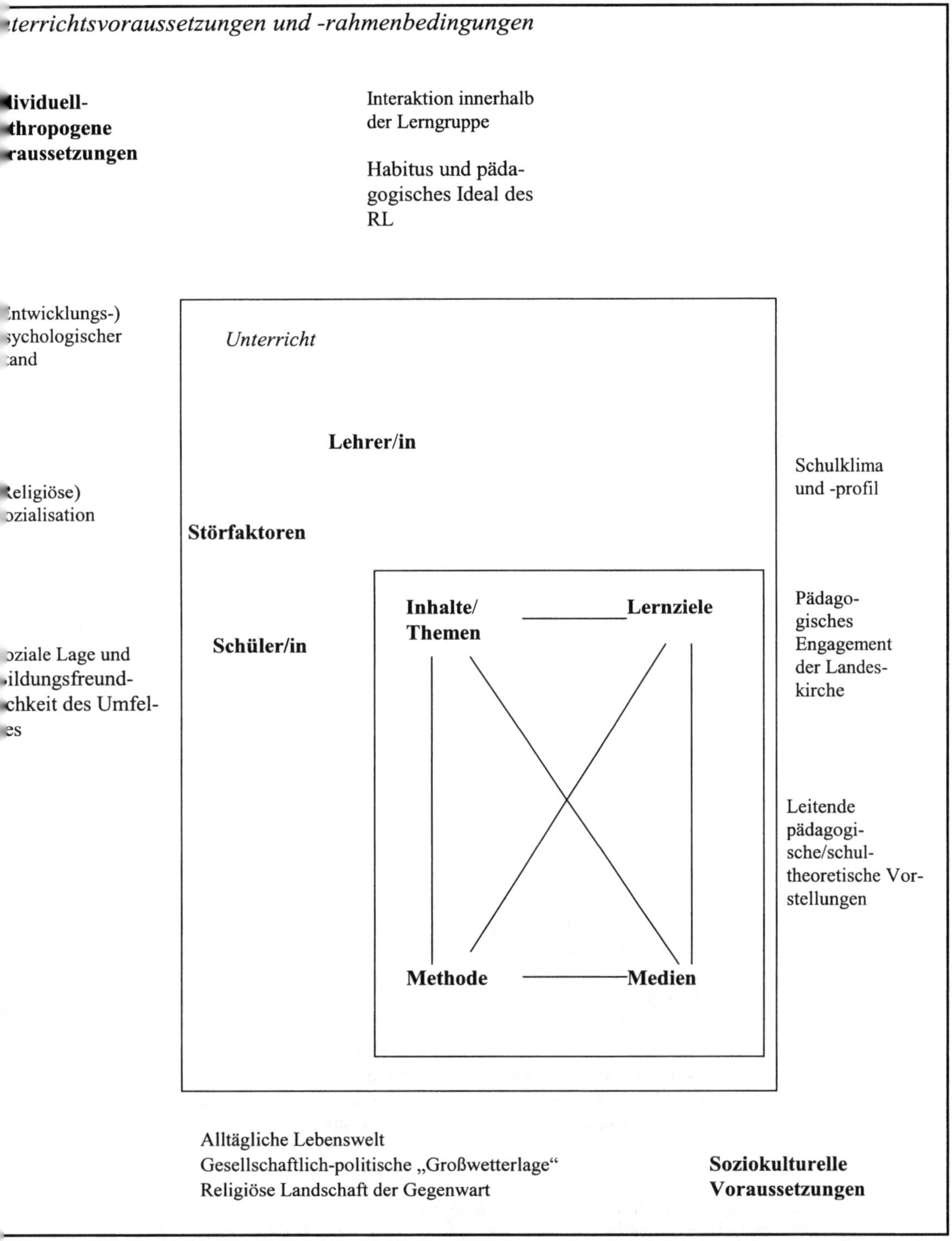

ıterrichtsvoraussetzungen und -rahmenbedingungen
ividuell-
thropogene
raussetzungen
Interaktion innerhalb der Lerngruppe
Habitus und päda-gogisches Ideal des RL
ntwicklungs-) sychologischer and
Unterricht
Lehrer/in
Schulklima und -profil
eligiöse) ozialisation
Störfaktoren
Inhalte/ Themen
Lernziele
Pädago-gisches Engagement der Landes-kirche
Schüler/in
oziale Lage und ildungsfreund-chkeit des Umfel-es
Leitende pädagogi-sche/schul-theoretische Vor-stellungen
Methode
Medien
Alltägliche Lebenswelt
Gesellschaftlich-politische „Großwetterlage“
Religiöse Landschaft der Gegenwart
Soziokulturelle Voraussetzungen

Die Faktoren sollen hier nicht umfassend beschrieben, sondern exemplarisch darauf hin beleuchtet werden, *welche (religions-)didaktischen Entscheidungsspielräume sich hinsichtlich ihrer für Religionslehrerinnen und -lehrer eröffnen* (deshalb bleiben die anthropogenen und soziokulturellen Rahmenbedingungen, die zum Teil in Abschnitt 2.4. angesprochen wurden, hier ausgeblendet). Denn eben diese Einsicht, dass Unterricht nicht wie von unsichtbarer Hand gesteuert einfach abläuft, sondern von den agierenden Religionslehrer/innen und auch den Schüler/innen gestaltet werden kann und muss, ist die Grundannahme der Religionsdidaktik als einer handlungsorientierenden Wissenschaftsdisziplin.

7.3.2.1 Schüler/innen

Neben den Religionslehrer/innen sind die Schüler/innen der wichtigste Faktor des Religionsunterrichts. Denn sein Ziel besteht darin, *bei ihnen* einen Lernprozess anzustoßen oder zu verstärken und so zu ihrer Bildung, in diesem Fall: zu ihrer „Suche nach eigenem Glauben"[556] beizutragen. Und auch der Weg zu diesem Ziel führt nicht an ihnen vorbei; denn es gilt der erkenntnistheoretische Satz des Thomas von Aquin (1224-1274): „Was immer von jemandem aufgenommen wird, wird von ihm in seiner eigenen Weise aufgenommen." (*Omne quod recipitur in aliquo, recipitur in eo per modum recipientis*; Summa theologiae I, q.75, a. 5). Entsprechend kann die Sache des Religionsunterrichts nicht fruchtbar kommuniziert werden, ohne Religiosität, Denkstrukturen, Interessen, Förderbedarf der Schüler/innen zu berücksichtigen – freilich läuft umgekehrt die Schülerorientierung leer ohne Rekurs auf theologische Sachverhalte. Insofern haben religionsdidaktische Konzepte stets die *Spannung von Unterricht zwischen Sach- und Schülerbezug* auszutarieren und angemessen zu gestalten.[557]
Angesichts der fachwissenschaftlichen Ausrichtung des Studiums liegt die didaktische Herausforderung vor allem in der Schülerorientierung. Um diesem Grundsatz gemäß arbeiten zu können, sind dem alten ökumenischen Dreischritt ‚Sehen – Urteilen – Handeln' entsprechend drei Momente von zentraler Bedeutung. Sie seien hier in aller Kürze benannt:
Erstens geht es darum, die Schüler/innen und ihre Religiosität *wahrzunehmen*.
Dazu verhilft das Beobachten der Schüler/innen der eigenen Klasse in ihrem Lernverhalten, das Wahrnehmen speziell religiös relevanter Äußerungen, auch das gezielte Erheben der Lernausgangslage (Brainstorming oder Mind-Mapping, Meinungsbildung zu einem Fallbeispiel oder einer Dilemmageschichte, Interviews von Mitschüler/innen aus anderen Lerngruppen, Metaphernübungen, Entscheidungsspiele u.ä.m.); nicht zuletzt das Gespräch mit Schüler/innen in den Randszenen vor Beginn und nach Ende des Unterrichts, bei Ausflügen und anderen informellen Gelegenheiten.
Zweitens geht es darum, religiös relevante Äußerungen von Schüler/innen zu *deuten*. Die EKD hat diesbezüglich in ihrer Denkschrift „Identität und Verständigung" eine einprägsame und weitreichende Forderung formuliert; sie spricht von der „Kompetenz ..., Äußerungen von Schülerinnen und Schülern auf dem Hintergrund ihrer religiösen Entwicklung und lebensgeschichtlichen Bezüge genauso kundig lesen und interpretieren zu können wie theologische Texte."[558] Entwicklungspsychologische und religionssoziologische Kenntnisse sind deshalb unverzichtbar (s.o. 2.4.); sie sollten allerdings als Deutehilfen fungieren, nicht als Ersatz für Beobachtungen in der eigenen Lerngruppe oder gar als starre Ordnungsmuster, die den einzelnen Schüler/innen vereinheitlichend übergestülpt werden.
Drittens gilt es, sich der *Frage* zu widmen, *wie Schüler/innen* mit den so erhobenen Ausgangsbedingungen *lernen können* (erst abgeleitet davon stellt sich die Frage, „wie Lehrer leh-

[556] Vgl. das gleichnamige Buch von Friedrich Schweitzer, Gütersloh ^{2}1999.
[557] So formuliert Christian Grethlein: Religionspädagogik ohne Inhalt? In: ZThK 100 (2003), 118-145, hier 121.
[558] Identität und Verständigung 1994 (s.o. Anm. 27), 28.

ren sollen“[559] und ihr aktuelles theologisches Denken zur *Weiterentwicklung anzuregen.* Dies stellt nach meinem Dafürhalten das Herzstück didaktisch geschulten Nachdenkens dar. Hier geht es darum, eine fruchtbare – bildende! – Begegnung zwischen Schüler/innen und theologischer Sache anzubahnen.

In theologischer und pädagogischer Hinsicht lässt der didaktische Grundsatz der Schülerorientierung eine unauflösliche Spannung erkennbar werden. Er führt zunächst die „fundamentale Grundparadoxie“ pädagogisch reflektierten Handelns vor Augen: Dieses Handeln muss nämlich Menschen „permanent zu etwa auffordern, was sie gar nicht können, und als solche anerkennen, die sie [noch] gar nicht sind“. Erst dieser Vertrauensvorschuss ermöglicht selbständiges Lernen; zugleich muss pädagogisches Handeln sich dessen bewusst bleiben, dass die „Imperfektheit“ des Menschen prinzipiell nicht aufhebbar ist. [560]

Diese anthropologischen Einsichten decken sich weitgehend mit der theologischen Sicht menschlicher Wirklichkeit. Sie achtet und würdigt jeden Menschen als ‚Person‘ (denn diese Qualität ist ihm von Gott her zugebilligt), zugleich sieht sie ihn – nicht zuletzt im Prozess seiner Bildung – immer erst auf dem Weg zur Subjekt-Werdung. Dieser Vorgang ist nicht abschließbar; Subjekt kann der Mensch von sich aus nur in fragmentarischer und gebrochener Weise werden.[561]

Im Licht dieser Einsichten kann Schülerorientierung deshalb nicht heißen, sich gänzlich am Vorfindlichen, Wahrnehmbaren zu orientieren; sie muss vielmehr die Möglichkeit der „Entfremdung von Bedürfnissen und Interessen“ berücksichtigen. Sie darf *in diesem Sinne* nicht „vordergründig“, sondern muss „konsequent“ sein.[562] Das heißt: Religionslehrer/innen sollten einerseits Schülerinnen und Schüler aufmerksam wahrnehmen, als Theolog/innen ernst nehmen und in die Unterrichtsverantwortung einbeziehen; sie müssen sich andererseits der Vorläufigkeit, der möglichen Unwahrhaftigkeit und des notwendig fragmentarischen Charakters wahrnehmbarer Schülerinteressen und -bedürfnisse bewusst sein. Aus dieser Einschränkung folgt allerdings mitnichten die Autokratie des Lehrenden, unterliegen doch auch sie selbst derselben Fragmentarität.

Hingewiesen sei abschließend auf eine wichtige methodische Konsequenz der Schülerorientierung. Wo die Individualität der Schüler/innen wahrgenommen und didaktisch gewürdigt wird, erscheint ein Lernverfahren, das allen Schüler/innen dieselben Aufgaben, Themen, Lernwege vorgibt, als problematisch. Demgegenüber gewinnt eine Organisation von Unterricht an Bedeutung, die Schüler/innen selbst Lernwege finden und erproben lässt (z.B. in Gestalt von Freiarbeitsphasen)[563]. Unterrichtsvorbereitung sollte deshalb u.a. möglichst die Binnendifferenzierung des Unterrichtsgeschehens vorsehen. Unter diesen Begriff fallen alle Formen des zeitlich befristeten Nebeneinanders unterschiedlicher Lernwege *innerhalb* einer Lerngruppe. Dabei kann in den verschiedenen Subgruppen dem unterschiedlichen Arbeitstempo oder kognitiven Niveau, den unterschiedlichen Interessen der Schüler/innen oder den

---

[559] Rudolf Englert: Auffälligkeiten und Tendenzen in der religionsdidaktischen Entwicklung, in: JRP 18 (2002), 233-248, hier 234.

[560] Zitate aus Dietrich Benner: Allgemeine Pädagogik, Weinheim / München 1987 (2. verb. A. 1991), hier 9. 66 und 28.

[561] Dazu Peter Biehl: Die Gottebenbildlichkeit des Menschen und das Problem der Bildung (1991), in Biehl / Nipkow 2003 (s.o. Anm. 4), 9-102, Ingolf U. Dalferth / Eberhard Jüngel: Person und Gottebenbildlichkeit, in: Christlicher Glaube in moderner Gesellschaft, Band 24, Freiburg 1981, 58-99 und Henning Luther: Identität und Fragment (1985), in: ders.: Religion und Alltag, Stuttgart 1992, 160-182.

[562] Zur Klärung dessen lies Martin Rothgangel / Georg Hilger*:* Art. Schüler, Schülerorientierung, in: Lexikon der Religionspädagogik (LexRP), hg. von Norbert Mette und Folkert Rickers, Neukirchen 2001, 1932-1938, 1933.

[563] Dazu etwa Horst Klaus Berg: Freiarbeit im Religionsunterricht, Stuttgart / München 1997.

verschiedenartigen, arbeitsteilig zu bewältigenden Schritten auf dem Weg zu einem gemeinsamen Ergebnis Rechnung getragen werden.[564]

7.3.2.2 Ziele des Religionsunterrichts

Unterricht ist eine absichtsvolle Form des Lernens – das unterscheidet ihn von Sozialisation. Auch der Religionsunterricht stellt diesbezüglich keine Ausnahme dar. Gleichwohl fanden die Absichten, die (Religions-)Unterricht verfolgt, lange kaum Beachtung: Angenommen wurde, es genüge zu sagen, dies oder das solle gelernt werden.

Es ist das Verdienst der sog. Curricularen Didaktik, die Ende der 60er, Anfang der 70er Jahre aus den USA nach Deutschland kam, mit allem Nachdruck darauf hingewiesen zu haben, dass Ziele mehr und anderes sind als Angaben zum Stoff, dass Lernziele bestimmten Kriterien genügen müssen, wenn sie eine Unterrichtsstunde, eine Unterrichtseinheit oder gar die Schullaufbahn insgesamt orientieren wollen. Um in hinreichendem Maße ihre Orientierungsfunktion erfüllen zu können, sollen Lernziele demnach bestimmte Charakteristika aufweisen: Sie sollen erstens nicht nur Inhalte des geplanten Lernprozesses beschreiben, sondern Verhaltensweisen benennen, die am Ende des Lernprozesses beobachtbar sein sollen; sie sollen zweitens die Kriterien beschreiben, anhand derer messbar ist, ob das Lernziel erreicht wurde, und sie sollen drittens verschiedene Lerndimensionen, nämlich die affektive, kognitive und psychomotorische, berücksichtigen und nach Schwierigkeitsgrad (Reproduktion – Reorganisation – Transfer – Problemlösung) unterscheidbar sein.[565]

Allerdings: Weil man Lernziele anfangs in technokratisch-zentralistischer Weise zu erarbeiten gedachte, nämlich so, dass Bildungstheoretiker für ein ganzes Land und seine Schulformen zentrale Lernzielkataloge formulieren („geschlossene Curricula“), und zudem die behaviouristische Lernpsychologie als Hintergrund wirksam blieb, kam es schnell zunächst zur Abschwächung (Forderung nach „offenen Curricula“), dann zu einer kritisch-ablehnenden Auseinandersetzung mit der Lernzieltheorie.[566] In der gegenwärtigen Religionsdidaktik findet deshalb das Anliegen, für Unterrichtsstunden so genannte operationalisierbare Lernziele zu formulieren, kaum mehr Beachtung – statt dessen wird das Raumgeben für Eigenaktivität der Schüler/innen und die Ergebnis- und Verlaufsoffenheit des Lehr-Lernprozesses betont. In der Tat sind dies wichtige Korrektive gegenüber der Versuchung, Unterricht umfassend aus der Perspektive der Lehrenden zu planen, doch lassen sie es keineswegs überflüssig werden, dass sich Lehrende Rechenschaft über ihre Ziele (für einzelne Stunden, Unterrichtseinheiten o.ä.) ablegen.

Dies mit Hilfe von Operationalisierungen zu tun, hat den Vorzug, Lehrende zu Unterscheidungsleistungen zu zwingen – vor allem zur Unterscheidung zwischen dem, was im Rahmen einer Unterrichtsreihe leistbar ist (Lernziel) und darüber hinaus wünschenswert wäre (Intention) sowie zur Unterscheidung zwischen plan- und überprüfbaren Bausteinen von Unterricht einerseits, nicht-überprüfbaren, aber gleichwohl existentiell bedeutsamen Elementen andererseits und schließlich zur Unterscheidung zwischen den oben genannten Dimensionen und Schwierigkeitsgraden von Unterricht, die diesen erst ganzheitlich und anspruchsvoll gestaltbar werden lässt.

---

[564] Vgl. dazu Elisabeth Kaiser: Unterrichtsformen, Differenzierung und Individualisierung, in: Leo Roth (Hg.): Pädagogik, München 2., überarb. und erw. A. 2001, 816-828.

[565] Vgl. Günter R. Schmidt: Die Lernziele, in: Erich Feifel u.a. (Hg.): Handbuch der Religionspädagogik, Gütersloh / Zürich 1974, hier Band 2, 73-89

[566] Soweit nach Godwin Lämmermann: Grundriß der Religionsdidaktik, Stuttgart u.a. 1991, 117-119.141ff. Vgl. auch schon Wolfgang Schulz: Drei Argumente gegen die Formulierung von 'Lernzielen' und ihre Widerlegung, in: Robert F. Mager: Lernziele und Unterricht, Weinheim/Basel 1965, überarb. Neuausgabe 1977, XI-XV, hier XIIff.

Mit diesen Erwägungen ist indes die Frage nach dem Ziel des Religionsunterrichts insgesamt noch nicht beantwortet. Die folgende Formulierung ist nicht als *die* Zielbestimmung des Religionsunterrichts zu verstehen, sondern als Vorschlag, der zur Rechenschaft über die je eigenen Zielvorstellungen anregen will. Nach meinem Dafürhalten zielt Religionsunterricht darauf, Schüler/innen zu befähigen, ihren religiös relevanten Fragen selbsttätig und methodisch bewusst nachzugehen. Er soll sie näherhin in die Lage versetzen, ihre persönliche Haltung zu (christlicher) Religion wahrzunehmen, zum Ausdruck zu bringen, reflexiv zu klären und weiterzuentwickeln. Religionsunterricht im Sinne von Art. 7.3 GG hat dabei das Deute- und Orientierungspotential ‚seiner' konfessionellen Spielart christlicher Religion einladend und hilfreich zur Darstellung bringen.

7.3.2.3 Religionslehrer/in

Religionslehrer/innen sind der entscheidende Faktor des Religionsunterrichts – sie sind selbst wichtiger als die Schüler/innen, insofern das Zur-Geltung-Kommen der Schüler/innen seinerseits von der Haltung der Religionslehrer/innen abhängt. Deren Haltung wird einerseits von vielerlei Faktoren beeinflusst, etwa von den persönlichen Neigungen und Fähigkeiten, von der eigenen Religiosität und Persönlichkeitsstruktur, von den Erwartungen Anderer (z.B. der Kultusministerien, der Kirchengemeinden, der Schüler/innen und Eltern) an die Religionslehrer/innen.[567] Nicht wenige dieser Koordinaten sind schwerlich veränderbar – gleichwohl aber können und sollten sie als Einflussfaktoren ins Bewusstsein gehoben werden.

Andererseits ist der professionelle Habitus in mancherlei Hinsicht gestaltungsfähig. Das gilt etwa für das konzeptionsorientierte Selbstverständnis, die Ausprägung eines unterrichtlichen Führungsstils und den Aufbau eines religionsdidaktischen Handlungsrepertoires. Exemplarisch werden im Blick auf diese drei Entscheidungsspielräume skizzenhaft mögliche Optionen vorgestellt.[568]

a. Zum konzeptionsorientierten Selbstverständnis der Religionslehrer/innen

Die religionsdidaktischen Konzeptionen, die seit 1945 im Blick auf den schulischen Religionsunterricht entwickelt wurden (s.u. 3.4.1.), beinhalten – explizit oder implizit – stets auch ein bestimmtes Leitbild bzw. ein bestimmtes Selbstverständnis der Religionslehrer/innen. Die folgende Tabelle führt diese in pointierender Interpretation vor Augen:

Religionsdidaktisches Konzept	*Entsprechendes Selbstverständnis der Religionslehrer/in*	*Stärke*	*Schwäche*
Evangelische Unterweisung	*Zeuge des Evangeliums*, der den Anruf des Evangeliums und die Kirche in der Schule vertritt	Herausfordernde Position	Abständigkeit zu Lebenswelt und Horizont der Schüler und Schülerinnen; Isolation im Lehrerkollegium

[567] Vor allem die empirische Untersuchung von Feige 2001 (s.o. Anm. 37) hat das berufliche Selbstverständnis von Religionslehrer/innen im Wechselspiel mit solchen Faktoren erhellt.

[568] Zu weiteren, hier nicht ausgeführten Facetten des Religionslehrer/in-Seins vgl. Gottfried Adam: Religionslehrer: Beruf und Person, in: Religionspädagogisches Kompendium ^{5}1997 (s.o. Anm. 23), 163-193 und Sybille Becker: Religionslehrerin gleich Religionslehrer? in: dies. / Ilona Nord (Hg.): Religiöse Sozialisation von Mädchen und Frauen, Stuttgart 1995, 55-74.

Hermeneutischer Religionsunterricht	*Theologischer Fachmann*, der die ‚Übersetzung' der Bibel auf existentiale Fragen sicherstellt	Exegetische Sachkenntnis	Asymmetrische Kommunikation zwischen Lehrerin und Schüler; didaktisch wenig anspruchsvolle Tätigkeit
Problemorientierter Religionsunterricht	*Religiöser Zeitgenosse* und *Moderator,* der mit hoher Sensibilität religiös relevante Fragen aufspürt	Augenhöhe mit Jugendlichen	Drohender Verlust des ‚Vorsprungs' als Lehrender (Rollendiffusion)
Sozialisationsbegleitender Religionsunterricht	*Religionskritischer Therapeut*, der Schäden religiöser Sozialisation aufarbeitet und im System Schule Anwalt der Schüler / menschlicher Nähe ist	Einfühlendes Verstehen der einzelnen Schüler/innen	Inkompatibilität mit dem System Schule; drohende Berufsunzufriedenheit
Korrelationsdidaktik / Elementarisierung	*Fachdidaktiker*, der mit planerischer Präzision Berührungspunkte zw. Schüler/innen und theologischer Sache sucht	Moderation und wechselseitige Erschließung von Theologie und Schülerschaft	Frustration durch Diskrepanz zwischen geplanter u. tatsächlicher Erschließung
Symboldidaktik / Semiotische Religionsdidaktik	*Theologisch orientierter Kulturwissenschaftler*, der die moderne Gesellschaft und ihre Zeichensprache als Wirkungsgeschichte des Christentums im Abendland entschlüsselt	Modernität / Nähe zum Zeitgeist; schulkompatibles Selbstverständnis	Affinität zur Sek. II; Diskrepanz zwischen gelebter und gelehrter Religion

b. Zum unterrichtlichen Führungsstil

Im Blick auf Führungsstile insbesondere von Religionslehrer/innen hat zuletzt Hans-Georg Ziebertz ein Vierfach-Schema vorgeschlagen,[569] das erhellend ist. Führungsstile von Lehrer/innen unterscheiden sich demnach zum einen nach dem Maß der Kontrolle (versus Verzicht auf Kontrolle), das sie auf die Schüler/innen ausüben, zum anderen nach dem Maß an emotionaler Zuwendung (versus unpersönlicher Distanz), das sie den Schüler/innen zukommen lassen. Idealtypisch ergeben sich mit Bezug auf diese beiden Koordinaten vier Verhaltensmuster:

[569] Hans-Georg Ziebertz: Wer initiiert religiöse Lernprozesse? Rolle und Person der Religionslehrerinnen und Religionslehrer, in: Hilger / Leimgruber / Ziebertz 2001 (s.o. Anm. 80), 180-200.

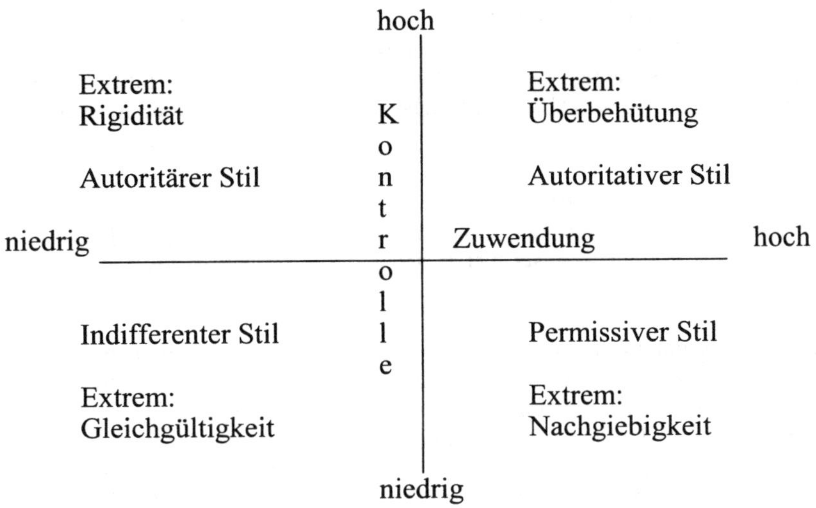

Ziebertz kennzeichnet sie so:
„*Autoritärer Stil: wenig Zuwendung mit viel Kontrolle.* Wir treffen auf diesen Stil, wenn Lehrerinnen und Lehrer sich beispielsweise unter Verwendung eines Arsenals von Sanktionen auf Fragen der Disziplin konzentrieren oder permanente Leistungsmessungen durchführen, dabei aber nur unzureichend das Gefühl vermitteln, dass ihnen an den Kindern gelegen ist. Mit dem hohen Maß an Kontrolle ist interaktionale Distanz verbunden, sodass das Klima als distanziert und kühl empfunden wird. Im Extrem kann dieser Stil als rigide erfahren werden.
Autoritativer Stil: Viel Zuwendung mit viel Kontrolle. Dieser Stil kann auch als ‚Leitung mit und durch Autorität' bezeichnet werden. Die Koppelung von Zuwendung und Kontrolle nimmt der Kontrolle die Härte. Kontrolle wird weniger als ein disziplinarisches Element wahrgenommen, sondern kann aufgrund der starken emotionalen Zuwendung als ‚Inter-esse' (Dazwischen-Sein) gedeutet werden. Die Zuwendung wiederum steht nicht allein, sondern findet zu einer ausgewogenen Balance von Sachinteresse und Personinteresse. In der Extremform liegt die Gefahr, Schülerinnen und Schüler von der Liebesgunst der Lehrerin oder des Lehrers abhängig zu machen bzw. die Behütung so weit zu treiben, dass die Selbständigkeit der Lernenden Schaden erleidet.
Indifferenter Stil: wenig Zuwendung und wenig Kontrolle. Die Kombination dieser Akzente führt im Extrem zu Gleichgültigkeit. Wenn Lehrerinnen und Lehrer keine Zuwendung zeigen und auch nicht an Kontrolle interessiert sind, können die Schülerinnen und Schüler nur den Schluss ziehen, dass sie den Lehrkräften persönlich und in der Sache gleichgültig sind. In der weniger extremen Form trifft man auf diesen Stil in einem Unterricht, der den Schüler/innen sehr viel Freiraum zur Selbstbestimmung lässt und kaum Instrumente aktiviert, die eine Ziel- und Wertorientierung erkennen lassen. In diesem Fall gibt es auch keinen Reibungsgrund. Wenn man die in der frühen Pädagogik diskutierte Alternative zwischen ‚Führen' und ‚Wachsenlassen' auf diesen Stil anwendet, handelt es sich um eine Pointierung des Wachsenlassens – allerdings mit der möglichen Konsequenz pädagogischer Verwahrlosung.
Permissiver Stil: viel Zuwendung mit wenig Kontrolle. Der permissive Stil schließlich zeigt den Schülerinnen und Schülern persönliches Interesse. Lehrerinnen und Lehrer engagieren sich interaktional, aber vernachlässigen Aspekte wie Leistungskontrolle, Einhaltung bestimmter Regeln usw. Gut gemeintes Gewährenlassen kann somit zum Extrem einer nachgiebigen

Pädagogik führen, die zu wenig Stimuli bietet, sich für Sachfortschritt einzusetzen und die darauf verzichtet, Fortschritt zu evaluieren und zu kontrollieren."
Als Ideal erscheint somit „die richtige Dosierung" von Kontrolle und Zuwendung, die am ehesten im „autoritativen Stil" verwirklicht wird. Ziebertz vermutet, dass dieser „pädagogisch am ergiebigsten" ist.[570]

c. Zum professionellen Handlungsrepertoire

Religionslehrer/innen teilen mit Lehrer/innen anderer Fächer weithin ihr sog. pädagogisches Handlungsrepertoire. Dieses Repertoire sei hier in seinen wesentlichen Dimensionen umrissen:[571]

1. Soziale Strukturen bilden

Zu den grundlegenden Handlungen von Lehrer/innen gehört es, soziale Strukturen zu schaffen, die Schüler/innen zur Zusammenarbeit befähigen. Dazu gehört beispielsweise der Wechsel von Arbeit in Großgruppen, Kleingruppen, Partnerarbeit, Einzelarbeit oder die Einrichtung von Projektgruppen; dazu die Leitung und Animation der Kommunikation in der Lerngruppe (Gesprächsregeln, Regeln der Kooperation usw.). Ziel der sozialen Strukturbildung ist ein hohes Maß an Selbstorganisation in der Lerngruppe. Die Dimension der sozialen Strukturbildung hat Vorrang vor den anderen Dimensionen, weil sie die Voraussetzungen für die inhaltliche Arbeit im Unterricht schafft.

2. Interagieren

Die Dimension der Interaktion betrifft die Kontaktaufnahme zwischen Lehrenden und Lernenden. Dazu gehört das Signalisieren von persönlichem Interesse und Wertschätzung (Neugier, Freude ...). „Zur professionellen Haltung in der Interaktion gehören auch emotionale Ausgeglichenheit und eine durch höfliches und freundliches Auftreten ausgedrückte positive Grundeinstellung gegenüber Schülern und Kollegen."

3. Kommunizieren

Darunter fallen Handlungsrepertoires, „die sich vor allem auf die Informationsübermittlung richten. Hierzu gehören die Gesprächsmoderation, ... einen Kurzvortrag halten, interessante Fragen verständlich stellen und klare Anweisungen geben ..." Einfühlendes Verstehen, Paraphrasieren, Konfrontieren usw. sind in diesem Teilrepertoire enthalten. Hierher gehört aber auch die Gesprächsführung mit Eltern und Kolleg/innen.

4. Gestalten

„Gestaltung beginnt bei der eigenen Person, bei Stimme, Mimik, Gestik, Kleidung und Körperbewegungen im Raum. Gestaltung bezieht sich weiter auf den Raum, das Mobiliar, die Geräte, die Nutzung der Wandflächen. Zum Handlungsrepertoire in dieser Dimension gehört auch das Markieren von Anfängen und Abschlüssen durch Rituale oder andere nonverbale Signale und Handlungen."

5. Hintergrundarbeit

Dies ist die „für die professionelle Entwicklung ... wohl wichtigste" Dimension. Sie kann von den Pädagogen weitgehend selbst gestaltet werden und „schafft Voraussetzungen für spontanes professionelles Handeln in den übrigen vier Dimensionen". Zur Hintergrundarbeit zählt die Planungs- und Produktionsarbeit, die dem Unterricht zeitlich vorgelagert ist, ebenso die Nachbereitung bzw. kritische Reflexion bereits gehaltenen Unterrichts. Nicht zuletzt gehört dazu auch das Beurteilen von Schülerleistungen.

---

[570] Alle Zitate ebd., 189.

[571] Die Gesichtspunkte 1-5 sowie die dortigen Zitate sind dem folgenden Aufsatz von Karl-Oswald Bauer entlehnt: Pädagogisches Handlungsrepertoire und professionelles Selbst von Lehrerinnen und Lehrern, in: Zeitschrift für Pädagogik 44 (1998), 343-359.

6. Authentisches Positionieren
Lehrer/innen sind in verschiedenen Situationen als Person mit eigenem Standpunkt gefordert, etwa in Konfliktsituationen, im Gespräch über Zeitfragen, im Falle des Religionsunterrichts vor allem bei der Einschätzung von Glaubenssaussagen und ethisch relevanten Verhaltensweisen. Dabei kommt es darauf an, die eigene Daseins- und Wertorientierung verständlich und streitbar zu kommunizieren.

Die drei vorgestellten Bereiche führen exemplarisch vor Augen, in welchem Maße die Ausgestaltung des Religionslehrer-Berufs variabel ist. Jede und jeder einzelne von ihnen ist unvertretbar herausgefordert, hier eine persönliche Positionsbestimmung vorzunehmen und sich die erforderlichen Kompetenzen anzueignen. Dabei steht nicht nur das eigene Berufsverständnis (und die spätere Berufszufriedenheit) zur Disposition, sondern auch das Gelingen und die Wertschätzung des Religionsunterrichts durch die Schüler/innen. Denn Religionsunterricht ist ein personal-kommunikatives Geschehen: „Die Person der Lehrerin bzw. des Lehrers ist das wesentlich[..]e Curriculum."[572]

7.3.2.4 Methoden

Der Begriff ‚Methode' (hä méthodos; eigentlich: das Nachgehen) kommt aus dem Griechischen. Er bezeichnet das Voranschreiten auf einem bestimmten Weg, davon abgeleitet: das geregelte Verfahren. Mit dem Begriff ‚*Methode*' werden deshalb im Blick auf Unterricht alle Verfahren zusammengefasst, oder wie Rainer Lachmann schreibt: „alle Wie- und Wegfragen unterrichtlichen Lehrens und Lernens"[573].
Näherhin werden so genannte Sozialformen und Aktionsformen unterschieden. *Sozialformen* betreffen die „Beziehungs- und Kommunikations*struktur*" der Lerngruppe (so mit Hilbert Meyer); zu unterscheiden sind Einzelarbeit, Partnerarbeit, Gruppenarbeit oder Frontal- bzw. Plenarunterricht.[574] Als ‚*Aktionsformen*' werden diejenigen Methoden bezeichnet, die über die vorgesehenen Tätigkeiten oder Handlungsmuster der Lehrer/innen oder auch der Schüler/innen definierbar sind, vom ‚Arbeitsblatt bearbeiten' bis zum ‚Zeichnen' im Religionsunterricht.
Wenn irgendwo, dann scheinen im Bereich der Methodik die Entscheidungsspielräume auf der Hand zu liegen. Denn hier geht es um die Frage. Wie gestalte ich meinen Unterricht?
Vier Kriterien, an denen eine Antwort zu messen ist, seien angeführt.
Erstens: Immanente Methodenqualität
Dieses Kriterium prüft, welche Stärken und Schwächen einer Methode immanent sind. Dabei sind etwa zu prüfen: Zeitbedarf, Zielgruppe (Altersgruppe), Mindest- und Maximalschülerzahl, Materialaufwand und Technikbedarf, Transparenz / Verständlichkeit der Phasen und Arbeitsschritte, theologische Implikationen, mögliche Funktion im Unterricht, Störanfälligkeit.
Zweitens: Lehrergemäßheit
Hinter diesem Kriterium steht die Frage: Welche Methoden kann ich als Religionslehrer/in zur Anwendung bringen? Dieses Kriterium drängt sich auf insofern, als man nur diejenigen Methoden zur Anwendung bringen kann, die man auch selbst kennt und bejaht. Damit soll allerdings nicht der Bescheidung auf ein kleines wohlvertrautes Spektrum an Methoden das Wort geredet werden, sondern im Gegenteil dem kontinuierlichen Auf- und Ausbau der Methodenkompetenz – etwa durch das Anlegen einer Methodenkartei, die auf den ersten Blick

[572] Adam ^{5}1997 (s.o. Anm. 98), 191.
[573] Rainer Lachmann: Methodische Grundfragen, in: Gottfried Adam / Rainer Lachmann (Hg.): Methodisches Kompendium für den RU, Basisband und Aufbaukurs, Göttingen 2002, hier: Basisband, 15-38, 18.
[574] Ebd., 19.

wichtige Einsatzkriterien zu erkennen gibt (Altersgruppe, Themenbezug, Zeitintensität, Vorbereitungs- und Materialaufwand) und darüber hinaus wichtige Literatur, Beispieldokumentationen u.ä. enthält. Diese Repertoire-Erweiterung ist Teil eines professionellen Berufsverständnisses. Als Regel lässt sich formulieren: Die Grenzen authentisch vertretbarer Methoden sollte nicht überschritten, sie können und sollen aber erweitert werden!

Drittens: Schüler- und Situationsgemäßheit

Dieses Kriterium greift die Frage auf: Welche Methoden kommen für diese Schüler/innen in dieser Situation in Frage? Dabei sind verschiedene Facetten zu beachten: Erstens sprechen Methoden oft vor allem Schüler/innen einer bestimmten Altersgruppe an – das gilt etwa für Erzählen und Singen, die für Schüler/innen der Grund- und Orientierungsstufe in der Regel überaus attraktiv sind; in der Pubertät hingegen gerade gegenteilig aufgenommen werden. Zweitens erfüllen Methoden verschiedene Funktionen: So sind etwa konzentrierende und kreativ-öffnende Methoden zu unterscheiden (z.B. Arbeitsblatt versus Rollenspiel), dazu motivierende und disziplinierende (z.B. Filmbetrachtung versus Hefteintrag), problemerschließende und ergebnissichernde (z.B. Brainstorming versus Memorieren) Funktionen von Methoden. Eben deshalb eignen sie sich für verschiedene Unterrichtsphasen und Klassensituationen. Drittens sind Methoden unterschiedlich vorbereitungs- und einübungsintensiv. Das betrifft sowohl technisch-materiale Voraussetzungen als auch die notwendige Erarbeitung einer Methode mit den Schüler/innen. Insbesondere komplexe Methoden bedürfen der Hinführung, so etwa die Gruppenarbeit oder die Projektarbeit, übrigens auch die Diskussion. Sie setzen voraus, dass Regeln aufgestellt, zeitlich immer längere Phasen erprobt und die Selbstverpflichtung der Schüler/innen zur Mitarbeit bewusst gemacht wird. Viertens verschleißen sich Methoden und drängen deshalb auf Abwechselung. Auch wenn sich Rollenspiele bewährt haben oder beliebt sind – in der dritten Stunde nacheinander eingesetzt, ermüden sie ebenso wie das Unterrichtsgespräch.

Viertens: Ziel- und Inhaltsgemäßheit

Oben war mehrfach von der Interdependenz der Unterrichtsfaktoren die Rede. Ihr entspricht die Frage: Welche Methoden entsprechen den gewählten Zielen und Inhalten des Unterrichts? Methoden sind nicht inhaltsneutral, sondern transportieren ihrerseits ein „hidden curriculum", das es beim Einsatz zu beachten gilt – dies ist Konsens in der allgemein- wie religionsdidaktischen Literatur.[575] Ein Beispiel mag das Gemeinte veranschaulichen: Eine Unterrichtseinheit zum Thema „Vertrauen gewinnen, Vertrauen schenken", die in hohem Maße auf die affektive Lerndimension zielt, kann ihre Ziele schwerlich durch Textdiktat bzw. Hefteintrag, also kognitiv akzentuierte, in hohem Maße lehrerzentrierte Methoden erreichen.

Trotz dieser Affinität von Methoden zu bestimmten Inhalten gibt es kaum Methoden, die prinzipiell dem Religionsunterricht vorbehalten sind – selbst wenn bestimmte Methoden vermutlich im Religionsunterricht häufiger zum Einsatz kommen als in anderen Fächern, so etwa Stilleübungen, bibliodramatische Elemente und vielleicht auch Memorieren. Dieser Umstand zeigt: Es gibt keine Methode, die per se die Erschließung der religiösen Dimension des Daseins oder gar die Hinführung oder Stärkung des Glaubens gewährleistet.[576]

Dessen unbeschadet sollten attraktive Methoden so eingesetzt werden, dass sie die positiven Ziele einer Stunde oder Einheit unterstreichen. Zudem sollten Methoden möglichst vielsinnig zum Einsatz kommen: Denn je mehr Sinne sie ansprechen, desto nachhaltiger wirken sie. Die Faustregel lautet wie folgt: Wenn wir etwas nur hören, haben wir binnen kurzer Zeit etwa 80% wieder vergessen. Wird ein Text gelesen oder ein Bild betrachtet, beträgt die Vergessensrate 70%. Wenn wir hören und sehen, wenn wir den Lernstoff also akustisch und visuell aufnehmen, können wir uns nach kurzer Zeit immerhin noch an die Hälfte erinnern. Dieser Erfolg

[575] Ebd., 21.
[576] Ebd., 29f.

lässt sich steigern: Wird gleichzeitig hörend, sehend und sprechend gelernt, sinkt die Vergessensrate auf 30%. Am effektivsten lernt, wer Hören, Lesen, Sprechen und Schreiben kombiniert. In diesem Fall werden nur 10% vergessen oder positiv ausgedrückt: 90% können wieder abgerufen werden, haben also den Weg ins Gedächtnis gefunden.
Schließlich ist auch festzuhalten, dass der Umgang mit Methoden zum Erreichen eines wichtigen Teilziels des Religionsunterrichts entscheidend beitragen: Sie sollten so eingeführt und eingesetzt werden, dass Kinder und Jugendliche am Ende ihrer religionsunterrichtlichen Laufbahn selbsttätig und methodenbewusst religiös relevante Fragen bearbeiten können. Schon um dieses ehrgeizigen Zieles willen sind Methodenfragen keine Adiaphora, sondern ein eigenständig beachtenswerter Bereich der Reflexion von Unterricht.[577]

7.3.2.5 Medien

Der Begriff stammt aus dem Lateinischen. ‚Medium' hat eine doppelte Bedeutung – es bezeichnet den Mittler, also dasjenige Mittel, das Aussagen von einem (Lehrperson) zum anderen (Lernender) transportiert, und es benennt das Mittlere, also das, was in der Mitte steht und insofern allen individuell zugänglich ist. Mit eben diesem Changieren zwischen dem Mittel-zum-Zweck-Charakter und der Vieldeutigkeit der Medien, die sich aus den individuellen Zugängen ergibt, ist eine der zentralen didaktischen Herausforderungen im Umgang mit Medien bereits markiert.
Medien zeichnen sich gegenüber Inhalten und Methoden dadurch aus, dass sie neben einer Inhaltskomponente notwendig eine materiale (technische) Komponente haben. Anders als im Bereich der Esoterik werden ‚Medien' im Bereich der Unterrichtswissenschaft dezidiert als nicht-personale Aussageträger definiert.
Unterschieden werden Medien traditionell danach, welche Sinneskanäle ihre Wahrnehmung in Anspruch nimmt – es gibt also visuelle (z.B. Bilder, Plakate, Folien … - auch: Schulbücher), auditive (z.B. CDs ...), audiovisuelle (z.B. Videofilme ...) und haptische (z.B. Skulpturen, Realien, Kirchbauten …) Medien. Allerdings verliert diese Unterscheidung hinsichtlich der sog. neuen Medien an orientierender Kraft. Diese zeichnen sich gerade dadurch aus, dass sie mehrere Sinneskanäle in Anspruch nehmen, dass sie dadurch Wirklichkeit in bisher unvorstellbarer Weise simulieren können und interaktiv nutzbar sind! Gerade für die Religionsdidaktik, die jahrhundertelang (seit der Reformation bis in die 60er Jahre des 20. Jahrhunderts) weitgehend mit drei Medien, nämlich Bibel, Gesangbuch, Katechismus, ihr Auskommen hatte, stellen sie eine besondere Herausforderung dar.
Im Falle der neuen Medien wird in besonderer Weise deutlich, was für alle Medien gilt: Sie sind nicht bloß *Werkzeuge und Informationsträger*, die in funktionaler Weise im Unterricht eingesetzt werden können.
Vielmehr geht ihr Sach- und Anregungsgehalt keineswegs in den Informationen oder Bearbeitungsoptionen auf, um deretwillen sie im Unterricht herangezogen werden. Medien haben einen Eigenwert, der ihren unterrichtlichen Nutzwert übersteigt. Deshalb besteht eine grundlegende Aufgabe für Lehrer/innen wie Schüler/innen darin, sie formal und material analysieren zu lernen.
Weiterhin prägt die alltägliche *Medienrezeption* der Schüler/innen (und Religionslehrer/innen) auch *ihre Rezeption unterrichtlicher Medien. Deshalb gehört es zu den Aufgaben mediendidaktisch versierten Religionsunterrichts,* „Prozesse medialer Kommunikation"[578] außerhalb des Unterrichts wahrzunehmen und auf ihre Folgen hin kritisch zu reflektieren.

---

[577] Zur Vertiefung empfehlen sich Adam / Lachmann 2002 (s.o. Anm. 103). Christian Grethlein: Methodischer Grundkurs für den RU, Leipzig 2000. Franz W. Niehl / Arthur Thömmes: 212 Methoden für den RU, München ^{4}2000. Ludwig Rendle u.a.: Ganzheitliche Methoden im RU, München ^{4}2000.
[578] So Eckart Gottwald: Mediendidaktik, in: LexRP 2001 (s.o. Anm. 92), 1307-1310, 1308.

Schließlich sind Medien nicht allein zu rezipieren, sondern ihrerseits aktiv gestaltungsfähig. Insofern schließt Mediendidaktik, etwa beim Umgang mit Folien, Filmen oder dem Internet, *mediengestalterische, interaktionale Aspekte* ein.
Kurz: Die rasante technisch-gesellschaftliche Entwicklung von Medien – nicht umsonst werden moderne Gesellschaften als Mediengesellschaften charakterisiert und die ‚Mediatisierung' unserer Lebenswelt als eine entscheidende pädagogische Herausforderung identifiziert – hat das Gewicht und den Horizont der Mediendidaktik ungemein erweitert.[579] Sie ist ein dringendes Desiderat der Religionsdidaktik!
Allerdings: Gerade im Religionsunterricht kann und soll es nicht um Duplikation oder Verlängerung des außerunterrichtlichen Umgangs mit Medien gehen. Sein zentrales Anliegen ist vielmehr die Anleitung zur bewussten Wahrnehmung von Wirklichkeit – im Idealfall: zur Wahrnehmung der Wirklichkeit in Bezug auf Gott (*sub specie Dei*). Religionsunterricht ist, so hat es der katholische Religionspädagoge Georg Hilger einmal formuliert, eine „Wahrnehmungsschule"[580], sie ist eben auch ein Ort „produktiver Unterbrechung" gewohnheitsmäßiger Mediennutzung.[581] Deshalb sollte Religionsunterricht Medien von hoher ästhetischer Qualität nutzen, „erwartende Aufmerksamkeit" (Martin Wagenschein) fördern und die Intensivierung der Mediennutzung ihrer Extensivierung vorziehen.

7.3.2.6 Inhalte

Die Inhalte des Religionsunterrichts sind auf den ersten Blick scheinbar dem didaktischen Ermessenspielraum der einzelnen Religionslehrer/innen entzogen. Denn sie sollen auf der Ebene des Grundgesetzes – also in größtmöglicher gesellschaftlicher Verbindlichkeit – die „Übereinstimmung mit den Grundsätzen der Religionsgemeinschaften" (Art. 7.3 GG) spiegeln; für den Bereich der einzelnen Schulformen und Bundesländer legen zudem die jeweiligen Lehrpläne den Kanon der Inhalte fest.
Trotz dieser Festlegungen ist und bleibt jedoch die Auswahl, Akzentuierung und Präsentation der Inhalte zentrale Aufgabe der Religionslehrer/innen; ihre persönliche Verantwortung lässt sie – wie oben erwähnt – zum entscheidenden Curriculum des Religionsunterrichts werden.

a. Zur Verantwortung der Religionslehrer/innen im Blick auf die Grundsätze der Religionsgemeinschaften

In der Tat haben evangelische Religionslehrer/innen anlässlich der Vokation zu versichern, dass sie „den Religionsunterricht in Übereinstimmung mit den Grundsätzen der evangelischen Kirche erteilen" werden.[582] Doch das Grundgesetz legt diese Grundsätze nicht material fest; dies ist vielmehr die Aufgabe der Religionsgemeinschaften selbst. Prinzipiell ist diese Aufgabe durch die Fixierung der sog. Bekenntnisschriften erfüllt. Allerdings hat die EKD erklärt, dass der Religionsunterricht unter den Bedingungen einer modernen Gesellschaft zwar „authentisch in das jeweilige Bekenntnis eingewurzelt"[583] sein soll, dass aber die „Grundsätze" der evangelischen Kirche von jedem einzelnen Christen selbst verantwortet werden müssen.

---

579 Vgl. Eckart Gottwald: Audiovisuelle Medien in Religionsunterricht und Gemeindearbeit, in: Methodisches Kompendium 2002 (s.o. Anm. 103), Basisband, 284-296, hier 291-294.

580 Georg Hilger: RU als Wahrnehmungsschule, in: G. Schmutermeyer u.a. (Hg.): Im Spannungsfeld von Tradition und Innovation, Regensburg 1997, 399-420; vgl. auch ders.: Für eine religionspädagogische Entdeckung der Langsamkeit, in: ders. / George Reilly (Hg.): Religionsunterricht im Abseits? München 1993, 261-279.

581 Rudolf Englert: Glaubensgeschichte als Bildungsprozeß, München 1985, 392ff.

582 Gemeinsame Vokationsordnung der Ev. Kirche im Rheinland, der Ev. Kirche von Westfalen und der Lippischen Landeskirche (in Kraft seit dem 1. Januar 2001), hier § 3.

583 So die „Kundgebung zum Religionsunterricht" der Synode der EKD in Friedrichroda vom 25. Mai 1997, in: Bericht über die erste Tagung der neunten Synode der EKD vom 22. bis 25. Mai 1997, Hannover 1997, 243-250, hier 243.

Das gilt insbesondere auch für die Religionslehrerin bzw. den Religionslehrer. Ein bis heute grundlegender Text aus dem Jahr 1971 stellt dies klar: Die Grundsätze der evangelischen Kirche haben Religionslehrer/innen also somit „auf wissenschaftlicher Grundlage und in Freiheit des Gewissens", im Gespräch mit dem biblischen Zeugnis von Jesus Christus und im Zusammenhang mit dem Zeugnis und Dienst der Kirche selbst zu ermitteln und zu verantworten!

b. Zum Ermessensspielraum von Religionslehrer/innen im Umgang mit Lehrplänen

Lehrpläne für den Religionsunterricht sind wie dieser selbst eine res mixta, eine gemeinsame Angelegenheit von Staat und Kirche. „Die evangelischen Landeskirchen organisieren eine fortlaufende Lehrplanreform durch die dafür zuständigen landeskirchlichen Instanzen und Institute"; sie müssen den Lehrplänen inhaltlich zustimmen. „Der Staat setzt diese Lehrpläne in Kraft. Die staatliche Schulaufsicht erstreckt sich im Bereich der Lehrpläne in der Regel auf allgemeine Kriterien, z.B. auf die Vergleichbarkeit mit den Richtlinien der anderen Schulfächer, nicht aber auf Fragen des Lehrinhalts und mit Einschränkungen auf die didaktische Konzeption."[584]

Vor diesem Hintergrund fungieren Lehrpläne als Richtschnur des Unterrichts; die Lehrpläne neuerer Art – anders als die Stoffpläne bis in die 60er Jahre hinein – verzichten allerdings bewusst darauf, die Abfolge und Auswahl der Inhalte en détail festzulegen; erst recht schreiben sie weder Medien, Methoden noch Erschließungswege vor. Die obligatorischen Bausteine gedanklich zu durchdringen, sie in einer theologisch wie didaktisch sinnvollen und deshalb begründbaren Verknüpfung in den Lernprozess einzuspeisen und kontextgemäß zu ergänzen, gehört somit zum Kernbestand der Aufgaben von Religionslehrer/innen; die kriteriengeleitete Ermittlung und Begründung von Themen (und Zielen) des eigenen Religionsunterrichts zur vornehmsten Aufgabe religionsdidaktischer Reflexion.[585] Auch Schulbücher, Unterrichtshilfen u.ä. wollen und können sie dabei lediglich partiell entlasten, nicht aber von der Aufgabe freistellen, ein konzeptionell durchdachtes Curriculum für die jeweilige Lerngruppe zu entwickeln.

7.3.2.7 Störungen

Religionsunterricht gelingt oder misslingt in dem Maße, in dem die eingangs zusammengestellten und hier in Auswahl besprochenen Faktoren harmonisch oder kakophonisch zusammenwirken. Wenn die Faktoren nicht harmonieren, wird dies nicht zuletzt an einer Verdichtung von Unterrichtsstörungen erkennbar. Solche Störungen sind somit nicht allein als ‚Problem' von Seiten der Schüler/innen, sondern als Signal dafür zu verstehen, dass im Gefüge des geplanten und durchgeführten Unterrichts etwas unstimmig ist. Insofern sind sie nicht nur störend, sondern sie setzen zugleich eine Mitteilung frei, die es konstruktiv aufzunehmen gilt – indem die einzelnen Unterrichtsfaktoren und ihr Zusammenwirken erneut analysiert und verbessert werden. Sind die Ziele und Inhalte, Medien und Methoden angemessen? Sind meine Verhaltensweisen als Lehrer/in adäquat? Nehme ich die Schüler/innen realistisch wahr?

Eine solche Überprüfung der veränderbaren Faktoren des Unterrichts wird angemessene Sofortmaßnahmen gegen Störungen nicht erübrigen,[586] wohl aber gleichermaßen herausfordern wie bestätigen, dass Religionsunterricht ein personal verantwortetes Geschehen ist, das in hohem Maße atmosphärisch und sachlich von den Lehrenden gestaltet werden kann – und so oder so gestaltet wird.

---

[584] Zitate aus dem Bericht der Kultusministerkonferenz vom 13.12.2002: „Zur Situation des Evangelischen Religionsunterrichts in der Bundesrepublik Deutschland", Bonn 2002, hier 22.

[585] Lachmann 1997 (s.o. Anm. 82), 17-36, hier 34f.

[586] Zum Umgang mit Störungen siehe etwa Rainer Winkel: Der gestörte Unterricht, Bochum 6., abermals überarb. A. 1996.

7.3.3 Mittelpunkt religionsdidaktischen Nachdenkens: Anbahnen einer fruchtbaren Begegnung zwischen theologischer Sache und Schüler/innen

Die Durchsicht der Faktoren, die Religionsunterricht prägen, hat bereits mancherlei Handlungsspielräume und -pflichten von Religionslehrerinnen und -lehrern erkennen lassen; der Kern ihrer Aufgabe wurde dabei allerdings nur gestreift. Er besteht darin, im Rahmen von Unterricht eine fruchtbare, bildsame Begegnung zwischen den Schüler/innen und der jeweils verhandelten theologischen Sache anzubahnen.
Auf Anbahnung einer solchen Begegnung zielt die vorbereitende didaktische Reflexion ebenso wie die engagierte Durchführung des Unterrichts – und doch bleibt das tatsächliche Eintreten des „fruchtbaren Moments" (Friedrich Copei) unverfügbar. Man könnte hier – analog zum oben bereits erwähnten pädagogischen Paradox – von einem (religions-) didaktischen Paradox sprechen. Dieses Wissen um die Unverfügbarkeit gelingender Bildungsprozesse kann und sollte Religionslehrer/innen vor der Versuchung perfektionistischer, allumfassender Unterrichtsplanung bewahren, sie entbindet jedoch keineswegs von der sorgfältigen und bestmöglichen Vorbereitung.
Zwei Modelle der Unterrichtsvorbereitung haben das Anliegen einer fruchtbaren Begegnung zwischen Schülerinnen und Sache in exponierter Weise als Mittelpunkt religionsdidaktischen Nachdenkens identifiziert, einmal das Konzept der didaktischen Analyse, das von dem Marburger Pädagogen Wolfgang Klafki entwickelt wurde, sodann ein bestimmtes Konzept der Elementarisierung, das vor allem die Tübinger Religionspädagogen Karl Ernst Nipkow und Friedrich Schweitzer ausgearbeitet haben.

7.3.3.1 Didaktische Analyse

Die didaktische Analyse als Instrument der Unterrichtsvorbereitung hat Klafki, damals in hohem Maße der geisteswissenschaftlichen Pädagogik und der bildungstheoretischen Didaktik verpflichtet,[587] bereits 1958 vorgestellt.[588] Unterrichtsvorbereitung ist demnach eine Auswahl- und Erschließungsleistung. Unterrichtende müssen zum einen aus der Fülle der „Kulturinhalte" „Bildungsinhalte" herausfiltern und zum zweiten deren „Bildungsgehalt" oder „Bildungswert" herausarbeiten (128f.). Sie sollen dabei nach Klafkis Meinung gleichsam probeweise die „Perspektive des Kindes bzw. des Jugendlichen" und die Perspektive des Erwachsenen einnehmen, „der der junge Mensch einmal werden soll" (129f.). Konkretisierend legt Klafki fünf Fragen vor, die eine didaktische Analyse anleiten:

> „1. Welchen größeren ... Sinn- oder Sachzusammenhang ... erschließt dieser Inhalt? Welches ... Grundprinzip, welches ... Problem ... läßt sich in Auseinandersetzung mit ihm ‚exemplarisch' erfassen?
> 2. Welche Bedeutung hat der betreffende Inhalt ... bereits [jetzt] im geistigen Leben der Kinder meiner Klasse, welche Bedeutung sollte er – vom pädagogischen Gesichtspunkt aus gesehen – darin haben?
> 3. Worin liegt die Bedeutung des Themas für die Zukunft der Kinder?
> 4. Welches ist die Struktur des Inhaltes?

---

[587] Zur Einzeichnung der Position Klafkis in die Geschichte (allgemein-)didaktischer Konzepte sowie zu alternativen Modellen vgl. etwa Kron ^{3}2000 (s.o. Anm. 85), v.a. 57-193.
[588] Wolfgang Klafki: Didaktische Analyse als Kern der Unterrichtsvorbereitung (1958), in: ders.: Studien zur Bildungstheorie und Didaktik, Weinheim / Basel 1963, 126-153. Die Seitenzahlen in Klammern beziehen sich auf diesen Text.

5. Welches sind die besonderen Fälle, Phänomene, Situationen ... Personen ..., in oder an denen die Struktur des jeweiligen Inhaltes den Kindern ... dieser Klasse interessant, fragwürdig, ... begreiflich, ‚anschaulich' werden kann?" (135-140 i.A.)

Deutlich wird anhand dieses Fragekatalogs: Was für den Unterricht relevant ist, das lässt sich nicht durch „vorpädagogisch-fachwissenschaftliche" Arbeit allein ermitteln (129), sondern durch die Verschränkung sach- und schülerbezogener Überlegungen, die sich auf die Repräsentativität, die Gegenwarts- und Zukunftsbedeutung, die sachliche Struktur und mögliche sachgemäße Exempel des Unterrichtsthemas richten.

Im Idealfall erschließt sich in so geplanten Lernprozessen den Lernenden ihre Lebenswirklichkeit, zugleich werden sie selbst verändert, in Klafkis Worten: „für diese Wirklichkeit erschlossen". In dieser „doppelseitige[n] Erschließung" vollzieht sich Bildung, in seiner Terminologie: „kategoriale Bildung".[589]

Angesichts nachfolgender didaktischer Konzeptionen hat Wolfgang Klafki seine Überlegungen in den 80er Jahren fortgeschrieben. Aus seinen Modifikationen seien zwei herausgegriffen: Er hat zum einen im Blick auf die Auswahl der Bildungsinhalte vorgeschlagen, sich im Unterricht auf die Behandlung sog. „epochaltypischer Schlüsselprobleme" zu konzentrieren, etwa auf die Umweltfrage, die gesellschaftlich produzierte Ungleichheit, den Umgang mit neuen Medien u.ä..[590] Zum anderen hat er seine didaktische Analyse um einige Fragehinsichten erweitert[591] – etwa um die Analyse der sozio-kulturell vermittelten Ausgangsbedingungen einer Lerngruppe und um die Frage nach der Ordnung des Lehr-Lern-Prozesses (Elemente, die vor allem die lerntheoretische Didaktik akzentuiert hatte) sowie um die Frage nach der Überprüfbarkeit des angestrebten Erschließungsprozesses (ein Erbe der Curriculumtheorie) –, doch das innere Gefälle seines didaktischen Ansatzes blieb davon unberührt. Nimmt man die ergänzten Fragen auf, ermöglicht dieses Verfahren eine schülerorientierte Unterrichtsvorbereitung, die sich zugleich der Komplexität des Unterrichtsgeschehens bewusst bleibt.

7.3.3.2 Elementarisierung

Elementarisierung ist – angestoßen durch ein entsprechendes Projekt des Comenius-Instituts, der Evangelischen Arbeitsstätte für Erziehungswissenschaft in Münster – bereits in den 70er Jahren zum Leitwort religionsdidaktisch reflektierter Unterrichtsvorbereitung geworden. Der Begriff „Elementarisierung" enthält das lateinische Wort „elementum" – es bezeichnet 1. einen Grundbaustein, 2. einen Anfangsgrund; bereits die etymologische Erklärung weist somit aus, dass es in den Elementarisierungskonzepten um die Suche nach den grundlegenden, unverzichtbaren Themen des Religionsunterrichts geht. Im Laufe der Zeit hat dieses Konzept verschiedene Ausprägungen gefunden; lediglich eine Spielart – die jüngste – wird hier vorgestellt.[592]

1986 veröffentlichte Karl Ernst Nipkow einen Aufsatz mit dem Titel „Elementarisierung als Kern der Unterrichtsvorbereitung"[593]; bereits der Titel lässt erkennen, dass er darin an Klafkis Überlegungen anknüpft, diese allerdings weiterführen will. Gemeinsam ist beiden Ansätzen

---

[589] Wolfgang Klafki: Kategoriale Bildung (1959), in: ebd., 25-45, hier 43f.

[590] Wolfgang Klafki: Grundzüge eines neuen Allgemeinbildungskonzepts. Im Zentrum: Epochaltypische Schlüsselprobleme (1985), in: ders.: Neue Studien zur Bildungstheorie und Didaktik, Weinheim 4. durchges. A. 1994, 43-81. Leider hat er in seiner – bedenkenswerten – Auswahl solcher Schlüsselprobleme die Frage nach sinnvoller Lebensdeutung in einer pluralen Welt und damit das Feld der Religionen außen vor gelassen.

[591] Dazu Wolfgang Klafki: Zur Unterrichtsplanung im Sinne kritisch-konstruktiver Didaktik (1980), in: ebd., 251-284.

[592] Über die verschiedenen Konzepte informiert Friedrich Schweitzer: Elementarisierung in der religionsdidaktischen Diskussion, in: ders. (Hg.): Elementarisierung im Religionsunterricht, Neukirchen 2003, 203-220; zur Bedeutung des Elementaren in der Geschichte der Pädagogik vgl. wiederum Wolfgang Klafki: Das pädagogische Problem des Elementaren und die Theorie der kategorialen Bildung, Weinheim 1959.

[593] Veröffentlicht in: Katechetische Blätter 111 (1986), 600-608.

das Anliegen, Unterricht solle Sache und Schüler/innen füreinander erschließen; Nipkow beschreibt als Weg dorthin nun allerdings vier unterrichtsvorbereitende Fragestellungen, die zum Teil von denjenigen Klafkis abweichen. Nipkows Schüler und Weggefährte Friedrich Schweitzer hat schließlich eine fünfte hinzugefügt.[594] Der Prozeß des Elementarisierens besteht demnach darin, nach elementaren Strukturen, Wahrheiten, Erfahrungen, Zugängen und Lernwegen zu fragen.
Die folgende Tabelle benennt zunächst die jeweilige Dimension des Elementaren,[595] sie formuliert dann eine Frage, mit deren Hilfe das Elementare in diesem Sinne aufzuspüren ist. Abschließend identifiziert sie die didaktische Herausforderung, der mit einer erfolgreichen Elementarisierung begegnet werden kann, und die Wissensbestände, auf die Religionslehrer/innen zurückgreifen sollten, wenn sie theoriegeleitet (oder zumindest theoriegestützt) vorgehen wollen.

Elementarisierung als Suche nach ...	*Leitfrage zum entsprechenden Verfahrensschritt*	*Didaktisches Problem*	*Erforderliche Wissensbestände*
„Elementaren Wahrheiten" (Elementar ist „das gewißmachende Wahre".)	Wird an diesem Sachverhalt eine Wahrheit für mich und für die Schüler/ innen deutlich? Welche?	Vergewisserung (-sproblem)	Reflexion der eigenen Biographie und des eigenen theologischen Standortes
„Elementaren Strukturen" (Elementar ist „das grundlegend Einfache".)	Worin besteht das Wesentliche und Charakteristische der Sache? Welches sind sachlich konstitutive Strukturen, Problem-stellungen, Begriffe?	Sach- und textgemäße Konzentration	Theologische Kenntnisse – je nach Gegenstand im Blick auf Exegese, Religionswissenschaft usw.
„Elementaren Erfahrungen" (Elementar ist „das subjektiv Authentische".)	Welche Erfahrungen sind in diesem theologischen Thema, diesem biblischen Text usw. verarbeitet? Welche Erfahrungen der Schüler/innen wer-den angesprochen bzw. erhellt?	Erschließung des Lebensbedeutsamen (Relevanzproblem)	Kenntnisse über die Lerngruppe; Kindheits- und Jugendforschung

[594] So etwa in seinem Aufsatz: „Elementarisierung nur der Inhalte – oder elementare Formen des Lernens?" in Schweitzer 2003 (s.o. Anm. 122), 187-201.
[595] Diese Begriffe sind Nipkow 1986 (s.o. Anm. 123) bzw. Schweitzer 2003 (s.o. Anm. 122) entnommen. Die Formulierungen der übrigen Spalten enthalten keine Zitate, sind jedoch der Sache nach den besagten Veröffentlichungen entlehnt.

„Elementaren Zugängen“ (Elementar ist „das zeitlich An-gemes-sene“.)	Passt der Sachverhalt in den Entwicklungs-prozess der Schüler/-innen? Können sie ihn schon verstehen? Fordert er sie heraus?	Entwicklungs-angemessenheit (Sequenzproblem)	Entwicklungspsychologie
„Elementaren Lernwegen“ (Elementar ist das Eigenaktivität fördernde Verfahren.)	Wie kann das Thema so erschlossen werden, dass die Schüler/innen aktiv-entdeckend an der Gestaltung des Lernprozesses beteiligt sind?	Dialogische Unterrichtsgestaltung	Methodik

Unterricht sollte in möglichst vielen dieser fünf Hinsichten elementar sein. Allerdings bietet auch eine dementsprechende Vorbereitung keine Gewähr für das Gelingen des Unterrichts; auch sie lässt Unterricht nicht pädagogisch beherrschbar werden. Bei der Unterrichtsvorbereitung im Sinne dieses Ansatzes ist die Reihenfolge der fünf Schritte variabel. Die Aufgliederung des Elementaren in fünf Facetten versteht sich lediglich als heuristisches Hilfsmittel; Religionslehrer/innen sollen sich beim Durchgang durch diese fünf Fragestellungen in eine „permanente Pendel-Bewegung“ zwischen eher fachlichen und eher schülerbezogenen Überlegungen hineinziehen lassen, die der Schulung ihrer „didaktische[n] Sensibilität“ dient.[596]
So verstanden erschöpft sich Unterrichtsvorbereitung nicht im „Auswählen, Zusammenfassen und Vereinfachen theologischer Inhalte“ – die Entwicklung einer solchen „Elementartheologie“ wäre unter Absehung von der konkreten Lerngruppe und ohne genauere Kenntnis der einzelnen Schüler/innen möglich. Elementarisierende Unterrichtsvorbereitung ist vielmehr ein relationales Verfahren, das neben theologischer auch empirische und didaktische Kompetenz voraussetzt und so vor einer einlinigen fachwissenschaftlichen Deduktion von Unterrichtsinhalten schützt.

7.3.3.3 Kerncurriculum der EKD

Sowohl die didaktische Analyse als auch das Konzept der Elementarisierung beschreiben Methoden, um aus der Fülle der möglichen Inhalte Themen zu finden, die der theologischen Sache ebenso gerecht werden wie den Schüler/innen. Durchaus im Sinne dieser Verfahren hat es die Evangelische Kirche in Deutschland in ihrer ersten und einzigen Denkschrift zum Religionsunterricht 1994 unternommen, sechs bzw. sieben grundlegende, elementare Themen des Religionsunterrichts zu einem so genannten „Kerncurriculum“ zusammenzustellen.[597] Eines dieser Themen fungiert gleichsam als Dach über allen übrigen, es ist die „Frage nach Gott“ – denn Jugendliche messen die Tragfähigkeit und Plausibilität von Religion und Kirche letztlich daran, ob sie auf diese Frage zufriedenstellende Antworten zu geben vermögen. Auch die weiteren sechs Themen greifen jeweils entscheidende religiöse Fragen Jugendlicher auf und stellen zugleich Kristallisationspunkte theologischen Nachdenkens dar.

---

596 Beide Zitate aus Hans Mendl: Elementarisieren lernen, in: JRP 18 (2002), 63-73, hier 67.
597 Dieser Begriff findet sich in Identität und Verständigung 1994 (s.o. Anm. 27), 19; zur Sache vgl. 17-19.

Religiöse Fragen Jugendlicher	*Entsprechender theologischer Topos*
„Was ist das Geheimnis des Anfangs von allem Sein?"	Schöpfung
„Was kommt nach dem Ende: Gibt es ein Weiterleben nach dem Tod?"	Auferstehung
„Warum lässt Gott ... Leiden zu?"	Theodizee
„Existiert Gott, oder ist er nur eine Fiktion?"	Christologie (Jesus von Nazareth als Gleichnis Gottes)
„Wie hilft ... die Kirche, die sich ... als gottkundig ausgibt?"	Kirche
„Wie steht es mit der Gerechtigkeit als ethischem Grundproblem?"	Christliche Ethik

Die Komposition dieses Kerncurriculums stützt sich auf die Auswertung einer einschlägigen Befragung, die 1982/83 unter mehrheitlich evangelischen Berufsschüler/innen in Baden-Württemberg durchgeführt wurde.[598] Die zugrunde liegenden Wahrnehmungen bedürften somit einer neuerlichen empirischen Prüfung; unbeschadet dieses Desiderates stellt das Kerncurriculum einen bedenkenswerten Impuls dar, Religionsunterricht auf das Wesentliche zu konzentrieren. Es ist aller Mühe wert, um als orientierende Mitte in Dienst genommen und durch eigene Unterrichtsversuche bewährt zu werden.

7.3.4 Wege zur Orientierung in der religionsdidaktischen Diskussion

Religionsdidaktische Veröffentlichungen gelten einem weiten Spektrum von Gegenständen: Sie betreffen die Planung einzelner Unterrichtssequenzen oder Fragen nach dem Ziel von Religionsunterricht insgesamt; sie betreffen Störungen oder die Klärung theoriegeladener Begrif-

[598] Die Ergebnisse der Befragung sind dokumentiert in Robert Schuster: Was sie glauben. Texte von Jugendlichen, Stuttgart 1984; systematisierend ausgewertet wurden sie in einem – lesenswerten – Büchlein von Karl Ernst Nipkow: Erwachsenwerden ohne Gott? München (1987) ^{5}1997, bes. 49-92.

fe. Einführungen oder Gesamtdarstellungen der Religionsdidaktik können diese Fülle religionsdidaktischer Veröffentlichungen nicht abbilden, sie können die Ergebnisse nur selektiv (auswählend) nach bestimmten Leitgesichtspunkten ordnen bzw. darstellen.
Sechs solcher möglichen Ordnungsmuster lassen sich derzeit unterscheiden:[599]
Muster 1: Religionsdidaktik entlang der Geschichte der Konzeptionen (dazu 7.3.4.1),
Muster 2: Religionsdidaktik nach Themenbereichen des Religionsunterrichts (dazu 7.3.4.2),
Muster 3: Religionsdidaktik nach „Grundregeln" des Unterrichtens[600],
Muster 4: Religionsdidaktik nach Alters- und Schulstufen[601],
Muster 5: Religionsdidaktik für einzelne Schulformen,[602]
Muster 6: Anwendungsorientierte Religionsdidaktik[603].
Alle diese Ordnungsmuster geben Studierenden gleichsam rote Fäden an die Hand, um sich die Diskussionslage innerhalb der Religionsdidaktik zu erarbeiten. Exemplarisch vorgestellt werden soll hier die Ordnung der Religionsdidaktik anhand von Konzeptionen sowie anhand der Bearbeitung eines Themengebietes.

7.3.4.1 Aufarbeitung religionsdidaktischer Konzeptionen im geschichtlichen Nacheinander

In mehr oder weniger systematischer Form setzt das Nachdenken über die angemessene unterrichtliche oder sozialisatorische Weitergabe des christlichen Glaubens bereits in der Zeit der so genannten Alten Kirche ein; davon legen beispielsweise Schriften des Aurelius Augustinus (354-430) Zeugnis ab. Am Ausgang des Mittelalters – wegweisende Bedeutung kommt dabei den Reformatoren Martin Luther (1483-1546) und Philipp Melanchthon (1497-1560) zu – verdichten sich solche Überlegungen; neuerliche Schübe der Intensivierung setzen in der Zeit der Aufklärung, also im 18. Jahrhundert, und am Übergang vom 19. zum 20. Jahrhundert ein. Mit einigem Recht wird deshalb der Anfang der „Religionspädagogik"[604] entweder in der Zeit der Reformation, in der Aufklärung oder aber am Ende des 19. Jahrhunderts verortet.
Religionsdidaktische Reflexionen, die explizit das Ziel und die Durchführung eines konfessionellen Religionsunterrichts in der Schule betreffen (und mit ihren Ansätzen bis heute nachwirken), entstehen gegen Ende des 18. Jahrhunderts – zu nennen sind als Autoren vor allem Christian Gotthilf Salzmann (1744-1811), Friedrich Schleiermacher (1768-1834), Adolph Diesterweg (1790-1866), Christian Palmer (1811-1875), Tuiskon Ziller (1817-1882) und Richard Kabisch (1868-1914).[605]

---

599 Vgl. Norbert Mette / Friedrich Schweitzer: Neuere Religionsdidaktik im Überblick, in: JRP 18 (2002), 21-40, die vier Zugänge unterscheiden.
600 Beispiele: Engelbert Groß / Klaus König (Hg.): Religionsdidaktik in Grundregeln, Regensburg 1996. Hilger / Leimgruber / Ziebertz 2001 (s.o. Anm. 80).
601 Beispiele: Heinz Schmidt: Religionsdidaktik. Ziele, Inhalte und Methoden religiöser Erziehung in Schule und Unterricht, 2 Bände, Stuttgart u.a. 1982 und 1984, v.a. Band II, sowie Klaus Wegenast: Religionsdidaktik Grundschule, Stuttgart u.a. 1983 und ders.: Religionsdidaktik Sekundarstufe I, Stuttgart u.a. 1993.
602 Diese Differenzierung wird in der Religionsdidaktik – sieht man einmal von Speziallitertur zur Grundschule ab – bisher sträflich vernachlässigt; zur Grundschule vgl. etwa Friedrich Schweitzer / Gabriele Faust-Siehl (Hg.): Religion in der Grundschule, Frankfurt 1994, zu den Berufsbildenden Schulen vgl. Comenius-Institut: Handbuch Religionsunterricht an berufsbildenden Schulen, Gütersloh 1997. Literatur zu den Schulformen der Sekundarstufe I aus religionsdidaktischer Perspektive muss man mit der Lupe suchen.
603 Karl Foitzik / Frieder Harz: RU vorbereiten, München (1985) ^{2}1990. Hermann-Josef Frisch: Leitfaden Fachdidaktik Religion, Düsseldorf 1992. Johann Hofmeier: Fachdidaktik Katholische Religion, München 1994. Hans Schmid: Die Kunst des Unterrichtens. Ein praktischer Leitfaden für den Religionsunterricht, München 1997.
604 Der Begriff „Religionspädagogik" wird zum ersten Mal 1889 in einer Publikation verwendet; vgl. dazu Gerd Bockwoldt: Religionspädagogik. Eine Problemgeschichte, Stuttgart u.a. 1977, 15f. Zuvor war der Begriff „Katechetik" üblich.
605 Einen anregenden Einblick in das Denken dieser „Religionsdidaktiker" bietet der Band „Klassiker der Religionspädagogik", hg. von Henning Schröer und Dietrich Zilleßen, Frankfurt 1989.

Im 20. Jahrhundert vermehrt sich die Zahl der Autoren signifikant - vereinzelt kommen jetzt auch Autorinnen hinzu[606]; es ist (nicht zuletzt deshalb) üblich geworden, ihre Entwürfe in Gruppen zusammenzufassen und solche Bündel verwandter Ansätze als „religionsdidaktische Konzeption" zu bezeichnen.

Diese Konzeptionen sind mehrfach in knapper, übersichtlicher Weise dargestellt worden.[607] Hier wird davon abgesehen, eine solche Darstellung zu wiederholen – sie geriete wohl notwendigerweise zu undifferenziert und könnte die Entwürfe nicht aus den Umständen ihrer Zeit heraus verständlich werden lassen. Statt dessen nennt die folgende Übersicht die wichtigsten religionsdidaktischen Konzeptionen des 20. Jahrhunderts (und zwar mit Ausnahme des Unterrichts in Religion sowie der Korrelationsdidaktik jeweils in ihrer evangelischen Spielart) lediglich in chronologischer Reihung beim Namen, charakterisiert knapp ihr Anliegen und führt dazu – gleichsam als Einladung zur „originalen Begegnung" (Heinrich Roth) – jeweils einen exemplarischen Text eines entsprechenden zeitgenössischen Autors an.

---

606 Dazu Annebelle Pithan (Hg.): Religionspädagoginnen des 20. Jahrhunderts, Göttingen 1997.

607 Vgl. etwa Wilhelm Sturm: Religionspädagogische Konzeptionen, in: Religionspädagogisches Kompendium [5]1997 (s.o. Anm. 23), 37-86, Godwin Lämmermann: Religionspädagogik im 20. Jahrhundert, Gütersloh (1994) [2]1999, Grethlein 1998 (s.o. Anm. 3), 1-214, sowie Artikel zu den genannten Personen und Konzeptionen im LexRP 2001 (s.o. Anm. 92).

Religionsdidaktische Konzeption (und ihre Blütezeit)	*Charakteristik ihres Anliegens*	*Exemplarische Veröffentlichung*
Evangelische Unterweisung (30er-50er Jahre des 20. Jahrhunderts)	will das Evangelium nicht nur in der Gemeinde, sondern auch im schulischen Unterricht als Anrede Gottes an die Schüler/innen zu Gehör bringen (verkündigen)	Helmuth Kittel: Vom Religionsunterricht zur Evangelischen Unterweisung, Wolfenbüttel 1947.
Hermeneutischer Religionsunterricht (Ende der 50er und 60er Jahre)	will Schüler/innen zum historisch-kritischen Verstehen der christlichen Überlieferung, insbesondere ihrer biblischen Ursprünge, befähigen und sie so in eine existentielle Entscheidung führen	Martin Stallmann: Christentum und Schule, Göttingen 1958.
Problemorientierter Religionsunterricht (Ende der 60er Jahre)	will Themen des RU nicht länger aus Tradition und Bibel allein schöpfen, sondern gegenwärtige bzw. für die Zukunft der Schüler/innen relevante Probleme religiöser, aber auch ethisch-lebensweltlicher Art klären	Hans Bernhard Kaufmann: Muß die Bibel im Mittelpunkt des Religionsunterrichts stehen? (1966), in: ders. (Hg.): Streit um den problemorientierten Unterricht, Frankfurt 1973, 23-27.
Sozialisationsbegleitender Religionsunterricht (Anfang der 70er Jahre)	will im Gefolge Jesu sowie der modernen Sozialwissenschaften die Schüler/innen selbst, vor allem ihre bisherige religiöse Sozialisation, zum Gegenstand der Beratung und (ideologie-)kritischen Reflexion machen	Dieter Stoodt: Information und Interaktion im RU (1970), in: Klaus Wegenast (Hg.): Religionspädagogik, Band 1, Darmstadt 1981, 317-328.
Unterricht in Religion / Religionskundlicher Unterricht (Anfang der 70er Jahre)	will Schüler/innen zur kritischen Reflexion religiöser Phänomene aller Art befähigen und sie nicht in eine partikulare Kirche, sondern in Sprache, Denkweise und Wirkungen von ‚Religion' einführen	Hubertus Halbfas: Fundamentalkatechetik, Stuttgart (1968) ^{2}1969.
Korrelationsdidaktik (70er und 80er Jahre)	will die Fragen der Schüler/innen und die Antworten des Glaubens konstruktiv (und ggf. auch konfrontativ) aufeinander beziehen	Georg Baudler: Religiöse Erziehung heute, Paderborn 1979.

Symboldidaktik (80er und 90er Jahre)	will Schüler/innen zum Verstehen („kritische Symbolkunde“) und selbständigen Umgang (eigene „Symbolisierung“) mit Symbolen als der zentralen Ausdrucksform von (christlicher) Religion befähigen	Peter Biehl: Symbole geben zu lernen, Neukirchen 1989.
Elementarisierung (ab Mitte der 80er Jahre)	will anhand der Frage nach grundlegenden Wahrheiten, Zugängen, Strukturen, Erfahrungen und Lernwegen die aktive, fruchtbare Begegnung der Schüler/innen mit (christlicher) Religion ermöglichen	Friedrich Schweitzer: Elementarisierung – ein religionsdidaktischer Ansatz, in: ders. (Hg.): Elementarisierung im Religionsunterricht, Neukirchen 2003, 9-30.
Semiotische Religionsdidaktik (Ende der 90er Jahre)	bestreitet die Eigenartigkeit von Symbolen und will statt dessen religiös relevante „Zeichen“ aus Überlieferung bzw. Lebenswelt auf ihren Gebrauch hin analysieren und deuten, ihre Verwendung kri-tisch beleuchten und sie probeweise, variierend in Gebrauch nehmen	Bernhard Dressler / Michael Meyer-Blanck (Hg.): Religion zeigen: Religionspädagogik und Semiotik, Münster 1998.

Für eine handlungsorientierte Religionsdidaktik sind diese Konzeptionen weniger als Zeugnisse der Geschichte religionspädagogischer Theoriebildung von Interesse, sondern vielmehr als Versuche, angemessene Wege zur Erschließung christlicher Religion im Religionsunterricht systematisch herauszuarbeiten. Die vorgeschlagenen Wege lassen sich u.a. danach unterscheiden, woher der entsprechende Religionsunterricht seine Themen gewinnt und welcher Aufgabenstellung er sich verpflichtet sieht. Anhand dieser Kriterien werden in der Fülle der Konzeptionen drei Paradigmen oder – um einen Begriff Peter Biehls aufzugreifen: „Strukturen didaktischer Erschließung“ [608] – erkennbar: erstens Gewinnung der Themen aus der Tradition – Religionsunterricht dient der *Traditionserschließung* (so vor allem im Falle des Hermeneutischen Religionsunterrichts), zweitens Gewinnung der Themen aus der jeweils aktuellen Lebenswelt der Schüler/innen und Lehrer/innen – Religionsunterricht dient der *Problembearbeitung* (so paradigmatisch im Falle des Problemorientierten Religionsunterrichts), drittens Gewinnung von Themen aus Biographie und persönlicher Sinnsuche der am Unterricht beteiligten Personen – Religionsunterricht dient der *Biographie- und Lebensdeutung* (so beispielhaft im Falle der Korrelationsdidaktik oder auch des Sozialisationsbegleitenden Religionsunterrichts).

Die neueren Ansätze – Symboldidaktik, Elementarisierung und semiotische Religionsdidaktik – sind sich darin einig, dass die traditionserschließende, die lebenswelterschließende und die biographieerschließende Form der Themengewinnung nicht gegeneinander ausgespielt werden dürfen, sondern einander ergänzen sollten, um den Grundaufgaben religiöser Bildung und den Dimensionen (christlicher) Religion gerecht zu werden. Die narrativ-mythologische und die doktrinale Dimension werden primär auf dem Wege der Traditionserschließung in den Unterricht eingeholt, die soziale und ethische Dimension auf dem Wege der Problembearbeitung und die rituelle und experientiale auf dem Weg der Biographie- und Lebensdeutung.[609]

7.3.4.2 Themenorientierte Auswertung der Religionsdidaktik – das Beispiel der Bibeldidaktik

Die Lehrpläne für den evangelischen und katholischen Religionsunterricht enthalten – unbeschadet ihrer Unterschiede in der Anlage und in der Themenauswahl im Einzelnen – über weite Strecken eng verwandte Themenkataloge. Diese Themen bzw. Themenbereiche haben nicht nur häufig eine Affinität zu bestimmten theologischen Disziplinen – so korrespondiert etwa die Behandlung von biblischen Geschichten und Auslegungsfragen den Disziplinen Altes und Neues Testament, die Behandlung ethischer Fragen der Systematischen Theologie /Ethik usw. –, sondern der einschlägige Unterricht begegnet je nach Themenbereich auch besonderen didaktischen Herausforderungen. Entsprechend haben sich spezifische themenbezogene Didaktiken herausgebildet. Zu nennen sind etwa die Kirchengeschichtsdidaktik, die Ethikdidaktik, didaktische Ansätze zum Umgang mit nicht-christlichen Religionen bzw. zum interreligiösen Lernen, die Liturgiedidaktik – und nicht zuletzt die Bibeldidaktik. Letztere soll hier exemplarisch thematisiert werden, indem zunächst Herausforderungen und Chancen, dann bibeldidaktische Konzepte in Auswahl und schließlich Perspektiven der Bibeldidaktik skizziert werden.

---

[608] In seinem Aufsatz „Didaktische Strukturen des Religionsunterrichts“ (in: JRP 12, 1996, 197-223) hat Peter Biehl eine traditionserschließende, eine problemorientierte und eine symboldidaktische Struktur unterschieden; in einem späteren Beitrag über „Die geschichtliche Dimension religiösen Lernens“ (in: JRP 18, 2002, 135-143) hat er als vierte eine lebensgeschichtlich-biografische Struktur hinzugefügt. Sein Anliegen, in der Fülle der Konzeptionen grundlegende didaktische Strukturen zu identifizieren, wird hier als wegweisend aufgenommen; kritisch gesehen wird hier demgegenüber die Vierzahl der Strukturen (und ihre argumentative Begründung).

[609] Die Unterscheidung dieser sechs Dimensionen folgt dem Religionswissenschaftler Ninian Smart; sie wird hier angeführt nach Schmidt 1993 (s.o. Anm. 6), 113f.

a. Herausforderungen und Chancen

Die Bibel fungierte seit der Reformation *nach* dem Katechismus und dem Gesangbuch (!) als drittes Leitmedium des Religionsunterrichts. Erst Mitte der 60er Jahre wurde es fraglich, ob die Bibel „im Mittelpunkt des Religionsunterrichts stehen" muss. Der einschlägige Vortrag von Hans Bernhard Kaufmann[610] hat wohl nicht zuletzt deshalb eine solch tiefgreifende Wirkung entfaltet, weil er die damals tatsächlich bestehenden und wohl allseits ‚geahnten' Probleme des bisherigen Bibelunterrichts theologisch und didaktisch auf den Punkt brachte. Die Herausforderung, vor der bibelbezogener Unterricht heute steht, wird an folgenden Phänomenen erkennbar:

- Die Bibel spielt in der familialen (religiösen) Erziehung kaum eine Rolle: Die Bibel (als Buch) begegnet deshalb Kindern und Jugendlichen in ihrem Alltag eher selten – sie bekommen vor allem selten zu spüren, dass die Bibel bei signifikanten Anderen, namentlich den Eltern und Großeltern, geschätzt wird; in der Regel findet eine gemeinsame Beschäftigung mit der Bibel aus strukturellen Gründen (Fehlen eines gleichmäßigen Lebenstaktes, Fehlen ungebundener Gemeinschaftszeiten) keinen Raum mehr im familialen Leben.
- Nicht allein die Bibel, auch der traditionelle Zugang zur Bibel, nämlich die eigene Lektüre, wird den Zeitgenossen immer fremder. Menschen lesen überhaupt – außer Zeitungen / Zeitschriften – überraschend wenig Bücher; unter Schüler/innen ist „zur Zeit mit etwa einem Viertel bis etwa einem Drittel ‚Leseabstinenten' ... zu rechnen."[611] Von den Mitgliedern der evangelischen Kirche lesen nach eigenen Angaben etwa zwei Drittel nie in der Bibel; nur noch für jedes fünfte Kirchenmitglied gehört es unbedingt zum Evangelisch-Sein, dass man die Bibel liest (vgl. oben 2.4.).
- Die Bibel gilt immer mehr Menschen als inhaltlich abständiges Buch. Es gilt als fraglich bzw. als unwahrscheinlich, dass ‚unsere' Erfahrungen mit denen der biblischen Protagonisten zu tun haben, dass biblische Weisungen Orientierung für gelingendes Leben heute anzubieten haben. Die Bibel erleidet insofern einen Relevanz- und Erfahrungsverlust. Für Schüler/innen trifft dies insofern in erhöhtem Maße zu, als zum einen der Zeitraum zwischen Bibelredaktion und uns unüberschaubar groß erscheint (fast 2.000 Jahre) und zum anderen die Bibel ein Buch ist, dass nicht für Kinder und Jugendliche, sondern für Erwachsene geschrieben wurde.

Diesen drei Problemkonstellationen (Bedeutungsverlust, Ungelesenheit, Abständigkeit) stehen umgekehrt auch Chancen und positive Ansatzpunkte von Bibelunterricht gegenüber:

- Insbesondere Kinder im Grundschulalter sind nach wie vor an biblischen Geschichten interessiert – vor allem dann, „wenn diese spannend und wohl geformt erzählt und ‚mehrperspektivisch' erschlossen werden"[612]; dies ist eines der zentralen Ergebnisse einer empirischen Untersuchung zur Bibelkenntnis unter Grundschulkindern aus der Feder von Anton Bucher und Helmut Hanisch aus dem Jahr 1999. Dieses Interesse lässt zwar in der Pubertät und im Zuge der entsprechenden Umwälzungen im religiösen Urteil und Denken nach; es ist aber zunächst vorhanden.

---

[610] Hans Bernhard Kaufmann: Muß die Bibel im Mittelpunkt des Religionsunterrichts stehen? (Loccum Oktober 1966), in: ders. (Hg.): Streit um den problemorientierten Unterricht in Schule und Kirche, Frankfurt / M. 1973, 23-27.

[611] Zitate aus: Bettina Hurrelmann: Leseförderung [1994], in: Horst Dichanz (Hg.): Handbuch Medien: Medienforschung, Bonn 1998, 129-139, hier 130.

[612] Hanisch / Bucher 2002 (s.o. Anm. 60), 123. Wichtig ist die Beobachtung der Autoren, dass Kinder zwar *Interesse*, immer seltener aber bereits Bibel*kenntnisse* in den Religionsunterricht mitbringen. Es ist vielmehr dieser Unterricht, der sie mit biblischen Geschichten vertraut macht – und vertraut machen soll.

- Kinder und Jugendliche kennen durchaus biblische Geschichten – im westdeutschen Durchschnitt kennen sie fünf wichtige biblische Erzählzusammenhänge wie etwa die Mose-Geschichten oder die Passion Jesu; die Kenntnis dieser Geschichten erwerben Kinder allerdings immer weniger durch die Familie als vielmehr durch „die professionelle religiöse Erziehung", also vor allem (in 88 % der Fälle) durch den Religionsunterricht und (in 28% der Fälle) durch den Kindergottesdienst.[613]
- Und schließlich gilt die Bibel nach wie vor als *das* Kennzeichen des Christentums sowie als *das* abendländische Kulturgut schlechthin. Wirkungsgeschichte und Wirkungskreis der Bibel sind deutlich weiter als der Wirkungskreis der Institution Kirche; dabei zieht die Bibel möglicherweise weniger religiöses Interesse auf sich als vielmehr ein kulturelles. In ästhetisierter Form – also in Gestalt von Bibelverfilmungen, Comics, biblischen Anspielungen in Literatur und Kunst, in Gestalt auch von Zitaten und Paraphrasen in populärer Musik – findet sie durchaus in der Gegenwart Interesse; die Tiefenwirkung dieser Art von Bibelrezeption ist noch keineswegs hinreichend erforscht.

Bibeldidaktische Entwürfe sollten diesen Ambivalenzen in der Einschätzung der Bibel Rechnung tragen. Mehrheitlich beziehen sie sich auf sog. biblische Unterrichtseinheiten (Beispiel: Exodus) – nicht in Vergessenheit geraten sollte daneben, dass die Bibel auch innerhalb problemorientierter Einheiten (Beispiel: Rückgriff auf die Bergpredigt im Rahmen einer Einheit zu „Frieden und Gewalt") oder in systematisch-theologisch bzw. religionswissenschaftlich akzentuierten Einheiten (Beispiel: Jesus in Bibel und Koran) eine Rolle spielt.

b. Bibeldidaktische Konzepte in Auswahl

Die Geschichte der Bibeldidaktik hat sehr unterschiedliche Ansätze hervorgebracht.[614] Sie zielen auf memorierende Einprägung (Konfessionelle Orthodoxie), applicatio (Pietismus), rationales Herausarbeiten der in den Texten verborgenen religiösen Wahrheit (Aufklärung), historisches Verstehen (19. Jahrhundert), Verkündigen des Evangeliums (Evangelische Unterweisung) u.a.m. – in der Regel hängen die didaktischen Vorschläge einerseits unmittelbar mit dem Erkenntnisstand der jeweils zeitgenössischen Bibelwissenschaft[615], andererseits mit den jeweils aktuellen religionsdidaktischen Konzepten zusammen.

Ansatz 1: Texthermeneutisch akzentuierte Bibeldidaktik (Hermeneutischer Religionsunterricht)

Die Bibel wurde im Religionsunterricht lange so als Zeugnis göttlicher Offenbarung genommen, wie sie in der jeweiligen Übersetzung bzw. in der jeweiligen Form als Schulbibel vorlag. Von Interesse waren die biblischen Geschichten als Erzählvorlagen und Bedeutungsträger, nicht der Blick hinter die Kulissen der Bibelentstehung und der Geschichte des einzelnen Textes. Einen historisch-kritischen Zugang zur Bibel als Unterrichtsmedium hat erst das Konzept des hermeneutischen Religionsunterrichts angebahnt. Im Konzept des Hermeneutischen Religionsunterrichts wurde der exegetisch kontrollierte Umgang mit der Bibel zum Kriterium qualifizierter Unterrichtsvorbereitung und -durchführung; mit einigem Recht kann man dieses Konzept insgesamt als bibeldidaktisches Konzept verstehen: Wie christliche *Religion* zu un-

---

[613] Ebd., 20/24 und 122.

[614] Eine knappen Überblick bietet Klaus Wegenast: "Geschichte der evangelischen Bibeldidaktik", in: Handbuch 1987, 221-226, sowie in seinem Artikel „Bibel V. Praktisch-theologisch", in: TRE V (1980), 93-109, hier 93-97.

[615] Dazu Henning Graf Reventlow: Epochen der Bibelauslegung, 4 Bände, München 1990-2001 (I: Vom Alten Testament bis Origenes, 1990; II: Von der Spätantike bis zum Ausgang des Mittelalters, 1994; III: Renaissance, Reformation, Humanismus, 1997; IV: Von der Aufklärung bis zum 20. Jahrhundert, 2001).

terrichten ist, musste sich für die Hermeneutiker daran erweisen und bewähren, wie die *Bibel* im Unterricht verwendet wird!

Dabei geht der hermeneutische Religionsunterricht von zwei Annahmen aus, die bibeldidaktisch unmittelbar einsichtig sind: *Zum einen* von der Abständigkeit zwischen biblischen Texten und gegenwärtiger Erfahrungswelt; beide trennt eine geschichtliche Kluft von mindestens 1.900 Jahren und damit auch das unterschiedliche Welt- und Selbstverständnis der Menschen. *Zum anderen* weiß der hermeneutische Religionsunterricht um den hermeneutischen Zirkel. Verstehen ist immer und unvermeidlich von den Verstehensvoraussetzungen der einzelnen Menschen mitbestimmt; deshalb müssen eben diese Voraussetzungen bewusst gemacht und reflexiv bearbeitet werden. In diesem didaktischen Konzept wird deshalb das *Verstehen* biblischer Texte als zentrale bibeldidaktische Herausforderung markiert – und dieses Leitwort entsprach den damals führenden pädagogischen und theologischen Strömungen, der geisteswissenschaftlichen Pädagogik um Wilhelm Flitner, Herman Nohl und Erich Weniger einerseits, der Theologie Rudolf Bultmanns andererseits.

Verstehen biblischer Texte wird nicht durch Erzählen, Lesen oder Rezitieren biblischer Geschichten allein möglich, sondern durch *historisch-kritische Exegese*. Diese wird im Rahmen des hermeneutischen Religionsunterricht das grundlegende Instrument auch des Religionsunterrichts; der Religionsunterricht wird demgemäß verwissenschaftlicht. Eindrücklich schlägt sich diese Konzeption in dem Schulbuch „Gott kommt. Ein Unterrichtswerk für Gymnasien“[616] nieder. Zu den Nachteilen des Konzeptes gehört, dass Religionsunterricht nolens volens ‚gymnasial' und auch methodisch einsilbig wurde. Zudem werden Religionslehrer/innen so in erster Linie als Fachleute für Exegese in Anspruch genommen, erst nachgeordnet als Didaktiker – ihre Unterrichtsvorbereitung verläuft „von der Exegese zur Katechese“ (Alfred Läpple); die Fragen und Entwicklungsbedürfnisse der Schüler/innen kommen so kaum in den Blick. Umgekehrt vermag hermeneutischer Religionsunterricht den Schüler/innen gediegene methodische Kenntnisse zur Auslegung von Texten zu vermitteln, er weist intellektuell redliche theologische Urteilsbildung als hohes Gut aus und macht junge Menschen mit der Sprache der Religion vertraut.

Ansatz 2: Biblische Didaktik als die der Bibel eigene Didaktik (Ingo Baldermann)

Ein zweiter bibeldidaktischer Ansatz ist aus der Kritik am Konzept des hermeneutischen Religionsunterricht herausgewachsen. Nach Auffassung des Siegener Bibeldidaktikers Ingo Baldermann hat die konsequente Anwendung der historisch-kritischen Exegese im Unterricht zu „eine[r] Distanz“ zur Bibel beigetragen, „in der das Wort der Bibel, ihre Verheißung und Wegweisung, überhaupt nur noch mit Mühe hörbar wird, für nicht wissenschaftlich geschulte Menschen überhaupt nicht mehr, geschweige denn für Kinder“ [617] und in der sich aus der Bibel keine Kräfte mehr für das Überleben der Menschheit wie für die Lebensführung des Einzelnen ziehen lassen.

Es ist demgegenüber originäre Aufgabe der Didaktik – zumal der Bibeldidaktik – „nach dem für die kommende Generation Notwendigen“ zu fragen (10). Was derzeit not tut, ist angesichts der Gefahr der Selbstzerstörung der Menschheit durch Massenvernichtungswaffen sowie angesichts der ökologischen Krise nur eines: Hoffnung. Die Bibel kann und will solche Hoffnung stiften - wenn man sie nicht durch die Brille wissenschaftlicher Exegese liest, sondern sie unverstellt wahrnimmt. Hinter diesem Postulat steht seine Überzeugung, dass „die biblischen Texte ... durchweg in ausdrücklich didaktischer Absicht“ „aufbewahrt und aufgeschrieben und schließlich in diesem Buch versammelt worden [sind] ..., um andere, später

[616] Herausgegeben von Hans-Joachim Kraus und Grete Schneider, 3 Bände Neukirchen, zuerst 1966/1969/1973.
[617] Dieses wie die folgenden Zitate sind entnommen aus Ingo Baldermann: Einführung in die biblische Didaktik, Darmstadt 1996, hier 33.

Hinzukommende an ihren Erfahrungen teilhaben und lernen zu lassen.“ (3) Weil dies der spezifische Charakter der Bibel ist, deshalb ist „biblische Didaktik ... zuallererst *die der Bibel eigene Didaktik*“ (Vorwort)! Als zentrale bibeldidaktische Aufgabe erweist es sich somit, nicht *über* die Bibel zu reden oder sie auszulegen, sondern „Begegnungen herbeizuführen zwischen den Kindern und den Worten der Bibel“ (9). Den Schlüssel zu solchen Begegnungen fand Baldermann etwa in einzelnen Psalmworten, die direkt zu Kindern sprechen, Worte wie „Ich versinke in tiefem Schlamm, wo kein Grund ist“ (Psl 69,3) oder „Du tröstest mich in Angst“ (Psl 4,2).[618] Nach seiner Überzeugung bringen die elementaren, erfahrungsgesättigten Sprachformen der Bibel direkt auch Erfahrungen *von Gläubigen heute* zum Ausdruck, wenn sie denn danach fragen, was sie wirklich glauben, woran sie wirklich hängen (31).
Baldermanns Ansatz kann besonders für die Primarstufe als erprobt gelten – für höhere Altersstufen müsste er modifiziert werden. Sein Zugang stellt sich dem Kernproblem der Bibeldidaktik – dem (vermeintlich) mangelnden Bezug zwischen eigenen Erfahrungen und biblischen Geschichten, darin liegt seine Stärke. Zu fragen bleibt indes, ob die Bibel tatsächlich unmittelbar erschlossen werden kann und sollte. Baldermann formuliert das entsprechende Postulat provokant im Affront gegen eine Exegese, die ihr Wissen als *notwendige* Voraussetzung eines Zugangs zur Bibel zu begreifen scheint; zu fragen bleibt, ob nicht ein reflexiv ausgewiesener Umgang mit der Bibel *auch* Wege zu ihrer existentiellen Erschließung eröffnen kann. Zumindest Schüler/innen jenseits der Grundschule sollten mit einem Instrumentarium zum Verstehen biblischer Texte vertraut gemacht werden.

Ansatz 3: Biblische Symboldidaktik (Ursula Früchtel)
In Ansatzpunkt und Gefälle steht der Ansatz einer biblischen Symboldidaktik dem Konzept Ingo Baldermanns nahe. In diesem Sinne schreibt Ursula Früchtel in der Einleitung ihres Buches „Mit der Bibel Symbole entdecken“: „Der Umgang mit den biblischen Überlieferungen unter dem Aspekt ihrer Symbole ... fragt weniger [exegetisch] nach dem, was objektiv war .... Er möchte biblische Texte nicht so lange ihrer Sprache entkleiden, bis ein winziger Kern an Faktizität gefunden ist ... Der Umgang mit den biblischen Texten unter dem Aspekt ihrer Symbole ... sieht die Texte [hermeneutisch] in ihrem heutigen Zustand als Sinnganzes, das so gewollt war von seinen Verfassern .... Er sieht sie in ihrer Intention, die darauf hinausläuft, daß Menschen in der Sprache dieser Texte und ihrer Verfasser Sinn finden und ihnen Sinn entnehmen ... Symbole sind wie ein Schlüssel mit doppeltem Bart, der sowohl unsere Wirklichkeit erhellen als auch die biblische Überlieferung erschließen will.“[619]
Wo Baldermann auf „Hoffnung“ abhebt, geht es Früchtel um die Sinnfrage; wo Baldermann an einfachen, unmittelbar verständlichen Sätzen anknüpfte, setzt Früchtel bei Symbolen ein. Und während Baldermann den Religionsunterricht der Grundschule bedachte, zielen Früchtels Überlegungen auf die Sekundarstufen I und II (aller Schulformen). Der Intention nach lässt sich ihr Ansatz als Verlängerung der Baldermannschen Konzeption in die weiterführende Schule interpretieren.
Anders als in den bekannten religionspädagogischen Symboltheorien, einerseits von Hubertus Halbfas, andererseits von Peter Biehl, geht es Früchtel in ihrer Bibeldidaktik nicht um eine allgemein gültige Klärung des Symbolverständnisses. Sie beschränkt sich in dieser Hinsicht bewusst und legt dies auch offen: Ihr Interesse gilt allein der symbolischen Redeweise der Bibel, die sie als Faktum und hermeneutische Herausforderung wahrnimmt. Dabei versteht sie unter „Symbol“ schlicht eine bildhafte sprachliche Ausdrucksform, die neben einer wörtlichen

[618] Eindrücklich schildert Baldermann sein Vorgehen in: Wer hört mein Weinen? Kinder entdecken sich selbst in den Psalmen, Neukirchen (1986) ^{5}1995.
[619] Ursula Früchtel: Mit der Bibel Symbole entdecken, Göttingen 1991, 12.

noch eine „übertragene Bedeutung" freisetzt (11) – als Beispiel sei die Rede von Licht und Finsternis angeführt.
Die erste Aufgabe der Bibeldidaktik besteht darin, diese sprachlichen Symbole aufzuspüren, der zweite Schritt ist deren biblisch gedeckte Deutung in anthropologischer, christologischer, theologischer o.a. Hinsicht und der dritte Schritt ist die Verknüpfung biblischer Symbole mit solchen aus der Erfahrungswelt der Zielgruppe.
Die Stärke dieses Ansatzes liegt darin, bei den biblischen Texten selbst anzusetzen, sie genau wahrzunehmen und zugleich von dort aus eine Brücke des Verstehens zu den Erfahrungen der Adressaten zu schlagen. Der entsprechende Unterricht ist durchgängig handlungsorientiert. Allerdings bedarf dieses Konzept in zwei Richtungen der Ergänzung: zum einen der Ergänzung um das Verstehen nicht-symbolischer, gleichwohl wesentlicher Partien der Bibel, zum anderen der Ergänzung um solche lebensweltliche oder biographische Problemstellungen, die keinen Widerhall in der biblischen Symbolwelt finden.

Ansatz 4: Korrelationsdidaktische Bibelauslegung (Georg Baudler, Horst Klaus Berg)
„Korrelationsdidaktik" ist seit Mitte der 70er Jahre bis in die Gegenwart (zur Zeit allerdings nicht unumstritten[620]) ein Leitbegriff der katholischen Religionsdidaktik. Sie zielt, knapp formuliert, auf das wechselseitige Erschließen von Glaubenstradition und Schülerexistenz. Diese Korrelationsdidaktik ist durch einen entsprechenden Beschluss der deutschen Bischofskonferenz aus dem Jahr 1974, den sog. Würzburger Synodalbeschluss, sowie durch die daraufhin entworfenen „Zielfelderpläne" zum didaktischen Grundmodell der katholischen Religionspädagogik geworden.
Ihre bibeldidaktische Applikation ist vor allem von Georg Baudler entwickelt worden – und zwar in Gestalt des sog. bibeldidaktischen Vierecks.[621] Er schreibt:
„Einen biblischen Text verstehend anzueignen, ihn sinnvoll mit der gegenwärtigen Lebenssituation zu verflechten, heißt, ihn so zu sich sprechen zu lassen, dass sich im eigenen Lebens- und Erfahrungsraum neue, befreiende, Zukunft eröffnende Sprach-, Denk- und Handlungsmuster erschließen ... Dieser Erschließungs...prozeß kann nicht zureichend allein durch analytische Verfahren [sprich: durch historisch-kritische Exegese] erreicht werden ... Ebensowenig aber kann eine rein assoziative Arbeitsweise ... [jene ‚disclosure', ... jene Erfahrung, dass es wie Schuppen von den Augen fällt, hervorrufen, auf die hin ein biblischer Text von sich aus tendiert ...]" (97/98). „Neuer Denk- und Lebensraum wird immer durch ein *Zusammenwirken* von analytischen *und* assoziativen Denkvorgängen erschlossen" (100). Als unterrichtliches Verfahren schlägt Baudler anhand eines Beispiels vor, zunächst eine biblische Erzählung auf ihren Aufbau und ihre Struktur hin zu analysieren, in einem zweiten Schritt dann die historische Sprech-Situation des Textes zu rekonstruieren und in die Gestalt einer Erzählung zu gießen. Ist dieser Arbeitsgang abgeschlossen, können Schüler/innen frei gegenwärtige Lebenssituationen aus ihrem Erfahrungsbereich mit der biblischen Erzählung assoziieren und die biblische Geschichte daraufhin in eine eigene Erzählung umgießen („Aufbau einer gegenwärtig-aktuellen Text-Welt"). Am Ende steht nach Analyse und Assoziation der Vergleich: „Entspricht die jeweilige Neukonstruktion ... der ursprünglichen Wirkabsicht der biblischen Perikope? ... Wodurch sind Abweichungen zu begründen?" (125; vgl. insgesamt 109-126).
Diese Beispielskizze, die Baudler mit Mt 15,14-30 (Gleichnis von den Talenten) durchspielt, zeigt, dass die Korrelationsdidaktik einerseits strikt darauf achtet, den Ertrag der historisch-kritischen Exegese zu berücksichtigen (insofern schließt sie eng an das Programm des hermeneutischen Religionsunterricht an), dass sie aber andererseits auch kreative Annäherungen an

---

[620] Vgl. v.a. Rudolf Englert: Die Korrelationsdidaktik am Ausgang ihrer Epoche. Plädoyer für einen ehrenhaften Abgang, in: Hilger / Reilly 1993 (s.o. Anm. 110), 97-110.
[621] Dargelegt nach Georg Baudler: Religiöse Erfahrung heute, Paderborn u.a. 1979.

den Text zulässt – allerdings zumeist in dieser Reihenfolge. Genau in dieser Einlinigkeit liegt unterrichtspraktisch eine erste Grenze; ein zweiter Grenzpunkt besteht darin, dass biblische und gegenwärtige Situation, Problemstellung, Frage keineswegs immer so nah (und zugleich so klar schematisierbar) beieinander liegen, dass das Gefälle der biblischen Geschichte in eine gegenwärtige Erfahrung übertragen werden könnte.

Die vier Ansätze vermögen das Spektrum moderner Bibeldidaktik immerhin anzudeuten[622] *– neben alternativen Entwürfen wären noch textgruppen-spezifische Ansätze anzuführen, etwa zur Gleichnis-*[623] *und Wunderdidaktik*[624] *oder zur Didaktik des Alten Testaments.*[625]

c. Perspektiven

Bibelunterricht hat womöglich unter Schüler/innen der Sekundarstufen einen schlechten Ruf – vielleicht noch schlechter, so vermute ich, ist sein Ruf unter Religionslehrer/innen. Gewiss wird man die strukturellen Schwierigkeiten des „modernen Lebens mit der Bibel" (Chr. Grethlein) nicht didaktisch lösen können – und doch lohnen Anstrengungen für einen attraktiven, lehrreichen Bibelunterricht allemal. Es geht dabei um die Erschließung der Grundlagen christlichen Glaubens und christlicher Existenz, die zudem an sprachlicher, sachlicher und geschichtlicher Vielschichtigkeit durch kein anderes Stück Literatur zu überbieten sind.
Hervorgehoben werden deshalb abschließend folgende Einsichten:
a) Guter, anregender, lebendiger Bibelunterricht setzt voraus, dass die Lehrenden ihrerseits ‚etwas mit der Bibel anfangen können', dass sie sie kennen, vielfältige Auslegungsweisen selbst erprobt haben und in ihrem eigenen Leben daraus Impulse bzw. Orientierung gewinnen. Dies kann man nicht verordnen und vielleicht gegenwärtig auch nicht voraussetzen – voraussetzen muss man indes, dass Religionslehrer/innen bereit sind, sich in Vorbereitung einer Unterrichtseinheit mit biblischen Texten auf diese Texte und Lernprozesse einzulassen.
b) Horst Klaus Berg hat zu Recht betont, dass es nicht den Königsweg zum Verstehen und Erschließen biblischer Texte gibt. Religionslehrer/innen sollten die biblische Überlieferung – sei es in Gestalt eines Textes, sei es ihrem Gehalt nach – mit Hilfe eines Spektrums von Auslegungstechniken und ganzheitlichen unterrichtlichen Methoden sach- und situationsgemäß einsetzen. Zu der erforderlichen Eigenarbeit gibt Bergs „Handbuch des biblischen Unterrichts"[626] reichlich Anregungen.
c) Gemeinsamer Nenner vieler bibeldidaktischer Reflexionen ist die Kritik an der historisch-kritischen Methode, sofern sie sich als einzig wissenschaftlich legitime Methode darstellt und als unterrichtliches Verfahren absolut gesetzt wird. Diese Kritik ist m. E. berechtigt – zumal derzeit nicht länger die „Distanzierung von einem unkritischen Hören auf die Bibel" das vorrangige Problem ist, sondern die „Distanz" zur Bibel bzw. ihre Vergleichgültigung (Ingo Baldermann). Dennoch wird die historisch-kritische Methode im religionsdidaktischen Zusam-

[622] Zur Vertiefung seien hier zwei ausgezeichnete Veröffentlichungen aus der Feder eines Religionspädagogen sowie eines Neutestamentlers empfohlen, nämlich das dreibändige „Handbuch des biblischen Unterrichts" von Horst Klaus Berg (Ein Wort wie Feuer. Wege lebendiger Bibelauslegung, München / Stuttgart, 1991, ^{4}2001, Grundriß der Bibeldidaktik. Konzepte – Modelle – Methoden, ebd., 1993, ^{2}1999 und: Altes Testament unterrichten. Neunundzwanzig Unterrichtsentwürfe, ebd., 1999), sowie Gerd Theißen: Zur Bibel motivieren. Aufgaben, Inhalte und Methoden einer offenen Bibeldidaktik, Gütersloh 2003.
[623] Als Einstieg eignet sich etwa Norbert Mette: Kinder und Gleichnisse, in: Hubert Frankemölle (Hg.): Die Bibel. Das bekannte Buch – das fremde Buch, Paderborn u.a. 1994, 185-200 sowie der Band von Peter Müller / Gerhard Büttner / Roman Heiligenthal / Jörg Thierfelder: Die Gleichnisse Jesu. Ein Studien- und Arbeitsbuch für den Unterricht, Stuttgart 2002.
[624] Zum Beispiel Hans-Joachim Blum: Biblische Wunder heute. Eine Anfrage an die Religionspädagogik, Stuttgart 1997.
[625] Etwa Dieter Baltzer: Lehren und Lernen mit dem Alten Testament, Münster u.a. 2001.
[626] Berg ^{4}2001, ^{2}1999 und 1999 (s.o. Anm. 152).

menhang nicht irrelevant: Sie bleibt unverzichtbar als Instrument der Überprüfung, ob eine gewählte Auslegung oder Erschließung im Rahmen dessen liegt, was theologisch redlicherweise von einem Bibeltext behauptet werden darf – in dieser Funktion muss sie allerdings nicht notwendig im Unterricht explizit thematisch werden.

d) Als unverzichtbares Anliegen unterrichtlicher Befassung mit der Bibel hebt die Bibeldidaktik im Konsens hervor, dass die in der Bibel aufbewahrten Erfahrungen mit den gegenwärtigen Erfahrungen der Schüler/innen ins Gespräch gebracht werden sollen – sei es, um (überraschenderweise) Übereinstimmungen, sei es um provokante Unterbrechungen des zeitgeistigen Denkens und Handelns herauszustellen. Mit anderen Worten: Bibelunterricht, der sich nur aus der Tradition legitimiert, ohne den erhofften Gewinn für das gegenwärtige bzw. zukünftige Selbst-, Welt- oder Gottesverständnis der Schüler/innen ausweisen zu können, ist bibeldidaktisch unterbestimmt! Die zentrale Frage bei der Vorbereitung auch des biblischen Unterrichts ist die nach der möglichen „doppelseitigen Erschließung“ (Wolfgang Klafki) von Schüler/in und Sache!

e) Bibelbezogener Unterricht sollte nicht in jeder Altersstufe gleich aussehen. Gewiss: die fachwissenschaftlichen Einsichten bleiben unverändert richtig – doch deshalb bleiben noch lange nicht dieselben unterrichtlichen Verfahren und biblischen Texte angemessen. Hier zeigt sich die große Gefahr eines Unterrichts, dessen Lehrende allein von einem fachwissenschaftlichen Studium geprägt sind, nicht aber von der didaktischen Durchdringung der Lerninhalte.

f) Unterricht, der die Bibel – und ihre Rezeption in kulturellen Gattungen – thematisiert, ist unverzichtbar, weil so grundlegende Sprachformen und Inhalte der jüdisch-christlichen Überlieferung erschlossen werden, die Schüler/innen und Religionslehrer/innen produktiv herausfordern.

7.3.5 Handlungsorientierende Grundsätze

1. Die Erteilung von Religionsunterricht beschränkt sich weder auf die Umsetzung fachwissenschaftlicher oder ministerieller Vorgaben noch ist guter Religionsunterricht ‚Schwellenunterricht', dessen Vorbereitung kurzfristig und pragmatisch geschieht. Religionslehrer/innen arbeiten vielmehr in erheblicher didaktischer Freiheit und persönlicher theologischer Verantwortung. Um dieser Aufgabe gerecht zu werden, ist es nötig, sich stets aufs Neue *die didaktischen Entscheidungsspielräume bewusst zu machen* und didaktische Entscheidungen unter Abwägung der Alternativen bewusst zu fällen!

Der Gebrauch von Lehrplänen, Unterrichtsmedien u.ä. ist kein Ersatz für eigene didaktische Entscheidungen!

2. Im Religionsunterricht geht es um die Förderung der Schüler/innen bei der Ausformung einer religiös sensiblen und handlungsfähigen Persönlichkeit.

Von daher besteht die didaktische Schlüsselaufgabe in der *Suche nach Korrelationen zwischen bereits vorhandenen Schülererfahrungen und der Sache christlicher Religion.* Ziel des Religionsunterricht ist die „doppelseitige Erschließung“ beider Größen (W. Klafki).

Im Unterricht soll sich einerseits den Schüler/innen das verhandelte Thema erschließen, d.h. es soll für sie zugänglich, verständlich, aber auch kritisierbar und ggf. veränderbar werden. Umgekehrt sollen die Schüler/innen sich dem Thema öffnen, also um Verständnis ringen, sich und ihre Daseins- und Wertorientierung kritisch hinterfragen und ihre Handlungs- und Verantwortungsmöglichkeiten prüfen.

3. Religionsdidaktisch denken lernen heißt deshalb vor allem: Elementarisieren lernen. Gemeint ist damit nicht eine schlichte Vereinfachung fachwissenschaftlicher Zusammenhänge

(sog. Elementartheologie). Elementarisieren heißt vielmehr, im Blick auf die Menschen, die sich auf einen religiösen Lernprozess einlassen, nach dem Wesentlichen zu fragen, damit zugleich nach dem entwicklungsmäßig Passenden, nach dem Erfahrbaren und dem Wahren.

4. Schüler/innen begegnen auch im Religionsunterricht nicht als bloße Objekte der Belehrung. Vielmehr sind sie bereits als aktiv aneignende Autoren ihres religiösen Nachdenkens, Handelns und Empfindens ernst zu nehmen und zugleich auf dem Weg zur Subjektwerdung unterstützend zu begleiten!
Diese *wertschätzende Art der Schülerorientierung* ist der Kern des (religions-)pädagogischen Ethos; das darin mitschwingende pädagogische Paradox (schon jetzt – noch nicht) bildet die Grundspannung im Umgang zwischen Religionslehrer/in und Schüler/innen.

5. In einer zunehmend multireligiös verfassten Gesellschaft und in einer Atmosphäre der Kirchendistanz kann eine bewusste religiöse Orientierung oder gar eine gelebte persönliche Spiritualität seitens der Schüler/innen nicht vorausgesetzt werden. Der evangelische Religionsunterricht lädt – im Unterschied zum katholischen Religionsunterricht – bewusst Schüler/innen aller Orientierungen zur Teilnahme ein; er muss deshalb – je nach Kontext, Schülerschaft und Alter – sowohl Momente der Einweisung in christliche Religion als auch Momente des Hinweises auf die religiöse Dimension von Wirklichkeit überhaupt (Günter R. Schmidt) umfassen. Es gilt hier – stellvertretend für andere Fächer in der Schule und immer häufiger auch für außerschulische Lernorte wie etwa die Familie – religiöse Facetten von Wirklichkeit wahrzunehmen, religiös relevante Fragen, Aussagen, Probleme als solche zu markieren, religiöse Sprachfähigkeit zu stärken, ggf. Erfahrungen mit Religion anzubahnen usw.

6. Die besondere Stärke des Religionsunterrichts als *schulischer* Variante religiöser Bildung liegt in seinem öffentlichen Charakter und im sequentiellen Lernen. Im Religionsunterricht steht christliche Religion auf dem Prüfstand; sie kann hier aber eben auch systematisch vorgestellt und durchdrungen werden. Von daher liegt es nahe, den Religionsunterricht über Themen zu profilieren und *sich auf theologische Kernthemen zu konzentrieren*. Nach den Empfehlungen der EKD sind dies die Themen „Gott“, „Schöpfung“, „Tod und Auferstehung Jesu Christi“, „Kirche“ und „Ethik“.

7. In einem multireligiösen Kontext und Wissenshorizont kann nicht länger vorausgesetzt werden, dass Wissensvorräte christlich-religiöser Provenienz als überzeugend und hilfreich für je eigene Lebensdeutung, Sinnsuche und ethische Orientierung einleuchten. Es ist die Grundaufgabe des Religionsunterrichts, um das Einverständnis der Schüler/innen mit Denk- und Argumentationsfiguren sowie Praxisformen christlicher Religion zu ringen.
Dieses Plädoyer muss freilich einerseits dialogisch, d.h. im Gespräch mit anderen Religionen und Weltanschauungen, andererseits kritisch, d.h. in Abgrenzung von nicht-lebensförderlichen Formen von Religiosität, gehalten werden. Die *Unterscheidung zwischen lebensförderlicher und nicht-lebensförderlicher bzw. schädlicher Religion* wird in einer religiös unübersichtlicher werdenden Landschaft eine Schlüsselqualifikation religiöser Bildung.

8. Von Religionslehrer/innen werden gegenwärtig und zukünftig nicht nur erhebliche kommunikative (Dialog initiierende), hermeneutische und fachwissenschaftliche Fähigkeiten erwartet, sondern auch *theologisch-religiöse Standpunkte*. Sie sollten von den Schüler/innen als authentisch wahrzunehmen sein und durchaus streitbar – zugunsten des Religionsunterrichts (innerhalb des Lehrerkollegiums), zugunsten christlicher Religion (im Gespräch mit den Schüler/innen) – eingebracht werden!

9. Religiöse Bildung ist besonders effektiv, wenn sie an mehreren Orten im Alltag der Lernenden gleichsinnig unterstützt wird. Von daher kann und darf sich der Religionsunterricht als zunehmend marginales Fach der Schule nicht länger auf sich selbst beschränken, sondern er muss *über seine eigenen Grenzen hinausschauen auf das Schulleben und Nachbarschaft von Schule und Gemeinde*; er muss Kooperationen suchen mit anderen Fächern der Schule!

10. Religiöse Bildung in der Schule zielt darauf, dass Schüler/innen nach Ende ihrer Schulzeit selbständig und methodenbewusst mit religiösen Fragen und Problemen umgehen können, orientierungsfähig sind. Methodische Arbeit ist deshalb eine zunehmend wichtiger werdende Säule des Unterrichts, ein wesentliches Ziel. Es gilt, *Arbeitsweisen, Erkenntnis- und Handlungsstrategien für die Schüler/innen transparent zu machen*! Dies entspricht nicht zuletzt dem allgemeindidaktischen Gebot, aktives, selbstbestimmtes Lernen zu ermöglichen und Lernfortschritte den Schüler/innen selbst einsichtig zu machen.

11. Schülerinnen und Schüler sind individuell unterschiedlich und nehmen sich immer öfter auch selbst so wahr. Sie unterscheiden sich nach Herkunft, Kontext, Bildungshorizont, auch nach Lerntakt, -interessen und -möglichkeiten. Von daher muss der Religionsunterricht in sehr viel höherem Maße als dies bisher geschieht *binnendifferenziert arbeiten.*

12. Methodisch ist es zudem geboten, den Religionsunterricht vielgestaltig und vielsinnig zu prägen. Zu den nicht gering zu schätzenden Aufgaben der Religionslehrer/innen gehört es, sich einen *reichen Methoden- und Medienschatz zu erarbeiten*, mit dem sie sicher umgehen können!
Insbesondere projekt- und handlungsorientierte Verfahren verdienen verstärkte Beachtung.

13. Um seiner inhaltlichen Profilierung, seiner methodischen Abwechslung und seiner Kooperationsfähigkeit willen ist es unentbehrlich, Religionsunterricht langfristig zu planen. Der Entwurf von Unterrichtseinheiten ist zu ergänzen um *Jahresplanungen und schulinterne Curricula der Fachkonferenzen.*

7.4 Handreichungen zur religionspädagogischen und religionsdidaktischen Weiterarbeit

7.4.1 Verfahrensvorschlag zur Erarbeitung eines Unterrichtsentwurfes

Mit einem Unterrichtsentwurf sollen Sie sich selbst und anderen Rechenschaft ablegen über die Erwägungen, die Sie dazu veranlasst haben, eine Unterrichtsstunde oder -einheit so wie beschrieben und nicht anders vorzusehen. Ein Unterrichtsentwurf zeichnet sich durch sensible Wahrnehmung der Schüler/innen, durch präzise Wortwahl und Begrifflichkeit, durch stringentes Benennen und Klären der theologischen und didaktischen Entscheidungsmarken, durch begründete Auswahl des Wesentlichen aus der Fülle ‚irgendwie' relevanter Gesichtspunkte und durch das Gespräch mit einschlägiger Fachliteratur aus. Er legt in systematischer Form die Ergebnisse Ihrer Unterrichtsvorbereitung dar und geht nicht in einer beschreibenden Dokumentation Ihrer Arbeitsschritte auf. Kurz: Ein Unterrichtsentwurf setzt intensive theologische Arbeit und didaktische Kompetenz voraus – und sollte beides auch erkennen lassen!
Im Idealfall ist ein schriftlicher Unterrichtsentwurf auch für jemanden, der Ihre Stunde nicht erlebt, nachvollziehbar. Für die Darstellung hat es sich bewährt, die eigenen Überlegungen zu

folgenden Gesichtspunkten explizit werden zu lassen. Die Reihenfolge der Behandlung ist variabel.

0. *Persönliche Betrachtung*
In diesem Schritt kann das eigene Vorverständnis des Unterrichtsgegenstandes, ggf. die unterrichtliche Absicht offen gelegt werden. Bei der Unterrichtsvorbereitung ist dieser Gedankenschritt unverzichtbar, in der schriftlichen Darstellung hingegen fakultativ.

1. *Beschreibung der Lerngruppe und des Lernumfeldes*
Hier sollen äußere Kennzeichen von Lerngruppe und Schule festgehalten werden, dazu Beobachtungen zum Klima in der Lerngruppe, zur methodischen Kompetenz der Schüler/innen, zur Position des Religionsunterrichts in der Schule und seiner Akzeptanz bei den Schüler/innen, zu Raum und Zeit des Unterrichtsvorhabens. Möglich ist auch eine Einzeichnung der geplanten Einheit in das Jahresunterrichtsprogramm.

2. *Didaktische Orientierung*
In diesem Abschnitt sollen Beobachtungen an den Schüler/innen Ihrer Lerngruppe im Blick auf das Thema im Mittelpunkt stehen: einschlägige Äußerungen der Schüler/innen, Interessen und Fragestellungen, lebensweltliche Bezüge u.ä.m. Diese Beobachtungen werden durch Heranziehen entwicklungspsychologischer, religionssoziologischer, didaktischer Theorien gedeutet und eingeordnet. Auf dieser Grundlage arbeiten Sie unterschiedliche thematische Akzente, Lernmöglichkeiten, Optionen der ‚wechselseitigen Erschließung' von Schüler/innen und Sache bzw. elementare Erfahrungen, Zugänge und Wahrheiten heraus.
Diese gilt es in der Jahresplanung des Unterrichts sowie in Lehrplänen /Richtlinien bzw. im schulinternen Curriculum (Fachkonferenz) zu verorten.

3. *Sachliche Orientierung*
In diesem Arbeitsschritt geht es um die theologische Durchdringung des Themas – je nach Gegenstand liegt der Schwerpunkt im exegetischen, systematisch-theologischen, kirchengeschichtlichen oder auch religions- bzw. erfahrungswissenschaftlichen Bereich. Dabei soll erkennbar werden, dass Sie sich in den einschlägigen Diskursen orientieren und das Unterrichtsthema in einen größeren Zusammenhang einordnen können, dass Sie thematische Aspekte, Fragestellungen und Argumente von grundlegender Bedeutung sowie wichtige aktuelle Literatur kennen. Hierher gehört auch der Hinweis auf aktuelle Bezüge. Auf dieser Grundlage stellen Sie elementare Strukturen bzw. Ansätze zur wechselseitigen Erschließung vor.

Schritt 3 und 4 oszillieren. In der Darstellung wird unterschieden, was in den Vorarbeiten notwendigerweise zusammengehört. Von entscheidender Bedeutung ist, dass Sie nicht Fachwissen und Erkenntnisse über die Schüler/innen beziehungslos nebeneinander stellen, sondern aus beiden Denkrichtungen elementare Brücken bzw. Anstöße zur wechselseitigen Erschließung zwischen Schüler/innen und Sache gewinnen. Denn eben darin liegt die Pointe gelingenden Unterrichts!

4. *Didaktische Entscheidungen*
Hier wird das Ergebnis Ihrer bisherigen gedanklichen Anstrengungen erkennbar. Sie formulieren und begründen (von der konkreten Lerngruppe her!) Ihre Lernziele, prüfen deren Operationalisierbarkeit und die Berücksichtigung von Lernzieldimensionen, Sie entwickeln und gewichten die erforderlichen Lernschritte, wählen Inhalte, Medien, Aktions- und Sozialformen aus.

Allerdings sollten Sie hier nicht nur das in ausführlicher Weise darlegen, was in der Verlaufsplanung komprimiert vorgestellt wird. Vielmehr sind hier *Gründe* für die gewählten Optionen anzuführen – unter Abwägung gegen mögliche Alternativen, die Ihnen etwa in Unterrichtsmaterialien und Schulbuchkapiteln begegnet sind.
Geboten ist auch die Skizze weiterer geplanter Etappen der Unterrichtseinheit.

5. *Verlaufsplanung*
In der Regel wird den Überlegungen eine Übersicht der Stundenplanung in tabellarischer Form beigefügt, in der etwa folgende Facetten des Unterrichtsgeschehens festgehalten werden: Lernschritte, angenommener Zeitbedarf, geplantes Lehrer/innenverhalten, erwartetes Verhalten der Schüler/innen, Methoden und Medien. Dabei sollten Gelenkstellen (Überleitungen, Arbeitsaufträge u.ä.) wörtlich notiert werden. Auf diesem Handblatt sollte auch das Lernziel der Stunde nicht fehlen.
Eine solche Verlaufsplanung dient dazu, sich im Vorfeld des Unterrichts dessen Verlauf konkret und realitätsnah vor Augen zu führen, Unstimmigkeiten in der eigenen Planung aufzuspüren und sich während des Unterrichts auf einen Blick orientieren zu können.
Wichtig ist: Die Verlaufsplanung soll Sie bei der Durchführung des Unterrichts keineswegs fesseln! Selbstverständlich sind Sie frei, von Ihren Planungen abzuweichen. Denn Unterricht ist nicht ‚Planerfüllung', sondern gelingt, wenn Sie den Schüler/innen bei der Bearbeitung des gewählten Themas zugewandt sind und ihren Impulsen aufmerksam und umsichtig nachgehen!

6. *Reflexion des gehaltenen Unterrichts*
Hier können und sollen gelungene Passagen, aber auch Problemanzeigen zusammengetragen werden. Nicht ob die Durchführung des Unterrichts den Planungen entsprach, sondern ob Sie positive und kritische Rückmeldungen aufnehmen und ggf. konstruktiv nutzbar machen können, ist hier entscheidend.

7. *Beilagen* (Materialien wie Arbeitsblätter, Bilder usw.)

Umfang: ca. 20 Seiten.

Literatur:
Karl Foitzik / Frieder Harz: Religionsunterricht vorbereiten, München (1985) ^{3}1999.
Rainer Lachmann: Wege der Unterrichtsvorbereitung, in: ders. / Gottfried Adam (Hg.): Religionspädagogisches Kompendium, Göttingen (1984) 5., neubearb. A. 1997, 222-241. Hartmut Lenhard (Hg.): Arbeitsbuch Religionsunterricht, Gütersloh (1986), 3., neubearb. u. erw. Auflage 1996, v.a. 78-112.
Hans Mendl: Elementarisieren lernen, in: JRP 18 (2002), 63-73.

7.4.2 Leseempfehlungen - eine Auswahl grundlegender Literatur

Anhand der im Folgenden genannten Werke können Sie sich solides Wissen im Bereich der Religionspädagogik erarbeiten. Es lohnt sich, diese Literatur gründlich zu lesen und dafür Freiräume im Studium einzuplanen.

Nachschlagewerke / Kirchliche Stellungnahmen / Geschichtliche Grundlagen

Lexikon der Religionspädagogik, hg. von Folkert Rickers und Norbert Mette, 2 Bände,Neukirchen 2001.

Identität und Verständigung. Standort und Perspektiven des Religionsunterrichts in der Pluralität. Eine Denkschrift [der Evangelischen Kirche in Deutschland], Gütersloh 1994.
Maße des Menschlichen. Evangelische Perspektiven zur Bildung in der Wissens- und Lerngesellschaft. Eine Denkschrift der EKD, Gütersloh 2003.
Helmreich, Ernst: Geschichte des Religionsunterrichts in Deutschland, Hamburg 1966.
Religionspädagogik. Texte zur evangelischen Erziehungs- und Bildungsverantwortung seit der Reformation, hg. von Karl Ernst Nipkow und Friedrich Schweitzer, Band 1: Von Luther bis Schleiermacher, München 1991, Band 2: 19. und 20. Jahrhundert (2 Teilbände), Gütersloh 1994.

Gesamtdarstellungen von Religionspädagogik und / oder Religionsdidaktik

Adam, Gottfried / Lachmann, Rainer (Hg.): Religionspädagogisches Kompendium, Göttingen ^{5}1997 (^{6}2003 angekündigt).
Grethlein, Christian: Religionspädagogik, Berlin / New York 1998.
Hilger, Georg / Leimgruber, Stephan / Ziebertz, Hans-Georg: Religionsdidaktik, München 2001.
Nipkow, Karl Ernst: Bildung als Lebensbegleitung und Erneuerung, Gütersloh (1990), 2. durchges. A. 1992.
Schmidt, Günter R.: Religionspädagogik, Göttingen 1993.

Schüler/innen im Blickpunkt der Religionspädagogik

Schweitzer, Friedrich: Lebensgeschichte und Religion. Religiöse Entwicklung und Erziehung im Kindes- und Jugendalter, München (1987) ^{4}1999.
Ders.: Die Suche nach eigenem Glauben, Gütersloh (1996) ^{2}1999.

Methodik

Adam, Gottfried / Lachmann, Rainer: Methodisches Kompendium, 2 Bände, Göttingen 2002.
Grethlein, Christian: Methodischer Grundkurs für den Religionsunterricht, Leipzig 2000.

Zeitschriften, die man während des Studiums der Religionspädagogik kennen und nutzen lernen sollte

Jahrbuch der Religionspädagogik (Neukirchen) – abgekürzt: JRP
Katechetische Blätter. Zeitschrift für Religionsunterricht, Gemeindekatechese, Kirchliche Jugendarbeit (München) – abgekürzt: KatBl
Religionspädagogische Jahresbibliographie (Münster) – abgekürzt: RpB
Zeitschrift für Pädagogik und Theologie. Der Evangelische Erzieher (Frankfurt/M.) – abgekürzt: ZPT

7.4.3 Anregungen zur Vertiefung und Weiterarbeit

Erarbeiten Sie sich anhand des Buches von Friedrich Schweitzer: Lebensgeschichte und Religion, Gütersloh 4.A.1999 einen Überblick über entwicklungspsychologische Theorien, die religionspädagogisch relevant sind. Erarbeiten heißt: Lesen, Unterstreichungen / Randmarkierungen einbringen (falls Sie das Buch erworben haben!) sowie Exzerpieren! Formulieren Sie abschließend thesenartig, warum Religionslehrer/innen Ihrer Meinung nach entwicklungspsychologische Theorien zur Kenntnis nehmen sollten!

Stellen Sie ein Arbeitsblatt (Text zitieren, Quelle bibliographisch korrekt angeben) mit den Artikeln des Grundgesetzes zusammen, die für die Rechtslage des Religionsunterrichts bedeutsam sind. Beschreiben Sie anschließend (schriftlich) diese Rechtslage unter Nennung der zentralen Rechtsbegriffe! Vergewissern Sie sich ggf. anhand der oben angegebenen Literatur.

Wählen Sie eines der Themengebiete der Religionsdidaktik (Kirchengeschichtsdidaktik, Didaktik des ethischen Lernens usw.) und erarbeiten Sie sich anhand des oben (3.4.2.) vorgeführten Dreischritts Herausforderungen und Chancen / Didaktische Ansätze / Perspektiven grundlegende einschlägige Einsichten. Nutzen Sie dabei das entsprechende Kapitel des „Religionspädagogischen Kompendiums" sowie aktuelle Literatur, die Sie in der Bibliothek Ihres Studienortes und/oder mit Hilfe der „Religionspädagogischen Jahresbibliographie" recherchieren.

Entwickeln Sie ein tabellarisches Formblatt, das wichtige Kriterien zur Einschätzung von Methoden in Stichworten übersichtlich präsentiert. Prüfen Sie dessen Tauglichkeit, indem Sie zwei Methoden Ihrer Wahl anhand dieser Kriterien einschätzen! Ziehen Sie dabei einschlägige Bücher zur Methodik des Religionsunterrichts zu Rate!
Im Idealfall wählen Sie die äußere Gestalt des Formblattes so, dass Sie sich mit dessen Hilfe eine Methodenkartei anlegen können, die Sie im Laufe des Studiums fortlaufend ergänzen.

Erproben Sie die Schritte der Unterrichtsvorbereitung, die das Elementarisierungskonzept vorsieht, anhand eines der sechs bzw. sieben Kernthemen des Religionsunterrichts! Werten Sie mit Hilfe der RpB einschlägige Literatur aus und formulieren Sie als Ergebnis Ihres Nachdenkens auf einer DIN-A4-Seite elementare Perspektiven des gewählten Themas (etwa im Blick auf eine 8. Klasse der Realschule)!

Lesen Sie die Programmschrift einer der religionsdidaktischen Konzeptionen des 20. Jahrhunderts! Informieren Sie sich anhand des „Lexikons der Religionspädagogik" über dessen Autor/in und erarbeiten Sie sich anhand des besagten Lexikons sowie der Darstellungen von Wilhelm Sturm und Christian Grethlein Grundwissen über die entsprechende Konzeption. Werden die (sekundären) Darstellungen Ihrer Meinung nach dem Inhalt der (Primär-) Quelle gerecht? Begründen Sie Ihre Einschätzung!

Exzerpieren Sie die Denkschrift der EKD zum Religionsunterricht „Identität und Verständigung" (Gütersloh 1994). Achten Sie insbesondere darauf, Schlüsselbegriffe und Pointen mit Hilfe von Zitaten zu belegen!

Informieren Sie sich auf der Homepage des Comenius-Instituts (www.comenius.de) sowie anhand des jeweils jüngsten Jahrgangs der drei Zeitschriften JRP, KatBl und ZPT über aktuelle Themen der religionspädagogischen Debatte. Stellen Sie eine Liste der Themen zusammen und ordnen Sie sie einem der Teilgebiete der Religionspädagogik zu!